CLEFS CONCOURS GÉOGRAPHIE THÉMATIQUE

M. Gérardot Ph. Lemarchand (dirs) Ph. Boulanger A. Cadoret R.-P. Desse H. Dupuy G. Prévélakis S. Rufat I. Sourbès-Verger F. Tétart J.-F. Thémines H. Ter Minassian S. Weber *et alii*

Géographie des conflits

Atlande

Aurélien Andreu. Agrégé de géographie, professeur au lycée François Villon (Beaugency). Il est l'auteur de deux textes dans cet ouvrage : "L'armement, moyen et finalité dans l'exercice du pouvoir sur l'espace" et "Articuler les conflits violents à différentes des échelles spatiales et temporelles". Il a également réalisé le tableau final sur les principaux conflits en cours en 2010.

Farid Benhammou. Agrégé et docteur en géographie, professeur au lycée François Villon (Beaugency) et chargé de cours à l'université d'Orléans. Il a écrit deux textes dans cet ouvrage : "Conflits et environnement" et "Une géopolitique du Moyen-Orient : conflits, territoires et sociétés". Il tient à remercier chaleureusement P. Rekacewicz d'avoir autorisé la reproduction de plusieurs de ses cartes.

Philippe Boulanger. Professeur à l'université de Cergy-Pontoise, professeur associé aux Écoles militaires de Saint-Cyr-Coëtquidan, au Collège interarmées de défense et à l'Institut français de géopolitique. Il a écrit le texte "Géographie de la paix : la prévention et la résolution des conflits".

Anne Cadoret. Maître de conférences à l'université de Bourgogne. Elle est l'auteur de deux textes : "Lire la diversité des conflits locaux non armés" et "Conflits en zones côtières".

René-Paul Desse. Professeur à l'université de Bretagne occidentale. Il a co-écrit avec Hector Dupuy le texte "Intégrations régionales en Amérique latine : territoires en conflits ?".

Armand Djimet-Baboun. Docteur en géographie, professeur en CPGE au lycée Mongazon (Angers). Il est l'auteur du texte "L'Afrique subsaharienne, théâtre de tous les conflits ?".

Stéphane Dubois. Agrégé de géographie, professeur en CPGE (lycée Blaise Pascal, Clermont-Ferrand). Il est l'auteur du texte "Les conflits alimentaires : les activités nourricières en ordre de bataille géoéconomique" et il a participé à l'écriture du texte "Les conflits religieux : croire et combattre".

Hector Dupuy. Professeur à l'Universidad Nacional de La Plata (Argentine). Il a co-écrit avec René-Paul Desse le texte "Intégrations régionales en Amérique latine : territoires en conflits ?".

Jean-Baptiste Feller. Ancien élève de l'école normale supérieure (Ulm). Il a rédigé le passage "La mer, enjeu de conflits" dans le texte d'Anne Cadoret sur les "Conflits en zones côtières".

Corinne Flament. Diplômée en géographie, en sciences politiques et en urbanisme à Sciences-Po Paris. Elle est l'auteur du texte "La drogue dans les conflits".

Maie Gérardot. Agrégée de géographie, docteur en géographie et aménagement, PRAG à l'université de Cergy-Pontoise. Elle intervient en préparation à l'agrégation à Sciences-Po Paris et à l'ENS Ulm. Elle a écrit l'introduction de cet ouvrage, qu'elle a codirigé avec Philippe Lemarchand.

Fabien Guillot. Docteur en géographie, post-doctorant à l'université de Basse-Normandie. Il est l'auteur du texte "La dimension spatiale des rapports de pouvoir : les conflits israélo-palestiniens pour la terre et l'appropriation".

Philippe Lemarchand. Ancien consultant auprès d'organisations internationales, correspondant de la BBC, enseignant à l'université de Westminster et à celle de Londres (QMC) et maître de conférences à Sciences-Po. Il a participé, avec Stéphane Dubois, à l'écriture du texte "Les conflits religieux : croire et combattre" et codirigé l'ouvrage avec Maie Gérardot.

Éloïse Libourel. Élève de l'École normale supérieure, agrégée de géographie, étudiante à l'Institut d'urbanisme de Paris (Paris XII-Créteil)/ENPC. Elle est l'auteur de deux textes : "Cartes et conflits" et "Les hydrocarbures, enjeux de conflits".

Jean-Sylvestre Mongrenier. Agrégé et docteur en géographie (spécialité géopolitique). Chercheur à l'Institut français de géopolitique (université Paris VIII), et chercheur associé à l'Institut Thomas More, il enseigne aussi en CPGE (lycée Châtelet, Douai). Il a écrit le texte "Les conflits géopolitiques dans l'aire post-soviétique".

Pascal Orcier. Ancien élève de l'ENS-LSH (Lyon). Agrégé et docteur en géographie, cartographe. ATER en géographie et aménagement à l'université Jean Moulin Lyon 3. Il a réalisé un grand nombre de cartes pour cet ouvrage.

Georges Prévélakis. Professeur à l'université Paris 1. Il a rédigé la préface de cet ouvrage, ainsi que le texte "Le rôle géographique de l'État dans les conflits".

Xavier Renou. Diplômé de Sciences-Po Paris. Il a écrit le texte "Les acteurs privés et la guerre".

Sylvain Rode. Agrégé et docteur en géographie. PRAG à l'université de Reims Champagne-Ardennes. Il est l'auteur du texte "L'eau, entre conflits et coopérations".

Samuel Rufat. Ancien élève de l'ENS de Lyon. Agrégé de géographie et maître de conférences en géographie à l'université de Cergy-Pontoise. Il a écrit avec Hovig Ter Minassian le texte "Les espaces des conflits numériques".

Isabelle Sourbès-Verger. Géographe, chercheur au CNRS, directrice adjointe du centre Alexandre Koyré, elle a rédigé dans cet ouvrage le texte "Les conflits dans l'espace circumterrestre".

Charles Tenenbaum. Docteur en science politique. Chargé d'enseignement à Sciences-Po Paris School of International Affairs (PSIA). Responsable du master Analyse des conflits et construction de la paix, Sciences-Po Lille, il a écrit le texte "Les individus dans les conflits armés".

Frank Tétart. Docteur en géopolitique, chargé de cours à Sciences-Po Paris et à l'Institut européen de Genève et à Paris. Rédacteur en chef de la revue CARTO. Il est l'auteur de deux textes dans cet ouvrage : "Conflits en Europe, le réveil post-1989" et "Les pôles sont-ils à l'abri des conflits ?".

Hovig Ter Minassian. Ancien élève de l'ENS de Lyon. Agrégé de géographie et maître de conférences en géographie à l'université François Rabelais de Tours. Il a écrit avec Samuel Rufat le texte "Les espaces des conflits numériques".

Jean-François Thémines. Professeur des universités à l'université de Caen Basse-Normandie, il enseigne dans le master Métiers de l'enseignement, de l'éducation et de la formation (IUFM de Basse-Normandie). Il est l'auteur du texte "Enseigner les conflits".

Émilie Viney. Agrégée de géographie, PRAG à l'université Paris 4 Panthéon Sorbonne. Elle a écrit avec Joseph Viney le texte "Les conflits en Asie".

Joseph Viney. Agrégé de géographie, professeur au lycée Darius Milhaud (Le Kremlin Bicêtre) et en classes préparatoires, lycée Blomet (Paris). Il a écrit avec Émilie Viney le texte "Les conflits en Asie".

Serge Weber. Ancien élève de l'ENS de Fontenay-Saint-Cloud et ancien membre de l'École française de Rome. Agrégé de géographie et maître de conférences en géographie et aménagement à l'université de Marne-la-Vallée. Il a écrit les textes "De la géopolitique à la géographie critique : à quel prix le conflit peut-il être un objet scientifique ?" et "Les frontières".

SOMMAIRE

THÈMES

RÉGIONS EN CONFLITS

ACTEURS

OUTILS

LISTE DES CARTES, GRAPHIQUES ET IMAGES

PRÉFACE

Guerre est le père de toutes choses, roi de toutes choses : de quelques-uns il a fait des dieux, de quelques-uns des hommes ; de quelques-uns des esclaves, de quelques-uns des libres.

Héraclite, *Fragment* 53

En 1989, Francis Fukuyama n'a pas annoncé seulement la "fin de l'histoire", mais aussi la fin des conflits ["The End of History ?", *The National Interest*, été 1989] Son "monde nouveau", unifié en ce qui concerne les régimes politiques et économiques et entouré par des réseaux* denses de transports et de communications, ce monde sans frontières, serait aussi un monde uniformisé. Puisque la géographie est étude de la diversité de l'espace, sa fin ne pourrait qu'accompagner la fin de l'histoire et la fin des conflits.

Expression philosophique de l'utopie de la globalisation, l'hypothèse de Fukuyama n'a pas tardé d'être démentie par les faits. Si la chute du Mur semblait lui donner raison, les conflits en ex-Yougoslavie ont rappelé la résilience des conditions matérielles et spirituelles qui alimentent la violence. Samuel Huntington a énoncé en 1993 une contre-hypothèse dans laquelle la conflictualité occupe une place centrale. Contrairement à la "fin de l'histoire", les événements qui ont suivi la publication de son fameux article ["The Clash of Civilizations", *Foreign Affairs*, été 1993] ont paru confirmer le "conflit des civilisations". Le 11 septembre 2001 a détruit le peu qui restait de l'optimisme de l'après-guerre froide, que Fukuyama avait voulu conceptualiser.

Ces débats marquent le retour de la dimension géographique dans les discussions sur les conflits*. Jean Gottmann considérait la question du "cloisonnement de l'espace géographique" comme l'enjeu central de la géographie* politique, elle-même placée au centre de la discipline. Or, les discussions de l'après-guerre froide portent justement sur le cloisonnement – et sur ses formes. En voie de disparition selon Fukuyama, le cloisonnement revient en force chez Huntington, à une nouvelle échelle, celle des civilisations.

Avant et pendant la Deuxième Guerre mondiale, deux visions matérialistes étaient en compétition pour donner du sens au paysage de la violence. L'importance du marxisme dans l'interprétation des conflits n'échappe à personne. Pour ce "matérialisme historique", les principaux enjeux se situent à l'intérieur des sociétés, sous forme d'opposition de classes sociales, formées "objectivement" par la division du travail et séparées "subjectivement" par les processus de prise de conscience de leur place au sein de cette division.

Pour le "matérialisme géographique" inspiré de l'œuvre de Friedrich Ratzel, mieux connu comme "déterminisme* du milieu", les conflits opposent des sociétés issues d'un certain rapport avec l'espace, d'une certaine relation "entre l'Homme et la Nature". Pour le matérialisme historique, la cause des conflits réside dans les "inégalités sociales" ; pour le matérialisme géographique, elle doit être cherchée dans les "inégalités géographiques".

Les disciples de Marx s'intéressaient aux luttes révolutionnaires censées apporter la disparition des inégalités par l'instauration d'une société nouvelle et universelle, la société communiste. Les disciples du fondateur du déterminisme géographique regroupés au sein de la *Geopolitik* allemande sous la houlette de Karl Haushofer cherchaient la justice géographique en réclamant "une place au soleil", un "*Lebensraum*" à la hauteur du potentiel démographique et culturel de leur nation. Cela n'était pas envisageable sans entrer en conflit avec les puissances qui se trouvaient, selon eux, en position privilégiée, et en premier lieu avec l'Empire britannique. À la place de la révolution transnationale de l'Internationale communiste, la *Geopolitik* allemande étudiait les rapports de force entre États et Empires. L'espace géographique leur paraissait comme le principal paramètre de la pensée stratégique. Ils suivaient ainsi, en matière de méthode, Halford Mackinder, qui se différenciait d'eux par l'objectif qui motivait sa pensée et son action politique. Face au révisionnisme de la *Geopolitik* allemande, il cherchait à protéger le *statu quo* géopolitique, la domination du monde par son pays.

La compétition entre le matérialisme marxiste et le matérialisme ratzelien exprime et reflète les deux principaux modes de constitution des grands réseaux politiques. Le mode spirituel, qui est fondé sur la proximité religieuse ou idéologique, crée des réseaux qu'on pourrait appeler "diasporiques", en élargissant le sens de la métaphore. L'Umma (la communauté des croyants en Islam) et la chrétienté médiévale, comme les deux alliances qui ont dominé le monde pendant la guerre froide (OTAN et monde communiste) appartiennent à cette catégorie. Le mode matériel, qui est fondé sur la proximité spatiale, crée des réseaux territoriaux : les *Poleis* (pluriel *de Polis*), les Empires, les États-nations. Le paysage des conflits est constitué à chaque moment par la combinaison d'oppositions diasporiques et d'oppositions territoriales. Pourtant, la part des unes et des autres change d'époque en époque et de région en région.

Avec la fin de la Deuxième Guerre mondiale et l'entrée dans la guerre froide, l'approche issue du matérialisme géographique fut marginalisée. Les causes sont multiples. Sans doute, la défaite de l'Allemagne, avec la diabolisation de l'école géopolitique de Karl Haushofer, dénoncée comme complice du nazisme, a créé une ambiance d'intimidation pour les géographes, qui se sont tournés vers d'autres orientations théoriques, certes moins ambitieuses politiquement. L'approche géopolitique a survécu en dehors de la discipline, chez les représentants de l'école dite "réaliste" des relations internationales, dont le plus connu est Henry Kissinger. Pourtant, la principale raison de l'effacement de l'approche géographique dans l'étude des conflits fut la stabilisation de la carte politique de l'Europe. Certes, en dehors de cet espace figé par l'équilibre de la terreur nucléaire, les conflits violents et les guerres continuaient à faire rage. Pourtant, pendant la plus grande partie de la guerre froide, l'eurocentrisme du monde universitaire n'accordait que peu de place dans l'élaboration de ses grandes orientations scientifiques aux enjeux "périphériques".

La logique stratégique de la guerre froide avait simplifié singulièrement l'espace de son déploiement. Pour les missiles*, ni le terrain, ni les conditions climatiques, ni les aspects culturels ne pouvaient constituer des contraintes. Seules comptaient les distances, les vitesses et la répartition géographique des armements de l'adversaire. Cet espace quasi euclidien avait peu de rapport avec l'"épaisseur" de l'espace géographique.

Par une ironie de l'histoire, la géographie a fait son retour dans l'étude des conflits grâce à son ancien compétiteur. L'émergence d'une géographie marxiste, souvent d'inspiration anti-impérialiste, a permis de sortir de l'eurocentrisme et de redécouvrir la pertinence de l'espace géographique pour l'étude des conflits. Pourtant, dans les travaux qui ont vu le jour depuis ce retour, on constate un manque d'unité. L'abandon de l'approche déterministe qui caractérisait la *Geopolitik* allemande, ainsi que les autres expressions de la tradition ratzelo-mackinderienne, avait enlevé à la géographie son élément intégrateur. Le marxisme ne pouvait pas le remplacer, puisque l'essentiel de sa thématique évolue autour de la dimension temporelle. La "géographie des conflits" prenait ainsi la forme d'une juxtaposition de thèmes, traités selon les méthodes ou les techniques de la géographie : la répartition spatiale des conflits, géographie économique et industrielle liée à la production d'armements, cartographie de propagande, enseignement de la géographie pour renforcer la paix, dénonciation des pratiques militaires américaines, enfin *scenarii* géographiques ou climatologiques du déluge nucléaire.

La fin de la guerre froide a accéléré et amplifié le retour de la géographie. Souvent l'œuvre de non-géographes, il emprunte plusieurs formes. L'engouement pour la géopolitique*, qui a conduit à la banalisation du terme, s'explique en grande partie par l'émergence d'enjeux territoriaux et identitaires perçus comme "figés" par la stabilité de la guerre froide et par l'influence de l'idéologie communiste. Le fait que ces questions avaient été étudiées par les spécialistes de la géopolitique d'avant la guerre a renouvelé l'intérêt pour ces approches, oubliées pendant plusieurs décennies. Certes, la découverte de la vieille géopolitique par certains journalistes n'est pas dépourvue du risque de retomber dans ses erreurs.

La fluidité de l'architecture des réseaux géopolitiques, matériels ou spirituels, qui a suivi la longue stabilité de la guerre froide, interpelle les spécialistes des relations internationales, qui prennent conscience de la pertinence des thèmes géographiques. Aux hypothèses de Fukuyama et de Huntington, il faut ajouter les débats sur le territoire* et sur la territorialité* qui ont lieu à l'intérieur et à l'extérieur de la géographie. Cette interrogation, anticipée par certains géographes déjà pendant la guerre froide, est extrêmement prometteuse théoriquement et politiquement.

Des telles évolutions constituent un grand défi pour la géographie. Le cadre théorique qui lui avait permis, avant la Deuxième Guerre mondiale, de proposer une alternative au marxisme pour l'étude de la conflictualité, est actuellement aussi dépassé que son *alter ego* historiciste. Ni le matérialisme historique, ni le matérialisme géographique ne peuvent plus convaincre de leur pertinence dans un monde qui n'est plus conditionné intellectuellement par l'*éthos* de la révolution industrielle. Si la géographie n'arrive pas à formuler un schéma capable d'intégrer ses différentes thématiques et leur apporter du sens, celles-ci risquent d'être attirées vers d'autres disciplines comme l'histoire, la science politique, les relations internationales ou la sociologie, laissant la géographie réduite en un ensemble sans cohérence, composé de diverses techniques et savoir-faire.

Le sort de la discipline n'est pourtant pas l'aspect le plus important de cette question. Approfondir les logiques de conflictualité est un enjeu de prime importance pour les peuples, pour les nations, pour les villes et probablement pour la survie de l'humanité. La territorialité westphalienne a contribué à une grande stabilité, malgré les changements de frontières* et les guerres, pendant quelques siècles. Cette ère semble révolue. La grille de lecture des conflits devient maintenant beaucoup plus complexe. La simplicité des conflits liés aux constructions stato-nationales (c'est-à-dire les ensembles politiques fondés sur la recherche de la coïncidence entre État, territoire et nation) est remplacée par la complexité des conflits multiscalaires, diasporiques et territoriaux. Pour arriver à y voir clair, une grande compétence géographique est indispensable. L'apport des autres disciplines est certes nécessaire, mais elles ne peuvent pas se substituer à l'expérience de la géographie, elles ne pourront constituer assez rapidement un patrimoine intellectuel comme celui de l'héritage de la géographie.

Pour la géographie, s'intéresser aux conflits est une grande chance de renouveau. Cette interpellation lui permettra de s'investir intellectuellement dans l'étude de ce qui, selon Héraclite, constitue le centre de l'expérience humaine : la guerre*, sous ses diverses formes. Elle pourra ainsi sortir de la marginalisation relative à laquelle l'ont poussée les traumatismes des conflits idéologiques d'avant la guerre et les illusions de stabilité de la guerre froide et de la première partie de l'après-guerre froide, pour revendiquer la place qui lui revient dans le débat sur le sort humain.

NOTICE

Un triple système permet au lecteur de s'orienter plus facilement dans l'ouvrage :

Un système de circulation entre fiches est proposé en cours de texte.

Exemple : (v. Cartes et conflits) renvoie à la fiche "Cartes et conflits".

Les renvois à la bibliographie sont indiqués entre crochets. Exemple : [CADORET, 2009], renvoie à l'ouvrage de A. Cadoret publié en 2009, dont on trouvera les références complètes dans la bibliographie. Les lettres suivant la date (a, b ou c) permettent de différencier les ouvrages ou articles publiés par l'auteur la même année suivant leur ordre d'apparition dans la bibliographie. Un auteur entre crochets sans indication de date renvoie au seul ouvrage de cet auteur cité dans le présent ouvrage.

Les références bibliographiques citées en cours de texte ne figurent pas dans la bibliographie.

Les * renvoient le mot qui précède au glossaire.

INTRODUCTION

La géographie des conflits a été définie comme nouvelle question de géographie thématique pour les concours du CAPES externe d'histoire et de géographie, l'agrégation externe d'histoire et l'agrégation externe de géographie.

Le choix de ce sujet, extrêmement ambitieux, vaste et complexe, répond à trois enjeux principaux. Cette question doit d'une part permettre aux candidats de s'interroger sur le rôle, la place et le jeu des acteurs. Ceux-ci sont en effet souvent méconnus par les candidats. Ce règlement de la focale sur les acteurs dans le cadre d'une question de concours accompagne d'autre part un mouvement de fond de la géographie, à la fois scolaire et universitaire, dans lequel "la dynamique de jeux d'acteurs constitutifs des territoires (structures, dynamiques, trajectoires)" [Source : Lettre d'accompagnement sur la question "Géographie des conflits"] occupe une place croissante. Enfin, les présidents des trois concours insistent sur l'"adéquation de cette question avec la demande sociale, politique, institutionnelle et scolaire adressée à la géographie" [*idem*]. La géographie est donc ici vue comme une science "utile", capable de nourrir des réflexions sur le monde et les territoires, analysés à toutes les échelles au travers du prisme des conflits.

Il n'est pas question pour les candidats de réaliser des catalogues de lieux et d'acteurs. L'enjeu est de lier les deux, pour analyser des jeux d'acteurs et leurs conséquences sur des territoires. Il n'est pas non plus question de voir des conflits partout, même si l'acception donnée à ce mot dans le libellé de la question est la plus large possible. Conflits armés, questions géostratégiques d'échelle mondiale, guerres (et différents types de guerres), conflits d'usage, conflits pour les ressources ou conflits d'aménagement sont à étudier, de même que des thématiques comme la gouvernance ou la résolution des conflits. Les champs géographiques où cette question des acteurs et de leurs jeux se déploie sont particulièrement variés : "géopolitique, géographie politique, aménagement, mondialisation, risques ou encore développement durable" [*idem*]. Il est par conséquent demandé aux candidats d'avoir une culture géographique large, une grande curiosité également, pour s'intéresser à tous les processus conflictuels étudiés par la géographie, et non pas aux seuls conflits armés. Il est utile ici de redire que la question au concours est bien "Géographie des conflits", et non pas "Géopolitique" ou bien "Géographie politique". Si les acteurs sont importants, n'oublions pas l'espace, les territoires et les échelles des conflits. Rappelons également que les échelles ne sont pas seulement spatiales : une réflexion sur la temporalité des conflits est indispensable, sachant en outre que les jurys n'ont pas posé de bornes chronologiques pour cette question, et qu'il est demandé aux candidats de connaître les origines des conflits qu'ils étudient.

Pour aider les candidats à préparer cette question, nous avons conçu un manuel permettant aux candidats de s'approprier les principaux enjeux et thématiques, de maîtriser des exemples précis et illustrés, sans toutefois prétendre à l'exhaustivité, particulièrement difficile à atteindre avec un sujet d'une telle ampleur.

Dans la Préface de l'ouvrage, Georges Prévélakis revient sur les liens entre la géographie et les conflits, et sur les enjeux qui existent pour la géographie dans l'étude des conflits.

La première partie de l'ouvrage (Repères) contient des textes permettant aux candidats de maîtriser les bases théoriques de la question. Serge Weber s'interroge sur la scientificité du conflit en géographie ("De la géopolitique à la géographie critique : à quel prix le conflit peut-il être un objet scientifique ?") ; Éloïse Libourel revient sur le lien fort entre la carte et le conflit ("Cartes et conflits") ; Aurélien Andreu nous présente une géographie de l'armement ("L'armement, moyen et finalité dans l'exercice du pouvoir sur l'espace") ; et, dans un second texte, interroge les échelles des conflits violents ("Articuler les conflits violents à différentes échelles spatiales et temporelles") ;

Anne Cadoret distingue différents types de conflits ("Lire la diversité des conflits locaux non armés") ; Samuel Rufat et Hovig Ter Minassian s'intéressent à un espace de conflits particulier, l'espace numérique ("Les espaces des conflits numériques") ; Jean-François Thémines montre comment les conflits sont enseignés dans le secondaire ("Enseigner les conflits"). Pour terminer cette partie, un texte de Philippe Boulanger sur la fin des conflits ("Géographie de la paix : la prévention et la résolution des conflits").

La seconde partie (Thèmes) explore différents types de conflits, aux enjeux complexes et variés. Sylvain Rode montre que l'eau, si elle cause des conflits, est également source de nombreuses coopérations ("L'eau, entre conflits et coopérations") ; Fabien Guillot analyse un exemple de conflit pour la terre, le conflit israélo-palestinien ("La dimension spatiale des rapports de pouvoir : les conflits israélo-palestiniens pour la terre et l'appropriation") ; Éloïse Libourel interroge la place des hydrocarbures dans les conflits ("Les hydrocarbures, enjeux de conflits") ; Stéphane Dubois explore la thématique des conflits pour l'alimentation ("Les conflits alimentaires : les activités nourricières en ordre de bataille géoéconomique") ; Corinne Flament analyse le lien complexe entre drogues et conflits ("La drogue dans les conflits") ; Serge Weber dresse un tableau particulièrement complet des conflits liés aux frontières ("Les frontières") ; un texte collectif traite ensuite du thème délicat de la relation religions/conflits ("Les conflits religieux : croire et combattre") ; dans un dernier texte, Farid Benhammou interroge quant à lui les liens entre environnement et conflits ("Conflits et environnement").

La troisième partie (Régions en conflits) est consacrée à des textes de réflexion sur les conflits dans différentes régions du monde. Farid Benhammou analyse les conflits au Moyen-Orient ("Une géopolitique du Moyen-Orient : conflits, territoires et sociétés") ; René-Paul Desse et Hector Dupuy proposent une réflexion sur les conflits économiques en Amérique latine ("Intégrations régionales en Amérique latine : territoires en conflits ?") ; Armand Djimet-Baboun propose ensuite une réflexion sur la diversité et la densité des conflits en Afrique subsaharienne ("L'Afrique subsaharienne, théâtre de tous les conflits ?") ; Jean-Sylvestre Mongrenier analyse quant à lui les conflits dans l'ex-URSS ("Les conflits géopolitiques dans l'aire post-soviétique") ; Frank Tétart revient sur la situation de l'Europe ("Conflits en Europe, le réveil post-1989") ; Émilie et Joseph Viney étudient l'Asie ("Les conflits en Asie"). Cette entrée dans la question "Géographie des conflits" par grandes aires géographiques a été complétée par des textes sur d'autres espaces : les pôles, avec Frank Tétart ("Les pôles sont-ils à l'abri des conflits ?") ; les littoraux, avec Anne Cadoret ("Conflits en zones côtières"), l'espace circumterrestre avec Isabelle Sourbès-Verger ("Les conflits dans l'espace circumterrestre").

La quatrième et dernière partie (Acteurs) regroupe trois textes centrés sur trois acteurs différents dans les conflits : l'État ("Le rôle géographique de l'État dans les conflits" – texte de Georges Prévélakis) ; les sociétés militaires privées ("Les acteurs privés et la guerre" – texte de Xavier Renou) et les individus ("Les individus dans les conflits armés" – texte de Charles Tenenbaum).

Les candidats trouveront également en fin d'ouvrage un tableau réalisé par Aurélien Andreu sur les quinze principaux conflits en cours dans le monde en 2011, une bibliographie et un glossaire.

REPÈRES

DE LA GÉOPOLITIQUE À LA GÉOGRAPHIE CRITIQUE : À QUEL PRIX LE CONFLIT PEUT-IL ÊTRE UN OBJET SCIENTIFIQUE ?

Tout rapport de pouvoir est-il une forme de conflit*, dès lors que les interactions sociales ne sont pas un consentement mutuel perpétuel ? Il est difficile de ne pas voir dans la construction de ce terme performatif, qui n'est ni un concept ni une notion scientifique, le résultat d'implicites politiques portés à certains moments par certains milieux scientifiques influencés par les grilles d'interprétation du monde de leur époque (*Weltanschauung*) et l'esprit du temps (*Zeitgeist*), c'est ce qu'impose le souci constructiviste.

Par ses manières d'aborder le conflit, la géographie en dit long sur sa propre histoire. Tout d'abord, cependant qu'émergeait en France l'individu géographique "région" comme cadre des relations homme/milieu, il a fallu des disciplines autonomes, cousines ambitieuses de la géographie, pour s'en emparer : la géopolitique, la science politique, les relations internationales, la géostratégie. Ensuite, dans leur lutte pour faire reconnaître la géographie comme science normale, fondée sur un paradigme positiviste (le "tournant spatial"), beaucoup d'études ont mis les interactions et les formes spatiales à la place des relations conflictuelles entre acteurs, intervertissant "pouvoirs" et "forces". Enfin, le retour du politique en géographie est le fait des courants critiques, qu'il s'agisse du tournant radical après un long silence marxiste, de la géopolitique critique refondée par Yves Lacoste dans les années 1970, ou même d'une approche de la géographie appliquée.

La géopolitique est-elle une discipline ? Son objet peut être résumé comme l'étude des rivalités de pouvoir et d'influence pour le contrôle de territoires et des populations qui y vivent [Lacoste, 2008], quels que soient le niveau de maillage, l'échelon ou la forme des pouvoirs en jeu. Il est difficile de la distinguer de la géographie politique, qui est l'étude des cadres territoriaux du pouvoir, politique ou administratif, dont l'objet est l'organisation des maillages, des frontières ou des circonscriptions électorales. Quoi qu'il en soit, si le conflit est un objet géographique, c'est en géographe averti de la construction épistémologique de cette discipline qu'il faut se poser la question.

Du tragique au conflit de classes : quelques pistes de définition du conflit

• Du conflit au sens large

La tragédie est une expression du conflit, qui a lieu entre les hommes et les dieux, ces derniers infligeant la fatalité, la surpuissance du destin, *fatum* ou *moira*. Le conflit est l'expression d'une inégalité fondamentale au détriment de la justice humaine et de la liberté individuelle. Le tragique est la lutte pour l'affirmation de l'individualité face aux dieux, dont l'issue passe par la mort. Qu'elle soit grecque avec Antigone ou Œdipe de Sophocle, classique avec la fatalité racinienne ou le dilemme cornélien, renouvelée par la lutte des héros et brigands schillériens contre les tyrans, la tragédie témoigne d'un conflit entre différents systèmes de lois ou codes d'honneur incompatibles et irréductibles.

En philosophie, le conflit peut être vu de plusieurs manières. D'abord, il y a le conflit intérieur à la conscience, notamment chez Platon, conflit entre les différentes parties de l'âme, ou chez Descartes, le conflit des passions. Chez Hegel, le conflit peut être vu comme une interaction fondatrice du rapport entre subjectivités. Dans ses pages de la *Phénoménologie de l'esprit* sur la dialectique du maître et de l'esclave, qui restent fondatrices pour bien des études des rapports sociaux, qu'on se réfère à Marx ou à Lacan, le conflit entre deux consciences de soi est une lutte où chacun affronte la peur de la mort et envisage la possibilité de la mort comme unique condition d'émergence de la véritable conscience de soi : ceci propose autre chose qu'une simple résolution du conflit, qui déboucherait sur "l'unité morte" : si les deux consciences périssent, le conflit cesse. Au contraire, dans le rapport dialectique, c'est par le moteur du travail plus que par la force que naissent la reconnaissance de l'autre et l'intersubjectivité.

Dans la grille marxiste d'interprétation des rapports sociaux, c'est également le travail qui est au cœur du rapport de domination, la plus-value étant soustraite par le capitaliste qui possède les moyens de production au travailleur dans le rapport salarial. Ce rapport de force inégalitaire, s'il s'est systématisé au moment de la révolution industrielle avec l'émergence du capitalisme contemporain fondé sur la paupérisation du prolétariat, existe depuis que les fondements matériels des sociétés (les "infrastructures", objets d'une approche matérielle de l'histoire) permettent à certains de vivre et de s'enrichir sur le travail des autres. Le processus d'aliénation, outre qu'il repose sur la soustraction au travailleur de la signification de son travail et de sa propre créativité, puisque la connaissance de la logique du système de production lui échappe (plus encore avec le taylorisme et le fordisme), est généralisé par le fait que tous sont pris dans ces rapports sociaux.

Cependant, ce n'est pas là un déterminisme total : il existe une perspective d'émancipation. Mais cette émancipation ne peut être que le fruit d'une mobilisation collective : elle passe par un conflit de classes, conditionné par la prise de conscience collective par les travailleurs de leur position dans une classe laborieuse exploitée. Ces conflits ont été le moteur de l'histoire, qu'il s'agisse des premières grandes luttes syndicales ou de mouvements révolutionnaires comme la Commune de Paris en 1870, la révolution de 1917 ou la révolution allemande de 1918 (il est à noter que la Révolution française, vue comme révolution bourgeoise, est le résultat d'un conflit entre deux classes dominantes, la bourgeoisie contre la noblesse, pour le contrôle du pouvoir).

Les classes dominantes ont tout intérêt à éviter de tels conflits, c'est là le point essentiel de toute réflexion sur les conflits. Pour résoudre ces conflits et éviter qu'ils ne se reproduisent, les acquis sociaux sont accordés par le patronat aux revendications salariales ou sociales du prolétariat pour garantir une certaine paix sociale. Dans la perspective marxiste, cette paix sociale est profitable aux intérêts des classes dominantes, ce qui explique l'importance de "l'idéologie". L'idéologie n'est pas entendue par Marx comme une théorie politique, elle rassemble des "superstructures" mentales et culturelles variées qui naturalisent l'ordre établi et masquent les rapports de domination d'une classe sur l'autre. En ce sens, l'hégémonie culturelle, développée plus tard par Gramsci, est un instrument de neutralisation des conflits et de conservation de la suprématie d'une minorité dominante sur le reste de la société.

• Le conflit comme objet d'étude : le prix de la lutte entre ou contre des pouvoirs

Ce très rapide coup d'œil sur différentes approches du conflit révèle quelques éléments de définition : le conflit suppose d'affronter la peur de la mort, il est intrinsèque aux relations sociales, il est inévitable si l'on cherche à abandonner les illusions de l'immanence d'une unité harmonieuse parfaite, il constitue une expérience dynamique menant à l'émancipation, individuelle ou collective, il est une des clefs de la construction de soi et de l'interaction entre sujets.

Quelle distinction faire entre conflit et domination ? Les deux sont intimement liés : beaucoup de conflits sont générés par la rivalité, la compétition et la confrontation entre deux entités dominantes concurrentes, groupes sociaux, individus ou instances politiques, pour le contrôle du pouvoir : qu'on pense à la guerre franco-prussienne de 1870, aux guerres entre puissances coloniales pour le contrôle de territoires outre-mer ou à la guerre Iran/Irak, mais aussi aux rivalités entre bourgeoisie et aristocratie. Inversement, le conflit est une résistance de groupes ou d'individus opprimés contre leur oppresseur, une lutte contre l'injustice subie. Cependant, le souci de conservation et de reproduction du capital ou du pouvoir peut mener à afficher, par des moyens de propagande active ou par des mécanismes subtils et discrets d'hégémonie culturelle, une unité harmonieuse masquant ou désamorçant les résistances et les oppositions conflictuelles. Tous les discours d'union nationale, d'unité face à un danger extérieur, au risque ou à un ennemi commun ont pour effet de délégitimer les rivalités internes entre groupes sociaux et les revendications de certains : des pacifistes avant 1914 face à la menace de la guerre, des anticolonialistes ou antiracistes face à la menace terroriste, des partis communistes face au danger de contamination soviétique, des syndicats ouvriers face à la fatalité de la mondialisation… À ce titre, des thèmes aussi vagues que fédérateurs comme le risque environnemental, la mondialisation ou l'insécurité peuvent être vus comme une manière d'escamoter les injustices et d'aplanir les résistances, donc d'éviter des conflits sociaux. Le courant géographique récent de la justice spatiale offre à ce titre des vues pertinentes [Moreau et Gardin, 2010].

Quelle place faire à la mort dans le conflit ? Si l'on considère qu'affronter la peur de la mort est un critère de définition, alors on peut affirmer qu'il y a conflit lorsque *le corps* est mis en jeu et que son intégrité est menacée si les choses tournent mal : descendre dans la rue, être enrôlé dans l'armée, recevoir ou infliger coups, blessures et mutilations, défendre son accès à un puits d'eau. L'issue du conflit a donc un prix, élevé, celui du corps.

Pour distinguer le *conflit* de la simple *tension*, en reprenant les travaux fondateurs de sociologues comme Georg Simmel ou Alain Touraine, on insistera sur le fait que le conflit est une situation d'opposition frontale, qui suppose un *engagement crédible*, qui consiste à fournir un *signal clair* aux autres parties et à *se contraindre soi-même* à s'engager. Cet engagement implique un *coût*, monétaire, hédonique et symbolique (somme engagée, partage d'information) et se manifeste de différentes manières : recours en justice, publicisation devant les instances, médiatisation, voies de fait et confrontation verbale, production de signes (barrières, panneaux, clôtures). Dans cette perspective, le conflit n'est pas une entrave au développement mais bien une modalité de construction du lien social [Torre *et alii*, 2006].

L'émergence de la géopolitique : occulter le conflit pour justifier le nationalisme et le colonialisme

La géopolitique émerge comme sous-discipline quasi académique entre la fin du XIXe et le début du XXe siècle en Allemagne et dans le monde anglo-saxon. On peut retenir deux points communs entre les fondateurs de cette famille de pensée : une formation positiviste en sciences naturelles qui les a orientés vers un darwinisme social et une pensée de l'État comme organisme vivant (le contrôle du territoire prenant alors place dans une sorte d'écologie ou d'éthologie) ; un engagement actif dans la construction d'une science nationale et nationaliste par le biais d'un projet colonialiste et impérialiste d'appropriation du monde.

• Naturalisme, expansionnisme, nazisme : le problème scientifique allemand

Friedrich Ratzel (1844-1904), docteur en zoologie, vient à la géographie au moment de la naissance du deuxième Reich, en 1871, et devient à l'université de Leipzig une figure institutionnelle dominante par le biais des sociétés de géographie et de la société coloniale allemande, très impliquées dans les explorations et le projet colonial [Korinman, 1983]. Fondateur de la géographie humaine par son *Anthropogeographie* (1882-1891) qui n'envisage le cadre physique des sociétés humaines qu'au second plan, il produit une théorie – qu'on qualifierait aujourd'hui d'écologique – de l'État à travers l'espace de vie (*Lebensraum*) associant par exemple vigueur démographique et expansion territoriale au détriment des États plus faibles, dans *Politische Geographie* (1897). En cela, il s'inspire, en traversant allègrement les frontières épistémologiques et méthodologiques, de la théorie de la sélection naturelle de Darwin.

Le biologiste allemand Ernst Haeckel (1834-1919), à qui l'on doit le terme "écologie", avait déjà avancé l'idée que la politique était une forme de biologie appliquée, tout en fondant une vision raciste de l'humanité sur des critères biologiques. Il ne faut pas oublier que cette période était très marquée par un puissant courant scientiste et libre-penseur, dont la croyance dans le progrès de la science justifiait des extrapolations théoriques globalisantes dans beaucoup de domaines. Cela pourrait passer aujourd'hui pour anecdotique si beaucoup de ces penseurs allemands (même certains pacifistes) n'avaient exprimé clairement leur nationalisme en 1914 dans le *Manifeste des 93* défendant le bon droit de l'armée allemande dans son invasion de la Belgique, ou encore si les théoriciens nazis n'avaient plus tard puisé à leur guise dans ce vivier pseudo-scientifique mais réputé respectable.

Parallèlement se développe le pangermanisme à partir de 1890 à travers la Ligue pangermanique, qui défend l'idée de *Volkstum* (esprit du peuple) catalyseur des ambivalences du mot *Volk* (peuple ou race) tel qu'il avait été employé par la plupart des penseurs des Lumières (Herder, Fichte, Hegel ou Schelling). La pureté biologique, le sang, la communion spirituelle peuvent dans cette perspective être vus comme les fondements de l'État-nation. Avec la proclamation du droit des peuples à disposer d'eux-mêmes par la SDN après la Première Guerre mondiale, le pangermanisme pouvait instrumentaliser plus avant la géopolitique de Ratzel, qui avait pourtant prôné un expansionnisme colonial en Afrique (la *Mittelafrika*) plutôt que des conquêtes européennes.

La géopolitique s'institutionnalise avec la création de la revue *Zeitschrift für Geopolitik* en 1924 par Karl Haushofer (1869-1946), professeur de géographie à l'université de Munich, à qui l'on doit la théorie du *Lebensraum* comme espace vital, complétée en 1912 par Friedrich von Bernhardi qui désigne l'Europe de l'Est (la *Mitteleuropa*) comme espace "naturel" d'expansion germanique. Ces idées impérialistes sont associées dès 1923 dans un vaste travail de légitimation scientifique de l'expansionnisme et du racisme nazi avec la *Stiftung für Volks- und Kulturbodenforschung* (fondation pour la recherche sur le territoire ethnique allemand – *Volksboden* – et la zone de culture allemande – *Kulturboden*). C'est vraisemblablement le nazi Rudolph Hess, ancien élève de Karl Haushofer et nouveau directeur de la revue *Zeitschrift für Geopolitik*, qui inspire à Hitler sa théorie du *Lebensraum* développée dans *Mein Kampf* en 1925, glorifiée en 1926 dans *Volk ohne Raum* (*Peuple sans espace*) de Hans Grimm.

• *Sea power*, *heartland* et *containment* : la "science" anglo-saxonne de l'hégémonie

Le géographe britannique Harold J. Mackinder (1861-1947) est l'autre fondateur de la géopolitique. Lui aussi formé aux sciences naturelles et à la géologie, il considère que la géographie humaine doit être étudiée comme la physique. Lui aussi explorateur et voyageur, il introduit et institutionnalise la géographie à Oxford, tout en poursuivant une carrière politique de député conservateur à la Chambre des communes. Sa théorie géopolitique du monde (aussi facile à comprendre par des états-majors que la théorie allemande), divise le monde en douze douzièmes : neuf sont représentés par "l'océan mondial", deux par le *heartland* ("l'île mondiale" ou "cœur", Europe, Asie et Afrique) et un par les *outlying islands* (les "îles périphériques", Amérique et Australie). Ces trois parties du monde sont, dans son esprit, là pour être contrôlées par qui souhaite contrôler le monde, à commencer par l'île mondiale, "pivot géographique de l'histoire" (titre de son article de 1904) : on ne saurait plus explicitement affirmer la visée hégémonique de ce qu'il appelle "géostratégie" pour ne pas risquer d'être confondu avec ses rivaux géopoliticiens allemands.

Ce n'est donc pas un hasard si Mackinder pointe l'Europe du milieu, entre *Mitteleuropa*, Sibérie et Moyen-Orient, comme instrument primordial de la puissance alors que la Grande-Bretagne, qui avait jusqu'alors suivi une géopolitique maritime, commerciale et financière (le *sea power*) dans son projet impérialiste, devait encore éliminer quelques concurrents pour un contrôle hégémonique du monde entier.

Cette puissance maritime n'a cessé d'intriguer les stratèges des États-Unis, qui voulaient l'imiter, voyant d'un bon œil la formation d'une école américaine de géopolitique dont les deux figures principales sont Alfred Mahan et Nicholas Spykman. L'amiral et historien américain Alfred Mahan (1840-1914) a apporté sa pierre à l'édifice (*The influence of Sea Power upon History, 1660-1773*, 1890) : il démontre qu'une puissance ne peut contrôler le monde qu'en disposant de cinq éléments (le commerce extérieur, la marine marchande, la marine militaire, des bases maritimes et un empire) – en cela il a vivement incité les États-Unis à se choisir une zone d'influence coloniale. Très écouté, en particulier par le président Théodore Roosevelt, A. Mahan a été sans doute un des théoriciens de géopolitique opérationnelle les plus efficaces – sans oublier pour la petite histoire qu'on lui doit l'expression "Moyen Orient". Le journaliste Nicholas Spykman (1893-1943) reprend les vues de Mackinder à ceci près que les espaces stratégiques à contrôler en priorité sont ce qu'il appelle le *rimland* ("anneau" ou "bord des terres"), espaces littoraux comme la Grande-Bretagne, le Japon, les îles de la Sonde, à la jointure du *heartland* et des *outlying islands*. Cette géopolitique, qui a servi à contenir la propagation du nazisme en dehors du *heartland* pendant la guerre, est à l'origine de la théorie du *containment* ("endiguement") qui domina la géostratégie américaine soucieuse d'empêcher l'expansion du communisme dans les pays situés entre les deux blocs – justifiant ingérence militaire et soutien à des dictatures capitalistes.

• Après 1945 : plus jamais ça ? Refoulement et retour du refoulé

Vu la gravité de l'apport indirect de la géopolitique allemande au reste du monde, il n'était plus question d'entendre parler de ce courant après 1945 : la géopolitique fut bannie des sciences humaines et sociales.

Il y avait certes eu des ouvrages de géopolitique autres qu'allemands et anglo-saxons qui n'avaient ni visée hégémonique ni fondement nationaliste, mais ils sont restés longtemps méconnus. Élisée Reclus (1830-1905), qui n'était pas universitaire ni coutumier du terme "géopolitique", banni des institutions parce que communard et anarchiste, est sans doute le père d'une géographie critique du pouvoir, toujours attentif aux systèmes politiques et aux contre-pouvoirs. Le géographe Jacques Ancel (1882-1943), fondateur de la géopolitique en France, a étudié avec beaucoup de finesse la question d'Orient, les Balkans ; on lui doit deux ouvrages essentiels, *Géopolitique* (1936) et *Géographie des frontières* (1938) ; c'est lui qui fonde en France le premier cours de géopolitique – à l'extérieur de l'université cependant, à la fondation Carnegie – alors que sa carrière est brisée par les lois antisémites sous l'occupation.

La polémologie, quant à elle, est une "science de la guerre" fondée en 1945 par le sociologue français Gaston Bouthoul, qui tente d'analyser objectivement les guerres présentes et passées en croisant de multiples faisceaux de causalités et de contextes, en particulier démographiques et environnementaux. Ce courant, très minoritaire, trouve son pendant en Norvège avec la "science de la paix" (*peace research*) de Johan Galtung.

La géographie des années 1950 et 1960 a évolué dans le sens contraire : voulant confirmer sa scientificité et son "indiscutabilité" [SUBRA, 2008], elle s'est inspirée du structuralisme et du positivisme pour chercher des lois de l'espace, permettant de généraliser des champs de force, des interactions spatiales comme la gravitation, la polarisation, la diffusion. Tous les géographes quantitativistes n'ont pas eu la préoccupation de croiser les causalités pour y intégrer les rapports de domination, à quelques exceptions près [PUMAIN, SAINT-JULIEN et VIGOUROUX, 1983].

La doxa militaire des conflits a cependant survécu à la Seconde Guerre mondiale, jusqu'à envahir le débat public, s'inspirant de la théorie réaliste de l'État et de la guerre, dans la lignée de Hobbes. Elle est portée par des "intellectuels organiques de la défense et de l'armement" [GALY, 2001] et continue, comme s'il ne s'était rien passé, à faire une géographie de la puissance pour les états-majors dont le maître mot est l'endiguement. La fin de la bipolarité et la chute du bloc soviétique ont ouvert la voie à des théories conservatrices et néoculturalistes du nouvel ordre mondial (Francis Fukuyama, André Glucksmann, Robert Kaplan, Samuel Huntington), oscillant entre une homogénéisation des conflits par l'hyperpuissance américaine et ses relais occidentaux et un messianisme de "l'anarchie à venir" ou du "choc des civilisations", qui proposent une vision extrêmement réductrice et réactionnaire de l'Occident (les États-Unis) et des autres civilisations (l'Islam en tant que "nouvel ennemi global") [GALY, 2001].

On peut lui opposer une vision idéaliste-libérale héritière des vues du président Wilson, de la SDN et de l'ONU, cherchant à résoudre les conflits par la prévention, la coopération et le droit international, qui, pour être humaniste (et servant de référence à l'action et à la production de savoir humanitaire), n'en demeure pas moins utopiste, dans la lignée de l'universalité et d'une paix mondiale inspirées par Kant et Hegel. Elle est à l'origine de la développementalisation et de l'humanitarisation des rapports de pouvoirs, dont la géographie critique est un thème aujourd'hui porteur, notamment dans la corne de l'Afrique [THIOLLET, 2009].

De la nouvelle géopolitique à la géographie critique : la construction du conflit comme objet scientifique

On peut retenir deux objets principaux de la géographie aujourd'hui sous le vocable conflit : les conflits post-modernes et les conflits d'aménagement.

• La géographie face aux nouvelles formes de conflits : la post-modernité en question

La refondation de la géopolitique par Yves Lacoste en 1976 avec le lancement de la revue *Hérodote* est une étape fondamentale dans l'étude des conflits. Ouvert à l'interprétation marxiste, empirique et anticolonialiste, Yves Lacoste prouve que la géographie n'est pas une "science réactionnaire", et que l'étude critique du pouvoir peut en faire une science progressiste [LACOSTE, 2008]. Sa décision est liée à une position plutôt combattante et à un engagement sur le terrain au Burkina Faso puis au Nord-Vietnam en 1972, qui lui a donné l'occasion de dénoncer "l'affaire des digues" (les bombardements américains ciblaient les digues pour inonder les plaines environnantes et affaiblir la population – v. Conflits et environnement) à propos des bombardements américains et eut immédiatement un retentissement international. Ses mises en garde sur le choix de l'échelle d'analyse des conflits, sur les intérêts en jeu, les tactiques discrètes et consensuelles, la production des données et des cartes, notamment autour du conflit Israël-Palestine, en font avant tout un géographe critique, qui s'oppose à toute définition traditionnelle de la géopolitique (notamment dans son ouvrage fondateur, *La géographie ça sert d'abord à faire la guerre*). Ses successeurs, dont Béatrice Giblin ou Barbara Loyer, ont approfondi ce champ en interrogeant les échelles régionales [GIBLIN, 2005], la question de l'environnement et des ressources naturelles, ou encore la question féministe comme révélateur des rapports de domination [LOYER, 2010].

Il est à noter que certains politistes, à commencer par Didier Bigo, ont développé un mouvement critique de la géopolitique des conflits, notamment au Centre d'études sur les conflits, qui édite la revue *Cultures et conflits*, laquelle propose des approches originales sur les conflits post-modernes (surveillance, suspicion, privatisation de la coercition, fichage et profilage numériques).

Les conflits prennent en effet aujourd'hui des formes variées : terrorisme international, prises d'otages, mafias, violences liées à l'industrie de la drogue (v. La drogue dans les conflits), flux financiers criminels, guérillas et, à l'opposé, mouvements transnationaux de résistance. Il est difficile de dénommer et de délimiter ces formes post-modernes de conflits en réseau, "guerres fauves", "zones grises", "conflits* fluides" [Lebœuf, 2005], ou avec Roger Brunet, "antimondes" [Houssay-Holzschuh, 2007].

Pour les comprendre et les analyser, il faut adopter une démarche *constructiviste*, s'appuyant sur la sociologie de l'État et du politique (v. Le rôle géographique de l'État dans les conflits), s'intéressant aux positions sociales, habitus et intérêts des groupes au pouvoir, même si beaucoup reste à faire dans ce domaine. Une approche *post-coloniale* est aussi indispensable, pour analyser les continuités dans la prédation, l'exploitation et la violence d'État ; ainsi, du néocolonialisme* au *black colonialism*, on peut comprendre les processus de captation du pouvoir et d'accaparement des ressources à partir de cas comme le Liberia, la Sierra Leone ou l'Angola [Galy, 1998] (v. L'Afrique subsaharienne, théâtre de tous les conflits ?). Une approche *matérialiste* et mise en perspective historique permet également de prendre ses distances face à des généralisations abusives sur la culturalisation des conflits, en déconstruisant l'ethnicité dans les conflits post-bipolaires [Amselle, 1985 ; Bigo, 1993], en particulier les conflits dits "de basse intensité" (à base communautaire ou ethnique), dans la mesure où l'ethnicité est constamment réagencée, les mobilisations identitaires se réorganisant en fonction des intérêts en jeu [Badie, 1995]. L'approche diasporique des migrations internationales permet aussi de comprendre la transnationalisation des conflits dans le cas de minorités opprimées et poussées à l'exil, par exemple pour les Kurdes ou les Tamouls, qui peuvent organiser la lutte à distance, selon la théorie du *long distance nationalism* proposée par des sociologues comme Nina Glick-Schiller. L'instrumentalisation des médias dans ces différents conflits "fluides" est un élément essentiel : l'enjeu du conflit pour les groupes minoritaires est souvent moins la victoire militaire que la *reconnaissance*.

L'organisation des mouvements sociaux de résistance et de contestation est également un champ émergent de recherche en géographie, qu'ils soient locaux, nationaux ou transnationaux [Ripoll, 2005 ; Thiollet *et alli*, 2005].

• Les conflits d'aménagement : une réaffirmation de l'approche critique face à la géographie appliquée

Comme le rappelle Philippe Subra, la géographie est réticente à envisager les enjeux conflictuels de pouvoir dans l'aménagement et l'urbanisme, à la différence des aménageurs eux-mêmes, qui les vivent à chaque étape de leur travail [Subra, 2008]. Certains aménagements ont une portée géopolitique liée à l'arrimage d'un territoire à celui de la puissance qui l'occupe, comme la construction de la voie ferrée Pékin-Lhassa (capitale du Tibet – v. Les conflits en Asie) ou le tramway à Jérusalem-Est, partie originellement arabe de la ville. Mais pour l'essentiel, les conflits d'aménagement sont des conflits d'usage, des conflits de voisinage et des conflits d'appropriation. Les travaux pionniers, dans le sillage d'Yves Lacoste et de l'Institut français de géopolitique de l'université Paris-8, sont ceux de Béatrice Giblin sur la géopolitique du Nord-Pas-de-Calais [Giblin, 1990], Philippe Subra sur la reconversion du Valenciennois [Subra, 1996], Guillaume Bouvier sur la distribution d'électricité [Bouvier, 2003] ou Guillaume Faburel sur le voisinage des aéroports [Faburel, 2000]. On mentionnera par ailleurs le travail de Fabrizio Maccaglia sur les services techniques urbains à Palerme, qui révèle l'implantation de la mafia dans les marchés publics et les instances décisionnelles [Maccaglia, 2009], les travaux de Jérôme Tadié sur la violence à Jakarta [Tadié, 2006], de Claire Bénit ou Philippe Gervais-Lambony sur les politiques urbaines en Afrique du Sud [Bénit et Gervais-Lambony, 2003] ou de Cynthia Emelianoff sur les questions d'environnement dans les conflits d'aménagement [Emelianoff, 2007]. Ces études récentes intègrent des transformations comme la *décentralisation*, qui transfère des conflits de pouvoir à tous les échelons administratifs, les *partenariats public/privé* et les *mouvements collectifs* contestant les opérations d'aménagement, par des militants écologistes ou par des riverains, qu'ils soient nimbies*, gentrificateurs* ou ouvriers [Appert, 2010]. On peut distinguer trois types de conflits d'aménagement : contre la destruction d'un aménagement existant, pour réclamer un aménagement ou pour rejeter un projet en cours. Le conflit s'est banalisé, il donne lieu à des recours et des contentieux juridiques, des opérations de médiatisation et de visibilisation (changeant souvent d'échelle ou de thématique pour sensibiliser l'opinion), des marquages matériels de l'espace (barrière, affiche), des luttes verbales ou des violences physiques, notamment dans les manifestations. L'enjeu est pour l'essentiel l'appropriation d'un territoire (v. La dimension spatiale des rapports de pouvoir), qui se fait par l'usage et qui met en jeu les représentations, implicites et collectives dans certains cas, construites et "communiquées" par les acteurs dominants habitués à la communication d'influence [SUBRA, 2008].

Dans tous les cas, il est intéressant de constater que ces travaux sur l'aménagement sont plus librement critiques, radicaux et conscients des enjeux sociaux que beaucoup de travaux de géographes, qui se défient encore de la grille d'analyse marxiste, du moins en France. Les études de David Harvey sur des conflits d'aménagement comme celui à New York de Tompkins Park, évacué des marginaux et sans-abri qui se l'étaient approprié [HARVEY, 2008].

Le conflit peut être un objet scientifique de la géographie, mais au prix d'un certain nombre de précautions. Il faut tout d'abord se méfier de la segmentation infradisciplinaire : les champs dissidents comme la géopolitique traditionnelle ont montré leur proximité avec le pouvoir en place et leur fragilité scientifique. Si Yves Lacoste et ses collègues de Paris-8 ont "refondé" la géopolitique, c'est avant tout en géographes critiques dont l'objet est le pouvoir, pour se démarquer d'une géographie quantitative et dépolitisée qui a été le courant dominant jusqu'aux années 1980. La géopolitique, pas plus que la géographie politique, ne sont des disciplines à part entière : aucune démarche géographique ne saurait aujourd'hui éviter la question du pouvoir, de la domination et des contre-pouvoirs. Ensuite, il faut accepter que la géographie intègre d'autres grilles d'interprétation, du marxisme à la déconstruction post-moderne en passant par l'interactionnisme, les études post-coloniales ou féministes, ce qui lui permettra d'interroger aussi bien les processus de domination hégémoniques que les dérives essentialistes, culturalistes ou ethnicistes. Enfin, il faut confronter géographie académique et géographie appliquée : l'aménagement étant un laboratoire de conflits, c'est à la géographie d'y porter un regard critique plutôt que d'y voir un pur savoir technique englobant et consensuel.

CARTES ET CONFLITS

La carte est un modèle iconique, c'est-à-dire une représentation simplifiée du réel qui utilise un langage graphique spécifique, défini par des conventions. Cette représentation offre le "modèle réduit" d'une portion de l'espace terrestre, de sorte qu'il devient facile de visualiser un ensemble trop vaste pour être perçu par le regard. Mais la carte produit également un discours qui assigne aux objets des valeurs et leur confère une matérialité dont ils ne sont pas toujours intrinsèquement porteurs (les cartes politiques tracent les frontières* – v. Les frontières – comme des limites* nettes là où il n'y a pas toujours sur le terrain de véritable césure, mais des gradients*...). En ce sens, la carte est aussi une perte : elle simplifie, elle ne retient que certaines informations en fonction du message qu'elle veut transmettre.

Parce qu'elles sont porteuses de sens voire de discours sur l'espace, parce qu'elles sont liées à l'appropriation territoriale, parce qu'elles donnent à voir des éléments non consensuels, les cartes peuvent être objets et vecteurs de conflits*. Elles ont un rôle important dans les guerres*, comme éléments du conflit, instruments pour les armées et comme documents de référence dans les traités de paix. Elles sont aussi objets de débats entre acteurs dès lors qu'elles institutionnalisent un maillage, qu'elles matérialisent une contrainte. Dès lors, entre support d'une information sur l'espace et discours porteur de sens, comment comprendre la place des cartes dans la genèse, le déroulement et le règlement des conflits ?

Les cartes, ça sert à faire la guerre ?

Dans les conflits, de quelque nature qu'ils soient, les cartes sont utilisées comme supports pour localiser les enjeux, positionner les forces, analyser les caractéristiques du terrain, déterminer stratégies et plans d'attaque... Elles permettent avant toute chose de connaître le territoire*, de se l'approprier militairement ou symboliquement, puis de le défendre.

• La carte, outil de connaissance et d'appropriation du territoire

Les premières cartes connues étaient destinées à fixer et à transmettre une connaissance sur le monde. La plus ancienne est une carte chinoise datant d'environ 2100 avant J.-C. Sous la dynastie des Han (dès le IIIe siècle av. J.-C.) apparaissent des cartes topographiques à l'échelle [Black, 2004]. Celles-ci sont utilisées pour transmettre au souverain la connaissance de son empire, afin qu'il puisse en garantir le contrôle. De même, Louis XV, désireux d'asseoir son pouvoir sur l'ensemble du territoire et de mieux le connaître, charge César-François Cassini, astronome, de lever une cartographie précise du Royaume de France. Cette tâche s'étale sur plusieurs décennies et est achevée par Jean-Dominique Cassini, son fils. Quoique la tradition des "cartographes du Roi" soit ancienne, c'est donc au XVIIIe siècle que la première cartographie exhaustive du royaume de France est réalisée, marquant la propriété royale sur des provinces dont le statut était souvent récent et fixant le tracé des frontières avec les autres royaumes européens. Tracer les cartes, c'est faire l'état de ses possessions, dessiner le monde.

Si aujourd'hui cette préoccupation semble secondaire en cartographie, elle a longtemps été centrale. En effet, à l'époque des Grandes Découvertes, les ateliers de cartographie des grandes puissances maritimes européennes traçaient les contours de terres nouvellement conquises ou abordées par les navires. Certaines, les portulans*, donnaient également des indications précieuses à la navigation. Ces cartes essayaient également de rendre compte avec la plus grande précision des courants, des passages dangereux, des récifs à l'attention des navigateurs. Ces informations étaient de la plus haute importance dans la concurrence entre les royaumes pour la conquête de nouveaux ports de commerce. Les cartes étaient donc tenues secrètes et l'on diffusait même de fausses cartes à l'adversaire, comme le narre Erik Orsenna dans *L'Entreprise des Indes* [Orsenna, 2010].

Connaître l'espace et savoir le dessiner est donc un enjeu majeur pour les puissances qui cherchent à constituer leur territoire. La carte est un instrument de connaissance du territoire. C'est un outil au service de la défense ou de la conquête d'un espace.

• De la carte d'état-major au GPS, évolution de la cartographie, évolution des conflits

Au fil des siècles, les conflits et leurs enjeux évoluent, faisant évoluer également les techniques cartographiques. Au XIXe siècle se développent les cartes d'état-major, dont le but est de couvrir l'ensemble du territoire national, à grande échelle (en France, 1/80 000e pour les premières), afin de donner une connaissance précise du terrain et de sa morphologie aux officiers.

1871 : la France a perdu la guerre contre la Prusse. L'idée se répand que l'une des causes fondamentales de la défaite est le retard français en matière de cartographie. Là où les officiers prussiens disposaient de relevés cartographiques plus précis et surtout étaient formés à la lecture et à leur interprétation, les officiers français avaient des cartes peu précises, issues des travaux lancés en 1818, et ne savaient que très mal les exploiter. À l'issue de cette défaite, l'enseignement de la géographie a été inscrit à part entière et les cartes ont fait leur apparition dans les salles de classe et les manuels. Par la suite, la Première Guerre mondiale a été un puissant facteur de modernisation de la cartographie de la France. Une série de cartes à plus grande échelle des zones de combat (1/20 000e à 1/5 000e) est produite par le Service géographique de l'Armée, avec un code de couleurs ou le bleu signifie les installations amies, le rouge les installations ennemies et où le restant des informations apparaît en noir.

L'Institut géographique national (IGN) est également le produit d'une guerre : dernière institution créée par la Troisième République, il remplace le Service géographique de l'Armée en juin 1940. Son rôle durant la guerre témoigne de l'importance des cartes dans le déroulement du conflit. En effet, des employés de l'IGN, engagés dans la Résistance, se mettent au service des Alliés et font même parvenir à Londres un jeu de cartes couvrant la France et l'Afrique du Nord. Ce n'est qu'après la guerre que ses activités deviennent exclusivement civiles, les cartes militaires étant confiées à une Section géographique de l'état-major des armées.

Aujourd'hui encore, les technologies les plus perfectionnées de géolocalisation sont le fruit de développements militaires. En effet, le GPS (système de positionnement global) est issu du programme de défense stratégique des États-Unis dans les années 1960. Lors de sa mise à disposition des civils dans les années 1980, le GPS conservait une précision bien inférieure à la technologie extrêmement pointue dont disposait seule l'armée américaine. Ce brouillage de certains signaux en faisait donc un instrument militaire stratégique.

• La carte, garante de légitimité dans les conflits

Dans un conflit, avant même qu'il ne se transforme en guerre, les forces en présence expriment des revendications et essaient de les marquer du sceau de la légitimité, afin de s'attacher des alliés. La carte est alors un support important. Par exemple, dans le cas de revendications territoriales, elle permet d'invoquer des frontières qualifiées de "naturelles". Le tracé d'un fleuve, la ligne de crêtes d'un massif deviennent alors des bornes incontestables d'un territoire. Pourtant, rien n'est moins contestable. Pourquoi ces éléments de reliefs seraient-ils plus significatifs que la culture, la langue, les aspirations des peuples ? Ils ont la grande force d'être facilement identifiables sur la carte et constituent par conséquent des points d'appui pour la négociation.

La carte est d'ailleurs un enjeu primordial des règlements de paix. C'est elle qui sert de base à la discussion des traités. Ainsi, une caricature de 1945, publiée au moment de la conférence de Yalta, montre Staline, Churchill et Roosevelt debout autour d'une carte, se partageant l'Europe. Au-delà de la dimension symbolique que cette image revêt, elle pointe une réalité : c'est concrètement sur des cartes que les tracés de frontières sont d'abord décidés et dessinés, avant d'être matérialisés sur le terrain.

Les frontières africaines sont par exemple le résultat d'arbitrages entre les métropoles coloniales qui se sont accordées sur de grands espaces de souveraineté. Elles sont donc issues de traités signés entre Européens, tenant compte des intérêts des puissances, mais non des aires culturelles ou pastorales sur les territoires concernés. C'est ainsi que la carte de l'Afrique est aujourd'hui parcourue de frontières rectilignes dont les États s'accommodent mais qui n'ont pas été négociées sur le terrain (v. L'Afrique subsaharienne, théâtre de tous les conflits ?). Or si les tracés n'ont pas fait l'objet de guerres lors des indépendances, c'est paradoxalement en raison de leur caractère potentiellement conflictuel. En effet, conscients du danger qu'une remise en cause de tracés ferait courir au continent, les États membres de l'Organisation de l'unité africaine (OUA), fondée en 1963, ont décidé d'un commun accord que les frontières, quoique contestables, ne devaient pas être remises en cause, adoptant de ce fait le principe d'intangibilité des frontières. Les cartes issues des Empires coloniaux des XIXe et XXe siècles sont donc des objets de conflits potentiels que la communauté des dirigeants africains s'accorde jusqu'à ce jour pour désamorcer.

Ainsi, en plus d'être un outil de connaissance et d'appropriation du territoire, les cartes jouent un rôle clef dans les conflits. En retour, ceux-ci sont des facteurs puissants d'évolution de la cartographie car ils font évoluer les techniques, mais aussi les objectifs de la production de cartes. Leur rôle de légitimation politique est de plus en plus affirmé. De ce fait, elles sont également de plus en plus souvent elles-mêmes sources de conflits.

La carte, un discours conflictuel

La carte a toujours un auteur. La manière dont elle est élaborée dépend de ce que le cartographe, et derrière lui bien souvent l'autorité politique, veut mettre en avant. Comme expression d'un point de vue, elle tend à imposer une vision du monde singulière, qui peut être objet de conflits.

• La carte, un discours en actes

Les cartes sont conflictuelles dans la mesure où elles expriment un point de vue chargé particulier. La propagande utilise ce support comme vecteur d'une idéologie. Durant la guerre froide, nombreuses ont été les cartes diffusées pour stigmatiser l'URSS comme monstre agresseur de l'Europe, ou à l'inverse les États-Unis comme pieuvre jetant ses tentacules sur le Vieux Continent. De même, l'Allemagne nazie a diffusé des cartes reprenant les frontières du traité de Versailles, en modifiant la légende pour faire des pays voisins les "bénéficiaires du Diktat", représentés en rouge vif tandis que "l'espace allemand résiduel" est en noir [LÉVY J., 2004]. La carte est ici instrumentalisée comme arme idéologique dans des conflits.

Pour échapper au soupçon de partialité et se donner une plus grande légitimité, la cartographie se revendique donc d'une sémiologie graphique universelle. La précision s'est accrue, les figurés symboliques ont pris la place des dessins, les représentations cartographiques se sont homogénéisées. Le document se veut fidèle, incontestable, normé. Les cartes deviennent alors partie intégrante du registre de la preuve. Les plans cadastraux font par exemple figure de document intangible dans les conflits de voisinage. Le plan, supposé exact, est considéré comme une preuve plus pertinente que la présence d'une borne sur le terrain, placée à partir du plan. Le régime du relevé topographique donnant lieu à la cartographie est donc inversé.

La carte est donc toujours en tension, entre le discours qu'elle porte – générateur de conflits – et son ambition d'objectivité – permettant d'apaiser les tensions. Malgré tout, elle reste un discours sur le monde, l'expression de choix.

• Dire ou ne pas dire, cartographier ou ne pas cartographier

À la réalisation d'une carte – de quelque type que ce soit –, des choix sont faits sur les objets représentés (étant entendu qu'une carte n'est jamais exhaustive), l'échelle, les figurés, la hiérarchisation des données. Ces choix répondent à des considérations stratégiques.

La carte dit des choses, mais en tait d'autres, qui ne sont identifiables qu'en creux, ou invisibles. Sur les cartes topographiques françaises, les emprises militaires ne sont pas indiquées comme telles (les ports militaires de Brest et Toulon sont laissés sans indication ; dans sa dernière édition, la légende de la carte de Brest masque même une partie des installations). De même, à l'heure où les photographies aériennes géoréférencées sont en libre accès sur Internet avec des outils comme Google Earth, certains États, comme les États-Unis, interdisent la publication des images des lieux sensibles ou en réduisent la résolution. Mais là encore, ces "blancs" dans la couverture traduisent la présence d'un enjeu important, comme par exemple les sites abritant des armes atomiques.

Les choix de représentation cartographique traduisent les enjeux de la conflictualité. Ils sont en effet le fruit de choix stratégiques de la part d'une puissance. Par conséquent, ils peuvent également nourrir des conflits. En effet, le discours véhiculé par la carte n'est jamais neutre. Dès lors, la question est de savoir en quoi la carte constitue un objet privilégié des conflits.

La territorialisation par la carte, cristallisation des objets de conflit

Le message transmis par la carte apparaît avec la rigidité de l'écrit, de l'intangible. Son caractère visuel renforce cet effet persuasif. Ce pouvoir de localisation qui fige les choses – lieux, étendues, tracés – et les met à disposition du plus grand nombre participe de la création de territoires, par l'imposition de limites qui sont une forme d'appropriation de l'espace.

• La carte : une territorialisation conflictuelle

Tracer une carte, c'est établir des limites, leur donner force de loi, donc définir un territoire juridiquement borné ou un périmètre administratif. C'est ainsi que les documents administratifs, les règlements, les traités sont accompagnés de cartes, établies à l'issue d'une négociation, dont la fonction est de donner à voir un territoire et des frontières. Mais en rendant ces bornes manifestes, la carte les soumet aussi à une possible contestation, donc au risque de conflits.

À l'échelle locale, l'adoption de documents réglementaires fondés sur la cartographie d'un processus donné dans un espace donné témoigne de cette conflictualité issue de la carte.

LA CARTE D'ISRAËL : REDESSINÉE AU FIL DES CONFLITS

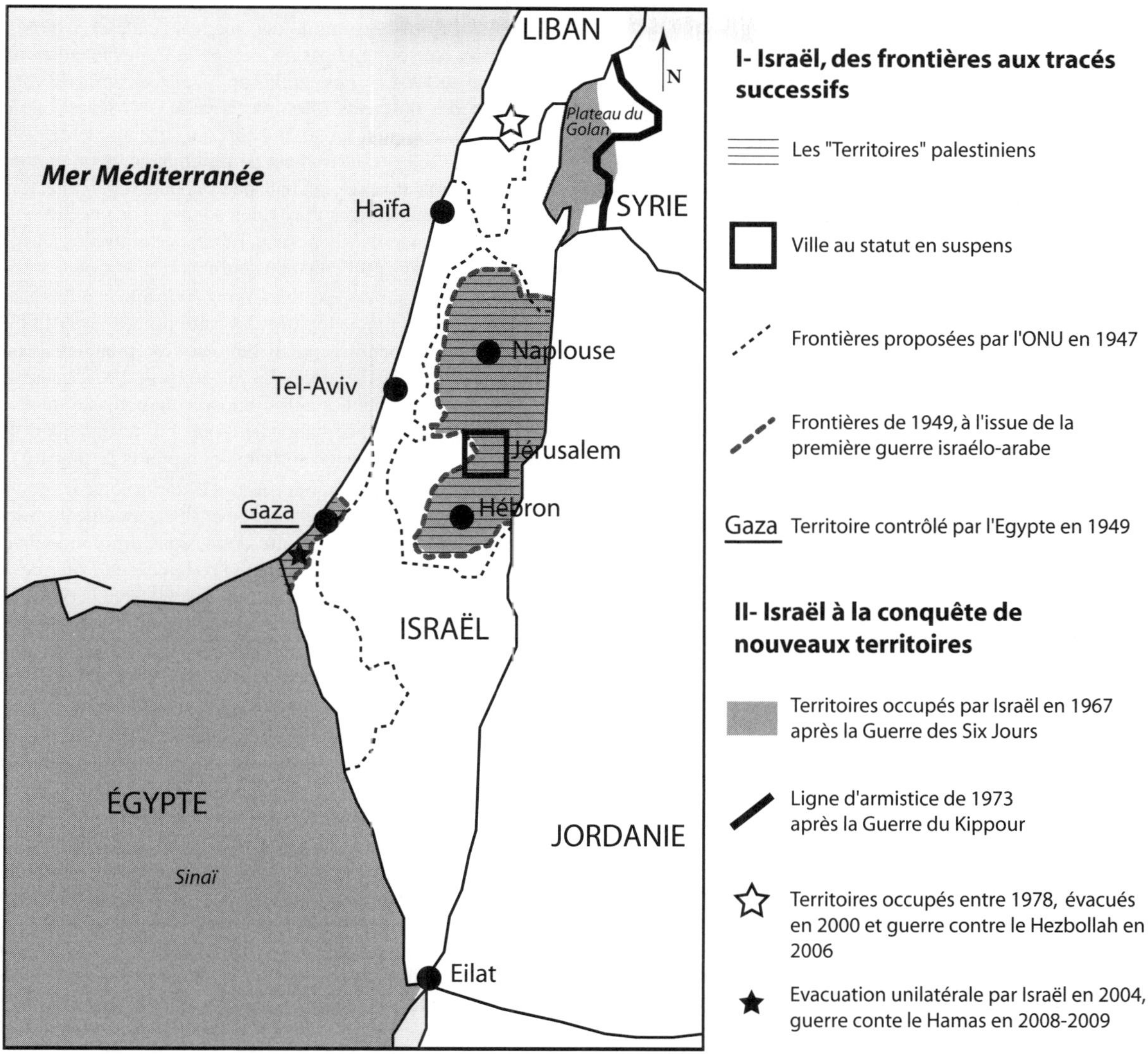

En France, les plans* de prévention des risques (PPR) sont devenus obligatoires pour toutes les communes soumises à un aléa*. Lorsqu'un zonage* est adopté, c'est-à-dire lorsque la carte est publiée, des mécontentements émergent toujours. La commune d'Alfortville, à la confluence* de la Seine et de la Marne, est intégralement classée en zone inondable. Or le zonage du PPR est restrictif et interdit le développement de la commune, ce qui n'est pas acceptable pour son maire et pour ses habitants. Dès lors émerge un conflit entre les acteurs locaux et les représentants de l'État, les uns invoquant l'intérêt économique, les autres l'intérêt général et le principe de précaution. La carte du PPR est au centre d'un conflit qui aboutit à des concessions et à des mesures particulières pour permettre le développement des activités [Beucher, 2007 ; Reghezza, 2006]. Sa version finale (2007) est issue d'un rapport de forces entre acteurs.

Instrument réglementaire, la carte a force de loi. Mais elle est d'emblée fragilisée par le compromis dont elle est l'expression. Elle rend manifestes des contraintes, et ce faisant, elle cristallise les oppositions et les contestations.

• Contester le tracé, contester la carte

Les conflits portant sur les limites de souveraineté d'un État ou d'une région s'appuient sur les cartes de référence qui ont été adoptées par traité. Le tracé transcrit sur ces cartes et ses coordonnées font foi, indépendamment de la situation sur le terrain, qui ne coïncide pas nécessairement avec les limites théoriques de la carte. Par exemple, la carte politique d'Amérique latine donne un tracé officiel pour la frontière entre Brésil et Paraguay. Néanmoins, le front* pionnier du soja brésilien a dépassé cette frontière pour aller conquérir de nouvelles terres agricoles au Paraguay : la souveraineté légale et la gestion de fait de ces territoires ne coïncident plus.

Contester une frontière signifie lutter contre une carte et pour une autre carte. Il s'agit d'obtenir une modification de tracé, donc un changement de la référence internationalement approuvée. Depuis le Traité franco-siamois de 1907, la frontière entre le Royaume de Siam (actuelle Thaïlande) et le Cambodge (à l'époque protectorat français) est fixée sur le rebord du plateau des Dang Rek. Pourtant la ligne tracée sur la carte annexée au traité passe en arrière de ce rebord sur quelques kilomètres, pour laisser le temple de Preah Vihear (situé sur le plateau et dont le seul accès routier passe par la Thaïlande) au Cambodge.

Le temple khmer représente un enjeu culturel et symbolique de taille, qui se double d'un intérêt touristique : le tracé de la frontière fait donc l'objet d'un conflit latent entre les deux États, dégénérant parfois en affrontement militaire, comme en 2008 où l'armée est mobilisée, sans qu'une guerre n'éclate, et ce bien que le tracé ait été confirmé par un arrêt de la Cour* internationale de justice en 1962 (v. Les conflits en Asie). Ce conflit est caractéristique des différents rôles que la carte peut jouer. Elle est d'abord un écrit qui fige une situation, qui cristallise les tensions. Pour les uns, elle est instrument de légitimation, pour les autres de contestation. En effet, la Thaïlande s'appuie sur la carte, topographique cette fois, pour faire valoir son point de vue invoquant la "frontière naturelle" du plateau. Enfin, une nouvelle cartographie de cet espace est l'enjeu du conflit.

Le conflit qui oppose Israël aux Territoires palestiniens met en œuvre la même logique. La carte proposée par l'ONU en 1947 a été modifiée au fil des guerres (première guerre israélo-arabe de 1948, guerre des Six-Jours de 1967, guerre du Kippour en 1973…). Il s'agit d'imposer un nouveau tracé, de contester la carte internationale pour en revendiquer une nouvelle (v. La dimension spatiale des rapports de pouvoir).

Ainsi, la carte est toujours le fruit d'une volonté de donner à voir quelque chose. Son établissement et sa modification sont issus de rapports de force entre des visions du monde divergentes dont l'expression est paradoxalement à l'origine du conflit, mais aussi de sa résolution. Les éléments constituant une carte forgent un territoire et ses particularités, en vertu de négociations ou de l'ascendant pris par un parti sur un autre, prêtant le flanc à des contestations nouvelles dès lors que l'équilibre des forces en présence se trouvera changé.

Les cartes sont à la fois des instruments de connaissance, des supports pour l'action et des vecteurs de discours singulier. C'est cette triple fonction qui fait la singularité de leur statut dans les conflits. Elles y apparaissent simultanément comme des supports neutres d'information, des objets de conflits, des éléments de discussion ou de propagande. Dès lors, les cartes peuvent être considérées comme des instruments à multiples facettes voire des armes à part entière entre les mains des protagonistes des conflits. Leur importance dans le déroulement des conflits passe aussi par la manière dont elles le donnent à voir. La carte dispose pour représenter les conflits de figurés qui ne peuvent que les simplifier et donner une vision très partielle de la réalité. Dans tous les cas, elle fige une information partielle et ne permet pas à elle seule de rendre compte de la complexité des enjeux.

L'ARMEMENT, MOYEN ET FINALITÉ DANS L'EXERCICE DU POUVOIR SUR L'ESPACE

Une arme est un instrument d'attaque ou de défense. C'est un outil qui permet d'exercer ou de se préserver d'une violence. Cette violence, ou la menace de celle-ci, est l'ultime argument d'un acteur spatial pour imposer une volonté à autrui. Une arme est donc le moyen du pouvoir par la contrainte. C'est pourquoi les armes sont au cœur de la puissance car un État qui dispose d'armes plus puissantes que son adversaire est dans une situation de domination, ce qui lui confère un avantage dans le système des relations internationales.

L'État est l'acteur spatial au cœur de ce processus car c'est lui qui détermine les lois d'accès aux armes et car il dispose du monopole de la violence légitime (v. Le rôle géographique de l'État dans les conflits). Il se réserve ainsi les armes les plus puissantes. Pour produire et distribuer les armes, chaque État met en place une politique d'armement qui est un élément central de sa politique militaire et de sécurité. L'armement est au cœur d'enjeux de pouvoir et de puissance* à toutes les échelles et entre des acteurs variés : entre les États, avec le conflit* interétatique, entre un État et sa population, pour le contrôle du peuple ou une guerre* civile, entre un État et son industrie de l'armement, avec la formation d'un complexe* militaro-industriel. C'est pourquoi nous allons nous focaliser sur le rôle de l'État dans l'organisation de la géographie de l'armement. Nous nous concentrerons aussi sur certaines armes de nature militaire et liées à l'aéronautique* qui sont présentées et perçues comme un moyen de suprématie. Cependant ce choix reste arbitraire et d'autres armes censées assurer la domination auraient pu être étudiées : porte-avions, sous-marins nucléaires, blindés lourds…

L'armement, un moyen de puissance pour préparer et mener un conflit

L'armement est au cœur de la conflictualité des États car il permet de se préparer et de mener un conflit. L'enjeu est donc ici d'étudier le rôle direct de l'armement dans les conflits violents, comme impératif de la puissance interétatique et comme moyen d'imposer ses décisions par la force aux autres États.

En 2009, les dépenses militaires globales s'élevaient à environ 2,7 % du Produit intérieur brut* (PIB) mondial, bien en dessous du niveau de la guerre froide (4 % en 1989), mais significativement au-dessus du niveau le plus faible de ces 20 dernières années (2,3 % en 2000). La hausse de ces dix dernières années s'explique d'abord par l'effort d'armement des États-Unis, qui représente 43 % des dépenses mondiales en 2010, et dont le budget a augmenté de 52 % de 1999 à 2009 [SIPRI, 2009]. La chose militaire reste donc un effort fondamental des États. Si cette augmentation des dépenses s'explique par les conflits en Afghanistan et en Irak, elle est aussi liée à la nécessité de renouveler les armements fabriqués ou conçus pendant la guerre froide et qui sont en partie obsolètes ou inadaptés [Tertrais, 2008].

À l'échelle nationale, les dépenses militaires sont un enjeu majeur de la gestion des États. Certains gouvernements consacrent un pourcentage important de leurs dépenses à leur armée. Les statistiques produites par la Banque mondiale (http://donnees.banquemondiale.org/indicateur/MS.MIL.XPND.ZS/) indiquent par exemple 18 % pour les États-Unis (soit 4,6 % du PIB), 25 % pour l'Arabie Saoudite (soit 7 % du PIB), 16 % pour la Fédération de Russie (3 % du PIB). Ces budgets sont significatifs des enjeux internes que suscitent les questions de défense. Ce niveau de dépense permet l'apparition d'acteurs privés de l'armement particulièrement puissants comme Lockheed Martin. Cette entreprise américaine est emblématique de l'industrie actuelle de l'armement. Elle réalise un chiffre d'affaires important d'environ 42 milliards de dollars [SIPRI, 2009] avec le concours d'environ 150 000 employés, ce qui lui permet d'être considérée comme l'une des trois premières entreprises du secteur avec Boeing et BAE Systems. Spécialisée à 93 % dans la fabrication d'armes, elle vend une partie importante de sa production à l'étranger comme l'avion F-35 qui a été vendu à neuf pays. Cependant son acheteur principal reste le gouvernement fédéral américain, ce qui fait qu'elle n'est qu'une FMN partielle puisque sa stratégie économique est plus nationale que mondiale. Elle est spécialisée dans l'aéronautique, avec la fabrication d'avions clefs pour l'US Air Force comme les modèle historiques U2, SR-71 Blackbird ou F-16. Sa situation économique a été renforcée récemment par l'obtention des marchés des avions F-22 et F-35 pour le remplacement des avions de combat américains, pour un coût total de l'ordre de 300 milliards de dollars. Cette dépense, même si elle sera étalée jusqu'en 2035, montre l'énormité de l'effort consenti par les États-Unis pour se doter d'armes performantes.

Pour prendre un exemple d'un produit de Lockheed Martin, le F-22 (construit en partenariat avec Boeing) est un avion de chasse dit de cinquième génération entré en service en 2005. Il est caractérisé par sa grande furtivité à la détection radar et thermique, sa très grande capacité de détection des avions ennemis (dans un rayon de 250 km), ses moyens de brouillage électromagnétique et sa manœuvrabilité. Théoriquement, ces avions permettent d'assurer ce que les militaires appellent la "domination aérienne", c'est-à-dire le contrôle complet d'un espace aérien. Le F-22 montre bien l'articulation entre armement et puissance : disposer de certaines armes inaccessibles à l'adversaire par un palier technologique ou financier permet d'exercer sans risque une violence pour le contraindre.

Les États et leurs infrastructures militaires agissent pour se doter d'un armement assurant leur puissance, c'est le processus de la course* à l'armement. Ce phénomène a connu son expression maximale lors de la guerre froide durant laquelle les deux superpuissances ne pouvaient pas entrer en conflit direct et s'opposaient sur d'autres terrains, comme l'armement. Le cas de l'arme nucléaire est emblématique : dans le but d'assurer une destruction mutuelle en cas de conflit direct, les deux puissances se sont lancées dans une production massive d'armes nucléaires. Les États-Unis atteignent un stock maximal de 30 000 bombes vers 1965 avant de diminuer, et l'URSS 40 000 en 1985. Ces quantités sont pour partie irrationnelles, voire absurdes, car elles permettent de détruire plusieurs fois la totalité de la planète. Il faut souligner l'énormité des efforts économiques pour gagner cette course, surtout pour l'URSS, dont 20 % du PIB étaient consacrés à la défense en 1989. Cette course a été un élément important du dénouement de la guerre froide. En 1983, Ronald Reagan relance la course à l'armement avec l'Initiative de défense stratégique (IDS). Ce système défensif consiste à détecter le décollage de fusées porteuses de missiles nucléaires dès les premières secondes, puis de détruire ces missiles dans la haute atmosphère soit en utilisant des missiles antimissiles, soit des rayons laser de forte énergie. L'ensemble du système est extrêmement complexe, coûteux et hasardeux. Au fil du temps il est apparu qu'il était illusoire de penser qu'un tel système pourrait être infaillible. Par exemple, la Missile Defense Agency, qui a succédé à l'IDS, n'est pas parvenue à réussir un test d'interception en décembre 2010. Cependant, même si l'IDS n'est qu'un bouclier potentiel, comportant par nature des failles, elle a été un élément important de la victoire de l'Ouest en forçant l'URSS à s'épuiser dans la compétition. Ainsi l'industrie de l'armement peut être un moyen de la victoire, cependant la production d'armes ne suffit pas toujours et il est parfois nécessaire de les utiliser pour contraindre un État.

La guerre du Golfe est emblématique de l'influence du niveau d'armement sur l'issue d'un conflit. Débutée en 1990 par l'invasion du Koweït par l'Irak, elle est l'occasion pour George Bush senior de forger son concept de "Nouvel Ordre mondial" cherchant à combiner le respect du droit international et la domination des États-Unis sur le système des relations internationales. Les Américains obtiennent de l'ONU une résolution leur permettant d'utiliser la force pour libérer le Koweït. Ce qu'ils font via une coalition internationale. Le déroulement de la guerre met en évidence un fossé technologique décisif entre les deux forces ("*technological gap*"). La coalition maîtrise totalement l'espace aérien de l'Irak. Sur le champ de bataille, les confrontations sont disproportionnées comme le montre le nombre de morts : 20 000 pour les soldats irakiens et 240 pour la coalition. Cependant il faut souligner que posséder un armement supérieur n'assure pas nécessairement la victoire militaire ou politique. La guerre du Vietnam (de 1964 à 1975) se caractérise par une nette supériorité en puissance de feu des États-Unis, qui perdent 50 000 soldats alors que les morts vietcongs sont estimées à 600 000, mais reste pour les Américains une défaite stratégique et politique majeure. Plus récemment, l'opération Restore Hope en Somalie s'est traduite par un échec militaire net de Washington alors que sa supériorité technologique était patente (v. L'Afrique subsaharienne, théâtre de tous les conflits ?). Enfin, le niveau de violence d'un conflit ne dépend pas de la puissance de l'armement utilisé puisque le génocide* du Rwanda s'est effectué à la machette. C'est l'un des paradoxes de l'armement, censé être un moyen de mesure objectif de la puissance d'un État, il n'est ni indispensable ni suffisant pour vaincre.

Les Américains cherchent encore aujourd'hui à assurer leur suprématie en développant des armes inaccessibles à leurs rivaux potentiels. Ainsi la Defense Advanced Research Projects Agency (DARPA) est une agence créée en 1958 pour assurer la suprématie technologique de l'armée américaine face notamment à l'avancée soviétique dans le domaine aérospatial. Elle développe actuellement le projet Falcon (homonyme du nom de la gamme d'avions d'affaires de Dassault). Il s'agit de construire un bombardier automatique hypersonique (sa vitesse de croisière serait entre 6 000 et 12 000 km/h) pouvant frapper n'importe quel point de la Terre avec une munition conventionnelle (c'est-à-dire non nucléaire) d'une tonne en moins d'une heure. Cette arme est censée permettre une réponse immédiate à une menace lointaine, par exemple en frappant un missile nord-coréen équipé d'une bombe atomique sur le point de décoller. Un test de vol a été effectué en avril 2010 pour montrer la faisabilité du projet. Cependant cette arme n'est pas encore fonctionnelle puisque l'instabilité de l'engin en vol a conduit à un abandon du test. Trois groupes travaillent sur ce projet de façon concurrente : la NASA, Boeing et Lockheed Martin. Il s'agit de la combinaison de plusieurs technologies déjà existantes : les missiles intercontinentaux, les drones* et les munitions* guidées de précision, ce qui rend crédible son existence prochaine. Le projet Falcon montre le rapport entre armement, puissance et espace. Les armements actuels permettent, théoriquement, de supprimer des contraintes liées à l'espace et donc d'exercer une menace permanente sur tous les autres acteurs, quelle que soit leur localisation.

L'armement : moyen de production de l'espace et enjeu de conflits d'intérêts à l'échelle d'un État

La France permet de montrer le poids et les logiques spatiales liés à l'armement. En 2010, cette industrie correspond à 165 000 emplois directs, 15 milliards d'euros de chiffre d'affaires, 4 000 PME, une branche où la recherche et le développement ont un poids fondamental (entre 10 et 20 % du chiffre d'affaires) et enfin des multinationales qui exportent beaucoup : 30 % environ de leur chiffre d'affaires [Ministère de la Défense, 2010b]. Cependant, il faut souligner la difficulté du secteur avec les réductions des dépenses de l'État qui ont été quasi continues depuis la chute de l'URSS, passant de 3,4 % du PIB en 1988 à 2,1 % en 2011 (et 14 % du budget de l'État).

Les industries de défense connaissent en France une double logique de localisation. D'une part une logique centre-périphérie*, avec une forte concentration dans la région parisienne. Cette dernière permet d'avoir accès aux décideurs politiques, à de la main-d'œuvre très qualifiée et à des partenaires de haut niveau. Par exemple Dassault Aviation est situé à Argenteuil (pour l'assemblage d'avions militaires) et à Saint Cloud pour la direction et le développement. D'autre part, il y a des facteurs stratégiques de localisation hérités des guerres franco-allemandes et de la guerre froide. Les casernes sont localisées au nord-est pour intercepter l'ennemi, et les industries d'armement dans le sud et le sud-ouest pour les protéger en cas d'invasion. Ainsi Dassault possède une implantation dans la base aérienne d'Istres pour ses essais en vol et des sites de production à Mérignac, Martinas et Cazaux.

Ces deux points mettent en évidence les effets structurant de l'armement sur l'espace en temps de paix. Ces effets sont parfois si considérables qu'ils font l'objet de conflits.

Le rapport annuel de Lockheed Martin souligne par exemple la dépendance de l'entreprise aux décisions de la présidence et du congrès. Ces entreprises font un important travail de lobbying pour soutenir les décisions du Congrès en leur faveur. Cette stratégie est expliquée page 36 du rapport annuel 2009 de Lockheed Martin. En effet, un programme peut être supprimé par un vote défavorable. Le F-22 peut être pris comme un exemple du système congresso-militaro-industriel : Lockheed Martin finance les campagnes des représentants et des sénateurs qui, en retour, votent les budgets des projets de défense. En découle une certaine dispersion des unités de production ou de recherche afin de favoriser l'emploi dans les circonscriptions électorales des élus soutenant le projet. Le F-22 est ainsi produit dans 42 États de l'Union par 1 100 entreprises. Le programme du F-22 est aussi emblématique des instabilités de ce système, car les retards, les surcoûts et surtout ses caractéristiques jugées inadaptées pour la lutte contre le terrorisme ont conduit à l'interruption brutale de sa production par le Congrès. L'industrie de l'armement joue ici un double rôle : enjeu local de pouvoir sur les territoires et moyen d'aménagement de l'espace national [Goussot, 2004].

L'influence de l'industrie de l'armement sur l'organisation de l'espace en France

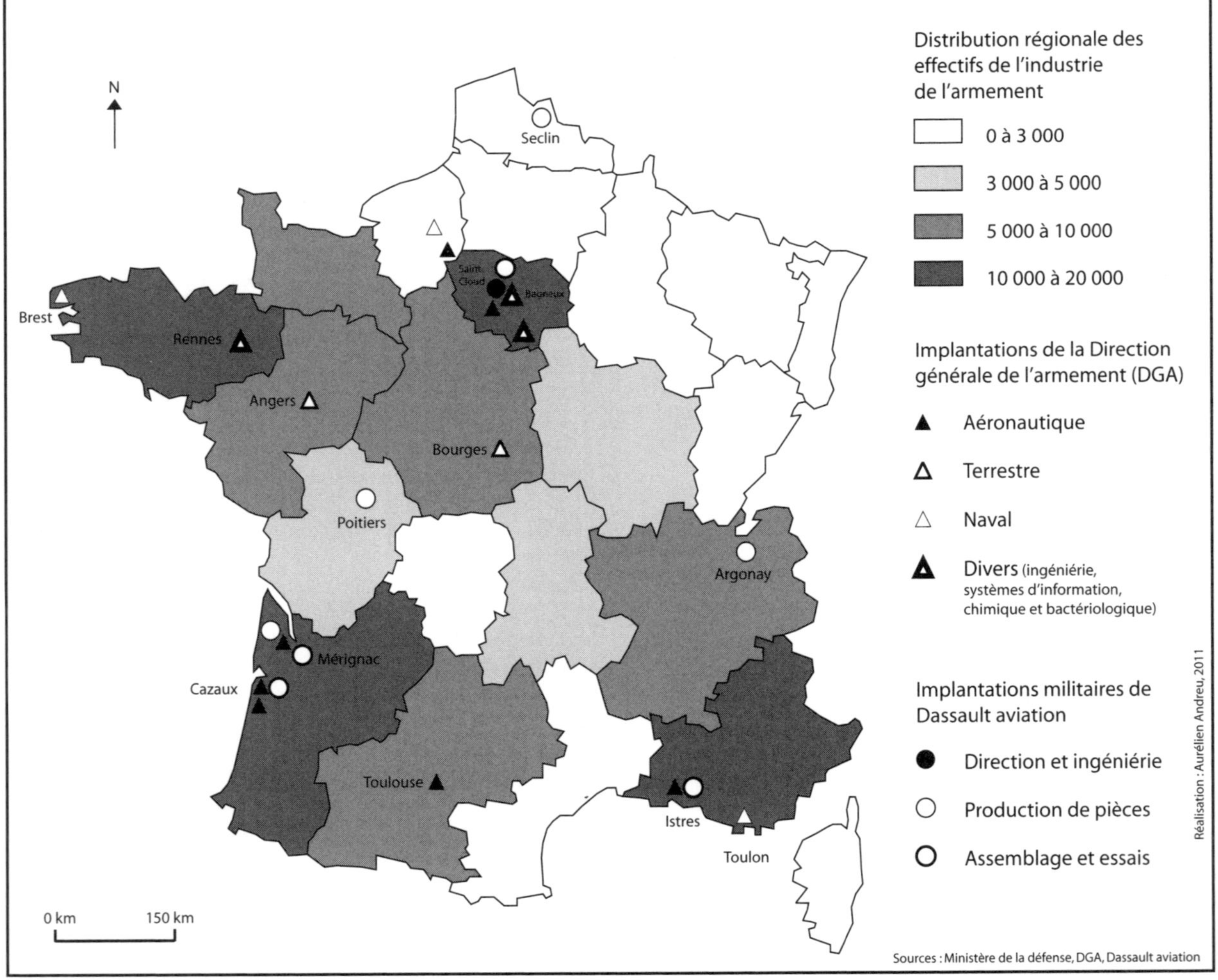

Principaux exportateurs et importateurs d'armes conventionnelles (1999 - 2009)

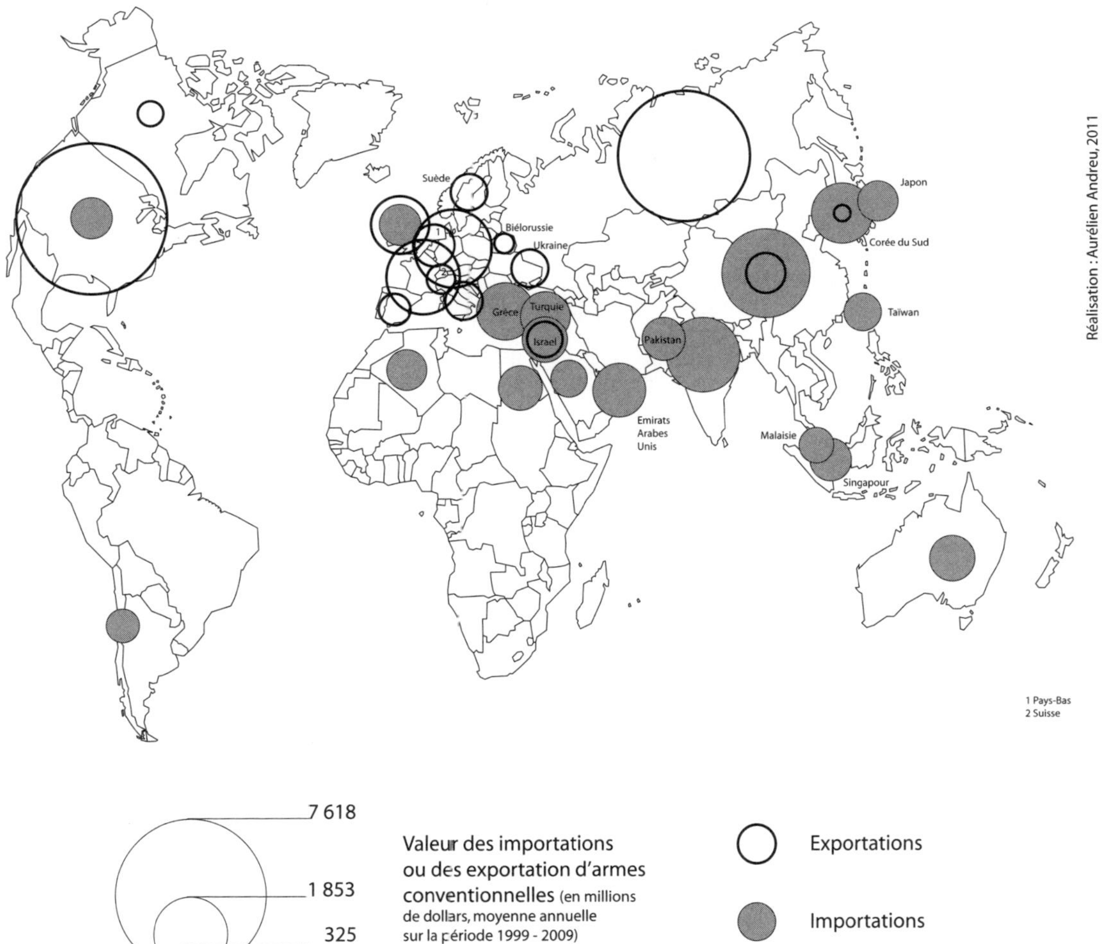

Source : SIPRI 2009

L'armement, un moyen de la paix

L'armement est un moyen de la guerre, un symbole et un outil de la puissance : son contrôle est donc un enjeu de puissance fondamental dans le système des relations internationales. Ces conflits peuvent se dérouler dans un cadre multilatéral* ou unilatéral* en fonction du type d'armement en jeu.

Les armes* non conventionnelles font parfois l'objet d'un contrôle multilatéral important à l'échelle internationale. Par exemple, la Convention sur l'interdiction des armes chimiques (CIAC) entrée en vigueur en 1997 interdit l'utilisation des armes chimiques (notamment les gaz de combat), leur production et leur stockage. Cette convention est souvent considérée comme un exemple réussi de politique internationale de désarmement. Son succès est à la fois diplomatique (186 pays l'ont ratifiée en 2009) et opérationnel, puisqu'une organisation pour l'interdiction des armes chimiques a été créée et qu'elle effectue un contrôle de la destruction des stocks. On peut ainsi souligner qu'en 2012 l'essentiel des armes chimiques de la planète sera très probablement détruit. Seuls les États-Unis et la Russie en conserveront car leurs stocks sont tellement importants qu'ils ne peuvent les détruire dans ces délais. Ils ont cependant déjà réduit leur stock de plus de 40 % [Poitevin, 2007]. En 2010, seuls cinq pays sont suspectés de détenir des armes chimiques en état de fonctionnement : La Chine, l'Iran, Israël, la Corée du Nord et la Syrie.

Cependant le contrôle des armes prend le plus souvent des dimensions unilatérales et il est le résultat d'un monde unipolaire. Il est d'abord un rapport de force économique. D'après le SIPRI, il y a nettement plus de pays importateurs d'armes (67) que de pays exportateurs (34) en 2007. La concentration des exportations est très forte : les États-Unis, le Royaume-Uni, la France et la Russie représentent 85 % du total. Cette distribution spatiale reflète un palier de développement, avec, pour faire simple, des exportateurs dans les pays développés et des importateurs dans les pays en développement. Cette concentration se retrouve aussi à l'échelle des entreprises qui ont connu une intense période de fusion acquisition. On peut prendre l'exemple de Lockheed Martin qui est issu de l'acquisition par Lockheed de Martin Marietta (fabriquant de lanceurs spatiaux) en 1995 et de Loral Electronics (matériel électronique de défense) en 1996. Cette concentration politique et économique met en position de force les producteurs d'armes qui peuvent contrôler le marché. Ainsi, le F-22 a été interdit à l'exportation par le gouvernement pendant sa période de production pour éviter que les technologies radar et de furtivité soient diffusées.

L'arme nucléaire fait aussi l'objet d'un contrôle spécifique par le Traité de non-prolifération nucléaire. Ce traité, entré en vigueur en 1970, constate et valide l'acquisition de l'arme nucléaire par les États-Unis, la Russie, le Royaume-Uni, la France et la Chine, mais interdit aux autres pays de développer des armes nucléaires tout en les autorisant à mener des recherches dans le nucléaire civil. Il s'agit d'un contrat assez déséquilibré puisqu'il entérine la domination nucléaire des cinq États même si ceux-ci s'engagent par le traité à ne pas attaquer un pays non doté de l'arme nucléaire et même à le défendre si celui-ci subissait une attaque atomique. Cette situation est contestée par plusieurs États : Israël, le Pakistan et l'Inde sont parvenus à se doter de l'arme nucléaire après avoir refusé d'adhérer au TNP. Bien que signataires, l'Iran, la Syrie et la Birmanie sont fortement soupçonnés d'avoir un programme nucléaire et la Corée du Nord, qui s'est retirée du TNP entre 2002 et 2005, a réussi à assembler une arme nucléaire en 2006 (v. Les conflits en Asie). Les gouvernements de ces pays, pour des raisons diverses, se sentent tous menacés, ce qui est la principale motivation pour le lancement de tels programmes. A contrario, un pays comme l'Afrique du Sud a renoncé à son programme d'armement nucléaire à la fin de l'apartheid quand elle a cessé d'être un paria dans sa région.

ARTICULER LES CONFLITS VIOLENTS À DIFFÉRENTES ÉCHELLES SPATIALES ET TEMPORELLES

Un conflit* met en relation au moins deux acteurs géographiques*. Leurs intérêts, matériels ou idéels, sont alors divergents et l'un des deux agit pour les défendre. Dans une perspective géographique, ce sont les actions sur l'organisation ou le fonctionnement de l'espace qui sont étudiées en priorité. Or un acteur géographique est lié à une échelle* qui lui est plus ou moins spécifique : un particulier s'opposant à l'extension de la maison de son voisin est à l'origine d'un conflit local alors que la guerre froide entre les États-Unis et l'URSS se déroule à l'échelle mondiale. Les conflits sont donc multiscalaires, ce dans trois sens différents. D'abord, il y a l'opposition évidente entre petits et grands conflits. Ensuite un conflit peut se dérouler sur plusieurs échelles différentes, comme les conflits des Grands Lacs qui commencent localement puis s'étendent au niveau de toute une partie du continent. Enfin, il existe souvent des articulations entre conflits de taille différente. Par exemple, la guerre froide est l'un des moteurs de la guerre du Vietnam. Cette articulation se fait surtout à travers les relations de pouvoir entre les acteurs géographiques, c'est-à-dire la capacité d'imposer une décision à autrui.

Les bornes scalaires des conflits sont assez simples à établir car liées aux acteurs spatiaux qui les produisent. Elles vont du local pour les individus au mondial pour le système de relations internationales. Entre les deux, les États définissent une échelle que l'on peut qualifier de nationale. Cependant gardons à l'esprit que les États sont eux-mêmes d'échelles très variables et que la dimension "nationale" des conflits reste relative à la taille des États. Nous allons étudier les différentes échelles spatiales des conflits violents et expliquer leur localisation et leur distribution. Où se situent les conflits ? Quels sont les acteurs à l'origine de leur localisation et de leur intensité ?

Les conflits ont aussi différentes échelles dans le temps. Ainsi la guerre des Six-Jours de 1967 a fait environ 20 000 morts et le conflit qui oppose le gouvernement des Philippines au groupe militaire communiste de la nouvelle armée du peuple (NPA) a duré de 1968 à 1992 (et continue d'ailleurs sporadiquement) et a fait 40 000 morts, soit pendant une durée 1 200 fois plus longue. Ces deux exemples nous montrent que les conflits se déroulent à l'échelle du temps court, de l'événement, et du temps moyen, sur des périodes de plusieurs années, pour reprendre les idées principales de Fernand Braudel [Braudel, 1985]. Cependant, l'échelle du temps long, celle du siècle et plus, permet l'étude de l'ensemble des conflits afin de dégager des tendances globales. Il nous faudra donc identifier précisément les échelles temporelles des conflits et montrer les évolutions en tendances de ces phénomènes. Le monde connaît-il de plus en plus de conflits ? Sont-ils, comme on l'entend parfois, de "plus en plus violents" ?

La mise en relation des conflits et de leurs échelles temporelles et spatiales est certes complexe mais permet de mettre en avant les articulations principales de ces phénomènes. Ainsi l'échelle mondiale des conflits est récente dans l'histoire de l'humanité, elle se met en place progressivement à partir du XVIe siècle avec la construction progressive d'un espace mondial et d'un système global de relations internationales. La mise en place de cette échelle mondiale des conflits sur le temps long a des effets structurels sur les tendances générales des conflits et sur leur localisation, comme le montrera l'étude du rôle du système de relations internationales dans l'intensité des conflits. Enfin, nous discuterons de la possibilité de modéliser ces articulations scalaires.

Les conflits sont des phénomènes multiscalaires, dans le temps ou dans l'espace

Afin de mettre en évidence la nature multiscalaire des conflits, prenons les exemples précis des conflits des Grands Lacs pour les échelles spatiales et des conflits du XXe siècle pour les échelles temporelles.

Les conflits dans la région des Grands Lacs entre 1990 et 2005 (v. L'Afrique subsaharienne, théâtre de tous les conflits ?) sont un exemple parmi beaucoup d'autres qui permet de montrer l'articulation entre les différentes échelles spatiales et le passage de conflits locaux à des conflits internationaux et mondiaux. Tant le Burundi que le Rwanda ont, depuis leur indépendance en 1960, eu une histoire marquée par l'opposition entre Tutsis et Hutus. En 1994, des extrémistes hutus au pouvoir au Rwanda déclenchent un génocide* contre les Tutsis de leur pays et contre les Hutus modérés. Malgré la violence de cette action – environ 800 000 morts –, ils ne parviennent pas à empêcher les Tutsis de prendre le pouvoir au Rwanda. De nombreux Hutus sont alors obligés de se réfugier dans l'est du Zaïre. En 1996, le pouvoir tutsi rwandais déclenche une guerre au Zaïre pour détruire les opposants hutus réfugiés, ce qui conduira à la mort de plusieurs centaines de milliers de personnes. Cette guerre évolue en 1997, puisque le pouvoir tutsi rwandais, allié à l'Ouganda, à l'Angola et aux troupes rebelles zaïroises de Kabila, décide de renverser le général Mobutu au pouvoir au Zaïre, pour sécuriser définitivement sa frontière* et pour s'assurer l'accès aux ressources minières des régions zaïroises du Kivu (alors que celles du Katanga sont convoitées par l'Angola). Le conflit change donc d'échelle et devient international. Un tel bouleversement géopolitique impliquait l'intervention de puissances extérieures. Le pouvoir tutsi rwandais obtient le soutien diplomatique et militaire, discret mais réel, des États-Unis. Washington trouve dans cette alliance un moyen d'affaiblir Mobutu, allié du Soudan, considéré comme un État "terroriste". Le conflit connaît une troisième phase à partir de 1998. Les velléités d'accaparement des richesses de la région par le Rwanda déclenchent un renversement d'alliance à l'échelle continentale. Kabila s'allie à l'Angola, à la Namibie, au Soudan, à Libye, au Tchad et au Zimbabwe pour contrer le Rwanda, le Burundi et l'Ouganda alliés à divers rebelles du Zaïre. L'opposition entre les deux coalitions donne lieu à une partition de fait de la République démocratique du Congo (RDC, nouveau nom du Zaïre). La zone occupée par le Rwanda et l'Ouganda subit un pillage intense de ses matières premières. Comme le conflit ne trouve pas d'issue militaire claire et rapide, les tentatives de négociations organisées à l'échelle de l'Afrique vont se succéder entre 1999 et 2001 et échouer. Ce n'est qu'en 2002 et sous la pression occidentale que le Rwanda et l'Ouganda évacuèrent la RDC. Les motivations économiques des Rwandais étaient peu justifiables aux yeux de la communauté internationale et les États-Unis, lancés depuis 2001 dans une guerre active contre le terrorisme, cherchaient à mettre un terme à ce conflit secondaire. Au total, les guerres des Grands Lacs ont fait plus trois millions et demi de morts [Lasserre, Gonon, 2008]. Si elles ont perdu en visibilité, elles n'en perdurent pas moins et la RDC est toujours un État morcelé, les pays limitrophes soutenant toujours des factions rivales.

Durée des guerres de plus de mille morts au 20e siècle

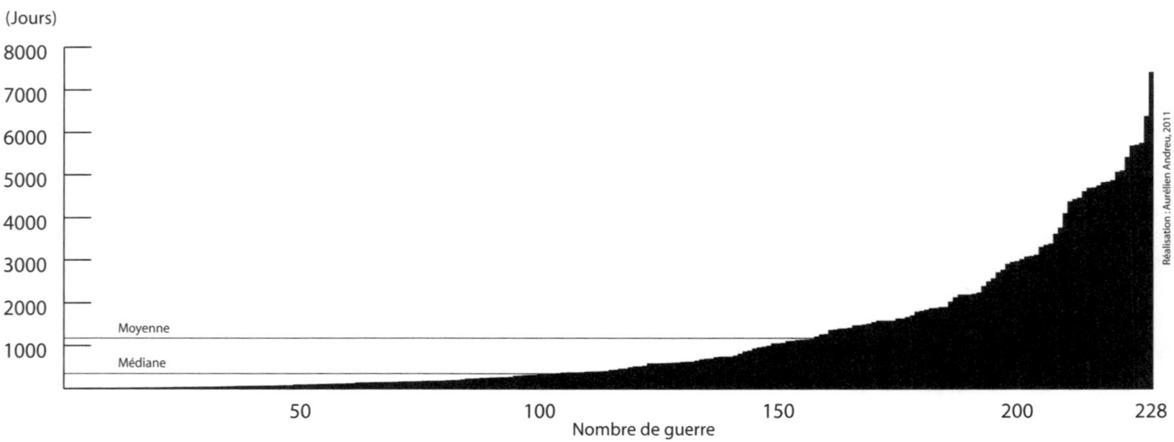

Source : Sarkees, Meredith Reid, 2000. 'The Correlates of War Data on War: An Update to 1997', Conflict Management and Peace Science 18(1): 123–144

Les conflits se déroulent aussi à des échelles temporelles différentes. Pour cela, nous allons nous appuyer la base de données "Correlate of war" (COW) [SARKEES, 2000]. Il est toutefois nécessaire de rappeler que les bases de données sur les conflits violents doivent être utilisées avec beaucoup de précautions. D'abord les données sur les conflits sont souvent incertaines, certains conflits sont oubliés, les dates de début et de fin sont parfois discutées, le nombre de victimes est parfois inconnu ou manipulé, à la hausse comme à la baisse. De plus, il existe une multitude de bases de données, répondant chacune à des problématiques spécifiques, et qui ont toutes des défauts. C'est pourquoi il faut voir ces bases de données comme un moyen pour identifier des tendances plutôt que comme un miroir fidèle du réel. Pour mettre en évidence les différentes échelles temporelles des conflits, nous allons étudier leur distribution temporelle.

Ce graphique porte sur tous les conflits de plus de 1 000 morts entre 1899 et 1997 dont les dates sont connues et répertoriées dans le COW. Du fait du caractère incomplet des données (cette base de données ne va pas après 1997), seuls 228 conflits sont pris en compte. Leur durée en jours a permis de les classer du plus court au plus long sur l'axe des abscisses. Plusieurs constatations peuvent être tirées de la lecture du graphique. D'abord, les durées des conflits de plus de 1 000 morts connaissent une distribution proche de la loi log-normale. Cela signifie que les conflits courts voire très courts sont très nombreux : ainsi 68,5 % des conflits ont une durée inférieure à la moyenne (1 112 jours) et les conflits longs sont très peu nombreux (les conflits de plus de 10 ans ne représentent que 8 % du total). Les conflits sont donc des phénomènes discontinus dans le temps et souvent assez brefs. Les extrêmes montrent bien la différence d'échelle temporelle puisque le conflit le plus court comptabilisé dure deux jours et fait 1 000 morts, c'est la rébellion contre le pouvoir de Ceausescu en 1989, alors que la guerre entre le gouvernement philippin et le NPA dure 7 400 jours. Il est ici indispensable de souligner l'absence de corrélation entre la durée d'un conflit et son intensité. Des conflits très longs, comme les 12 années de guerre entre le Portugal et la Guinée-Bissau (de 1962 à 1974) n'ont fait "que" 15 000 morts, alors que des conflits courts comme la seconde guerre balkanique (31 jours) de 1913 ont fait plus de 60 000 morts.

Toutefois si tous les conflits sont multiscalaires, tant dans le temps que dans l'espace, il faut tout de même rechercher des échelles d'analyse pertinentes et des explications dans l'articulation de ces différents phénomènes.

Peut-on identifier des lieux et des périodes de conflits à l'échelle mondiale et sur le temps long ?

Nous proposons ici d'étudier les conflits violents sur le temps long et à l'échelle mondiale dans le but de déterminer des périodes et des tendances, ainsi que des zones de conflits. Pour étudier les tendances et les périodes attachées aux conflits violents, nous allons nous concentrer sur le XXe siècle. Nous allons utiliser trois bases de données : les données COW déjà citées, les données établies par LACINA et GLEDITSCH [2005] et celles du *Center for systemic peace* [MARSHALL et COLE, 2009].

La mise en place de tendances et de périodes est complexe car il faut combiner plusieurs mesures. Ainsi la courbe sur le nombre de conflits de plus de 1 000 morts nous montre combien de conflits se déroulent pendant une même année. D'après la lecture de cette courbe, trois périodes se détachent : une période avec peu de conflits (5 à 10 par an) jusque dans les années 1960, une période de multiplication des conflits (jusqu'à 25 par an), puis une période de déclin à partir des années 1990. Avec cette seule courbe, les cinquante dernières années paraissent plus violentes que les précédentes.

Cependant cette multiplication des conflits doit être nuancée par la variation de l'intensité des guerres. En étudiant le taux de mortalité pour 100 000 habitants dû au combat, c'est-à-dire en pondérant le nombre de morts directs des conflits par la population mondiale, on constate une périodisation totalement différente. Les deux guerres mondiales présentent des taux de mortalité exceptionnels, de l'ordre de 150 à 200, alors que la période après 1945 présente des taux faibles, entre 5 et 20, voire très faibles après 1991, où les taux diminuent jusqu'à 0,4. Les deux guerres mondiales forment alors une période d'une violence intense, peu comparable avec les périodes antérieures ou postérieures. Il est important de noter que le risque de mourir directement au combat semble décliner vers zéro pour l'ensemble de la population mondiale après 1991, ce qui remet fortement en cause le poncif d'un monde "de plus en plus violent" qui revient souvent dans la presse. Notons aussi, comme cela est mis en évidence dans l'illustration que ces périodes de conflits semblent fortement reliées à la structure du système de relations internationales.

Durant la période la plus violente, les relations internationales sont dominées par des relations de rivalités extrêmement fortes entre de nombreuses superpuissances. Chacune peut prétendre à la domination des relations internationales et la guerre peut être un moyen de parvenir à ce but. Les deux guerres mondiales peuvent être interprétées comme l'expression la plus violente de cette rivalité (même si elles ne peuvent se réduire à cette dimension). Après la Seconde Guerre mondiale, seules deux superpuissances restent en place et le niveau de conflit reste fort, mais bien moindre. La situation particulière de la guerre froide, où les deux rivaux ne peuvent rentrer en conflit militaire direct du fait de l'existence de l'arme nucléaire, joue sans doute de façon importante. Après la chute de l'URSS, les États-Unis deviennent une puissance hégémonique, sans rivale. Dès lors, les grands conflits meurtriers entre superpuissances n'ont plus de sens et les morts au combat diminuent fortement. Cette illustration semble établir une corrélation entre système international et intensité de la violence à l'échelle mondiale. Cependant, cette vision est incomplète, car les données statistiques ne portent que sur les morts au combat. Nous allons compléter notre étude en intégrant les morts issus des violences politiques sur la période 1945-2010. L'intégration des meurtres politiques de masse ou des violences faites aux populations nuance la précédente constatation. En effet, la courbe met en évidence des épisodes particulièrement violents envers les populations civiles qui n'apparaissaient pas avant : la répression des "antirévolutionnaires" dans la République populaire de Chine de 1950, estimée à 750 000 morts, la partition du Pakistan, estimée à 1 000 000 de morts ou encore le génocide des Tutsis en 1994 (environ 800 000 morts). Le taux de mortalité est lui aussi beaucoup plus important, par exemple dans la période 2000-2010, il est compris entre 6 et 4, alors que la précédente statistique donnait des chiffres entre 1,3 et 0,4. Néanmoins, la tendance globale à la diminution du taux de mortalité reste la même dans les deux cas. Enfin la comparaison des deux courbes permet de mettre en évidence que la proportion des civils tués en dehors des combats militaires par rapport aux personnes tuées en combat a fortement augmenté à partir des années 1980.

Nombre de conflits de plus de 1000 morts par an

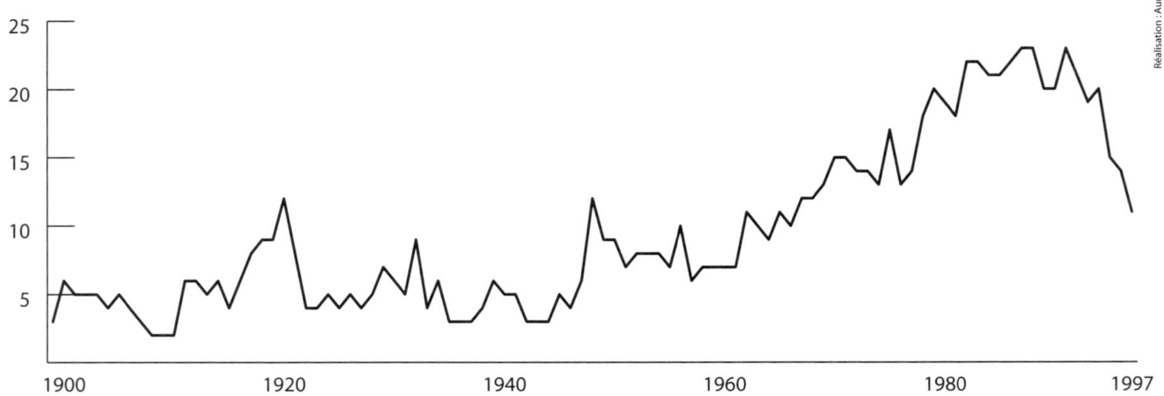

Réalisation : Aurélien Andreu, 2011

Source : Sarkees, Meredith Reid, 2000. 'The Correlates of War Data on War: An Update to 1997', Conflict Management and Peace Science 18(1): 123–144

Les différentes périodes sur le temps long des conflits violents

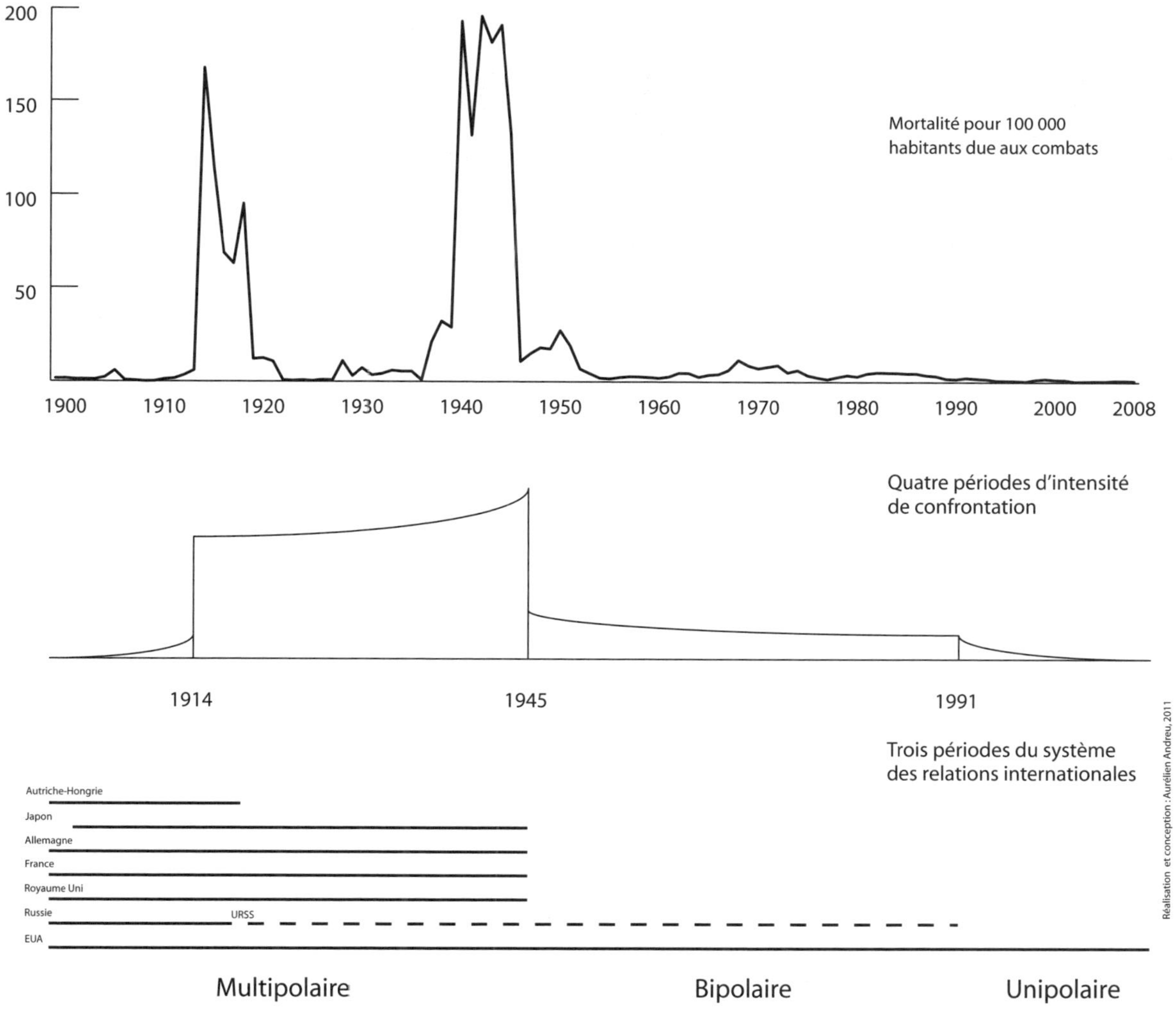

Sources : US Census Bureau pour la population mondiale (pour la période antérieure à 1945, les valeurs de la population mondiale annuelle ont été approximées par la croissance moyenne), et Sarkees, Meredith Reid, 2000. 'The Correlates of War Data on War: An Update to 1997', Conflict Management and Peace Science 18(1): 123–144. pour les données sur les morts aux combats.

L'influence du système de relations internationales sur l'intensité des conflits

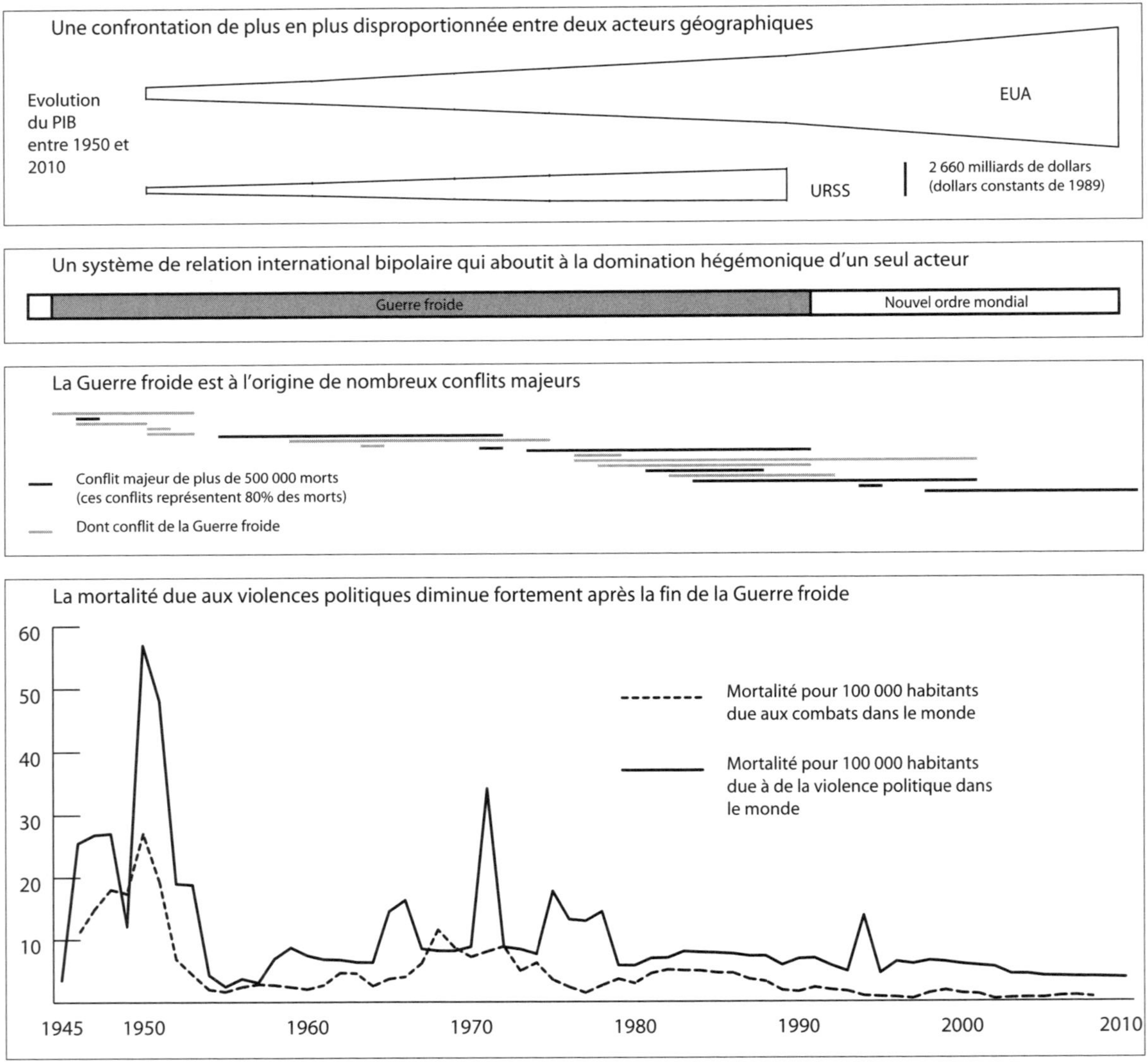

Conception et réalisation : Aurélien Andreu, 2011

Sources : Bureau of economic analysis pour le PIB des EUA, Jacques Sapir (Revue Nouvelles fondations, n°6, 2007) pour le PIB de l'URSS (note : les comptabilités nationales étant différentes, les données sur le PIB de l'URSS ne peuvent être considérée que comme des approximations); US Census Bureau pour la population mondiale, Sarkees, Meredith Reid, 2000. 'The Correlates of War Data on War: An Update to 1997', Conflict Management and Peace Science 18(1): 123–144. pour les données sur les morts aux combats et Center for systemic peace pour les données sur les violences politiques.

Une distribution continentale des conflits qui varie de façon très importante

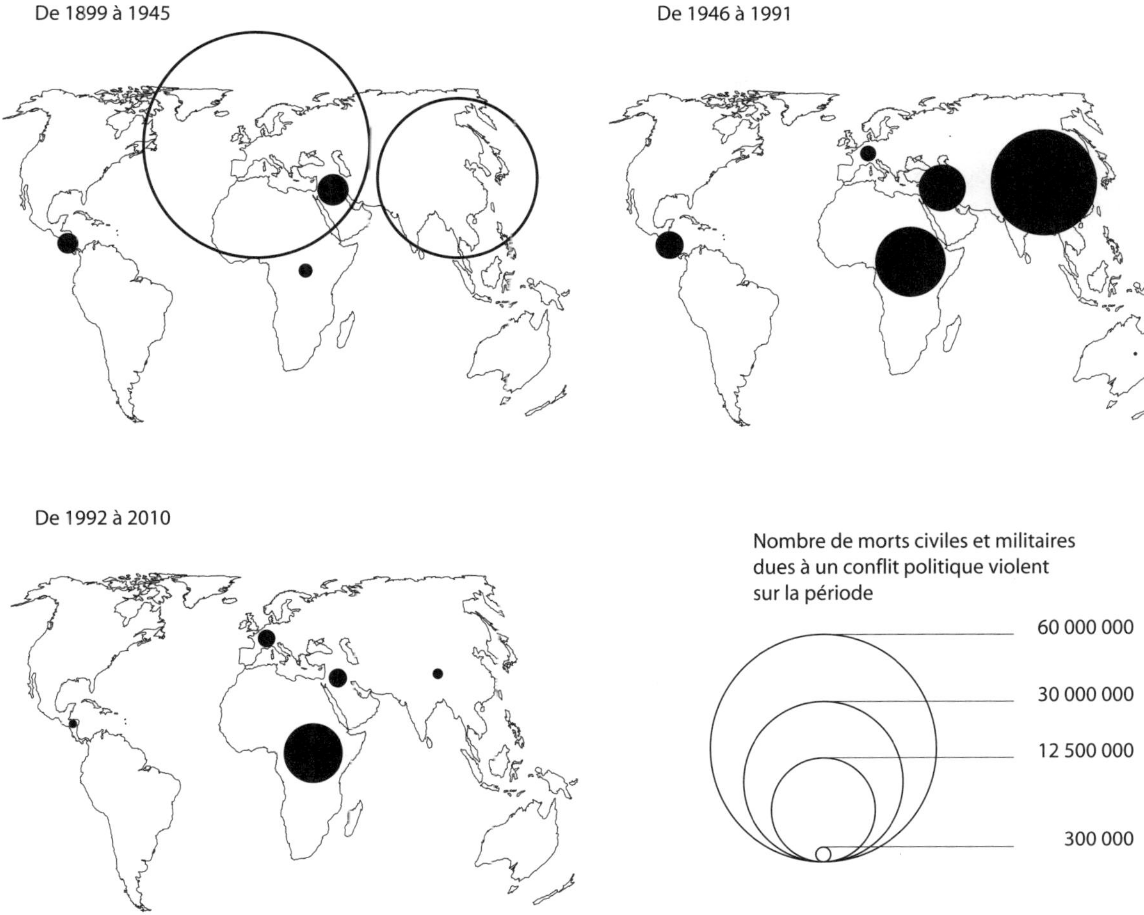

Conception et réalisation : Aurélien Andreu, 2011

Sources : COW pour les données avant 1945 (certaines données ont été redressées pour prendre en compte les victimes civiles des deux guerres mondiales), Center for systemic peace pour les données après 1945. Les pertes sont localisées sur le continent supposé du décès. En raison des très grandes variations de méthodologie dans la constitution des bases de données, les informations représentées sur cette carte doivent être lues comme des estimations.

Ces nouvelles données nous permettent d'affiner et de nuancer les effets du système de relations internationales sur l'intensité globale des conflits pendant la guerre froide. À l'échelle du système de relations internationales, l'intensité des conflits semble parfois reliée aux périodes de la guerre froide : la mise en place du conflit (de 1947 à 1953) est une période particulièrement violente, alors que la transition après la mort de Staline (1953-1956) est très peu intense. L'influence de la guerre froide est aussi nettement visible si l'on se concentre sur les conflits de masse, ceux qui ont fait plus de 500 000 morts et qui représentent 75 % des morts sur la période. En effet, sur 19 conflits de masse, 11 sont liés à la guerre froide et ils représentent 59 % des morts dans les conflits violents entre 1945 et 1991. Ces représentations graphiques mettent en évidence le poids de la confrontation des deux Grands dans le niveau de violence globale à l'échelle de la planète. Cependant de nombreux conflits, surtout ceux qui touchent en masse les civils, comme en Inde ou au Soudan, échappent à la logique de la guerre froide. L'exemple de la guerre froide permet de détailler l'articulation qui va de la rivalité des acteurs à la violence globale à l'échelle mondiale en passant par la mise en place d'un système de relations internationales et la poursuite de conflits.

Jusqu'en 1945, les lieux de conflits sont d'abord en Europe où s'affrontent des pays développés en concurrence pour l'hégémonie mondiale. La rivalité des grandes puissances les conduit à s'affronter sur leur territoire. À l'inverse, après 1945, l'Europe est presque totalement épargnée par les conflits violents. Les conflits se localisent alors dans d'abord en Asie (Corée, Chine, Inde, Vietnam), où les guerres de la guerre froide et les conflits de décolonisation ont fait le plus de morts. À partir de 1991 et la mise en place de l'hégémonie des États-Unis, c'est en Afrique subsaharienne et au Moyen-Orient que se concentrent les conflits les plus violents. Avec la diminution des conflits violents sur la période, les conflits de masse prennent un poids très important dans les statistiques. Ainsi les guerres des Grands Lacs représentent 48 % des morts entre 1991 et 2010.

Peut-on modéliser les articulations d'échelles entre les conflits ?

Parmi les travaux importants menés sur les guerres, la plupart abordent la question des échelles temporelles et des modèles temporels de façon indirecte et implicite. Il est utile de présenter deux exemples de ces réflexions : les travaux de John O'Loughlin [O'LOUGHLIN, 1993] et ceux de Gaston Bouthoul [BOUTHOUL, 1970].

O'Loughlin a développé, avec d'autres chercheurs anglo-saxons, l'idée d'un cycle dans le système de relations internationales en quatre périodes :

- Une période de déconcentration de la puissance hégémonique où la puissance la plus importante du système de relations internationales perd progressivement son ascendant sur les autres nations.
- Une période de guerre généralisée entre les grandes puissances avec l'apparition de nouvelles superpuissances pouvant prétendre à jouer un rôle hégémonique.
- Une période où la puissance hégémonique qui a triomphé de la période précédente atteint une maturité et affirme sa domination. Dans cette période, le nombre et l'intensité des guerres diminuent, car les "petits" États préfèrent rester sous la domination protectrice de la puissance hégémonique plutôt que tenter une aventure militaire hasardeuse.
- Une période où la puissance hégémonique est délégitimée, ce qui se traduit par son affaiblissement progressif et par une augmentation du nombre et de l'intensité des guerres.

Une fois les quatre périodes passées, le cycle recommence avec à chaque fois une puissance hégémonique différente. Ce modèle se situe uniquement à l'échelle mondiale et sur le temps long et ne différencie pas le nombre de guerres et leur intensité, alors que nous avons vu que ces deux dimensions n'étaient pas corrélées. Il a été construit pour penser le passage de la domination du Royaume Uni à celles des États-Unis au début du XXe siècle. Le caractère monoscalaire de ce modèle l'empêche de prendre en compte toutes les dimensions des conflits violents, ce qui nous amènera à en proposer une reformulation après l'étude du modèle proposé par Bouthoul.

Dans le chapitre neuf de son *Traité de polémologie*, Gaston Bouthoul aborde la question de la périodicité des guerres. Mais, à la différence d'O'Loughlin, il va construire son modèle à l'échelle spatiale d'un État et sur le temps moyen. Pour lui, il existe un retour périodique des guerres comparable aux cycles des crises économiques : les guerres détruisent le surplus, reviennent régulièrement et ont des causes multiples. Il explique l'espacement d'environ trente ans qu'il constate entre les grandes guerres d'un État pour des raisons psychologiques : il faut une génération aux populations pour oublier les horreurs de la guerre et en accepter une nouvelle. Il oppose ainsi les petites guerres de maintien ou de renforcement de l'ordre établi, comme les guerres de conquêtes coloniales ou pour soumettre une révolte intérieure, qui peuvent avoir lieu à une assez grande fréquence, et les grandes guerres entre États (ou les guerres civiles) qui traduisent la fin d'un cycle d'accumulation et un changement profond de la société et qui n'apparaissent que tous les trente ans. Bouthoul prend donc en compte les échelles des individus et des entreprises dans son modèle. L'autre intérêt de ce modèle est d'essayer d'expliquer l'existence de nombreuses guerres de faible intensité et leur articulation avec les grandes guerres. Nous avons aussi représenté les idées de Bouthoul par une chronographie. La comparaison des deux modèles montre l'opposition des deux visions. Cependant cette opposition vient surtout de l'absence d'articulation entre les échelles mondiales et nationales de ces deux modèles.

Les situations sont différentes en fonction de la place du pays dans le système de relations internationales. Une grande puissance pouvant prétendre à une position hégémonique risque effectivement de connaître régulièrement de grandes guerres pouvant éventuellement déboucher sur une guerre généralisée entre grandes puissances. Une puissance devenue secondaire connaîtra moins de guerres, mais risquera de participer à une guerre généralisée, alors qu'un pays en marge risque de subir des guerres "mineures" dans leurs effets sur le système de relations internationales, mais importantes pour son fonctionnement.

C'est donc en articulant système d'acteurs, échelle nationale et mondiale, temps court et temps moyen que l'on peut proposer une modélisation plus satisfaisante des conflits.

LIRE LA DIVERSITÉ DES CONFLITS LOCAUX NON ARMÉS

Les conflits* étudiés en géographie se caractérisent par leur dimension spatiale et territoriale [Claval, 1987 ; Charlier, 1999 ; voir Mélé in Mélé *et al.*, 2003]. Ce sont des processus où s'opposent de façon manifeste deux ou plusieurs acteurs, mettant en cause des ressources (naturelles, environnementales, culturelles,…) et où l'espace est support d'antagonismes, objet ou enjeu de conflits, ou impacté par des oppositions. Le conflit se distingue des tensions* par un passage à l'acte qui peut prendre des formes variées : médiatisation, recours aux tribunaux, verbalisation, publicisation, menaces, voies de faits, violence armée, etc.

Plusieurs phases caractérisent les processus conflictuels : l'émergence, les manifestations des oppositions et la régulation. Il ne s'agit cependant pas d'un processus linéaire. L'oscillation entre processus d'oppositions, de phase d'accalmie et de dialogue caractérise les situations conflictuelles. Aux épisodes de crises*, en général très médiatisés, succèdent des phases d'apaisement qui à leur tour peuvent être suivies de séquences actives marquées par des actes conflictuels (manifestations publiques, mouvement de grève, etc.). Au cours de ces épisodes, des processus de régulation peuvent être engagés et offrir un climat plus serein nécessaire à la mise en place d'un dialogue constructif, mais peuvent également contribuer à renforcer les oppositions.

Les géographes s'intéressent principalement aux conflits d'accès, de partage, d'utilisation, de gestion des ressources, et aux oppositions liées à l'aménagement des territoires*. Ces antagonismes peuvent être regroupés sous l'appellation générale de "conflits territoriaux" [Mélé *et al.*, 2003], mais en fonction de leur domaine de recherches, les géographes vont qualifier plus précisément leur objet d'étude. Nous proposons de mettre en évidence le champ d'analyse des conflits en géographie pour comprendre la diversité des catégorisations de conflits tout en soulignant leur porosité. Puis, nous verrons qu'au sein de ces catégories des typologies sont réalisées de façon à spécifier les conflits.

Les conflits : un large champ d'analyse

Les conflits sont un sujet actuel, avec de forts enjeux sociaux, politiques, économiques et environnementaux. Ils occupent la vie politique et sociale des citoyens, des élus, des agents de l'État et des professionnels aux différentes échelles spatiales. Offrant une entrée très riche pour l'analyse des dynamiques territoriales, le conflit suscite l'intérêt croissant de géographes qui investissent ce champ pour diverses raisons et de diverses façons [Cadoret, 2011]. L'analyse des conflits permet de porter un regard sur les dimensions territoriales des dynamiques sociales. Les conflits offrent une entrée pertinente pour l'analyse des logiques d'action des acteurs d'un territoire [Mélé, 2004 ; Plante *et al.*, 2006] notamment parce que les modes d'engagement et les stratégies des acteurs, lors des situations de conflits, débouchent sur des choix en terme de gestion des territoires. L'étude des antagonismes permet de mettre en évidence les divergences d'intérêts des acteurs et leur positionnement [Villeneuve *et al.*, 2006 ; Caron et Torre, 2002] ainsi que les articulations complexes entre les échelles d'action [Mormont, 2006].

Les géographes, mais également les économistes ou les sociologues, sont de plus en plus nombreux à travailler la question du lien entre conflits et territoires : en témoignent les nombreux séminaires de recherches et publications sur ce sujet [parmi eux, Mélé *et al.*, 2003 ; Lecourt et Faburel, 2005 ; Guyot, 2006 ; Cadoret, 2006]. Aborder le conflit soulève des questionnements qu'une seule discipline ne peut envisager de façon globale [Kirat et Torre, 2006] et l'économie, la sociologie, mais aussi la psychologie, la psychosociologie, l'histoire ou les sciences de gestion (avec en particulier les théories de la négociation) portent des regards complémentaires sur ces questions. Les chercheurs s'interrogent sur la production et la transformation des territoires par les conflits, sur l'émergence de conflits suite à la construction de nouveaux territoires, sur la révélation, la modification ou l'apparition de territorialités. Ces éléments sont constitutifs d'une compréhension des actions publiques, de leurs dysfonctionnements [Mélé, 2004] et de leur acceptation, tant dans le domaine de l'aménagement que de la protection des espaces naturels [Laslaz, 2005]. L'étude des antagonismes peut alors viser à la compréhension et l'évaluation des formes de pilotage des actions (régulation de conflits, prise de décision, gestion optimale d'un territoire…) [Dziedzicki, 2001 ; Cadoret, 2010] et à mettre en évidence les reconfigurations en termes de gouvernance* territoriale suscitées par les conflits [Cadoret et Lavaud, 2009 ; Torre *et al.*, 2006], voire à éclairer les décisions.

Le champ d'analyse est donc très large pour les géographes qui abordent les conflits selon leur angle d'analyse (aménagement, géographie économique, géopolitique, géographie sociale, etc.). Selon l'angle d'approche utilisé, certaines caractéristiques des conflits seront davantage développées que d'autres (rapports de pouvoirs, stratégies d'engagement, régulation, représentations de l'espace, temporalité, etc.), mais les ambitions restent identiques : mieux saisir la complexité des relations entre espaces et sociétés [Lecourt et Faburel, 2005].

Les conflits à dimension spatiale et territoriale : des déclinaisons multiples

Parmi la diversité des conflits que nous allons évoquer, citons en premier lieu les conflits armés dont la dimension géopolitique est abordée dans de nombreux articles de la revue *Hérodote*. Certains portent sur les délimitations territoriales aux frontières (v. Les frontières) des États, alors que dans d'autres cas, ils portent sur des objets très divers et le caractère armé qualifie les moyens mis en œuvre dans les oppositions. Selon Hugon [2009], les conflits armés recouvrent les guerres civiles, les insurrections*, la violence criminelle, les conflits entre armées et le terrorisme. Leur analyse met en évidence l'enchevêtrement des acteurs, l'emboîtement des échelles (v. Articuler les conflits violents à différentes échelles spatiales et temporelles) et les complexes interactions entre les aspects politiques, sociaux, économiques et identitaires. Chouvy [2004] et Perez et Laniel [2004] mettent en évidence ces relations au regard des trafics de drogue en Asie et Afrique. Ils illustrent par exemple l'enjeu de contrôle des territoires de production d'opium* (en Birmanie et en Afghanistan) ou de cannabis* (au Liberia, en Casamance, au Congo-Brazzaville) pour le financement des groupes armés (v. La drogue dans les conflits). Citons également les attentats terroristes pour motifs religieux (v. Les conflits religieux) ou nationalistes dans des lieux stratégiques d'échanges (aéroports, gares), ou encore les attaques de sites Internet (v. Les espaces des conflits numériques) perturbant des réseaux techniques territoriaux (comme les réseaux d'alimentation en eau ou en électricité), etc.

Ce sont aussi des conflits sociaux et/ou politiques à dimension spatiale qui sont étudiés en géographie. Ils concernent par exemple les mouvements sociaux dans les ports, qui mettent en jeu des professionnels du secteur (dockers, grutiers, pilotes de remorqueurs, etc.). Les blocus organisés dans les espaces portuaires pour des revendications salariales, la dénonciation des conditions de travail ou encore du recours à une main-d'œuvre étrangère ont des conséquences spatiales et économiques qui contribuent à des reconfigurations en termes de gouvernance portuaire [voir Foulquier in Damien M.-M. et Marcadon, 2009]. Là encore, les acteurs impliqués le sont à différentes échelles : du docker à l'Union européenne en passant par les autorités portuaires en charge de la gestion des ports.

Cette diversité d'acteurs caractérise également les conflits d'usage qui correspondent à une opposition manifeste concernant l'affectation de l'espace terrestre ou marin, le partage des ressources, la transgression des règles d'utilisation de l'espace (coutumières ou réglementaires) et les conséquences réelles ou potentielles d'un usage sur un ou plusieurs autres [Cadoret, 2006] :

• Concernant l'affectation de l'espace, il peut s'agir du changement d'affectation du sol en zone périurbaine où le milieu urbain investit le milieu rural. En Île-de-France, les projets d'infrastructures urbaines sur les espaces agricoles suscitent des conflits dont l'objet porte plus particulièrement sur le transport routier, sur la construction d'éoliennes, de centres de traitement des déchets ainsi que sur l'implantation d'aires d'accueil des gens du voyage [Darly et Torre, 2008]. En mer, les oppositions peuvent émerger lors de la création d'une zone protégée contraignant la pratique halieutique, comme dans le cas de la création du Parc national marin de la mer d'Iroise où les pêcheurs manifestent leurs inquiétudes quant à une restriction des zones de pêche.

• Les antagonismes pour le partage de l'espace et des ressources s'observent par exemple en Bolivie lors des révoltes en 2000 contre la privatisation du système de distribution d'eau de la ville de Cochabamba (v. L'eau, entre conflits et coopérations). Des oppositions se manifestent également entre les usagers des zones proches du rivage (baignade, voile légère, conchyliculture, usages fortement consommateurs d'espace tels que le kite surf ou le scooter des mers) ou entre les pratiquants d'activités nautiques et les pêcheurs, qui sont en concurrence pour l'espace de navigation et parfois pour les ressources (comme par exemple entre les pêcheurs amateurs et les pêcheurs professionnels au large du golfe du Morbihan).

• La transgression des règles d'utilisation de l'espace peut être illustrée par le cas des plongeurs sous-marins qui pratiquent leur activité dans la zone de cantonnement d'une réserve naturelle marine où toute activité est proscrite (c'est le cas par exemple au sein la réserve intégrale de la Réserve naturelle marine de Cerbère-Banyuls en Languedoc-Roussillon), ou en prenant le cas de la construction sans autorisation d'un habitat résidentiel dans une zone protégée (situation fréquente au sein des sites* classés des étangs littoraux héraultais). Il peut s'agir aussi de coupes de bois illégales qui représentent 35 % de la production en Malaisie, et atteignent près de 80 % dans certaines régions du Brésil selon le Word Resources Institute [voir Haugen in MASTNY et FRENCH, 2002].

• Concernant les oppositions relatives à l'impact réel ou potentiel d'un usage sur un autre, citons le cas d'une industrie chimique qui déverse ses eaux usées dans une lagune consacrée à l'activité conchylicole, ou des effets des pollutions d'origine agricole sur la prolifération des algues vertes dans des espaces à forts enjeux touristiques. C'est le cas pour les communes littorales du Hillion ou Plestin-les-Grèves dans les Côtes-d'Armor où les municipalités doivent gérer le ramassage et le traitement des algues vertes avant l'arrivée des touristes en période estivale.

Les conflits de voisinage sont souvent associés aux conflits d'usage. Ils se déroulent entre voisins (résidents, agriculteurs, restaurateurs, etc.). En milieu urbain, il peut s'agir des nuisances* sonores produites par les activités du centre-ville qui mobilisent les habitants à proximité [MÉLÉ, 2004]. En milieu rural et périurbain, dans le département de l'Hérault par exemple, ces conflits concernent essentiellement les servitudes de passages ou de vue non respectées [KIRAT *et al.*, 2006].

Ces conflits peuvent avoir une dimension environnementale (v. Conflits et environnement) que l'on retrouve dans de nombreux conflits liés aux aménagements. Ceux-ci regroupent :

• les conflits d'implantation [DZIEDZICKI, 2001] portant sur les nuisances potentielles d'un aménagement (c'est le cas des oppositions entre l'Argentine et l'Uruguay concernant la pollution que risque d'occasionner l'usine de pâte à papier que les autorités uruguayennes projettent d'implanter sur les rives du fleuve frontalier) ;

• les conflits d'environnement portant sur les nuisances réelles d'un aménagement ou d'une activité en fonctionnement (comme les antagonismes locaux portant sur les rejets des incinérateurs de Lunel-Viel dans le sud de la France) ;

• les conflits d'aménagement, qui concernent la réalisation d'un projet d'équipements ou d'infrastructures ainsi que la mise en œuvre de projets urbanistiques ou touristiques [LECOURT, 2003] (citons à ce titre les conflits liés à l'implantation de la ligne TGV-Méditerranée dans les années 1990).

L'environnement peut être instrumentalisé dans les discours des protagonistes. C'est le cas par exemple des riverains qui se mobilisent contre l'implantation d'un aménagement en invoquant des arguments écologiques alors que les raisons de leur engagement concernent davantage la protection de leur cadre de vie [DZIEDZICKI, 2001]. Certaines contestations se fondent sur une justification écologique [LAFAYE et THÉVENOT, 1993], comme dans le cas d'un projet de rocade dans le Finistère où une espèce menacée sert d'argument aux opposants de l'aménagement, alors que l'enjeu central concerne moins l'environnement que les luttes politiques [voir Arnourd et Dorfiac in AKRICH, 2002]. Les conflits se caractérisent souvent par une évolution de l'argumentaire, une "montée en généralité" où l'on passe d'intérêts locaux à des intérêts globaux. On observe aussi ce phénomène par le glissement d'associations de riverains NIMBY – *Not in my Back Yard* – au BANANAs – *Build Absolutly Nothing Anywhere Near Anybody* – [PELLETIER *et al.*, 2007].

Les conflits environnementaux sont des conflits où l'environnement est mobilisé, en tant qu'objet du conflit ou dans les argumentaires. Des biens d'environnement (la biodiversité, un paysage, une zone humide, l'environnement sonore, etc.) y sont évoqués, même s'ils ne sont pas toujours au centre de la controverse. Il existe des recouvrements entre les catégories distinguées, certains conflits environnementaux étant aussi des conflits d'usage ou des conflits d'aménagement. Les conflits environnementaux concernent par exemple les oppositions autour de la création d'espaces protégés ou le respect des réglementations en leur sein. De telles oppositions ont été observées par exemple lors de la création du Parc national du Mercantour [LASLAZ, 2005] ou plus récemment autour du projet de Parc national des Calanques en France. L'expression des conflits est parfois violente comme dans le cas de l'imposition d'aires protégées : lors de l'extension du parc du Kéran au Togo dans les années 1980, les forces armées ont contraint près de 10 000 personnes à partir en détruisant les villages au lance-flammes [Rossi, 2000]. Ces conflits environnementaux font alors écho à une conception occidentale de la protection de l'environnement et révèlent des enjeux stratégiques et ethniques, que Guyot souligne en décrivant le processus de création des aires protégées en Afrique du Sud [Guyot, 2006]. Ces conflits sont fortement liés aux représentations de l'environnement [Laslaz, 2005 et 2009 ; Guyot, 2006]. Par ailleurs, les dégradations environnementales et les préoccupations sanitaires nourrissent des conflits de plus en plus vifs localement et sur la scène internationale. C'est le cas notamment dans le domaine de l'eau qui, de par son caractère multifonctionnel, est l'objet de rivalités pour son utilisation, son partage ou sa qualité : conflits entre agriculteurs et acteurs du tourisme en Espagne ; pollutions des rivières en aval des Maquiladoras* au Mexique ; diminution de l'apport hydrique engendrée par les prélèvements pour l'agriculture au Moyen-Orient, etc. Les conflits environnementaux portent également sur la mise en patrimoine de biens communs (le paysage, la mer, comme au sein de la Réserve naturelle marine de Cerbère-Banyuls, ou encore d'anciens secteurs industrialo-portuaires comme à Nantes) ou au sein d'espaces patrimoniaux (zones piétonnes urbaines en France dans des zones au patrimoine remarquable) et sont alors qualifiés de conflits patrimoniaux [Gravari-Barbas et Veschambre in Mélé, 2004 ; Mélé, 2005].

Certaines terminologies en recouvrent plusieurs. Ainsi, les conflits de localisation – *locational conflict* – [Janelle, 1977 ; Trudelle, 2003] peuvent être des conflits d'aménagements, des conflits environnementaux comme des conflits de voisinage.

Pour l'analyse des conflits : une entrée par un type de conflit, un secteur, un type d'espace

L'analyse géographique des conflits suppose de préciser les types de conflits auxquels on s'intéresse. Des recoupements sont alors effectués pour restreindre le champ de la recherche ou de l'étude, comme c'est le cas des travaux portant sur les conflits d'usage liés à l'environnement [Cadoret, 2006]. L'analyse de ces conflits passe notamment par l'élaboration d'outils cartographiques spécifiques (v. Cartes et conflits) : la carte suivante spatialise par exemple ce type d'oppositions sur les sites classés et inscrits situés dans les communes littorales du Languedoc-Roussillon, au regard d'une forme d'expression des conflits : le procès-verbal rédigé par les inspecteurs des sites.

Cette carte a été élaborée à partir des données recueillies auprès de la direction régionale en charge de l'environnement, qui révèlent que 154 procès-verbaux (PV) sont dressés sur les sites classés et inscrits du littoral entre 1989 et 2004. Depuis la fin des années 1990, le nombre de PV accuse une augmentation globale sensible. La construction de bâtiments sans autorisation constitue la majorité des infractions (58 %). Les infractions liées à l'implantation de panneaux publicitaires concernent 23 % des procès-verbaux et l'occupation sans titre 16 %. Ce dernier type d'infraction concerne les pratiques incompatibles avec les sites classés comme la location de quad, les commerces de fruits et légumes ou toutes autres activités lucratives sur les rives des étangs, là où il y a un grand potentiel touristique. En spatialisant les données recueillies, on remarque que le type d'infraction diffère sensiblement d'un site classé à l'autre. Les contentieux constituent donc une source d'information permettant d'analyser une forme d'expression des conflits. Le recours aux tribunaux caractérisant certaines stratégies associatives, des auteurs vont s'y intéresser, en fonction de leur thématique de recherche.

Si l'analyse exploite ici une source d'information (le contentieux), un outil (cartographique) dans un champ clairement délimité (les conflits d'usage liés à l'environnement), de multiples entrées sont possibles et le géographe est amené à délimiter un champ, puis à privilégier les sources d'information et outils de représentation les mieux adaptés. Certains géographes privilégient des approches plus sectorielles. Dans le domaine des transports, Lolive [1999] s'intéresse à la mobilisation autour du TGV Méditerranée ; Dziedzicki [2001] aux oppositions concernant la voie rapide entre Cergy et Roissy. Dans le domaine de l'énergie, Valette [2005] analyse les oppositions aux éoliennes dans l'Aude. Des géographes privilégient l'étude des conflits sur un type d'espace particulier tel que le rural, le périurbain, le portuaire, le littoral, les espaces protégés, ou encore l'urbain. Mais là encore les frontières sont poreuses et les conflits relatifs à un secteur d'activité ou un type d'espace y restent rarement cantonnés : le géographe utilise une porte d'entrée dans l'analyse des conflits mais s'intéresse ensuite à d'autres secteurs et espaces, si le conflit s'y déplace.

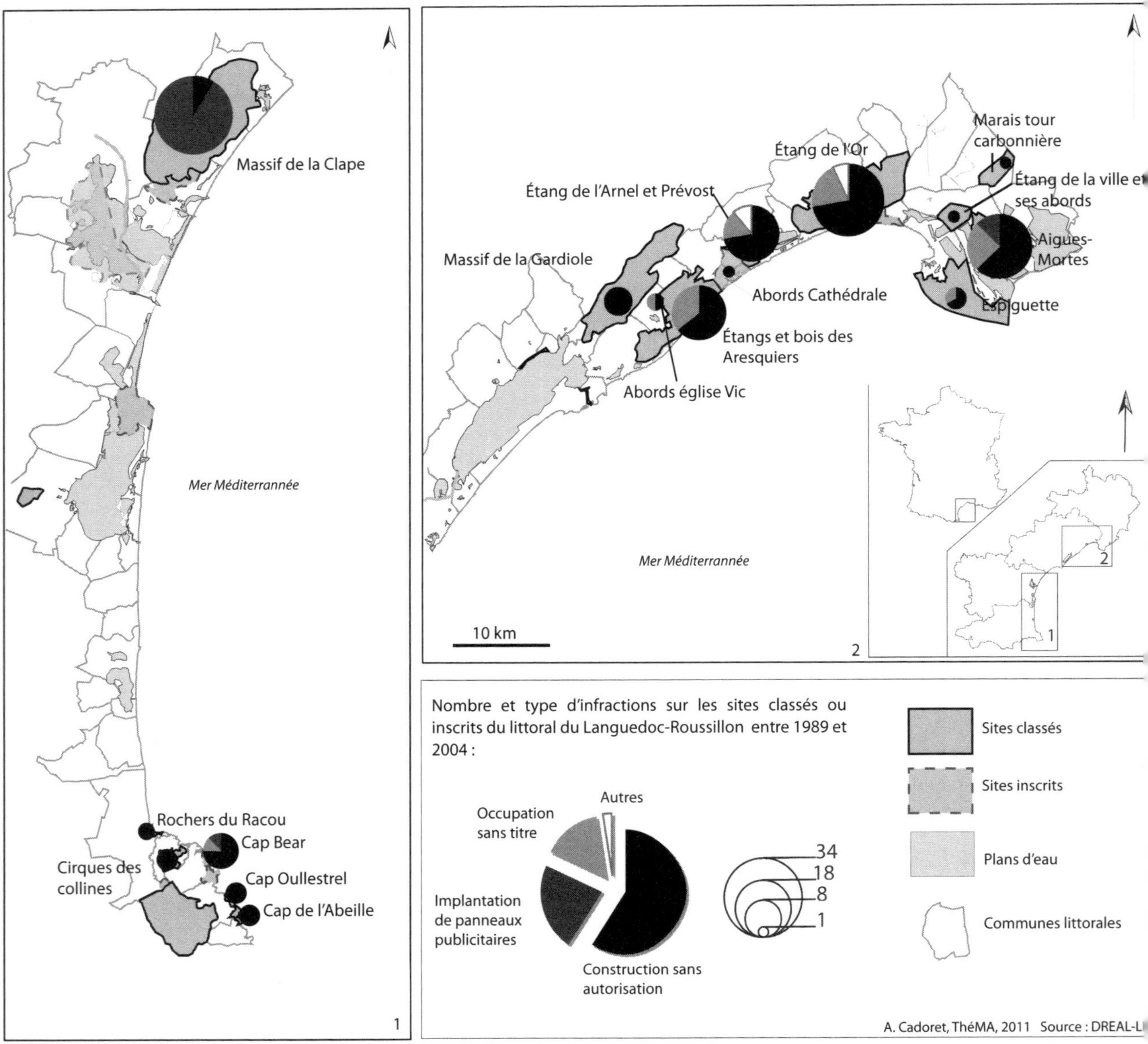
Massif de la Clape
Mer Méditerranée
Rochers du Racou
Cap Bear
Cirques des collines
Cap Oullestrel
Cap de l'Abeille
1
Marais tour carbonnière
Étang de l'Or
Étang de l'Arnel et Prévost
Étang de la ville et ses abords
Aigues-Mortes
Massif de la Gardiole
Abords Cathédrale
Espiguette
Étangs et bois des Aresquiers
Abords église Vic
Mer Méditerranée
10 km
2
1
2
Nombre et type d'infractions sur les sites classés ou inscrits du littoral du Languedoc-Roussillon entre 1989 et 2004 :
Autres
Occupation sans titre
Implantation de panneaux publicitaires
Construction sans autorisation
34
18
8
1
Sites classés
Sites inscrits
Plans d'eau
Communes littorales
A. Cadoret, ThéMA, 2011 Source : DREAL-L

Typologie des conflits d'usage liés à l'environnement en fonction des processus conflictuels à partir du cas littoral du Languedoc-Roussillon

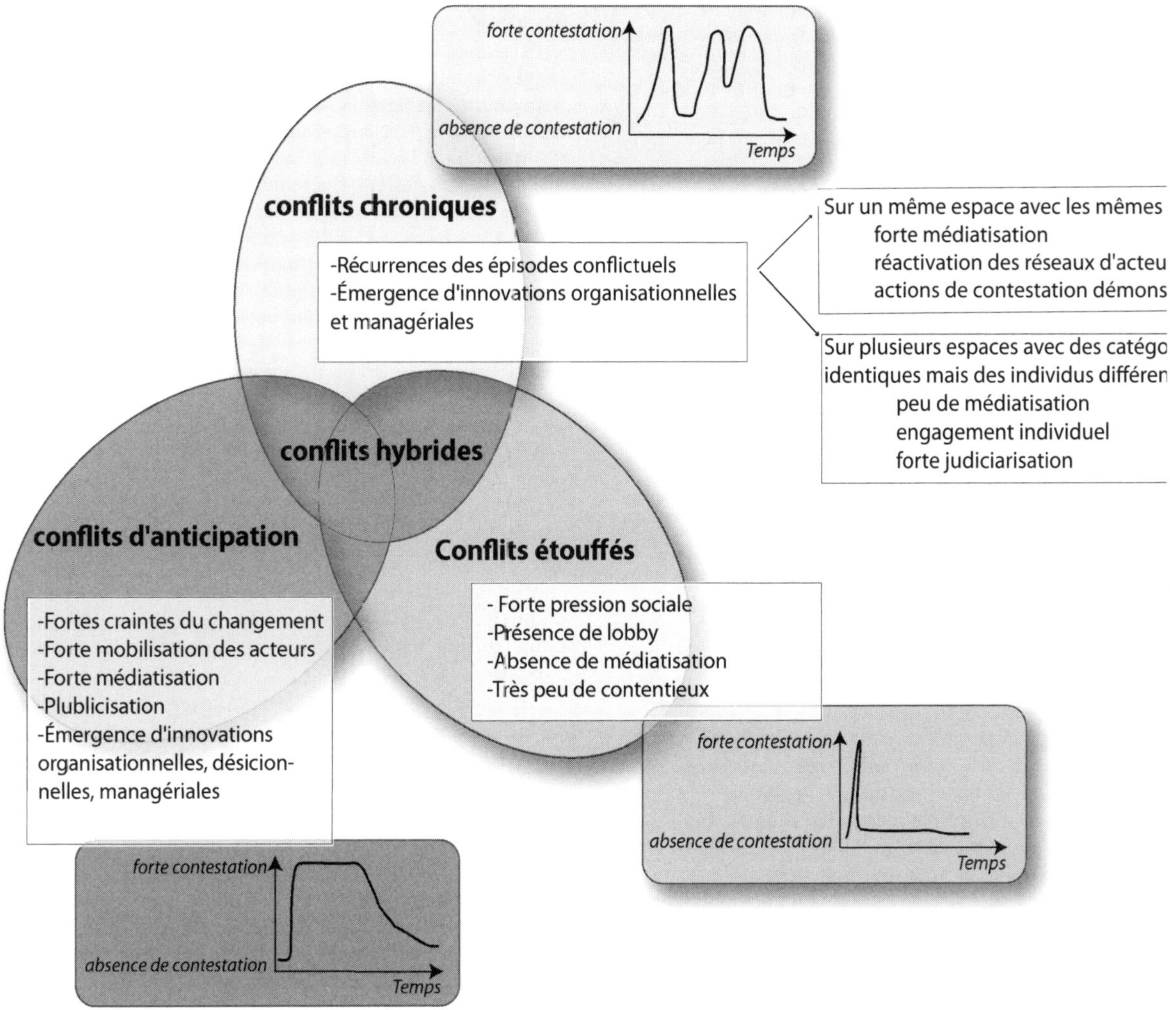

Anne Cadoret, ThéMA, 2011

Une diversité de grilles de lecture des conflits

Une fois l'objet d'étude, le champ thématique ou spatial défini, les géographes spécifient davantage les conflits qu'ils étudient. En rapport avec leurs filtres d'analyse, ils proposent une typologie ou adaptent des typologies existantes pour offrir une grille de lecture de processus complexes.

Ainsi, certains auteurs classent les conflits en fonction de l'une de leurs caractéristiques (causes, parties prenantes, enjeux, usages concernés, etc.). Des auteurs proposent une typologie en fonction des causes sous-jacentes aux conflits, dont MOORE [2003] qui distingue les conflits selon qu'ils sont factuels (une incompréhension par exemple, telle celle liée au contenu de l'ordonnance Natura 2000 en France qui laisse de nombreuses zones d'ombre concernant la pratique cynégétique notamment : les chasseurs craignent une interdiction de leur activité au sein des zones Natura 2000), d'intérêts, structurels (c'est-à-dire liés à des enjeux de pouvoir et au contrôle des ressources), de valeurs (émanant par exemple de croyances différentes) ou relationnels (telles des rivalités ancestrales entre deux familles). TRUDELLE [2003] propose une typologie des conflits en fonction des événements conflictuels et DZIEDZICKI [2001] en fonction de leurs enjeux. Il distingue, à partir des travaux de POIRIER ELLIOTT [1988] : le conflit fondé sur les incertitudes, reposant sur les impacts potentiels de la mise en œuvre d'une politique ou d'un projet ; le conflit substantiel, traduisant un désaccord sur le contenu de la décision ; le conflit de procédure, remettant en cause le processus de décision ; le conflit structurel qui concerne les relations de pouvoir.

Dans le domaine de l'environnement, l'accent est plus particulièrement mis sur la nature des ressources et des problématiques environnementales (pollution, risques, surexploitation des ressources halieutiques, etc.) [dont BUCKLES et RUSNAK, 2002]. JEANNEAUX [2006] classe quant à lui les conflits sous un angle économique, à partir des externalités des projets de développement. Dans la grande majorité des études portant sur les zones côtières, les conflits sont "considérés par rapport à l'usage ou rapport à l'usager" [VALLEGA, 1999]. Ainsi, les auteurs catégorisent souvent les conflits en fonction soit des parties prenantes et de leurs argumentaires (eux-mêmes catégorisés par échelles d'intervention) [BRUCKMEIER et HÖJ LARSEN, 2008 ; CHOBLET *et al.*, 2007], soit des activités [par exemple LEY et MERCER, 1980 ; CICIN-SAIN et KNETCH, 1998 ; DAUVIN, 2002]. VALLEGA [1999] propose notamment une grille de comptabilité/incompatibilité des usages de la mer Méditerranée maintes fois reprise dans des travaux sur la zone côtière.

Ces typologies aident à clarifier les jeux d'acteurs, les usages concurrents, les argumentaires et les enjeux, mais la temporalité est parfois difficilement perceptible. Or, elle constitue un aspect important pour l'étude des dynamiques d'opposition [TRUDELLE, 2003]. Les grilles de lecture diachroniques restent finalement marginales. Citons à ce titre la lecture diachronique de la mobilisation décrite par LECOURT et FABUREL [2005] décrivant les étapes d'engagement individuel et collectif dans le processus conflictuel et la construction de l'argumentaire de riverains contestant un aménagement en projet. Une autre typologie diachronique prenant en compte plusieurs éléments du processus antagonique est réalisée à partir des conflits d'usage liés à l'environnement sur la zone côtière du Languedoc-Roussillon [CADORET, 2009]. Cette typologie (non généralisable) considère la sphère d'acteurs concernée et son élargissement au cours du conflit, le degré de médiatisation, de publicisation et de judiciarisation, les modes de régulation ainsi que l'ancrage territorial, le mode d'engagement des acteurs et la temporalité des conflits. Trois grands types de conflits apparaissent (les conflits chroniques, les conflits d'anticipation et les conflits étouffés) et s'entrecroisent pour former une quatrième catégorie (les conflits hybrides) :

- Les conflits chroniques se manifestent de façon récurrente. Ce sont notamment des conflits liés à la pollution aquatique et aux infractions réglementaires.
- Les conflits d'anticipation naissent de craintes vis-à-vis d'impacts potentiels d'un usage ou d'une infrastructure. Ils concernent davantage les projets d'aménagement et les projets de protection de ressources.
- Les conflits étouffés renvoient à des conflits où un groupe d'acteurs fortement structuré dispose de moyens de pressions et a la capacité de faire taire ses opposants. Cette terminologie rejoint l'expression "conflit refusé", employée par LASLAZ [2005] au sujet de conflits environnementaux au sein des zones centrales des parcs nationaux montagnards français.

• Enfin, les conflits hybrides regroupent les conflits au profil croisé. Le braconnage, par exemple, regroupe une multitude de microconflits locaux (pêche sous-marine avec bouteille dans les étangs ou au sein d'une réserve naturelle marine ou chalutage dans la zone des trois milles nautiques). Il s'agit de conflits chroniques mais également de conflits étouffés car les jeux d'acteurs restent opaques et la médiatisation faible, le sujet étant relativement peu publicisé.

Les conflits révèlent des réalités sociales complexes et revêtent un caractère fondamentalement multiscalaire, de par la multiplicité des parties prenantes et de leurs interactions qui se jouent à des échelles variées. Cela rend particulièrement ardu l'effort de catégorisation auquel s'attachent les géographes qui tentent de souligner le rapport étroit entre conflits et territoires. La question des conflits soulève des questionnements sur ses rapports au territoire, en termes de production et de reconfiguration, de participation au changement des représentations de l'espace, d'acceptation sociale de projets d'aménagement ou d'espaces naturels protégés, etc. De plus en plus de recherches y participent [dont Lecourt, 2003 ; Mélé, 2004 ; Laslaz, 2005 ; Torre in Zuindeau, 2010 ; Cadoret, 2011] mais ce champ reste encore largement à explorer.

L'espace social des conflits est souvent très large car ceux-ci impliquent de nombreux acteurs aux compétences diverses et d'échelles d'intervention variées et renvoient à des enjeux tant sociaux, économiques, écologiques que politiques. Le conflit fait alors appel à des champs thématiques divers de la géographie comme la géographie sociale ou la géopolitique. La littérature révèle un riche éventail de dénominations et de typologies distinguant les antagonismes en fonction des causes, des objets, des enjeux, des logiques d'action, du processus, etc. Ce travail de classification permet de mettre en évidence des jeux d'acteurs complexes et leurs rapports au territoire. Les conflits constituent en effet une entrée féconde pour l'analyse des territoires, tant à l'échelle locale qu'internationale, et utile au décryptage des enjeux contemporains.

LES ESPACES DES CONFLITS NUMÉRIQUES

"Watch a 12-years-old take evasive action and score multiple hits while playing *Space Invaders*, and you will appreciate the skills of tomorrow's pilot"
Ronald Reagan, discours au Disney World en Floride, 8 mars 1983

"This isn't a video game. It's a war. A real war"
Colin Powell, interviewé sur *Fox News* le 24 mars 2003, quatre jours après l'invasion en Irak

Depuis la Seconde Guerre mondiale, les outils numériques, informatiques et de communication ont pris une place prépondérante dans les conflits*. Désormais, les moyens de pression des différents acteurs s'expriment aussi bien sur le champ de bataille que dans le cyberespace*. Le cyberespace peut être l'enjeu d'un conflit portant sur un marché ou sur des informations stratégiques, l'espace-support du conflit dans le cas des cyberattaques*, ou bien l'outil essentiel de la maîtrise de champs de bataille éloignés. Pourtant, il est difficile de parler de "cyberconflit*". Il n'y a pas de conflit virtuel : quand un antagonisme a émergé, le conflit est réel. Il est précédé par différentes phases de tension qui sont tout autant réelles. Par ailleurs, tous les passages à l'acte (piratage* informatique) et tous les moyens de pression (attaques de serveurs*) ne sont pas uniquement déployés sur les réseaux informatiques et de communication. Il s'agit plutôt d'une numérisation des conflits, par le recours croissant depuis le début de la guerre Froide à la puissance de calcul, à la performance des réseaux de communication et à la numérisation de l'information. Historiquement, ces outils numériques ont d'abord été développés pour faire la guerre. Ils ont fait émerger de nouveaux moyens de confrontation ou de régulation, mais ils visent à perturber l'équilibre des systèmes "réels".

En fait, c'est plutôt la simulation des conflits qui leur confère un caractère virtuel. Le conflit repose sur une tension actualisée, alors que le virtuel se situe dans l'univers des possibles, avant leur actualisation par les choix des acteurs et leurs interactions avec le contexte [Lévy P., 1998]. Lorsqu'un conflit émerge d'une opposition ou d'une rivalité, la tension ne peut être résolue que par l'élimination, physique ou symbolique, d'un des acteurs du conflit (en cas de guerre par exemple) ou de l'objet du conflit (par exemple un projet d'aménagement contesté). En revanche, la simulation permet de conserver le caractère virtuel d'une tension et d'explorer les conséquences possibles des différents choix qui s'offrent aux acteurs. C'était l'objet des *wargames*, et avant eux des jeux de stratégie plus abstraits comme les échecs ou le go. Depuis l'Antiquité, des jeux simulent les conflits dans presque toutes les cultures [Kline, 2003]. Ces jeux et ces simulations ont suivi la même numérisation que les conflits, en accompagnant l'émergence des jeux vidéos. C'est donc du côté des jeux vidéos, comme dernier avatar de cette numérisation des conflits, qu'il faut chercher les conflits virtuels et les cyberconflits.

Les réseaux informatiques : nouveaux territoires de conflits

• Les cyberattaques accompagnent les conflits militaires

L'importance prise par la numérisation des conflits peut faire de l'information et des réseaux de communication un enjeu. C'est pourquoi le cyberespace s'est transformé en champ de bataille lors de conflits récents. Les "cyberattaques" sont de nouveaux types d'offensives qui viennent s'ajouter à des opérations militaires ou de renseignement plus classiques. Elles ne se substituent cependant pas aux opérations militaires. Bien qu'elles se déroulent dans le cyberespace, elles ne sont pas déterritorialisées : elles ont lieu en majeure partie aux États-Unis, en Russie, ou encore en Chine [Ventre, 2010] et elles ciblent des États, des entreprises, des réseaux ou des serveurs informatiques qui ont une localisation précise. La géographie des cyberattaques exprime ainsi les rapports de force géopolitiques contemporains.

Dans la nuit du 7 au 8 août 2008, la Russie a déclenché une opération militaire contre la Géorgie en brisant une tentative géorgienne de reconquête de sa province sécessionniste d'Ossétie du Sud (v. Les conflits géopolitiques dans l'aire post-soviétique). Dès le 20 juillet 2008, soit deux semaines avant l'invasion, le cyberespace géorgien avait été attaqué à l'aide de plusieurs réseaux d'ordinateurs piratés (*botnet*) qui l'avaient saturé de requêtes jusqu'à rendre les serveurs inutilisables (attaque* par déni de service distribué ou *DDoS*). Le site web du président géorgien Mikheil Saakashvili a été attaqué en premier (les photos du président ont été remplacées par celles d'Adolf Hitler), puis les sites de l'administration et des médias, empêchant le gouvernement géorgien de communiquer jusqu'à la fin des opérations terrestres. Enfin, le 7 août, soit la veille de l'offensive terrestre, l'ensemble du trafic géorgien a été redirigé vers le serveur russe Bryansk.ru. L'ampleur, la coordination et le calendrier de cette attaque ont fait dire qu'elle avait été planifiée depuis Moscou, même si aucune preuve n'a pu en être apportée [Markoff, 2008]. D'autant plus qu'il existe un précédent : la cyberattaque de l'Estonie entre avril et mai 2007, suite au déboulonnage de la statue du soldat de bronze, érigée en 1947 à la mémoire des soldats soviétiques de la Seconde Guerre mondiale dans le centre-ville de Tallinn. Cette cyberattaque a été à l'origine de la création par l'OTAN* à Tallinn du Centre de cyberdéfense en coopération (Cooperative* Cyber Defence Centre of Excellence, CCDCOE) le 14 mai 2008. En mai 2010, l'OTAN a mené des "cybermanœuvres" à Tallinn, le *Baltic Cyber Shield* (bouclier informatique balte), reproduisant une cyberattaque comme celles de 2007 et 2008 et essayant d'envisager le pire, que des pirates informatiques parviennent à déclencher le lancement d'un missile à partir d'Internet.

• La cyberguérilla, un conflit asymétrique

Les cyberattaques ne concernent pas seulement les États, mais aussi les entreprises, les organisations et les particuliers, dans le cadre de la compétition économique ou de tensions politiques. Ainsi, la société Google a révélé en janvier 2010 que ses serveurs en Chine avaient été attaqués et qu'un important volume de données y avait été dérobé en décembre 2009. Google a accusé Pékin et a menacé de ne plus censurer les données sur son portail google.cn, comme la société s'y était engagée en 2006 auprès des autorités pour pouvoir accéder au marché chinois [Markoff, 2010]. Il est difficile de déterminer l'origine d'une cyberattaque parce que l'agresseur s'abrite souvent derrière un réseau d'ordinateurs qu'il a piraté. De plus, elle repose sur une asymétrie : il faut beaucoup de ressources pour s'en prémunir, mais un ordinateur ancien avec une connexion par modem est suffisant pour pénétrer un serveur ou le saturer. En 2010, le conflit entre Wikileaks et les autorités américaines a conduit à une "cyberguérilla". Après la révélation de 200 000 documents confidentiels, dont des documents classés "secret défense" sur les guerres en Irak et en Afghanistan, le 28 novembre 2010, les transferts bancaires à destination de Wikileaks ont été bloqués par les sociétés Visa, MasterCard et PayPal. En représailles, des sympathisants ont lancé l'opération Payback en décembre 2010 : une série d'attaques par déni de service (*DoS*) contre les sites de ces sociétés et contre la banque suisse PostFinance qui avait gelé un compte du fondateur de WikiLeaks, Julian Assange. En fait, l'asymétrie propre aux cyberattaques pourrait faire se déporter de nombreux conflits, de natures très différentes, dans le cyberespace. Les cyberattaques sont attractives et accessibles en raison d'un anonymat qui peut être parfois préservé et du peu de moyens nécessaires. On peut même louer les services d'organisations criminelles sur Internet, à partir de 50 euros la cible. Il s'agit d'une nouvelle façon pour des acteurs aux moyens limités de faire changer un conflit d'échelle, qu'il s'agisse de représailles, de faire pression sur des acteurs plus puissants ou de dérober de l'information. Ce changement d'échelle découle de la propriété des réseaux : la mise hors service d'un serveur entrave les flux sur un territoire étendu et parfois sans relation avec l'emplacement des serveurs. Pour éviter cette situation, les serveurs sont très interconnectés, ce qui permet de rediriger les flux, mais favorise aussi la propagation de programmes informatiques malveillants bien au-delà de leurs cibles initiales. Ainsi, le vers informatique *Stuxnet* a visé en juin 2010 les installations nucléaires iraniennes en exploitant les failles de sécurité du système d'exploitation Windows. Cette attaque a eu des dommages collatéraux, en affectant aussi des ordinateurs en Allemagne, en Inde et en Indonésie. La source de l'attaque n'a pas été identifiée, mais l'Iran a accusé Israël de l'avoir directement visé dans le cadre des négociations tendues sur son programme nucléaire [Hounshell, 2010].

Informatique et complexe militaro-industriel

• L'informatisation des conflits

Les débuts de l'informatique sont liés à la mobilisation des mathématiciens pendant la Deuxième Guerre mondiale. Les travaux d'Alan Turing (1912-1954) ont conduit à la construction en 1943 de la "Bombe" (calculateur électromécanique) puis en 1944 de Colossus (calculateur à tubes à vide) près de Londres, pour casser les codes secrets Enigma* et Lorentz*. Les travaux de John von Neumann (1903-1957) ont conduit en 1943 à la construction de l'ENIAC (*Electronic* Numerical Integrator Analyser and Computer*) à l'Université de Pennsylvanie pour répondre aux besoins du Laboratoire en recherche balistique de l'armée américaine. Jusque dans les années 1970, le ministère de la Défense des États-Unis reste le premier acquéreur de matériel informatique [Fortin, 2007]. Le DARPA (Defense* Advanced Research Projects Agency) est aussi à l'origine du cyberespace, avec la mise en réseau des ordinateurs des centres de recherche financés par les crédits militaires : l'ARPANET*, au début des années 1960. Cette numérisation progressive permet une mise à distance, territoriale et symbolique, de la violence des conflits.

Ainsi, pendant la guerre du Vietnam, l'armée américaine avait installé près de 20 000 capteurs électroniques pour surveiller les 250 km de front (opération *Igloo White*). À distance, au White Infiltration Surveillance Center situé en Thaïlande, les plus puissants processeurs informatiques de l'époque (IBM 360/65) traitaient l'information en temps réel et affichaient les données sur des écrans avec des cartes. Ces informations étaient transmises aux forces aériennes pour qu'elles interviennent dès qu'une incursion nord-vietnamienne était détectée. En imposant une médiation numérique entre le soldat et sa cible, l'utilisation d'outils informatiques dans les conflits contemporains déshumanise la guerre [Halter, 2006]. Elle la rend à la fois plus supportable et plus aseptisée, parce que le soldat n'a plus de prise directe sur la conséquence de ses actes. Plus récemment, le conflit en Afghanistan est mis à distance par le recours à des drones* qui sont pilotés depuis des centres de commande très éloignés du champ de bataille. Pour les pilotes qui utilisent ce type d'outils, la cible est déshumanisée, réduite à quelques pixels sur un écran d'ordinateur. La mise à distance est double : à la fois métrique, le pilote se trouve dans un pays en paix à l'autre bout du monde, et cognitive, le dispositif technique imposant une médiation entre le soldat qui prend la décision de tirer et la perception des conséquences de son geste [Dubey, 2009].

• La simulation des conflits

La simulation des conflits s'est longtemps appuyée sur des jeux qui servaient d'entraînement. En 1664, Christopher Weikhmann s'est inspiré des échecs pour proposer de former l'aristocratie à la guerre avec un jeu de plateau, le *Koenigspiel*. Par la suite, ce type de jeu s'est développé en parallèle de la militarisation des sociétés européennes au cours du XIXe siècle. En 1824, l'officier prussien Helmut von Moltke publie les règles du jeu intitulé *Instructions pour la représentation de manœuvres tactiques sous l'apparence d'un jeu de guerre* ou *Kriegspiel* [Annart, 2008]. Même chez les pacifistes, le jeu de guerre était mobilisé, cette fois-ci pour dénoncer la barbarie, comme le jeu de stratégie *Little Wars* du romancier Herbert George Wells [Halter, 2006].

L'émergence des jeux vidéos s'inscrit dans cette filiation entre jeu et guerre. Historiquement, elle est liée à celle de l'informatique, à la structuration du complexe* militaro-industriel aux États-Unis et à la numérisation des conflits au cours de la guerre froide. Le premier jeu informatique, un jeu de morpion sur 9 cases (*XOX*), a été programmé sur l'EDSAC* (*Electronic Delay Storage Automatic Calculator*), construit en 1949 à l'Université de Cambridge pour faire des calculs balistiques. En 1958, William Higinbotham, ancien de l'équipe du projet Manhattan, a inventé le premier jeu vidéo, *Tennis for Two*, pour donner une image plaisante du laboratoire de physique atomique de Brookhaven. En 1962, Steve Russell a créé le jeu *Spacewar !* en profitant du temps libre sur les calculateurs du Massachusetts Institute of Technology (MIT), quand ils ne servaient pas à simuler des vols acrobatiques ou des apocalypses nucléaires. C'est avec ces crédits militaires qu'a été créé le premier jeu vidéo en réseau (*MazeWar*, 1973) au centre de recherche d'Ames de la NASA. Ce jeu a été interdit dès 1975 par le ministère de la Défense américain, parce que les équipes de recherche jouant les unes contre les autres consommaient plus de la moitié de la bande passante de l'ARPANET au lieu de faire des calculs balistiques. Ces premiers "hackers" ont avancé que les investissements nécessaires au développement de l'informatique n'étaient possibles que grâce à l'armée américaine, et que ces financements les laissaient libres, parce que les militaires ne comprenaient pas leurs travaux et qu'ils n'attendaient pas de résultat à court terme. Toutefois, les militaires n'ont pas tardé à se réapproprier les jeux vidéos pour leurs besoins de simulation et de formation [Halter, 2006].

En 1980, les représentants du TRADOC* (*US Army's Training and Doctrine Command*) ont demandé à la société de jeux vidéos *Atari* de transformer son nouveau jeu *Battlezone* en simulateur d'entraînement (*Army Battlezone*). En 2002, l'armée américaine a financé le jeu *America's Army*, développé en collaboration avec des sociétés de conception de jeux vidéos (Ubisoft, Secret Level). Téléchargeable gratuitement en ligne, ce jeu a permis à l'armée de redorer son image, de faciliter le recrutement de jeunes joueurs/soldats et de stimuler leur entraînement. En 2003, l'ICT (Institute for Creative Technologies) de l'armée américaine a passé une commande à des concepteurs de jeux (THQ, Pandemic Studios) et des sociétés d'effets spéciaux (Sony Imageworks) pour la réalisation d'un jeu vidéo, *Full Spectrum Warrior*, destiné à servir de simulateur d'entraînement sur console de jeu.

L'informatisation de la simulation des conflits a stimulé l'émergence de l'industrie du jeu vidéo, mais l'interpénétration de ces deux univers brouille à dessein les limites entre guerre, jeu et leurs représentations. En Irak, l'armée américaine encourage les soldats à passer leur temps libre à jouer à des jeux de tir ou d'entraînement, qui reconstituent de plus en plus fidèlement le contexte de leurs missions [Halter, 2006].

La guerre est-elle devenue un jeu ?

De par leurs origines, les jeux vidéos mettent en scène des guerres. Ils peuvent dès lors être considérés comme des "artefacts* culturels" et montrer la manière dont se transmettent les représentations et les valeurs d'une époque. Tout jeu vidéo repose sur du conflit : le joueur ne peut avancer que par élimination d'un obstacle, sous peine d'être éliminé lui-même. Selon les jeux, l'obstacle peut prendre la forme d'un monstre, d'adversaires, d'un piège ou d'une énigme. Le conflit relève de la logique interne du jeu, mais aussi de sa logique externe, il est souvent l'occasion de la mise en scène, plus ou moins réaliste, d'un conflit ou d'une guerre.

Une autre raison de la prévalence de la violence et de la guerre dans les jeux vidéos découle de logiques commerciales. Au début des années 1990, Sega a essayé de détrôner la compagnie leader Nintendo en infantilisant les jeux de son concurrent, par exemple en montrant que son jeu *Mortal Kombat* était bien plus violent que le *Street Fighter* de Nintendo, dans une campagne publicitaire de 45 millions de dollars lancée en 1992. Il en a découlé une "course à la testostérone" [Kline *et al.*, 2003] qui a débouché sur la multiplication de jeux violents et de jeux de guerre, toujours plus réalistes et sanglants. La "masculinité militarisée" [Kline, 2003] des jeux vidéos vise à cibler le public le plus rentable, les jeunes adolescents de sexe masculin, tout en faisant l'économie d'avoir à renouveler les scénarios ou les mécanismes de ces jeux, pour lesquels ont été mobilisés les informaticiens et les stratèges mis au chômage par la fin de la guerre froide [Halter, 2006].

La géographie des conflits dans les jeux vidéos a évolué en lien avec leur contexte de production et avec l'actualité. Les premiers jeux vidéos situent plutôt leur action dans des univers "hors du monde" ou sidéraux (*Spacewar !* 1962, *Pong* en 1972 ou *Space Invaders* en 1978), en lien avec la course aux étoiles de la guerre froide. Dans les années 1980 et 1990, ils s'ancrent dans des contextes historiques mais la guerre froide reste la référence, comme dans la série de jeux de stratégie *Command & Conquer : Red Alert* (1996-2008). L'autre contexte mobilisé est la Seconde Guerre mondiale, lui aussi utilisé pour les simulations financées par le complexe industrialo-militaire américain, de la série des jeux de tir subjective *Wolfenstein* (1981-2009) jusqu'à *Medal of Honor* (initiée en 1999) ou *Call of Duty* (initiée en 2003). *Balance of Power* (1985) proposait au joueur d'incarner le camp américain ou le camp soviétique au cours de la guerre froide. La suite de ce jeu, sortie en 2009, *Balance of Power : 21th Century*, a été réalisée par le même concepteur, Chris Crawford. Le jeu se passe désormais après le 11 septembre 2001 et le joueur ne peut incarner que le président des États-Unis. On assiste à un basculement dans la géographie des conflits mis en scène par les jeux depuis 2001. Désormais, l'ennemi à abattre n'est plus le rouge de la guerre froide mais le terroriste, et en particulier le terroriste islamique [Fortin, 2007]. Les deux séries *Medal of*

Honor et *Call of Duty* sont ainsi passés des terrains de la Seconde Guerre mondiale et de la guerre froide au Proche- et au Moyen-Orient, avec une mise en scène du contre-terrorisme (v. Les conflits religieux, croire et combattre). À l'inverse, on peut relever l'émergence parallèle d'une production vidéoludique antiaméricaine ou anti-israélienne. Dans *The Night of Bush Capturing* (2006), développé par le *Global Islamic Media Front*, le joueur participe à la capture du président américain. Dans *UnderAsh* (2001), créé par une société syrienne, le joueur incarne Ahmed, un jeune Palestinien durant la première Intifada. La mise en scène des conflits contemporains exprime tout le potentiel de communication des jeux vidéos. Ils peuvent également servir à l'expression de discours pacifistes, à l'exemple du *September 12th : a Toy World* (2003), développé par Gonzalo Frasca, qui met en scène l'invasion irakienne pour mieux la dénoncer.

La cartographie des jeux vidéos de guerre exprime bien certaines logiques conflictuelles du monde contemporain, en les simplifiant parfois à l'extrême. Ces jeux donnent à lire les représentations et idéologies d'un monde en guerre. Mais l'invasion des médias par les conflits est bien plus générale, car la violence "fait vendre". La numérisation des conflits permet une mise à distance territoriale et symbolique ou cognitive, d'autant plus que cette percolation de la simulation de conflits dans les médias et dans les jeux accrédite l'idée de conflits virtuels, aux conséquences évanescentes. Mais le passage à l'acte de la tension au conflit s'inscrit toujours dans un territoire et ses conséquences sont "réelles". En fait, le virtuel n'est que du côté de la simulation et des jeux vidéos. Finalement, le stade ultime de la numérisation des conflits, le cyberconflit qui ne se déroule *que* dans le cyberespace, ce sont les jeux vidéos massivement multi-joueurs.

ENSEIGNER LES CONFLITS

Jusqu'alors absente des programmes scolaires du secondaire, la notion de conflit* y fait une entrée remarquée avec les programmes de 2001 pour le lycée et ceux de 2008 pour le collège, mais dispersée. Les raisons de sa tardive apparition sont à chercher dans un partage des tâches entre géographie et histoire, la première plantant le décor dans laquelle la seconde fait jouer les acteurs. Par ailleurs, le couple scolaire histoire-géographie ayant été institué pour établir une identité nationale et un lien civique fondés sur un passé et un territoire communs, les lignes de fracture de la société française n'ont pas été privilégiées.

L'apparition du conflit signale par conséquent un changement dans la conception institutionnelle du rapport entre finalités de formation et enseignement de contenus disciplinaires. La géographie scolaire continue d'être une formation à la citoyenneté, par l'étude du monde dans lequel les (futurs) citoyens auront à faire des choix et à prendre des décisions. Mais les programmes incluent désormais des questions en débat, dont la géographie contribue parmi d'autres à éclairer les termes (l'enjeu énergétique, la vulnérabilité des sociétés, la mondialisation et la diversité culturelle, etc.). Le conflit tient une place médiane dans ce nouveau cadre, entre approche renouvelée de thèmes classiques (conflit géopolitique) et formation aux compétences civiques exigées par les évolutions sociales et politiques (conflit d'usage, conflit de valeur).

Le conflit dans les filets de la discipline scolaire

Les conflits entrent en ordre dispersé dans les programmes, contraints par la relation de la géographie avec l'histoire ainsi que par des matrices (points de vue constitués par le choix d'une identité pour la discipline et qui amènent à privilégier certains objets d'enseignement) qui tendent à rendre invisibles les acteurs, leurs points de vue, leurs divergences et leurs arrangements.

• Les acteurs, ces oubliés de la géographie scolaire

Lorsque se forme le couple scolaire histoire-géographie, la géographie est une auxiliaire de l'histoire. Si, depuis, les grands hommes ont cédé la place aux forces sociales, le jeu des acteurs, les formes de conflit en particulier sont restés l'apanage du cours d'histoire. Pendant ce temps, la géographie a construit une représentation du monde comme nature (des milieux, des paysages), monde mis en forme et en ordre par l'État. Acteurs en histoire, les États ont été réduits en géographie à des surfaces et des formes dotées de stocks et ponctuées de lieux singuliers : des pays. Symptomatique de cette dichotomie persistante, le futur programme de troisième, dont la troisième partie en histoire, appelée "une géopolitique du monde depuis 1945", est tout bonnement une histoire des relations internationales, localisée sur des planisphères. La géographie y a l'ancien statut d'œil de l'histoire : elle assurerait la valeur du récit historique par la précision de ses localisations et de ses visualisations cartographiques. Cette histoire du monde depuis 1945 prépare le chapitre suivant : "la vie politique en France" (les acteurs classiques du cours d'histoire), tandis que le cours de géographie s'attache, pour les trois quarts, à des espaces, des aménagements et à la puissance de la France dans le monde.

Cependant, dès les programmes de 2001 au lycée et ceux de 2008 pour le collège, la démarche d'étude de cas a permis "d'identifier les stratégies des acteurs, de repérer les éléments structurant les territoires et de comprendre les enjeux qui s'y rattachent" (programme de troisième). Parmi les situations à étudier, certaines incluent explicitement des conflits. Trois types de conflits sont envisagés : conflit pour l'accès à une ressource (l'eau en classe de cinquième et de seconde, v. L'eau entre conflits et coopérations) ; conflit d'usage (l'espace rural en classe de troisième et les littoraux en classe de seconde, v. Conflits en zones côtières) ; conflit géopolitique (les enjeux énergétiques en classe de cinquième et les mondes arctiques en classe de seconde, v. Les pôles sont-ils à l'abri des conflits ?). Les acteurs font donc leur entrée en géographie scolaire à travers des cas typiques de conflits, mais en ordre dispersé.

• Le confinement du conflit, particulièrement quand il est question de la France

Les observations faites dans les classes montrent que la transmission de connaissances, en histoire-géographie, construit très majoritairement un "référent consensuel", c'est-à-dire "un monde accepté de tous, gommant les débats, les oppositions qui sont ceux des hommes et des sociétés lorsqu'ils parlent d'eux-mêmes, de leurs visions du monde, leurs mémoires, leurs territoires" [AUDIGIER, 1993].

Cela ne veut pas dire que les manuels et les cours aient systématiquement présenté des images lisses du monde. Mais les choix iconographiques, d'une part, et les systèmes explicatifs proposés dans les manuels d'autre part, évacuent l'expression, la confrontation et la négociation de points de vue sur les objets ou les espaces étudiés. Par exemple, les villes françaises sont aujourd'hui données à voir par le filtre d'un modèle anatomique (la ville en chantiers, les architectures, les images de marketing) et non politique. Des catégories d'espaces sont qualifiées, sans que ne soient dégagés des fonctionnements, des rapports de force et des responsabilités ("lieux d'exclusion", "malaise des grands ensembles", "crise des banlieues").

Observons que le programme de sixième, centré sur l'habiter, ne mentionne pas de conflits d'usage, que celui de quatrième consacré aux "approches de la mondialisation" ne fait valoir aucune forme de conflit ou d'opposition ou encore que celui de troisième, s'il envisage des conflits sur l'espace rural, n'en mentionne pas pour l'"aménagement et développement du territoire français", ni pour "La France et l'Union européenne". Il est vrai que le programme de sixième s'inscrit dans une matrice culturelle, laquelle vise à "donner un goût de l'ailleurs" peut-être peu compatible avec les images de conflits. Celui de quatrième est articulé par une matrice de la puissance tout à fait classique : il s'agit de mesurer l'impact de la mondialisation sur les territoires* des États. Dans ce cadre, la priorité est donnée à l'espace comme moyen de classement de la puissance, non aux jeux d'acteurs construisant, articulant, exploitant des territoires de différentes formes (pas seulement des surfaces contiguës) et mesurant diversement la grandeur des lieux et des espaces.

Pratiques d'enseignement autour du conflit en géographie

Les mentions de conflit ne sont donc pas dénuées d'ambiguïté. Nous prenons le parti de les considérer comme des occasions de rapporter les espaces étudiés aux acteurs qui les produisent. L'enjeu est de restituer une part de leur complexité sociale à des situations que les catégories en usage rattachent à des types d'espace (rural, périphérique, métropolitain, etc.). Nous présentons deux propositions de séquences d'enseignement, l'une en troisième (un conflit d'usage en espace rural) ; l'autre en première (un conflit de valeurs dans une région française).

• Enseigner un conflit d'usage : les espaces ruraux français en classe de troisième

L'enjeu d'une étude de conflit d'usage en espace rural est de caractériser l'espace rural, non par des paysages ou des répartitions de productions et de populations, mais par les questions de gestion qu'il pose. Le rural est une catégorie problématique : elle renvoie à une division binaire de l'espace de moins en moins opératoire puisqu'elle ne cerne pas les formes de transition, d'interpénétration et d'interrelation entre ville et campagne. Mais l'intérêt de l'aborder par ses usages est que l'on peut distinguer en son sein l'espace rural ordinaire agricole et forestier, l'espace à fonction de production non agricole et l'espace rural remarquable, non affecté à des fonctions de production [Le Caro et Van Tilbeurgh, 2010]. Chacun de ces sous-ensembles correspond à des dynamiques différentes. L'espace agricole ordinaire est marqué par des dynamiques naturelles et anthropiques qui forment un agrosystème*, lui-même différencié suivant qu'il s'agit d'agriculture productiviste, de terroir, biologique ou fermière. L'espace de production non agricole s'inscrit dans des systèmes productifs où la prise de décision dépend de facteurs de localisation de l'entreprise (relation interentreprises, relation au marché, efficacité au travail) et des ménages (qualité de vie, réseau de relation). Dans l'espace rural remarquable (parcs, espaces naturels sensibles, réserves), les dynamiques naturelles sont mises en avant et protégées. Or, chacun de ces sous-ensembles est susceptible d'entrer en contact avec les autres. Des questions de gestion de ce côtoiement sont alors posées : comment organiser le partage entre usagers permanents (agriculteurs, entreprises, habitants non agriculteurs) et usagers temporaires des lieux (randonneurs, chasseurs, pêcheurs à la ligne, etc.), comment faire apprendre à tous de nouvelles pratiques dans des espaces remarquables, comment gérer politiquement les conflits éventuels entre usages jugés incompatibles ? Telles sont les questions spécifiques qui caractérisent l'espace rural français. Telle qu'elle est déterminée par le programme, l'étude de cas doit être centrée sur un "parc naturel régional et national". La proposition consiste à retenir un cas d'étude, comportant des éléments de chacun des sous-ensembles précédemment distingués. Le cas retenu est celui de Sonchamp, commune de 1 575 habitants située dans le département des Yvelines, à proximité du Parc naturel régional de la Haute Vallée de Chevreuse.

Graphe de conflits d'usage

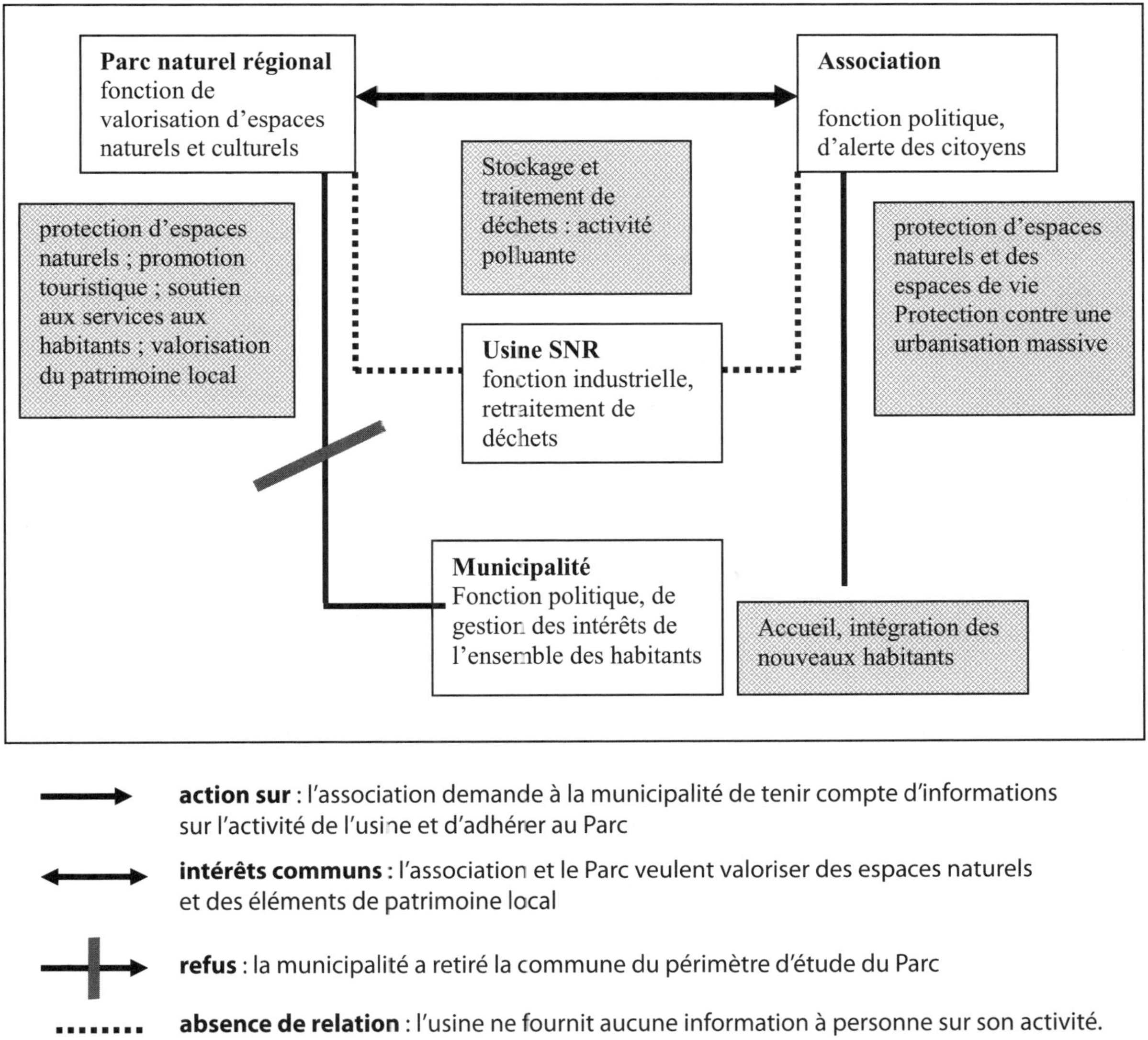

Le lieu conflictuel

une usine de traitement de déchets : emplois, pollution

une commune en croissance douce, en bordure de région Ile-de-France et en lisière de forêt

une association : elle informe sur les nuisances de l'usine et alerte sur la pression de logements à l'ouest de la Région Ile-de-France

→ un espace rural plurifonctionnel

Une région sous tension

Le Parc, en bordure Sud-Ouest d'agglomération parisienne

L'Opération d'Intérêt National : l'Etat organise l'aménagement de la Région Ile-de-France

Pression à la construction (pôles d'emplois et logements)

Projet agri-urbain pour le plateau de Saclay

→ un espace de faible densité à proximité de la région capitale

Les élus, les citoyens, les services de l'Etat construisent les territoires de demain

Conseils municipaux, généraux et régional participent aux décisions et aux projets

L'ancienne municipalité avait retiré la commune du périmètre d'étude du Parc ; la nouvelle l'a réintégré

L'association appartient à des réseaux qui s'engagent dans des projets de territoire

→ un espace de mobilisation et d'expression citoyenne

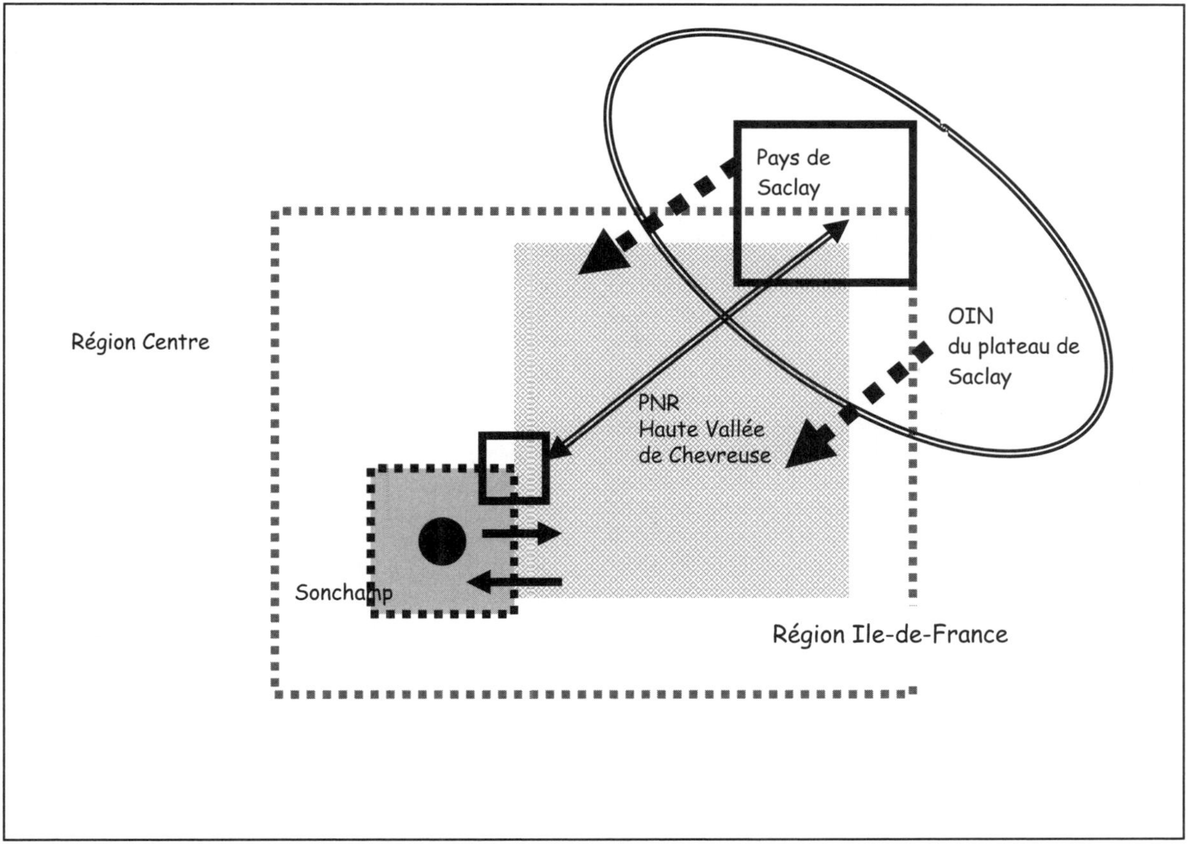

REPRÉSENTATION SCHÉMATIQUE D'UN CAS DE CONFLIT EN ESPACE RURAL

Le dossier documentaire comprend : des extraits du *Petit Sonchampois*, journal de l'association Sonchamp Environnement, consacrés à l'usine SNR (fonderie de déchets d'aluminium) située sur la commune et alors en cours de reconversion en zone de stockage de déchets industriels ; des extraits de la Charte du Parc naturel régional et des textes parus sur le site de CAP21Yvelines (parti politique écologiste animé par Corinne Lepage) *(*cap21yvelines.hautetfort. com). Une partie des habitants souhaite la fermeture de l'usine, polluante, la dépollution du site et le rattachement du territoire communal au Parc de la Haute Vallée de Chevreuse. Cette décision permettrait d'une part d'atteindre plus sûrement cet objectif d'éradication d'une industrie polluante et, d'autre part, de protéger la commune de la consommation d'espace agricole à des fins de construction de logements, prévisible du fait de l'Opération* d'intérêt national de Saclay décidée par l'État en 2005. L'association Sonchamp Environnement craint une pression urbanistique très préjudiciable pour la qualité de la vie dans la commune. Une partie des habitants soutient la position de la municipalité qui ne perçoit pas cette opération comme une menace et voit l'entrée dans un parc comme l'empilement d'une nouvelle couche de territoires institutionnels. Le travail sur les documents nécessite d'identifier quelques acteurs parmi les auteurs des documents comme parmi les personnalités ou les organisations qu'ils mentionnent. Il nécessite aussi de définir la limite du système d'acteurs. Deux niveaux doivent être distingués : celui du système proprement dit, Sonchamp, dont la représentation sera réalisée sous la forme d'un graphe (figure p. 63) ; celui de l'environnement du système, lequel sera pris en compte pour la réalisation du croquis final (figure p. 64/65).

L'étude se termine en prenant en compte l'environnement du système. Deux documents extraits de la présentation officielle du cluster* de Paris-Saclay et du projet de pôle agriurbain des Pays de Saclay (dispur Internet) permettent d'identifier l'origine de la pression redoutée par l'association. Deux conceptions des usages de l'espace rural s'affrontent à l'échelle du département des Yvelines et de la région Île-de-France : d'un côté, la réalisation de technopôles associés à des quartiers d'habitation dans une perspective de rééquilibrage de l'emploi et de la résidence dans la région francilienne ; de l'autre, une ville et une agriculture intégrée grâce à la préservation de terres agricoles. La réalisation du schéma final est guidée : la structure de la légende est fournie ; les élèves ont à classer les arguments qui, selon eux, viennent à l'appui de chacune des trois entrées de la légende. Il n'existe pas de tradition scolaire dans la cartographie de conflits d'usage : les nouveaux programmes amènent à devoir l'inventer. Nous en indiquons quelques points sensibles. Le schéma doit permettre de saisir les proximités, les emboîtements et les intersections entre périmètres d'action ou de compétences d'acteurs (leur spatialité). Il peut y avoir nécessité d'arbitrer entre représentation exhaustive des jeux d'acteurs et lisibilité du schéma. Ici, peut-être à tort, la région et le département ne sont représentés que par un seul signe, pour limiter le nombre de figurés. D'autre part, le schéma doit identifier des enjeux. Or, à moins d'une cartographie à très grande échelle, il est très difficile de représenter des enjeux de coupure, d'intrusion dans l'espace domestique, de dégradation de la ressource, etc. L'essentiel est communiqué par la légende et, plus qu'il n'est de coutume dans la géographie scolaire, au moyen de verbes exprimant les rapports entre acteurs. C'est là un véritable obstacle (au sens positif d'enjeu de maîtrise) d'apprentissage de la cartographie de conflits (v. Cartes et conflits).

• Enseigner un conflit de valeurs : approche géo-éthique de la région en classe de première

Contrairement au cas précédent, le programme n'affiche pas explicitement d'utilisation didactique d'un conflit, d'une compétition, d'une concurrence, pour enseigner le thème choisi : "la région, territoire de vie, territoire aménagé". Pourtant, les compétences des régions se sont affirmées et les manuels donnent une place très inégale à la façon dont les régions les utilisent. Plus encore, ils se font implicitement les vecteurs de conceptions différentes de l'action d'aménager. La problématique de la justice* spatiale nous paraît alors pertinente pour orienter l'étude de la région. C'est par conséquent de conflit de valeur dans l'orientation de politiques d'aménagement des territoires dont il est question avec cette proposition d'enseignement.

Si l'on suit Arnaud Brennetot, quatre qualités éthiques élémentaires permettent de distinguer les conceptions existantes de la justice [Brennetot, 2010] : la propriété, l'harmonie, l'équité et la tolérance. C'est ainsi que, par exemple, les différences entre territoires sont justes, selon la qualité éthique de propriété, si elles permettent aux individus d'occuper les lieux qui correspondent à leurs désirs ; tandis que, selon la qualité de tolérance, elles doivent permettre l'expression spatiale de la diversité des cultures. Cette grille d'analyse s'applique aux acteurs et aux commentateurs de l'action politique. Mais on peut en étendre l'usage aux auteurs de manuels, qui, sans être des commentateurs, interviennent dans la formation politique des collégiens et des lycéens. Se font-ils l'écho de la pluralité des conceptions de la justice spatiale ou sélectionnent-ils parmi les possibles l'expression de certaines d'entre elles ?

L'examen de trois manuels scolaires de première, parus en 2007 aux Éditions Belin, Magnard et Bréal, montre que les auteurs ne mettent pas en avant les mêmes qualités géoéthiques dans leur présentation des régions françaises. La qualité de propriété assimile le territoire régional à un capital à valoriser sur un marché et présente les différences spatiales comme des avantages comparatifs à exploiter. Dans le manuel Bréal, cette qualité est rendue par une rhétorique de la réussite et de l'échec dans des contextes de mise en concurrence : "Il lui faut [à l'Alsace] des villes comme Strasbourg, capables de réussir la métropolisation ; il lui faut enfin réussir l'intégration transfrontalière avec l'Allemagne et la Suisse" (p. 254). Dans le manuel Bréal, la version tempérée de cette même qualité est due à une rhétorique plus descriptive qui n'oublie pourtant pas de comparer et d'ordonner les performances des régions : "Si la fréquentation [touristique du Languedoc-Roussillon] n'est estimée qu'à la moitié de celle de la Côte d'Azur, ce résultat a été toutefois obtenu en moins de cinquante ans" (p. 278). La qualité de tolérance envisage l'espace régional comme un vecteur d'expression identitaire. Ainsi, le manuel Bréal aborde-t-il l'Alsace à partir d'"un mystère culturel : son vieux fond germanique ne l'a pas empêchée de devenir franco-française, sinon cocardière" (p. 254). Enfin, la qualité d'équité envisage l'espace comme un cadre de coopération sociale, où les injustices doivent être corrigées, entre autres par les régions. Le manuel Magnard présente ainsi la région Centre, en affirmant que "le Conseil régional essaie d'affirmer l'identité de la région et de valoriser son territoire tout en mettant l'accent sur les solidarités entre les différents espaces" (p. 276).

Le premier temps de la séquence proposée aux élèves de première a pour objectif de s'approprier la grille géoéthique, en l'appliquant au manuel de la classe et à d'autres manuels. Les deux heures suivantes sont consacrées à l'étude de la politique régionale, à partir de documents institutionnels, informatifs et promotionnels. L'objectif est d'identifier le référentiel géoéthique de la région, les programmes et les réalisations les plus significatives de ce référentiel, ainsi que les "espaces-problèmes", ceux que paraît négliger la région. Le troisième temps est cartographique : un schéma cherche à exprimer la traduction spatiale de ce référentiel géoéthique. La figure suivante montre la réalisation finale pour la région Basse-Normandie. Le conflit de valeurs n'y est pas tranché : il se manifeste par une juxtaposition d'opérations relevant de trois qualités éthiques différentes (tolérance, équité, propriété).

Par rapport à un schéma classique d'organisation de l'espace, deux différences peuvent être notées. D'une part, les acteurs et leurs actions sont présents : ils offrent une résistance à la tyrannie de l'espace selon laquelle situations et distances relatives apparaîtraient comme des conditions absolues au développement. La politique de soutien aux petits pôles ruraux est représentative de cette capacité d'initiative dans le cas bas-normand. D'autre part, la situation cartographiée y apparaît comme le produit incertain de logiques multiples. L'idée sous-jacente à un tel schéma est que l'aménagement des territoires n'est pas le fait d'experts indifférents aux enjeux politiques, ni celui d'un État tout-puissant et cohérent. Ce que la cartographie de localisation des grandes opérations d'aménagement d'État, abondamment diffusée dans les manuels, tendait au contraire à accréditer. C'est là un intérêt que l'on peut trouver à enseigner la région en mettant l'accent sur les conflits de valeur.

La notion de conflit amène à la géographie scolaire de quoi discuter les catégories naturalisées du discours scolaire (le rural, l'urbain, l'environnement, etc.). Elle permet aussi, en l'absence d'un enseignement explicitement présenté comme étant celui du social, d'introduire la pluralité des conceptions et des pratiques de la ville, de la région, de la nation, de l'Europe et du monde comme société. Elle est, avec d'autres nouveautés (la priorité donnée à l'argumentation comme compétence ; les situations de débat, etc.), la marque d'une volonté de changer le paradigme d'apprentissage de la géographie dans le secondaire : passer de la connaissance du monde à la préfiguration en classe, de choix à faire, de décisions à prendre, lors d'analyses de cas. Le problème posé à la profession est de relever ce défi au moyen d'exercices nécessaires aux apprentissages (mises en tableau, en graphe et en croquis), en signifiant qu'il y a rupture avec le référent consensuel que la cartographie scolaire n'a cessé de construire depuis bientôt un siècle et demi.

Une région périphérique	Des réponses incomplètes et dispersées	
Croissance autour de villes et de bourgs eux-mêmes en croissance ainsi que dans des aires de résidences secondaires Recul et stagnation autour de villes et de bourgs eux-mêmes en difficulté Attraction littorale résidentielle et touristique Trafic Transmanche Métropole incomplète à forte dominante de tertiaire public Assise régionale limitée bien qu'en extension Des liens faibles avec Rouen et Le Havre Liens d'autres villes avec des métropoles extérieures	**1. Points forts d'une identité régionale incertaine (tolérance)** Stations hauts-lieux touristiques Espace de la « filière nautique » **2. L'équité au service d'une trame rurale en difficulté** Soutien régional au réseau des maisons médicales Site du pôle de compétitivité filière équine (financeurs publics : Etat, région, conseils généraux) Parcs naturels régionaux **3. La valorisation incomplète de ressources de second plan (propriété)** Rapprochement des deux ports de commerce	Systèmes productifs localisés sur tradition industrielle ou pôle d'innovation Sites caennais d'activités industrielles et tertiaires intégrés à des pôles de compétitivité Relation ferroviaire médiocre avec Paris Voies rapides Ruptures entre ces voies rapides Axe majeur contrôlé par des ports puissants extérieurs à la région.

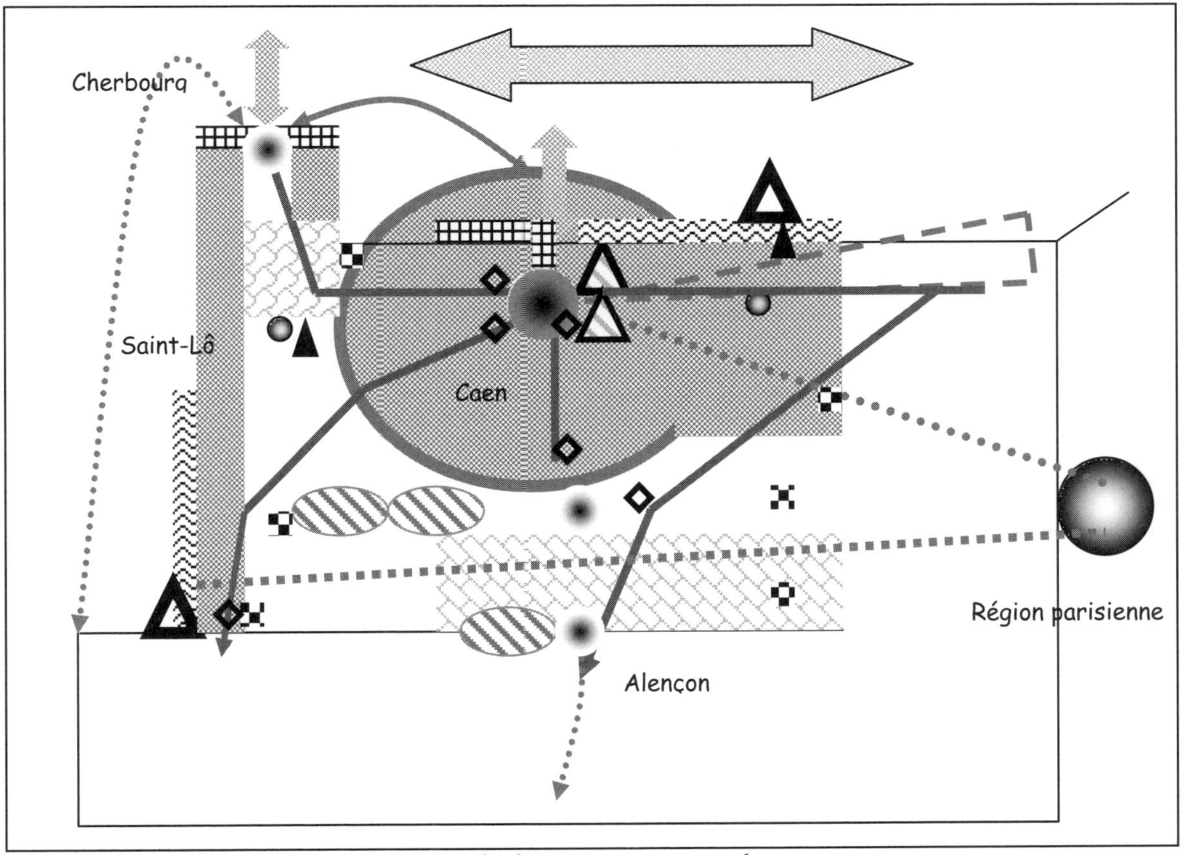

LA BASSE NORMANDIE : DIFFICULTÉS À TROUVER UN RÉGIME DE JUSTICE SPATIALE

GÉOGRAPHIE DE LA PAIX : LA PRÉVENTION ET LA RÉSOLUTION DES CONFLITS

Dans un contexte post-guerre froide, où les guerres* intra-étatiques augmentent, la communauté internationale, réunie au sein de l'Organisation* des Nations unies, tend à intervenir de manière plus forte pour prévenir et résoudre les crises*. Dans l'Afrique des Grands Lacs (République démocratique du Congo, Burundi, Rwanda, Ouganda, v. L'Afrique subsaharienne, théâtre de tous les conflits ?) comme en Afrique de l'Ouest, en Afghanistan comme dans les Balkans (v. Le rôle géographique de l'État dans les conflits), le militaire doit rétablir la paix et s'adapter aux mutations géostratégiques. Les missions se diversifient, deviennent plus complexes et risquées. Comme le précise le général Vincent Desportes, dans *La guerre probable* (2007), "nous n'avons d'autres choix que de nous engager de manière résolue au contact du monde en ébullition et de prendre acte de notre engagement permanent dans des opérations longues et douloureuses". La fonction d'une armée moderne doit être ainsi proactive, préventive et stabilisatrice en se portant au-devant de la menace et en intervenant dans les zones de crise dont les effets profitent des progrès apportés par la mondialisation (terrorisme, affaiblissement de l'État, trafics illégaux par exemple). Quelle est la géographie des missions de paix dans le monde au début du XXIe siècle ? Pour y répondre, deux aspects sont traités : la diversité des types de mission de paix, les résultats inégaux de ces missions.

La diversité des types de missions de paix

Depuis la fin de la guerre froide, les missions de paix se sont complexifiées. Elles deviennent, en outre, plus nombreuses et plus risquées dans les zones instables.

• Quatre types de missions de paix

Depuis sa création en 1945, l'Organisation des Nations unies constitue le cadre essentiel de la gestion des conflits dans le monde. Bien qu'il existe d'autres acteurs de la gestion de crises, comme l'Alliance atlantique, l'Union européenne ou l'Union africaine, les Nations unies représentent l'organisation internationale essentielle pour la paix. Ses doctrines ont évolué, conduisant à engager des types de missions de paix différentes. Au début du XXIe siècle, il existe ainsi une diversité de modes d'engagement afin de résoudre et de prévenir les conflits. La Charte des Nations unies permet ainsi d'intervenir, dans le respect du droit international et des droits de l'Homme, à partir d'un mandat du Conseil de sécurité. Durant la guerre froide, dans un contexte de conflits entre États, les opérations de maintien de la paix sont menées avec l'accord des parties en présence. Depuis 1991, ces opérations se sont complexifiées dans un cadre d'intervention qui ne fait plus nécessairement appel au consentement des parties en présence.

Dans *Les opérations de maintien de la paix, principes et orientations* (2008), le département des missions de maintien de la paix de l'ONU met en évidence plusieurs types de missions :

- Les opérations de maintien de la paix (*Peacekeeping*) forment le premier type. Elles consistent à déployer des troupes de l'ONU pour s'interposer quand un accord est défini entre les parties en conflit. Ce type de mission vise à maintenir un cessez-le-feu, à empêcher la reprise des hostilités, à favoriser le rétablissement de la paix.
- Les opérations de rétablissement de la paix (*Peacemaking*) conduisent à favoriser un climat de confiance et de sécurité entre les parties par des mesures de médiation et de négociation. Ce type de mission tend à faciliter la résolution d'un conflit.
- Les opérations d'imposition de la paix (*Peace enforcement*) conduisent à l'application d'actions coercitives en cas de menace à la paix, de violation de la paix ou d'un acte d'agression. Avec l'autorisation du Conseil de sécurité et en application du chapitre VII de la Charte de l'ONU, ce type de missions suppose l'usage de la force militaire, pour maintenir ou rétablir la paix et la sécurité internationales.
- Les opérations de consolidation de la paix (*Peace building*) constituent un type qui tend à se développer depuis la fin de la guerre froide. Elles visent à participer à la reconstruction de la zone touchée par le conflit. Elles doivent permettre de réduire les risques de reprise d'un conflit et de reprendre des activités politiques comme économiques. En somme, ce type d'opérations doit aboutir à créer une paix durable en appliquant une stratégie sur la longue durée.

Nombre des opérations de paix, des personnels déployés par région et organisation en 2008

Source : Sipri 2009.

Organisation	Afrique	Amériques	Asie	Europe	Moyen-Orient	Total
ONU	11	1	4	3	4	23
Organisation régionale ou alliance	7	1	3	16	4	31
Coalitions ad hoc	1	-	3	-	2	6
Total opérations	19	2	10	19	10	60
Personnel déployé	78 975	9 621	55 542	26 797	16 651	187 586

Les Nations unies constituent un acteur essentiel dans l'application de ces missions de paix. En 2008, sur 60 opérations recensées par le Sipri, l'ONU en conduit 23, essentiellement en Afrique (11), dans les Caraïbes (1), en Asie (4), en Europe (4) et au Moyen-Orient (4). Par les effectifs (120 000 casques bleus en 2010), elle forme la deuxième force militaire mondiale après celle des États-Unis. Certains États tendent à contribuer plus que par le passé à ces opérations, comprenant l'importance en termes de rayonnement d'un engagement dans une force internationale. En 2009, les dix premiers pays contributeurs financiers sont représentés par les pays développés, soit les États-Unis (28 %), le Japon (16,6 %), l'Allemagne (8,6 %), l'Angleterre (7,8 %), la France (7,4 %), l'Italie (5,1 %), la Chine (3,1 %), le Canada (3 %), l'Espagne (3 %) et la République de Corée (2,2 %). En termes d'effectifs militaires déployés, les pays en développement participent plus largement. Par exemple, entre octobre 2008 et octobre 2009, les principaux nouveaux contingents proviennent d'Égypte (2 343 hommes), du Rwanda (659), du Togo (455), d'Éthiopie (449), d'Irlande (414), du Népal (404) et du Bangladesh (314). Pour asseoir sa crédibilité internationale, la Chine augmente constamment ses effectifs dans les années 2000, atteignant 2 100 personnes, soit le 15e rang des pays contributeurs devant la France (17e rang), loin devant le Royaume-Uni, la Russie ou les États-Unis. Cet engagement croissant de la Chine au sein des troupes de l'ONU veut donner une autre image du pays accusé d'exploiter les ressources naturelles de l'Afrique et de s'affirmer par une politique de puissance, même si cet engagement se limite surtout à des missions de consolidation.

D'autres acteurs interviennent également : l'Alliance atlantique, l'Union européenne, l'Union africaine. Selon le Sipri, en 2008, 60 opérations sont conduites dans le monde par l'ONU (23), les organisations régionales et les alliances (31), les coalitions *ad hoc* (créées pour répondre à un besoin spécifique) (6), déployant 187 586 personnels civils et militaires. Les différentes organisations régionales (Union européenne, Union africaine surtout) et l'OTAN engagent surtout des opérations en Europe (16), en Afrique (7), au Moyen-Orient (4), en Asie (3) et dans les Amériques (1). Elles jouent un rôle croissant, en totalisant 31 opérations de paix en 2008. Par exemple, depuis le traité* d'Amsterdam de 1997, l'Union européenne met en œuvre des opérations de gestion de crises qui se sont organisées à partir de nouvelles mesures tout au long des années 2000. Sur 23 missions entre 1998 et 2010, 13 sont encore en cours au début 2011, dont 4 militaires : en Bosnie-Herzégovine, en Guinée-Bissau, en République démocratique du Congo, en Somalie et dans le golfe d'Aden (opération Atalante).

• Des missions évolutives

Depuis 1945, les missions de paix menées par les Nations unies évoluent vers une plus grande complexité. Se distinguent, de manière générale, trois grandes tendances depuis cette période.

La première période (1948-1989) est marquée par des missions relatives à l'observation et à la surveillance d'accords ou de cessez-le-feu. Par exemple, de mai 1988 à mars 1990, la Mission de bons offices des Nations unies en

Afghanistan et au Pakistan (50 observateurs militaires) doit aider le représentant personnel du secrétaire général à prêter ses bons offices aux parties pour assurer l'application des accords sur le règlement de la situation. Ces missions commencent aussi à rétablir l'ordre dans les premiers conflits intra-étatiques. Par exemple, l'opération des Nations unies au Congo (ONUC, juillet 1960-juin 1964), mobilisant jusqu'à 19 800 hommes en juillet 1961, est initialement établie pour assurer le retrait des forces belges, aider le gouvernement à rétablir l'ordre public et fournir une assistance technique. Le mandat de l'ONUC a été ultérieurement modifié pour lui permettre d'assurer le maintien de l'intégrité territoriale et de l'indépendance politique du Congo, de prévenir la guerre civile et d'assurer le retrait de tous les conseillers et forces militaires et paramilitaires étrangers ne relevant pas des Nations unies (soit en clair les personnels liés à l'ancienne puissance coloniale belge, soutien de la rébellion), ainsi que de tous les mercenaires.

Une deuxième période (1989-1993) est caractérisée par une diversification des missions dans un contexte post-guerre froide. Selon Charles-Philippe David [2000], 17 nouvelles missions sont adoptées comme la supervision des élections (Namibie, Nicaragua en 1989), la résolution de conflit (Cambodge, Mozambique en 1992), la prévention de conflit (Koweit en 1991, Macédoine en 1992), le désarmement (Irak en 1991), la protection de réfugiés (Nord-Irak en 1991, Somalie et Bosnie en 1992), l'application des accords de paix (Angola en 1991, Rwanda en 1993).

Une troisième période (1994-2010) montre une tendance plus affirmée pour des missions d'imposition et de consolidation de la paix. Dans des situations d'État défaillant, ces missions consistent à intervenir pour rétablir l'autorité de l'État, puis, dans certains cas, à participer à la reconstruction. Avec l'assentiment de l'ONU, l'armée américaine intervient à Haïti en 1994 ; l'OTAN en Bosnie en 1995, au Kosovo en 1999, en Afghanistan depuis 2001 ; la France en Côte d'Ivoire à partir de 2002.

Depuis 1994, compte tenu de la multiplication des besoins d'intervention et des nouveaux objectifs humanitaires, les missions de paix sont devenues multidimensionnelles. Elles visent à la fois le déploiement de forces pour surveiller l'application d'un cessez-le-feu ou d'un accord de paix et la reconstruction des États effondrés comme le cas de l'Afghanistan en témoigne depuis 2001. À l'ONU, depuis 2005, une commission de consolidation de la paix est créée pour aider à réunir les ressources nécessaires à l'opération, donner des conseils et proposer des stratégies de relance économique. Elle tend également à mieux coordonner le rôle des acteurs comme les organisations non gouvernementales, les institutions financières internationales, les bailleurs de fonds, les agences des Nations unies, les acteurs nationaux et locaux.

• Des missions plus nombreuses

Les missions sont devenues plus nombreuses depuis la fin de la guerre froide. Selon le Réseau francophone de recherche sur les opérations de paix, en 2010, 93 opérations sont terminées, tous acteurs confondus, depuis 1945. Par exemple, les Nations unies ont organisé la mission de paix en Angola (MONUA), créée le 30 juin 1997 par la résolution 1118 du Conseil de sécurité jusqu'en février 1999. Son mandat consistait à aider les parties angolaises en consolidant la paix et la réconciliation nationale, à augmenter la confiance, bâtir et créer un environnement favorisant la stabilité à long terme, le développement démocratique et la réadaptation du pays. Cette mission a succédé aux trois missions de vérification successives de 1988 à 1997. Elle conduit à déployer, en février 1999, jusqu'à 4 000 militaires, 41 observateurs militaires et 54 policiers civils.

Cet institut de recherche sur la paix recense 38 opérations de paix, tous acteurs confondus, en cours en 2010. La mission européenne Eufor-Althea (Force multinationale de stabilisation en Bosnie-Herzégovine, v. Les conflits en Europe), créée le 12 juillet 2004 par le Conseil de l'Union européenne, s'inscrit dans ce cadre. Selon la résolution 1575 du Conseil de sécurité des Nations unies du 22 novembre 2004, elle remplace la Force de stabilisation en Bosnie-Herzégovine (Sfor), sous commandement de l'OTAN depuis décembre 1996. En décembre 2004, l'Eufor est déployée en appliquant les accords dits de "Berlin plus". Ceux-ci sont adoptés lors du sommet de Washington en 1999 et permettent alors à une opération de paix européenne d'employer des moyens de l'OTAN. Son rôle vise à poursuivre la stabilisation de la paix en Bosnie-Herzégovine et à préparer son intégration dans l'Union européenne, à "contribuer au climat de sûreté et de sécurité indispensable à la réalisation des tâches fondamentales prévues dans le plan de mise en œuvre de la mission du Bureau du haut représentant et dans le cadre du processus de stabilisation et d'association (PSA)".

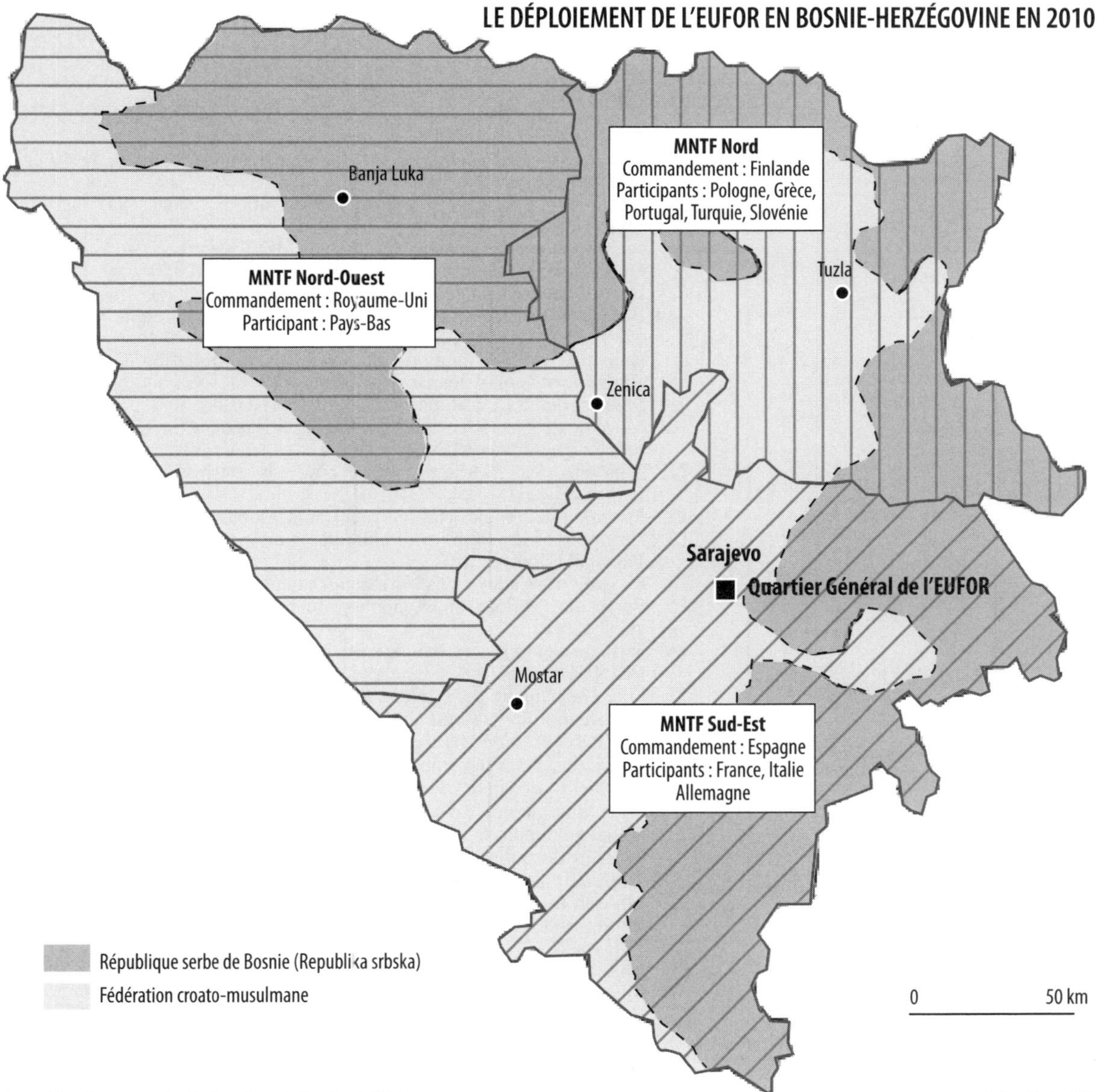

Source : Réseau francophone de recherche sur les opérations de paix, 2010.

Les missions de paix en cours dans le monde en juillet 2010

Source : Réseau francophone de recherche sur les opérations de maintien de la paix, ONU.

Acteurs des missions de paix	**Missions**
ONU	1. Mission de l'Organisation des Nations unies pour la stabilisation en République démocratique du Congo (MONUSCO) 2. Mission des Nations unies en République centrafricaine et au Tchad (MINURCAT) 3. Opération hybride Union africaine-Nations unies au Darfour (MINUAD) 4. Mission des Nations unies au Soudan (MINUS) 5. Opération des Nations unies en Côte d'Ivoire (ONUCI) 6. Bureau intégré des Nations unies au Burundi (BINUB) 7. Bureau intégré des Nations unies pour la consolidation de la paix en Sierra Leone (BINUCSIL) 8. Bureau intégré des Nations unies pour la consolidation de la paix en République centrafricaine (BINUCA) 9. Mission des Nations unies au Libéria (MINUL) 10. Mission des Nations unies pour l'organisation d'un référendum au Sahara occidental (MINURSO) 11. Mission des Nations unies pour la stabilisation en Haïti (MINUSTAH) 12. Mission intégrée des Nations unies au Timor-Leste (MINUT) 13. Groupe d'observateurs militaires des Nations unies dans l'Inde et le Pakistan (UNMOGIP) 14. Mission d'assistance des Nations unies en Afghanistan (MANUA) 15. Force des Nations unies chargée du maintien de la paix à Chypre (UNFICYP) 16. Mission d'administration intérimaire des Nations unies au Kosovo (MINUK) 17. Force intérimaire des Nations unies au Liban (FINUL) 18. Organisme des Nations unies chargé de la surveillance de la trêve (ONUST) (Égypte, Israël, Jordanie, Liban, Syrie) 19. Force des Nations unies chargée d'observer le dégagement entre Israël et Syrie (FNUOD)
OTAN	1. Force internationale d'assistance à la sécurité en Afghanistan (FIAS) 2. Mission de maintien de la paix au Kosovo (KFOR)
Union européenne	1. Mission de police de l'Union européenne en Afghanistan (EUPOL Afghanistan) http://www.operationspaix.net/EUPOL-RDCongo 2. Mission de conseil et d'assistance de l'Union européenne en matière de réforme du secteur de la sécurité en RDCongo (EUSEC – RDCongo) 3. Mission de surveillance de l'Union européenne en Géorgie 4. Mission "État de droit" au Kosovo (EULEX-Kosovo) 5. Force multinationale de stabilisation en Bosnie-Herzégovine (EUFOR – Althea) 6. Mission de police de l'Union européenne en Bosnie-Herzégovine (MPUE) 7. Atalante (EU NAVFOR)

Union africaine	1. Mission de l'Union africaine en Somalie (AMISOM) 2. Mission des Nations unies et de l'Union africaine au Darfour
Organisation pour la sécurité et la coopération en Europe (OSCE)	1. Mission de l'OSCE en Bosnie Herzégovine (OSCEBIH) 2. Mission de l'OSCE au Kosovo (OMIK)
Communauté économique et monétaire de l'Afrique centrale	Mission de consolidation de la paix en Centrafrique (MICOPAX)
États-Unis, Égypte et Israël	Force multinationale d'observateurs (FMO) au Sinaï
Russie, Moldavie et Ukraine	Force conjointe de maintien de la paix sur la frontière moldavo-transnistrienne (PKF)
Brunei, Japon, Malaisie, Libye	Équipe internationale de surveillance aux Philippines (EIS)
Australie, Fiji, Tonga, Nouvelle-Zélande et Papouasie-Nouvelle-Guinée	Mission régionale d'assistance aux îles Salomon (RAMSI)

Elle apporte son soutien au Tribunal* pénal international en assurant la détention des personnes jugées pour crimes* de guerre, et aux forces de police dans leur lutte contre le crime organisé. En 2010, elle participe au renforcement des capacités et à la formation contribuant à la "consolidation de la maîtrise locale du processus et des capacités en la matière" (Nations unies). Parmi les opérations menées par l'Union européenne, elle représente l'une des plus importantes par les moyens (près de 2 000 hommes déployés en 2010, provenant de 26 pays en grande partie européens) et les stratégies de paix mis en œuvre. Un Accord de stabilisation et d'association (ASA) avec l'Union européenne est ainsi signé en juin 2008, considéré comme un prérequis pour une éventuelle adhésion. Parallèlement, dans le processus d'intégration de la Bosnie-Herzégovine à l'OTAN, un partenariat pour la paix est défini en 2006, suivi d'un dialogue intensifié en 2008 et d'un plan d'action pour l'adhésion en 2010.

Parmi ces 38 opérations en cours, l'Organisation des Nations unies conduit l'essentiel des missions de paix, soit 19 opérations concentrées dans "l'arc de crise" (Moyen-Orient et Asie occidentale) et en Afrique subsaharienne. Les autres acteurs concentrent leurs missions dans les mêmes régions, soit 7 pour l'Union européenne (Afrique subsaharienne, Afghanistan, Balkans), 2 pour l'OTAN (Kosovo et Afghanistan), 2 pour l'Union africaine (Somalie, Darfour), 2 pour l'Organisation pour la sécurité et la coopération en Europe (Bosnie, Kosovo) et 5 autres missions par des associations d'États comme la Mission régionale d'assistance aux Îles Salomon (Australie, Fiji, Tonga, la Nouvelle-Zélande et la Papouasie-Nouvelle-Guinée).

Des résultats variables et inégaux

• Des défis ambitieux

Les différentes missions de paix menées par les Nations unies depuis la fin de la guerre froide doivent faire face à des difficultés qui se sont accentuées au fil des années. Celles-ci sont autant de défis à relever. Il en résulte des critiques assez vives concernant le rôle des Nations unies dans le maintien de la paix. Celles-ci doivent cependant être relativisées compte tenu des efforts effectués en matière d'intervention pour la paix. Entre 1990 et 2002, selon Charles-Philippe DAVID [2000], les initiatives de rétablissement de la paix sont multipliées par quatre, la mise en place de sanctions par cinq, les missions de diplomatie préventive par six. Entre 1989 et 2000, l'ONU contribue à réaliser 25 des 39 accords de paix signés pour mettre fin aux conflits armés.

De manière générale, quatre types de défis sont à relever actuellement : la dichotomie croissante entre l'ampleur des besoins et les moyens disponibles, le fossé des contributeurs, la question de la légitimité de l'intervention (droit* d'ingérence sans consentement), la cohérence des stratégies de paix. Le premier porte sur l'écart entre les besoins et les moyens disponibles. Le nombre d'intervention ne cesse de croître depuis les années 1990 alors que les moyens engagés par les contributeurs sont coûteux et difficiles à renouveler dans les armées.

Le deuxième défi porte sur la différence entre les pays contributeurs. Les grandes puissances économiques mondiales en sont les principaux sur le plan financier. Elles laissent, en revanche, leur place aux pays émergents pour l'envoi de contingents militaires sur le terrain. Il en résulte que les moyens utilisés par les contingents des pays émergents ne sont pas forcément adaptés à la nature des interventions. Par exemple, toutes les armées ne sont pas entraînées et équipées pour effectuer du maintien de l'ordre. Toutes ne sont pas non plus disciplinées sur le modèle des armées occidentales.

Le troisième défi concerne la question de la légitimité de l'intervention internationale. L'intervention internationale dans une zone en crise suppose que celle-ci soit légitime et acceptée par les différents États, y compris les pays émergents. Cette démarche pose le problème du droit d'ingérence dont le débat s'est clairement exprimé dans les années 1990 dans de multiples situations : pendant la guerre de l'ex-Yougoslavie (1991-1995) au sein de l'Union européenne et dans l'OTAN, ou pendant la décomposition de l'État somalien en 1991-1992. Ainsi, si le droit d'ingérence n'est pas reconnu officiellement, voire refusé par une grande partie des pays en voie de développement, il tend à s'ancrer dans les esprits, dans les pratiques et dans les textes. Afin de légitimer les interventions de maintien de la paix dans certaines situations, les Nations unies adoptent, en 2005, le concept de "responsabilité de protéger les populations du génocide*, des crimes de guerre, du nettoyage* ethnique et des crimes contre l'humanité". Défendu par les États-Unis, ce concept permet aux États d'intervenir dans les affaires intérieures d'un autre État pour prévenir des crimes. Toujours en discussion en 2010, ce concept suscite des critiques de la part de certains États émergents, comme le Venezuela ou la Chine, qui y voient une forme d'ingérence et de remise en cause de leur souveraineté*.

Le quatrième défi est relatif à la cohérence des doctrines et des stratégies de paix. Comme il a été observé précédemment, les doctrines se sont précisées depuis 1945. Dans plusieurs situations, comme en Somalie au début des années 1990 ou dans la gestion de l'intervention internationale en Afghanistan dans les années 2000, les objectifs, les politiques de maintien de la paix et de reconstruction ont fait l'objet de vives critiques. Par exemple, lors de la conférence de Londres sur l'Afghanistan de janvier 2010, le secrétaire général des Nations unies Ban Ki Moon a publiquement fait part de ses doutes sur l'efficacité de l'intervention internationale. En critiquant le gaspillage des ressources, le risque d'échec et le manque d'efficacité des capacités locales, il met en évidence la complexité de mise en application d'une stratégie cohérente entre des acteurs étatiques et non étatiques, d'une double mission civile et militaire, et de la coordination des efforts.

• Des résultats locaux inégaux

Les stratégies de résolution et de prévention des conflits évoluent et sont aussi l'objet d'adaptation en fonction des résultats obtenus sur le terrain. De toute évidence, ceux-ci sont inégaux selon les situations. Des missions de paix n'ont pas permis de stabiliser certaines zones pour des raisons diverses. Les haines profondes entre populations peuvent être entretenues de manière tacite jusqu'à exploser à l'occasion d'un événement. En Somalie, en République démocratique du Congo, en Afghanistan, les réconciliations imposées par la politique gouvernementale, elle-même encouragée par les pays investis dans une mission de reconstruction, demeurent fragiles et relatives. L'organisation d'élections conduit parfois au résultat contraire de celui escompté. Les pressions sur les électeurs sont fortes tandis que la corruption peut entraîner des pratiques illégales, suscitant des frustrations et l'abandon de toute adhésion au processus de démocratisation. Certaines interventions de paix ont accentué aussi la dépendance du pays concerné envers les puissances extérieures. En l'absence d'investisseurs privés, les seules possibilités de développement économique reposent sur une aide publique et internationale. Celle-ci accroît la dépendance qui s'accentue encore en cas de crise économique mondiale.

Les échecs des missions de paix menées par les Nations unies sont nombreux. Parmi les plus importants se rencontrent ceux de la Bosnie-Herzégovine, de la Somalie et du Rwanda au début des années 1990. En Somalie, l'intervention internationale est la première opération menée au nom du droit international d'ingérence humanitaire. En raison de la guerre civile et du risque de famine, l'ONU lance une opération dite "humanitaire" à Mogadiscio à partir d'avril 1992 (ONISOM) où les casques bleus pakistanais rencontrent de nombreuses difficultés face aux factions somaliennes (v. L'Afrique subsaharienne, théâtre de tous les conflits ?). En décembre 1992, sous mandat de l'ONU, les États-Unis lancent l'opération "*Restore Hope*

(Rendre l'espoir)" avec un contingent de 30 000 soldats américains. Elle s'achève par un échec à la suite de l'opération commando américaine d'octobre 1993 pour capturer le général Aïdid (mort de 19 soldats américains, un casque bleu malaisien et près d'un millier de Somaliens). Le président Bill Clinton décide alors de retirer ses troupes, et 8 000 casques bleus de l'ONU prennent le relais jusqu'en 1995 sans que l'ordre soit rétabli dans le pays ni son État restauré.

L'échec des Nations unies en Bosnie-Herzégovine est un autre exemple significatif. En 1992, lorsque les Nations unies envoient des soldats pour s'interposer entre les parties en présence (Serbes, musulmans, Croates), la fédération yougoslave est en pleine décomposition. Pendant trois ans (1992-1995), la Bosnie-Herzégovine, l'une des républiques de la Fédération, est le théâtre de violence et d'extermination des populations. La présence des casques bleus se révèle inefficace pour éviter ces massacres. Il faut avoir recours aux forces de l'Alliance atlantique en 1995 pour imposer un accord de paix en décembre 1995 (accords de Dayton).

Le génocide au Rwanda (7 avril-4 juillet 1994) est un autre exemple d'échec. Il est commis dans le cadre d'une guerre civile opposant le gouvernement rwandais, constitué de Hutus, au Front patriotique rwandais (FPR), accusé par les autorités d'être essentiellement "tutsi". La mission de l'ONU (Minuar) engagée sur place est inefficace devant les actes de violence, en avril-mai 1994, à défaut de moyens et de volonté politique. À l'initiative de la France et de la Belgique, qui peinent à obtenir un mandat des Nations unies, l'opération Turquoise est engagée du 22 juin au 22 août 1994 (MINUAR 2). Elle permet de créer, dans le sud-ouest du Rwanda, une "zone humanitaire sûre" (ZHS) à partir du 4 juillet 1994, mais l'essentiel du génocide a déjà été perpétré et à cette date il s'agit surtout de protéger les Hutus des représailles du FPR qui s'empare du pouvoir.

Les difficultés sont donc nombreuses et l'ONU est souvent blâmée pour son manque d'efficacité. Malgré tout, il apparaît des expériences réussies dont l'un des exemples est celui du Timor-Oriental dans les années 2000. L'ancienne colonie portugaise est conquise par l'armée indonésienne en décembre 1975 et annexée unilatéralement par l'Indonésie en 1976. L'occupation indonésienne jusqu'en 1999 dévaste le pays. Environ 70 % des infrastructures sont détruites. Sous l'égide de l'ONU, un référendum est organisé en août 1999 qui conduit à son indépendance en 2002. La mission de consolidation (MANUTO) est alors menée de 2002 à 2005. Son mandat consiste à apporter une assistance aux structures administratives, assurer le maintien de l'ordre et de la sécurité publique, et aider à la mise en place d'un service de police ; contribuer au maintien de la sécurité extérieure et intérieure, mobilisant 5 000 militaires et 1 250 policiers civils (pour un coût de 570 millions de dollars). Le pays s'est doté d'une constitution selon le modèle portugais tandis que l'exploitation du pétrole off-shore dans les années 2000 (50 % du PNB) favorise la reconstruction et le développement économique d'un pays parmi les plus pauvres au monde.

• Le cas de l'Afghanistan

Après l'offensive de la coalition internationale menée par les États-Unis (65 États) à la suite des attentats du 11 septembre, en octobre-novembre 2001, l'Afghanistan est un pays ravagé par plus de trente ans de guerre. Les infrastructures sont détruites, les villages et les villes ravagés (70 % de Kaboul dans les années 1990), les campagnes du sud-est, du centre-ouest et de l'est minées. Les populations sont fragmentées par les luttes claniques et les rivalités de pouvoir. Le pays est alors considéré comme un vaste laboratoire de la reconstruction post-conflictuelle où sont expérimentés de nouveaux méthodes et concepts. Trois objectifs sont à atteindre. Le premier est le rétablissement de l'ordre. Il n'existe plus de police, de services sanitaires dans un contexte d'anarchie armée. Le deuxième consiste à mettre sur pied un gouvernement légitime confié à l'ONU et à un représentant spécial à Kaboul tandis que les États-Unis se chargent de la conduite de la guerre. Les accords de Bonn du 5 décembre 2001 définissent un régime démocratique à l'occidentale comprenant une autorité intermédiaire (le pashtoune Hamid Karzaï) et une autorité élue par une loga Jirga (assemblée représentative des tribus) de 1 551 délégués qui se réunit en juin 2002. Le troisième objectif concerne la reconstruction et le développement. Le défi est immense et les besoins réclament des investissements étrangers nombreux.

Début 2002, les objectifs de la reconstruction sont fixés et mis en application. Un volet sécuritaire est toujours maintenu afin de rétablir l'ordre sur le territoire afghan.

En 2005-2006, 51 356 hommes de la Force internationale d'assistance et de sécurité sont engagés, soit le contingent le plus important dans une mission de paix. L'effectif total des troupes internationales atteint 140 000 hommes en 2010 (40 000 hommes de l'OTAN, 100 000 soldats américains). La stratégie de la communauté internationale comprend un second volet lié à la reconstruction du pays. Ses orientations dans ce domaine sont étendues et commencent par appuyer le nouvel État afghan en démilitarisant les milices dont les chefs contrôlent des territoires entiers. Un processus de désarmement, démilitarisation* et réintégration (DDR), soutenu par l'ONU dès décembre 2001 et comprenant 34 nations, consiste à faire accepter à tous le désarmement selon un plan par étapes : démobiliser 40 000 hommes en 2004, 60 000 en 2005. En 2003, le nord du pays, pacifié et loyal au gouvernement, accepte cette initiative. Il est suivi des régions de Kaboul, Gardez, Mazar et Kandahar en 2004. Ce programme s'annonce rapidement difficile à mettre en œuvre. En avril 2004, 6 200 soldats sont démobilisés dont 5 200 réintégrés dans l'agriculture, le déminage, les entreprises ou la police. Il reste, selon l'ONU, 300 000 hommes armés à cette époque.

Les efforts portent également sur la réforme de la police et de l'armée afghane. Un programme de juin 2002 (France, États-Unis et Royaume-Uni) doit former 100 000 hommes pour 2010. La mise en œuvre se révèle aussi difficile. 40 % des recrues désertent en raison de leur faible solde. En mai 2004, 10 000 soldats et 12 000 policiers seulement sont entraînés. En 2009, l'armée afghane connaît sa 3e réforme et comprend 80 000 hommes pour atteindre 122 000 hommes en 2012. Quant à la police, une nouvelle réforme est engagée avec le soutien de l'Union européenne qui lance la mission Eupol. Cette initiative permet de réformer les grades et les salaires, de réorganiser, entre autres, le ministère de l'Intérieur et de donner de nouveaux moyens à la lutte contre la corruption*.

Dans le domaine économique et en matière de niveaux de vie, la communauté internationale engage aussi des moyens importants. Une mission de reconstruction autorisée par la résolution de l'ONU 1510 en octobre 2003 permet de renforcer le dispositif en Afghanistan. La Force internationale d'assistance et de sécurité est composée d'équipes de reconstruction provinciale qui couvrent le district de Kaboul dès décembre 2001, puis s'étend à l'ensemble du territoire afghan de 2003 à 2006. Ces équipes provinciales de reconstruction sont conçues comme des avant-postes de la stabilisation et mettent au point "une vision moderne de la coopération civilo-militaire" sur le théâtre d'opérations. Leurs actions sont complétées par celles des armées nationales et des organisations non gouvernementales (2 300 dans le pays en 2010 dont 300 internationales et 35 françaises). Les ONG françaises, par exemple, participent à la reconstruction de différents secteurs : Afrane développement dans le secteur rural, Aide médicale internationale dans celui de la santé, Le Pélican dans celui de l'éducation, Action contre la faim dans celui de la lutte contre la faim, entre autres organisations. Enfin, les autorités afghanes sont également impliquées avec le soutien des nations intervenantes qui souhaitent "afghaniser" les réalisations. Les différents ministères, les gouverneurs et sous gouverneurs sont amenés à coopérer dans les secteurs de l'agriculture, de l'éducation et de la santé, pour tendre à assurer des revenus à la population.

Les effets sur le terrain sont multiples comme la construction de 17 000 km de routes en 2009 ou l'ouverture de 70 puits à Kaboul dès 2002 (pour un budget de 4,5 milliards de dollars en 2009). Dans les régions de Kapisa et de Surobi, sous contrôle de l'armée française, un Groupe interarmées des actions civilo-militaires (GIACM) est créé pour mettre en œuvre les projets de reconstruction. Par exemple, dans le domaine rural, des réalisations permettent de contribuer à améliorer les conditions de vie des Afghans. Des infrastructures hydrauliques qui permettent d'améliorer la maîtrise de l'eau et l'irrigation des cultures sont mises en œuvre. 70 % avaient été détruites entre 1979 et 2001. Dès lors, 50 sorties de sources aménagées et 120 sorties de karèzes (conduits souterrains parfois très anciens) sont ouvertes en 2010. L'amélioration de la qualité agricole des productions afghanes est également mise en œuvre par la distribution des semences et des engrais. Des celliers de stockage dans les villages (104 en 2010 pour un coût de 454 000 euros) sont créés pour donner la possibilité de stocker et de revendre la production jusqu'alors remise à des intermédiaires pakistanais.

Malgré ce déploiement de moyens, de forces et de stratégie, les limites de la reconstruction sont dénoncées ouvertement. Entre autres facteurs, la dépendance accrue des Afghans à l'égard de l'aide internationale deviendrait problématique dans la durée. La répartition des aides sur le territoire s'effectuerait selon un mode d'attribution administratif, par district, et non selon les besoins de la population. Concernant le volet sécuritaire, les forces des talibans* se renforcent sur le terrain depuis 2009 et gagnent des régions jusqu'alors pacifiées comme le nord et le sud. Les forces internationales, engagées aussi dans les zones tribales du Pakistan, à la frontière avec l'Afghanistan, doivent procéder en 2010 à la reconquête de régions jusqu'alors sous contrôle. Enfin, l'une des questions essentielles de la sortie de crise n'est pas encore réglée : celle de l'économie parallèle de l'opium* (v. La drogue dans les conflits). La culture du pavot, apportée vraisemblablement par des marchands arabes vers le XIIIe siècle en raison de ses vertus thérapeutiques, constitue un rouage essentiel de la vie économique de la population. Le prix de la terre est fixé en fonction de la quantité de pavots qu'elle peut produire. Il s'agit d'une monnaie pour acheter des biens de consommation. Le pays est devenu, dans les années 2000, le premier producteur mondial d'opium, avec 87 % de la production mondiale en 2004. Son économie souterraine est mondialisée avec un trafic vers l'Iran (où il est transformé en héroïne), la Turquie et les Balkans, vers la Tchétchénie et la Russie, vers le Pakistan. Cette culture constitue une source d'enrichissement importante (un kilo d'opium rapporte 300 dollars) alors que le revenu annuel moyen d'un agriculteur est inférieur à 200 dollars. En 2005, les bénéfices étaient estimés à 2,8 milliards de dollars dont 600 millions répartis entre les cultivateurs. Des mesures d'éradication de cette culture ont été adoptées depuis 2003, mais sont restées sans résultat décisif. Par exemple, des politiques incitatives de remplacement (par des plantations de roses et de safran) sont lancées ou des pulvérisations aériennes des champs de pavot sont envisagées avant que le président Karzaï ne les refuse. En 2009, selon l'ONU, la baisse de la production par rapport à 2008 (800 tonnes de moins), liée à la politique gouvernementale et à la sécheresse, serait estimée à 19 % dans les sept régions qui assurent 98 % de la production comme celles de Farah, Helmand et Kandahar (76 % dans les provinces de Helmand et de Kandahar). En 2009, 123 000 hectares sont cultivés et 6 900 tonnes d'opium sont produites (contre 185 tonnes en 2001). La culture du pavot reste ainsi une clef de la crise afghane. Elle n'est pas dissociable du triptyque intervention-normalisation-sortie de crise.

Bien que les États-Unis aient annoncé, fin 2010, que leurs troupes commenceraient leur retrait en juillet 2011 pour l'achever théoriquement en 2014, la stratégie de paix en Afghanistan demande du temps et s'inscrit dans une durée coûteuse pour les États et les opinions publiques occidentaux. Malgré les critiques exprimées, il reste encore difficile de conclure définitivement sur la mission de paix en Afghanistan. De multiples champs d'action sont à poursuivre comme la lutte contre la corruption et la recherche de sécurité des populations.

THÈMES

L'EAU, ENTRE CONFLITS ET COOPÉRATIONS

L'eau est une ressource vitale pour la survie humaine que rien ne peut remplacer. Elle ignore les frontières* politiques, fluctue à la fois dans le temps et dans l'espace et suscite des usages multiples et concurrents. L'augmentation de la population et du niveau de vie contribue à accroître les tensions* sur la ressource en eau dans le monde actuel. Des demandes croissantes et concurrentes pour une quantité d'eau limitée sont la principale cause de conflits* pour l'eau. D'une manière générale, les tensions potentielles pour l'allocation de l'eau augmentent lorsque la ressource se raréfie. Pourtant, même quand la pression sur la ressource demeure limitée, des conflits apparaissent entre différents usages et usagers. De fait, les riverains – États, régions, groupes sociaux ou activités économiques bordant un même cours d'eau – sont souvent rivaux à propos de l'eau qu'ils partagent. En quoi la gouvernance* de l'eau s'avère-t-elle conflictuelle à différentes échelles ? Peut-on aller jusqu'à parler de guerres* de l'eau ?

Des aménagements hydrauliques de plus en plus contestés

La gestion de l'eau implique la construction de nombreux équipements : barrages, retenues, canaux, usines de potabilisation ou d'épuration. Or, dans un contexte de contestation généralisée des projets d'aménagement [Subra, 2007] et de sensibilité accrue aux enjeux environnementaux, ces aménagements hydrauliques sont de plus en plus conflictuels (v. Conflits et environnement). L'abandon du projet de canal Rhin-Rhône à grand gabarit* l'illustre, de même que la contestation des barrages par les mouvements écologistes. Sur le bassin de la Loire, un projet public décidé en 1986 et piloté par l'EPALA (Établissement public d'aménagement de la Loire et de ses Affluents) prévoyait un plan d'aménagement global du fleuve et de ses affluents afin d'assurer la protection contre les inondations* (en particulier des villes du cours moyen comme Orléans, Tours, Angers…) et le soutien d'étiage*. Il devait notamment se traduire par la construction de trois grands barrages (Serre de la Fare sur la Loire, Chambonchard sur le Cher et le Veurdre sur l'Allier). Mais ce programme d'aménagement suscite de fortes contestations : les écologistes mettent en avant la nécessité de préserver l'intégrité écologique de ce qu'ils présentent comme "le dernier fleuve sauvage d'Europe". Grâce à une stratégie de médiatisation efficace, les opposants parviennent finalement à obtenir qu'aucun des trois barrages prévus ne soit réalisé. Les cours d'eau ne sont plus seulement perçus comme une ressource à exploiter en les aménageant mais comme des milieux naturels à préserver et des paysages à valoriser [Rode, 2010].

La vallée de la Narmada, en Inde, a elle aussi été le théâtre d'une grande campagne contre la construction de barrages, rejetés à la fois au nom de leur impact sur l'environnement* et des déplacements massifs de population qu'ils engendreraient, particulièrement injustes socialement. Les pauvres seraient en effet les principales victimes de ces déplacements forcés : les deux tiers de la population affectée sont des tribaux* et des intouchables* alors qu'ils ne représentent que le quart de la population indienne [Racine, 2001].

Les conflits liés aux aménagements hydrauliques sont étroitement liés aux conflits* d'usage de l'eau. En effet, la mise en service d'un équipement hydraulique conduit souvent à modifier la disponibilité de l'eau dans le temps et dans l'espace, affectant ainsi les autres usagers, et exacerbant les concurrences entre eux.

Des conflits entre usages concurrents de l'eau

Les conflits d'usage de l'eau sont très fréquents dans les régions touristiques, opposant plusieurs secteurs d'utilisation (irrigation*, eau potable, hydroélectricité, usages touristiques : golfs, piscines, enneigement artificiel…). Le tourisme*, qui engendre des consommations d'eau concentrées spatialement et temporellement, contribue en effet tout particulièrement à attiser les tensions sur la ressource en concurrençant, quelques mois dans l'année, les usages habituels de l'eau. La pratique de l'enneigement artificiel, qui s'est développée récemment dans les stations de sports d'hiver, n'a fait qu'accroître ces tensions. La production de neige artificielle débute dans les années 1950 aux États-Unis et commence à apparaître en France dans les années 1960-1970. Aujourd'hui, 190 domaines skiables français sont équipés de canons à neige [Hellier *et alii*, 2009]. Pour limiter la concurrence entre approvisionnement en eau potable (AEP) et production de neige artificielle, des retenues d'altitude sont construites pour stocker de l'eau au printemps et l'utiliser en hiver. Ces retenues permettent ainsi de produire de la neige artificielle sans prélever – ou moins qu'auparavant – dans les réseaux d'AEP. Dans le bassin-versant de l'Isère par exemple, qui compte une vingtaine de réserves d'altitude, les trois quarts de l'eau nécessaire à la production de neige artificielle sont désormais issus de ces réserves [Hellier *et alii*, 2009].

Les eaux du Colorado, fleuve qui traverse le sud-ouest des États-Unis, sont très convoitées. Dans cette région quasi désertique mais à la fois très agricole et très urbanisée, les conflits d'usage sont vifs. Les eaux du Colorado sont depuis longtemps utilisées par les agriculteurs pour l'irrigation (notamment des 400 000 hectares de l'Imperial Valley en Californie), grâce aux droits d'eau dont ils bénéficient. Pourtant, la croissance exponentielle des besoins urbains a remis en cause cette prééminence des agriculteurs dans l'utilisation de l'eau du Colorado. L'eau du barrage Hoover (construit en 1935), qui devait initialement servir à l'irrigation, a vite été utilisée pour alimenter Las Vegas. La croissance démographique de Los Angeles, San Diego, Las Vegas, Phoenix, Tucson, etc., et l'utilisation dispendieuse de l'eau qui y prévaut ont obligé à construire de nouveaux barrages ainsi que de nouveaux canaux de dérivation vers la Californie et l'Arizona (le *Colorado River Aqueduct* permet d'alimenter les villes de Palm Springs, Los Angeles et San Diego). "Pour abreuver les villes de l'Ouest on a donc presque entièrement siphonné les eaux du Colorado" [Cans, 2001], qui serait devenu le fleuve le plus disputé du monde. Au sein même de l'État de Californie, les conflits d'usage sont très marqués, opposant un Nord bien doté en eau et ne regroupant que le tiers de la population à un Sud bien moins doté mais très peuplé. Les eaux du Colorado ne suffisant pas à répondre aux besoins de Los Angeles et San Diego, deux petits fleuves du nord de l'État (le Sacramento et le San Joaquin) ont été détournés vers ces agglomérations du Sud californien, déclenchant les protestations des habitants de San Francisco et des défenseurs de l'environnement.

Dans la province chinoise du Shandong, des milliers de paysans se sont heurtés avec la police en juillet 2000, contestant le projet du gouvernement de dériver l'eau d'irrigation agricole au profit des villes et des industries. À une échelle différente, la controverse soulevée à la fin des années 1990 par le projet de transfert d'eau du Rhône vers Barcelone via une canalisation enterrée (le gouvernement espagnol a invalidé de projet d'aqueduc, mais des livraisons d'eau sont effectuées par bateau) confirme l'extrême conflictualité de l'eau, de son appropriation et de ses usages, entre secteurs d'activité et espaces différents. Certains craignent par ailleurs que ce transfert d'eau entre pays revienne à entériner une logique de marchandisation de l'eau au niveau international.

Les conflits d'usage peuvent aussi se nouer autour de l'enjeu de la qualité de l'eau. À l'ouest du Canada, la vallée de l'Athabasca est polluée par l'exploitation forestière, les usines de pâte à papier et l'exploitation des sables* bitumineux, mettant en danger la santé des populations autochtones situées à l'aval. À Fort Chipewyan (Alberta), les habitants n'utilisent plus l'eau du robinet, puisée dans les cours d'eau et les lacs, en raison des craintes sanitaires qu'elle suscite [Héritier, 2009].

De même, la contestation de l'exploitation des gaz de schiste se cristallise autour des nuisances* environnementales, et plus particulièrement sur le risque de pollution des nappes phréatiques induit par la technique de fracturation hydraulique (forages horizontaux effectués dans les couches sédimentaires, dans lesquels on envoie un mélange d'eau, de sable et de produits chimiques à haute pression afin de fracturer la roche et ainsi libérer le gaz qui y est emprisonné). Une enquête de l'Agence américaine de protection de l'environnement publiée en 2010 a mis en lumière la contamination de l'eau du village de Pavilion (Wyoming) situé au cœur d'une zone d'exploitation de ces gaz non conventionnels. Aussi certaines municipalités, comme New York et Pittsburg, ont-elles instauré des moratoires sur les forages utilisant la technologie de la fracturation hydraulique dans les zones de captage de l'eau potable qui sont leur propriété dans les régions alentour. Ces craintes liées à la pollution des eaux et à une dégradation de l'environnement et des paysages d'une manière générale expliquent l'opposition des élus locaux et des associations de protection de l'environnement aux prospections menées par plusieurs compagnies sur le territoire français, notamment entre Montélimar et Montpellier. Pour répondre à ces inquiétudes, les permis d'exploration de gaz de schiste ont été provisoirement suspendus par la ministre de l'Environnement début 2011.

Le Colorado : des eaux très convoitées

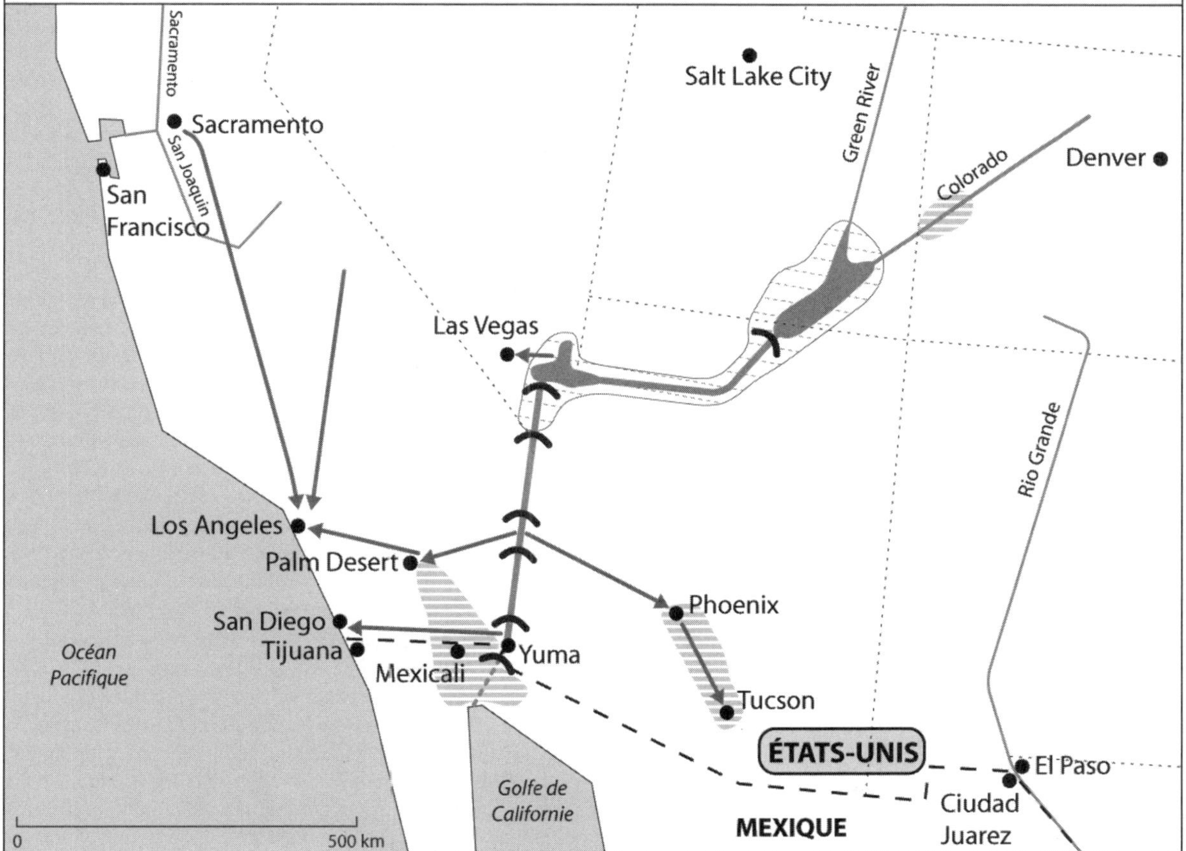

Un fleuve très aménagé

- Cours d'eau
- Barrage
- Dérivation (par canaux ou aqueducs)

De vifs conflits d'usages internes aux États-Unis

- Zone irriguée (agriculture, loisirs)
- Parc national (tourisme)
- Principales agglomérations fortes consommatrices d'eau

Des tensions internationales

- ÉTATS-UNIS : Pays d'amont en position de force : prélèvements importants, faible prise en compte des intérêts du pays d'aval
- MEXIQUE : Pays d'aval en position de faiblesse
- Le Colorado au Mexique : un débit très faible et des eaux polluées

Réalisation : S. Rode, 2011

Des fleuves internationaux sous tension

On compte dans le monde 263 fleuves ou rivières internationaux qui s'étendent, par-delà les frontières politiques, sur deux États ou plus [Wolf *et alii*, 2003]. Ces fleuves internationaux peuvent s'avérer particulièrement conflictuels puisqu'ils posent le problème du difficile partage de l'eau entre États riverains ainsi que la question des rapports de force entre États situés de part et d'autre du fleuve ou entre États situés en amont et États situés en aval. L'eau peut contribuer à dégrader les relations entre pays, lorsqu'un État riverain d'un cours d'eau international développe sur son territoire des projets qui affectent au moins un de ses voisins. À l'échelle d'un fleuve international, les États d'amont se trouvent en position de force : ils sont les maîtres du château d'eau. La Turquie, qui se situe en amont du Tigre et de l'Euphrate, a entrepris de maîtriser à son profit ces deux fleuves internationaux dans le cadre du GAP (*Guneydogu Anadolu Projesi*, Projet d'Anatolie du Sud-Est). Elle impose ainsi une position de pouvoir à la Syrie et à l'Irak situés en aval. Historiquement, les eaux du Tigre et de l'Euphrate ont surtout été utilisées par la Syrie et l'Irak pour l'agriculture alors que jusque récemment la Turquie, relativement riche en eau, exploitait très peu le potentiel hydrique de ces deux fleuves internationaux. Mais tout change avec la mise en œuvre du GAP. La Turquie prévoit la construction d'un complexe hydraulique de 22 barrages et 19 centrales hydroélectriques sur le Tigre et l'Euphrate et leurs affluents. Il s'agit de réguler le débit de ces fleuves en stockant l'eau dans de grands réservoirs. La Turquie entend ainsi développer l'agriculture irriguée et la production d'hydroélectricité. Plus largement, l'ambition est de contribuer au développement économique de cette région rurale pauvre du pays, mais aussi de désamorcer la contestation kurde (la région concernée est le berceau du PKK, le parti des travailleurs kurdes). Les travaux ont commencé en 1965 et devraient se terminer vers 2015. La pièce maîtresse du projet est le barrage Atatürk, opérationnel depuis le début des années 1990 : il retient 50 km^3 des eaux de l'Euphrate et crée un lac artificiel de 800 km². Ces aménagements induisent une diminution du Tigre et de l'Euphrate à leur entrée en Syrie et en Irak, provoquant l'inquiétude de ces deux pays. Le premier conflit est donc quantitatif : la Syrie et l'Irak estiment qu'une fois les réalisations du GAP achevées, le débit de l'Euphrate aura diminué de 70 % et celui du Tigre de 50 %, obérant directement leurs projets de développement de l'irrigation et de l'hydroélectricité pour faire face à la croissance démographique. Mais le conflit est aussi qualitatif dans la mesure où la salinisation* des sols et des eaux sera amplifiée. L'Irak, pays le plus en aval, se trouve dans la position la plus inconfortable car il dépend doublement des pays en amont, et est ainsi en conflit non seulement avec la Turquie mais aussi avec la Syrie, qui a entrepris de manière unilatérale la construction du barrage de Tabqa sur l'Euphrate en 1975. Les fortes tensions diplomatiques entre les deux États ont culminé en 1974 lors du remplissage du lac Assad créé par le barrage de Tabqa : l'Irak menaça de bombarder le barrage et positionna des troupes à la frontière syrienne. Alors que le traité d'Alep (1930), signé à l'époque du mandat français sur la Syrie, reconnaît à cette dernière des droits sur les eaux de l'Euphrate mais sans les quantifier, un accord a été signé en 1987 par lequel la Turquie garantie à la Syrie un débit moyen de 500 mètres cubes par seconde. En 1990, par un second accord, la Syrie garantit de laisser passer en Irak 59 % du débit naturel du fleuve. Cependant, ces accords n'ont pas valeur de traité et même si en cas d'urgence comme lors de la sécheresse qui a frappé l'Irak en 2009 ses voisins ont fait preuve de générosité, l'Irak ne cesse de réclamer la création la création d'un organe international de gestion du bassin.

C'est pour échapper à ce *Downstream complex* ("complexe du/des pays d'aval") [Waterbury, 1979] que l'Égypte a décidé de réaliser le barrage d'Assouan (inauguré en 1972). Nasser a clairement exprimé cet objectif : "Avec la construction du haut barrage, l'Égypte ne sera plus jamais l'otage des pays d'amont". La vallée du Nil concentrant 96 % des 84,5 millions d'Égyptiens et la quasi-totalité des terres agricoles, l'eau du Nil est vitale pour le pays, qui voit d'un très mauvais œil les aménagements des pays riverains de l'amont. Si, au moment de son indépendance en 1922, l'Égypte a obtenu de l'Angleterre, qui contrôlait le Soudan en amont, la jouissance de l'intégralité des eaux du Nil, elle doit vite se résigner à les partager. Dès 1929, les Anglais ont imposé à l'Égypte un premier partage de l'eau du Nil (4 km^3 par an pour le Soudan, 48 km^3 pour l'Égypte), révisé en 1959 suite à l'indépendance du Soudan en 1956 (18,5 km^3 pour le Soudan, 55,5 km^3 pour l'Égypte). Les deux pays se partagent ainsi la majeure partie de la ressource en eau et s'entendent sur leurs grands projets d'aménagement hydrauliques.

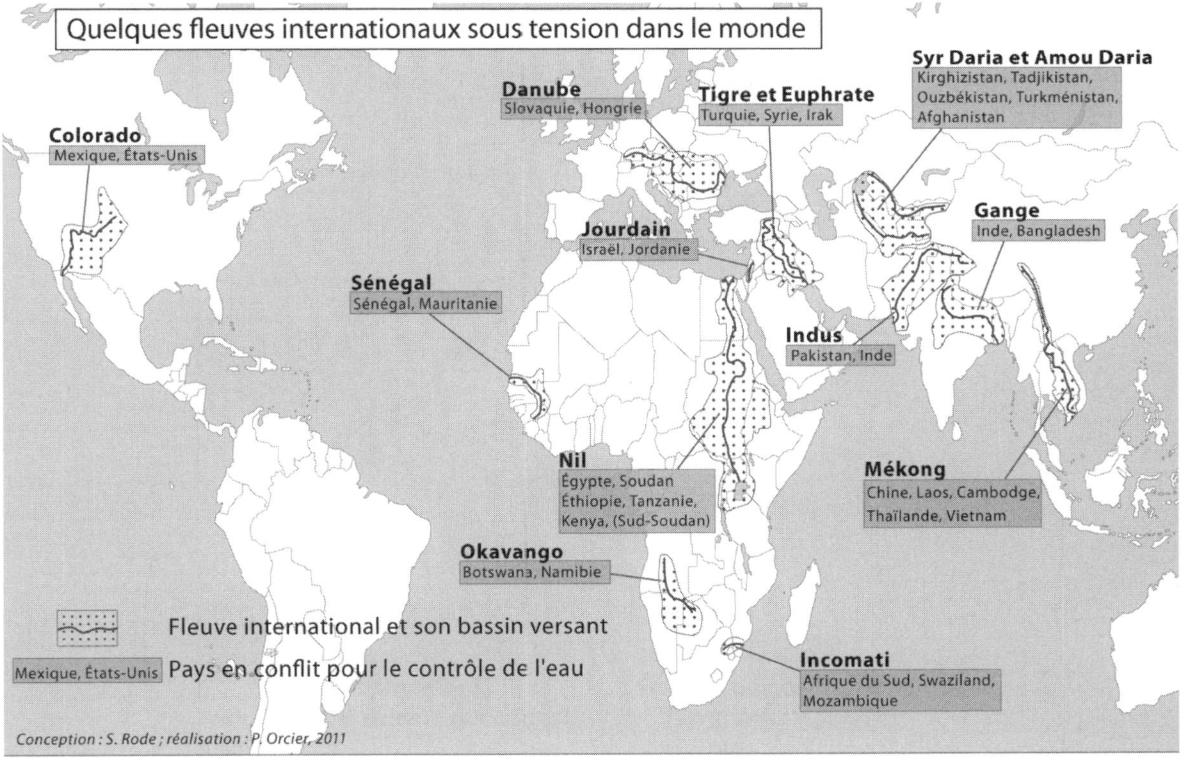
Quelques fleuves internationaux sous tension dans le monde
Colorado
Mexique, États-Unis
Danube
Slovaquie, Hongrie
Tigre et Euphrate
Turquie, Syrie, Irak
Syr Daria et Amou Daria
Kirghizistan, Tadjikistan, Ouzbékistan, Turkménistan, Afghanistan
Gange
Inde, Bangladesh
Jourdain
Israël, Jordanie
Sénégal
Sénégal, Mauritanie
Indus
Pakistan, Inde
Nil
Égypte, Soudan Éthiopie, Tanzanie, Kenya, (Sud-Soudan)
Mékong
Chine, Laos, Cambodge, Thaïlande, Vietnam
Okavango
Botswana, Namibie
Fleuve international et son bassin versant
Mexique, États-Unis
Pays en conflit pour le contrôle de l'eau
Incomati
Afrique du Sud, Swaziland, Mozambique
Conception : S. Rode ; réalisation : P. Orcier, 2011

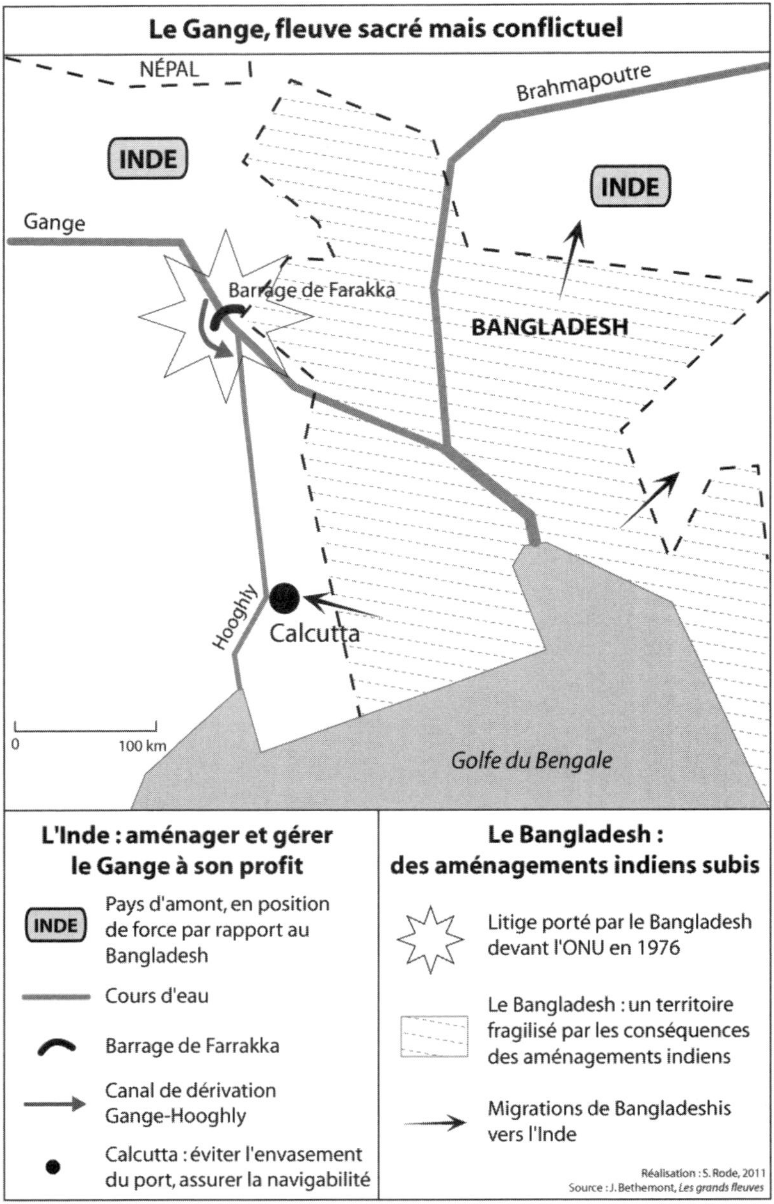
Le Gange, fleuve sacré mais conflictuel
NÉPAL
Brahmapoutre
INDE
INDE
Gange
Barrage de Farakka
BANGLADESH
Hooghly
Calcutta
0
100 km
Golfe du Bengale
L'Inde : aménager et gérer le Gange à son profit
INDE
Pays d'amont, en position de force par rapport au Bangladesh
Cours d'eau
Barrage de Farrakka
Canal de dérivation Gange-Hooghly
Calcutta : éviter l'envasement du port, assurer la navigabilité
Le Bangladesh : des aménagements indiens subis
Litige porté par le Bangladesh devant l'ONU en 1976
Le Bangladesh : un territoire fragilisé par les conséquences des aménagements indiens
Migrations de Bangladeshis vers l'Inde
Réalisation : S. Rode, 2011
Source : J. Bethemont, Les grands fleuves

Mais la tension régionale autour du Nil ne retombe pas pour autant, les pays d'amont étant exclus de cet accord. L'Éthiopie en particulier demande un partage équitable, mettant en avant le fait "que si 86 % des débits du Nil Bleu se forment sur son territoire, elle n'utilise à ce jour que 0,3 % du débit correspondant, alors qu'elle doit faire face à une double contrainte résultant de la croissance de sa population et de l'accumulation des séquences de sécheresses*" [Bethemont, 1999]. Elle souhaite utiliser plusieurs kilomètres cubes d'eau du Nil pour développer des périmètres irrigués. La Tanzanie et le Kenya souhaitent accroître leur approvisionnement en eau potable (notamment à partir du lac Victoria) et l'Ouganda construire des centrales hydroélectriques : autant de projets qui risquent de diminuer le volume d'eau entrant sur le territoire soudanais puis égyptien. L'Égypte argue quant à elle de l'antériorité de son usage des eaux du Nil pour justifier sa légitimité dans l'exploitation actuelle du fleuve, mais sa position est aujourd'hui fragilisée. Le barrage d'Assouan n'a pas permis de régler le problème de sa dépendance vis-à-vis des pays d'amont. Pourtant, en dépit de tensions toujours fortes, des pourparlers ont été initiés dans le cadre du "*Nile Basin Initiative*", organisme intergouvernemental créé en 1999 à Dar-es-Salaam afin de régler pacifiquement le partage des eaux du Nil en réunissant les dix pays riverains afin qu'ils coopèrent sur les projets concernant la gestion du fleuve. Pourtant, plus de dix ans après, un accord global aboutissant à un partage équitable des eaux du bassin achoppe toujours sur des divergences persistantes entre États.

Les conflits internationaux liés à l'eau peuvent générer une instabilité locale, laquelle ne fera qu'exacerber les tensions internationales, comme le montrent les relations entre l'Inde et le Bangladesh (v. Les conflits en Asie). En 1961, l'Inde construit un barrage à Farakka sur le Gange, immédiatement en amont de la frontière avec le Bangladesh. Cet aménagement permet à l'Inde de dériver une partie des eaux du Gange vers son territoire, en particulier vers l'Hooghly afin d'éviter l'envasement du port de Calcutta. Mais au Bangladesh, cette diminution du débit du Gange réduit les ressources en eau de surface et souterraines, entrave la navigation, augmente la salinité, nuit à l'activité de pêche, menace l'approvisionnement en eau et la santé publique, poussant des Bengladais à migrer, pour la plupart en Inde.

Les guerres de l'eau n'auront pas lieu

Dans le contexte actuel de rivalités accrues à toutes les échelles pour l'accès à l'eau, et avec la perspective d'une raréfaction de la ressource que promettrait le changement climatique, les médias annoncent de manière récurrente et alarmiste de prochaines guerres de l'eau. L'eau est présentée comme la ressource polémogène* par excellence du XXIe siècle, qui pourrait provoquer des conflits ouverts entre États. Il est vrai que certains chefs d'État ont pu contribuer à alimenter cette crainte, tel Sadate déclarant en 1979 "l'eau est le seul mobile qui entraînerait l'Égypte dans une nouvelle guerre". Par ailleurs, une abondante littérature s'est développée au cours des dernières années, présentant l'eau comme une cause historique et, par extrapolation, une cause future de guerres entre États. Or, si l'histoire abonde d'exemples de tensions entre pays liées à l'eau, elle n'offre que très peu d'exemples de guerre dont le mobile principal aurait été les ressources hydriques. D'après le géographe américain Aaron Wolf, la seule véritable "guerre de l'eau" connue se serait produite il y a 4 500 ans entre les cités-États de Lagash et Umma dans le bassin du Tigre et de l'Euphrate [Wolf, 1998].

Nombre de spécialistes s'accordent aujourd'hui à écarter la perspective de guerres de l'eau, qui ne seraient pas rationnelles d'un point de vue stratégique. Détruire un barrage pourrait engendrer des inondations dans le pays agresseur situé en aval, détruire une usine de traitement des eaux usées générer une pollution des eaux – communes – du fleuve… Dépendant des mêmes ressources en eau, les pays riverains d'un fleuve international ont un certain nombre d'intérêts partagés et ont donc tout intérêt à coopérer. Un autre facteur contribue à écarter la perspective d'une guerre pour l'eau : les coopérations autour de l'eau établies à travers la signature de traités participent à la stabilité des fleuves internationaux. Le Comité du Mékong, agence intergouvernementale établie par le Cambodge, le Laos, la Thaïlande et le Vietnam, fonctionne ainsi depuis 1957 et a permis d'échanger des informations sur l'eau et sa gestion tout au long de la guerre du Vietnam. La Commission de l'Indus a survécu à deux guerres entre l'Inde et le Pakistan. Enfin, on peut ajouter un argument économique : une guerre de l'eau ne serait plus rentable. C'est ce qu'exprimait bien un responsable de l'armée israélienne lorsqu'il lui était demandé si l'eau avait été un facteur de l'invasion du Liban en 1982 : "Pourquoi entrer en guerre pour l'eau ? Pour le prix d'une semaine de combats, il serait possible de construire cinq usines de désalinisation" [cité par WOLF, 1998].

L'eau n'est-elle pas, au bout du compte, davantage facteur de coopération entre pays que de conflits ? Le rapport 2005 du Worldwatch Institute dénombre plus de 400 traités ou accords internationaux sur l'eau depuis 1820, et insiste sur le fait que l'eau suscite bien plus d'accords internationaux que de conflits [WOLF *et alii*, 2005]. Des chercheurs de l'université de l'Oregon ont compilé toutes les interactions – conflictuelles ou coopératives – survenues entre deux États ou plus à propos de la gestion de la ressource en eau sur la période allant de 1950 à 2000. Ils recensent ainsi 1 831 interactions entre États à propos de l'eau durant ces 50 années. Un peu plus d'un quart de ces événements seulement étaient conflictuels, la grande majorité étant de l'ordre de la coopération. Les cas de conflit aigu, *i.e.* dans lesquels la violence a été utilisée, ne représentent quant à eux que 2 % de ces interactions entre États (37 cas). 80 % de ces cas de conflit aigu ont eu lieu entre Israël et l'un de ses voisins. Dans le même temps, 157 traités ont été négociés et signés [WOLF *et alii*, 2003]. L'eau deviendrait donc de plus en plus un facteur de coopération entre pays riverains de bassins internationaux. Munther Hadadin, ministre jordanien de l'Eau et de l'Irrigation dans les années 1990, ne pense pas autre chose lorsqu'il affirme : "Par nature, l'eau sert à éteindre les feux, pas à les allumer" !

La perspective de guerres de l'eau entre États semble donc peu probable. Pourtant, cela ne signifie pas que l'eau et sa gestion ne puissent pas engendrer des violences à une échelle plus locale. En avril 2000, des manifestations enflamment les rues de Cochabamba (Bolivie), la ville se hérisse de barricades, le gouvernement envoie l'armée et déclare l'état d'urgence dans tout le pays. Un jeune homme est tué par les forces de l'ordre, des centaines de manifestants sont blessés. Une révolte urbaine qui a pour objet l'eau, plus précisément son prix et sa propriété ! Elle fait suite à l'augmentation considérable (et impossible à assumer pour les habitants des quartiers pauvres qui voient leur facture doubler !) des tarifs de l'eau qui a suivi la privatisation du service d'approvisionnement en eau potable. En septembre 1999, le gouvernement bolivien a en effet concédé pour 40 ans le service d'eau à Aguas del Turani, consortium international seul en lice pour l'attribution de ce marché, qui obtient la gestion de toutes les ressources en eau autour de la ville. Une clause du contrat de concession est à l'origine d'un autre aspect de la contestation, qui concerne les campagnes alentour. En dépossédant les agriculteurs indigènes de leurs droits* coutumiers sur l'eau, considérée comme un don divin, cette privatisation leur fait perdre le contrôle de leurs puits et de leurs systèmes d'irrigation. Elle s'apparente pour eux à un vol du patrimoine commun. La révolte menaçant de s'étendre au pays tout entier, le gouvernement choisit de revenir sur la privatisation du service de distribution d'eau, pour réinstaurer une gestion publique, municipale. Suite à cette décision, les prix de l'eau redescendent à leur niveau d'avant la privatisation, la "guerre de l'eau" de Cochabamba est terminée. Pourtant, si l'annulation de la concession est considérée comme une victoire des habitants, elle n'a pas résolu leurs problèmes d'eau : approvisionnement intermittent et niveau de la nappe phréatique en baisse [WOLF *et alii*, 2005]. La révolte de Cochabamba a inspiré le film "Même la pluie", d'Icíar Bollaín, sorti en 2010. L'eau n'a certes pas de prix mais elle a un coût et nécessite, pour être potable et disponible, des investissements ; c'est bien là le dilemme qu'illustre la situation à Cochabamba.

LA DIMENSION SPATIALE DES RAPPORTS DE POUVOIR : LES CONFLITS ISRAÉLO-PALESTINIENS POUR LA TERRE ET L'APPROPRIATION

Si tous les conflits* ont une dimension spatiale, l'espace, la "terre" en est aussi bien souvent l'enjeu et l'un des moyens pour affirmer son pouvoir. L'un des postulats aujourd'hui largement partagés en géographie considère que l'espace – en tant que cadre physique et social – est l'enjeu de rapports sociaux, notamment de rapports de pouvoirs, ce qui donne lieu à des conflits et des guerres* [Lacoste, 1976 ; Raffestin, 1980 ; Frémont *et al.*, 1984]. Contrôler, s'approprier de la terre est à la fois un enjeu politique, mais aussi économique et social majeur. Dès lors, chercher à comprendre la conflictualité liée à la terre, c'est s'interroger sur l'espace et les enjeux sociaux, économiques, politiques, mais aussi culturels, tout à la fois matériels et idéels. C'est chercher à comprendre les rapports sociaux à partir des questions d'appropriation, de ressources, de valeurs, de symbole, de mémoire… Il s'agit d'une question éminemment géographique et politique. Si les sources de conflits autour de la terre ne manquent pas, conflits fonciers et conflits agraires ici (v. Les conflits alimentaires), luttes pour la souveraineté* sur une terre là, à chaque fois, cela met en lumière des rapports de pouvoir entre acteurs (État – v. Le rôle géographique de l'État dans les conflits –, multinationales, groupes sociaux, individus – v. Les individus dans les conflits armés…) qui s'opposent pour la domination de et sur l'espace, autrement dit pour en avoir le contrôle et l'usage. Au cours de ces oppositions, les inégalités et les différences de moyens, de forces, de stratégies constituent autant d'éléments qui brouillent la lecture et l'analyse de ces conflits de nature géopolitique. La complexité de ces rapports de domination cristallisés autour de la volonté de s'approprier une portion d'espace nécessite, pour être mieux comprise, non seulement de questionner ce qu'est l'appropriation, et de se doter d'une méthode d'analyse permettant de comprendre la complexe grammaire de la dimension spatiale des rapports sociaux. La multiplicité des acteurs, la dimension multiscalaire, l'histoire et l'actualité sont autant de freins à une compréhension des fondements et évolutions des conflits.

Le conflit israélo-palestinien est un parfait exemple de cette complexité et de la multidimensionalité spatiale et temporelle des conflits pour la terre (v. Articuler les conflits violents à différentes échelles spatiales et temporelles). Dans la lutte inégale qui oppose Palestiniens et Israéliens, Arabes et juifs, se trouve incarnée depuis plus de soixante ans maintenant la dialectique lente et erratique d'une domination sur une terre et ce faisant sur les populations qui y vivent, comme sur les ressources qu'on y trouve. Ce conflit donne lieu à la production d'un espace approprié et cloisonné, à l'imposition d'un pouvoir et d'une souveraineté sur l'espace et les populations. C'est aussi la mise en pratique d'une doctrine politique à portée territoriale : le sionisme* [Dieckhoff, 1987 ; Encel, 2006 ; Deblonde et Veyron, 2009] qui prend consistance dans l'épaisseur historique de la géopolitique du Proche-Orient. La situation en Cisjordanie, comme à Gaza, pose entre autres la question du partage de la terre et de l'édification de limites mutuellement reconnues. Or la colonisation et la politique du fait accompli nourrissent le conflit en même temps qu'elles traduisent la domination d'Israël sur le voisin palestinien qui est exproprié de nombreux espaces. De même, même si, à court terme, il semble faire diminuer la violence, le processus de cloisonnement, en ayant recours à la construction d'un mur et d'une barrière entre populations palestinienne et israélienne, est violent en soi et exacerbe rancœurs et tensions. Cet exemple concentre des processus qui donnent lieu à des conflits d'appropriation, de lutte et de résistance qui sont autant d'éléments permettant de saisir d'autres types de rapports sociaux où la domination prend des formes différentes (militaire, politique, architecturale…). L'espace est dans ce cas l'enjeu autour duquel se nouent les rapports sociaux et les oppositions pour son contrôle. C'est aussi le théâtre où prennent forme les idéologies et projets politiques. Les rapports de forces asymétriques, les inégalités sociales, technologiques, militaires, les différences socioculturelles, religieuses, politiques, idéologiques, sont autant d'angles à partir desquels se saisir des conflits israélo-arabes.

Espace enjeu et appropriation de l'espace : de la nécessité d'une grille de lecture

Parler d'appropriation de l'espace c'est cerner avec plus de précision les processus en œuvre, notamment ceux qui se matérialisent sous les traits du conflit pour la terre. Ce type de conflit a pour objectif le contrôle de et sur la terre (une portion de l'espace). Cette situation engendre des concurrences, des résistances et, ce faisant, l'essor d'un adversaire qui vise le même objectif de contrôle et d'appropriation de la terre, pour obtenir l'usage exclusif de cette partie de l'espace. L'appropriation de l'espace et les conflits éventuels que cela génère, peut, en partie au moins, s'expliquer par le fait que celui-ci matérialise une inscription spatiale d'un pouvoir politique, social donc, sur l'espace et ce qu'il contient ; pouvoir qui peut être individuel ou collectif. L'espace est ainsi qualifié, c'est un espace approprié, il peut devenir propriété (privée ou publique). Son statut change en même temps que la relation à l'espace évolue. Ainsi, l'espace est matérialisation d'un pouvoir, celui de le posséder, d'en avoir l'usage, tout en étant en même temps enjeu du fait qu'il représente une ressource et une valeur (économique, sociale, politique, symbolique…).

L'appropriation de terres est au fondement de la politique, reliant la souveraineté des États à celle des individus [LOCKE, 1689]. Au cours du processus d'appropriation d'un espace, deux caractéristiques ressortent. En premier lieu, l'occupation qui consiste à être présent physiquement (avec son corps) sur l'espace ou à s'y faire représenter (marquages, symboles, téléprésence…). En second lieu, il y a également production de délimitations. Le but est d'apposer des limites (des frontières* – v. Les frontières) qui matérialisent la souveraineté* et éventuellement son droit de propriété sur cet espace, sur ce qu'il contient et représente. Ce faisant, on fait en sorte dans le même mouvement que ces limites de propriété soient reconnues et, si ce n'est pas le cas, on les maintient par la force, en occupant l'espace. En cela, l'espace est un vecteur par lequel on affirme aussi son pouvoir, tant par le tracé des limites que par sa présence.

Si ces éléments sur l'appropriation sont maintenant clairement identifiés comme centraux, c'est parce qu'ils permettent d'incarner la conflictualité à partir de sa dimension spatiale, territoriale même, puisqu'il s'agit justement d'espaces appropriés.

De plus, la prise en compte de l'appropriation pour comprendre les conflits pour la terre s'attache aussi nécessairement à "penser les pratiques, les usages et les représentations de l'espace, mais aussi les hiérarchies sociales, les inégalités et, au bout du compte, les rapports sociaux (dissymétriques), […]" [RIPOLL et VESCHAMBRE, 2005].

Pour prendre toute la mesure de la complexité de ces rapports sociaux, le recours à une grille de lecture est un outil d'analyse efficace afin de répondre aux questions que les conflits pour l'espace soulèvent. Quel est l'enjeu social du conflit pour la terre ? Quels sont les acteurs ? Quels sont les processus à l'œuvre et les formes que prennent les conflits ? Depuis quand et à quelle échelle se matérialise le conflit ? Autant de questions qu'il convient de (se) poser pour mener une analyse des conflits, pour en comprendre les évolutions et les causes.

Diverses constatations peuvent être faites par le croisement de plusieurs sources d'informations : des observations et relevés de terrain, des articles de presse et scientifiques, des ouvrages… S'ajoute à cela la formulation de questions permettant très souvent de mettre en évidence des processus et des formes de rapports entre acteurs différents et inégaux, dont les pratiques et les représentations changent selon l'échelle spatiale et temporelle (histoire) à laquelle on se place pour analyser les faits. Schématiquement, cela donne lieu à l'élaboration d'une grille de lecture géopolitique.

Conflit pour la terre : force du droit et pratiques de la force

Si la force est souvent mobilisée pour arriver à s'approprier les terres, le recours au droit constitue aussi un autre moyen pour y parvenir ou résister à l'expropriation. Ainsi, l'appropriation est aussi liée à la propriété, aux usages et aux pratiques sociales. Dans ce domaine, la loi est souvent invoquée pour encadrer et légitimer l'appropriation de l'espace. Cependant, à la force du droit peut se substituer, le cas échéant, selon les enjeux et les rapports de domination, la pratique de la force. Dans l'exemple israélo-palestinien, il y a combinaison de la force et du droit.

Ainsi, en Israël et en Cisjordanie, les appropriations de terres et de maisons précédemment occupées par des Arabes palestiniens se sont multipliées depuis 1948. Les expropriations, confiscations et autres spoliations sont même encadrées et juridiquement légitimées par l'adoption de lois. Le rapport au territoire se matérialise dans différents textes de lois régissant la manière dont l'appropriation et l'occupation de terre se fait, et dans le même temps transforment le statut de ses occupants. Trois textes sont particulièrement éclairants sur ce point : d'abord, la *loi des absents* de 1950, qui stipule que l'administration israélienne décide qu'en l'absence des occupants arabes une maison ou des terres peuvent être appropriés au bénéfice de l'État d'Israël. C'est toute la logique résumée par l'expression des "présents-absents", les Arabes qui avaient fui de chez eux lors des combats de 1948 et ont tenté d'y revenir par la suite [Grossman, 1993 ; Löwy, 2001]. S'ajoute à ce texte fondamental en matière de rapport à l'espace et à la propriété la *loi sur la citoyenneté* de 1952 qui définit les divers modes d'acquisition de la nationalité israélienne et exclut les Arabes qui ont en 1948 quitté ce qui allait devenir le territoire israélien. Et, enfin, la *loi sur la prescription* de 1958 qui attribue à l'État les terres qui n'ont pas été constamment cultivées pendant les 15 années précédentes et permit à Israël de s'approprier la majorité des terres encore aux mains des Arabes. Précisant que la notion de territoire veut dire aussi bien terrain, maison, construction et tout ce qui est lié de manière permanente au terrain [Deblonde et Veyron, 2009]. Plusieurs chercheurs ont d'ailleurs mis en lumière la cohérence de ces divers textes de loi afin de "légaliser" les appropriations/expropriations : "Dans le domaine foncier, les Arabes d'Israël furent soumis dès 1948 à toute une kyrielle de lois qui conduisirent à un transfert massif de la propriété [Kretzmer, 1990]. En tant qu'État successeur, Israël prit possession de toutes les terres publiques et de celles considérées comme sans maître, mais un tiers des terres restaient légalement la propriété privée d'Arabes. Une législation appropriée y mit rapidement un terme : non seulement toutes les terres et immeubles des Palestiniens réfugiés dans les pays arabes voisins furent progressivement transférés à l'État, mais il en alla de même pour la moitié des terres appartenant à des Arabes israéliens qui furent considérés, pour la moitié d'entre eux, comme "'présents-absents' en vertu de la loi sur les absents de 1950" [Dieckhoff, 1999].

Sur le plan territorial, entre la création d'Israël en 1947 et les limites de l'État après la première guerre de 1948-1949, la superficie passe d'environ 55 % de la Palestine mandataire à 78 % après le conflit. La même dynamique se produit lors de la guerre du Sinaï en 1956. Israël occupe le Sinaï égyptien et le rétrocède par la suite, après de nombreuses pressions internationales, en échange d'une reconnaissance de son droit à exister, officiellement reconnu par l'Égypte. Parallèlement, les villes palestiniennes se vident, de nouvelles villes et colonies sionistes émergent sur les terres conquises. Le conflit de 1967 débouche sur l'annexion, non reconnue internationalement, du plateau du Golan et de Jérusalem-Est et, à partir de la fin des années 1970, sur un grignotage de plus en plus intense de la Cisjordanie par les colons israéliens. Dans le cas du Golan comme en Cisjordanie, c'est davantage par l'implantation de colonies sionistes que s'exprime la question de l'occupation : colonies de peuplement mais aussi garnisons militaires. Il faut tenir les lieux, affirmer sa présence. L'approche sioniste vise à inscrire des faits sur le terrain et à rendre permanente leur présence. Ce faisant, les colonies ou implantations, selon le point de vue où l'on se place, s'inscrivent pleinement dans la stratégie politique et militaire israélienne cherchant à coloniser des nouveaux espaces pour rendre toujours plus viable l'État d'Israël [Guillot, 2008].

Les préoccupations tactiques et militaires sont constantes dans la construction des villes-colonies : leur localisation (sur les hauteurs et à des distances raisonnées les unes des autres), leurs structures et organisations internes, leur but (occuper des terres, implanter des foyers civils à vocation militaire si besoin…). À la fois point de fixation et d'observation, elles peuvent aussi se transformer en lieu de riposte et de défense en cas d'attaque. On retrouve d'ailleurs dans le concept d'*Homa Oumigdal*, colonies champignons implantées en une nuit dans les années 1930 pour créer des faits accomplis, une pensée construite dans un contexte de guerre [Weizman et Segal, 2004 ; Guillot, 2008].

Mur et colonisation en Cisjordanie : à la conquête de la terre

Plus récemment, pour les gouvernements israéliens qui se succèdent depuis 2001 avec l'arrivée du Likoud (Parti de la droite israélienne) qui place Ariel Sharon, puis Benjamin Netanyahou, aux commandes de l'État israélien, le durcissement des relations avec les Palestiniens est patent. C'est en 2002 qu'une nouvelle étape est franchie avec la décision de construire le mur. Le discours ne varie pas : il ne s'agit pas de marquer une frontière mais de protéger les Israéliens de la "menace terroriste" (et de fait le nombre d'attentats a chuté de façon drastique depuis sa construction). Le 23 juin 2002, par sa décision 2077, le conseil des ministres israélien a approuvé la première phase d'un projet de construction d'une barrière "continue" dans certaines parties de la Cisjordanie et de Jérusalem. Il était dit dans cette décision que la barrière "est une mesure de sécurité" et qu'"elle ne constitue pas une frontière politique ou autre". Mais en ne suivant pas le tracé de la "ligne* verte", le mur permet aussi d'annexer de fait de larges portions de territoire* en les coupant littéralement du reste de l'espace cisjordanien. Et, ce faisant, l'objectif est aussi de chercher à "'enfermer dehors' les indésirables" [Ritaine, 2009]. Le mur se matérialise autant dans sa verticalité (jusqu'à 8 mètres de hauteur) que par son emprise horizontale. Cette emprise au sol du mur doit être prise en considération puisqu'il atteint à certains endroits plusieurs dizaines de mètres de largeur (plus de 70 mètres parfois avec les espaces barbelés), ce qui représente autant de terres rendues inutilisables pour les Palestiniens notamment ; terres souvent agricoles qui plus est. 1 450 hectares de terre ont ainsi été soumis aux bulldozers et plus de 102 000 oliviers et arbres fruitiers ont été arrachés (v. Conflits et environnement), selon un décompte effectué en mai 2003 par des ONG. Accompagnées de ces destructions, il faut aussi compter de nombreuses expropriations et destructions de maisons dans les zones où le mur traverse les villes et villages palestiniens. Le tracé du mur coupe en deux des villages et des quartiers entiers. Les relations sociales, familiales et réseaux économiques de la population palestinienne sont bouleversées. Un véritable no man's land est produit, entre le tracé de la "ligne verte" et le mur, piégeant des milliers de Palestiniens qui ne peuvent ni traverser la "ligne verte" dépourvus qu'ils sont de papiers et d'autorisations, ni passer le mur pour rejoindre le reste de la Cisjordanie. Tel est le contexte général dans lequel vivent Israéliens, colons et Palestiniens.

À un niveau international, le droit est aussi mis à contribution pour statuer sur la légalité des actions sur le terrain. Le 9 juillet 2004, le président de la Cour internationale de justice (CIJ), siégeant à La Haye, a rendu un avis consultatif caractérisant la construction du mur par Israël en territoire palestinien occupé comme "contraire au droit international". De son côté, la mission d'Israël auprès de l'ONU condamnait immédiatement l'arrêt rendu par la CIJ. L'avis consultatif émis par celle-ci, stipule que "l'édification du mur qu'Israël, puissance occupante, est en train de construire dans le territoire palestinien occupé, y compris à l'intérieur et sur le pourtour de Jérusalem-Est, et sur le régime qui lui est associé, sont contraires au droit international". La bataille juridique venait alors de se déplacer au niveau international et alimente depuis le débat sur le mur et, en arrière-plan, sur l'occupation israélienne en Cisjordanie. À l'argument sécuritaire vient répondre l'argument du droit.

Le seul endroit où le mur suit strictement la ligne verte, c'est à Gaza, qui, évacuée par les Palestiniens, fait figure de véritable prison à ciel ouvert, sans débouchés ni terrestre ni maritime du fait du blocus international renforcé depuis que le territoire est contrôlé par le Hamas. La conflictualité larvée accumulée au fur et à mesure de l'enlisement des négociations de paix israélo-palestiniennes entamées en 1993 explose violemment lorsque Israël déclenche l'opération "Plomb durci" à Gaza en décembre 2008 et janvier 2009 afin d'annihiler le Hamas : 1 315 Palestiniens et 13 Israéliens, civils ou combattants, sont tués (Services d'urgence à Gaza, UNRWA et B'Tselem).

Les ressources et les rapports de forces entre acteurs

D'autres angles permettent d'analyser les conflits pour la terre en Palestine, les valeurs et les ressources. Toutes deux caractérisent ce qui fait enjeu. La lutte et la confrontation entre les groupes sociaux donnent lieu à des situations de dominations et de résistances. Les rapports de force entre les différents acteurs sont directement liés aux moyens dont ils disposent, c'est-à-dire à leurs ressources. S'intéresser

Évolution de la Palestine 1947 - 2008

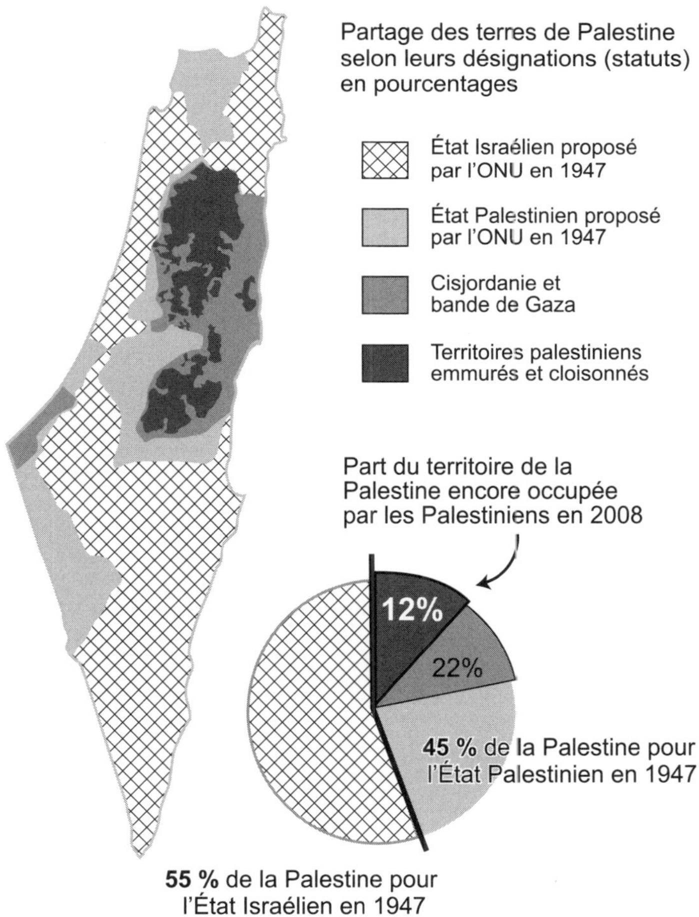

Populations palestiniennes de Cisjordanie affectées par le mur :

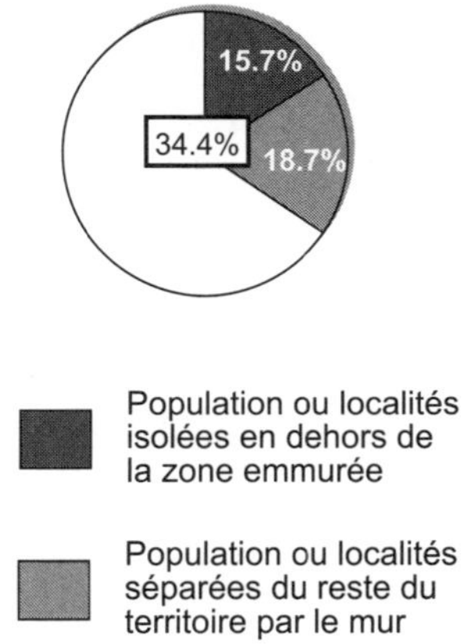

Localités palestiniennes de Cisjordanie affectées par le mur :

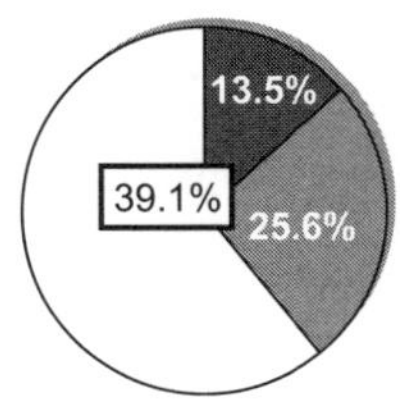

sources : d'après Palestine Land Development Information Systems (PALDIS), 2005 ; Observations et relevés personnels, 2005 ; Office for the Coordination of Humanitarians Affairs (OCHA), 2009.

aux ressources mobilisées et mobilisables c'est poser la question des capitaux qui sont engagés dans le conflit. Ce faisant, cela permet d'interroger aussi les modes de dominations et de résistances, d'éclairer la nature des rapports de force. Les ressources que les différents acteurs peuvent mettre à profit sont de différentes natures.

Tout d'abord, l'espace est un enjeu mais aussi une ressource que les acteurs ne manquent pas de mettre à profit pour asseoir leur domination et justifier les appropriations. L'espace (au sens de "terre") peut ainsi être mobilisé pour légitimer son droit à être là, pour revendiquer son droit à la souveraineté. L'espace ressource est une idée qui se décline qualitativement (qualité des sols, ressource en eau... – v. L'eau entre conflits et coopérations) mais aussi quantitativement.

La quantité d'espace approprié, contrôlé, joue directement au niveau des rapports de force et de la légitimité à être là, à imposer ses règles d'usage, ses valeurs. Deux exemples peuvent montrer cela. Pour les Israéliens, les modifications des limites de Jérusalem, afin d'inclure des blocs de colonies et des quartiers juifs à l'est de la ville, permettent de rééquilibrer le rapport de force, notamment d'un point de vue démographique, et de renforcer la légitimité de la domination israélienne sur Jérusalem. Second exemple qui concerne davantage des préoccupations stratégiques et militaires : le concept de "profondeur stratégique". Ce concept a été défini par le général Aharon Yariv comme "l'espace entre la ligne la plus éloignée sur laquelle un État peut stationner ses forces militaires défensives, sans empiéter sur sa propre aire vitale" [Yariv, 1980]. Militairement, cela offre les moyens de résister à une attaque simultanée des armées adverses, d'offrir une position de repli éventuelle. Le renforcement de l'emprise territoriale est vital pour un pays qui vit comme Israël dans un environnement hostile et qui, dans sa portion la plus étroite, ne compte que 17 km de la ligne verte à la Méditerranée, d'où l'intérêt d'accroître la quantité d'espace sous contrôle. En outre, la ressource militaire est également omniprésente dans les relations entre les différents groupes sociaux qui s'affrontent. L'armée israélienne comme les groupes armés palestiniens, mais aussi les colons, mobilisent le capital militaire (armes, moyens techniques, hommes...) pour asseoir leur domination et résister, établissant des rapports de force souvent asymétriques. Sur ce plan, Israël (son armée et les colons) domine largement les autres acteurs du conflit. Les ressources en question ne se limitent pas à la sphère militaire.

S'y ajoutent aussi les ressources médiatiques permettant la diffusion des idéologies, le combat rhétorique au travers des discours et des images, de la communication politique des différents acteurs et groupes sociaux. Ces ressources participent pleinement à la lutte sur le plan politique, et ce bien au-delà des frontières d'Israël et des Territoires palestiniens.

Enfin, il faut également tenir compte des capitaux au sens économique du terme qui représentent un atout important pour imposer sa domination.

Globalement, bien que certaines des plus grosses fortunes au monde soient d'origine palestinienne, l'ensemble des ressources mobilisées est détenu en quantité bien plus importante du côté israélien, chez les colons notamment, que chez les Palestiniens. Les rapports de force sont donc clairement à l'avantage d'Israël qui impose sa domination, créant de fait une situation asymétrique. Mais il est un domaine où les Palestiniens restent en position de force, c'est celui de la démographie. La question démographique est une préoccupation centrale pour les autorités israéliennes, car la croissance naturelle des Palestiniens doit être sans arrêt compensée par l'arrivée de nouveaux migrants et les appels et pressions envers la diaspora* se sont faits de plus en plus pressants dans les années 2000 afin de compenser la croissance démographique palestinienne par le recours aux *Aliyoth**. C'est une donnée à part entière de la lutte pour la terre.

LES HYDROCARBURES, ENJEUX DE CONFLITS

Les hydrocarbures* – pétrole et gaz naturel pour l'essentiel – sont des ressources énergétiques rares non renouvelables dont les économies développées ou émergentes sont devenues très dépendantes. Ils sont produits en grande majorité par un petit nombre de pays et exploités par de très grandes compagnies multinationales détenues par les principaux consommateurs. Les économies et les modes de vie d'une grande partie de la population mondiale sont fondés sur l'usage de la voiture, du chauffage au gaz ou au fuel, du plastique… L'enjeu premier de la possession et de l'exploitation de la matière première se double donc de la question de la sécurité économique et physique des approvisionnements. Or les principaux consommateurs mondiaux ne sont pas les principaux producteurs : ce déséquilibre donne lieu à un rapport de forces entre offreurs et demandeurs d'hydrocarbures sur un marché particulièrement tendu et réactif tant à la conjoncture économique qu'aux événements géopolitiques. Dans ce contexte, quel est le poids des hydrocarbures dans les conflits* mondiaux et comment le décalage entre production et consommation se traduit-il en termes de tensions* internationales ?

Des conflits pour l'appropriation de la ressource en hydrocarbures

Les hydrocarbures sont une ressource, un bien qui constitue une richesse potentielle parce qu'il comble un besoin, mais aussi parce que son exploitation est possible dans le temps avec une certaine rentabilité. Cette ressource est dite "rare" car elle est limitée en quantité et non renouvelable à l'échelle du temps humain. Elle est pourtant devenue essentielle à un grand nombre d'activités humaines, notamment dans les pays du Nord qui sont très dépendants de leurs importations. Pour les pays producteurs, le pétrole représente une manne cruciale pour le fonctionnement de l'économie.

• Appropriation des gisements et conflits pour le contrôle du territoire

Les gisements de pétrole et de gaz naturel sont inégalement répartis : au Moyen-Orient pour la plus grande partie du pétrole, en Russie et en mer du Nord pour le gaz naturel. Or les pays consommateurs sont au premier chef les États-Unis, qui ne sont pas autosuffisants, et l'Europe, dont la production de pétrole est quasi nulle et celle de gaz concentrée aux marges de l'Union européenne (Russie, Norvège).

Depuis le début du XXe siècle, la mainmise sur les gisements est donc un enjeu stratégique majeur. Les puissances européennes victorieuses, par l'accord Sykes-Picot de 1916, se partagent les zones d'influence au Proche-Orient au sortir de la guerre. Ainsi, les Britanniques obtiennent des territoires sous mandat de la SDN* correspondant à l'actuel Irak, riche en pétrole. C'est l'*Anglo-Persian Oil Company* (ancêtre de la *British Petroleum*) qui exploite ces gisements ainsi que ceux du Koweit, protectorat britannique voisin. Le pétrole était l'un des principaux enjeux des rapports de force entre alliés de la Première Guerre mondiale.

En 1990, la guerre du Golfe qui oppose l'Irak et le Koweït est entre autres choses liée à l'enjeu pétrolier. L'Irak accusait en effet son voisin de pomper une nappe située pour partie dans son sous-sol, et parallèlement de produire en grande quantité, avec pour conséquence une baisse des prix sur le marché international. En prenant le contrôle des réserves koweities, l'Irak risquait de devenir le premier producteur au monde ; il menaçait également directement l'Arabie Saoudite et aurait acquis, s'il en avait pris le contrôle, une position hégémonique sur le marché du pétrole. C'est parce que la sécurité des approvisionnements de l'Occident était directement menacée qu'il a été si facile de réunir rapidement une coalition aussi nombreuse. Des puissances qui n'ont pas envoyé de troupes (comme la Belgique ou le Japon) ont cependant participé à son financement au prorata de leurs importations de brut de la région.

• Les *majors*, bras armés des États

Les pays importateurs de pétrole contrôlent les grandes compagnies actuelles d'exploitation des hydrocarbures : les "Sept* Sœurs" de l'après-Première Guerre mondiale, c'est-à-dire les sept plus grandes compagnies pétrolières, sont aujourd'hui concentrées en un cartel de 4 groupes : Exxon-

Mobile et Chevron-Texaco aux États-Unis, BP et Shell en Europe, qui, avec la française Total, se partagent l'essentiel du marché.

Cette situation est vécue par certains producteurs comme une ingérence* dans leur économie. C'est en réaction que certains États créent des compagnies nationales, comme le Venezuela, où *Petróleos de Venezuela* appartient à 100 % à l'État – situation de monopole inscrite dans la Constitution de 1999. Elle gère toutes les réserves du pays, ce qui empêche l'implantation de compagnies américaines. Cette décision s'inscrit dans le rapport de force qui oppose le pays aux États-Unis et plus généralement à l'Occident libéral.

Ces tensions posent la question de la souveraineté* des États sur leurs ressources. Or, si les États sont propriétaires des ressources de leur sous-sol, se pose le problème des limites de leurs territoires dans un contexte où des concessions de gisements *off shore* de plus en plus éloignés des côtes sont attribuées.

• Les hydrocarbures et la question des frontières maritimes

Les ressources sous-marines sont au centre de conflits parce qu'elles posent la question des frontières maritimes. En effet, l'évolution des technologies de forage et la hausse des prix du pétrole conduisent à exploiter des gisements de plus en plus profonds et éloignés des côtes. Depuis la conférence* de Genève de 1958, confirmée par la convention* de Montego Bay de 1982, les États ont la maîtrise des ressources se trouvant sur le plateau continental qu'ils possèdent, c'est-à-dire jusqu'au rebord externe de la marge continentale qui prolonge leur territoire, et si celle-ci est étroite, jusqu'à une distance de 200 milles marins qui forme la Zone économique exclusive (ZEE). Néanmoins, les limites du plateau continental sont souvent difficiles à définir et font l'objet de conflits lorsque deux pays peuvent prétendre à son contrôle. C'est par exemple le cas dans le golfe de Thaïlande, où les frontières maritimes avec le Cambodge sont remises en cause par la Thaïlande, qui revendique une plus grande étendue marine dans une zone où des réserves de pétrole importantes ont été découvertes.

Aujourd'hui, l'Arctique fait également l'objet de convoitises (v. Les pôles sont-ils à l'abri des conflits ?). Les hydrocarbures qui s'y trouvent deviennent exploitables suite au double processus d'une fonte plus importante de la banquise – qui permet des forages plus lointains – et de la hausse des prix du pétrole qui en rend la très coûteuse exploitation rentable. La Russie et le Canada revendiquent une extension de leur souveraineté sur le plateau continental au-delà de la ZEE à 200 milles [LASSERRE, 2010]. Aujourd'hui, le tracé des frontières fait l'objet de fortes tensions internationales (v. Les frontières). L'enjeu du contrôle des ressources se double de celui de l'ouverture d'une nouvelle voie de navigation, si le dégel de la banquise* continue.

La première source de conflits concernant les hydrocarbures est donc liée au contrôle direct des gisements. Ce type de conflit implique le plus souvent des États, car il s'agit de s'approprier une portion de territoire et son sous-sol, mais également les grandes entreprises qui les exploitent et qui sont de ce fait au centre de tensions géopolitiques majeures. Toutefois, le déséquilibre entre espaces de production et de consommation fait du transport des matières premières un enjeu important.

Le contrôle des flux d'hydrocarbures : un enjeu géopolitique

Les flux d'hydrocarbures se font en quasi-totalité par deux vecteurs : le transport maritime et l'acheminement par oléoducs ou gazoducs. Dans les deux cas, les matières premières traversent des régions conflictuelles ou soumises à d'importants risques, pouvant compromettre la sécurité des flux, donc des économies importatrices.

• Contrôler les routes maritimes

Le pétrole est en majorité transporté par des pétroliers (les *supertankers*) et une part non négligeable du gaz naturel par les méthaniers, navires de très grand gabarit qui empruntent les principales routes de navigation. Or celles-ci traversent des détroits* dangereux parce que propices aux actes de piraterie. C'est pourquoi l'ouverture de l'Arctique à la navigation et le contrôle de cette nouvelle route sont un enjeu de taille qui alimente les conflits sur les frontières maritimes.

Actuellement, l'une des principales routes mondiales, au départ du Moyen-Orient et à destination de l'Asie, passe par le détroit d'Ormuz et celui de Malacca. Ce dernier, entre la Malaisie et l'Indonésie, dessert en particulier le port de Singapour et est un point de passage obligé vers la Chine et le Japon, deux des principaux importateurs mondiaux. Or il est un haut lieu de la piraterie. Par conséquent, le contrôle du détroit est un enjeu important pour garantir la sécurité des approvisionnements. Néanmoins, la présence croissante de navires militaires occidentaux, chinois ou japonais qui croisent à proximité et entrent régulièrement dans les eaux territoriales indonésiennes ou malaises pour assurer la sécurité des pétroliers est source de conflits. En effet, l'Indonésie considère cela comme une agression, d'autant plus que la piraterie participe d'une économie* informelle qui est un soutien pour ce pays relativement pauvre.

En outre, lorsqu'un conflit frappe une région du monde où transitent les navires, ceux-ci peuvent se voir obligés d'emprunter des routes plus longues, augmentant ainsi les coûts et les temps de transport. Ainsi, suite à la guerre des Six-Jours (1969), le canal de Suez est resté fermé jusqu'en 1975. Ceci a obligé les navires à contourner l'Afrique par le sud pour aller vers l'Europe et l'Amérique du Nord. On comprend bien dès lors que la stabilité des régions de passage soit primordiale.

• Oléoducs et gazoducs, enjeux géopolitiques

Une part moins importante du pétrole mais non négligeable du gaz naturel transite par voie terrestre, à travers des oléoducs et des gazoducs. À la différence des navires, dont les routes sont modulables en fonction des conflits, ces tuyaux sont fixes. La stabilité politique des territoires traversés par ces infrastructures est donc essentielle aux approvisionnements.

L'Europe occidentale dépend en grande partie de ses importations de gaz russe, acheminé par des gazoducs traversant l'Europe de l'Est. Depuis l'effondrement de l'URSS, la fragmentation politique de la région s'est accrue. Chacun des pays traversés reçoit une redevance pour le passage du gaz sur son territoire et bénéficie de tarifs préférentiels. En Ukraine, lors de la révolution* orange et de l'élection d'un président pro-européen, la Russie a haussé les prix et menacé de couper l'approvisionnement du pays pour faire pression sur le nouveau gouvernement. Elle menaçait également les pays de l'ouest de l'Europe, qui se trouvent en aval des gazoducs (v. Les conflits géopolitiques dans l'aire post-soviétique).

Les flux qui traversent l'Europe de l'Est sont donc sous étroite surveillance, et le tracé de nouveaux tubes entre la Caspienne et la Méditerranée tient compte des tensions potentielles et essaie de diversifier les itinéraires pour garantir au mieux les approvisionnements européens.

La gestion des flux d'hydrocarbures est donc un enjeu stratégique. Il s'agit de garantir la stabilité des régions traversées afin de bénéficier d'une bonne sécurité des approvisionnements. La rigidité du marché et le caractère stratégique des hydrocarbures en font une marchandise dont la régularité et la continuité des approvisionnements sont économiquement et socialement essentielles.

Les hydrocarbures dans les conflits

Les tensions sur le marché du pétrole et le caractère stratégique de cette matière première en font une source de tensions. Les hydrocarbures sont en effet en position centrale dans des conflits entre acteurs institutionnels à l'échelle mondiale, mais également à l'échelle nationale ou locale, tant la dépendance à cette matière première est devenue un enjeu social.

• Les hydrocarbures, arme internationale

Les pressions russes exercées sur les anciens pays du bloc soviétique par le biais des livraisons de gaz et des prix pratiqués sont exemplaires du rôle politique que les hydrocarbures peuvent jouer à l'échelle internationale. En effet, le contrôle des prix du pétrole est une arme tant économique que géopolitique.

L'OPEP (Organisation des pays exportateurs de pétrole) a été créée en 1960, regroupant à l'origine l'Arabie Saoudite, l'Iran, l'Irak, le Koweït et le Venezuela. Elle compte aujourd'hui 12 membres. Le but initial était de pallier la baisse des prix du pétrole en s'accordant sur les quantités produites. Ce sont donc ces quelques pays qui fixent le marché. Cette situation peut avoir des conséquences dans les conflits mondiaux. En effet, les pays de ce cartel qui regroupe les grands producteurs peuvent utiliser leur influence sur les livraisons d'hydrocarbures pour faire pression sur d'autres États. C'est le cas du Venezuela, qui utilise la menace d'une hausse des prix ou d'un arrêt des livraisons pour tenir tête aux États-Unis.

OLÉODUCS ET GAZODUCS DU CAUCASE : METTRE LES APPROVISIONNEMENTS À L'ABRI DES CONFLITS

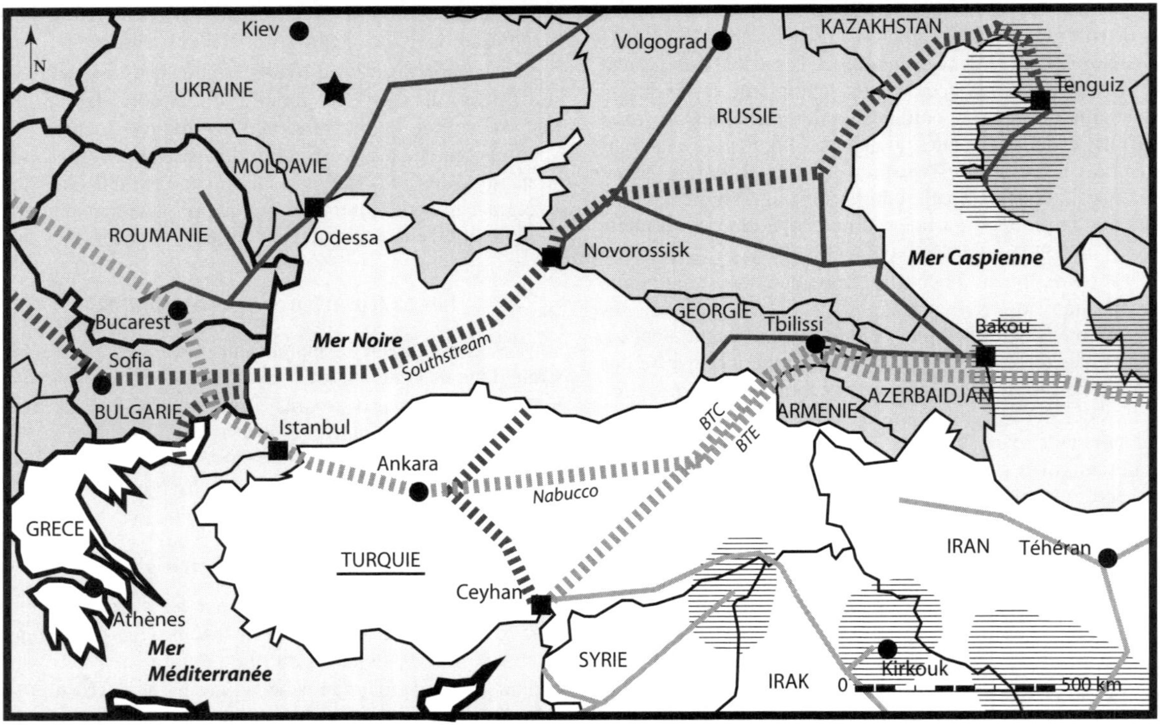

I- Les anciens réseaux : des logiques régionales

- Gisements
- Ports d'exportation
- Réseau de l'ex-URSS
- Réseau proche-oriental

II- Les nouveaux réseaux : des logiques concurrentes

- TURQUIE : Pays clé pour l'approvisionnement de l'Europe, candidat à l'entrée dans l'UE
- Anciens pays du Bloc de l'est
- Pays de l'UE
- Projets russes
- Projets européens
- Tensions à propos du gaz russe

Cette arme géopolitique a d'ailleurs été utilisée à plusieurs reprises. Par exemple, d'octobre 1973 à mars 1974, les pays de l'OPAEP (les pays arabes de l'OPEP) décrètent un embargo sur les livraisons de pétrole aux pays occidentaux qu'ils considèrent soutenir Israël pendant la guerre du Kippour et annoncent qu'ils diminuent de 5 % par mois leur livraison de brut au reste du monde jusqu'à ce qu'Israël se retire des territoires occupés. Même si elle a été abandonnée dès mars 1974, cette stratégie est à l'origine du choc pétrolier de 1973. Elle montre combien les hydrocarbures peuvent être instrumentalisés dans les conflits mondiaux. Cependant, l'OPEP joue à l'inverse un rôle de modérateur des tensions au Proche-Orient, puisque des pays qui ont connu d'importantes rivalités et qui ont des régimes de natures différentes, comme l'Irak et l'Iran par exemple, font partie de la même organisation et coopèrent donc dans ce cadre.

Par ailleurs, les hydrocarbures sont un enjeu important dans les conflits géopolitiques régionaux. Ainsi, en Amérique latine, la Bolivie, qui produit du pétrole et du gaz naturel, revendique de manière récurrente un accès à la mer, qu'elle a perdu en 1935 après sa défaite dans la guerre* du Chaco (v. Intégrations régionales en Amérique latine). Cette guerre avait elle-même pour origine un conflit d'appropriation des réserves pétrolières putatives de la région. Mais aujourd'hui la question qui se pose est celle des débouchés portuaires dont la Bolivie est privée. Elle dépend donc du Chili ou du Pérou pour ses exportations. Cette revendication récurrente fait l'objet de tensions entre les différents pays latino-américains. Dans les années 2000, la solution d'un gazoduc pour évacuer le gaz naturel bolivien a été étudiée, et le choix d'un tracé par le Chili plutôt que par le Pérou, pour des raisons de facilité du tracé, a soulevé de forts mécontentements sociaux – liés au fait que le Chili est considéré comme un pays ennemi depuis le XIXe siècle – qui ont contraint le président Sánchez de Losada à la démission et amené l'élection d'Evo Morales, avec la promesse de la nationalisation des hydrocarbures. Ainsi, une situation de conflit régional liée au débouché de la production pétrolière bolivienne se double d'une situation de conflit national où la dimension économique et sociale prend une importance décisive.

Si les hydrocarbures apparaissent comme des objets de conflit à l'échelle internationale, instrumentalisés par les États comme armes géopolitiques pouvant contribuer à tendre une situation ou au contraire à désamorcer une crise, ils sont aussi au centre de tensions d'échelle plus fine, à l'intérieur même des pays, qui prennent une forte dimension économique et sociale.

• Des tensions sociales et politiques, alimentées par les hydrocarbures

L'exploitation des hydrocarbures est à l'origine de conflits sociaux, voire de tensions au sein d'un État. C'est le cas dans le delta du Niger, riche en pétrole (le Nigeria est le 7e producteur mondial) où le produit des nombreuses plates-formes *off shore* représente 90 % des exportations (v. L'Afrique subsaharienne, théâtre de tous les conflits ?). C'est une manne financière pour le pays. Mais c'est aussi un territoire peuplé par une quarantaine de groupes ethniques et marqué par les tensions entre les plus importants d'entre eux, dans un contexte de faiblesse du pouvoir central. Les habitants y voient la spoliation de leurs ressources par des entreprises étrangères alors qu'ils ne sont pas associés aux bénéfices. En effet, ceux-ci ne sont pas réinvestis dans l'aménagement et le développement de la région. Dès lors éclatent des conflits qui opposent les populations locales à l'État d'une part, aux exploitants d'autre part, créant des tensions internationales qui viennent doubler les conflits régionaux [Fanchette, 2006].

Ce type de situation prend une ampleur toute particulière dans le cas de l'Angola, où le contrôle des ressources pétrolières est la trame de fond d'une guerre* civile. En effet, dans les années 1970, après la décolonisation, le pays est contrôlé par le MPLA (Mouvement populaire de libération de l'Angola), marxiste, soutenu par l'URSS et par Cuba. Ce parti est financé par l'argent du pétrole, exploité par un conglomérat appartenant à l'État, la Sonangol. L'UNITA (Union nationale pour l'indépendance totale de l'Angola), sociale-démocrate, est un parti soutenu notamment par les États-Unis, qui tentent d'implanter les *majors* américaines dans le pays. Le pétrole angolais a donc été au centre d'une guerre civile dont la trame de fond était la guerre froide. En dépit du processus de paix entamé en 1988, les tensions liées au pétrole se sont poursuivies. Il s'agit aujourd'hui d'une double tension. La première, de dimension nationale, oppose le pouvoir central, qui reçoit les subsides du pétrole, et les populations locales, qui ne participent pas à la création de richesses, comme dans le cas du Nigéria. La seconde se situe quant à elle à l'échelle des enjeux économiques planétaires, opposant les grandes compagnies occidentales à des compagnies chinoises comme la CNPC (China National Petroleum Corporation) venues depuis la fin des années 1990 prendre des parts du marché du pétrole.

En tout état de cause, la présence de ressources en hydrocarbures, parce qu'elle est une source importante de devises et parce qu'elle est convoitée, est à l'origine de tensions importantes. On estime qu'en Afrique un pays a une probabilité d'environ 9 % de connaître une guerre civile, chiffre qui monte à plus de 19 % lorsque le pays est doté de ressources en matières premières (pétrole, diamants…) [Hugon, 2009].

Néanmoins, cette conflictualité n'est pas propre aux pays du Sud ou aux producteurs. En effet, les pays consommateurs sont très dépendants, et leur bon approvisionnement est essentiel à leur économie. Par conséquent, les hydrocarbures y apparaissent comme un levier intéressant pour la contestation sociale : interrompre les approvisionnements fait perdre des recettes à l'État qui ne perçoit plus les taxes, cela ralentit l'économie et c'est enfin un puissant facteur de mécontentement social de la part des usagers qui craignent de ne plus pouvoir utiliser leur voiture. La France a connu cette situation en octobre 2010 lorsque plusieurs raffineries se sont mises en grève pour s'opposer à la fermeture de l'usine Total de Dunkerque, et ce durant plusieurs semaines, en particulier au moment des vacances de la Toussaint. Cette situation a provoqué des pénuries d'essence dans les stations services, des retards de livraisons pour les industries et un très fort mécontentement, dépassant largement le seul sort de la raffinerie du Nord.

Ainsi, les hydrocarbures, en sus d'être au centre de conflits pour leur contrôle, s'apparentent à des armes aux mains des acteurs institutionnels ou privés, qui usent du pouvoir stratégique dont ils jouissent en contrôlant la ressource pour faire valoir d'autres types de revendications.

Les hydrocarbures sont des facteurs importants dans les conflits, à des intensités et des échelles variables, du conflit social local à la guerre ouverte internationale. Ils sont en effet une ressource rare dont le contrôle est vital pour les économies développées et pour les pays émergents. Ils sont également à la source de tensions socioéconomiques, qui se jouent sur fond de préoccupations environnementales croissantes, obligeant les États à adopter des positions parfois contradictoires. Les hydrocarbures sont donc des catalyseurs de tensions à l'échelle mondiale, d'autant que ces ressources sont menacées d'épuisement et que trouver de nouveaux gisements et les exploiter est un élément de puissance géopolitique majeur. (v. Conflits et environnement).

LES CONFLITS ALIMENTAIRES : LES ACTIVITÉS NOURRICIÈRES EN ORDRE DE BATAILLE GÉOÉCONOMIQUE

Penser le conflit alimentaire au-delà de la guerre et de la géopolitique

La notion de conflit* est d'abord liée à celle de guerre* et, partant, de crise* militaire. Toutefois, le conflit reste, dans une acception plus large, une "opposition d'intérêts entre deux acteurs", cet affrontement relevant pleinement d'une "forme de rapport géopolitique" [Rosière, 2003].

Or, les activités nourricières s'inscrivent totalement dans la diversité des conflits. Dans les cas les plus extrêmes, les conflits deviennent armés. Ce sont essentiellement des conflits "non conventionnels" et "de basse intensité" [Rosière, 2003]. Leur prototype reste les émeutes* de la faim. Mais, plus largement, le conflit alimentaire (c'est-à-dire lié à la nourriture et à ses modes de production agricole et halieutique) relève d'abord d'un rapport de force, plus ou moins asymétrique, entre des acteurs économiques aux intérêts divergents. Dans ce cas, la géopolitique (au sens de "dimension spatiale de la relation entre États dont l'enjeu est l'appropriation et le contrôle du territoire et dont le mode d'action fondamental est l'usage direct ou indirect de la violence") [Lévy et Lussault, 2003] le cède à la géoéconomie – qui "traite des rapports de la puissance et d'un espace théoriquement sans frontière [et qui] s'intéresse surtout aux stratégies financières et commerciales des États et des très grandes firmes" [Lacoste, 2003].

Dès lors, il convient de se demander quelle est la nature des différents conflits alimentaires qui émaillent la planète aujourd'hui ? Quels en sont les acteurs ? Sont-ce des conflits susceptibles d'être résolus ?

Terres précieuses, prix erratiques, émeutes de la faim : une planète alimentaire conflictuelle

• L'outil de production sous pression : les terres agricoles

À première vue très étendues (5 milliards d'hectares), les terres agricoles font face à deux problématiques. Premièrement, les superficies agricoles, qui continuent de gagner en taille – modérément puisqu'elles ne se sont agrandies que de 11 % entre 1961 et 2003 –, relèvent d'abord d'espaces de parcours pour l'élevage bien davantage que de terres labourables (qui forment moins d'un tiers de la superficie agricole mondiale). Deuxièmement, les gains fonciers à venir sont sujets à caution. Majeurs selon la FAO* qui avance le chiffre de 700 millions d'hectares valorisables [Brunel, 2009], ils pourraient être autrement plus limités – 120 millions d'hectares supplémentaires d'ici à 2030 [Parmentier, 2007]. Dans tous les cas, les terres agricoles sont un bien foncier précieux. Or, à toutes les échelles, des conflits majeurs apparaissent pour leur maîtrise.

À l'échelle locale, les agriculteurs sont confrontés à des conflits* d'usage qui se traduisent, entre autres, par un net mitage* de leurs terres en périphérie urbaine. En Chine, l'urbanisation fait perdre au pays quelque 800 000 hectares de terres agricoles par an. Aux États-Unis, l'étalement des villes (*sprawl*) a entraîné la disparition de 13 millions d'hectares durant la décennie 1990. À l'échelle mondiale, l'urbanisation consomme tous les ans environ 8 millions d'hectares.

À l'échelle régionale, les conflits fonciers sont nombreux, surtout lorsque l'enjeu de la maîtrise foncière réactive des haines séculaires entre les populations. Le génocide* de 1994 au Rwanda est indissociable de l'affrontement historique entre éleveurs tutsis et cultivateurs hutus. Aujourd'hui, la marche vers l'indépendance du Sud-Soudan (suite au référendum d'autodétermination de 2011) est envenimée par le litige frontalier d'Abyei (v. L'Afrique subsaharienne, théâtre de tous les conflits ?). Disputée entre le pouvoir de Khartoum et les indépendantistes, cette zone, riche en pétrole (v. Les hydrocarbures, enjeux de conflits), est aussi l'objet de vives tensions entre l'ethnie autochtone des agriculteurs dinka ngok et celle des Misseriya, éleveurs arabes nomades.

À l'échelle mondiale, les terres sont dans la ligne de mire de certains États (dont les espaces agricoles sont réduits et les importations alimentaires massives) ainsi que dans celle de puissantes firmes* transnationales (qui voient en elles un investissement d'avenir). Leur objectif commun est soit d'acquérir des terres, soit de les louer dans le cadre de baux emphytéotiques (99 ans) dans des États en développement. Selon des estimations larges, entre 15 et 40 millions d'hectares ont déjà fait l'objet de telles transactions commerciales dans le monde. Parmi les acquéreurs figurent aussi bien des États développés (Japon, Corée du Sud…) que des États relevant du Sud émergent (Chine, Arabie Saoudite…). Ensemble, la Chine, le Japon, la Corée du

Sud, l'Arabie saoudite et les Émirats arabes unis ont la haute main sur plus de 8 millions d'hectares *off shore*. En vis-à-vis, nombre d'États pauvres voient dans ces pratiques de *land grabbing* (accaparement des terres) le moyen d'obtenir des flux financiers non négligeables. Le Kenya a ainsi créé une "banque des terres" afin de racheter des terres agricoles inexploitées et de les grouper pour les proposer à des investisseurs étrangers. Les Philippines ont proposé à la Chine 1,4 million d'hectares déjà peuplés d'agriculteurs et donc exploitables immédiatement. Mais il reste à vérifier si ce genre de pratique relève d'une saine logique de développement dans des territoires majoritairement sous-développés où la problématique de la sous-nutrition* est parfois d'une acuité radicale. On peut légitimement en douter lorsque le Sénégal se propose, d'ici 2015, de réserver 320 000 hectares à des acheteurs étrangers pour produire des plantes non alimentaires (biocarburants*).

• En toile de fond : un marché de plus en plus volatile et haussier

L'un des principaux facteurs d'exacerbation des conflits alimentaires réside dans l'extrême volatilité des cours des denrées agricoles. Et ce dans un marché agricole mondialisé et partiellement libéralisé sous l'égide du GATT* puis de l'OMC* – depuis l'Uruguay* Round de 1986 et la mise en route, quoique avortée, du cycle de négociations de Doha* en 2005. Certes, dès le XVIIe siècle, Gregory King démontre la volatilité du marché agricole puisque toute légère modification de l'offre se traduit par des variations de prix totalement disproportionnées par rapport à celle-ci. Mais, à présent, des éléments nouveaux entrent en ligne de compte. D'une part, des régions entières du monde sont structurellement déficitaires en produits alimentaires (à l'image de la Chine dont le solde commercial fut, en ce domaine, déficitaire à hauteur de 27,1 milliards de dollars en 2007). D'autre part, dans une économie où la sphère financière a démesurément grossi et fait naître gonflements effrénés et brutaux affaissements de maintes bulles spéculatives, l'agriculture est devenue une source de spéculations lucratives pour des fonds financiers tels les *hedge* funds*. Sur la première place boursière agricole au monde (le *Chicago Board of Trade*, désormais devenu *CME Group*), plus de 40 % des transactions financières relèvent simplement de logiques spéculatives et n'engendrent aucun échange effectif de denrées alimentaires. Enfin, force est de constater que l'élargissement des finalités productives des produits agricoles contribue à tendre les marchés. À l'usage alimentaire, il convient d'adjoindre les usages industriels (agrocarburants*) cependant que l'élevage devient de plus en plus consommateur de grains (90 % du soja et 20 % du blé mondiaux lui sont réservés). Et ce dans un contexte de traditionnelle sensibilité de l'agriculture aux accidents climatiques, malgré les progrès (irrigation*) qui ont émaillé la seconde* révolution agricole.

L'exemple de la collecte de blé 2010 illustre les brusques soubresauts des prix agricoles en général. Durant cette seule année, les cours mondiaux (après un pic en 2008 puis un effondrement postérieur) ont bondi de 44 % (250 euros la tonne de blé tendre sur les marchés français en janvier 2011). Les importations accrues des pays du Maghreb ont contribué à enflammer un marché corseté par la crise agricole traversée par deux grands exportateurs : l'Australie et la Russie. Victime de sécheresses à répétition, la première a vu sa collecte frumentaire s'effondrer de 25 millions de tonnes en 2005 à 10,8 millions l'année suivante et 13,5 millions en 2007. Quant à la seconde, pourtant au cœur d'une ceinture céréalière (la *Zernovoï Belt,* vaste écharpe de tchernozems* depuis la Pologne jusqu'au Kazakhstan) devenue la première aire exportatrice de blé en 2009, elle doit faire face à une sécheresse majeure couplée à de dévastateurs feux de forêt qui ont, durant l'été 2010, réduit de 38 % la collecte céréalière russe et amputé d'un tiers ses exportations. Signe que l'agriculture reste encore dépendante des aléas climatiques et que les marchés agricoles demeurent des *weather markets**.

• Se rebeller pour exprimer un désarroi alimentaire

850 millions de personnes souffraient de la faim* en 2003. En juin 2009, le cap du milliard d'affamés est franchi. En 2010, la FAO mentionne le chiffre de 925 millions et note la première baisse significative du nombre d'affamés depuis 15 ans. De fait, 13,4 % de la population mondiale reste victime de la sous-nutrition dans un contexte de production alimentaire mondiale pléthorique.

Or, toute flambée des prix, mondiale ou locale, suffit à faire plonger dans l'indigence alimentaire des pans entiers de l'humanité. Les émeutes de la faim le démontrent. La remarquable augmentation des cours agricoles entre 2004 et 2008 s'est soldée par des heurts violents entre populations urbaines impécunieuses et forces de l'ordre. En 2008, 37 États en développement ont connu ce type de situation quasi insurrectionnelle, alors que les prix agricoles mondiaux étaient au plus haut et que la situation alimentaire des campagnes est souvent plus dégradée que celle des villes (75 % des personnes qui souffrent de la faim sont des ruraux).

À l'échelle locale, les mêmes causes produisent les mêmes effets. En septembre 2010, le Mozambique est confronté, suite à une décision gouvernementale, à une hausse de 25 % à 30 % du prix du riz et du pain. Dans ce pays où 70 % de la population vit au-dessous du seuil de pauvreté, plusieurs villes connaissent une poussée de violence (Maputo, Chimoio) qui fait 13 victimes et plus de 400 blessés.

États, firmes transnationales, peuples : des acteurs inégaux en présence

• Les États : logiques agro-exportatrices, appartenance à des organisations agricoles internationales et guerres commerciales

Dans un monde multipolaire, les équilibres traditionnels (ligne Nord/Sud, prééminence de l'oligopole mondial) sont révolus au profit de hiérarchies géoéconomiques mouvantes et nouvelles. Le Brésil est caractéristique de ce Sud qui monte, en partie grâce à des stratégies agro-exportatrices agressives. L'envolée de ses exportations agricoles est patente : entre 1998 et 2008, elles sont passées de 15,2 à 55,3 milliards de dollars (soit une hausse de 264 %) pendant que le bénéfice commercial agricole bondissait de 404 % pour atteindre 47,4 milliards de dollars. Or, le Brésil, pour parvenir à ses fins commerciales, participe aux grandes organisations que les États ont constituées afin de défendre leur conception de l'agriculture. Il est membre de deux groupes aux visées contradictoires : le groupe* de Cairns et le G20* agricole. En tant que participant au premier groupe, le Brésil milite pour une libéralisation du système agricole mondial – en stigmatisant notamment les États-Unis et l'Union européenne qui subventionnent leurs agricultures par le biais des *Farm Bills** pour les premiers et de la PAC* pour la seconde. Car les mécanismes d'assistance publique aux agricultures engendrent des distorsions de concurrence, tirent les cours mondiaux vers le bas (les agricultures aidées pouvant pratiquer des formes de dumping* déguisées) et pénalisent lourdement les paysanneries non aidées, notamment celles des pays pauvres. Une libéralisation accrue du commerce offrirait au Brésil une massification accentuée de ses flux agricoles, laquelle ne peut être que profitable à son *agrobusiness** dont la compétitivité planétaire est phénoménale (avec la combinaison de coûts de production réduits au minimum et d'économies d'échelle accrues au maximum). Du reste, il n'hésite pas à bousculer les États maîtrisant de longue date l'arme agricole, quitte à mener contre eux une véritable guerre commerciale. Ainsi, il a porté plainte, en 2003, devant l'OMC – laquelle lui a donné raison – pour protester contre les subventions débloquées par les États-Unis pour ses producteurs de coton. Cette année-là, celles-ci avaient porté sur 3,2 milliards de dollars d'aides directes aux producteurs et sur 1,6 milliard de dollars d'aides à l'exportation. Mais, en tant que participant au G20 agricole, le Brésil milite pour la défense de ses agricultures paysannes victimes d'un ordre économique mondial inégal. Parmi les pays du Nord, le G10* se bat également contre la libéralisation totale des échanges : il réunit des États tels que la Suisse, la Norvège ou le Japon pour qui les subventions agricoles sont légitimes dans le sens où elles permettent de maintenir dans les territoires une agriculture jouant pleinement un rôle d'aménagement et de protection des paysages.

• Les FTN : conquérir terres et marchés

Au cœur de la conflictualité géoéconomique, les firmes transnationales (FTN) tiennent une place fondamentale. Traditionnellement, elles sont placées en amont (industries semencières, firmes de machinisme agricole…) et en aval des filières agro-industrielles ainsi qu'agrotertiaires (négociants, transformateurs, distributeurs). Cargill est l'un des meilleurs exemples de l'omnipotence des États-Unis en termes de transnationales agroalimentaires. Cette firme du Midwest est le premier négociant mondial en grains. Basée dans le Minnesota (Minneapolis), elle est implantée dans 70 pays, totalise un effectif global de 160 000 salariés et un chiffre d'affaires de 82 milliards de dollars. Reliée par un partenariat avec le semencier Monsanto, elle encadre donc l'ensemble de la filière de production de grains, d'abord aux États-Unis où elle traite près de la moitié de la collecte céréalière nationale. Désormais, certaines FTN avancent également dans les campagnes en tant que producteurs agricoles. La maîtrise des terres est au centre de leur démarche, au risque d'une captation du foncier aux dépens des paysanneries locales, à l'image du groupe français AgroGeneration créé par le très médiatique Charles Beigbeder. Cette jeune firme agricole a été créée en 2007. Introduite en Bourse, elle est valorisée à hauteur de 60 millions d'euros. Elle cible l'activité céréalière en Europe de l'Est, notamment en Ukraine où 30 % de l'espace agricole est en friche. AgroGeneration y dispose de 45 000 hectares (elle vise 100 000 hectares en 2012), loués à 15 000 petits propriétaires locaux, pour un investissement à la rentabilité assurée. Les fermages* sont en effet payés en nature, notamment sous la forme de semences, la location ayant l'immense avantage pour les cadres d'AgroGeneration de consommer peu de trésorerie (alors que l'achat des terres eût été une opération beaucoup plus lourde sur le plan financier). Le groupe emploie des salariés agricoles payés environ 180 euros par mois. Pour 2011, il prévoyait 15 % de résultats nets et cherche désormais à s'installer en Amérique latine (Uruguay, Argentine).

• Les victimes d'un ordre agricole mondial asymétrique

Le monde paysan est, à des degrés divers, la première victime des conflits alimentaires. La prise en main des filières de production par un encadrement entrepreneurial oligopolistique et la réelle mise en concurrence des agricultures les unes par rapport aux autres les placent dans une situation d'acteurs économiques dominés. La situation des éleveurs de bovins en Europe est éloquente. Pris en tenaille par quelques grands groupes producteurs de viande qui dictent leurs prix d'achat (le français Bigard, le néerlandais Vion, le danois Danish Crown), ils sont soumis à une double compétition : l'une intra-européenne (puisque les niveaux de productivité* et les coûts de production sont très variables d'un pays à l'autre), l'autre mondiale dans la mesure où la montée en puissance des agrosystèmes du Sud est irrésistible – le numéro un mondial de la production de viande bovine est le brésilien JBS qui représente à lui seul 10 % du marché mondial.

Les États pauvres sont aussi des victimes. Impécunieux, ils n'ont pas les moyens de mettre en place des subventions agricoles pour soutenir leurs paysans. Ainsi, les seules subventions américaines sur le coton feraient perdre tous les ans près de 400 millions de dollars aux pays cotonniers d'Afrique sahélienne (Mali, Tchad, Burkina Faso). De plus, ils offrent une capacité de pénétration aisée aux FTN et aux États en recherche de terres ou de ressources halieutiques. L'Ouganda, figurant dans la liste des 47 PMA, avait, en 2009, loué et/ou vendu 850 000 hectares de terres. Le numéro un de la pêche en Europe (120 000 tonnes), le groupe espagnol Pescanova, a passé des accords de pêche avec des États comme le Pérou et la Namibie aux eaux richement poissonneuses (*upwelling** de Humboldt et de Benguela).

Les conflits alimentaires : entre exacerbation et résolution

• La globalisation du commerce mondial, facteur de résolution de certaines guerres économiques

L'avènement de l'OMC a donné un coup de fouet supplémentaire à la libéralisation du commerce. La conférence de Hong Kong (2005) a ainsi fixé à 2013 la suppression de toutes les subventions aux exportations agricoles. Mais il a aussi permis la naissance de l'ORD (Organisme de règlement des différends) dont l'objectif est de mettre fin aux guerres commerciales établies sur des distorsions de concurrence.

Ainsi, l'ORD a conclu, en plusieurs temps, la "guerre de la banane" qui entachait les relations économiques entre l'UE et les États-Unis. Ce conflit remonte à 1993, année durant laquelle l'UE crée un marché communautaire de la banane préservant les producteurs européens (espaces ultramarins français et espagnols), garantissant aux pays ACP (Afrique, Caraïbes, Pacifique) un accès privilégié au marché du Vieux Monde et limitant, de fait, les importations de "bananes dollars" venues d'Amérique centrale et andine, notamment produites par les firmes américaines : Dole, Castle&Cook et Chiquita Brands. En 1996, les États-Unis ainsi que l'Équateur, le Guatemala, le Honduras et le Mexique déposent une plainte contre l'Union européenne. Par deux fois (1997 et 1999), l'ORD donne tort à celle-ci, et l'UE décide de supprimer progressivement les quotas réservés aux pays ACP en 2001 tout en maintenant un tarif douanier sur les "bananes dollars". En 2005, le conflit reprend contre cette dernière pratique, jugée protectionniste. En 2009, un accord clôt l'affaire par la baisse progressive, jusqu'à leur disparition, des droits de douane imposés par Bruxelles.

• Prévenir les conflits par des politiques ad hoc. L'exemple de la pêche

La pêche mondiale est confrontée à deux problématiques majeures. D'une part, une raréfaction des ressources qui entraîne un plafonnement des captures (stagnant à environ 95 millions de tonnes) malgré un perfectionnement technologique sans précédent des navires de pêche. D'autre part, des conflits majeurs entre les États et entre les pêcheurs pour la maîtrise de zones de capture d'autant plus convoitées que, par surpêche, le stock halieutique mondial baisse de façon inquiétante. 50 % des stocks sont pleinement exploités et 25 % en situation de surexploitation (v. Conflits en zônes côtières).

Certaines politiques halieutiques s'efforcent de répondre à ces défis. Le développement de l'aquaculture (entre 1980 et 2005, multiplication par 18 de la production) peut parer à l'amenuisement de la ressource halieutique, à condition que celle-ci n'exacerbe pas les logiques de pêche* minotière qui capture, à hauteur de 30 millions de tonnes par an, du "poisson-fourrage" destiné à être transformé en huiles et farines pour nourrir les poissons d'élevage.

Par ailleurs, à l'échelle mondiale, certaines organisations internationales visent à gérer les captures pour préserver les ressources les plus menacées. Le risque très réel de disparition du thon rouge a poussé à la mise en place en 1969 de la CICTA (Commission internationale pour la conservation des thonidés de l'Atlantique) qui alloue des quotas de pêche aux États. La France en 2007 avait dépassé sa limite de capture. En 2011, elle doit réduire de 1 500 tonnes son quota préalablement fixé, soit un total de capture finalement plafonné à 1 000 tonnes. Enfin, la convention* de Montego Bay (1982) a contribué à la délimitation des aires de pêche entre les États (v. Conflits en zones côtières).

À l'échelle régionale, la CEE fait de même avec l'instauration de la Politique commune de la pêche en 1983. Les algarades entre pêcheurs ont été limitées (notamment les échauffourées entre marins espagnols et français), les flottilles de pêche globalement réduites, la ressource en passe d'être préservée dans le cadre des TAC (totaux admissibles de capture alloués à chaque État membre) et des moratoires de prélèvement sur les espèces les plus menacées mis en place (interdiction de la pêche à l'anchois en 2005 puis en 2007 dans le golfe de Gascogne).

• Réaffirmer le principe d'une souveraineté alimentaire et produire autrement

Lorsque éclatent à Dakar de violentes émeutes de la faim en 2008, le Sénégal est au cœur de maints conflits alimentaires, c'est-à-dire un conflit entre cultures d'exportation et cultures alimentaires locales avec, en toile de fond, une âpre compétition commerciale internationale. En effet, le pays a beaucoup développé la production d'arachides dans un but d'exportation, quitte à sacrifier agricultures* vivrières et communautés paysannes. Il exporte pour 1,6 milliard de dollars de produits agricoles. En retour, il doit importer 4,2 milliards de dollars de denrées alimentaires, dont 80 % de ses besoins en riz. En 2008, la décision de la Thaïlande (son principal fournisseur) de suspendre ses ventes à l'étranger afin de privilégier son marché national ainsi que l'envolée mondiale des cours mirent alors le feu aux poudres – la population sénégalaise protestant contre les prix excessifs d'une alimentation devenue inaccessible. Le gouvernement réagit en cherchant à restaurer la souveraineté alimentaire du pays. Le président Abdoulaye Wade décrète une ambitieuse "Grande offensive agricole pour la nourriture et l'abondance", fondée sur la poursuite de l'irrigation le long du fleuve Sénégal, sur la mise en place d'un partenariat agronomique avec l'Union indienne, le pays de la révolution* verte, et sur la remise à l'honneur des agricultures vivrières.

Pour le monde agricole, l'un des moyens d'éviter d'être victime de logiques conflictuelles réside dans sa capacité à proposer des modèles productifs alternatifs. Vente directe à la ferme ou sur les marchés (16 % des fermes en France s'y adonnent), AMAP* (Associations pour le maintien d'une agriculture paysanne) permettent dans les pays du Nord aux agriculteurs de court-circuiter l'intégration dans des filières agrotertiaires qui les dépassent. En périphérie des métropoles africaines, le développement du vivrier* marchand assure la solvabilité des paysans tout en répondant partiellement au déficit alimentaire urbain. La genèse d'un réseau mondial de coopératives de production en lien avec des associations comme Max Havelaar autorise l'essor d'un commerce équitable qui ne représente certes que 1 ‰ du commerce agricole mondial mais offre à de petits paysans du Sud la perspective de revenus plus justes. Agriculture* biologique et agriculture* de qualité à haute valeur environnementale offrent de vraies perspectives commerciales aussi bien aux pays riches qu'en développement : les fermes bio les plus nombreuses dans le monde sont recensées en Italie et au Mexique. La France garde, dans l'agriculture, l'un de ses rares secteurs commercialement excédentaires (8 milliards d'euros en 2009), en grande partie grâce à ses exportations de produits alimentaires de qualité couronnés par une pratique pionnière de labellisation – dont les 455 AOC* décernées par l'Institut national de l'origine et de la qualité. Les filières de qualité peuvent d'ailleurs structurer des communautés paysannes prospères, à l'image du champagne qui, sur 32 900 hectares de vignobles, fait vivre 15 500 exploitants dont la superficie moyenne en vignes est de 2,18 hectares.

I. Des conflits pluriels

1. Conflits pour la ressource productive

Une urbanisation dévoreuse de terres agricoles : agglomération de plus de 8 millions d'habitants en 2005

Etat ayant loué et/vendu des terres agricoles

Overfishing sur de riches zones halieutiques

2. Guerre commerciale et concurrence

Principaux flux agricoles

Grandes bourses d'échanges agricoles

Principales émeutes de la faim

II. Des acteurs protéiformes

1. Une planète agricole clivée par les politiques agricoles des Etats

Etat membre du groupe de Cairns

Etat Membre du G20

Etats-Unis et Union Européenne : principales aires de subventionnement agricole dans le monde

2. Des FTN puissantes : l'exemple des Etats-Unis.

Industries semencières : Pioneer Hi Brands (Des Moines), Monsanto (Saint Louis)

Industries du machinisme agricole : John Deere (Moline)

III. Une planète alimentaire multipolaire

1. Etats gagnants et perdants

Grands Etats agro-exportateurs du Nord

Un Sud qui monte et qui s'affirme par ses logiques d'agro-exportation

Des Etats qui achètent des terres pour pallier leurs difficultés foncières

Des PMA en difficulté

2. Des institutions régulatrices

Siège de l'OMC : Genève

Siège de la FAO : Rome

Les conflits alimentaires, révélateurs d'un monde géoéconomiquement asymétrique et géopolitiquement multipolaire

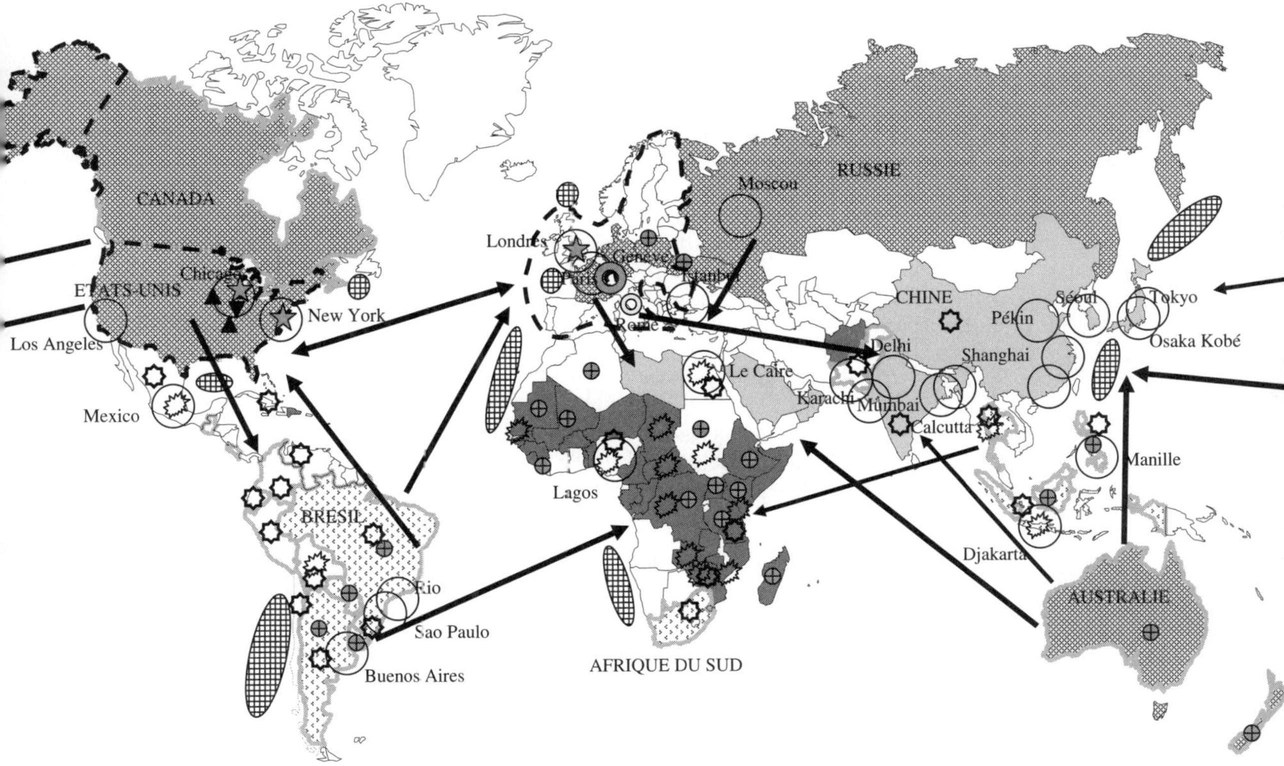

LA DROGUE DANS LES CONFLITS

Pour Alain Labrousse, spécialiste de la géopolitique des drogues* et de l'Amérique latine, la drogue est le nerf de la guerre* et peut devenir son enjeu. Prohibée dans la plupart des pays pour sa production, son commerce et les réseaux criminels qui en découlent, elle est ainsi génératrice de conflits* et d'instabilités, aussi bien au sein des États (conflits entre l'État et les narcotrafiquants, conflits entre narcotrafiquants), qu'entre États. Elle représente une part importante de l'économie de nombreux territoires*. Elle constitue aujourd'hui le marché criminel qui représente le plus d'argent. Dans les années 2000, le marché mondial des armes à feu a généré chaque année 1 milliard de dollars américains, le trafic d'êtres humains 32 milliards de dollars américains. Dans un tout autre ordre de grandeur, la vente au détail de l'opium* et de ses dérivés a généré 65 milliards de dollars américains et celle de la cocaïne* 88 milliards de dollars américains [UNODC, *World Drug Report*, 2010]. Étant donné la puissance* économique que représente la vente de drogues, les relations sont parfois étroites entre institutions officielles et narcotrafiquants. En effet les narcotrafiquants peuvent tenir des rôles d'importance dans la vie économique et politique de certains pays, soit via la corruption*, soit en briguant eux-mêmes des charges économiques ou politiques.

La drogue constitue donc un élément pivot de nombreux conflits. Au cœur de réseaux, elle est le reflet de certaines situations géopolitiques. Outil, elle est à la fois une source non négligeable de financements et donc d'enrôlement de combattants ou de trafiquants, mais aussi un instrument de négociations.

La drogue et ses réseaux

• Des réseaux et des conflits liés à l'internationalisation des échanges

La drogue et ses réseaux traduisent une évolution du monde dans lequel les échanges s'internationalisent et s'accélèrent, la civilisation urbaine et industrielle s'accroît, la pharmacologie et la médecine allopathique se développent… La révolution industrielle impacte la production et la consommation de drogues qui prennent une dimension internationale forte. Cette dimension internationale s'appuie sur les empires coloniaux. En effet, à l'époque, l'importation des drogues se fait depuis les colonies et anciennes colonies européennes.

Les guerres de l'opium sont une illustration forte du rôle que joue l'internationalisation des échanges dans les conflits liés à la drogue. Elles ont opposé au XIXe siècle la Chine aux puissances occidentales. Les Britanniques sont à l'époque moteurs dans le commerce de l'opium. En 1729, ils vendent environ 200 caisses de 65 kg d'opium chacune en Chine. En 1773, ils obtiennent le monopole de la vente d'opium en Chine, qu'ils importent d'Inde. À la fin du XVIIIe siècle, il y a plus de 4 000 caisses importées et plus de 40 000 en 1838 pour le seul port de Canton. Cela permet à la balance commerciale entre la Chine et la Grande-Bretagne de s'inverser, les Britanniques se faisant payer en lingots d'argent et récupérant ainsi l'argent dépensé dans le commerce du thé. Devant la corruption des fonctionnaires chinois qui contrôlent le trafic de drogue en Chine et les impacts sur la population, l'Empereur interdit à plusieurs reprises la culture et la consommation d'opium. La Compagnie des Indes orientales contourne ces interdictions et accroît ses ventes d'opium en Chine, passant de 100 tonnes en 1800 à au moins 2 600 tonnes en 1838. En 1839, les stocks d'opium de Canton sont détruits par les autorités chinoises, les bateaux étrangers qui entrent dans les eaux territoriales chinoises doivent être fouillés. Au nom de la défense du commerce, les Britanniques envoient un corps expéditionnaire à Canton. C'est la première guerre de l'opium. En 1842, l'Empereur capitule et signe le traité de Nankin. Il accorde notamment aux Britanniques le libre commerce de l'opium. Une seconde guerre de l'opium opposera de nouveau les Chinois aux Britanniques et également aux Français à partir de 1856.

Pour la production d'opium, deux grands types de territoires se détachent :

- Le "Triangle d'Or" spécialisé dans la culture commerciale du pavot à opium. Il est localisé en Asie du Sud-Est continentale, dans les régions frontalières contiguës du Myanmar, du Laos et de la Thaïlande (v. Les conflits en Asie).
- Le "Croissant d'or", spécialisé dans la culture commerciale du pavot à héroïne. Il est localisé dans les régions frontalières d'Afghanistan, d'Iran et du Pakistan.

La production de coca – puis de cocaïne – est quant à elle le fait des pays andins et du Mexique.

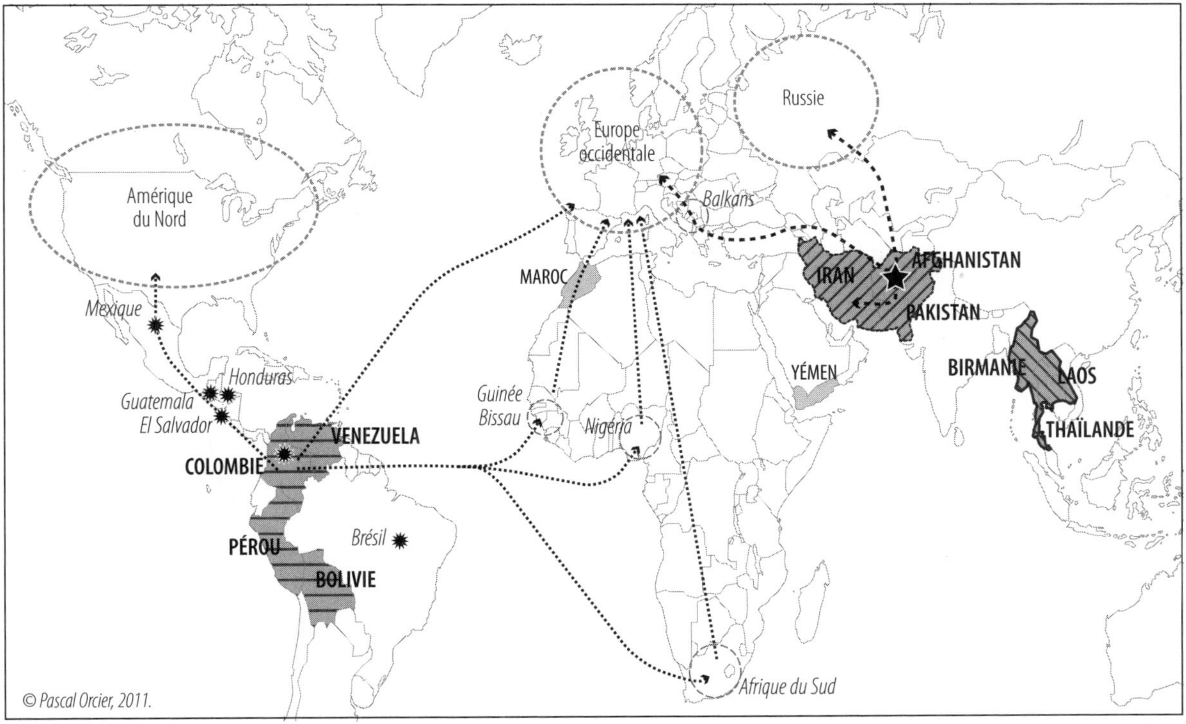

La drogue au cœur de réseaux criminels et de conflits

- Pays producteurs d'opium
- Pays producteurs de cocaïne
- Pays producteurs d'héroïne
- Autres pays producteurs (cannabis, qât...)
- Le "Triangle d'or"
- Le "Croissant d'or"
- Principales routes de l'héroïne
- Principales routes de la cocaïne
- Principales destinations
- Zones de transit
- Principaux conflits civils liés à la drogue
- Principaux conflits militaires internationaux liés à la drogue

Pour ce qui est des drogues dites "douces", comme le cannabis*, elles sont produites de manière plus diffuse dans le monde. On trouve d'importants territoires de production au Maroc (comme la vallée du Rif [Chouvy, 2008]), dans l'aire caribéenne avec notamment Saint-Vincent, Sainte-Lucie et le Surinam, mais aussi dans les pays occidentaux consommateurs et depuis quelques années de manière de plus en plus marquée en Afrique subsaharienne, avec notamment la République démocratique du Congo.

Pour répondre à ce développement des drogues, les États ont mis en œuvre des mécanismes de régulation. Les États-Unis mettent en place le "*drug control*", principalement symbolisé par le *Harrison Narcotics Tax Act* de 1914, loi fédérale qui cible particulière l'opium, la coca et leurs dérivés. La législation internationale antidrogue ainsi que celles de nombreux États s'en inspirent.

• Les grands territoires et circuits de la drogue, des évolutions nouvelles

Jusqu'à la fin du XXe siècle, les circuits de la drogue se font principalement depuis l'Asie, l'Amérique latine et l'Afrique, régions productrices, vers l'Amérique du Nord et l'Europe, régions consommatrices. Pour la cocaïne, les circuits se font depuis les régions productrices des Andes vers l'Amérique du Nord et l'Europe. Pour l'héroïne, il existe trois grandes routes au départ du principal pays producteur qu'est l'Afghanistan : la "route du Nord" vers la fédération de Russie, la "route des Balkans" vers l'Europe de l'Ouest et l'Europe centrale, la "route du Sud" via le Pakistan et vers le reste du monde, notamment l'Iran (35 millions de tonnes), divers pays d'Asie (25 millions de tonnes), d'Afrique (20 millions de tonnes) et les Émirats arabes unis (11 millions de tonnes). Cette dernière route représente 40 % de l'héroïne afghane [UNODC, *World Drug Report*, 2010]. Ces réseaux sont en train d'évoluer lentement, notamment avec le développement des drogues de synthèse, lesquelles peuvent être produites dans des laboratoires au plus près des centres de consommation, mais aussi avec le développement plus appuyé de la consommation de drogues en dehors de l'Europe et de l'Amérique du Nord.

En ce qui concerne les drogues issues directement des plantes, le rapport 2010 de l'UNODC* met en avant la baisse de la consommation de cocaïne aux États-Unis, consommation qui s'est reportée sur l'Europe. Ainsi, en 2008, le marché européen de la cocaïne représentait 34 milliards de dollars, contre 37 milliards pour le marché nord-américain. Le nombre de consommateurs en Europe est passé de 2 millions en 1998 à 4,1 millions en 2008. De plus en plus grandes quantités de drogues issues des pays andins vont vers l'Europe en arrivant par l'Afrique de l'Ouest, région devenue une plaque tournante du trafic de cocaïne. Cette situation y favorise l'instabilité régionale.

Cette évolution des consommations ne touche pas que les pays développés. L'Afrique de l'Est connaît une montée rapide de la consommation d'héroïne, la consommation de cocaïne croît dans les pays d'Afrique de l'Ouest et en Amérique du Sud, tandis que les drogues de synthèse connaissent une forte progression tant à la production qu'à la consommation au Moyen-Orient et en Asie du Sud-Est.

Cette géographie des drogues, par les réseaux et les intérêts financiers qu'elle génère, favorise les conflits. En 2010, les médias internationaux ont beaucoup traité de cette question au Mexique et au Brésil, où les États se sont lancés dans une guerre contre les cartels de la drogue et le contre-pouvoir qu'ils constituent. La position des États est en fait bien plus complexe que cela et la violence liée à la drogue peut conjoncturellement être plus forte dans des pays moins médiatisés et de taille plus réduite. C'est le cas dans le triangle septentrional d'Amérique centrale : Guatemala, Honduras, El Salvador. Dans ces pays, le taux d'homicides est encore plus important qu'au Mexique. Par ailleurs, certains pays montent en puissance dans le trafic de drogue : selon le rapport 2010 de l'UNODC, plus de la moitié des envois maritimes connus de cocaïne vers l'Europe proviennent du Venezuela.

La drogue, à la source et dans le financement de conflits

• La drogue, une arme dans des conflits internationaux : les guerres d'Afghanistan

En 2009, l'Afghanistan produit 90 % de l'offre d'héroïne dans le monde [UNODC, *World Drug Report*, 2010]. Seule l'année 2001 avec le début de l'intervention de l'OTAN* dans le pays a généré une éradication quasi totale de la production de drogue, plaçant le Myanmar à la tête des pays producteurs. Entre 1998 et 2009, la production globale d'opium en Afghanistan a crû de 156 %, tandis que dans le monde la croissance n'a été que de 78 %.

À l'origine de cette position forte de l'Afghanistan dans la production de drogue, la succession de conflits qui ébranlent le pays depuis les années 1970. La production et le trafic de la drogue y sont utilisés dans le financement des groupes armés (achat d'armes, paiement des soldes…), mais aussi dans le financement des politiques officielles de l'État. La drogue constitue ainsi un moteur de l'économie et de la vie politique du pays.

En effet à la fin des années 1970, les moudjahiddins* s'élèvent contre les Soviétiques en Afghanistan. Ils sont aidés par les États-Unis et le Pakistan dans la reconquête du pays. Les services secrets américains et pakistanais, la CIA* et l'ISI*, forment les combattants moudjahiddins, y compris en leur apprenant à s'autofinancer en développant la culture de l'opium [Réveillard, 2009].

À la fin des années 1980, l'URSS retire ses troupes d'Afghanistan et les moudjahiddins prennent le pouvoir. Les États-Unis cessent alors le versement d'aides aux moudjahiddins qui doivent trouver d'autres sources de financement pour reconstruire un pays détruit par des années de guerre. Le nouveau pouvoir en place ferme ainsi les yeux sur la culture du pavot dont la production et la transformation sont renforcées. En échange, l'État touche un pourcentage des revenus générés par la drogue. À la chute du régime des moudjahiddins en 1996, les talibans* continuent de s'appuyer sur la production d'opium pour assurer des rentrées d'argent, renforçant ainsi leur assise sur le pays (v. Les conflits religieux). Le pourcentage reçu par l'État dans l'exportation de la drogue est renforcé, la production est contrôlée vigoureusement par le régime. L'Afghanistan est déjà le premier exportateur mondial d'opium au début des années 2000. Les attentats du 11 septembre 2001 ont permis de mettre en lumière l'usage de la drogue à la fois comme source de financement du régime des talibans, mais aussi comme source de financement des activités terroristes. La présence des troupes de l'OTAN dans le pays depuis lors n'a pas permis sur la durée de baisse significative de ces activités : depuis 2006, la production d'opium dans le pays dépasse celles des années 1990. Aujourd'hui, on estime à 125 millions de dollars le profit généré annuellement par les talibans insurgés via le seul trafic d'opiacées. Au Pakistan, les alliés des talibans, comme Al Quaida et d'autres groupes de même tendance, ont implanté des bases le long des principaux couloirs de trafic d'héroïne et d'opium [UNODC, *World Drug Report*, 2010].

• Un conflit civil : la drogue comme pivot d'un conflit civil dur au Mexique

Au même niveau que la Colombie, le Mexique a produit 30 à 40 millions de tonnes d'héroïne en 2008. À eux seuls, ces deux pays suffisent à la consommation des deux Amériques, bien que la majeure partie de la production soit destinée à l'Amérique du Nord. La grande proximité géographique entre les États-Unis et le Mexique joue un rôle important dans la place qu'occupe aujourd'hui la drogue dans la vie du pays. Le Mexique constitue pour les États-Unis une plaque tournante de l'importation de drogue, notamment depuis les années 1960. Le développement des chemins de fer au XIXe siècle entre Mexique et États-Unis a facilité très tôt le transport de marchandises, y compris illicites, entre les deux pays. Par la suite, toute une économie parallèle s'est développée en réaction aux législations antidrogue américaines.

Le trafic de drogue s'est constitué au Mexique dans des liens forts entre acteurs de l'économie, de la politique et narcotrafiquants. Il n'est pas rare de voir des narcotrafiquants briguer des mandats électifs ou des postes dans de grandes entreprises. Par exemple, Felix Gallardo, trafiquant de drogue issu de la région du Sinaloa, a été actionnaire de la Banpacifico de Guadalajara dont Arcadio Valenzuela, alors président de l'association des banquiers du Mexique, était l'actionnaire majeur. Il a également pris des intérêts dans la banque Somex dirigée par un homme politique du Parti révolutionnaire institutionnel (PRI), Mario Ramon Beteta, qui fut aussi ministre du Budget, directeur de l'entreprise pétrolière nationale Pemex de 1982 à 1987 et gouverneur de l'État de Mexico de 1987 à 1989. "La fragilisation progressive du système politique post-révolutionnaire basé sur le présidentialisme et le PRI, parti d'État, les avancées de l'opposition au Congrès dans les gouvernements des États fédérés, et enfin les élections démocratiques de 2000 où le PRI perdit le contrôle de l'exécutif fédéral, créèrent pour la première fois au Mexique les conditions d'une autonomisation relative du trafic de drogues vis-à-vis du pouvoir politique" [Astorga, 2004]. Ces relations ambiguës entre pouvoir et drogue ont été entrecoupées d'opérations de lutte contre la drogue, comme l'Opération Condor qui, entre 1975 et 1978, a permis le déploiement de 10 000 soldats mexicains pour éradiquer les cultures de pavot et de cannabis.

La perte du pouvoir politique par le parti historiquement au pouvoir a bouleversé l'équilibre des relations qui s'était instauré entre politiques et narcotrafiquants. Elle a incité les trafiquants de drogue à s'autonomiser vis-à-vis du pouvoir politique. En parallèle, le marché de la drogue s'est contracté, renforçant les conflits entre cartels. Le politique est donc obligée aujourd'hui d'utiliser ses forces armées dans la répression. Depuis la fin 2006, plus de 50 000 militaires mexicains ont été déployés dans le pays pour lutter contre le narcotrafic. Fin juillet 2010, la seule violence liée à la "guerre des cartels" a fait 7 000 morts entre le 1er janvier et le 30 juillet 2010, le niveau le plus fort jamais atteint. Depuis l'arrivée du président Calderon au pouvoir en 2006, cette guerre a fait environ 25 000 morts.

• Un autre conflit civil : la drogue comme source de financement de volontés d'autonomie en Colombie

La Colombie est le principal pays producteur de cocaïne depuis la fin des années 1990. Par sa position géographique, elle constitue une zone de passage traditionnelle, propice à la contrebande, laquelle s'ajoute aux conditions favorables de productions et à un contexte politique tendu dans lequel la drogue permet de financer les mouvements de guérilla.

Dans ce pays comme au Mexique, les cartels* de la drogue sont très présents. Les deux cartels les plus connus ont pris le nom des villes qui les ont vus naître, Medellin et Cali. Ils fonctionnent sur un mode similaire à ceux du Mexique. Cependant, la Colombie se démarque par le rôle joué par la drogue dans la guérilla communiste qui oppose diverses organisations, notamment les FARC*, au gouvernement. L'ambassadeur des États-Unis en Colombie, Lewis Tamb, a créé à cet effet le terme de "narco-guérilla" en 1983 pour dénoncer le rôle de Cuba et du Nicaragua dans le transport de la cocaïne, ainsi que la collaboration des guérillas avec les trafiquants. "Ce concept implique non seulement que la guérilla tire des ressources importantes de la production et du trafic de drogues, mais qu'il existerait une sorte d'alliance objective entre la rébellion marxiste et les narcotrafiquants pour déstabiliser le pays" [Labrousse, 2004].

La guérilla a encouragé les paysans à développer les drogues pour survivre. Elle en prélève une partie du prix de vente. En parallèle, les crises cycliques des cours de la coca ont permis à la guérilla de renouveler ses troupes en enrôlant des paysans dont les revenus se sont effondrés. La drogue a permis aux FARC d'étendre leur territoire, notamment grâce à deux facteurs :

- Les ressources générées par la production et le trafic de drogue. La drogue constitue en effet 40 % de leurs ressources au milieu des années 2000.
- L'élargissement de la base sociale de la guérilla en régulant le marché des produits illicites et en protégeant les paysans des incursions des forces de l'ordre.

Au total, la guérilla communiste issue de la guerre civile aurait fait 200 000 à 300 000 morts en Colombie.

Différentes actions ont été menées afin d'enrayer cette dynamique de la drogue et du conflit sur le territoire. Ainsi le "plan Colombie" a été adopté en 1999 pour une durée de 6 ans. Avec 7 500 millions de dollars américains, dont 3 500 millions provenant d'aide extérieure (les États-Unis principalement, mais aussi des partenaires tels que l'Union européenne), il visait l'engagement de négociations de paix avec les guérillas, l'éradication des cultures de coca et leur compensation par la mise en place d'un programme de développement social permettant d'offrir aux paysans une alternative financière à la culture de la coca via des investissements dans la production, l'infrastructure et le développement social. Ce plan fut très critiqué pour sa trop grande militarisation et pour l'importance de la destruction des cultures par épandage (hautement toxique) et une partie des fonds n'ont jamais été versés, notamment ceux promis par l'UE. Le plan a également été accusé de ne cibler quasi exclusivement que la guérilla marxiste et de ne pas exercer de contrôle sur les paramilitaires, tout en risquant de seulement "déplacer" les narcotrafiquants dans d'autres régions, sans toutefois les éliminer.

• Le cannabis au cœur des conflits de l'économie souterraine dans les cités françaises

Le cannabis est en France le premier produit stupéfiant faisant l'objet de trafics. En 2005, 67 % des interpellations pour trafic de stupéfiant sont liées au cannabis. Il transite par camions ou véhicule particulier depuis le Nord de l'Europe ou l'Espagne, ou bien par bateau via Le Havre, Nantes et Bordeaux, principalement depuis le Maroc. En France, plus de la moitié des quantités saisies en 2005 provient de France, des Pays-Bas et de Belgique où il a été

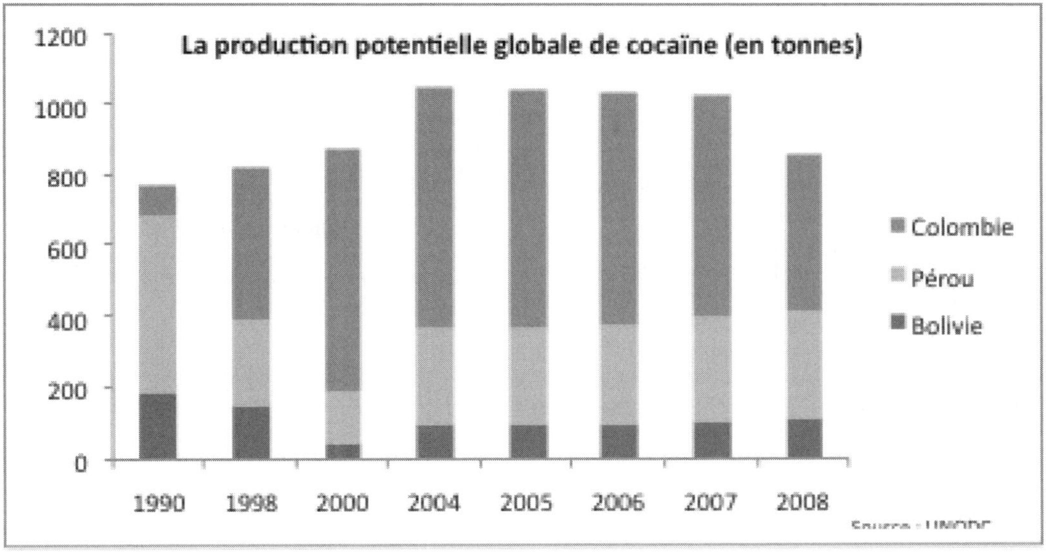

produit. 20 % proviennent de la zone caribéenne et alimente principalement les Antilles françaises et la Guyane.

Le trafic de cannabis est fortement corrélé aux réseaux de grand banditisme. Les 3/4 du cannabis vendu par des réseaux de trafiquants proviennent de grossistes issus du grand banditisme et pour beaucoup implantés en Espagne [*Revue Liaisons*, 2010]. Le reste est acheté directement au Maroc, dans le nord de l'Europe et en Algérie.

Les conflits sont alors nombreux, entre réseaux de grand banditisme pour dominer la vente "en gros", mais aussi entre bandes dans les cités pour dominer la vente au détail et défendre un territoire : "Face aux enjeux représentés par le contrôle de la drogue en banlieue et à la professionnalisation des trafics, les règlements de compte violents entre groupes organisés sont de plus en plus fréquents" [*Revue Liaisons*, 2010]. Cela a été le cas en 2009 à Saint-Ouen, entraînant deux décès. Le marché est d'autant plus intéressant que la part du cannabis dans les stupéfiants consommés est importante. Les interpellations pour usage de stupéfiants, et notamment de cannabis, ont été multipliées par 8 en 20 ans. La violence, les braquage, sont parfois nécessaires pour démarrer une activité dans le trafic de stupéfiant, car pour cela il faut être en mesure d'investir pour se lancer dans les premiers trafics.

En réponse à ces conflits, des structures spécifiques ont été mises en place dans certaines cités "sensibles" pour démanteler les trafics de drogue. Ainsi le "groupe cités" a été créé en 2009 par l'État. Ce nouveau service est constitué de douze fonctionnaires issus de la police judiciaire. Il est implanté dans certaines communes afin d'appliquer des méthodes de police judiciaire pour démanteler complètement les réseaux développés par les "caïds" et pas seulement intercepter des livraisons de drogue [*Le Monde*, 14 septembre 2010].

LES FRONTIÈRES

Les frontières* d'États westphaliens semblent aujourd'hui n'avoir une place moindre dans la géographie politique mondiale, en tant que "limites de souveraineté*" dépendants strictement du pouvoir des États*, que dans les périodes précédentes. Plusieurs auteurs ont proposé des typologies des frontières selon leur histoire, leur fonctionnement et les dynamiques d'horogénèse* [Foucher, 1991 ; Kolossov, 2005 ; Piermay, 2005] permettant d'opposer des frontières modernes ou classiques à une approche post-moderne de la frontière. En effet, avec la progression des mobilités, des échanges, des télécommunications et de l'internationalisation, la souveraineté de l'État est remise en question dans la sécurisation des frontières, qu'elles soient héritières de l'époque moderne, des empires coloniaux ou des processus de décolonisation – on peut même parler de désétatisation face à la généralisation du capitalisme libéral. Ainsi, donner aujourd'hui une définition de la frontière est malaisé. Certaines frontières sont dépassées du fait des ouvertures douanières, de la libre circulation des personnes et des informations, des synergies et coopérations. Cependant, nulle part n'émerge de région où les frontières entre États seraient effacées par une harmonisation complète des systèmes juridiques : les régimes de fiscalité, de droit du travail, de droit foncier ou d'assurances sociales restent régaliens. Chaque pays choisit d'atténuer les inégalités sociales ou de les laisser se renforcer, selon le projet de société qui y est défendu. En ce sens, les frontières prennent un tout autre aspect dans un système économique mondialisé : elles sont des discriminants sociaux dans une division internationale du travail et de reproduction du capital où, pour le coup, les choix de politique sociale et économique des États ont un rôle essentiel.

Les conflits frontaliers en disent donc beaucoup sur l'activation des différents niveaux socioéconomiques du capitalisme mondial et de la mise en concurrence des territoires. En ce sens la frontière post-moderne peut être vue comme un prisme de diffraction des enjeux territoriaux, qui sont instrumentalisés par des acteurs divers (entrepreneurs, chefs politiques ou militaires, communautés rurales, clans, diplomates, représentants des organisations internationales, des puissances occidentales ou des FMN). Les conflits qui s'y déroulent, même si on leur colle une image ethnicisée, culturalisée ou terroriste, se caractérisent par la subversion et la montée en puissance des ferments identitaires locaux, nationaux ou régionaux au nom (souvent tu) d'intérêts bien matériels de profit, de prédation des ressources, de conservation ou d'accaparement du pouvoir. Par ailleurs, les situations frontalières peuvent être vues comme des opportunités économiques et politiques [Piermay, 2005] parce que les régions marginales sont des laboratoires de la mondialisation, d'autant plus que l'encadrement étatique est faible. Cependant leur compréhension ne peut faire l'économie de l'histoire, de la sociologie et des fondements matériels des conflits pour mieux calibrer certaines grilles d'analyse comme le courant postcolonial ou *subaltern studies** [Bayart, 2009 ; Pouchepadass, 2004].

Des conflits frontaliers "classiques" : lignes de démarcation, enclaves, séparatisme

• Le règlement des conflits de partition : le cas de Chypre

Les territoires* coupés en deux au terme d'un conflit, dont la division des deux Corées reste l'exemple parfait, donnent lieu à une ligne de démarcation qui devient une frontière internationale. La fabrication de nouvelles formes de nationalisme se conjugue alors à des jeux d'alliance et d'intérêts stratégiques régionaux.

Chypre est une ancienne possession britannique, colonie depuis 1925 même si l'utilisation de l'île comme base arrière de contrôle du canal de Suez remonte à 1878. Les Britanniques se sont heurtés à l'*Enosis*, mouvement indépendantiste grec. L'indépendance est proclamée en 1960 : l'île abrite une minorité turque qui partage le pouvoir avec la communauté chypriote grecque. Les tensions sont aggravées en 1974, lorsque, devant la menace de coup d'État lancée par des officiers grecs dans les derniers moments de la dictature des colonels, la Turquie envahit le tiers nord de l'île : 200 000 Chypriotes grecs sont contraints de quitter cette zone pour le Sud, cependant que se forme la République turque de Chypre du Nord, qui n'est reconnue que par la Turquie, délimitée par la "ligne verte" de démarcation. La Turquie lance alors une politique de peuplement en organisant l'immigration d'une centaine de milliers de Turcs d'Anatolie pour contrebalancer l'inégalité de peuplement entre les deux communautés. En 2003, le référendum sur le plan de l'ONU porté par son secrétaire général Kofi Annan pour un État confédéral est rejeté par la partie sud, mais rencontre un grand succès dans la partie nord. Ainsi, avec l'adhésion de Chypre à l'UE en 2004, l'île est intégrée à l'UE, en théorie dans sa totalité, avec une partie occupée (cas unique dans l'Union) et dont le sort dépend des négociations d'adhésion de la Turquie. L'ouverture en 2008 d'un passage dans la rue Ledra, au centre de Nicosie, fermée par un mur depuis 1964, est un moment symbolique important. La résolution de ce conflit met en jeu plusieurs niveaux politiques : le poids des processus d'adhésion à l'UE, le blocage politique des militaires turcs jaloux de leurs prérogatives et hostiles à une remise en question de leur pouvoir par le processus d'adhésion, mais surtout le rôle des États-Unis, qui voyaient dans la crise de 1974 l'occasion de renforcer leur politique de *containment* régional et ont fait preuve de complaisance vis-à-vis de la Turquie, dans une politique du fait accompli. Les cadres britanniques, alors qu'ils étaient, notamment grâce à leurs bases militaires dans l'île, en position d'éviter cette débâcle politique, ont préféré suivre Washington. De fait, c'est à l'UE aujourd'hui de régler le problème, notamment par la mise en place des quatre libertés de circulation (marchandises, capitaux, informations et travailleurs, proposées dans le traité de Rome de 1957), le règlement par les cours de justice européennes des restitutions de propriétés spoliées, le développement économique de la partie nord (dont le revenu moyen est inférieur de moitié au revenu du sud). Il ne faut pas oublier la connotation nationaliste qui ne concerne pas que la Turquie : l'extrême droite grecque en fait un argument politique, rendant encore plus sensible le contentieux qui oppose toujours les deux pays sur le partage des eaux territoriales de la mer Égée.

• Les enclaves disputées révèlent des enjeux impériaux et transnationaux

Les territoires enclavés (portions d'États étymologiquement "enfermés à clé" sur le territoire d'un autre État) sont nombreux : l'oblast russe de Kaliningrad entre Lituanie et Pologne, Ceuta et Melilla espagnoles au Maroc, le Nakhitchevan azerbaïdjanais entre Arménie et Iran, les enclaves indiennes ou bangladaises de part et d'autre de la frontière, les multiples enclaves de la vallée de la Ferghana dans le Caucase… L'enclave angolaise de Cabinda entre République démocratique du Congo et Congo-Brazzaville est particulièrement convoitée dans la mesure où elle renferme la principale réserve de pétrole d'Angola (v. Les hydrocarbures enjeux de conflits). La question du Haut-Karabakh met en jeu des relations d'influence régionale, nationale et impériale multiples centrées sur les nouveaux États indépendants du Caucase et la Turquie depuis la guerre du Haut-Karabakh [Minassian, 2009] (v. Les conflits géopolitiques dans l'aire post-soviétique).

• Régions séparatistes et tracés disputés

La plupart des conflits de frontières ont pour objet la dispute de leurs tracés dans des territoires ou régions disputés par plusieurs États ou du fait de rébellions séparatistes. Beaucoup de tensions et de contestations restent pacifiques, donnant parfois lieu à des échauffourées ponctuelles, mais restent pour l'essentiel latentes. Quelques exemples sont connus : le sud des îles Kouriles opposant le Japon et la Russie, les îles Spartly (v. Les conflits en Asie) et leurs réserves pétrolières, disputées par la Chine, Taïwan, la Malaisie, Bruneï et les Philippines, l'île Calero sur la rivière San Juan entre Nicaragua et Costa Rica ou encore autour du fleuve Amour entre Chine et Russie. Les conflits séparatistes ne se règlent pas toujours et peuvent donner lieu à des formes de reconnaissance ou d'arbitrage variées, comme en témoignent plusieurs exemples africains.

Le cas le plus emblématique est celui du Somaliland qui, sans être un État reconnu, fonctionne de façon autonome avec un statut indéterminé (v. l'Afrique subsaharienne, théâtre de tous les conflits ?). Citons également le cas du Sahara occidental : colonie espagnole jusqu'en 1976, il est depuis l'objet d'un conflit entre le Maroc qui revendique sa souveraineté et le Front Polisario qui a proclamé en 1976 la République arabe sahraouie démocratique. Les accords de Madrid avaient accordé le transfert de la souveraineté pour les deux tiers nord au Maroc, pour le tiers sud à la Mauritanie mais certains pays comme les États-Unis ne reconnaissaient dans cet accord qu'un transfert de souveraineté administrative. Des dizaines de milliers de réfugiés sahraouis sont accueillis à Tindouf en Algérie, qui soutient le Front Polisario, notamment lors de la bataille d'Amgala en 1976, témoin de la rivalité de l'Algérie et du Maroc pour le contrôle du Sahara. Après le putsch de 1978, le nouveau gouvernement mauritanien renonce à sa souveraineté. Le Maroc construit alors entre 1980 et 1987 un mur de défense de 2 720 km de long avec l'aide d'Israël et de l'Arabie Saoudite. Après le cessez-le-feu de 1991, le statut de la région reste indéterminé, malgré des avancées contradictoires : une proposition d'autonomie régionale par le Maroc, des négociations menées par l'ONU et la reconnaissance de la RASD par l'Union africaine ; un référendum est censé décider de l'avenir du territoire mais son organisation bute sur la question de la définition des votants alors que depuis 1975 de nombreux Marocains se sont installés dans le territoire et de nombreux Sarahouis en Algérie.

La dispute de tracés de frontière, plus classiquement westphalienne ou post-coloniale connaît des réactivations récurrentes. Les quelques exceptions passées reflètent plutôt une instrumentalisation de la contestation frontalière pour contrôler des ressources naturelles ou pour souder un nationalisme fédérateur masquant les contestations internes : entre le Mali et le Burkina-Faso en 1974 et, en 1985, entre le Cameroun et le Nigeria à propos de la presqu'île de Bakassi depuis 1965, entre le Tchad et la Libye entre 1973 et 1994. Le plus important est sans doute le conflit provoqué en 1977 par la Somalie dans l'Ogaden éthiopien, peuplé de minorités somalies, qui s'est soldé par la victoire de l'Éthiopie aidée par l'URSS et Cuba. Les conflits purement frontaliers sont rares, dans la mesure où le respect du principe d'intangibilité des frontières issues de la décolonisation est affirmé par l'Union africaine.

• Le Sud-Soudan : un sécessionnisme issu de frontières infra-étatiques performatives

La question du Sud-Soudan révèle comment le verrouillage des frontières infra-étatique peut être un instrument d'oppression et de conservation du pouvoir [Denis, 2007]. Deux guerres civiles ont eu lieu au Sud-Soudan (de 1955 à 1972 puis de 1983 à 2005), menées par les sudistes chrétiens et animistes contre le régime de Khartoum, en s'appuyant sur des bases arrière transfrontalières en Éthiopie, où sont signés les premiers accords de paix en 1972. L'Armée populaire de libération du Soudan de John Garang reprend sa lutte en 1983, et l'intensifie après le tournant islamiste du régime d'Omar El Béchir arrivé au pouvoir en 1989. Ce conflit fait 2 millions de morts et 4 millions de personnes déplacées, sans oublier la famine de 1998. Il se termine par les accords de Naivasha (Kenya) en 2005, qui prévoient un référendum pour l'indépendance. Celui-ci a eu lieu en janvier 2011. Un nouvel État, dont le nom reste à déterminer ("République du Nil" ?), devrait ainsi émerger, mais la délimitation de ses frontières pose des problèmes du fait de la localisation de gisements pétroliers sur la ligne de démarcation entre le Nord et le Sud, en particulier pour la région contestée d'Abyei (v. L'Afrique saharienne, théâtre de tous les conflits ? et Les hydrocarbures, enjeux de conflits).

Effets ricochets et insécurité transfrontalière : la frontière instrumentalisée dans les guerres civiles

Les conflits les plus meurtriers sont intra-étatiques, guerres* civiles ou conflits de faible tension, mais engagent la frontière dans la mesure où les bases arrière des mouvements rebelles peuvent se trouver dans des États limitrophes, parce que les armées d'intervention sont organisées par des États voisins, ou encore du fait de migrations massives de réfugiés*, ce qui entraîne des effets de déstabilisation régionale. Le contrôle des ressources naturelles (v. Les hydrocarbures, enjeux de conflits) est alors le nerf de la guerre.

• Les guerres des Grands Lacs, principal conflit extraterritorial

Le conflit majeur des années 1990 est sans doute celui d'Afrique centrale impliquant le Congo (ex-Zaïre refondé en République démocratique du Congo en 1997 par Laurent-Désiré Kabila) et ses voisins orientaux (Rwanda, Ouganda et Burundi). On ne peut pas parler de conflit frontalier car l'enjeu n'est pas le tracé de la frontière, mais bien l'effet "ricochet" de conflits internes sur les marges transfrontalières (le Kivu et l'Ituri en particulier), comme le décrit Roland Pourtier dans une des meilleures et des plus limpides synthèses qu'on puisse lire sur les conflits dans le monde [Pourtier, 2003], qui évoque un "système régional de guerre" et une "internationalisation de l'insécurité", sous la forme de "conflits extraterritoriaux" [Reyntjens, 1999], dont le bilan est, pour les deux guerres du Congo, de 3 millions de morts (v. Articuler les conflits violents à différentes des échelles spatiales et temporelles et L'Afrique subsaharienne, théâtre de tous les conflits ?)

• Territoires ethniques transfrontaliers et déstabilisation politique réciproque : le cas du Darfour

Le conflit au Darfour (v. L'Afrique subsaharienne, théâtre de tous les conflits ? et Les hydrocarbures, enjeux de conflits) depuis 2003 n'est pas qu'un conflit intra-étatique : il trouve des résonances au Tchad et en République centrafricaine. D'une part, les mouvements de réfugiés sont massifs (entre 300 000 et 400 000 vers le Tchad), d'atre part, les mouvements de rébellion des régions périphériques marginalisées peuvent s'appuyer sur des bases arrière dans des pays voisins. Le Darfour peut être vu comme le "tremplin passif des changements de pouvoir à N'Djamena" [Prunier, 2008]. Les interférences locales, nationales et transfrontalières, avec des segmentations politiques, sont accentuées par l'enjeu du partage des ressources pétrolières : les retournements de loyauté sont multiples. Entre 2006 et 2008, les conflits se sont intensifiés, portés par des mouvements organisés dont le principal est le JEM : les rebelles tchadiens pro-soudanais, notamment du Front uni pour le changement, tentent de déstabiliser le régime comme lors de la prise de N'Djamena en 2008, initiée depuis le Soudan. Depuis que la Chine s'est installée au Tchad, investie dans un projet pétrolier, elle a pesé pour la réconciliation entre les deux gouvernements. De plus, avec la chute des prix du pétrole de 2008, les deux pays ne pouvaient plus financer la rébellion chez le voisin [Magrin, 2008].

• En Afrique de l'Ouest, l'internationalisation des exactions

Des effets ricochets du même ordre sont visibles dans les guerres civiles qui touchent le Liberia entre 1989 et 1997 (150 000 morts et près d'un million de réfugiés) et la Sierra Leone entre 1991 et 2002, principalement dans les régions diamantifères orientales (200 000 morts et deux millions de réfugiés) et rejaillissent en Guinée : les forces rebelles impliquées dans des guerres civiles opèrent de l'autre côté de la frontière (miliciens du *National Patriotic Front of Liberia* et du RUF, Front révolutionnaire uni, de Sierra Leone responsables de massacres et exactions multiples), on peut parler d'une contamination des conflits internes d'un pays à l'autre, renforcée par les flux de réfugiés dans un sens ou dans l'autre (les centaines de milliers de réfugiés qui ont rejoint la Guinée ou la Sierra Leone) servant de prétexte à des interventions, la contrebande de matières premières (diamants ou bois sierra-léonais passant au Liberia) et d'armes, des tactiques de déstabilisation (soutien apporté par le président libérien Charles Taylor, principal responsable des crimes perpétrés pendant la guerre civile libérienne, aux rebelles sierra-léonais du RUF ou aux rebelles du nord de la Guinée). Ces conflits qui sont *de facto* transfrontaliers sans être des conflits entre États sont d'autant plus complexes à décomposer qu'ils impliquent indirectement des intérêts économiques et stratégiques de puissances occidentales, doublés par des jeux d'alliances régionales contribuant à rendre difficiles les opérations de pacification de la communauté internationale (ECOMOG, MINUL, MINUSL) (v. L'Afrique subsaharienne, théâtre de tous les conflits ? et Géographie de la paix).

Le conflit ne se règle pas, il se transforme et change d'échelle

• Du conflit territorial aux enjeux mondiaux : le Cachemire

La question frontalière indo-pakistanaise est l'objet de tensions depuis la partition sanglante de 1947, qui se cristallisent sur le Cachemire [Racine, 2002 et 2006]. Le conflit originel en 1947-49 à propos de cette monarchie à majorité musulmane tenue alors par un maharadjah hindou rallié à l'Inde, Hari Singh, aboutit à un partage entre l'État indien du Jammu-et-Cachemire et les provinces pakistanaises du Cachemire-Azad et des Territoires du Nord. Depuis, le Pakistan – en particulier l'armée, politiquement très puissante – a construit son discours de cohésion nationale autour du "Kashmir first" (la "question clé"), face à une Union indienne beaucoup plus puissante (aujourd'hui encore, les dépenses militaires de l'Inde sont de 15 milliards de dollars par an, contre 3 au Pakistan) ; l'Inde a mené une politique de militarisation intense dans le cadre d'un "complexe obsidional" réveillé par les attentats (notamment en 2001 contre le Parlement) et par les violences islamophobes internes, rivalité rigidifiée par la nucléarisation de la région (essais nucléaires de 1998) et par l'épisode gouvernemental du BJP (1998-2004) clamant un fort nationalisme hindou.

Après des réactivations en 1965 et 1971, le conflit a repris en 1989 lors d'une insurrection anti-indienne à Srinagar : les insurgés sont vite rejoints par des djihadistes essentiellement pakistanais, auxquels l'Inde répond par une "sale guerre" de répression jusqu'en 1999, accusant le Pakistan de mener une "guerre de substitution" par le "terrorisme transfrontalier". La tension continue, les troupes sont concentrées de part et d'autre de la ligne de démarcation, sur les hauteurs de Kargil, frôlant l'incident en 2002.

Cependant, le dialogue indo-pakistanais s'ouvre pour la première fois en 2003-2004, révélant de profondes transformations du contexte à toutes les échelles : les grandes puissances acceptent l'idée d'une Inde économiquement forte, en particulier la Chine qui revoit son "indéfectible amitié" à l'égard du Pakistan ; la "guerre contre le terrorisme" corrélative au 11 septembre 2001 sert de prétexte à Pervez Musharraf pour interdire officiellement les mouvements djihadistes (sans les empêcher d'agir ni inquiéter leurs leaders) et amorcer une coopération avec les États-Unis, accomplissant ainsi un virage anti-taliban dans ses relations avec l'Afghanistan ; les intérêts en jeu sont aussi économiques : l'eau de l'Indus (v. L'eau, entre conflits et coopérations), dont le Cachemire est le château d'eau, la circulation des personnes (réouverture très symbolique d'une ligne d'autocar entre les deux parties du Cachemire), les échanges commerciaux, qui jusqu'alors sont florissants mais cantonnés au secteur informel. Cependant, les ambivalences perdurent dans cette pacification qui dépasse les acteurs eux-mêmes et le factionnalisme règne parmi les Cachemiris, entre pro-pakistanais durs, modérés représentés par le chef religieux Omar Farooq, hindouistes tenants d'une simple autonomie au sein de l'Union indienne. Depuis, des attentats continuent de se produire, comme à Delhi en 2005, à Bénarès en 2006 ou à Bombay en 2008, malgré les déclarations mutuelles d'apaisement [Racine, 2002 et 2006].

• Entre tribalisme, hyperpuissance américaine et rouages politiques : le Pachtounistan

Si l'Inde voit ses autres conflits frontaliers perdre de leur importance, notamment avec la Chine et avec le Bangladesh, on ne peut pas dire que la situation se simplifie au Pakistan. En effet, la position du Pakistan vis-à-vis de l'Afghanistan interroge les marges occidentales du pays, les FATA (*Federally Administered Tribal Areas*), en particulier le Waziristan, et le Pachtounistan, appelé jusqu'en 2010 "province de la frontière du Nord-Ouest", nom hérité de la colonisation britannique. Ces régions, séparées de l'Afghanistan depuis la fin de la colonisation britannique par la ligne Durand (toujours contestée), sont à la fois une destination pour les réfugiés afghans (4 à 6 millions de réfugiés au Pakistan depuis l'invasion soviétique de 1979), qui représentent localement entre la moitié et le double de la population pakistanaise, et une zone de trafics de contrebande extrêmement active (armes, drogue, passeurs), soit deux dimensions très matérielles et sociales de la situation frontalière, qui représente un intérêt économique pour bien des acteurs. Cependant, la rhétorique insistant sur la talibanisation de la région dans le sillage du régime taliban* afghan (1996-2001), partagée par les États-Unis et Islamabad et permettant au président pakistanais Pervez Musharraf et au tout-puissant ISI (*Inter-Services Intelligence*, le renseignement pakistanais) des opérations anti-talibans très médiatisées, cache une réalité plus complexe. D'une part il existe un "gradient" de talibanisation, principalement suivant la proximité de la frontière afghane, les FATA étant affectées depuis nettement plus longtemps que le Pachtounistan. D'autre part, les conflits interclaniques de la région transfrontalière pachtoune révèlent des lignes de ruptures multiples. De plus, le vote pachtoun est partagé entre un parti islamiste radical et l'ANP (*Awami national Party*), très implanté, sécularisé, marxiste et anti-taliban. Si on ajoute que de nombreux cadres de l'administration d'Islamabad sont pachtouns, on comprend que ces tensions dans les marges transfrontalières résultent plutôt d'intérêts locaux et socioéconomiques diffractés plutôt que d'une menace régionale qui permet de justifier des alliances extérieures, notamment avec les États-Unis [Toix, 2010] (v. Les conflits en Asie).

• L'héritage de la guerre dans les conflits d'aménagement : l'Irlande du Nord

En Irlande du Nord, si la résolution du conflit semble stabilisée à l'échelle des États, les tensions entre catholiques et protestants n'en sont pas pour autant apaisées. Elles passent désormais par des conflits d'aménagement, que ce soit à Belfast ou à (London-)Derry. À Belfast, les *peacelines*, qui avaient été érigées par l'armée puis par la police britannique pendant la guerre, ont survécu au traité de paix de 1998 [Ballif, 2008]. Ces murs sont repris dans les politiques d'aménagement urbain post-conflit par ses différents agents comme le *Northern Ireland Housing Executive* ou le *Belfast Development Office,* végétalisés et intégrés dans le paysage, tout en maintenant la séparation entre quartiers. Les enclaves protestantes, marquées par une dédensification liée au solde migratoire négatif et à l'atonie démographique, sont caractérisées par un taux croissant de logements vacants. Or, les demandes de logements, en particulier sociaux, formulées par des ménages catholiques des quartiers environnants se heurtent à la force des représentations et de la mémoire du conflit matérialisées par ces barrières. Ainsi, les échelles et les objets de négociation ont changé, et les questions matérielles de l'aménagement, du logement ou des infrastructures sont les réceptacles des tensions post-conflit [Féron, 2008 ; Heurley, 2003].

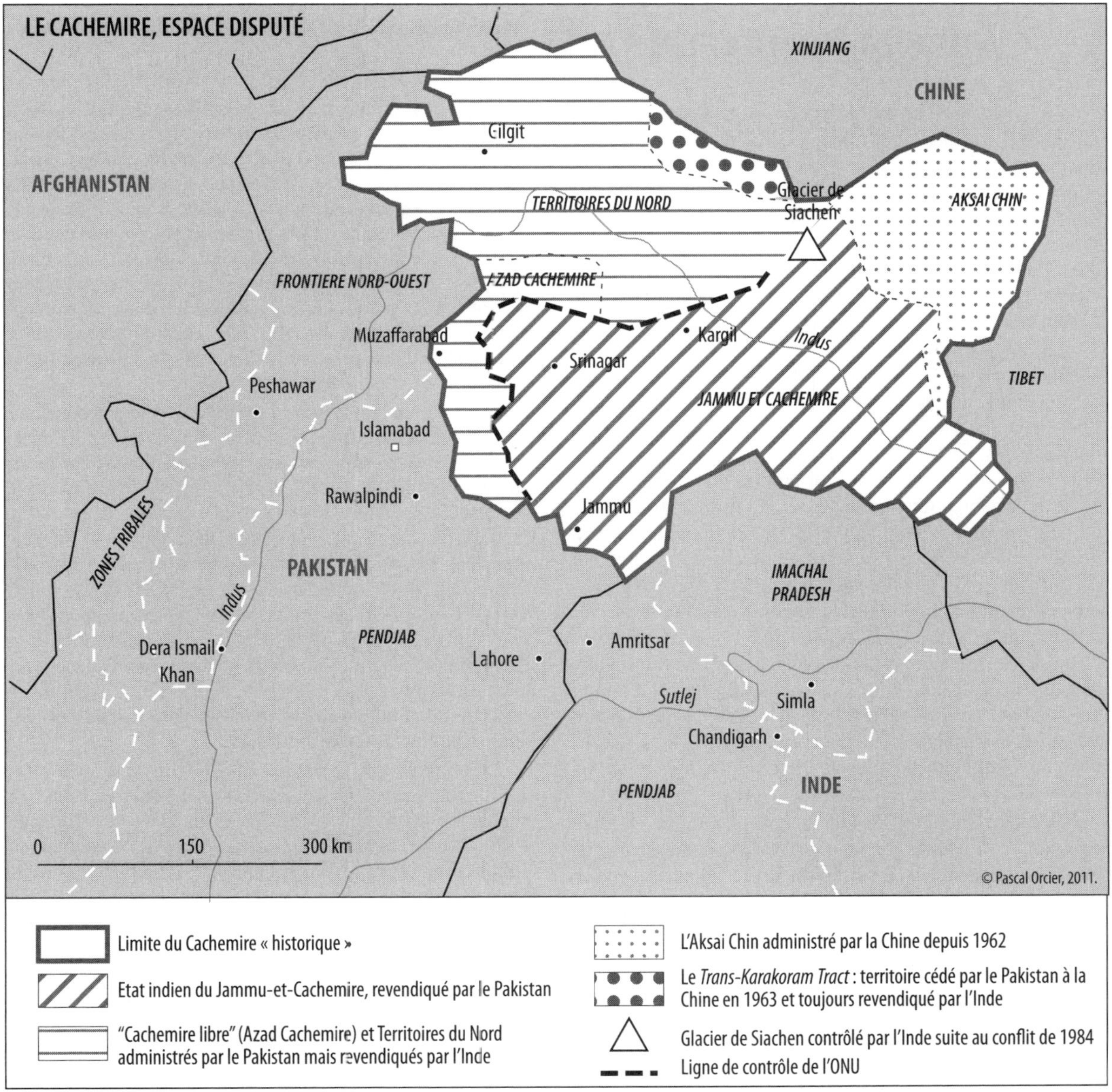
LE CACHEMIRE, ESPACE DISPUTÉ
XINJIANG
CHINE
AFGHANISTAN
Gilgit
TERRITOIRES DU NORD
Glacier de Siachen
AKSAI CHIN
FRONTIERE NORD-OUEST
AZAD CACHEMIRE
Muzaffarabad
Kargil
Indus
Srinagar
TIBET
Peshawar
JAMMU ET CACHEMIRE
Islamabad
Rawalpindi
Jammu
ZONES TRIBALES
PAKISTAN
IMACHAL PRADESH
Indus
Dera Ismail Khan
PENDJAB
Lahore
Amritsar
Sutlej
Simla
Chandigarh
PENDJAB
INDE
0
150
300 km
© Pascal Orcier, 2011.
Limite du Cachemire « historique »
Etat indien du Jammu-et-Cachemire, revendiqué par le Pakistan
"Cachemire libre" (Azad Cachemire) et Territoires du Nord administrés par le Pakistan mais revendiqués par l'Inde
L'Aksai Chin administré par la Chine depuis 1962
Le Trans-Karakoram Tract : territoire cédé par le Pakistan à la Chine en 1963 et toujours revendiqué par l'Inde
Glacier de Siachen contrôlé par l'Inde suite au conflit de 1984
Ligne de contrôle de l'ONU

LES CONFLITS RELIGIEUX : CROIRE ET COMBATTRE

En 1095, au concile de Clermont, le pape Urbain II prêche la croisade pour inciter les chrétiens, exhortés quelques décennies plus tard par Bernard de Clairvaux, à combattre en terre de Palestine afin de délivrer les lieux saints du christianisme (en particulier le Saint-Sépulcre de Jérusalem) tombés entre les mains des musulmans. Il s'agit, dans l'histoire, d'un des conflits religieux les plus importants, c'est-à-dire un affrontement armé où la religion est le facteur central de belligérance.

La religion – qui, étymologiquement, réunit entre eux les fidèles qui partagent et pratiquent une même croyance – est une des réalités culturelles fondamentales de l'humanité. L'athéisme (au sens de négation de l'idée de transcendance divine) et l'agnosticisme (remise en doute interrogative de cette même idée) ne concernent aujourd'hui que moins de 15 % de la population mondiale (selon l'estimation en 2007 du *CIA World Factbook*). Toutefois, la religion, qui, dans la France contemporaine laïque, est censée relever purement de la sphère individuelle, peut être aussi un principe politique structurant. En Europe, la paix d'Augsbourg (1555) instaurait le principe selon lequel "*cujus regio, ejus religio*" (religion du Prince, religion du pays) afin de mettre fin aux guerres de religion entre chrétiens. En terre d'islam, aujourd'hui, l'islamisme réside dans le principe qui consiste à "voir dans l'islam une idéologie politique" [Roy, 2004], vision qui implique "la réinvention politique de la religion" [Tozy, 2001].

Dès lors, la religion devient un phénomène géopolitique au cœur des rivalités de pouvoir inscrites dans les territoires* géographiques. En conséquence, il conviendra de se demander quelles sont les formes majeures des conflits* religieux dans le monde, quels sont les principaux buts de guerre*, et au final si la religion est une grille d'analyse géopolitique pertinente.

Les conflits religieux : pluralité des échelles, diversité des acteurs. L'exemple du conflit israélo-arabe

• Conflits religieux : conflits internationaux

Certains conflits armés opposent strictement deux belligérants dont les fondements religieux sont diamétralement opposés. Bien qu'il soit d'abord un conflit national avant d'être un conflit religieux (le sionisme ne concernant ni tous les juifs ni tous les Israéliens et les Palestiniens n'étant pas forcément musulmans – 28 % de chrétiens en 1948 mais 2 % en 2011), le conflit historique qui dure depuis 60 ans entre Israël et les États arabo-musulmans voisins en est un bon exemple. À tel point que la guerre est devenue un élément cristallisant l'identité d'Israël, État construit autour d'un "éthos défensif" et animé du sentiment de "se croire en sursis permanent" [Encel, 2006].

Dès sa proclamation en 1948, l'État d'Israël doit faire face à l'attaque des troupes coalisées syriennes, égyptiennes, transjordaniennes appuyées par des bataillons libanais et irakiens. Victorieux, Israël agrandit considérablement ses frontières (v. La dimension spatiale des rapports de pouvoir). En 1949, il s'est notamment emparé de la région du Néguev. Jérusalem, jusque-là sous mandat onusien, passe sous juridiction israélienne, du moins pour les quartiers occidentaux. 700 000 Palestiniens quittent le territoire et migrent pour l'essentiel en Jordanie. En 1956, Israël trouve dans la France et le Royaume-Uni – qui récusent la nationalisation du canal de Suez par Nasser – deux alliés pour combattre l'Égypte. Mais le succès militaire se mue en camouflet géopolitique, et Israël se retire du Sinaï six mois plus tard.

Lancée en 1967, la guerre des Six-Jours incarne le principe de la guerre* préventive. Déclenchée par Israël en juin 1967, elle est une guerre éclair visant la Syrie, la Jordanie et l'Égypte. Israël justifie l'attaque suite à l'accumulation de tensions avec l'Égypte (qui avait placé ses troupes en alerte et fermé le détroit d'Akaba) et avec la Jordanie qui avait rejoint un pacte militaire syro-égyptien. Le gain territorial est impressionnant pour Israël : l'ensemble des territoires palestiniens (la bande de Gaza, la Cisjordanie, Jérusalem-Est) mais aussi le plateau du Golan ainsi que le Sinaï sont occupés. La guerre du Kippour, le 6 octobre 1973, est la réaction des États arabes à l'attaque israélienne de 1967. Mais les opérations militaires arabes tournent à l'échec, tant la défense militaire israélienne est efficace. Israël occupe en 1978 le Sud-Liban (opération

Litani, soit une bande d'une vingtaine de kilomètres le long de la frontière), avant de passer en 1982 à une invasion du tiers du pays (opération "Paix en Galilée"). En 1983 Israël évacue le centre du pays. Et ce n'est qu'en 2000 qu'Israël quitte le Sud-Liban. Des attaques constantes du Hezbollah (le "Parti de Dieu", mouvement islamiste chiite*) implanté dans le sud du territoire libanais justifient, aux yeux d'Israël, une offensive contre le Liban durant l'été 2006. L'opération "Changement de direction", qui est finalement un échec, prend la forme d'une invasion* militaire précédée par plus de 4 000 bombardements contre des positions du Hezbollah. Cette attaque ternit surtout l'image d'Israël à l'échelle internationale. Car le conflit entre Israël et ses adversaires est largement internationalisé, voire mondialisé, tant les acteurs géopolitiques indirects sont nombreux dans l'affrontement. D'une part, les États-Unis restent un traditionnel soutien à Israël. En retour, les États musulmans ont historiquement fait bloc contre l'État hébreu. Ayant reconnu Israël dès 1950 et traditionnellement son plus proche allié dans la région, la Turquie (où le parti islamiste AKP est au pouvoir) mène une politique de plus en plus anti-israélienne et n'hésite pas à qualifier la politique d'Israël à l'égard du peuple palestinien de "terrorisme d'État".

• Les conflits religieux : des guerres civiles

Israël est certes inséré de longue date dans des conflits internationaux. Mais il est également plongé dans ce que l'on pourrait qualifier de guerre* civile. L'intégration contrainte de la Cisjordanie et de la bande de Gaza dans son propre territoire depuis le conflit de 1967 a renforcé le fort ressentiment palestinien contre le peuple juif. Le conflit israélo-arabe devient alors une véritable guerre civile. Le 9 décembre 1987, sous le couvert de l'OLP (Organisation de libération de la Palestine), la première Intifida ("soulèvement") éclate. La bande de Gaza, la Cisjordanie et les quartiers musulmans de Jérusalem-Est s'enflamment et la "guerre des pierres" débute contre Israël dans le cadre d'un conflit* civil asymétrique. Le 28 septembre 2000, Ariel Sharon, alors ministre des Affaires étrangères, traverse l'esplanade des Mosquées à Jérusalem. Cet acte est perçu par les musulmans comme une provocation sacrilège. Démarre alors la seconde Intifada, nommée Al-Istiqlal ("l'indépendance"). Depuis, ce conflit n'a guère cessé, malgré des phases d'accalmie durant lesquelles la paix progresse. Les accords d'Oslo sont signés en septembre 1993 entre le Premier ministre israélien Itzhak Rabin et le leader historique de l'OLP Yasser Arafat. Arafat reconnaît globalement le droit d'Israël à vivre en paix dans la sécurité et, en retour, Rabin assure voir dans l'OLP le représentant du peuple palestinien. Le principe d'une autonomie palestinienne est accepté par Israël qui signe, conjointement, un traité de paix avec la Jordanie. En septembre 1995, les accords d'Oslo II sont signés : il en résulte la création d'un Conseil législatif et d'une Autorité nationale palestinienne. La bande de Gaza devient pleinement autonome, sous souveraineté palestinienne (et elle sera ensuite évacuée de tous ses colons) cependant qu'il en est de même de 18 % du territoire de la Cisjordanie (dont les villes de Jéricho, Naplouse, Bethléem et Ramallah). 22 % du territoire cisjordanien relèvent d'une autorité partagée avec Israël, et 60 % restent sous l'autorité d'Israël.

• Les conflits religieux : a-étatiques et mondialisés via le phénomène terroriste

Les groupes terroristes sont des acteurs traditionnels des conflits religieux. Or, avec les années 1990, le terrorisme* religieux a changé de dimension. Traditionnellement, le terrorisme est le fait d'organisations soutenues par certains États. Le terrorisme est alors corrélé au repère étatique. La Libye du colonel Kadhafi a longtemps figuré sur la liste noire des États occidentaux pour avoir appuyé le terrorisme arabe. Dans le cadre du conflit israélo-palestinien, l'OLP a historiquement soutenu des groupes armés terroristes. Ce furent d'abord des groupes au discours nationaliste et peu religieux, à l'image du Fatah (l'historique bras armé de l'organisation). Mais la politique de compromis menée par l'OLP durant les années 1990 et, dans une moindre mesure 2000 a engendré des groupes islamisés plus radicaux, à l'image du Hamas et des Brigades des Martyrs d'Al-Aqsa. Même si elle place la lutte contre Israël parmi ses priorités, Al Qaida ("la base") est en fait peu impliquée dans le conflit israélo-palestinien, le Hamas et son alter ego au Liban, le Hezbollah, étant proches de l'Iran, radicalement hostile, tant pour des raisons idéologiques que stratégiques, à Al Qaida. Celle-ci présente une tout autre forme de terrorisme, que François Heisbourg a d'ailleurs défini comme un "hyperterrorisme" [HEISBOURG, 2001]. Fondée en 1987, déconnectée du repère étatique (à l'image de son chef Oussama Ben Laden, déchu de sa nationalité saoudienne), elle s'organise de façon réticulaire. Disposant d'assises territoriales dans des États islamistes et/ou en difficultés géopolitiques (Afghanistan, Soudan, Yémen), elle se décline en de nombreux mouvements terroristes très autonomes (Abu Sayaf aux Philippines, Al-Qaida au Maghreb islamique en Afrique saharienne). La souplesse de l'organisation et sa capacité à utiliser les technologies les plus modernes pour diffuser son message (Internet) l'ont rendu redoutablement efficace et quasiment insaisissable. Frappés sur leur propre sol (attentats du 11 septembre 2001 contre les *Twin Towers* de New York), les États-Unis ont immédiatement riposté, avec l'assentiment de l'ONU, en attaquant la principale base d'Al-Qaida à l'époque : l'Afghanistan des talibans*. Il a fallu dix ans pour que son chef, Ben Laden, soit éliminé.

Justifier la guerre par la religion : instaurer une Cité de Dieu purgée des infidèles et des hérétiques

• Lutter contre les infidèles et les incroyants

Telle est d'abord la mission première des groupes religieux fondamentalistes : s'attaquer aux non-croyants (ayant foi en une autre religion) et aux incroyants (agnostiques et athées). La société des Frères musulmans est le plus ancien des groupes actuellement actifs. Organisation religieuse protéiforme, à la fois association caritative et organisation politique, elle est d'abord un groupe religieux égyptien au discours historiquement fondamentaliste (théorisé par Sayyid Qutb – condamné en 1966 à la pendaison) et reposant sur une organisation particulière : un "guide suprême", un conseil de direction, une assemblée et des représentations locales. Le message religieux affiche une volonté de retourner à l'islam originel et prend fréquemment une tonalité politique. C'est ainsi que la charte de l'organisation stipule la nécessité d'imposer strictement la loi religieuse musulmane (charia) dans les codes juridiques civils. Le vide institutionnel, né de la révolution populaire qui a chassé Hosni Moubarak du pouvoir (février 2011), fait des Frères musulmans une organisation pivot dans la reconstruction politique de l'Égypte, et ce dans un contexte de fortes persécutions contre les chrétiens coptes (attentat contre la communauté chrétienne d'Alexandrie lors de la messe du Nouvel An 2011, 21 victimes).

Certaines religions développent l'idée de guerre sainte. Dans l'islam, la notion de djihad ("lutte") est polysémique. Elle est d'abord le combat que doit mener le fidèle pour atteindre un perfectionnement moral. Mais le terme a aussi pris le sens de combat sur la voie de Dieu contre les païens et les dissidents. Le Coran stipule ainsi "Tuez les polythéistes partout où vous les trouverez" (9,5), ce qui ne concerne ni les juifs ni les chrétiens, considérés comme des "gens du livre" croyant en Dieu. Dans le christianisme, saint Augustin se penche, au IVe siècle, sur la notion de "guerre juste", laquelle doit relever d'un combat défensif dans l'intérêt du bien commun. Au XIIIe siècle, Thomas d'Aquin précise le concept. Selon lui, la guerre est juste dès lors qu'elle relève exclusivement de la puissance publique, qu'elle est essentiellement (mais pas exclusivement) défensive, qu'elle paraît inévitable (sans autre recours possible) et qu'elle relève enfin d'une intention juste (promouvoir le bien et éviter le mal). Quant à la notion de "guerre sainte" dans la chrétienté, elle est surtout fonction d'un contexte, celui d'affrontements contre les hérétiques durant le Moyen Âge, le médiéviste Jean FLORI démontrant, dans *Croisade et chevalerie XIe-XIIe siècles* [1998], que "la guerre serait en soi considérée comme sainte par le fait même qu'elle est prêchée par le pape, menée sur son ordre avec l'intention de défendre les intérêts du Saint-Siège". Guerre sainte et guerre juste dans la chrétienté ne sont donc pas des guerres de conversion forcée, même si certains épisodes de ce genre ont pu exister dans le cadre d'une interprétation violente du verset évangélique : "va-t-en par les routes et force les gens à entrer afin que ma maison soit remplie" (Luc, 14, 23). Les Croisades n'ont ainsi jamais été menées pour forcer à la conversion mais au nom d'une "juste cause" (les "offenses" faites aux chrétiens en Terre sainte).

• Châtier les hérétiques au sein de son propre groupe religieux

Les conflits religieux prennent aussi la forme de conflits intrareligieux dont l'objectif premier consiste à réduire à néant les fidèles considérés comme déviants (hérétiques) ou timorés par rapport à un dogme officiel. Jadis par la force puis par la persuasion pacifique, le tribunal de la Sainte Inquisition (instauré en 1199 par Innocent III et, après maintes mutations, devenu Congrégation du Saint-Office en 1908, puis en 1965 Congrégation pour la doctrine de la foi) avait cette mission première dans l'Église catholique.

En terre d'islam, certains exemples récents ont montré que les groupes islamistes les plus radicaux n'hésitent pas à porter le fer contre les musulmans jugés trop timides par rapport à leur souhait d'imposer un islam absolu et rigoriste.

Durant les années 1990, suite à l'annulation de la victoire des islamistes dans les urnes, des groupes armés radicaux (les GIA : Groupes islamiques armés) ont semé la terreur en Algérie durant une décennie de guerre civile menée contre le pouvoir en place à Alger mais également contre les musulmans taxés d'impiété (*kufr*) et contre les non-musulmans. Le conflit fit entre 50 000 et 150 000 victimes, traumatisant durement le pays. Héritiers du GIA, le GSPC (Groupe salafiste* pour la prédication et le combat) puis AQMI (Al Qaida au Maghreb islamique) mènent ponctuellement des attentats dans la région.

En Irak, dans le chaos qui a suivi le renversement du régime de Saddam Hussein par les troupes américaines en 2003, les communautés sunnites et chiites se sont mortellement opposées. Une partie de la minorité sunnite qui contrôlait jusqu'alors le régime n'a en effet pas accepté que le pouvoir passe entre les mains de la majorité chiite. La distinction entre les deux branches de l'islam est ici identitaire ; au nord du pays, dans le Kurdistan irakien, les différentes communautés religieuses (sunnites, chiites, chrétiens) continuent à vivre en relative harmonie car elles sont cimentées par la langue kurde, vecteur de leur volonté d'autonomie par rapport au reste du pays.

• Bâtir, par la force, un État religieux

En Arabie Saoudite, l'islam wahhabite* est le facteur d'unité de l'État : il y est religion officielle unique. Toute construction d'église ou de synagogue est proscrite et tout culte religieux non musulman est prohibé.

L'Iran est la seule véritable théocratie* du monde musulman (pouvoir politique entre les mains des clercs), incarnant l'aboutissement du projet islamiste chiite d'instauration d'un État religieux. Mise en place par la révolution islamiste de 1979, la constitution iranienne octroie un pouvoir politique majeur au clergé chiite. Ainsi, le plus haut personnage du régime n'est pas le président de la République mais le Guide suprême de la Révolution (un ayatollah – dignitaire religieux – en l'occurrence Ali Khamenei depuis 1989). Il est désigné par l'Assemblée des experts, qui comprend 86 religieux (mollahs) élus par leurs pairs pour 8 ans. La logique théocratique du système est garantie par le fait que les candidats à tous les postes politiques du pays doivent être approuvés par le Conseil des gardiens, lequel est formé de 12 membres dont 6 religieux nommés par le Guide suprême.

Dans l'Union indienne, certaines organisations et partis politiques militent ouvertement pour la redéfinition de l'État, l'objectif étant de faire de l'Inde non plus une entité plurinationale et laïque mais un pays reconnaissant l'hindouisme en tant qu'élément fédérateur de la nation (hindouité). Le *Sangh Parivar* regroupe ainsi le parti politique BJP (*Bharatiya Janata Party*), au pouvoir de 1996 à 2004, et des organisations plus extrémistes comme l'Association des volontaires nationaux (RSS), fondée en 1925, et l'Assemblée hindoue universelle (VHP).

Les conflits religieux : à relativiser souvent, à nuancer constamment

• Le retour du "refoulé religieux" [Thual, 1995] au service des nationalismes

Depuis la fin de la guerre froide (v. Les conflits géopolitiques dans l'aire post-soviétique), le fait religieux gagne en impact dans les grilles de lecture géopolitique du monde. Ainsi, en Afrique du Nord et au Proche-Orient, le panarabisme*, politiquement socialisant et laïc, a cédé la place à un panislamisme* puissant. Au Liban et en Israël, des États islamistes projettent leur ombre sur les acteurs du conflit. Au Liban, le Hezbollah est largement soutenu par l'Iran chiite. Dans la bande de Gaza, le groupe armé Hamas a pris le contrôle du pouvoir, suite aux élections législatives de 2006. Puissamment soutenu par l'Arabie Saoudite wahhabite, il multiplie les prises de position rigoristes et se tourne contre le Fatah jugé par trop complaisant en Cisjordanie à l'égard d'Israël.

En Europe (v. Conflits en Europe), l'implosion de la Yougoslavie (1991-2008, depuis l'indépendance de la Slovénie et de la Croatie jusqu'à l'indépendance du Kosovo) symbolise hautement le retour du religieux. Habilement, Tito avait su faire du communisme et du partage fédéral du pouvoir politique un éteignoir de la question religieuse dans un pays pour l'essentiel uni par une même langue (le serbo-croate) mais divisé entre orthodoxes (Serbes, Macédoniens, Monténégrins), catholiques (Slovènes, Croates) et musulmans (Kosovars, Bosniaques). L'effondrement du communisme en Europe à partir de 1989, le projet serbe de constituer une Grande Serbie, les velléités d'émancipation des peuples travaillés par le désir d'indépendance ont eu raison de la Yougoslavie.

Diversité religieuse, pluralité des conflits

I. Des conflits religieux protéiformes

1. *Des guerres de religion multiples*

Sécessionnisme musulman et agitation islamiste
Attentats perpétrés par Al-Qaida
Minorités chrétiennes persécutées
Conflits inter-religieux

2. *Des hauts lieux religieux, points chauds géopolitiques*

Jérusalem : la ville trois fois sainte
Ayodhya : la mosquée de Babur, démolie par des Hindous : 2 000 victimes en 1992
Amritsar : le Temple d'Or des Sikhs, dans un territoire entre hindouisme et islam
La Mecque : le sanctuaire sacré de l'islam

II. De nombreuses causes sous-jacentes au cœur des conflits religieux

1. *Des facteurs économiques : des ressources au centre des conflits religieux*

Réserves majeures en hydrocarbures
Terres agricoles et eau convoitées

2. *Des facteurs territoriaux : logiques impérialistes de conquête et luttes contre les sécessionnismes intérieurs*

Litiges frontaliers
Etats et régions confrontés à des tensions séparatistes intérieures

III. Faire la paix : plus qu'un vœu pieu

1. *Faire la guerre pour atteindre, à terme la paix ?*

Coalition internationale contre le terrorisme
Coalition états-unienne contre l'Irak (2003)

2. *Institutions internationales et centres religieux*

Siège de l'ONU
Vatican : l'Etat de la papauté
Université al-Azhar : centre intellectuel du monde musulman
Etat membre de l'Organisation de la Conférence islamique : unique organisation interétatique dans le monde à vocation religieuse

3. *Un monde organisé autour de grandes aires culturelles civilisationnelles (découpage Samuel Huntington)*

Aire musulmane
Aire occidentale, russe orthodoxe, latino-américaine, océanienne
Aire africaine
Aire indienne
Aire bouddhiste

Diversité religieuse, pluralité des conflits

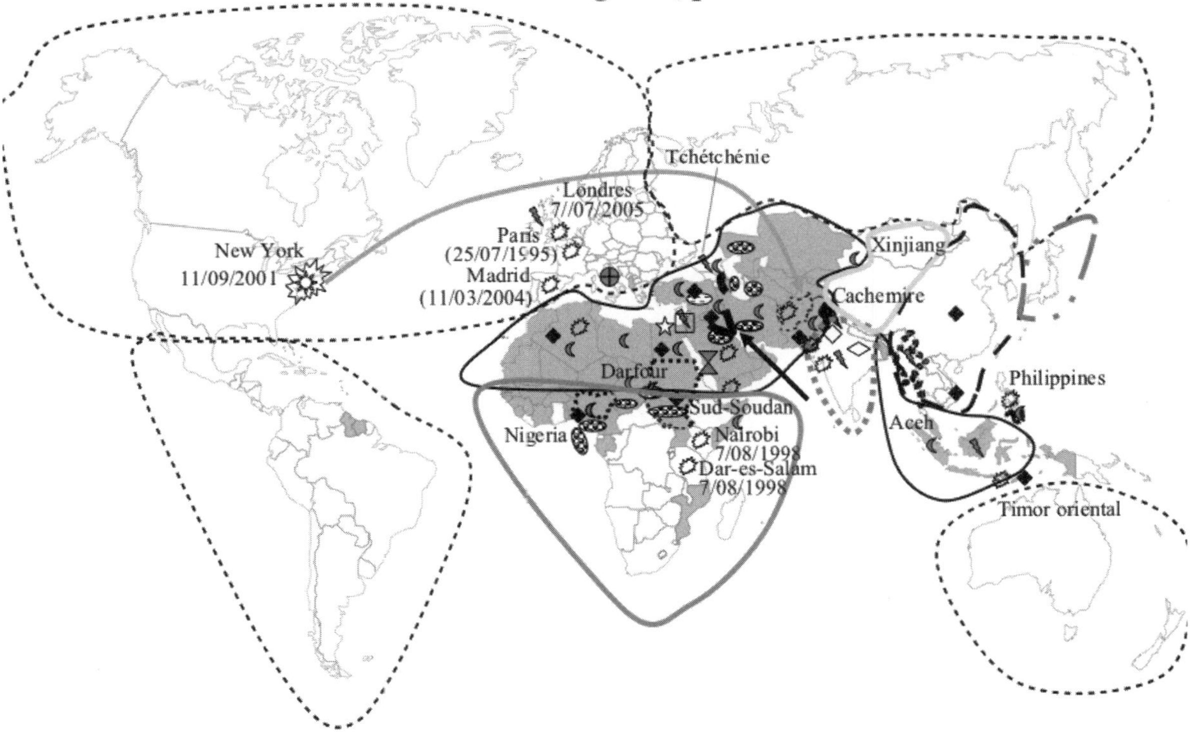

• Conflit de religion, conflit de civilisation ?

La publication du *Choc des civilisations* de Samuel Huntington a, avec force débats, réintroduit dans le champ scientifique un concept qui avait pratiquement disparu. Définissant, avec Braudel, la civilisation comme “un espace [qui s’avère être] l’entité culturelle la plus large”, il affirme que “de tous les éléments objectifs qui définissent une civilisation, le plus important est en général la religion” [Huntington, 1997].

La thèse principale énoncée par Huntington réside dans le fait que les limites entre civilisations sont mouvantes et que les déplacements s’exercent actuellement au profit de la civilisation musulmane. Huntington insiste sur la progression démographique du *Dar al-Islam* (le territoire de l’Islam) et sur le dynamisme des conversions à l’islam cependant que l’Occident serait en phase de repli. Huntington en conclut de façon lapidaire : “à long terme, cependant, Mahomet vaincra”. L’approche civilisationnelle est aujourd’hui reprise par des chercheurs comme Aymeric Chauprade qui affirme “le choc des civilisations est au cœur de l’histoire” [Chauprade, 2009]. Mais elle a surtout suscité méfiances et critiques acerbes. Le concept civilisationnel est réducteur dans le sens où il postule une unité intracivilisationnelle forte. Or, rien n’est moins vrai, y compris au sein de l’islam. Ainsi, Gilles Kepel [2004] a montré la profonde division (“*fitna*”), jusqu’au chaos du monde musulman, aussi bien sur le plan religieux que politique.

CONFLITS ET ENVIRONNEMENT

Géopolitique et environnement

La géopolitique, qui étudie les rivalités de pouvoir sur et à propos des territoires*, se prête bien à l'analyse des problèmes d'environnement* qui sont par essence conflictuels. L'environnement sera pris au sens du substrat biophysique et des écosystèmes* qui interagissent avec les sociétés humaines. Les dimensions écologiques (factuelles) et sensibles (représentations, perceptions) s'articulent pour former cette entité [Berque, 1990]. La nature, qui correspond davantage aux aspects symboliques et sentimentaux, pourra être utilisée comme synonyme. Même si l'anthropisation marque plus ou moins tous les milieux* de la terre, cette action n'est pas toujours volontaire et consciente. De même, la naturalité – ensemble des processus naturels à la surface de la planète – marque plus ou moins tous les espaces, y compris les plus anthropisés où les lois de la physique continuent à s'appliquer. Tout est une question de degré. L'environnement pourra donc concerner des milieux faiblement humanisés mais également des territoires qui le sont davantage car les questions de l'eau (v. L'eau, entre conflits et coopérations), du nucléaire, de la pollution, de l'alimentation (v. Les conflits alimentaires) font partie des enjeux sociétaux de l'environnement au sens large. Force est de constater l'imbrication des problématiques environnementales et sociales car là où l'environnement est dégradé, des populations humaines finissent toujours par en pâtir.

Le conflit est le carburant de l'analyse géopolitique et, comme le rappelait précocement Y. Lacoste [1976], l'environnement en fournit une matière riche. Or, la protection de l'environnement est rarement consensuelle et la présence de la violence a longtemps été sous-estimée dans les études environnementales. Cette violence peut aller jusqu'à l'action armée, voire militaire. Mais, comme le rappelle S. Rosière [2008], si toute guerre* est un conflit*, tout conflit n'est pas une guerre. Il est donc nécessaire de distinguer les conflits environnementaux et les conflits d'environnement, plus généraux, qui englobent les premiers.

Les conflits environnementaux sont de deux types [Gauchon, 2010]. Ils éclatent quand des acteurs se mobilisent à la suite d'une dégradation environnementale, comme par exemple lors d'une installation d'infrastructures dérangeantes, polluantes ou potentiellement polluantes (passage d'une autoroute, élevage industriel, centrale nucléaire). Pour certains géographes, il s'agit aussi de conflits d'aménagement [Lecourt, 2004 ; Subra, 2008]. Le deuxième type se déclenche à cause d'une politique environnementale, de ses effets réels, supposés ou fantasmés comme dans le cas où des acteurs réagissent, s'organisent face à la mise en place d'une aire protégée ou de la protection d'une espèce animale problématique comme l'ours ou le loup. Dans ces deux cas de figure, qui peuvent être concomitants – à savoir un enjeu qui mobilise en sa faveur et sa défaveur –, la violence est souvent présente, sous forme symbolique, verbale ou physique.

Un conflit d'environnement peut impliquer des conflits armés où l'environnement est cadre et "victime" et non l'enjeu de la guerre. Même s'il a pu être question de "guerre des OGM" ou de "guerre de Natura 2000", il s'agit d'un emploi symbolique exagéré, car aucune guerre n'a eu pour enjeu premier l'environnement en tant que tel. En revanche, plusieurs guerres, notamment coloniales (Algérie, Vietnam) ont eu des effets collatéraux ou stratégiques sur les milieux. Ainsi, notre propos sur les conflits d'environnement s'articulera autour de deux axes : les conflits environnementaux où l'environnement est moteur de l'affrontement, souvent sur des territoires à grande échelle ; les conflits d'environnement où celui-ci est une victime, ciblée ou non, dans le cadre de guerre. Cependant, dans les deux cas, le conflit s'opère à plusieurs échelles. Les conflits d'environnement sont donc fondamentalement géographiques puisque l'environnement est potentiellement l'objet et le cadre territorial vivant.

L'environnement comme moteur de conflit

Quand l'environnement est moteur de conflit, il s'agit également d'affrontements idéologiques qui ont un point de départ écologique et des effets sur le substrat biophysique. Le rôle des idées, même fausses, est capital en géopolitique, car ce sont elles qui, autant que les données matérielles, déterminent le choix des stratégies. Ces idées ou représentations géopolitiques ont principalement deux sens selon Yves Lacoste. Le premier renvoie à représenter, rendre présent, dessiner. Or les idées géopolitiques se réfèrent à des territoires, matérialisés par des cartes. Deuxièmement, la représentation est l'acte par excellence du théâtre, acte qui rend symboliquement présents personnages et situations dramatiques. Il ne faut pas minimiser le sens théâtral de la représentation car la plupart des conflits géopolitiques (dont les conflits d'environnement) sont pensés en termes de drame, suscitant la création de personnages symboliques, d'entités fortement évocatrices (ex. : La France mais aussi, L'Agriculteur, L'Ours, La Forêt, L'État centralisateur…). Dans le débat démocratique, chaque force en présence va jouer de ces représentations contradictoires (se mettant notamment en posture de victime) et utilise à son profit le rôle grandissant de l'opinion publique par le biais des médias. Il est donc important d'être attentif aux antagonismes plus ou moins efficacement relayés par les médias.

Depuis les années 2000, des démarches de géographie sociale, géographie politique et géopolitique se sont intéressées, directement ou indirectement, aux conflits d'environnement [Charlier, 1999 ; Rodary, 2003 ; Lecourt, 2004 ; Laslaz, 2005 ; Laslaz et Héritier, 2008 ; Depraz, 2008 ; Benhammou, 2007]. Dans tous les cas, l'étude du jeu des acteurs est centrale car chacun a son projet de territoire qui peut potentiellement entrer en conflit avec celui des autres. Souvent, le conflit éclate autour d'un point focal ou d'un événement géopolitique local [Depraz, 2008 ; Benhammou, 2007] qui peut être majeur ou mineur : le lancement de travaux de déforestation, la réintroduction de l'ours. Sans vouloir tendre à l'exhaustivité, certains conflits environnementaux emblématiques s'avèrent des études de cas riches d'enseignement : les fronts* pionniers au Brésil et la pêche (v. Les conflits alimentaires) au thon rouge en Méditerranée relèvent d'enjeux territoriaux et environnement locaux faisant écho à des échelles supérieures.

La violence, présente dans les conflits environnementaux au Nord comme au Sud, est marquée par une mortalité forte au Brésil. Plusieurs travaux de géographes ont mis au jour les mécaniques de la violence dans ces conflits principalement situés sur les fronts pionniers [Thery, 2005 ; Simmons *et al.*, 2007 ; Arnauld de Sartre et Taravella, 2009 ; Arnauld de Sartre et Berdoulay, 2011]. La forêt amazonienne est reconnue internationalement pour la richesse de sa diversité biologique, ses fonctions climatiques et ses sociétés amérindiennes. Mais pour beaucoup d'acteurs économiques, brésiliens ou étrangers, ses marges sont des zones de colonisations sources de gros profits. Les conflits environnementaux sur les fronts pionniers opposent des acteurs aux perceptions et intérêts différents, et ce dans une dimension multiscalaire. Rappelons également qu'au Brésil les conflits environnementaux sont des conflits sociaux et inversement. Ainsi dans la région d'Altamira (État de Pará), la bourgeoisie locale est principalement constituée par les grands propriétaires. Elle s'associe aux exploitants forestiers, souvent exogènes, et au pouvoir local pour dénoncer les politiques environnementales présentées comme des ingérences de l'État fédéral et d'ONG internationales [Arnauld de Sartre et Berdoulay, 2011].

L'assassinat politique est une arme courante utilisée dans une impunité quasi totale comme le montrent les cas célèbres de Chico Mendes (1998) ou de sœur Dorothy (2005). Cette religieuse américaine, naturalisée brésilienne, imprégnée de la théologie de la libération et d'écologie, met en place un projet de développement* durable pour installer de petits paysans sans terre et un système de réserves écologiques sur des terres convoitées par de grands propriétaires voulant déforester. Au su de tous, ces derniers mettent un contrat sur sœur Dorothy que la police locale refuse de protéger. Quelques jours plus tard, elle est abattue sur les terres du projet par des tueurs à gage. La grande popularité locale de la religieuse fait remonter l'affaire au niveau fédéral, quelques condamnations tombent, mais les vrais commanditaires ne sont pas inquiétés. Ce type de conflit montre bien les difficultés de l'État fédéral à exercer le pouvoir sur des marges où la collusion entre le pouvoir local et les grands propriétaires est forte. Bien souvent, ces derniers évitent d'attirer l'attention de Brazilia en éliminant syndicalistes agricoles et environnementalistes avant qu'ils ne prennent de l'importance afin que l'affaire soit classée par les autorités locales. Les commanditaires s'arrangent ensuite pour se faire connaître de tous et signifier que les personnes tuées sont systématiquement torturées avant, souvent en toute impunité [*Ibid.* ; Simmons *et al.*, 2007]. Ainsi les zones de contact entre aires écologiquement riches, réserves indigènes et axes de colonisation constituent des points critiques permettant de prévoir les conflits et la violence : "Des conflits sont surtout probables aux points où coïncident importance écologique, forts investissements et zones de colonisation de la réforme agraire" [Théry, 2005]. Cela va même plus loin car une géopolitique locale de la crainte et de l'assassinat s'installe durablement sur les fronts de l'État de Pará, le plus violent du pays. Les écologistes en sont réduits à dénoncer les atteintes à l'environnement de l'extérieur, ce qui permet aux grands propriétaires de les décrire comme des bureaucrates loin du terrain afin de les décrédibiliser [Arnaud de Sartre et Taravella, 2009].

LA GRAVITÉ DES CONFLITS ENVIRONNEMENTAUX DANS L'AMAZONIE BRÉSILIENNE

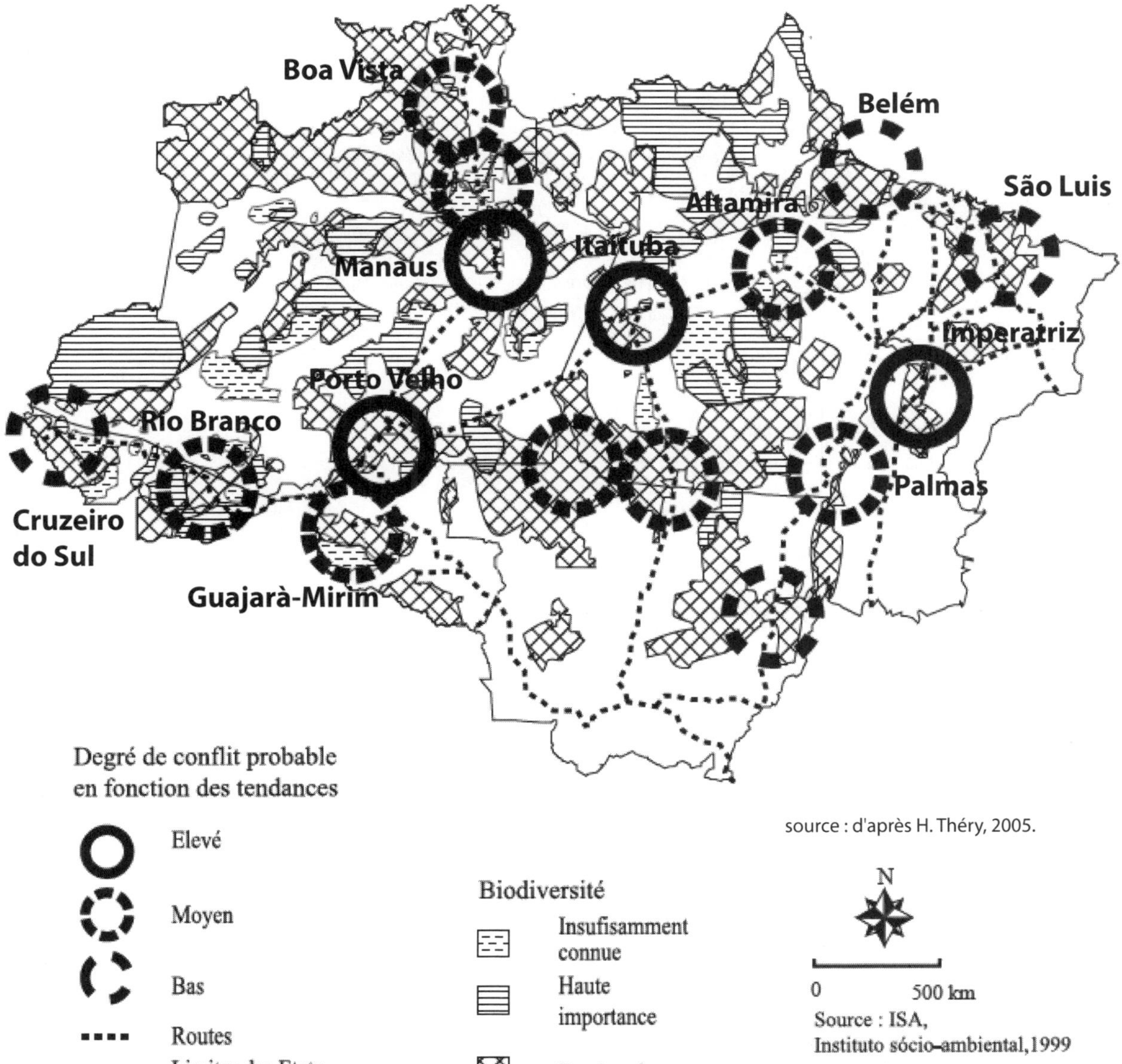

source : d'après H. Théry, 2005.

La pêche au thon

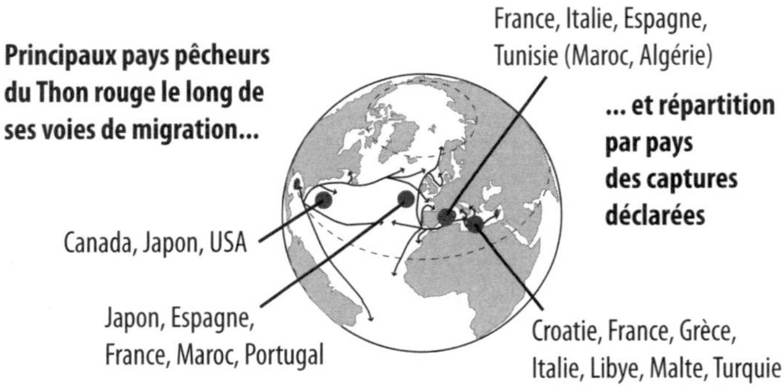

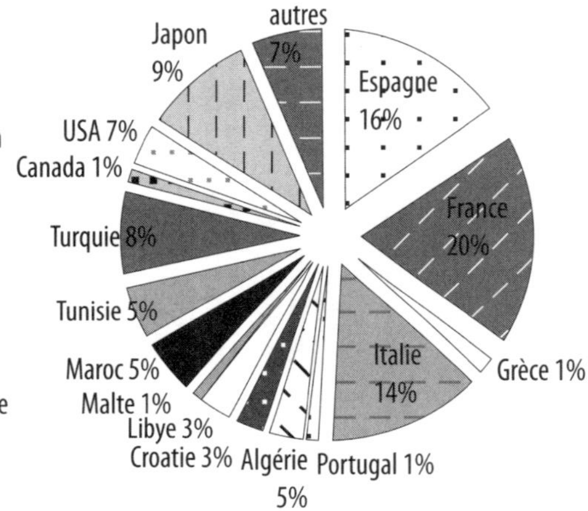

Nom latin : *Thunnus thynnys* (Linnaeus, 1758)

Espèce pélagique de surface, qui peut plonger à 1 000 m

Distribution : Atlantique Nord et mers adjacentes

Grand migrateur, se déplace en bancs

Capable de réguler sa température corporelle

Prédateur de poissons, crustacés et céphallopodes

Longévité : 20 à 40 ans
Taille max. > 3 m (700 kg)

Maturité :
à l'Est, 4 ans (1,2 m. 30 kg)
à l'Ouest, 8 ans (1,8 m. 140 kg)

Fécondité : une femelle pond entre 5 millions et 45 millions d'oeufs

Période de ponte : mai-juin dans des eaux de température proche de 24° C

Zones de ponte connues : en Méditerranée et dans le golfe du Mexique

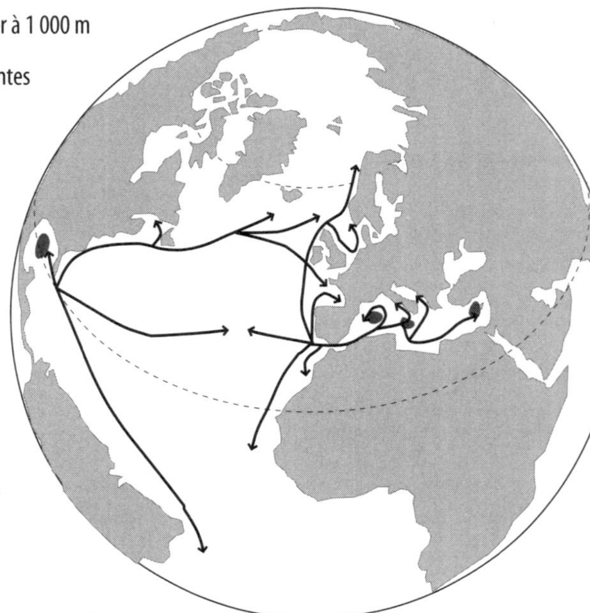

Source : IFREMER

Autre conflit environnemental à l'articulation multiscalaire révélatrice : la pêche au thon rouge en Méditerranée. C'est un conflit type où une espèce semble condamnée. Un diagnostic est établi qui peut éventuellement la sauver, mais rien n'est fait pour aller dans ce sens, bien au contraire. Ce dossier rappelle le cas de l'ours des Pyrénées dont la disparition a été accompagnée : malgré les rapports scientifiques et l'organisme local de concertation mis en place, les pouvoirs publics ont laissé l'ours autochtone pyrénéen s'éteindre [Benhammou, 2005]. Dès les années 1960, des signes de surpêche apparaissent. La situation devient dramatique car l'organisme de gestion, l'ICCAT (*International Commission for the Conservation of Atlantic Tunas*) est impuissante dès sa création car elle ne contrôle pas la pêche illégale, pourtant plus de 50 % des prises au moins [Cury et Miserey, 2008]. L'ICCAT regroupe des représentants des pays pêcheurs qui se retrouvent juge et partie, tout en proposant des recommandations timides, non appliquées le plus souvent. Malgré le flou statistique, la baisse des populations de thons est estimée à 74 % depuis les années 1950. Après l'épuisement des stocks en Atlantique, cause de la “guerre des pêcheurs” entre Espagne et France, les principaux pays thoniers sont reportés sur la Méditerranée. Le non-droit est totalement assumé, en particulier par les pêcheurs français qui ont mené une véritable “course au thon” en 2007 en prélevant le double de leur quota autorisé (10 785 t contre 5 593 t allouées par la Commission européenne). Alors que les scientifiques préconisaient un quota total maximal de 15 000 t, l'ICCAT accordait 32 000 t, dépassées vu l'absence de contrôle. Les autorités italiennes et françaises vont systématiquement contre les tentatives de régulation de l'Union européenne de cette pêche très rentable. Le Japon, qui exerce de grosses pressions internationales contre la fin de cette pêche, importe 85 % des prises. Les prix sont de l'ordre de 40 à 75 €euros le kilo, sachant que les gros spécimens font près de 300 kg ; certains, de qualité exceptionnelle, peuvent coûter plus de 100 000 euros pièce à Tokyo [IFREMER, 2008 ; Casalonga, 2010]. Par ailleurs, les fermes en pleine mer qui engraissent les poissons capturés et surtout les stocks surgelés dans les congélateurs de firmes nipponnes permettraient de tenir plusieurs années. Même la disparition de l'espèce en milieu sauvage est potentiellement source d'énormes profits avec la hausse des cours qui s'ensuivrait. Seules les ONG luttent activement, mais elles se heurtent à un milieu violent qui n'hésite pas à livrer de véritables batailles navales. En 2007, des pêcheurs français attaquent un bateau de l'organisation environnementale *Oceana* en train de les filmer lors d'une campagne illégale en Libye. En juin 2010, près de Malte, un militant de Greenpeace* est harponné et traîné sur plusieurs mètres. Sérieusement blessé, il est évacué par un hélicoptère de l'ONG qui essuie les tirs de fusées éclairantes des pêcheurs. Quelques jours plus tard, en Libye, un navire de l'ONG radicale *Sea Shepherd*, le Steve Irvin, se fait éperonner par un bateau de pêcheur venu à la rescousse d'un thonier. Celui-ci remorquait de jeunes thons capturés pour engraissage. Parce que les pêcheurs français capturent illégalement dans les eaux libyennes, l'association avait proposé un contrôle de légalité, catégoriquement refusé. Malgré les jets de harpons, des plongeurs de l'ONG profitent de l'altercation pour libérer les 800 thons. À l'échelle internationale et nationale, non seulement les limitations de cette pêche sont virtuelles, mais les comportements délinquants des pêcheurs de thon sont impunis et les autorités se montrent “compréhensives” à leur égard. Seules les interventions de terrain à l'échelle locale représentent une gêne, certes ponctuelle, à une activité destructrice écologiquement et non durable économiquement. Cette pêche, de type minière, a nui à la petite pêche au thon artisanale à l'échelle locale. Dans cet exemple, aucun souci n'est accordé à une espèce en voie d'extinction qui est aussi une ressource mal gérée. Le précédent de la disparition de la morue dans l'Atlantique nord a pourtant montré la possibilité d'une disparition irrémédiable car, plusieurs années après l'arrêt de la pêche, les poissons n'ont pas réapparu.

L'environnement comme théâtre et victime (stratégique) des conflits

L'environnement peut être aussi une victime collatérale ou une cible stratégique d'actions armées. La Tchétchénie, l'Afghanistan, l'Irak entre autres fournissent de nombreux exemples de nature dégradée par la guerre [Vadrot, 2006]. L'Afrique des Grands Lacs (v. L'Afrique subsaharienne, théâtre de tous les conflits ?) est une région du monde riche d'une diversité de milieux. Elle est humainement dense et ce de longue date. Cependant, de 1994 à 2002, près de 5 millions de personnes auraient perdu la vie dans les différents conflits, principalement en République démocratique du Congo et au Rwanda [Gresh *et al.*, 2009]. C.-M. Vadrot avance l'hypothèse d'un "génocide environnemental" faisant un lien entre les fortes densités humaines des collines rwandaises, l'assaut grandissant contre les derniers espaces forestiers protégés, la dégradation de l'environnement, l'érosion* des terres agricoles induite et les tensions interethniques. D'autres facteurs historiques et politiques sont à prendre en compte dans le génocide rwandais et les guerres dans les pays voisins, mais les tensions environnementales ne doivent pas être sous-estimées. Les camps de réfugiés*, les populations civiles en fuite, les troupes rebelles ont sollicité la forêt et bon nombre d'espèces protégées. Les hippopotames, les grands singes en voie de disparition comme les gorilles ou les chimpanzés ont servi de viande de brousse ou de ressources économiques finançant les trafics d'armes. La rareté de ces animaux augmentait leur valeur et aussi leur risque d'extinction. Le parc du Virunga aux confins de la RDC et du Rwanda en a fait les frais. Il y a donc interactions et rétroactions fortes entre sociétés dramatiquement touchées et environnement dégradé.

Dans plusieurs conflits anciens ou actuels, des protagonistes ont choisi de s'attaquer aux milieux pour affaiblir ou abattre l'ennemi. L'exemple le plus parlant réside dans les conséquences de la guerre du Vietnam [Tran, 2006 ; Tran *et al.*, 2007 ; Vadrot, 2006 ; Bouny, 2010]. L'opération militaire américaine *Ranch Hand* (1961 à 1971) visait la destruction des formations végétales, forêts et mangroves*, du Sud-Vietnam. Dans un schéma de synthèse, Tran Tao met en évidence les objectifs militaires de destruction et les écosystèmes cibles, tout en montrant les moyens employés et les conséquences attendues sur l'environnement. Elle y reprend les concepts d'*Environmental Warfare* (guerre environnementale) et de conflit vert [d'après Westing in Tran, 2006]. Le premier consiste en une perturbation massive de l'environnement comme le largage par l'aviation américaine d'iodure d'argent dans les nuages pour prolonger la mousson et perturber la logistique vietcong. Le second s'apparente au conflit d'environnement puisqu'il concerne les affrontements qui visent, de la grande à la petite échelle, l'environnement à des fins stratégiques. Tirant les enseignements de Diên Biên Phu où les Français à découvert ont perdu face à des Vietnamiens qui avaient des dizaines de kilomètres de profondeur stratégique dans les forêts environnantes, les Américains épandent 350 millions de litres de défoliants et de pesticides sur 3 millions d'hectares et 20 000 villages [Bouny, 2010 ; Vadrot, 2006]. L'objectif est de détruire la végétation le long des pistes et cours d'eau pour faciliter les patrouilles et d'anéantir les zones de repli de l'ennemi. Les bombardements touchent indifféremment milieux forestiers, mangroves, rizières et cours d'eau, notamment pollués par divers agents, dont l'agent orange de la firme Monsanto. C'est un véritable "écocide" aux effets toujours présents, de l'organisme monocellulaire aux espèces supérieures, dont l'homme. La flore, la faune sauvage – tigre, rhinocéros, gibbons pour les plus emblématiques –, les animaux domestiques sont durablement touchés, de nombreuses espèces disparaissent. Crimes contre l'humanité et contre l'environnement se confondent ici [Bouny, 2010 ; Tran *et al.*, 2007]. Près de 5 millions de personnes ont été exposées à l'agent orange, riche en dioxine, dont quelques grammes suffisent à perturber la chaîne alimentaire. Les 300 000 enfants et trois générations concernés ont engendré des "enfants monstres". La disparition de l'humus* a entraîné l'apparition d'herbes envahissantes, la stérilisation et l'érosion des sols, accrues par la disparition de mangroves. La mer de Chine est encore marquée par les polluants et de ce conflit.

Au final, les conflits d'environnement ont des intensités et des portées territoriales variables, de l'échelle d'une commune à celle d'un ou plusieurs pays. D'ailleurs, qu'il s'agisse des affrontements ou du règlement des conflits, ils transcendent et traversent les échelles. À ce titre, il faut se garder de visions simplistes présentant les problèmes d'environnement comme des oppositions d'échelle : le local contre le national ou l'international. Les acteurs interagissant à toutes les échelles, la vision systémique est plus salutaire. De même, la protection de l'environnement n'est pas simplement une préoccupation de pays du Nord [Nke Ndih, 2002]. Au Nord comme au Sud se trouvent protecteurs et opposants, qui s'affrontent dans une violence multiforme. Un décalage existe d'ailleurs entre les prises de conscience, souvent anciennes, et les actions environnementales. À ce titre, les pouvoirs publics demeurent ambigus : ils peuvent être initiateurs de protection, mais aussi soutien passif ou actif aux acteurs opposés à la prise en compte de l'environnement. Pourtant, ces conflits d'environnement révèlent souvent les imbrications entre les intérêts des populations humaines et les entités écologiques.

Guerre et environnement au Vietnam (extrait de Tran et al.. 2007. Réalisation : Tran, 2004)

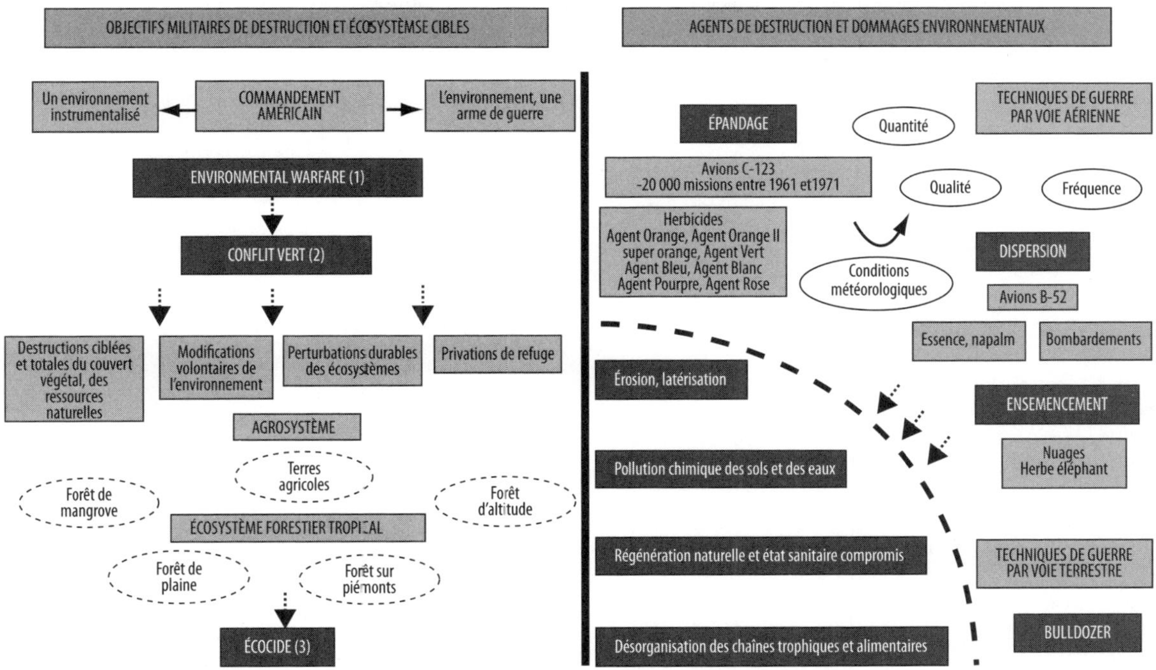

RÉGIONS EN CONFLITS

UNE GÉOPOLITIQUE DU MOYEN-ORIENT : CONFLITS, TERRITOIRES ET SOCIÉTÉS

Le Moyen-Orient est un espace aux limites floues notoirement connu pour ses conflits* et leur portée internationale. Traditionnellement les géographes français distinguaient Proche-Orient (les rivages orientaux de la Méditerranée depuis la Syrie jusqu'à l'Égypte, aussi appelle le “Levant”, Machrek en arabe) et Moyen-Orient (au sens large, de la région du golfe Arabo-Persique à la vallée de l'Indus). Avec l'ouverture du canal de Suez en 1869 et l'extension de la problématique pétrolière vers le golfe Arabo-Persique, les Anglais emploient le terme *Middle-Est*, que les Américains étendent à la fin du XXe siècle jusqu'à l'Afghanistan (v. La géographie de la paix et Les conflits en Asie) et au Pakistan à l'est et jusqu'au Maroc à l'ouest “Grand Moyen-Orient”. Nous n'irons pas jusque-là et nous retiendrons l'expression usuelle de Moyen-Orient qui comprendra l'Égypte, la péninsule arabique, Israël et les Territoires palestiniens, la Syrie, le Liban, la Jordanie, l'Irak, l'Iran et la Turquie.

Plusieurs éléments clefs sont importants à appréhender afin de comprendre la géopolitique de la région : l'accès et la maîtrise de ressources stratégiques telles que l'eau (v. L'eau, entre conflits et coopérations) et les hydrocarbures (v. Les hydrocarbures, enjeux de conflits) sur lesquelles nous insisterons ; l'islam et l'islamisme (v. Les conflits religieux) et enfin le conflit israélo-palestinien (v. La dimension spatiale des rapports de pouvoir), le tout sur fond d'ingérence européenne puis américaine. Les hydrocarbures, souvent présentés comme une bénédiction, s'avèrent tout autant une plaie dans la mesure où ils suscitent les convoitises et entretiennent des régimes rentiers inégalitaires économiquement non viables à long terme. Avec 65 % des réserves de pétroles estimées et 40 % des réserves gazières [PAILLARD, 2010], le Moyen-Orient est pour longtemps la principale zone d'approvisionnement tant des pays développés que des pays émergents. Les Occidentaux sont présents dans ce secteur depuis les origines de l'exploitation, au début du XXe siècle, les Britanniques puis les Américains s'assurant de la pérennité des approvisionnements. L'islam, dans sa complexité, est également un élément culturel et historique à prendre en compte. Outre ses différentes variantes, sunnisme* et chiisme*, eux-mêmes subdivisés en courants, l'islam en tant que religion ne doit pas être confondu avec l'islamisme, qui est son expression politique également multiforme, puisqu'il va de l'islamisme radical, usant ou non de la violence, aux islamo-conservateurs turcs qui sont des démocrates. La composante arabe de la région, dominante, excepté en Iran, Turquie et Israël, a généré un nationalisme panarabe à tendance laïque. Porté par des figures comme Nasser en Égypte ou les partis Baas en Irak et Syrie, cette idéologie a échoué à fédérer les peuples et l'islamisme l'a supplantée à partir des années 1980. Mais, hormis en Arabie Saoudite où le wahhabisme* peut en être considéré comme une forme archaïque ou en Iran où il s'est institutionnalisé, ce mouvement se manifeste en dissidence plus ou moins influente, la composante nationale suscitant des spécificités (Frères musulmans en Égypte, Hamas en Palestine, Hezbollah au Liban). Il est souvent caricaturé sous sa version extrême et terroriste (Al Qaïda), ou pire, simplement amalgamé à l'islam par les Occidentaux qui ont fréquemment aveuglément soutenu des régimes autoritaires réprimant indifféremment islamistes et démocrates. Le troisième élément stratégique est le conflit israélo-arabe, devenu israélo-palestinien. Il est un point de fixation des tensions régionales. C'est un des derniers grands conflits politiques, avant même d'être religieux, facile à instrumentaliser par les dirigeants arabes et perses pour canaliser les ressentiments de leur population. Vu la disproportion des forces, les Palestiniens n'ont pas d'autre choix que de faire appel à une mobilisation internationale, souvent pacifiste et anticoloniale, pour rééquilibrer un rapport de force que les groupes armés palestiniens ne sont pas prêts de renverser.

Ces éléments stratégiques sont à inscrire dans le cadre d'une ingérence* occidentale, principalement américaine. Hormis l'Iran (et au Maghreb la Libye de l'époque Khadafi), les pays du Moyen-Orient possédant les principales ressources en hydrocarbures ont des régimes étroitement liés à Washington. De même, les Occidentaux demeurent inquiets quant à l'expansion de l'islamisme et d'une instabilité politique dans la région, n'hésitant pas à s'ingérer dans les affaires régionales ou internes d'un pays par des actions diplomatiques, secrètes ou militaires. Enfin, le soutien à l'État israélien, que les pays occidentaux considèrent comme un des leurs, est explicite. Comment s'entremêlent les conflits de la région et quelles sont les motivations territoriales et géopolitiques ? Quelle est la place des sociétés, souvent victimes de la violence et de la répression, mais de plus en plus acteurs après les événements de 2011. Le mouvement de protestation populaire qui touche alors le monde arabe et l'Iran fait que, pour la première fois depuis les années 1970 pour reprendre les termes d'Alain Gresh dans *Le Monde diplomatique*, "on ne peut plus analyser la géopolitique de la région sans prendre en compte, au moins partiellement, les aspirations de peuples et de pays redevenus acteurs de leur destin". Afin d'aborder les conflits et leurs évolutions au Moyen-Orient, nous avons opté pour une démarche régionale en insistant ponctuellement sur les emboîtements scalaires et en commençant par l'influence stratégique des États-Unis.

La place des États-Unis au Moyen-Orient : un soutien stratégique à Israël et aux régimes arabes autoritaires pro-occidentaux

• Israël, Arabie Saoudite et États-Unis : des intérêts mutuels

Si le soutien américain à Israël est compréhensible eu égard à son histoire et à un régime souvent présenté comme "seule démocratie du Moyen-Orient" [ENCEL, 2008], l'appui de régimes aux fondements archaïques et/ou autoritaires (Arabie Saoudite, Égypte, Jordanie) l'est beaucoup moins. Dans tous les cas, les dimensions stratégiques sont cruciales. À cet aspect s'ajoutent des raisons historiques et culturelles à l'aide à Israël [SFEIR, 2006]. Après s'être montrés dubitatifs à la création d'Israël, les États-Unis ont pris conscience de l'intérêt de cet allié qui a rapidement affirmé son appartenance au monde occidental. Par ailleurs, ce soutien a aussi une dimension historique et empathique car Israël est vu comme le pays des rescapés de la Shoah, même si cette vision est simplificatrice [BENBASSA, 2009]. L'importante communauté juive américaine renforce également les liens culturels et amicaux, tout comme l'existence d'un puissant lobby sioniste*. Il ne s'agit pas d'un fantasmatique et obscur lobby juif dont sont friands les adeptes de la théorie du complot, mais d'un des très nombreux groupes de pression opérant en plein jour dans la démocratie américaine [SFEIR, 2006]. D'ailleurs, on compte des sionistes chrétiens, proches des néoconservateurs, dans ses rangs. *L'American Israel Public Affairs Committee* (AIPAC) a été créé en 1954 pour soutenir Israël dans ses conflits avec les États arabes et pour garantir ses intérêts. Pour cela, l'AIPAC finance les campagnes de nombreux élus du Congrès dont les votes garantissent notamment le budget annuel d'aide que les États-Unis apportent à l'État hébreu. Ce soutien de plusieurs milliards de dollars annuels est principalement militaire et régulièrement réévalué. En 2008, une aide militaire de 30 milliards de dollars sur 10 ans est ainsi accordée [AFP, 29 juin 2008]. Ces liens étroits expliquent également l'investissement de la Maison-Blanche dans le processus de paix et sa défense inconditionnelle d'Israël. Les États-Unis n'hésitent pas à user de toute leur influence au sein du Conseil de sécurité de l'ONU pour couvrir Israël, y compris quand ce dernier est en infraction du droit international. Mais l'État hébreu n'est pas un simple vassal et agit souvent dans son seul intérêt, mettant les États-Unis devant le fait accompli, comme par exemple avec la poursuite des colonisations illégales dans les territoires occupés.

Le paradoxe le plus marquant dans les soutiens américains s'incarne dans l'Arabie Saoudite. Ce pays, que les Américains ont aidé dès sa création en contrepoids à la France et à la Grande-Bretagne qui contrôlaient tout le reste du monde arabe, est aussi le premier foyer dont a émané un islamisme radical teinté d'anti-américanisme. L'affaiblissement des puissances européennes après la Seconde Guerre mondiale conduit les États-Unis à renforcer leurs liens avec la dynastie saoudienne. En 1951, contre la garantie d'un accès privilégié et avantageux au pétrole, l'Arabie bénéficie de la protection de la superpuissance, dans une zone où les tensions et rivalités sont déjà nombreuses. L'or noir et la religion sont les deux piliers du royaume [VICTOR *et al.*, 2006]. Contrôlant l'accès à La Mecque, le principal lieu saint musulman, la terre d'Arabie est dite *Haram-el-Sharif* (espace sacré) et voit affluer annuellement près de 1,5 million de pèlerins (v. Les conflits religieux). Le régime politique, dominé d'une main de fer par la famille Ibn Saoud depuis 1932, se fonde sur le wahhabisme*, une interprétation fondamentaliste et littéraliste de la Charia, le droit musulman. Les femmes, les opposants politiques et la minorité chiite, majoritaire au nord-est du pays, jouissent de peu de droits. L'Arabie profite de sa localisation stratégique et de ses pétrodollars afin de faire rayonner sa vision radicale en payant la construction de mosquées dans le monde et en finançant des guérillas sunnites (Philippines, Nigeria, Tchétchénie…). Dans le cadre de la lutte contre le communisme et avec l'aide de la CIA, la monarchie a encouragé une partie de sa jeunesse à porter le djihad armé en Afghanistan dans les années 1980, se débarrassant de ses éléments les plus extrémistes, sans se douter qu'ils fourniraient à la fin des années 1990, une fois l'URSS vaincue, les leaders du terrorisme islamiste international. Plusieurs Saoudiens sont ainsi impliqués dans les attentats du 11 septembre. La monarchie a connu plusieurs attentats contre le régime et les Occidentaux à la suite du stationnement de troupes américaines après la première guerre du Golfe de 1991. Cette présence militaire "impie" en terre sacrée était considérée comme un outrage, ce qui a d'ailleurs conduit à un déplacement de la plupart des soldats américains dans les émirats voisins. Cette alliance paradoxale entre Saoudiens et Américains s'explique aussi par la haine de la monarchie pour le pouvoir chiite iranien, l'autre grand rival dans la région et dans le leadership du monde musulman. Depuis 1980 et la révolution islamique, l'Iran chiite est vu comme une menace et le régime des mollahs dénonce régulièrement la traîtrise des Saoudiens corrompus avec le "Grand Satan" américain.

• Égypte et Jordanie : des alliés stratégiques et idéalisés par l'Occident

Ces deux pays, alliés des États-Unis, assurent une relative sécurité à Israël depuis les accords de paix. Pourtant, il n'en a pas toujours été ainsi, puisque la Jordanie a pris part à deux conflits contre Israël (1948, 1967) et l'Égypte à tous (1948, 1956, 1967, 1973) jusqu'aux accords de Camp David. Signés en 1978 par Anouar El Sadate et Menahem Begin sous l'égide des États-Unis, ces accords font de l'Égypte un allié pour Israël, qui voit sa profondeur stratégique sécurisée au sud. L'Égypte, jadis tenté par le nassérisme socialisant, opte alors pour le camp occidental et devient le premier bénéficiaire de l'aide militaire américaine avant d'être à nouveau devancé par Israël. La Jordanie, en paix avec Israël depuis 1994, est un allié des États-Unis depuis les années 1950 quand la dynastie hachémite au pouvoir est menacée par la montée du nationalisme arabe et des organisations palestiniennes, chassées brutalement du pays en 1970 lors de "Septembre noir". Avec l'afflux des réfugiés arrivés de Palestine lors de la création d'Israël en 1948 [Pappé, 2008], la population jordanienne est au moins aux deux tiers palestinienne, avec toujours des problèmes d'intégration, même si l'épouse du roi Abdallah II en fonction depuis 1999, Rania, est d'origine palestinienne. Ainsi, contrairement à l'idée reçue, les voisins arabes d'Israël ne lui sont pas tous officiellement hostiles. En revanche, la "rue arabe", expression floue exprimant les aspirations populaires de ces pays, a pris parti pour la cause palestinienne, ce que les autorités ne dissuadent pas afin de détourner un ressentiment qui pourrait s'orienter contre eux. Ces régimes dits "modérés" et stables, car pro-occidentaux, sont en fait autoritaires et excessivement inégalitaires et n'ont rien de modéré avec leur population [Lévy G., 2011]. D'où l'importance des révolutions arabes de 2011, notamment les événements en Égypte, qui démentent la vision orientaliste construite par l'Occident dépeignant les peuples arabes comme inaptes à la démocratie [Saïd, 1980].

Avant que le président égyptien Hosni Moubarak ne soit chassé du pouvoir, il était présenté par les Occidentaux – à l'image d'autres dictateurs arabes – comme un rempart contre la montée de l'islamisme, même si la corruption* gangrène ces régimes qui nient toutes formes d'opposition démocratique. L'alliance des Américains et des Européens avec l'Égypte est aussi fondamentale car ce pays contrôle le passage du canal de Suez, stratégique pour les flux d'hydrocarbures exportés du Moyen-Orient vers les pays développés. Autre avantage pour Israël, qui se voit garantir son accès à la mer Rouge, la neutralité du Caire depuis Camp David lui permet de défendre ses intérêts régionaux. Israël est souvent dénoncé sur le plan international pour son blocus de la bande de Gaza depuis 2006, mais il est omis que ce blocus est aussi égyptien. La solidarité des autorités arabes envers les Palestiniens est un mythe car elles ont été au moins aussi dures envers eux qu'Israël. L'Arabie Saoudite, la Jordanie et l'Égypte sont d'ailleurs particulièrement inquiètes d'un risque de diminution de l'influence américaine. Face aux aspirations des peuples à plus de liberté et malgré le discours du Caire du président Obama de 2009 allant dans ce sens, l'administration américaine a mis un certain temps avant de soutenir ce mouvement et d'appeler au départ de Hosni Moubarak en Égypte [Gresh, 2011]. Si les cadres du régime égyptien ne semblent pas avoir fondamentalement changé, les Occidentaux, appréhendant un succès électoral des Frères musulmans, se sont assurés que les accords de paix avec Israël ne seraient pas remis en cause. Pendant ce temps, la démocratisation des pays arabes inquiète Israël qui accroît son budget militaire : sa position de seule "véritable" démocratie de la région risque d'être démonétisée alors qu'elle craint que de nouveaux régimes remettent en cause le statu quo existant. La Jordanie a aussi été ébranlée car le printemps 2011 est marqué par des agitations et des tensions durables dans le but d'obtenir des réformes sans forcément remettre en cause la monarchie qui, comme le régime marocain, avait dans les années 1990 entamé une démocratisation restée depuis inachevée.

• Les guerres en Irak

L'Irak est un pays presque constamment en guerre depuis 1980. La première guerre du Golfe l'a opposé à l'Iran révolutionnaire de 1980 à 1988. L'Irak a alors été utilisé par les monarchies du Golfe et par les Occidentaux comme un rempart contre la contagion révolutionnaire. Le conflit dont aucun des belligérants ne sortit vainqueur fit un million de morts. Le scandale de l'Iran Gate a montré que les États-Unis vendaient aussi des armes à l'Iran en secret afin de contribuer à l'épuisement mutuel de ces puissances régionales [Sfeir, 2006].

La seconde guerre du Golfe a été provoquée en 1990 par l'invasion du Koweit par l'Irak. Ruiné par son conflit avec l'Iran, l'Irak entendait faire main basse sur son richissime et minuscule voisin et pensait que les États-Unis fermeraient les yeux. Alors que la guerre froide vient de s'achever, le président George Bush, désireux de prendre le leadership d'un "nouvel ordre mondial" plus respectueux du droit international, réunit au contraire une vaste coalition qui en 1991 boute les Irakiens hors du Koweit. Contrant les plans américains, Paris refuse que celle-ci marche sur Bagdad et renverse le régime de Saddam Hussein et la communauté internationale se contente d'empêcher l'expansion du massacre des populations kurdes du nord du pays, en rébellion, en imposant une zone d'exclusion aérienne et une autonomie de fait. Le régime reste en place mais le commerce international de l'Irak est mis sous tutelle internationale (programme pétrole contre nourriture) et les GIs s'implantent durablement dans le Golfe.

La troisième guerre du Golfe est déclenchée par le président George W. Bush en 2003 au prétexte que Bagdad poursuivrait des programmes d'armes de destruction massive et aurait soutenu Al Qaïda. En fait, il cherche surtout à "finir le travail" entamé par son père et à abattre Saddam Hussein. Il n'hésite pas à intervenir sans mandat de l'ONU alors que Paris a bloqué toute résolution qui aurait pu légitimer son action. L'AIEA* a par la suite démontré que les programmes tant nucléaires que chimiques irakiens avaient été stoppés depuis l'embargo imposé au pays par la communauté internationale en 1991 alors que le régime avait fait usage d'armes chimiques dans la guerre contre l'Iran puis contre ses propres populations kurdes, en 1987 et 1988. Pour ce qui est d'Al Qaïda, totalement absente du pays jusqu'en 2003, l'organisation s'y est au contraire implantée à la faveur du chaos qui a suivi l'invasion américaine. Saddam Hussein est chassé rapidement mais le pays entre dans une véritable guerre* civile, certains éléments de la minorité sunnite jusqu'alors au pouvoir refusant que celui-ci passe aux mains des chiites. Près de 150 000 soldats américains seront basés en Irak au plus fort de l'occupation, malgré cela, l'ordre et la sécurité demeurent précaires. Les espoirs de démocratisation ont été largement déçus. Les États-Unis perdent près de 4 500 soldats alors que 110 000 Irakiens, dont 65 % de civils, ont perdu la vie de 2003 à 2010. Malgré un léger mieux à l'arrivée à la Maison-Blanche de Barack Obama en 2008 et l'"irakisation" des autorités, la situation se dégrade fin 2010 avec à nouveau des attentats spectaculaires. Le spectre de la guerre civile n'est pas complètement écarté, même si la région kurde autonome au nord donne de clairs signes de stabilité politique et économique. Quant au contrôle relatif de la ressource pétrolière par les Américains, il visait à conforter un approvisionnement alternatif à la domination pétrolière de l'allié saoudien, jugé de moins en moins fiable par Washington [Victor *et al.*, 2006]. Le bilan est mitigé car la production s'est effondrée durablement après l'invasion de 2003. De 2,5 milliards de barils par jour (Mb/jour), elle représentait 0,5 Mb/jour fin 2003. Les exportations ont péniblement remonté ensuite et le niveau de la période antérieure n'a été atteint qu'en 2010. Les installations sont des cibles de choix pour la guérilla et la hausse des cours, en partie liée à la diminution de la production irakienne, a conforté la position saoudienne sur le marché. Néanmoins, les perspectives sont encourageantes puisque l'Irak posséderait 143 milliards de barils exploitables de réserves pétrolières et, contrairement à ce que laissait craindre l'invasion, lors d'un grand appel d'offres en 2010, les compagnies américaines ne semblent pas les mieux loties dans cette exploitation puisque ce sont surtout les compagnies irakiennes, chinoises et européennes qui comptent profiter de la manne.

Israël – Palestine : conflictualité locale et régionale

Dans le cadre de ce conflit extrêmement géographique comme l'écrit Jacques Lévy [2008], il s'agit de bien distinguer, sans parti pris, le virtuel du réel. Le processus de paix israélo-palestinien relève du virtuel, avec des déclarations d'intentions ; la colonisation des territoires palestiniens et la construction du mur de séparation ou de sécurité relèvent du réel sur le terrain [Warschawski, 2010] (v. La dimension spatiale des rapports de pouvoir). Au fur et à mesure du durcissement de la colonisation en Cisjordanie, ce conflit s'est mu en conflit colonial, et comme tout conflit de ce type, il est asymétrique, avec un colonisateur puissant et un colonisé en position de faiblesse structurelle. Le bilan des morts palestiniens et israéliens, très déséquilibré, illustre ce rapport de force.

La violence, omniprésente, prend différentes formes et se retrouve tant à l'échelle locale qu'à l'échelle régionale et internationale. Cette violence est physique, sociale et symbolique.

Le processus d'Oslo, amorcé en 1993 par Yasser Arafat et Itzak Rabin, échoue principalement sur une base territoriale car la "paix" s'est finalement principalement traduite par une accélération de la colonisation israélienne illégale dans les territoires palestiniens, par des interventions arbitraires de l'armée israélienne et par l'assassinat ciblé de dirigeants politiques islamistes palestiniens. La vague d'attentats d'extrémistes palestiniens visant à déstabiliser le processus et le début de la seconde Intifada (2000) encouragent les autorités israéliennes à accroître la répression et à marginaliser Yasser Arafat accusé de mener un double jeu et aboutissent à une droitisation de la vie politique de l'État hébreu, incarnée par l'arrivée au pouvoir d'Ariel Sharon et de ses héritiers. Ariel Sharon et les idéologues du néosionisme, pensent que les guerres de 1948 et de 1967 sont inachevées et n'ont pas permis de prendre possession de l'ensemble de "la terre d'Israël". Le plan Sharon de 2003, présenté à tort comme gage de paix aux États-Unis, vise à "mettre en place un territoire à 3 dimensions. Il s'agit de faire communiquer les trous du gruyère [des territoires palestiniens] entre eux par des ponts et tunnels et d'utiliser la même méthode pour faire communiquer les colonies israéliennes entre elles et avec le territoire de l'État d'Israël. On a ainsi deux entités séparées sur le même territoire sans communication entre elles. Pour les Israéliens, le pire serait un État mélangé. [Warschawski, 2010].

La bataille démographique semblant perdue, l'objectif est aussi d'"israéliser" le territoire par la création de lieux stratégiques, souvent sur les hauteurs. Des pompes à essence, des zones industrielles et commerciales, d'abord en rase campagne, sont autant de relais sur des routes reliant Israël et les implantations que les autorités peuplent davantage de colons économiques que d'irréductibles extrémistes. Ces colonies, un temps isolées au cœur de territoires palestiniens, voient l'espace israélien venir à elles, enserrant peu à peu les villes et les villages palestiniens. À cela s'ajoute une obstruction systématique des déplacements ordinaires des Palestiniens fondée sur des check-points, des routes interdites, des bouclages de secteurs et des expropriations arbitraires pour des motifs de sécurité.

Le résultat en a été une décrédibilisation de l'Autorité palestinienne, dominée par le Fatah, parti de feu Arafat, auprès de sa population. Les groupes radicaux armés ont gagné en popularité et les islamistes du Hamas ont, avec 43 % des voix, remporté les élections à Gaza et en Cisjordanie en 2006. Comme en Algérie en 1992 où la victoire électorale des islamistes avait été confisquée par le pouvoir en place avec l'assentiment des Occidentaux, le processus a sombré dans la violence et débouché sur une double prise de pouvoir aux accents de guerre civile : le gouvernement du Hamas à Gaza et l'administration présidentielle du Fatah qui incarne l'Autorité palestinienne en Cisjordanie. Si ce territoire s'en sort mieux économiquement, une autre cassure voit le jour entre une Cisjordanie "prospère" des villes où les publicités remplacent les portraits des martyrs et une Cisjordanie plus rurale davantage victime de la politique de déstructuration du territoire.

À court terme, Israël semble avoir peu d'intérêts à faire la paix avec les Palestiniens car la situation sur le terrain est maîtrisée, les lieux saints contrôlés, la sécurité s'est accrue depuis la construction du mur puisque les attentats suicides au cœur d'Israël ont quasiment disparu. La communauté internationale a peu de prise sur son usage de la violence. Seules les tensions ou escarmouches avec le Hezbollah à la frontière libano-israélienne et les roquettes en provenance de Gaza, surtout responsables de dégâts matériels, semblent hors de son contrôle. La guerre du Liban de 2006 et celle de Gaza "Opération Plomb durci" (2008-2009) luttaient offi-

Des Palestiniens, essentiellement

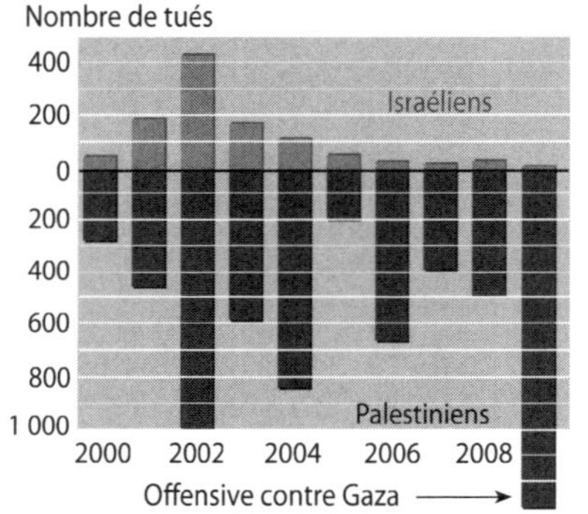

Sources : B'Tselem ; ministère de l'intérieur israélien ; Physicians for Human Rights ; Haaretz ; Maariv.

avec l'aimable autorisation de P. Rekacewicz

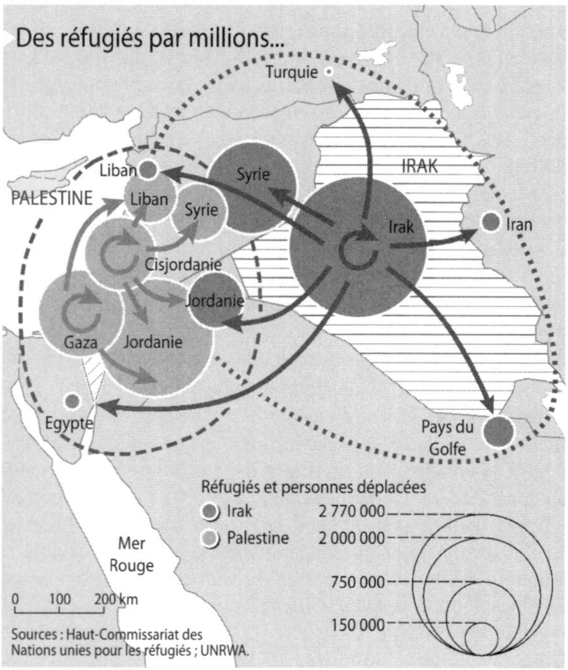

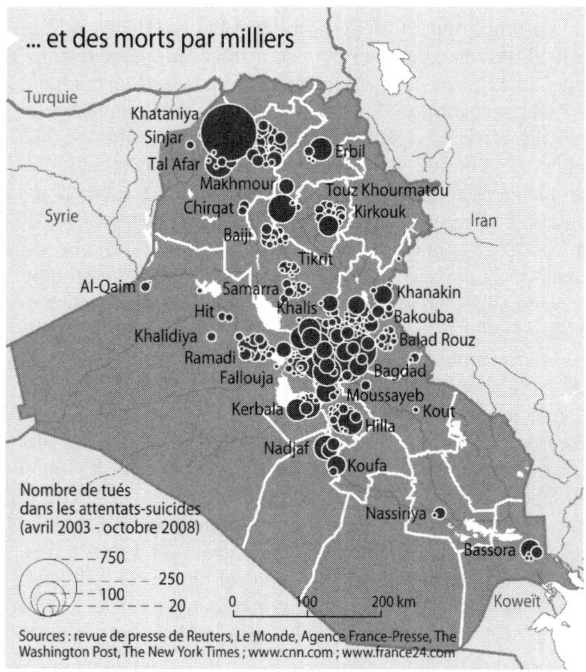

L'archipel de Palestine orientale

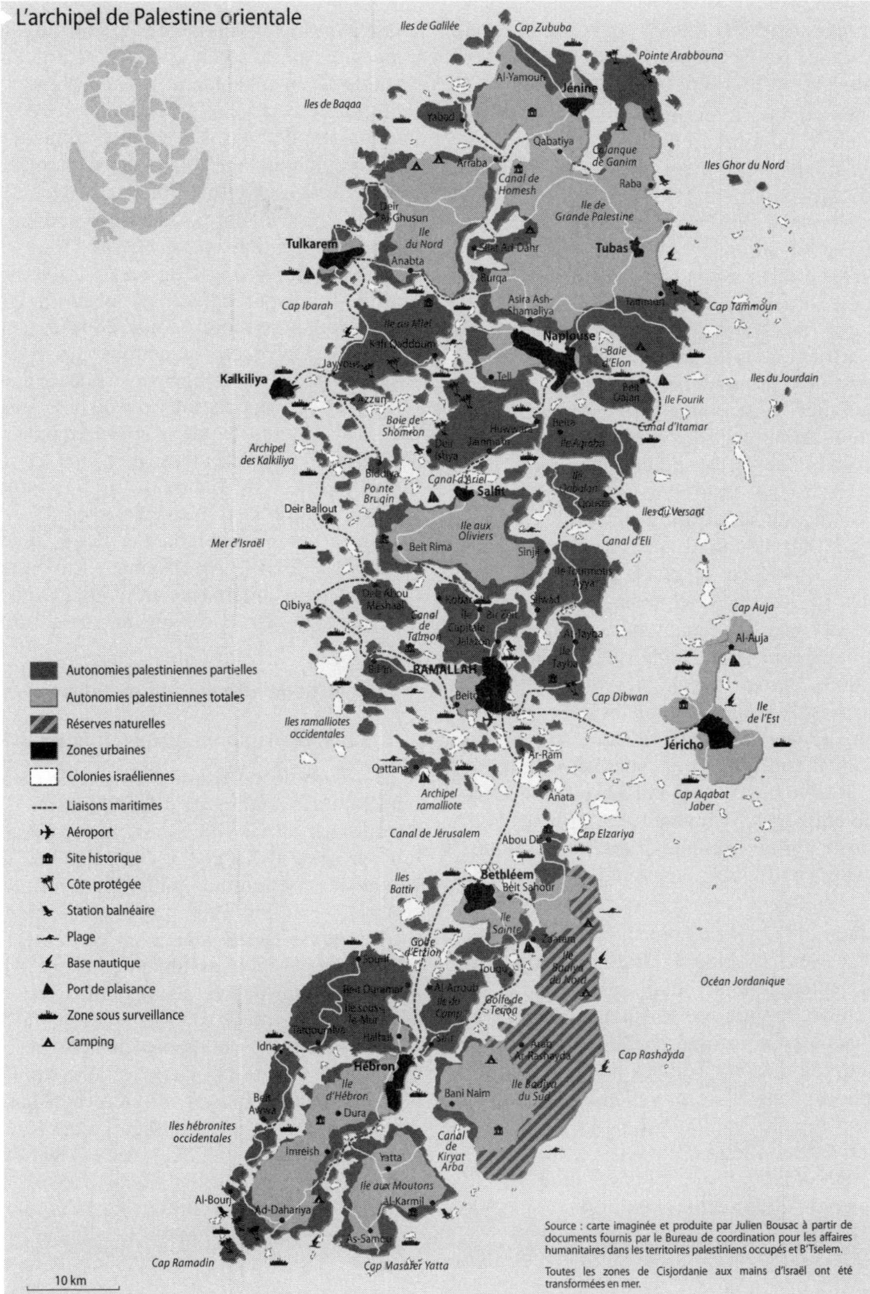

Source : carte imaginée et produite par Julien Bousac à partir de documents fournis par le Bureau de coordination pour les affaires humanitaires dans les territoires palestiniens occupés et B'Tselem.

Toutes les zones de Cisjordanie aux mains d'Israël ont été transformées en mer.

ciellement contre ces menaces. Mais l'intervention israélienne au Liban est mue par des objectifs stratégiques internationaux où États-Unis et Iran sont impliqués.

Les États-Unis semblent avoir incité Israël à se débarrasser du Hezbollah afin d'affaiblir Téhéran qui soutient le mouvement chiite libanais et d'aider Washington dans sa recomposition du Moyen-Orient [Droz-Vincent, 2007]. Israël utilise l'enlèvement de deux soldats de Tsahal en territoire libanais pour pilonner massivement le Sud-Liban, bastion du Hezbollah. Mais Israël est surpris par la réplique de la milice libanaise et par la puissance de ses missiles, livrés par la Syrie et l'Iran. L'État hébreu réplique par la destruction systématique des ponts, infrastructures, dépôts de carburant et aéroports pendant 33 jours. Près d'un million de Libanais sont déplacés*, les civils payant un lourd tribut : 1 183 morts et 4 059 blessés [Mermier et Picard, 2007], le nombre de morts des combattants du Hezbollah reste inconnu, ces derniers semblant insaisissables sur le terrain quand Israël amorce l'offensive terrestre. Dans le nord d'Israël, les roquettes du Hezbollah causent la mort de 41 civils et font déplacer 250 000 Israéliens. Les pertes israéliennes sont majoritairement militaires, 121 sur 162. Tsahal, qui voulait pousser les populations libanaises à se désolidariser du Hezbollah et l'affaiblir, obtient l'effet inverse. Le prestige de la milice est alors immense dans le monde arabe puisque Israël est mis en déroute pour la première fois depuis 1973. Mais le Liban, qui se remet péniblement de sa guerre civile (1975-1990), est à nouveau détruit et la situation, déjà précaire entre les communautés et groupes politiques – notamment chiites, sunnites, chrétiens, chaque groupe étant souvent subdivisé –, aggrave l'instabilité du pays.

Fin 2008-début 2009, Gaza connaît à son tour un déluge de feu israélien. L'objectif affiché est de faire cesser les tirs de roquettes sur Ashdod au sud d'Israël, et de reprendre un soldat capturé par le Hamas. Comme au Liban, Israël utilise des armes américaines interdites par les conventions internationales (bombes à fragmentation, bombes au phosphore) dans la mesure où elles s'attaquent aux civils comme l'illustre le bilan : 1 314 tués palestiniens, dont 904 civils et un tiers d'enfants contre 13 tués israéliens dont 10 soldats. S'ajoutant au rude blocus israélo-égyptien depuis 2006, cette opération s'apparente à une punition collective des 1,5 million de Gazaouis qui, concentrés sur une bande d'à peine 365 km^2, sont accusés de collectivement soutenir le Hamas dont les statuts appellent à la destruction d'Israël. Un tiers des écoles et hôpitaux ont été détruits, l'insécurité alimentaire touche 75 % de la population en 2009 contre moins de la moitié en 2006 [Chagnollaud et Souiah, 2011].

Ces agissements posent légitimement question à une partie de l'opinion internationale. Sans user de violence matérielle, des groupes de pression interviennent dans le conflit afin de défendre tel ou tel camp. Une société civile internationale se mobilise afin de dénoncer l'asymétrie du conflit et renforcer les actions des militants pacifistes israéliens et palestiniens à travers des manifestations sur le terrain et des appels au boycott des produits fabriqués dans les colonies. L'image internationale de l'État hébreu se dégrade régulièrement avec une crise en mai 2010 quand l'armée israélienne utilise une violence disproportionnée contre des militants internationaux embarqués dans des navires cherchant à briser le blocus de Gaza [Boussois, 2010]. Arraisonnant violemment la flottille dans les eaux internationales, la marine israélienne tue 9 militants humanitaires sur un bateau turc.

La difficile affirmation de puissances régionales

• La voie originale turque et la question kurde

La Turquie est tiraillée entre l'Occident et le monde musulman. Membre de l'OTAN depuis sa création, la Turquie est un État laïc dont la composante musulmane fait partie de l'identité, y compris chez les nationalistes kémalistes. Néanmoins, la pratique religieuse est faite de contrastes, allant des musulmans pieux des régions rurales aux citadins athées en passant par une nouvelle bourgeoisie urbaine assumant à la fois le patrimoine islamique et l'influence occidentale. Ceci n'est pas sans tension géopolitique interne. Malgré la démocratisation très avancée liée au rapprochement avec l'Union européenne, les militaires laïcs veillent sur l'héritage kémaliste distinguant État et religion, non pas à la française, mais en inféodant la religion à l'État. Recep Erdogan qui accède au pouvoir en 2002 avec l'AKP, Parti de la justice et du développement, installe au pouvoir durablement les islamo-conservateurs tout en reconnaissant les particula-

▶ 12 juillet - 14 août 2006 :
la « guerre de trente-trois jours »

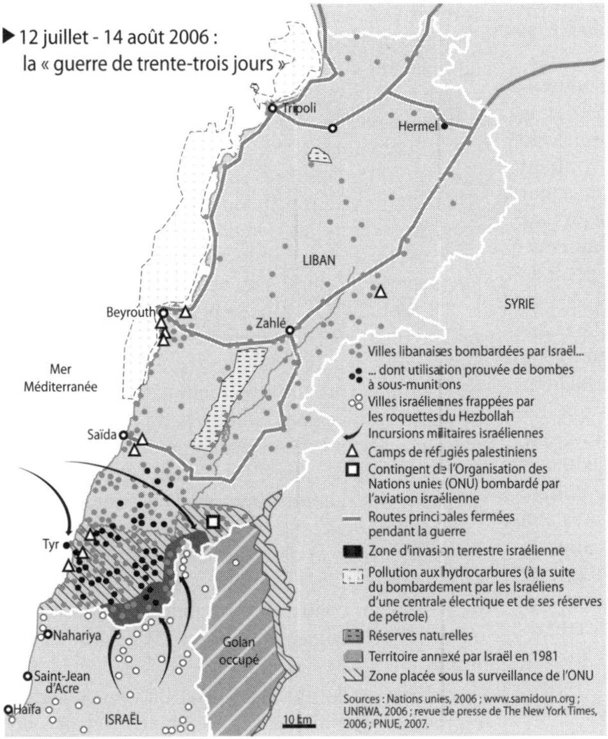

avec l'aimable autorisation de P. Rekacewicz

▶ Le Liban écartelé

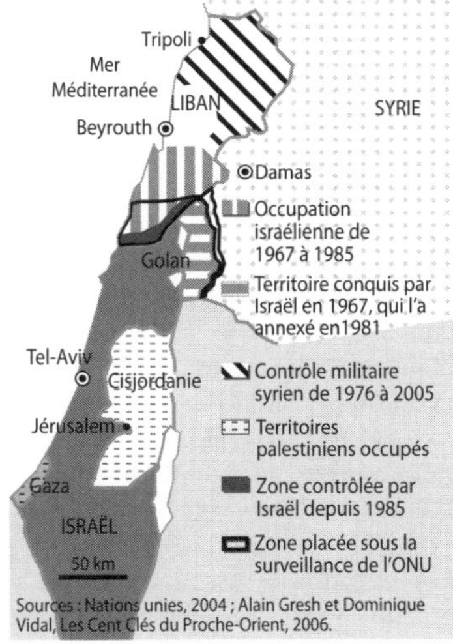

▶ « Plomb fondu »

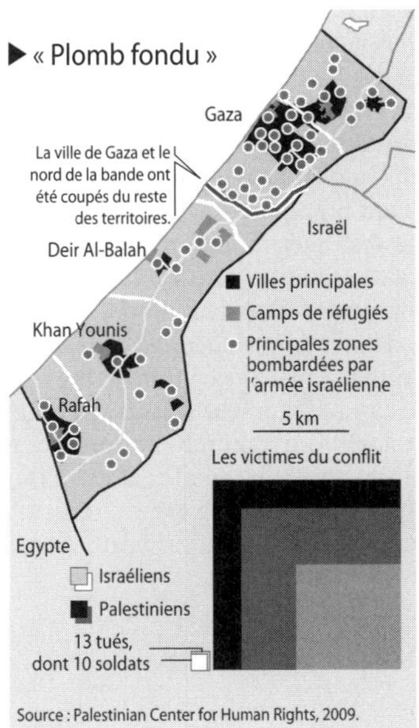

rités laïques du régime. Paradoxalement, les islamistes “modérés” sont les plus philoeuropéens dans la mesure où ce sont des conservateurs sur le plan des mœurs mais des libéraux économiques, ce qui n'arrange pas les relations avec l'armée, bastion nationaliste, rétif à l'adhésion à l'Union européenne. Ayant reconnu Israël dès 1950 et signé avec ce pays un accord de coopération militaire en 1996, la Turquie faisait figure de principal allié de l'État hébreu dans la région.

La dissension des liens qui suivit l'arrivée au pouvoir de l'AKP s'est accélérée depuis la répression israélienne contre Gaza en 2009. Depuis, la Turquie voit son image s'améliorer dans la “rue arabe” et Ankara, que l'attentisme européen commence à lasser, pourrait se présenter en leader du Moyen-Orient. Parallèlement, beaucoup de partis islamistes arabes, de traditions plus fondamentalistes, commencent à s'intéresser à la stratégie de prise de pouvoir de l'AKP.

Néanmoins la Turquie reste handicapée par la question kurde. Celle-ci est un élément d'unité nationale depuis la naissance de la Turquie moderne, les islamo-conservateurs sont souvent sur les mêmes lignes que les nationalistes et n'hésitent pas à user de la force armée pour réprimer la guérilla kurde du Parti de travailleurs kurdes, le PKK. La moitié des 30 millions de ce peuple sans État* vit en Turquie. Les arrestations et la répression militaire turque débutent dans les années 1970. Sous la pression de l'Union européenne, des réformes ont lieu en 2002, autorisant notamment l'usage de la langue kurde et luttant contre les discriminations. Mais l'invasion américaine de l'Irak accroît les tensions car les combattants du PKK se replient régulièrement côté irakien où les Kurdes bénéficient d'un régime d'autonomie. Partagés entre 4 pays – Turquie, Irak, Syrie, Iran –, les militants kurdes rêvent d'un État. Ankara œuvre contre l'indépendance du Kurdistan irakien qui créerait un précédent dangereux pour sa propre unité nationale, d'où l'importance des troupes turques massées à la frontière et n'hésitant pas, contre l'avis de l'allié américain, à poursuivre les combattants du PKK en Irak.

• L'Iran et la Syrie : une alliance de circonstance

Mis au ban de la communauté internationale, ces deux États sont amenés à se soutenir mutuellement dans un environnement jugé hostile. La présence d'une minorité alaouïte, branche du chiisme, à la tête de la Syrie, contribue au lien avec l'Iran. Cette minorité prend le pouvoir avec le coup d'État militaire de Hafez El-Assad de 1970. Un régime autoritaire et ultra-violent s'installe, non sans rêve de grandeur voulant réintégrer le Liban à la Syrie. Avant le mandat français, les régions libanaises et syriennes se distinguaient peu. La Syrie tente d'y imposer son hégémonie à l'occasion de la guerre civile, et elle occupe le Liban jusqu'à 2005, date de l'assassinat de l'ex-Premier ministre, Rafik Hariri, qui précipite le retrait de l'armée syrienne, les services secrets de Damas étant soupçonnés d'en être responsables. Sous pression française et américaine, la Syrie quitte le Liban, non sans garder des liens étroits avec le Hezbollah. Ce mouvement n'est pas qu'une simple milice qualifiée de terroriste par les Occidentaux, c'est aussi une organisation sociale et politique qui participe régulièrement au gouvernement d'union nationale du Liban et qui est alliée au Courant patriotique libre du chrétien maronite Michel Aoun. La Syrie, tout en voulant garder la tête de la contestation d'Israël dans le monde arabe, cherche à apaiser ses relations avec les Occidentaux. La normalisation avec l'Union européenne dans le cadre de l'Union pour la Méditerranée et des pourparlers indirects israélo-syriens, au sujet du Golan notamment, vont dans ce sens, malgré le raid israélien contre des installations supposées nucléaires en 2007 [Gresh *et al.*, 2009]. Mais les tensions restent fortes.

L'Iran est le plus vieil État du monde ou du moins se représente comme tel. Se voulant l'héritier de l'antique Perse, le royaume safavide se forme au XVIe siècle en optant pour le chiisme, ce qui lui permet de se démarquer des dynasties arabes, sunnites. Cultivant un art de vie raffiné, ayant produit une des poésies les plus lues dans le monde (de l'Inde à l'Algérie), façonné la rationalité islamique, forgé la culture ottomane aussi bien que celle de l'Inde mhogole, l'Iran se perçoit comme un pays de “haute culture” et souffre, pour ainsi dire, d'un complexe de supériorité face à ses voisins [Lewis, 2001]. Toujours resté formellement indépendant des puissances occidentales, l'Iran a rêvé d'imiter le Japon en nourrissant ses propres

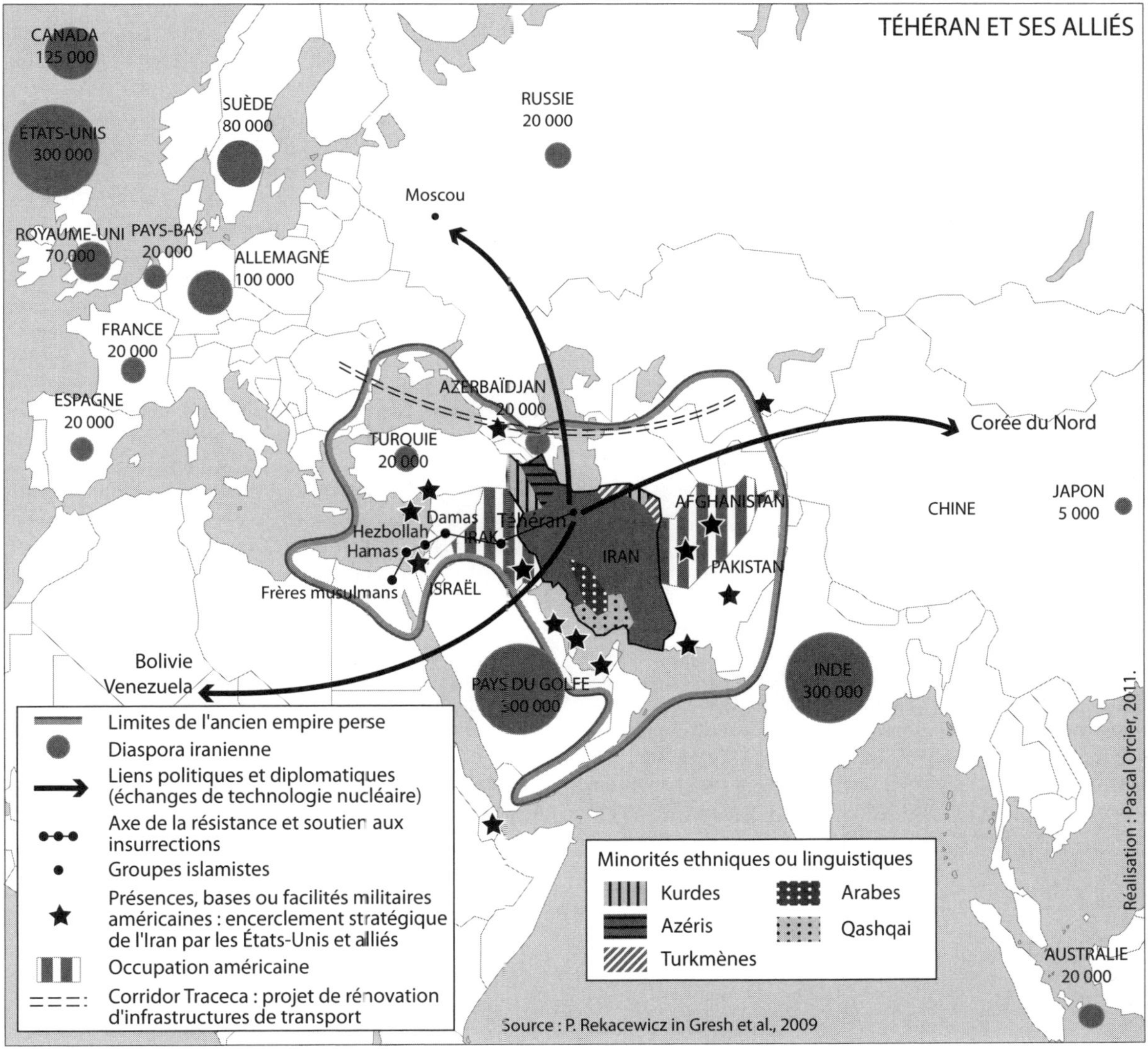
TÉHÉRAN ET SES ALLIÉS
CANADA
125 000
ÉTATS-UNIS
300 000
SUÈDE
80 000
RUSSIE
20 000
Moscou
ROYAUME-UNI
70 000
PAYS-BAS
20 000
ALLEMAGNE
100 000
FRANCE
20 000
ESPAGNE
20 000
AZERBAÏDJAN
20 000
TURQUIE
20 000
Corée du Nord
Damas
Téhéran
Hezbollah
Hamas
IRAK
IRAN
AFGHANISTAN
PAKISTAN
CHINE
JAPON
5 000
ISRAËL
Frères musulmans
Bolivie
Venezuela
PAYS DU GOLFE
300 000
INDE
300 000
Limites de l'ancien empire perse
Diaspora iranienne
Liens politiques et diplomatiques (échanges de technologie nucléaire)
Axe de la résistance et soutien aux insurrections
Groupes islamistes
Présences, bases ou facilités militaires américaines : encerclement stratégique de l'Iran par les États-Unis et alliés
Occupation américaine
Corridor Traceca : projet de rénovation d'infrastructures de transport
Minorités ethniques ou linguistiques
Kurdes
Arabes
Azéris
Qashqai
Turkmènes
AUSTRALIE
20 000
Source : P. Rekacewicz in Gresh et al., 2009
Réalisation : Pascal Orcier, 2011.

traditions des apports de l'Occident et de devenir grâce à ses immenses réserves d'hydrocarbures (les 3e du globe) la cinquième puissance industrielle au monde. Après l'éviction par les services secrets britanniques et américains du Premier ministre réformiste Mossadegh, l'Iran du shah fut le pivot de la politique américaine dans le Golfe. Depuis la révolution islamiste de 1979, elle fait au contraire figure de principal protagoniste de "l'axe du mal", l'ensemble des États accusés par Washington de soutenir le terrorisme, parmi lesquels ont aussi figuré à divers moments et sous divers vocables la Syrie, la Libye, le Soudan, l'Irak et l'Afghanistan.

Pourtant, suite aux attentats du 11 septembre, l'Iran a laissé les États-Unis renverser les talibans à Kaboul : Al Qaïda et le régime des talibans étaient abhorrés par Téhéran non tant parce que sunnites mais surtout parce que jugés barbares (v. Les conflits religieux). Loin de rapprocher Téhéran de Washington, les interventions américaines en Afghanistan et en Irak ont, avec la multiplication des bases occidentales dans la région, renforcé le sentiment d'encerclement du pays [Victor *et al.*, 2006 ; Gresh *et al.*, 2009].

C'est face à cette nouvelle configuration géopolitique et alors que tant son voisin pakistanais que son ennemi israélien accèdent à l'arme nucléaire que l'Iran accélère son propre programme. Le pouvoir iranien bénéficie alors d'un soutien populaire nationaliste qui voit dans le programme atomique tant une affirmation du haut niveau des scientifiques perses qu'une précaution stratégique. Face aux sanctions internationales et alors que les diatribes antisémites du président Ahmadinedjad décrédibilisent le régime, ce soutien populaire s'effrite. La répression très dure du pouvoir aux abois lors des élections présidentielles du printemps 2009 et les agitations populaires consécutives aux révolutions arabes de 2011 montrent que la population, l'une des plus éduquées de la région, aspire à la liberté. Confisquée par une clique militaro-conservatrice, la révolution islamiste n'est cependant pas forcément rejetée en tant que telle pour autant. De l'évolution du régime dépendra largement le sort du Hezbollah libanais et du Hamas palestinien, très dépendants de l'aide iranienne.

Le recul manque encore afin de saisir la portée des révolutions arabes parties de Tunisie au début 2011. Néanmoins, l'enseignement principal est que les aspirations des peuples ne sauraient être niées au nom des impératifs stratégiques. Les dictatures du Moyen-Orient, soutenues ou non par les Occidentaux, résistent difficilement à l'irruption d'une société civile majoritairement jeune qui conteste un pouvoir vieillissant, corrompu et inégalitaire. Ces bouleversements ne sont pas aisés, notamment quand les pouvoirs traditionnels s'accrochent (Yemen, Bahrein), non sans un soutien saoudien qui redoute aussi la mise en cause de son régime féodal. Enfin, la résolution du conflit israélo-palestinien, s'il ne règle pas tous les problèmes du Moyen-Orient, permettrait de crever un abcès de fixation. Certes, il y a une démocratie en Israël, bien qu'imparfaite du fait des discriminations qui frappent les Arabes israéliens pour des prétextes de sécurité et de plus en plus bancale avec la place croissante de l'extrême droite au pouvoir, mais on oublie trop souvent la culture démocratique du peuple palestinien, pionnière dans le monde arabe, mis à part le Liban miné par le communautarisme. Cette avance démocratique n'est pas le moindre des paradoxes de la région : c'est en effet dans l'affrontement avec Israël que l'identité palestinienne s'est forgée.

INTÉGRATIONS RÉGIONALES EN AMÉRIQUE LATINE : TERRITOIRES EN CONFLITS ?

Depuis un quart de siècle, sous la pression des grandes institutions internationales comme le Fonds monétaire international, la plupart des pays latino-américains ont appliqué les règles du néolibéralisme* en ouvrant leurs marchés intérieurs aux produits étrangers et en permettant aux investissements nord-américains et européens de profiter des privatisations des compagnies nationales. Les économistes et les politiques de l'école néolibérale défendent alors l'idée que le développement économique passe par moins d'État et donc aussi par moins de barrières douanières. Quant aux Nord-Américains, ils exigent cette ouverture pour permettre à leurs multinationales de pénétrer ces espaces économiques jusque-là relativement fermés. Péniblement dégagés de la période des dictatures des années 1970-1980, fortement endettés, ces pays ont besoin de l'appui des États-Unis pour recevoir une aide financière du FMI.

Avec une perte de souveraineté* de plus en plus grande, liée à l'accélération de la mondialisation, la plupart des pays se trouvent limités dans la mise en œuvre de leur politique commerciale, économique et monétaire. Pour faire face à ces nouvelles contraintes extérieures, ces états ont tendance à se regrouper par affinités géographiques. Ces processus d'intégration régionale sont censés permettre d'accélérer les échanges commerciaux et de retrouver une certaine marge de manœuvre en terme de politique économique. Les responsables de ces états imaginent que les inconvénients liés à la libéralisation de leurs marchés nationaux sont moins importants dans le cadre d'accords régionaux. À l'échelle de la planète, quatre espaces communautaires se détachent de cette multitude de tentatives : l'Union européenne, l'Accord de libre-échange nord-américain ou l'ALENA, l'ASEAN (Association des nations unies d'Asie du Sud-Est) et le Mercosur. Si les espaces européens ou nord-américains sont connus, le Mercosur ou *Mercado* Común *del Sur* l'est beaucoup moins.

L'intégration régionale de l'Amérique du Sud est loin d'être achevée, reflétant des tensions* et des conflits* entre certains pays comme la Colombie et ses voisins, entre la Bolivie et le Chili. Ces conflits ont pu, dans le passé, être territorialisés à l'échelle des espaces frontaliers (v. Les frontières), débouchant sur des conflits armés comme entre le Pérou et l'Équateur en 1991. Depuis, ce type de conflit a disparu, faisant de l'Amérique latine l'un des espaces les moins conflictuels de la planète. Avec la chute des régimes dictatoriaux des années 1970-1980, les tensions entre états ont diminué d'intensité. Des conflits armés comme celui des Malouines* ont été suscités pour tenter de résoudre des crises politiques internes, en l'occurrence en Argentine. Depuis une vingtaine d'années, les tensions se sont plutôt déployées dans les champs du politique, du social (l'un des continents les plus inégalitaires) et donc du politique (qui encadre le développement économique et qui gère la répartition des richesses nationales dans la société).

Mettre l'accent sur les rivalités et les tensions économiques entre les différents pays latino-américains, c'est bien sûr faire l'impasse sur des tensions latentes entre les états ; tensions qui ne sont plus totalement d'actualité mais qui ressurgissent par moments. C'est surtout faire abstraction des tensions sociales très fortes qui débouchent parfois sur des conflits violents comme lors de l'intervention de l'armée brésilienne dans certaines favelas de Rio de Janeiro en 2010. Sans vouloir signifier que tout est économique comme l'affirment les *Washington Boys* (néoconservateurs), nous avons privilégié les tensions commerciales qui sont très révélatrices des relations économiques entre pays. À une guerre des frontières s'est substituée une "guerre commerciale", avec des formes diverses de tentatives de pacification que sont l'OMC et les intégrations régionales comme le Mercosur, le MMCA (Marché commun centre-américain), le CARICOM (Caribbean Community and Common Market) ou la CAN (Communauté andine des nations).

Ces conflits commerciaux qui sous-tendent des rivalités économiques semblent de prime abord avoir une transcription territoriale moins évidente que les conflits frontaliers. Pourtant, dans ce domaine aussi, il est possible de mener une analyse multiscalaire à l'échelle des états et à l'échelle des regroupements régionaux comme le Mercosur. Ces deux types d'espaces s'organisant sous l'impulsion de forces centripètes contrebalancées par des mouvements centrifuges, qui sont suscités :

- à l'échelle des Amériques, par une politique hégémonique des USA. Ainsi, il n'est pas possible de comprendre la fragilité de ces processus en cours sans mettre l'accent sur l'enracinement dans l'histoire du continent de deux courants de pensées antagonistes : le latino-américanisme et le panaméricanisme. Dès la première moitié du XIXe siècle, au projet de Simón Bolívar, qui veut remplacer l'empire espagnol par une confédération de pays indépendants, s'opposent les tentations hégémoniques des États-Unis qui ne peuvent concevoir une Amérique latine hors de leurs contrôles politiques et économiques (doctrine Monroe).
- à l'échelle monde, par une volonté de certains pays comme le Brésil, le Chili, le Venezuela, et dans une moindre proportion l'Argentine, de multiplier des accords de libre-échange avec des pays gros importateurs de matières premières et de produits agricoles (v. Les conflits alimentaires) comme la Chine ou l'Inde.

La crise argentine de 2001-2002 suscite des conflits très différents selon les échelles géographiques considérées

Dans le cas de la crise argentine de 2001-2002, c'est cette mondialisation en marche qui est en cause. Voulue par les grandes puissances économiques et les trois grandes institutions internationales que sont le FMI, la Banque mondiale et l'OMC (Organisation mondiale du commerce), elle ne peut se résumer en quelques indicateurs macroéconomiques au niveau d'un état, ou aux échéances du remboursement de la dette. La mise en œuvre d'une analyse multiscalaire est ainsi souhaitable pour mettre en valeur l'entrelacement des territoires. Les disparités des effets de la crise sont alors à prendre en considération aux différentes échelles géographiques : échelle monde, échelle du Mercosur, de l'espace argentin, de la capitale fédérale.

Durant l'été austral 2001-2002, la récession économique qui perdure depuis plusieurs années et l'intransigeance du FMI ont entraîné l'effondrement du système bancaire argentin et une profonde crise sociale et politique. L'apparition d'une masse importante de pauvres et l'effritement de la classe moyenne sont autant de faits nouveaux dans le pays.

• À l'échelle monde, le conflit de la dette argentine oppose le pays au FMI

Prise en janvier 2002, la décision de suspendre les paiements sur une dette extérieure évaluée à 155 milliards de dollars a été unilatérale* de la part de l'Argentine et peu appréciée des grands bailleurs de fonds internationaux et notamment du FMI. Pourtant, sous la pression de cette institution internationale, le gouvernement du président Duhalde a tenté de réduire les dépenses publiques. Cette gestion de la crise s'inscrit dans le cadre théorique et idéologique très particulier communément appelé consensus* de Washington. Il s'agit d'une sorte de guide pratique de la bonne gouvernance* économique pour les pays émergents qui fait largement fi des aspects sociaux.

• À l'échelle de l'Argentine, le conflit oppose Buenos Aires aux provinces de l'intérieur

L'histoire de la formation de l'Argentine est celle d'un conflit permanent entre la volonté centralisatrice de l'État et les forces centrifuges des pouvoirs locaux et régionaux. Les provinces qui s'organisent au fur et à mesure de la conquête de l'espace argentin s'opposent à Buenos Aires. La Constitution de type fédéral de 1853 a théoriquement réparti les prérogatives de l'État et des provinces dans le cadre d'une relative décentralisation administrative et politique. L'option néolibérale prise durant les décennies 1980 et 1990 va permettre au gouvernement de Carlos Menem la mise en place d'un nouveau pacte fiscal qui transfère à l'échelon inférieur des compétences de l'État fédéral comme l'éducation, la santé et les transports publics. Avec la crise, le gouvernement fédéral réduit les aides financières en direction des provinces les plus pauvres du nord du pays. Dans la majorité d'entre elles, en situation de banqueroute, les gouverneurs émettent des bons monétaires pour pouvoir payer leurs fonctionnaires et leurs fournisseurs : en quelques mois, on est passé d'un peso ayant la même valeur que le dollar US à une monnaie nationale puis à une dizaine de monnaies provinciales. La pauvreté augmente surtout dans les provinces les plus septentrionales, avec en 2002 un maximum de 78 % des habitants considérés comme pauvres dans la province de Formosa contre 20 % dans le district fédéral.

• Les conflits se multiplient dans l'aire métropolitaine de Buenos Aires

Les quartiers traditionnellement huppés à proximité du centre des affaires ont peu souffert des émeutes. En première et deuxième couronnes, plus au nord, les quartiers bourgeois sont restés à l'écart de l'agitation de l'été austral 2001-2002. L'avenue Libertador General San Martin et ses prolongements structurent un ensemble résidentiel de hauts revenus, jusqu'à 30 km du centre, en direction de Tigre dans le delta du Parana. Plus en périphérie, la modernité est entrée dans ces espaces sous la forme de quartiers privés enclos ou *barrios privados*, similaires aux *gated communities* en vogue aux États-Unis. Il n'en va pas de même des classes moyennes appauvries qui doivent sortir de leurs quartiers péricentraux et périphériques pour faire entendre leur désaccord avec le pouvoir en place. Elles ont entamé leur premier concert de casseroles (*cacerolazo**) dans la plupart des grandes villes du pays en décembre 2001. Malgré l'instauration de l'état de siège, les manifestants occupent les espaces publics du centre de la capitale, aidés en cela par un réseau de transports en commun qui convergent vers le cœur économique et politique. Quant aux classes populaires, elles connaissent une paupérisation accrue. Les *nupos* (*nuevos pobres*, ou nouveaux pauvres) ont fait leur apparition. La pauvreté augmente dans les municipalités de la première couronne, pour atteindre un taux de 60 % en seconde couronne. La crise n'a fait qu'accentuer ces tendances en réduisant la mobilité des classes populaires logées parfois à 40 voire 50 km du centre de la capitale. La montée brutale des faillites d'entreprises entraîne des fermetures temporaires ou définitives d'usines, laissant des chômeurs isolés dans leur quartier de résidence. L'absence de mobilité les pousse à s'organiser entre eux et à agir sur les axes de communication qui passent à proximité, en constituant des barrages dans l'espoir de se faire entendre. Les barrages routiers (*los cortes de ruta*) se multiplient à l'instigation de groupes de chômeurs ou d'hommes, les *piqueteros,* réclamant une assistance alimentaire et médicale pour eux et pour leur famille.

Les forces centripètes en présence

En ce début du XXIe siècle, les espaces d'intégration qui se sont affirmés comme de véritables entités (Mercosur, MCCA, CARICOM, CAN) regroupent chacun un nombre limité de pays sur une portion restreinte de l'Amérique latine.

• Quel est le véritable niveau d'intégration dans l'espace Mercosur ?

Depuis 1991, les quatre États du Cône sud se sont engagés dans un processus de construction d'un espace communautaire, en mettant dès la fondation du Mercosur la barre très haut dans l'élaboration d'une intégration régionale. Vingt ans plus tard, force est de constater que les résultats sont plus que mitigés dans beaucoup de domaines. Après la phase initiale très enthousiaste de la mise en place des institutions et des premières mesures communautaires est venue une période de stagnation à la fin du XXe siècle. Depuis quelques années, l'arrivée de nouveaux responsables politiques a permis de susciter un nouvel espoir sans que cela puisse être concrétisé par de nouvelles solidarités (les Brésiliens Luiz Inácio Lula da Silva puis Dilma Roussef, Néstor puis Cristina Kirchner en Argentine).

La construction du Mercosur s'est faite sur la base de la mise en place d'une union douanière : il s'agit de se défendre contre une mondialisation excessive en forte progression, organisée par Washington (c'est du moins la perception latino-américaine, oubliant trop souvent l'agressivité des investissements européens). Dans ces conditions, les échanges de biens et de services s'organisent d'abord au niveau régional ; ce postulat repose sur un principe simple : un pays échange en premier avec ses voisins. Dans la réalité, le Mercosur est loin d'être un marché unique parfait. Ainsi, seuls les échanges de produits sont concernés par le TEC (Tarif extérieur commun). Celui-ci ne couvre en 2010 que les deux tiers des produits échangés dans l'espace du Mercosur. Les demandes de dérogation à la règle commune se multiplient, surgissant dans les secteurs d'activités les plus fragiles (textile, automobile). En interne, les grandes asymétries constituent toujours un véritable frein à ce processus. Le différentiel dans les échanges est flagrant entre les petits pays (Paraguay et Uruguay) et les deux grands du Mercosur : Brésil, Argentine, mais aussi entre ces derniers. Cette tendance se renforce avec l'arrivée d'un nouveau membre, le Venezuela, qui apporte de nouvelles possibilités, mais aussi de nouvelles complexités. À la différence de l'Union européenne, le stade du marché commun n'est pas atteint (absence de libre circulation des capitaux et des hommes) et encore moins celui de l'union économique qui exige un début d'harmonisation des politiques monétaires, économiques et sociales.

• Le déclin des autres intégrations régionales

- Le Marché commun de la Communauté du bassin des Caraïbes (CARICOM). Créé en 1973, le CARICOM ou Caribbean Community and Common Market regroupe un ensemble complexe avec des niveaux variés de participation de la part des pays membres (Antigua-et-Barbuda, la Barbade, Belize, la Dominique, Grenade, Guyana, la Jamaïque, Montserrat, Sainte-Lucie, Saint-Kitts-et-Nevis, Saint-Vincent-et-les-Grenadines, le Surinam, Trinidad-et-Tobago). En 2008, les échanges intrarégionaux ne représentent que 15 % des exportations totales de marchandises. Ces échanges internes concernent plutôt les matières premières et les hydrocarbures. Les activités les plus dynamiques et les plus importantes en terme de valeur ajoutée sont axées vers l'extérieur des Caraïbes (tourisme* ou maquiladoras*).
- Le Marché commun centre-américain (MCCA). Né en 1960, le Marché commun centre-américain connaît une relance de sa dynamique d'intégration en 1993. Les guerres civiles des années 1980 ayant cessé, les tensions entre les États d'Amérique centrale s'estompent peu à peu. Aux cinq pays d'origine (Costa Rica, Guatemala, Honduras, Nicaragua et Salvador) vient s'ajouter le Panama. Représentant à peine 6,5 % de la population latino-américaine en 2009, pour seulement 2,2 % du PIB de cet espace, le MCCA est caractérisé par son émiettement en petits marchés nationaux et par de très fortes inégalités de développement. Ainsi, le PIB par habitant du Nicaragua est dix fois moindre que celui du Costa Rica. Cette faiblesse économique a permis d'intensifier les échanges dans l'espace communautaire (38 % des exportations en 2008) et d'envisager des négociations commerciales communes avec des partenaires extérieurs à la zone (USA, Mexique).
- La Communauté andine des nations (CAN). Créé en 1969, le Pacte andin est entré en léthargie durant les années 1970-1980. En 1988, il prend le nom de Communauté andine des nations. Sur fond de libéralisation des échanges préconisée par les grandes institutions internationales, les gouvernements de la CAN décident de reprendre le processus d'intégration, se fixant comme objectif la mise en place d'une union douanière pour 1995. Cet objectif ne sera pas atteint. En 1996, au sommet de Trujillo, la CAN démarre un nouveau processus d'intégration régionale mais sans le Chili, qui reste à l'écart du mouvement et préfère multiplier les accords de libre-échange avec des partenaires plus performants sur le plan commercial (USA, UE, Chine). Les flux intrazones, après avoir atteint un maximum durant la décennie 1990, sont retombés depuis. Ainsi, les exportations à l'intérieur de la CAN sont repassées au-dessous des 10 % depuis 2005, année où aurait dû s'ouvrir le marché commun andin. Faisant face à une instabilité politique générale et à des logiques économiques divergentes, certains États ont préféré envisager un traité de libre-échange avec les USA (Colombie et Pérou), d'autres proposer une intégration dans le Mercosur (Venezuela). La sécession des deux pays les plus riches, le Chili et le Venezuela, limite l'efficacité de la CAN réduite à seulement quatre pays : la Colombie, l'Équateur, le Pérou et la Bolivie.

• La construction du Mercosur est fragilisée par des forces centripètes très fortes engendrant des conflits

Avec la constitution d'espaces régionaux et l'intégration progressive d'économies voisines, les conflits commerciaux sont de plus en plus importants, notamment au sein du Mercosur. À partir de 2003, la reprise économique est de retour dans les quatre pays fondateurs du Mercosur, montrant une certaine synergie entre ces espaces nationaux. Les derniers rapports du Mercosur relèvent que tous les pays du bloc ont vu leur commerce extérieur augmenter de 30 %, entre 2003 et 2009, la part du commerce intrarégional restant stable. Mais si les échanges intrazones reprennent, les asymétries entre les partenaires sont bien plus marquées qu'auparavant. Le grand gagnant est le Brésil qui représente 80 % des exportations totales du bloc en 2009 (53 % en 2004), ce chiffre dépendant largement de la vitalité du commerce bilatéral Brésil-Argentine. À cela une explication : c'est le secteur industriel qui devient le moteur des échanges. Alors que l'Argentine exporte des hydrocarbures* et des céréales, les Brésiliens inondent les marchés voisins de biens d'équipements et de consommation.

Malgré la mise en place d'une union douanière entre les pays du Mercosur, de longues listes d'exceptions sont mises au point, limitant dans certaines branches comme les biens d'équipements, la chimie ou l'informatique la portée d'un tel accord. À la demande du Brésil, ces produits font l'objet d'un régime transitoire. Résultat, après maintes et maintes exceptions à la règle, le taux de couverture des produits échangés entre les quatre pays concernés par le Tarif extérieur commun ou TEC est passé de 1995 à 2009 de 85 à 75 %.

Les principaux conflits commerciaux sont le reflet de fortes asymétries entre les économies brésilienne et argentine. L'Argentine a vécu un profond recul de son secteur industriel avec sa crise économique de la fin des années 1990 au début des années 2000. Le différentiel avec le Brésil ne cesse de s'agrandir. Dans le cadre du Mercosur, la perte de compétitivité des produits argentins s'est accélérée. En quatre ans, de 1997 à 2001, alors que la parité peso-dollar s'est maintenue, le real brésilien a perdu 60 % de sa valeur par rapport au dollar. De ce fait, les prix argentins en dollars ont doublé par rapport aux prix brésiliens. Les conséquences sont multiples notamment dans l'industrie textile dont le principal débouché est le marché brésilien. Le phénomène est identique dans le secteur de la chaussure où le différentiel des salaires et une monnaie argentine forte ont entraîné la fermeture de 30 % des entreprises en moins de quatre ans (1999-2003). Les produits brésiliens devenant de plus en plus attractifs pour le consommateur argentin, l'industrie nationale subit cette concurrence des prix avec une montée du chômage dans la plupart des secteurs manufacturiers. Dans ces conditions, les dirigeants argentins prennent des mesures de protection en procédant à une modification du TEC pour les produits textiles. Les clauses de sauvegarde sont prises unilatéralement par l'Argentine, provoquant un tollé général et des menaces du gouvernement brésilien. Brasilia et Buenos Aires incapables de trouver un terrain d'entente décident de porter ce contentieux devant l'OMC. En recourant à cet arbitrage, les deux partenaires reconnaissent l'inefficacité des instances internes au Mercosur censées réguler de tels conflits. Ils font appel à une institution internationale qui est en lutte permanente contre ces marchés communs régionaux. Ces conflits se compliquent par des tensions en interne, dans le cadre du territoire national. Ainsi, au Brésil, la constitution du marché intérieur est loin d'être achevée : d'une part, les réglementations peuvent être différentes d'un état à l'autre, d'autre part, les conflits peuvent opposer l'État fédéral et les pouvoirs régionaux. Brasilia doit compter ainsi avec les prérogatives des 27 États fédéraux dans ces domaines. Bénéficiant d'une certaine autonomie institutionnelle, ceux-ci se livrent à une concurrence très forte, à coup de réductions, d'exemptions d'impôts ou de subventions aux exportations. Certains États ont un poids économique considérable comme celui de São Paulo avec ses 37 millions d'habitants (comme l'Argentine) et son industrie qui représente 43 % du PIB industriel brésilien. Parmi les acteurs économiques, là encore, si le discours général est favorable à l'approfondissement des échanges au sein du Mercosur, la plupart des milieux deviennent frileux voire hostiles aux réductions des barrières douanières quand le marché national semble menacé. Ainsi, la Fédération industrielle de São Paulo est un acteur intransigeant dans le conflit commercial avec l'Argentine. En Amérique latine, la conjonction du nationalisme et du corporatisme refuse très souvent la moindre cession de souveraineté. Dans ces conditions, si, dans leurs discours, les dirigeants patronaux sont favorables à une intégration régionale, celle-ci demeure pour eux une figure de rhétorique. Quant aux petits pays, Uruguay et Paraguay, leurs économies sont totalement phagocytées par les produits manufacturés des deux grands voisins, limitant ainsi leurs marges de manœuvre.

• L'inscription territoriale du processus d'intégration dans les espaces frontaliers

Depuis quelques années, la problématique de la frontière* (v. Les frontières) resurgit dans les discours et les actions des différents gouvernements latino-américains. La maîtrise de cet espace périphérique devient primordiale à un moment où les échanges commerciaux et de personnes s'accroissent très rapidement. À l'intérieur d'un même espace d'intégration régionale, les différents gouvernements tentent de se réapproprier les espaces frontaliers qui semblent leur échapper. Actuellement, le redéploiement des forces de sécurité est général, avec parfois des législations particulières comme l'interdiction aux non-Argentins d'acheter des terres dans les zones des frontières. Ailleurs, la problématique est assez proche dans des contextes géopolitiques différents. Ainsi, la Colombie tente de se réapproprier la région frontière avec l'Équateur en multipliant les épandages d'herbicides sur les champs de coca des FARC*, y compris dans le pays voisin. Au nord, l'armée colombienne multiplie les opérations dans la chaîne montagneuse de Perrija, à proximité de la frontière vénézuélienne, reprochant à Hugo Chávez de protéger les mouvements colombiens de guérilla (v. La drogue dans les conflits). Dans cette décennie 2000, les espaces frontaliers sont encore considérés comme des espaces périphériques, au mieux à intégrer dans l'espace national, au minimum à surveiller. Ainsi, dans beaucoup de pays latino-américains, les régions périphériques ont été tardivement mises en valeur : elles demeurent actuellement souvent sous-peuplées voire très pauvres. C'est le cas des périphéries amazoniennes des états andins ou des provinces argentines septentrionales. Depuis peu, le Brésil a comme objectif d'intégrer ses propres marges amazoniennes occidentales et les espaces nationaux voisins, c'est-à-dire les régions amazoniennes des pays andins, dans son espace économique. Les dernières réalisations de routes transandines, financées par le Brésil, désenclavent ces territoires oubliés à l'est de chacun de ces pays. Certaines sont réalisées, d'autres programmées comme une partie de la route interocéanique reliant l'état brésilien du Rondonia et le département bolivien du Beni. Ces tentacules brésiliens sont souvent perçus comme les éléments du nouvel impérialisme brésilien, suscitant de plus en plus de tensions.

• Des conflits commerciaux à analyser aux différentes échelles géographiques

À l'échelle de l'Amérique latine, les pays du Cône sud tentent de s'organiser en s'opposant, quand ils le peuvent, aux États-Unis et à l'ALENA. Dans ces conditions, le Mexique se sent parfois un peu isolé dans le concert des nations latino-américaines. Mais sa position géographique et sa longue histoire avec les USA expliquent ce positionnement. La constitution de plusieurs blocs commerciaux (CARICOM, MCCA, Mercosur) a permis le développement des échanges commerciaux intrarégionaux mais parfois au détriment de pays tiers (pays andins voyant leurs échanges limités vers le Mercosur). Au sein de ces intégrations régionales, l'absence d'instances de régulation fortes suscite de nombreux litiges et conflits qui parfois se résolvent à l'OMC.

À l'échelle des pays eux-mêmes, ces intégrations régionales n'ont pas suscité de véritables dynamiques dans les espaces frontaliers comme cela a pu être le cas dans l'Union européenne (les anciens espaces "périphériques" étant devenus "centraux"). Une exception, la région frontière entre le Mexique et les USA où les *maquiladoras* se sont multipliées depuis une trentaine d'années.

À grandes échelles géographiques, la concurrence de l'industrie brésilienne chez ses voisins, et notamment en Argentine, a mis à mal un tissu de petites et moyennes entreprises, en particulier dans le secteur du textile. Localisées dans les premières couronnes de la banlieue* de Buenos Aires, leurs fermetures ont contribué à l'augmentation du chômage et fragilisé les populations alentour.

Des intégrations régionales à l'ombre des États-Unis et de la mondialisation des échanges

• La progression hégémonique des États-Unis vers le Sud

Le projet de Zone de libre-échange des Amériques (ZLEA), de l'Alaska à la Terre de Feu, lancé par George H.W. Bush et repris par ses successeurs, Bill Clinton et George W. Bush, a suscité, dès 1990, de fortes réticences latino-américaines. Pour contrer ces oppositions et amarrer le Mexique à l'Amérique du Nord, les États-Unis tentent de créer un marché commun regroupant le Canada, le Mexique et les États-Unis. L'ALENA est opérationnel depuis 1994, trois ans après le Mercosur. Dans l'esprit de ses concepteurs, il préfigure l'organisation de la ZLEA. Très rapidement, les autres pays latino-américains peuvent constater que, si le Mexique a vu ses échanges commerciaux fortement augmenter, la dépendance vis-à-vis des USA s'est accrue dans des proportions impressionnantes. Ces sacrifices n'ont pas été compensés par la mise en place des mêmes libertés de circulation pour les Mexicains. Dans ce contexte de montée du ressentiment antiaméricain en Amérique latine, il n'est pas surprenant que les dirigeants politiques soient devenus de plus en plus critiques voire hostiles à la ZLEA. À partir de 2005, l'ambiance est loin de

LES TYPES D'HÉGÉMONIE NORD-AMÉRICAINE EN AMÉRIQUE LATINE

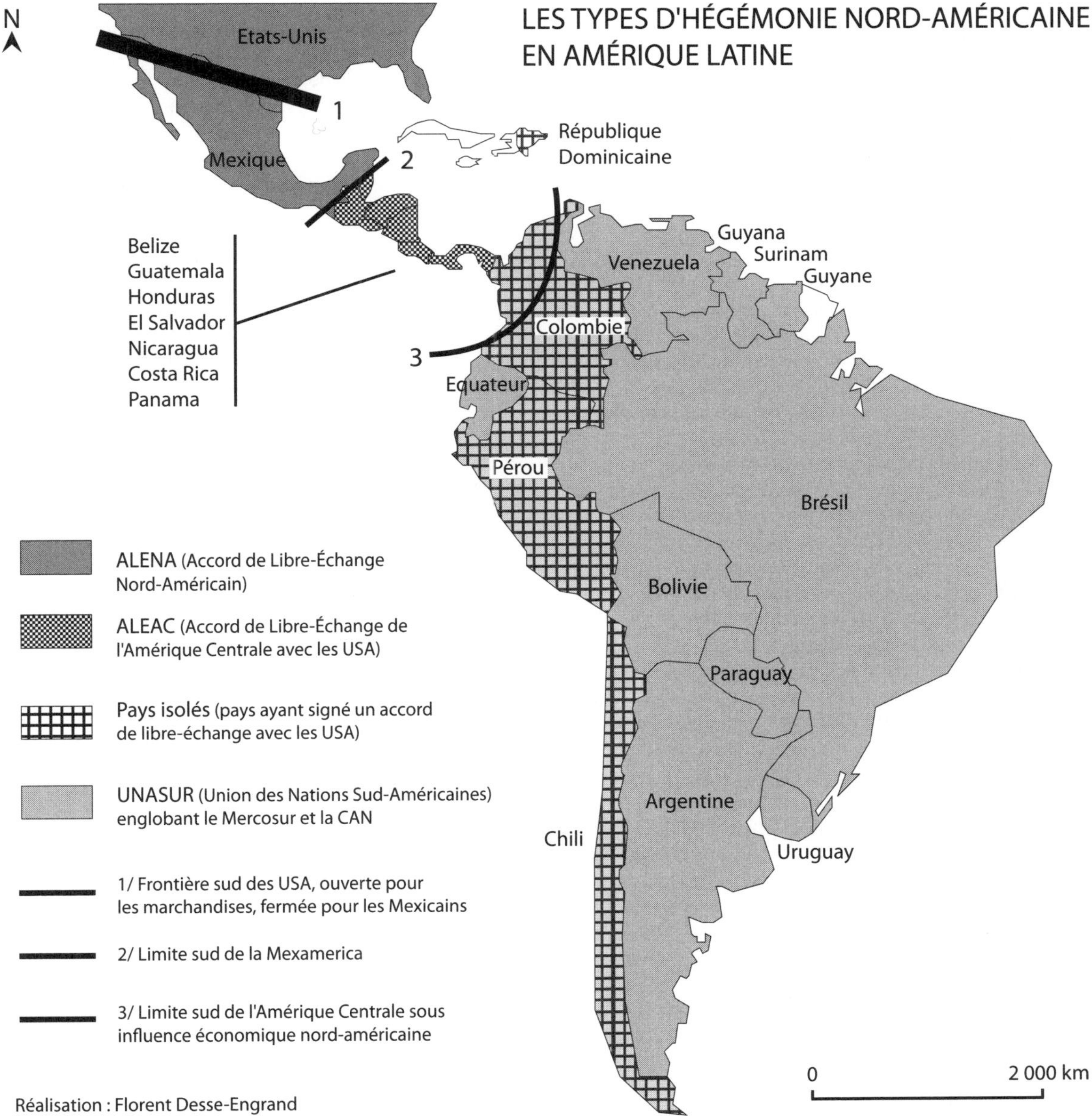

Réalisation : Florent Desse-Engrand

l'euphorie du sommet des Amériques de Miami, de décembre 1994. L'accueil devient de plus en plus mitigé : les administrations de chaque pays étant prises en étau entre les “pressions amicales” de Washington et celles des milieux politiques et économiques locaux qui sont souvent hostiles à un tel processus. L'arrivée au pouvoir d'une nouvelle génération de leaders politiques de gauche et centre-gauche dans de nombreux pays d'Amérique latine a contribué à changer la donne. À partir de 2008, l'administration Obama met en veilleuse ce projet, porté surtout par les Bush, père et fils.

Pour compenser cet échec, les États-Unis ont une nouvelle stratégie d'accaparement des marchés latino-américains en multipliant des accords bilatéraux. La baisse des tarifs douaniers ne constitue pas l'objectif principal : bien que 20 % de leurs exportations se réalisent avec les pays latino-américains, les enjeux sont ailleurs, notamment dans la possibilité d'accroître la pénétration des grandes firmes nord-américaines comme Wal-Mart. Dans le cas de l'Amérique latine, le rapport de force étant en faveur des USA, ils imposent à leurs partenaires un certain nombre de déréglementations permettant une meilleure pénétration de leurs produits, de leurs services mais surtout de leurs investissements directs étrangers : protection de l'investissement, de la propriété intellectuelle, des mouvements de capitaux. Par le biais de ces accords bilatéraux, les entreprises américaines ont obtenu une modification de la politique de contrôle des capitaux au Chili, l'ouverture du marché des télécommunications et de l'assurance au Costa Rica, une extension de la durée des brevets de médicaments sous licence américaine en Colombie (pour contrer les génériques meilleur marché).

À observer la multiplication des traités bilatéraux apparaît une logique de diffusion en tache d'huile vers l'Amérique centrale et les Caraïbes, dans le prolongement “naturel” de l'ALENA. Les États-Unis ont ainsi proposé, en 2004, un traité de libre-échange très important pour l'avenir du MCCA : l'ALEAC ou Accord de libre-échange de l'Amérique centrale avec les USA. Cette intégration dans l'espace nord-américain préfigure-t-il une extension de l'ALENA vers le sud ? Dans ce cas, le CARICOM sera sans doute le prochain objectif de Washington. Avec l'ALEAC, 80 % des exportations américaines sont libres de tout droit de douane. Avant la signature du traité, la région bénéficiait d'une balance commerciale positive avec les USA. Ce n'est plus le cas depuis 2006. Les déséquilibres sont flagrants pour les produits agricoles : la plupart des taxes d'importation pour les produits de base ont été supprimées (riz, maïs ou produits laitiers). Dans le même temps, les États-Unis prennent l'engagement d'importer 1 % de leur sucre des pays du MCCA. Le traité prévoit aussi la sécurisation des investissements américains. Un an plus tard, Wal-Mart s'implante dans les cinq pays en prenant une participation de 50 % dans la *Central American Retail Holding Company* qui opère dans ces pays. D'autres accords existent avec le Chili, le Pérou, la Colombie (non encore ratifié par le Congrès américain). Les petits pays du Mercosur, Uruguay et Paraguay, ont menacé un moment de signer des accords commerciaux si les deux grands partenaires ne prenaient pas en considération leurs revendications.

L'hégémonie nord-américaine est bien plus forte dans les pays d'Amérique centrale et dans les Caraïbes qu'en Amérique du Sud. Certains auteurs n'hésitent pas à parler de “lacs états-uniens” pour la mer Caraïbes [Gamblin, 2005]. Sur le plan économique, une relation étroite et asymétrique s'est nouée entre les USA et ces petits pays aux potentiels économiques restreints. Sur le plan militaire, l'abandon des grandes bases à Panama et à Porto Rico n'a pas empêché le redéploiement de moyens plus discrets pour lutter contre le trafic de drogue car un vrai marché commun de produits illicites se met en place des lieux de production colombiens et d'Amérique centrale vers les espaces de consommation nord-américains. L'économie de certaines régions de la *Mexamerica* et de ses extensions méridionales repose en partie sur les narcotrafics, engendrant des conflits entre cartels* concurrents et les gouvernements centraux. Pour l'instant, les pays d'Amérique du Sud, à l'exception notable de la Colombie, et dans une moindre mesure du Pérou et de la Bolivie, sont peu touchés par le phénomène.

• La frontière entre le Mexique et les États-Unis, espace de conflits ?

Du Pacifique à la mer Caraïbes, la frontière entre ces deux pays de l'ALENA court sur 3 000 km, son franchissement suppose celui du désert au centre et du Rio Grande à l'est. Les législations des deux pays et les accords passés eux autorisent le libre passage des marchandises et des citoyens nord-américains du nord vers le sud et dans l'autre sens seulement les marchandises. Cette frontière est constituée de murs et de grillages sur plus de 1 000 km, notamment à partir des rivages du Pacifique. Côté USA, les *Border Patrols* veillent, aidés dans leur tâche par un corps de défense civil, les *Minutemen*. Les *Human Borders*, quant à eux, ont installé 75 stations d'urgence pour ravitailler en eau les passeurs clandestins. En 2007, un million de Latino-Américains ont été refoulés grâce au dispositif mis en place. Le président mexicain a comparé le "mur honteux" à celui de Berlin. Les présidents du Honduras, du Guatemala ou de Colombie ont exprimé leur désapprobation. Avec 14 ou 15 millions de clandestins sur leur sol, les États-Unis ont besoin de cette main-d'œuvre bon marché, du moins en période de croissance. Une caricature du quotidien mexicain *La Jornada*, en 2007, résume cette immigration nécessaire mais interdite : "Nous avons un problème", explique un ingénieur américain à l'Oncle Sam : "Pour construire le mur anti-immigrés, il faudra embaucher des milliers d'illégaux". Côté mexicain, les conflits se développent, le passage de la frontière suscitant une économie souterraine avec ses filières d'acheminement des clandestins et de la drogue* en provenance des pays d'Amérique centrale ou d'autres régions du Mexique. L'insécurité a fortement augmenté ces dernières années, dans des villes frontières comme Ciudad Juarez où l'on compte 1 800 homicides pour la seule année 2009. Malgré le déploiement de l'armée, les autorités n'ont pas réussi à mettre un terme à la guerre que se livrent les cartels de Juarez et de Sinaloa pour le contrôle du marché local de la cocaïne vers les États-Unis. Au-delà de cette problématique sécuritaire liée à la présence de la frontière, le développement des *maquiladoras* depuis une quarantaine d'années a suscité des mouvements de population importants vers ces usines de montage au service de l'économie nord-américaine. La frontière n'est cependant pas qu'une zone de conflit et le concept de *Mexamerica* correspond à une réalité de développement : l'hispanisation des régions frontalières côté États-Unis se conjugue avec l'américanisation des modes de vie des régions frontalières côté mexicain pour donner l'impression d'une zone tendant à l'homogénéisation même si elle reste fortement marquée par un gradient d'inégalités.

• L'ouverture des échanges à l'échelle monde

La plupart des pays d'Amérique latine étant des pays exportateurs de matières premières (hydrocarbures, minerais) ou de produits agricoles, le marché latino-américain ne constitue pas un débouché suffisant. Alors que le commerce intrarégional participe pour plus de 60 % des échanges commerciaux de l'Union européenne en 2007, il ne dépasse pas les 19 % en Amérique latine. Dans ces conditions, les échanges avec les États-Unis et l'Union européenne sont primordiaux. Depuis la fin des années 1990, les différents cycles de négociations avec Bruxelles ont échoué, notamment au niveau du Mercosur, bloquant sur la libéralisation des exportations de produits agricoles vers l'Europe. Ainsi Le Brésil, le plus gros exportateur du continent, doit partiellement se tourner vers d'autres marchés. La dernière décennie a été caractérisée par la montée en puissance de pays émergents qui sont devenus de gros importateurs de matières premières. Lula a ainsi multiplié les déplacements en Chine, en Inde, en Afrique du Sud, au Moyen-Orient, en signant très souvent des accords commerciaux avec ces pays. Le Chili et l'Argentine dans une moindre mesure en ont fait de même. Ces nouveaux marchés à l'échelle monde, indispensables aux économies latino-américaines, compliquent le fonctionnement des espaces communautaires et rendent leurs existences moins nécessaires.

À l'échelle du continent américain, deux espaces économiques se constituent. D'une part, la *Mexamerica* et ses prolongements vers les petits pays d'Amérique centrale et ceux des Caraïbes, et d'autre part, l'Amérique du Sud. Le premier est dominé par la puissance commerciale des États-Unis, l'autre tente de s'organiser notamment dans le cadre de l'UNASUR, *Union de NAciones SURamericas* ou Union des nations sud-américaines. Regroupant l'ensemble des 12 pays de l'Amérique du Sud, à l'exception du territoire français de Guyane, cette nouvelle institution créée en 2008 veut fédérer les intégrations régionales déjà existantes. Présidé par Michelle Bachelet (Chili) puis par Nestor Kirchner, ancien président argentin décédé en 2010, ce nouvel organisme suprarégional a fort à faire pour fédérer des politiques économiques bien différentes et des intégrations régionales partielles (Mercosur et Communauté andine) qui ont souvent tendance à regarder plus à l'échelle monde qu'à l'échelle du continent.

L'AFRIQUE SUBSAHARIENNE, THÉÂTRE DE TOUS LES CONFLITS ?

Les chocs du passé

En 1962, au lendemain des indépendances d'une majorité des pays africains, R. Dumont publiait un ouvrage visionnaire sur ce continent : *L'Afrique noire est mal partie*. En 2001, R. Pourtier écrit dans *Afriques noires* : "L'Afrique bouge, même si les convulsions désordonnées l'emportent souvent sur un développement linéaire et mesuré. Ses soubresauts surprennent, sa violence inquiète, et plus d'un observateur se demande 'où va l'Afrique ?'". En 2010, ces pays ont fêté, parfois de manière retentissante, le cinquantenaire de leur indépendance. Mais derrière ce paravent des festivités, certaines réalités traduisent encore la persistance de problèmes que l'Afrique n'arrive pas à résoudre, ou bien avec difficulté. En effet, l'Afrique subsaharienne est en proie à des conflits* de toutes natures et de différents degrés d'intensité ; des conflits dans lesquels sont impliqués de nombreux acteurs* et qui sont étendus à toutes les échelles*.

Les conflits en Afrique sont souvent présentés comme des "guerres ethniques", or, la réalité est tout autre, ces conflits étant d'une grande complexité et résultant parfois de l'imbrication d'un certain nombre de facteurs internes et externes. Comme l'écrit M. Gaud [Gaud, 2004], "L'ethnicité en est davantage le masque, éventuellement le résultat, que le facteur déclenchant. Poids du passé, ingérences étrangères se combinent avec les spécificités africaines, les facteurs économiques et politiques, pour déboucher sur des conflits d'un type nouveau". Les causes sont donc multiples : géopolitiques, géoéconomiques, frontalières (v. Les frontières), lutte pour la survie (accès à l'eau – v. L'eau, entre conflits et coopérations, à la nourriture – v. Les conflits alimentaires, révolte contre le népotisme*, les injustices sociales). De certains héritages comme l'esclavage ou la colonisation découlent encore des conflits.

• Les traites négrières

Les traites esclavagistes en Afrique sont multiformes (intra-africaine, saharienne, orientale et atlantique) et peuvent être considérées, de nos jours encore, comme sources de conflits. L'ensemble de ces traites aurait ponctionné à l'Afrique subsaharienne près de 42 millions de personnes [Courade, 2006]. Les modalités de capture des esclaves ont structuré des sociétés antagonistes. Des Africains y ont participé : pour la traite intérieure ou orientale par exemple, les razzias des Noirs étaient le fait des guerriers arabes, maures, touaregs, peuls, swahilis, alors que, pour la traite atlantique, des royaumes guerriers structurés du littoral ont pris une part active (royaumes Ouolof dans l'actuel Sénégal, Oyo au Nigeria, Ashanti au Ghana, Abomey au Bénin, Kongo, Luanda en Angola) ; des royaumes de l'intérieur comme le Kanem, le Baguirmi au Tchad, les royaumes Luba en RDC ont principalement vécu de la traite. Les traites saharienne et orientale, les plus anciennes, étaient déjà exercées dans l'Égypte des pharaons. Mais c'est surtout à partir du VIIe siècle qu'elles prirent de l'ampleur, pour atteindre leur apogée au XIXe siècle ; elles auraient concerné 7 à 12 millions de personnes voire 17 millions [Courade, 2006 ; Ki-Zerbo, 1972], soit 40 % du total des personnes déportées.

La traite intra-africaine, qui a existé avant la période coloniale, a concerné 11 à 14 millions de personnes et a alimenté le trafic saharien et atlantique (ou commerce triangulaire). Celui-ci fut de courte durée, mais intense par son impact. De 1450 à 1869, 11 à 14 millions d'Africains ont été déportés dans le Nouveau Monde ; ce commerce a atteint son apogée au XVIIIe siècle (60 % des déportations). Il était organisé par des puissances européennes (Portugal, Espagne, Royaume-Uni, France).

Ces différentes traites ont laissé des traces profondes en Afrique subsaharienne. En dehors des conséquences bien connues telles que les séquelles démographiques, certaines survivances de la traite saharienne sont aujourd'hui les sources de conflits entre différentes communautés. Il en subsiste un racisme entre différentes populations : "Mépris des Arabes blancs du Nord pour les Arabes noirs du Centre, mépris de ceux-ci pour les Noirs islamisés du Baguirmi, mépris des Baguirmiens pour les

Noirs païens du Sud, ancien réservoir des captifs" [COURADE, 2006]. L'esclavage, bien que supprimé en 1848 pour la France et 1865 pour les États-Unis, maintient encore une certaine hiérarchie entre les communautés et crée des tensions, notamment en Mauritanie entre les Maures blancs, traditionnellement esclavagistes, et les populations noires des bords du fleuve Sénégal. Le cas du Liberia est insolite. Cet État est né de l'abolition de l'esclavage atlantique, mais les tensions entre les descendants des esclaves revenus des États-Unis et les autochtones ont entraîné un conflit sanglant entre 1989 et 2003, conflit médiatisé par l'action criminelle de Charles Taylor et l'enrôlement de force des enfants soldats dans les différentes armées.

• La colonisation

La traite atlantique a ouvert la voie à la colonisation du continent africain. Certains conflits y trouvent directement leur source. La colonisation s'est faite par la violence et, dans certains cas, la décolonisation aussi. La colonisation fut un phénomène de courte durée. En effet, si la colonie du Cap fut fondée en 1657, la véritable conquête coloniale n'eut lieu que dans les années 1870. À la fin du XIXe siècle, le "*Scramble for Africa*" ou la "course au clocher" accéléra cette conquête et la conférence de Berlin (1884-1885) confirma le partage du continent entre les puissances européennes. Le tracé des frontières, contesté plus tard par certains États, sera à l'origine de quelques tensions ou conflits. Les systèmes d'administration et de mise en valeur imposés par les colonisateurs vont engendrer de véritables guerres. Dans l'Empire colonial britannique, des expropriations foncières eurent lieu dès le début de la colonisation. En Rhodésie du Sud (actuel Zimbabwe) et au Kenya, des terres et du bétail furent confisqués dès 1890 ; dans ce dernier pays, la création par ordonnance des "terres de la couronne britannique" donne le droit à l'administration coloniale de vendre ou de louer les terres vacantes. Cette mesure favorisa l'installation de "petits Blancs" venus de Grande-Bretagne et des dominions mais elle renforça le racisme et sera l'une des causes de la révolte* mau-mau au moment de la décolonisation. En Afrique du Sud, les Noirs ont été regroupés dans une centaine de réserves et des millions d'acres de terres sont distribuées à des familles blanches par la *British South Africa Company*. En 1913, le *Native Land Act*, l'un des fondements de l'apartheid, établit une séparation entre les terres africaines et celles réservées aux Blancs : les Noirs ne disposent que de 8 % des terres et ne peuvent ni en acheter ni en louer d'autres. Cette législation avait aussi pour objectif d'obliger les populations noires à aller travailler dans les mines appartenant aux Blancs. Par ailleurs, des compagnies à chartes ou concessionnaires disposent de toute l'autorité pour exploiter les ressources ou pour commercer avec les colonies ; ce sont par exemple De Beers Consolited Mines pour le diamant d'Afrique du Sud, l'Union minière du Haut-Katanga pour les minerais du Congo belge… Ces compagnies seront plus tard impliquées directement ou indirectement dans les conflits secouant certains pays africains.

• La décolonisation

Après la Seconde Guerre mondiale, le vent de décolonisation qui souffle sur l'Asie atteint l'Afrique et, ainsi, de 1956 à 1990, les unes après les autres, les colonies européennes d'Afrique accèdent à l'indépendance, certaines sans trop de mal, d'autres après de longs conflits meurtriers. En Afrique subsaharienne la décolonisation française (1960) ne fut pas exempte de tensions, en particulier en Guinée, mais se déroula sans violences alors que des massacres avaient eu lieu à Madagascar au sortir de la Deuxième Guerre mondiale. Il en fut de même de la décolonisation britannique, sauf au Kenya et en Rhodésie du Sud. Au Kenya, les Kikuyu, convaincus d'avoir été spoliés, veulent récupérer leurs anciennes terres mais sont en butte à un refus des autorités coloniales [LUGAN, 2008]. C'est dans ce contexte qu'entre en scène en 1952 une société secrète, le mouvement Mau-Mau (les "combattants de la liberté") qui s'en prend aux colons blancs. L'administration coloniale mobilise une force importante composée des soldats britanniques et de soldats africains des *King's African Rifles* qui écrase cette révolte en 1955. La capture, puis la pendaison du chef Mau-Mau, Dedan Kimathi, mettent fin à la guerre en octobre 1956. Les Britanniques confient le pouvoir à un Kikuyu modéré, Jomo Kenyatta, à la tête du KANU (*Kenya African National Union*), qui proclame l'indépendance en 1963. Au Congo belge, l'indépendance déboucha sur la première guerre du Congo et sur la sécession de la région la plus riche, le Katanga, à l'instigation des intérêts miniers belges. Elle fut matée en 1965 par le général Mobutu, soutenu par l'ancienne puissance coloniale une fois éliminé les dirigeants "progressistes" qui autour de Lumumba menaçaient de nationaliser les intérêts étrangers. Mobutu accapara le pouvoir jusqu'en 1997.

Les guerres de libération furent surtout longues et sanglantes dans les colonies portugaises d'Angola, du Mozambique, de la Guinée Bissau et des îles du Cap Vert. Après l'indépendance, la guerre continue, sur fond de guerre froide. Après la fin de la Seconde Guerre mondiale, malgré les quelques petites réformes engagées par le Portugal afin de pérenniser sa présence en Afrique, le pays ne peut éviter la guerre dans ses colonies. Dans les années 1950 naissent des mouvements nationalistes d'inspiration marxiste sous l'impulsion des *assimilados** : en Guinée, sous l'impulsion d'Amilcar Cabral, le Parti pour l'indépendance de la Guinée et du Cap Vert (PAIGC) en 1956 ; en Angola le Mouvement populaire pour la libération de l'Angola (MPLA) d'Agostinho Neto en 1957, le Front national de la libération de l'Angola du Kongo Roberto Holden soutenu par les États-Unis en 1963, l'Union nationale pour l'indépendance totale de l'Angola (UNITA) de Jonas Savimbi en 1966, qui s'appuie sur l'ethnie ovimbundu ; au Mozambique, le Front de libération du Mozambique (Frelimo), créé par Eduardo Mondlane en 1962. Les guerres débutées dans les années 1960 ne prennent fin qu'en 1974-1975, après la "révolution* des œillets" qui renversa le régime dictatorial de Caetano, successeur de Salazar en 1968. En Angola, dès l'indépendance, le conflit se transforme en guerre* civile attisée par les grandes puissances. Le MPLA bénéficie du soutien de l'URSS et de ses satellites* d'Europe centrale ainsi que des Cubains qui y ont envoyé près de 50 000 hommes dont certains présents jusqu'en 1991. L'UNITA bénéficie quant à elle du soutien américain. Cette guerre fratricide ne prend fin qu'avec le désengagement américain et la mort de Savimbi en 2002 mais laisse un pays truffé de mines* antipersonnel qui continuent encore à mutiler les populations. Le Mozambique a connu une situation post-coloniale comparable à celle de l'Angola, c'est-à-dire une guerre impliquant un certain nombre d'acteurs internes et externes mus par les luttes idéologiques du moment.

• Contentieux et conflits frontaliers

Les héritages du passé sont parfois à l'origine du déclenchement des conflits mais ne suffisent pas toujours à en expliquer l'ampleur. Les tracés rectilignes des frontières n'ont pas multiplié les conflits au lendemain des indépendances, car l'OUA (Organisation de l'Unité africaine), dès sa création à Addis-Abeba en 1963, a proclamé l'intangibilité des frontières, acceptée par les panafricanistes comme N'Krumah (Ghana). Les guerres frontalières (v. Les frontières) ont été moins nombreuses que les guerres civiles. Le conflit entre le Mali et le Burkina Faso en 1974 puis en 1985 au sujet de la possession de la bande d'Agacher en est un exemple. Entre le Sénégal et la Mauritanie en 1989-1990, la tension était à son comble, de même qu'entre le Tchad et la Libye, quand le colonel Kadhafi exhume un accord Laval-Mussolini de 1935 (jamais ratifié) pour exiger la bande d'Aozou (100 000 km^2) au nord du Tchad. Cette revendication a dégénéré en conflit armé, entraînant l'intervention de la France dans le cadre de l'opération Manta en 1983-1984, suivie du plan Épervier – encore en place dans ce pays en 2011. C'est la Cour* internationale de justice de La Haye qui régla ce contentieux en 1994 au profit du Tchad. Elle a également réglé, au profit du Cameroun, le contentieux entre ce dernier et le Nigeria au sujet de la presqu'île de Bakassi, riche en pétrole. Dans la Corne de l'Afrique, les conflits frontaliers ont été très meurtriers en 1977-1978 entre l'Éthiopie et la Somalie au sujet de l'Ogaden, région désertique éthiopienne astreinte à un droit de passage des nomades somalis ; puis entre l'Éthiopie et l'Érythrée de 1998 à 2000. Aucun de ces conflits ne remet en cause les frontières héritées de la colonisation, au contraire ils portent sur l'interprétation des accords de l'époque.

• Les guerres civiles

Les guerres* civiles se différencient des guerres internationales mais, en Afrique, cette distinction n'est pas aussi simple. Les guerres civiles peuvent en effet avoir des causes internes, notamment ethniques, mais peuvent être attisées de l'extérieur. Pendant la guerre froide, l'opposition idéologique entre les deux blocs a ainsi été un grand facteur de conflits. Les intérêts économiques en sont un autre (ressources minières ou énergétiques) : les multiples soubresauts du Congo, la guerre du Biafra au Nigeria, la rébellion au Tchad, la guerre civile au Soudan ne représentent que quelques exemples parmi d'autres.

La guerre du Biafra est un exemple où se mêlent régionalisme, richesse pétrolière et intervention des puissances étrangères. Le Nigeria accède à l'indépendance en 1960. Peuplé à l'époque de 40 millions d'habitants répartis entre 250 ethnies, ce pays était organisé en trois régions autonomes dans un système fédéral. Suite à des violences interethniques et interconfessionnelles répétées, les populations du sud-est (au premier rang desquelles les Ibos) proclamèrent leur indépendance en 1967. Le pétrole exploité dans cette région depuis 1955 est la véritable cause de ce conflit (sécession puis guerre), le pouvoir central étant entre les mains des populations de l'ouest et du nord. Les compagnies pétrolières étrangères choisirent leur camp : Shell s'est rangée du côté du gouvernement nigérian, alors que ELF soutenait le Biafra. Ce dernier, malgré une aide substantielle apportée par la France à partir de Libreville (Gabon), est vaincu en 1970. Ce conflit fit environ un million de morts, malgré l'aide médicale d'une ONG créée à cette occasion par quelques médecins français, "Médecins sans frontières".

Le Soudan est un autre exemple d'affrontement sur fond ethno-religieux (v. Les conflits religieux) et pétrolier (v. Les hydrocarbures, enjeux de conflits). Dès l'indépendance (1956), les populations noires animistes* et christianisées du sud s'opposent aux populations arabisées et musulmanes du nord. Le sud, mieux doté en terres agricoles, couvre 700 000 km² sur les 2 500 000 du pays. En 1983, le général Al Nimeiry, au pouvoir depuis 1969, proclame la charia* afin de bénéficier du soutien des Frères musulmans locaux. Il est cependant renversé en 1985. En 1989, le nouvel homme fort du pays, le général El Béchir, confirme l'application de la charia tout en restant dans le flou sur les exemptions dont bénéficieront les régions non musulmanes. Les Britanniques avaient déjà envisagé de rattacher le sud du Soudan à l'Ouganda, mais ce projet n'avait pas abouti, d'où le premier conflit de 1956. Le cessez-le-feu et les accords signés à Addis-Abeba en 1972 prévoient une large autonomie régionale, mais la découverte de pétrole dans le sud en 1981 allait tout remettre en cause. Les autorités centrales souhaitent faire raffiner le pétrole au nord, mais cette proposition est rejetée par les sudistes. Al Nimeiry décide alors d'un nouveau découpage régional qui enlève au sud la zone pétrolière : une nouvelle province dépendant directement du pouvoir central de Khartoum est créée, puis l'autonomie du sud suspendue. Sous l'impulsion du Mouvement populaire de libération du Soudan créé par John Garang éclate un nouveau conflit, plus violent que le précédent, avec comme objectif pour les sudistes la partition du pays. Après plusieurs tentatives de paix, un accord est signé le 9 janvier 2005 qui organise un partage des richesses et du pouvoir. John Garang devient vice-président mais meurt dans un accident d'hélicoptère un an plus tard. Il est remplacé par Salva Kiir Mayardit, soutenu par les États-Unis. Une mission des Nations unies – la MINUAD – est chargée d'organiser le référendum d'autodétermination de 2011, qui donne un large succès au MPLS, avec 98 % de "oui" à l'indépendance du Sud-Soudan, avec comme capitale Juba. De nombreuses questions restent cependant en suspens comme le partage des revenus du pétrole qui pour l'exportation transite par Port-Soudan, au nord, la délimitation de la frontière nord-sud ou l'accès à l'eau pour les nomades arabisés du nord (v. Géographie de la paix ; Les frontières ; L'eau, entre conflits et coopérations).

• Les conflits armés majeurs

En dehors des guerres de libération, des conflits majeurs (causant au moins 1 000 morts en un an et impliquant un gouvernement) se sont multipliés en Afrique depuis la fin de la guerre froide et sont concentrés sur certains espaces tels que l'Afrique centrale et la région des Grands Lacs, la Corne de l'Afrique, le Soudan, ou encore en Afrique de l'Ouest. Leurs causes sont multiples et complexes.

Nous commencerons par l'exemple du Rwanda (v. L'armement), où l'horreur a atteint son comble en 1994. Ce petit pays situé dans la région des Grands Lacs, densément peuplé (380 hab/km²), a été colonisé par les Allemands à la fin du XIXe siècle et confié en mandat à la Belgique à l'issue de la Première Guerre mondiale. Il est peuplé de Banyaruanda répartis en trois castes : la caste des propriétaires de bétail, les Tutsis, représentait 14 % de la population ; celle des agriculteurs, les Hutus, 85 % de la population ; enfin, celle des cueilleurs, les Twa (1 %). Dans ce pays montagneux, surnommé le Tibet de l'Afrique, les terres agricoles et les pâturages sont précieux et convoités. Au milieu du XXe siècle, la question de la terre oppose les deux principales castes, les Twa habitant surtout en forêt. L'élite tutsi, sur laquelle les Belges se sont appuyés jusque-là, réclame l'indépendance. Les Belges se tournent alors vers les Hutus et, dès 1959, éclate une insurrection paysanne hutu, antiféodale, la "Toussaint rwandaise", qui se termine par le premier massacre de Tutsis. Avec le suffrage universel, la loi du nombre transfère naturellement le pouvoir aux Hutus : à l'indépendance en 1962, un jeune journaliste hutu, Grégoire Kayibanda, devient président. En 1963, la "révolution sociale" chasse les élites traditionnelles tutsi du pays. Réfugiées dans des camps en Ouganda et au Zaïre, elles ont comme objectif la reconquête du pouvoir. En 1994, alors que les troupes du FPR (Front patriotique rwandais), formées de Tutsis d'Ouganda, progressent dans le nord du pays, des négociations sont parallèlement menées pour intégrer ce mouvement au gouvernement. Le 6 avril, l'avion du président Habyararimanna et de son homologue burundais est abattu à l'aéroport de la capitale, Kigali. Cette disparition déclenche, dans l'ensemble du pays, une vague de massacres de Hutus modérés et de Tutsi qui font au moins 800 000 morts. Alors que le pouvoir est accusé de génocide*, deux millions de Hutus fuient vers le Zaïre l'avancée du FPR. Alors que l'ONU retire la force internationale présente sur place (la MINUAR), il faut attendre le 23 juin pour que Paris obtienne l'autorisation de créer une zone de sûreté pour les réfugiés dans le sud-ouest du pays. En fait, il ne s'agit plus de protéger les Tutsis victimes du génocide mais les Hutus d'éventuelles représailles du FPR. S'emparant de Kigali le 4 juillet, l'homme fort du FPR, Paul Kagame, coupe les ponts avec Paris et cherche dans un premier temps à organiser le retour des réfugiés. Craignant que ceux-ci ne le chassent du pouvoir, il se ravise l'année suivante et entreprend au contraire d'envahir l'est du Zaïre pour détruire les camps de réfugiés qui lui sont hostiles.

Sur fond de pauvreté, la Corne de l'Afrique connaît pour sa part toutes les formes de crises : guerres de frontières, terrorisme, piraterie, crises alimentaires débouchant sur des crises humanitaires, affaiblissement voire déliquescence des États. Cette région est stratégique, sur le golfe d'Aden et le Bab el Mandeb, voie de passage entre l'océan Indien et la mer Rouge, donc vers la Méditerranée, via le canal de Suez. Ce passage est emprunté par 16 000 navires par an et il est un point de passage stratégique pour le trafic maritime des hydrocarbures (v. Les hydrocarbures, enjeux de conflits). C'est une région sous haute surveillance ; ce qui s'y passe ne laisse pas indifférentes les grandes puissances. Des conflits internes et internationaux ont secoué et secouent encore cette région. La Somalie, indépendante en 1960, revendique la région de l'Ogaden, peuplée de Somalis et intégrée à l'Éthiopie. Une guerre éclate en 1977 entre les deux pays mais l'Éthiopie, lourdement soutenue par l'URSS, sort victorieuse. Puis, suite à la sécession de l'Érythrée en 1993, un autre conflit oppose les deux pays de 1998 à 2000 au sujet du contrôle de la zone frontalière de Badme. Ce conflit fit une centaine de milliers de morts et la Cour internationale de justice régla le contentieux au profit de l'Érythrée.

La Somalie est en déliquescence depuis l'éviction de la présidence de Siad Barré en 1991. Pourtant, situation unique en Afrique, ce peuple se caractérise par son unité ethnique : "un peuple partageant la même langue, la même culture, la même religion (l'islam) se trouve éclaté entre quatre États" [POURTIER, 2001]. Au nord, le Somaliland, ancien territoire britannique, se proclame indépendant et installe sa capitale à Hargueisa ; il fut suivi par le Puntland au nord-est. Au sud, les tribunaux islamiques perdent en 2006 le contrôle de la capitale au profit de "seigneurs de la guerre" alors qu'un semblant de gouvernement légitime est en exil. Cette déliquescence fait de cette région une zone de non-droit où toutes les actions sont autorisées, notamment le développement de la piraterie, en particulier sur le littoral du Puntland qui abrite un certain nombre de ports d'attache de ces pirates (Alula, Eyl). Cette situation a amené de nombreux États à envoyer dans la zone des navires de guerre pour protéger les navires marchands, dont certains à cargaison très sensible, comme les hydrocarbures.

Le Darfour, à l'ouest du Soudan, à la frontière du Tchad et de la République centrafricaine, a également sombré dans la violence, depuis 2003. Le conflit tchado-libyen va être le facteur déclenchant de la révolte. Dans les années 1980, une coalition du Libyen Kadhafi et du Soudanais Sadiq al-Madhi avait comme objectif le renversement du président tchadien Hissène Habré. Après sa chute et la prise de pouvoir par Idriss Déby, originaire de l'est du Tchad, la donne a changé pour cette région. En 2003, suite à une insurrection des populations du Darfour, le président soudanais Omar al-Bachir envoie les janjawids*, miliciens arabes supplétifs de l'armée soudanaise, qui massacrent la population civile. La communauté internationale met du temps à réagir. À partir de 2005, la paix n'est pas rétablie, malgré l'envoi de 7 000 hommes par l'Union africaine dans le cadre de la MUAS (Mission de l'UA* au Soudan). En 2007, dans le cadre de l'EuforTchad-RCA, 3 000 soldats sont déployés puis 23 000 dans le cadre de la mission de l'ONU (UNMIS). Malgré un bilan humain catastrophique (500 000 morts). la communauté internationale n'a pas trouvé de terrain d'entente : la Chine, pour qui le Soudan est un important partenaire commercial (intérêt pétrolier). s'est opposée à toute condamnation (v. Les conflits en Asie). C'est seulement en 2009 qu'Omar al-Bachir fut inculpé par la Cour pénale internationale, mais sans suite.

L'Afrique de l'Ouest, longtemps calme et prospère, est devenue un arc des tensions à partir des années 1980. Les conflits ont surgi sur des fonds ethniques, des héritages de la traite négrière, de la colonisation et surtout à cause du diamant et du commerce du cacaco. Au Liberia, l'origine du conflit tient de l'antagonisme entre les autochtones et les descendants des Afro-Américains. En effet en 1980, le coup d'État du sergent Samuel Doe, de l'ethnie krahn, a mis fin à la domination des Afro-Américains, entraînant un déchaînement de violence dans la région. Charles Taylor crée le Front national patriotique du Liberia qui s'oppose à Doe. À partir de 1989, cette opposition dégénère en une sanglante guerre civile, qui a entraîné l'intervention de l'ECOMOG*. En 1997, Taylor gagne les élections présidentielles, mais le calme est loin d'être revenu car à l'ouest du Liberia est né un mouvement, le RUF (*Revolutionary United Front*), dirigé par Foday Sankoh, mouvement connu pour sa cruauté (enrôlement de force des enfants, mutilation des membres). En échange de diamants, Taylor fournit au RUF un appui logistique. Cette guerre sanglante a permis aux dirigeants de contrôler le commerce des diamants ("les diamants du sang" – voir à ce sujet le film *Blood Diamond*, d'Edward Zwick, 2006) "exportés vers New York, Anvers ou Tel-Aviv via des filières souvent clandestines, dans lesquelles les réseaux libanais jouent un rôle notoire, ont servi au financement de la guerre" [GAUD, 2004]. Cette guerre s'est étendue à la Guinée et surtout à la Côte d'Ivoire, où elle se joue sur fond de tribalisme*, de commerce du cacao et des réseaux ayant mis la main sur l'économie de ce pays.

La Côte d'Ivoire, ancienne colonie française, fut dirigée dès l'indépendance par F. Houphouet-Boigny (de l'ethnie baoulé), jusqu'à sa mort en décembre 1993. Houphouet-Boigny, ayant opté pour une économie extravertie fondée sur une agriculture de plantation, a lancé ce pays sur la voie de développement – à l'origine du "miracle ivoirien". L'appel à la main-d'œuvre étrangère (Haute-Volta – Burkina-Faso actuel –, Mali, Guinée) fut nécessaire dans les plantations. Mais la crise économique résultant des chocs pétroliers n'a pas épargné ce pays. C'est pour y faire face que le président Houphouet-Boigny lança en 1988 la "guerre du cacao" afin de rehausser le cours du cacao. Mais le manque de solidarité des autres pays producteurs de cacao ruina les espoirs de la Côte d'Ivoire. La mort d'Houphouet-Boigny en décembre 1993 ajouta une autre crise : celle de succession. Suivant la constitution, c'est Konan Bédié, président de l'Assemblée – un Baoulé –, qui assura l'intérim. Celui-ci a commis l'erreur d'écarter du pouvoir le dernier Premier ministre d'Houphouet-Boigny, Alassane Ouattara, un homme du nord pourtant dauphin désigné d'Houphouet. Cet événement a entraîné la scission du PDCI (Parti démocratique de C.-I.) fondé par le président défunt et la création du RDR (Rassemblement des républicains) par A. Ouattara. K. Bédié a alors dévoyé la notion d'ivoirité, concept à l'origine forgé pour transférer le pouvoir économique des Français vers les Africains, pour écarter Ouattara des élections. Ouattarra, s'il est né en Côte d'Ivoire, a en effet effectué un brillant parcours dans les institutions financières internationales sous un passeport burkinabé, nationalité de la famille de son père. Son parcours familial est typique de l'imbrication et des migrations des populations de la région. Pour schématiser en Côte d'Ivoire le pouvoir politique et économique se concentre entre les mains des populations du Sud, majoritairement chrétiennes. Le "miracle ivoirien" concentré sur les terres les plus riches du pays, au centre et au sud, y a attiré des populations qualifiées "d'allogènes", Ivoiriens du nord et habitants de pays limitrophes, Burkina Faso et Mali, culturellement proches des habitants du nord de la Côte d'Ivoire, majoritairement musulmans. La cohabitation a été pacifique tant qu'a duré le "miracle" ivoirien.

En décembre 1999, le général Gueï mena un coup d'État puis organisa en octobre 2000 des élections présidentielles dont sont écartés A. Ouattara et K. Bédié. Face à Gueï, L. Gbagbo, de l'ethnie bété et opposant historique à Houphouet, est le seul candidat crédible. Boycotté par les principaux partis du pays, le scrutin est remporté par Gbagbo avec 20 % seulement des inscrits. Après une tentative de coup d'État en septembre 2002, la Côte d'Ivoire sombra dans la guerre civile, le nord passa sous le contrôle des Forces nouvelles de G. Soro. L'armée française dans le cadre de l'opération Licorne s'interposa entre les belligérants et l'action diplomatique permit à la partition du pays de s'estomper au fil du temps. Cette situation servit de prétexte à Gbagbo pour repousser pendant plus de cinq ans les élections jusqu'à celles qu'il a perdues en novembre 2010. Recroquevillé dans une attitude messianique sur les conseils de sa femme Simone, il n'a pas voulu céder sa place malgré la condamnation de son entêtement par l'ONU* et en dépit des pourparlers engagés notamment par l'Union africaine et ce jusqu'à l'intervention de l'armée française et son arrestation le 11 avril 2011. Alors que des massacres ont été commis de part et d'autre, le pays reste à reconstruire et à réunifier.

Quelles conséquences ? Quelles tentatives de solutions ?

• Le coût humain, économique et social

Les premières victimes des différents conflits sont les populations civiles et se comptent par millions. La guerre du Biafra a causé la mort d'un million de personnes, autant qu'au Rwanda en 1994. Il y a eu 500 000 mille victimes ou davantage au Darfour. Le conflit entre l'Éthiopie et l'Érythrée a fait une centaine de milliers de victimes, la deuxième guerre du Congo 3 millions de morts… ce décompte macabre concerne tous les conflits qui ont ensanglanté le continent depuis les guerres de décolonisation. Les conséquences indirectes sont tout aussi dramatiques. L'enrôlement de force des enfants a déshumanisé ces derniers, compte tenu des traitements sanglants qu'ils ont subis : au Liberia et en Sierra Leone, les récalcitrants sont mutilés de leur main ou leur bras ("manche longue ou manche courte"). Ces enfants-soldats, déboussolés, ont du mal à s'insérer dans la société. C'est cette situation que dénonce l'écrivain ivoirien Ahmadou Kourouma dans *Allah n'est pas obligé* : "Dans toutes les guerres tribales et au Liberia, les enfants soldats, les *smallsoldiers* ou *childrensoldiers* ne sont pas payés. Ils tuent les habitants et emportent tout ce qui est bon à prendre…". De manière générale, le mot d'ordre pour ces soldats est : "Vous avez une arme, nourrissez-vous tout seuls" [Kapuscinski, 2000]. Ailleurs, c'est le développement des "*solreb*" (soldats le jour, rebelles la nuit) qui discrédite le rôle des armées régulières, affaiblit les États et fait sombrer des pays dans le chaos. Cette culture de la violence est entretenue par les seigneurs de la guerre (*warlords*) qui développent des stratégies de la faim en maintenant l'insécurité et en profitant de l'aide des ONG. Cela est aussi vrai en Somalie qu'ailleurs et, comme l'écrit S. Brunel, "La carte des famines se superpose à celle des guerres" [2004]. D'autres séquelles indirectes sont les mutilations causées par les mines antipersonnel dans bon nombre de pays ayant connu des conflits, notamment en Angola et au Mozambique, ce que dénonce l'ONG Handicap International. Les femmes sont les premières victimes des viols commis par les soldats ; ce fut le cas dans la province du Kivu en RDC. Dans un article publié dans l'édition août-septembre 2010 du magazine *Le Fil d'Amnesty*, Andrew Philip, ancien chercheur d'Amnesty International, présente la généralisation du viol dans cette partie de la RDC comme "la guerre dans la guerre", le viol étant devenu une arme de guerre.

Les conflits freinent le développement économique et entretiennent le retard économique de l'Afrique. Nés le plus souvent du sous-développement, ils enfoncent davantage l'Afrique dans cet état de fait. De plus, la multiplication des conflits n'est pas propice aux investissements car insécurité et investissement ne font pas bon ménage. Cependant, dans certaines situations, les grandes firmes soutiennent plus ou moins ouvertement les protagonistes (comme nous l'avons vu pour le Biafra). Le marché de l'armement profite également de cette situation (v. L'armement). Au moment de la mise en exploitation du pétrole tchadien en 2003, la Banque mondiale a imposé l'ouverture d'un compte bancaire à Londres sur lequel seraient déposés les fonds pétroliers, pour assurer le développement du pays. Mais, en 2008, suite à l'incursion des rebelles jusque dans N'Djamena, le président Idriss Déby a exigé et obtenu une partie de ces fonds pour s'armer, ce qui a détourné l'argent de son objectif initial. Depuis la réconciliation de 2009, la rente pétrolière commence à être utilisée dans la construction de divers équipements dans le pays (écoles, hôpitaux, routes).

• Les réfugiés et les déplacés

Les guerres africaines jettent un nombre impressionnant d'hommes sur les routes. Cet exode peut prendre deux formes : des personnes déplacées* à l'intérieur du pays ou des personnes réfugiées* hors du territoire national. En Afrique, on dénombre environs 13,5 millions de déplacés et près de 4 millions de réfugiés [UNHCR, 2010]. Ce fut le cas de nombre d'Ivoiriens fuyant la guerre civile dans les pays voisins. Les déplacés ou les réfugiés sont souvent pris en charge par le HCR dans des camps dans lesquels sont déployées des centaines voire des milliers de tentes. Ces paysages d'habitat précaire sont présents dans les régions périphériques ; c'est le cas des victimes du Darfour (plus d'un million et demi de déplacés et de réfugiés vers le Tchad sur une population de cinq à six millions d'habitants). Cependant, dans certains cas, ces personnes ne sont pas toujours prises en charge par le HCR, même si elles se trouvent dans le dénuement complet ; c'est le cas des 600 000 Luba refoulés du Katanga en 1992-1993. La carte des déplacés et réfugiés traduit bien les espaces conflictuels majeurs en Afrique.

• Les efforts internationaux

Les conflits se caractérisent par une combinaison de facteurs (*straddling*) qui rend difficile la recherche de solutions. Cependant, à différentes échelles, la communauté internationale a toujours tenté de trouver une issue à ces conflits, parfois de manière molle ou avec un certain retard. C'est d'abord l'échelle de l'ONU, par ses différentes résolutions ou missions. Les missions de paix (v. Géographie de la paix) de l'ONU sont nombreuses en Afrique et ne peuvent toutes être énumérées, quelques-unes présentent cependant un intérêt certain et traduisent l'intensité ou la durée des conflits sur les différents territoires : la MONUC en RDC, la MINUS et l'UNAMID au Soudan, la MINURCAT au Tchad et en Centrafrique, l'ONUSOM en Somalie, l'ONUCI en Côte d'Ivoire, la MINUL au Liberia. L'action la plus remarquée de l'ONU est le programme DDR lancé en 1997 en République démocratique du Congo, qui porte sur le désarmement, la démobilisation et la réinsertion. Ce programme a ensuite été lancé au Burundi en 2005, dans l'arc des tensions ouest-africain en 2007 ainsi qu'au Tchad et à Djibouti sur la base de programmes nationaux de démobilisation et de réinsertion des rebelles. C'est ensuite l'échelle de l'Union africaine et de l'Union européenne parce que directement impliquées, ou encore celle de la France, concernée par son pré carré de la Françafrique (elle a mis en place le programme Recamp, Renforcement des capacités africaines de maintien de la paix). Sont également concernés les États-Unis, pour lesquels l'Afrique est placée au cœur du dispositif de lutte antiterroriste depuis le 11 septembre 2001. Ils ont multiplié les coopérations militaires bilatérales puis sous-régionales telle que l'ACOTA* (*Africa Contingency Operations Training Assistance*).

Les conflits en Afrique sont multiformes. L'accent a été mis sur les conflits majeurs mais d'autres méritent tout aussi bien d'être pris en compte, d'autant plus que leurs impacts humains et sociaux sont tout aussi importants et intéressants pour la géographie : ce sont les conflits liés aux déplacements des populations du fait du réchauffement climatique (notamment les Bororos et les Peuls du Sahel) ; les émeutes de la faim, nouvelle forme des conflits urbains ; les séquelles de l'apartheid dans les townships* de l'Afrique du Sud ; les mutations des statuts fonciers en ville et en milieu rural avec en particulier le Zimbabwe où la violence a accompagné la confiscation des terres des fermiers blancs et l'effondrement de l'économie du pays qui s'en est suivie ; les conflits religieux avec l'exemple dramatique du Nigeria où la charia* est appliquée dans le nord du pays… Tous ces conflits sont le reflet d'un mal structurel profond, le sous-développement, du fond duquel l'Afrique subsaharienne tarde à sortir malgré plusieurs indicateurs socioéconomiques prometteurs.

Les types de conflits

- Guerre de décolonisation
- Pays ayant connu une guerre civile ou en guerre civile
- Conflit frontalier ou territorial
- Violences politiques (élections contestées)
- Emeutes de la faim
- Grande route maritime
- Piraterie
- Actions d'Al Qaïda
- Conflit ethno-religieux

Impacts des conflits

- Espaces de fortes concentrations des réfugiés et des déplacés
- Les flux
- Arc des tensions ouest-africain
- PUNTLAND Territoire auto-proclamé indépendant
- SUD SOUDAN Territoire indépendant dans un avenir proche ?
- Zone sous contrôle international

Les interventions extérieures

- Opérations de paix de l'ONU
- Zones de priorité stratégique des Etats-Unis
- Base navale américaine
- Base militaire française

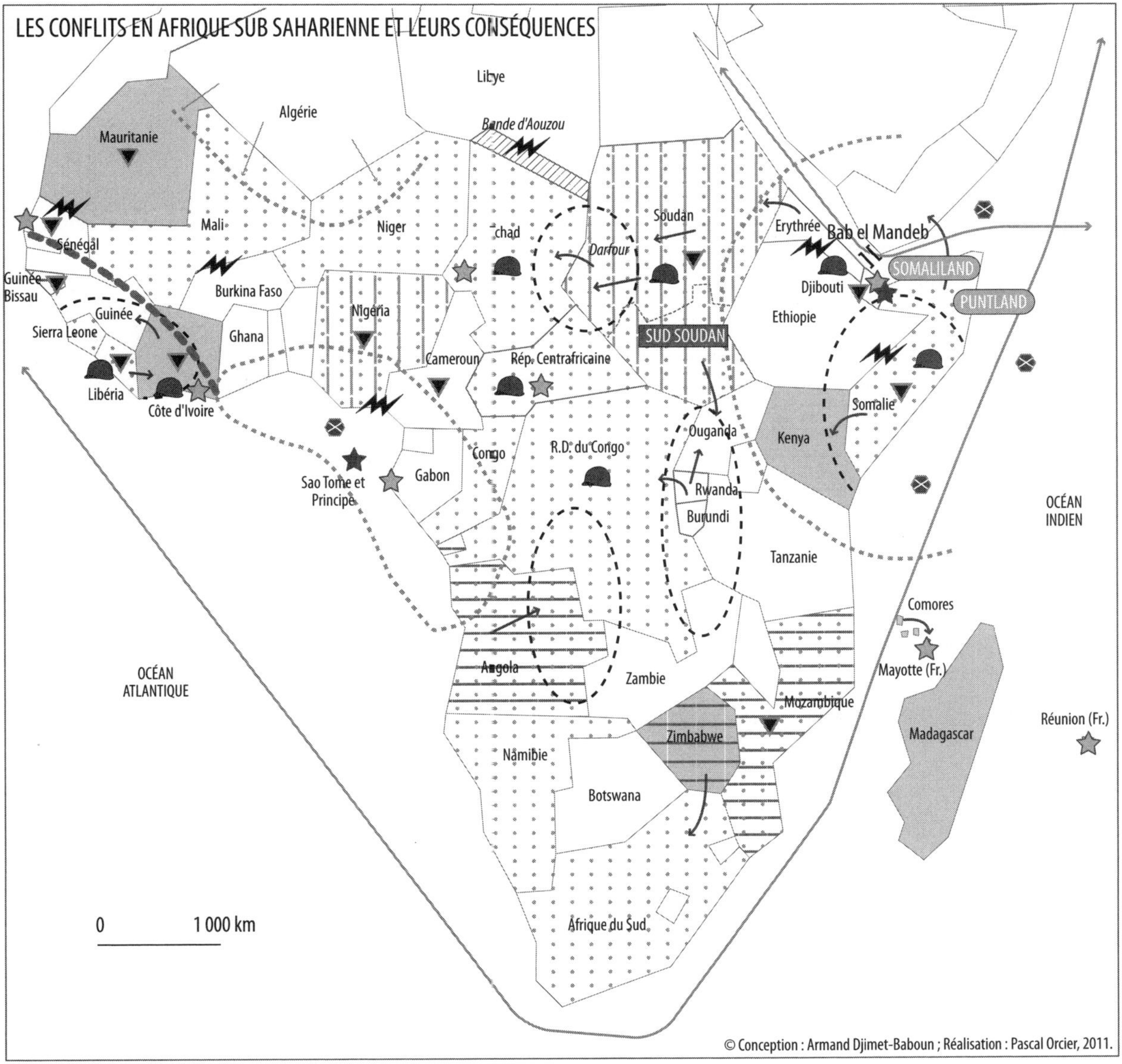
LES CONFLITS EN AFRIQUE SUB SAHARIENNE ET LEURS CONSÉQUENCES
Libye
Algérie
Bande d'Aouzou
Mauritanie
Mali
Niger
chad
Soudan
Darfour
Erythrée
Bab el Mandeb
SOMALILAND
PUNTLAND
Djibouti
Sénégal
Guinée Bissau
Burkina Faso
Guinée
Sierra Leone
Ghana
Nigéria
Ethiopie
SUD SOUDAN
Cameroun
Rép. Centrafricaine
Libéria
Côte d'Ivoire
Somalie
Kenya
Ouganda
Congo
R.D. du Congo
Sao Tome et Principe
Gabon
Rwanda
Burundi
OCÉAN INDIEN
Tanzanie
Comores
Mayotte (Fr.)
OCÉAN ATLANTIQUE
Angola
Zambie
Mozambique
Réunion (Fr.)
Madagascar
Zimbabwe
Namibie
Botswana
0
1 000 km
Afrique du Sud
© Conception : Armand Djimet-Baboun ; Réalisation : Pascal Orcier, 2011.

LES CONFLITS GÉOPOLITIQUES DANS L'AIRE POST-SOVIÉTIQUE

L'aire post-soviétique correspond aux territoires* de la Russie et des membres de la Communauté* des États indépendants (CEI), avec en sus les États baltes, membres des instances euro-atlantiques (UE, OTAN*), et la Géorgie, sortie de la CEI après la "guerre* des cinq jours" (août 2008). Dans ce vaste ensemble spatial, les dirigeants russes revendiquent un droit de regard sur leur "étranger proche". Les héritages russes et soviétiques, les données régionales et les stratégies antagonistes y cumulent leurs effets pour produire des conflits* géopolitiques entremêlés dont les développements interfèrent avec les stratégies de puissances extérieures plus ou moins lointaines (États-Unis et Occidentaux, Turquie, Chine, etc.). Ces conflits géopolitiques renvoient à des rivalités de pouvoir et d'influence sur des territoires et sur les populations qui y vivent. Les antagonismes entre les collectifs aux prises, États et acteurs non étatiques, sont tels que le recours à la force armée entre dans le champ du possible. S'ils peuvent être instrumentalisés par les dirigeants russes à des fins de puissance, ces conflits ont des racines locales et historiques. Aussi ces écheveaux de conflits relèvent-ils d'une analyse géographique et géopolitique qui manie différents ordres de grandeur et niveaux d'analyse.

De l'"étranger proche" au "voisinage commun" : les conflits de l'Europe médiane

L'expression d'"Europe médiane" désigne un ensemble spatial qui s'étend de la Baltique à la mer Noire, aux frontières occidentales de la Russie. Cet ensemble varie suivant les définitions et peut inclure l'Allemagne. Nous nous en tiendrons ici à une définition plus restrictive qui se limite aux anciennes républiques soviétiques à l'ouest de la Russie. Avec l'élargissement des instances euro-atlantiques, l'Est européen (Biélorussie, Ukraine et Moldavie) fait figure de "voisinage commun" à l'UE et à la Russie. Les conflits géopolitiques y sont multiples et pluridimensionnels.

• Les espaces baltiques et leurs conflits

Lors de la dislocation de l'URSS, les États baltes, qui souhaitaient recouvrer la pleine indépendance qu'ils avaient connue dans l'entre-deux-guerres, n'ont pas rallié la CEI et se sont directement tournés vers l'UE (v. Conflits en Europe) et l'OTAN. Leur intégration à l'Union, en 2004, a remis au premier plan la question de Kaliningrad, enclave* russe située entre la Lituanie et la Pologne (la négociation UE-Russie sur le respect des règles de Schengen pour accéder via la Lituanie à Kaliningrad fut rude). Avec le possible déploiement de systèmes antimissiles* en Europe centrale (projet Bush), les dirigeants russes menacèrent ensuite d'y déployer des missiles pointés vers la Pologne. Par ailleurs, l'indépendance des États baltes a mené les dirigeants russes à redéployer leurs exportations pétrolières sur les terminaux de Saint-Pétersbourg, Primorsk et Vyborg (le "Rotterdam de la patrie", à l'embouchure de la Neva), au détriment de la plupart des ports baltes.

En dépit de quelques différends, il n'y a pas de litige territorial majeur entre la Russie et les pays baltes (Moscou et Tallin ont signé un traité sur les frontières* en 2007). La question des minorités* de langue russe, en Estonie (35 %) et en Lettonie (42 %), est plus vive. Les enjeux sont internes (accès à la citoyenneté, statut de la langue russe) et externes ; les dirigeants russes se posent en protecteurs de ces minorités et y cherchent des relais politiques. Dans ces conflits russo-baltes, Moscou menace d'employer la force et recourt à des embargos énergétiques ainsi qu'à des boycotts commerciaux. À l'été 2007, le déplacement à Tallin de la statue d'un soldat soviétique a causé des manifestations des minorités russes, et l'Estonie a été l'objet d'un épisode de cyberguerre* (v. Les espaces des conflits numériques). Suite à la "guerre* des cinq jours" (Russie-Géorgie, août 2008), de fortes pressions et menaces ont été exercées par la Russie sur la Lituanie. De ce fait, l'OTAN a élaboré des plans militaires de protection des États baltes.

• La Biélorussie et l'Ukraine au cœur des conflits post-soviétiques

La Biélorussie est un pays clef de l'aire post-soviétique. Couloir de circulation des hydrocarbures russes vers les marchés européens, elle forme avec la Russie une "Communauté d'États souverains" et participe à la Communauté économique eurasiatique. La Biélorussie est aussi membre de l'Organisation du traité de la sécurité collective (OTSC), une alliance militaire centrée sur Moscou. Pourtant, la mise en œuvre de ces coopérations et les litiges énergétiques (prix du gaz russe ; réexportation du pétrole russe) sont à l'origine de nombreuses crises (embargos* énergétiques, boycotts* commerciaux).

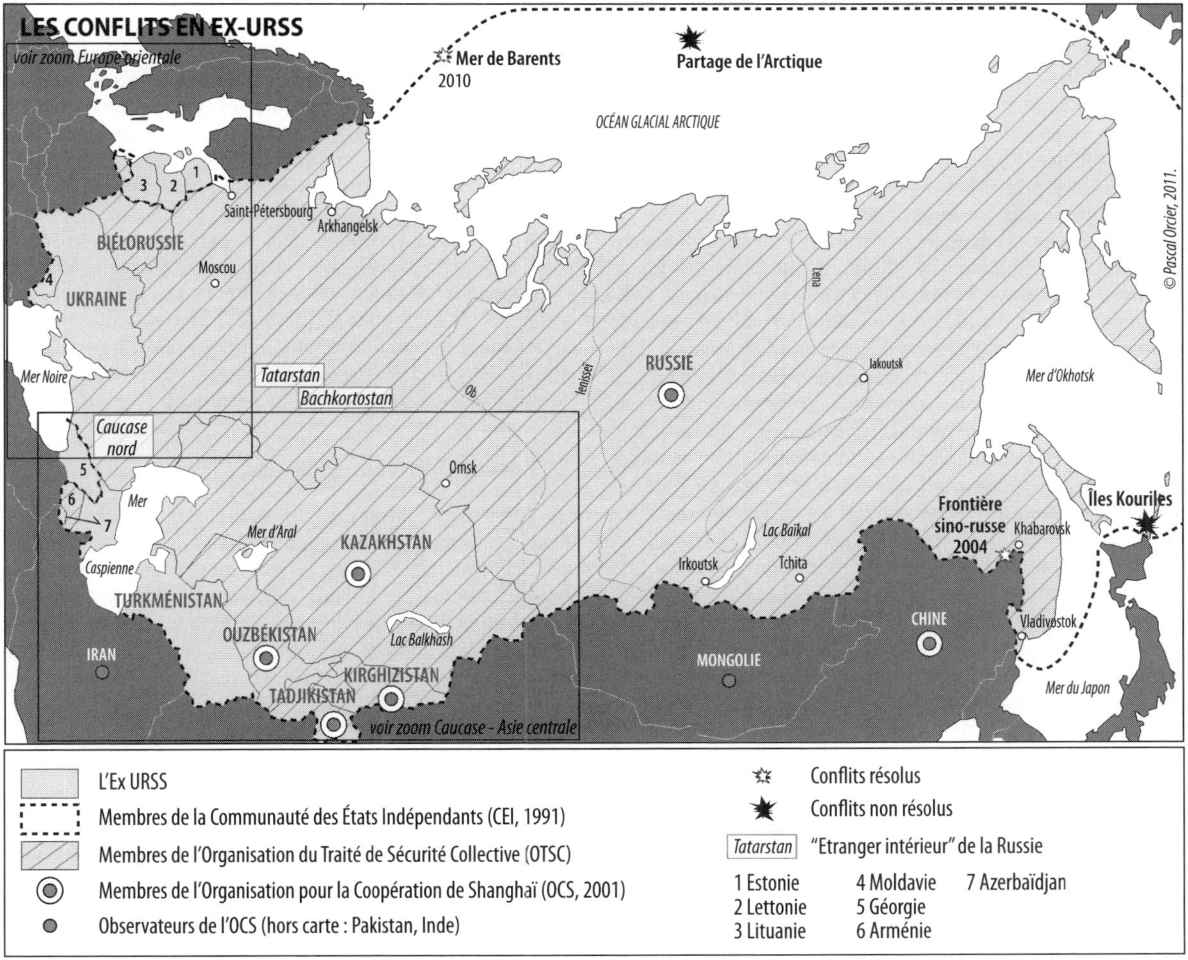
LES CONFLITS EN EX-URSS
voir zoom Europe orientale
Mer de Barents
2010
Partage de l'Arctique
OCÉAN GLACIAL ARCTIQUE
© Pascal Orcier, 2011.
1
2
3
Saint-Pétersbourg
Arkhangelsk
BIÉLORUSSIE
Moscou
4
UKRAINE
Lena
Jakoutsk
Mer d'Okhotsk
RUSSIE
Ienissei
Ob
Mer Noire
Tatarstan
Bachkortostan
Caucase nord
5
6
7
Mer
Caspienne
Omsk
Mer d'Aral
KAZAKHSTAN
Lac Baïkal
Irkoutsk
Tchita
Frontière sino-russe 2004
Khabarovsk
Îles Kouriles
TURKMÉNISTAN
OUZBÉKISTAN
Lac Balkhash
IRAN
KIRGHIZISTAN
TADJIKISTAN
MONGOLIE
CHINE
Vladivostok
Mer du Japon
voir zoom Caucase - Asie centrale
L'Ex URSS
Membres de la Communauté des États Indépendants (CEI, 1991)
Membres de l'Organisation du Traité de Sécurité Collective (OTSC)
Membres de l'Organisation pour la Coopération de Shanghaï (OCS, 2001)
Observateurs de l'OCS (hors carte : Pakistan, Inde)
Conflits résolus
Conflits non résolus
Tatarstan "Etranger intérieur" de la Russie
1 Estonie
2 Lettonie
3 Lituanie
4 Moldavie
5 Géorgie
6 Arménie
7 Azerbaïdjan

Ces relations difficiles entre deux régimes autoritaires expliquent la construction d'un gazoduc germano-russe (*Nord Stream*) sous la Baltique afin de contourner la Biélorussie. Peu avant la reconduction de Loukachenko à la présidence (décembre 2010), la chaîne russe NTV (propriété de Gazprom) a été le vecteur de pressions médiatiques russes. Après avoir recherché l'appui des Occidentaux, Loukachenko a réorienté son pays vers la Russie, en parallèle au durcissement intérieur. Des candidats à l'élection présidentielle ont été emprisonnés et la Biélorussie semble se tourner résolument vers la Communauté économique eurasiatique (Russie-Biélorussie-Kazakhstan).

Héritière dans les représentations géopolitiques de la *Rus'* kiévienne (la Russie médiévale), l'Ukraine indépendante est liée à la Russie par d'importantes minorités russophones (30 % de la population, principalement dans l'Est ukrainien et en Crimée), l'interdépendance énergétique (achat et transit de gaz vers l'Europe) et la location à la Russie de la base navale de Sébastopol (bail renouvelé en 2010, jusqu'en 2042). Lorsque la "révolution* orange" (2004) a tourné la politique ukrainienne vers les États-Unis, l'UE et l'OTAN, la volonté russe de maintenir son "étranger proche" et la crainte d'un effet-domino* ont précipité un conflit géopolitique au cours duquel les dirigeants russes ont remis en cause les frontières (v. Les frontières), voire la légitimité de l'État ukrainien. La "guerre des cinq jours" et ses effets dans l'aire post-soviétique ont réduit la liberté d'action de la "coalition orange" au pouvoir. En février 2010, l'élection d'un président issu du Parti des régions (Ianoukovitch) a signifié une inflexion vers la Russie, non sans interrogations sur l'évolution interne du régime sur le plan des libertés.

• La Moldavie et le séparatisme en Transnistrie : un conflit test pour les relations UE-Russie

La Moldavie est l'ancienne Bessarabie russe, passée sous souveraineté roumaine en 1917 avant d'être annexée par l'URSS puis d'accéder à l'indépendance. En 1991, les Moldaves de langue roumaine (les 2/3 de la population) se tournent vers la Roumanie mais la XIVe armée russe soutient les populations russo-ukrainiennes du Dniestr qui constituent une entité sécessionniste, la "République du Dniestr". À l'issue d'une guerre, la Transnistrie est érigée en "État *de facto*" lié à la Russie ; elle est depuis le cœur de trafics illicites. Pour tenter de régler ce "conflit gelé", le gouvernement moldave s'est rapproché du Kremlin, qui voit en la Transnistrie un levier pour contrôler le pays. Il s'est tourné ensuite vers les Occidentaux, pour obtenir leur appui diplomatique et le remplacement des troupes russes de Transnitrie par une force de paix internationale, sans succès toutefois, nombre de pays de l'UE privilégiant leurs relations bilatérales avec la Russie.

Les élections législatives de 2009 ont remis sur le devant de la scène ce conflit géopolitique. Suite à la victoire contestée du parti communiste, de violentes manifestations se sont déroulées à Chisinau, les manifestants brandissant les drapeaux roumains et européens. Moscou a alors dénoncé une tentative de coup d'État téléguidée par Bucarest. Depuis, la situation est bloquée tant au niveau politico-institutionnel (non-élection d'un président de la République) que territorial. Sur fond de "relance" des relations russo-occidentales, la chancelière allemande cherche à faire de ce conflit le test de nouvelles relations entre Bruxelles et Moscou. Il pourrait être abordé dans le cadre d'un futur Comité politique et de sécurité UE-Russie. Une logique de "voisinage commun" guère compatible avec celle de l'"étranger proche".

Les enchevêtrements du Caucase et leurs conflits

Entre mer Noire et Caspienne, le Caucase est marqué par l'enchevêtrement des peuples et des religions. Longtemps disputée entre les empires (perse, ottoman, russe), cette zone est sous domination soviétique jusqu'en 1991. On y observe les prémices de la dislocation de l'URSS. Lutte entre groupes ethniques et conflits régionaux se combinent avec de nouveaux rapports de force planétaires.

• La Tchétchénie et les dérives du Nord-Caucase : les conflits de l'"étranger intérieur"

Partie intégrante de la Fédération de Russie, le Nord-Caucase (Ciscaucasie) est composé de six républiques autonomes, majoritairement musulmanes, qui font figure d'"étranger intérieur". Dès 1991, la situation se dégrade en Tchétchénie où l'indépendance est proclamée par Doudaev, sur fond de criminalisation et de poussée islamiste. La première guerre (1994-1996) ne débouche que sur une paix provisoire. Alors que la période Eltsine touche à sa fin (Poutine se prépare à lui succéder), des attentats terroristes à Moscou déclenchent une seconde guerre (1999-2003) ; l'islamisme prend alors le pas sur le nationalisme tchétchène.

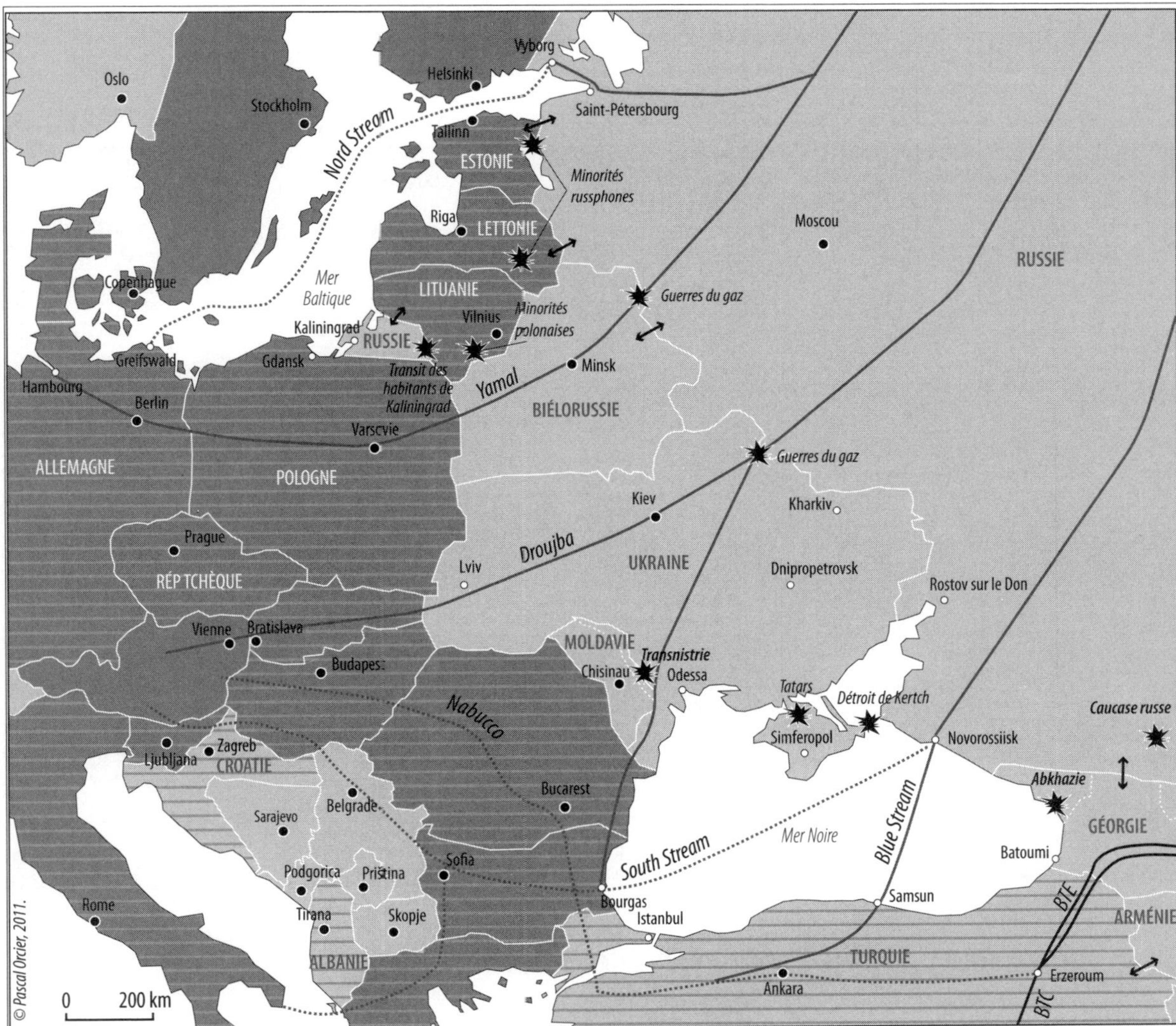

LES CONFLITS DANS LA PARTIE EUROPÉENNE DE L'EX URSS

- Membres de l'Union européenne
- Membres de l'OTAN
- Tubes existants
- Tubes en projet ou en construction
- Conflits non résolus
- Relations bilatérales difficiles

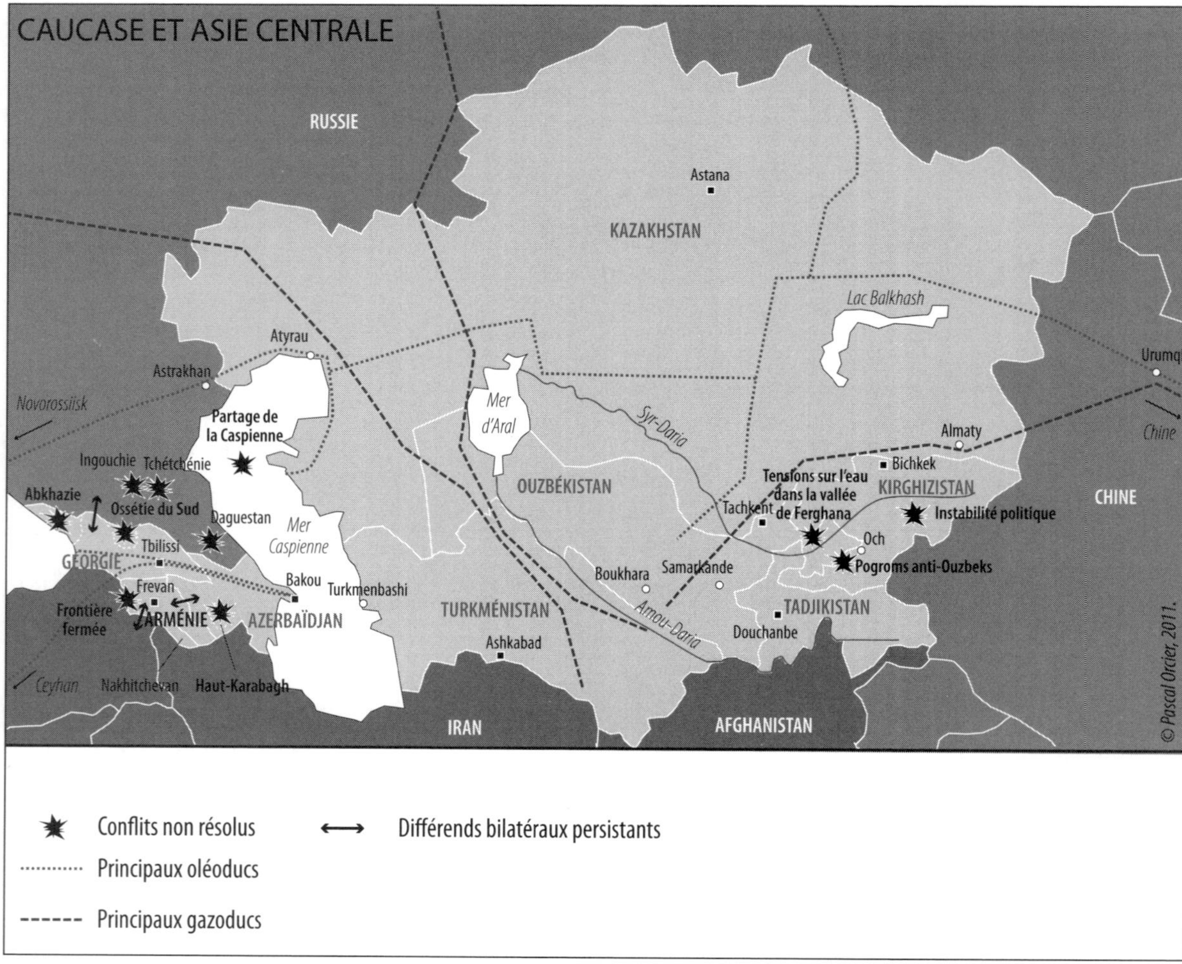
CAUCASE ET ASIE CENTRALE
RUSSIE
KAZAKHSTAN
Astana
Lac Balkhash
Atyrau
Astrakhan
Novorossiisk
Partage de la Caspienne
Mer d'Aral
Syr-Daria
Almaty
Urumqi
Chine
Bichkek
Ingouchie
Tchétchénie
Abkhazie
Ossétie du Sud
Daguestan
Mer Caspienne
Tbilissi
GÉORGIE
OUZBÉKISTAN
Tensions sur l'eau dans la vallée de Ferghana
KIRGHIZISTAN
Instabilité politique
CHINE
Tachkent
Och
Pogroms anti-Ouzbeks
Boukhara
Samarkande
Bakou
Turkmenbashi
Erevan
Frontière fermée
ARMÉNIE
AZERBAÏDJAN
TURKMÉNISTAN
Amou-Daria
TADJIKISTAN
Douchanbe
Ashkabad
Ceyhan
Nakhitchevan
Haut-Karabagh
IRAN
AFGHANISTAN
© Pascal Orcier, 2011.
Conflits non résolus
Différends bilatéraux persistants
Principaux oléoducs
Principaux gazoducs

Les opérations montrent les faiblesses de l'armée russe et la tâche est en grande partie déléguée aux forces du ministère de l'Intérieur et du FSB* ainsi qu'à la milice* tchéchène pro-russe du clan Kadyrov. Depuis l'adoption d'une nouvelle constitution (2003), la guerre est officiellement achevée mais la violence entre services spéciaux, milices et groupes islamistes est endémique. La reconstruction s'accompagne d'une islamisation des mœurs et des institutions voulue par Kadyrov.

Le conflit tchétchène menace de s'étendre aux républiques nord-caucasiennes voisines où les accrochages (entre forces armées et groupes islamistes) et attentats sont réguliers. La dialectique conflictuelle entre terrorisme islamiste et contre-terrorisme sévit plus particulièrement en Ingouchie et au Daghestan. Le rassemblement en janvier 2010 des républiques nord-caucasiennes dans un "super-district" fédéral (District féféral du Caucase nord), sous l'autorité d'un représentant spécial du président russe, n'a pas encore permis de traiter en profondeur les conflits géopolitiques du Nord-Caucase. Divers observateurs redoutent même que ces conflits n'aient des contrecoups sur les républiques musulmanes du sud de l'Oural et de la Volga (Tatarstan, Bachkortostan). Dans cet autre "étranger intérieur" à la Russie, la situation demeure sous contrôle.

• Les conflits internes et externes de la Géorgie : un fragile statu quo post-guerrier sur fond de "relance"

Un temps regroupées dans une république de Transcaucasie (1922-1936) au sein de l'URSS, les ex-républiques soviétiques du Sud-Caucase (Géorgie, Arménie, Azerbaïdjan) ont accédé à l'indépendance en 1991. Elles subissent encore les conséquences de la politique stalinienne des nationalités qui consistait à contrebalancer le poids de l'ethnie éponyme (titulaire d'une république fédérale) par l'insertion de minorités dotées d'une forme d'autonomie territoriale (république ou région). Dans le cas de la Géorgie indépendante, le pouvoir russe a utilisé les revendications d'indépendance des Abkhazes et des Ossètes du Sud, en conflit ouvert avec Tbilissi, comme levier pour contraindre les dirigeants géorgiens à rejoindre la CEI et accepter une présence militaire russe (1993) puis, après à la "révolution* des roses" de Saakachvili (2003), contrarier l'ouverture à l'Occident. Suite à des mois de tensions sur les lignes de front avec l'Abkhazie et l'Ossétie du Sud, la "guerre des cinq jours" (août 2008) s'est soldée par l'invasion* russe et la reconnaissance des sécessionnismes*, sans que le plan de paix ne soit depuis respecté. Les États-Unis, l'OTAN et l'UE sont impliqués dans les développements du conflit russo-géorgien. Les dirigeants russes considèrent que la Géorgie relève des marches* méridionales sur lesquelles ils veulent maintenir leur emprise. À rebours de la stratégie de l'"étranger proche", les Occidentaux entendent consolider le pluralisme géopolitique de l'aire post-soviétique et ouvrir de nouvelles routes vers les ressources énergétiques de la Caspienne (oléoduc Bakou-Tbilissi-Ceyhan, gazoduc Bakou-Tbilissi-Erzerum, projet de gazoduc Nabucco), ces stratégies s'articulant sur la Géorgie, clef du Caucase. La relance des relations russo-occidentales a gelé le conflit géorgien mais le statu quo est fragile.

• Le "conflit gelé" Arménie-Azerbaïdjan et ses répercussions internationales

L'Arménie et l'Azerbaïdjan sont deux autres États subissant les contrecoups de la politique stalinienne des minorités. Au cœur du conflit, le Haut-Karabagh, territoire majoritairement peuplé d'Arméniens (historiquement ballotté entre les empires) et rattaché en 1922 à l'Azerbaïdjan sous la forme d'une région autonome. Pendant la période soviétique, ce territoire a été l'objet de querelles arméno-azéries récurrentes. Sous Gorbatchev, le conflit s'envenime et se mue en guerre au début des années 1990 lorsque l'URSS se disloque. Les forces arméniennes sont victorieuses et le Haut-Karabagh (où une république indépendante est autoproclamée) est rattaché à l'Arménie par le corridor de Latchin, un morceau du territoire azerbaïdjanais. À défaut d'intervenir militairement, la Turquie ferme sa frontière avec l'Arménie et renforce ses relations avec la "république sœur" d'Azerbaïdjan (la langue azérie étant apparentée au turc). Moscou entretient pour sa part d'étroits rapports avec Erevan (membre de l'OTSC*, l'Arménie abrite une base russe) mais elle est aussi en relation avec Bakou qui pratique une politique d'équilibre entre Russie et Occident. Ce conflit a donc une forte dimension internationale (voir l'activisme de la diaspora* arménienne, l'importance de l'Azerbaïdjan dans les politiques de diversification énergétique, le désenclavement* de la Caspienne). Dans le Caucase, l'axe Ankara-Tbilissi-Bakou croise l'axe Moscou-Erevan-Téhéran ("axe" renvoie ici à des solidarités géopolitiques et non à des pactes militaires). À l'automne 2008, après la "guerre des cinq jours", la Turquie a mis en avant un projet de "pacte caucasien" et entamé une politique de dégel avec l'Arménie ("diplomatie* du ballon rond"), sous le regard attentif des États-Unis et de la Russie. Cette politique a fait long feu. Le statu quo territorial demeure mais, à Bakou comme à Erevan, un nouveau recours aux armes n'est pas exclu.

De l'Asie centrale à l'Extrême-Orient : points chauds et conflits latents

Puissance eurasiatique, la Russie est impliquée dans les conflits internes à l'Asie centrale. Outre la présence américaine, elle y est aussi confrontée à l'influence chinoise. De surcroît, le "vide" des provinces extrême-orientales et le différentiel de puissance avec la Chine (v. Les conflits en Asie) font parfois redouter un futur conflit russo-chinois.

• L'Asie centrale à la croisée de rivalités géopolitiques multiples

L'Asie centrale est un ensemble spatial qui s'étire de la Caspienne aux frontières chinoises, limité au sud et à l'est par un amphithéâtre de montagnes. Elle correspond à l'ancien Turkestan russe, le Sin-Kiang (Xinjiang) couvrant le Turkestan chinois. À l'exception du Tadjikistan (de langue persane), le peuplement est turcophone. Le Turkestan russe a été divisé en cinq républiques soviétiques aux identités enchevêtrées, afin de combattre les aspirations touraniennes* avivées par le bolchevisme (voirla destinée de Sultan Galiev). Ainsi, la vallée de la Ferghana, avec ses frontières entrelacées et ses densités humaines, est-elle une zone à hauts risques. Plus largement, les enjeux concernant l'énergie (voir les gisements d'hydrocarbures de la Caspienne) et les phénomènes de circulation (voies d'évacuation des ressources, désenclavement des États) sont liés à l'affirmation du pluralisme géopolitique régional, qui fait reculer la domination russe (atténuée mais persistante).

Exception faite du Turkménistan (neutre), les États d'Asie centrale appartiennent à l'OTSC* et à d'autres structures resserrées au sein de la CEI (Union douanière, Communauté économique eurasiatique), le Kazakhstan, dont la population est selon les sources entre un tiers et deux cinquièmes russophones, étant pour la Russie le partenaire clef. Le cadre plus large de l'Organisation* de coopération de Shanghaï (OCS) a permis de s'accorder avec la Chine sur le tracé des frontières et de présenter un front uni contre le "séparatisme" et le "terrorisme". Cependant, la cohésion géopolitique de l'OCS ne doit pas être exagérée. Les Russes usent de ce cadre pour contenir les Chinois qui y voient une plate-forme pour leurs intérêts énergétiques et commerciaux, non sans rivalités et conflits virtuels. *Idem* avec les Occidentaux (États-Unis, OTAN), présents dans la zone via des forces sur quelques bases ("2K" puis Termez en Ouzbékistan, Douchanbé au Tadjikistan, Manas au Kirghizstan), points d'appui pour la logistique de l'opération afghane. Les conflits portent aussi sur le libre accès à la Caspienne et le tracé des "tubes" (oléoducs et gazoducs).

Tadjikistan et Kirghizstan : points chauds et risques de faillite étatique

Le Tadjikistan est un pays dépourvu d'hydrocarbures ne suscitant pas le même intérêt que le Turkménistan, le Kazakhstan ou l'Ouzbékistan. Dans les années 1990, la guerre entre le gouvernement post-soviétique, soutenu par Moscou, et une opposition hétéroclite (en partie islamiste) a conduit les dirigeants russes à déployer des troupes sur la frontière entre le Tadjikistan et l'Afghanistan. Cette frontière méridionale est poreuse et Moscou cherche à y promouvoir une coopération OTSC-OTAN pour lutter contre les infiltrations islamistes et les narcotrafics. Le Tadjikistan est aussi voisin du Sin-Kiang et Pékin y voit un élément du dispositif d'encerclement des Ouïghours* (Turco-musulmans). Depuis 2001, la présence de soldats de l'OTAN à Douchanbé confère un nouvel intérêt à ce pays. Moscou use de ses prêts et investissements (hydroélectricité) comme levier et soutient la faction au pouvoir (celle du président Rahmon) contre les éléments rebelles de la vallée de Rasht.

Au nord du Tadjikistan, le Kirghizstan est un autre pays pauvre et fragile, en dépit du soutien des institutions internationales et des ONG* occidentales. Le renversement du régime de Bakiev (au pouvoir depuis la "révolution des tulipes" de 2005), en avril 2010, et les pogroms* anti-Ouzbeks organisés à Och (sud du pays), en juin 2010, ont mis en évidence ces faits. Le Kirghizstan est marqué par une forte instabilité politique, sur fond de népotisme* et de corruption*, de rivalités claniques et régionales (nord/sud) et d'oppositions interethniques. Membre de l'OTSC, ce pays abrite une base russe (modeste), à Kant, non loin de Manas, point d'appui de la logistique de l'OTAN (Bakiev avait promis à Moscou la fermeture de cette base, moyennant subsides, et obtenu de Washington un triplement du loyer, d'où de violentes attaques médiatiques russes). Les pogroms ont été une épreuve pour l'OTSC – les relations entre Bichkek et Tachkent se sont détériorées –, d'autant plus que Moscou, malgré l'appel de la présidence intérimaire du Kirghizstan, a refusé toute intervention militaire. Premier partenaire commercial, la Chine doit enfin être prise en compte. Du fait des frontières kirghizes avec le Sin-Kiang, ses intérêts sur place sont aussi stratégiques (v. Les conflits en Asie).

• La perspective d'un grand conflit entre la Russie et la Chine

La Russie et la Chine partagent 4 300 km de frontières, établies après l'annexion en 1858-1860 des "Provinces maritimes" (Extrême-Orient russe). Selon un scénario géopolitique très commun, le ressentiment suscité par le souvenir des "traités inégaux", les immenses déséquilibres démographiques de part et d'autre, la "soif" de produits de base de l'économie chinoise ainsi que le renversement des rapports de puissance entre Pékin et Moscou pourraient conjuguer leurs effets pour provoquer de futures crises*, voire un conflit de grande ampleur. Éminemment géopolitique, cette représentation de l'avenir est maniée pour justifier une politique de rapprochement entre la Russie et les instances euro-atlantiques. Dans les territoires russes au contact des frontières chinoises, il s'est trouvé certains hommes politiques pour jouer du "complexe mongol" (en référence aux deux siècles et demi de domination mongole) et des inquiétudes suscitées par le nombre croissant de Chinois dans l'Extrême-Orient russe. Toutefois, les intérêts économiques transfrontaliers contrebalancent ce "complexe mongol".

S'il ne faut pas négliger les contrecoups de l'affirmation de Pékin dans les rapports de puissance, les évolutions russo-chinoises des quinze/vingt dernières années ne vont pas dans le sens d'un "grand conflit". Liés par un "partenariat stratégique" depuis 1996, ces deux pays ont approfondi leurs relations, en bilatéral et dans le cadre de l'OCS. Les différends frontaliers ont été très largement réglés (97 % du tracé), les importantes ventes d'armes de la Russie à la Chine (en baisse ces dernières années) s'accompagnent de manœuvres en commun et la coopération énergétique a débouché sur des projets de "tubes" depuis la Sibérie orientale vers le nord de la Chine. Il est vrai pourtant que la "diplomatie des pourtours" russo-chinoise ne dépasse guère la gestion des intérêts. L'émergence de conflits est possible mais, dans l'immédiat, la Russie exploite les rivalités sino-japonaises en mer de Chine méridionale pour renforcer ses positions dans le conflit russo-japonais autour des Kouriles (visite de Medvedev, 1er novembre 2010) (v. Les conflits en Asie).

CONFLITS EN EUROPE, LE RÉVEIL POST-1989

Longtemps fil conducteur de l'histoire européenne, la guerre* est devenue dans l'Europe de l'après-1945 plus improbable. Exempte de conflits* armés pendant près d'un demi-siècle à quelques rares exceptions près (Irlande du Nord, Chypre – v. Les frontières), l'Europe connaît à partir des années 1990 une explosion de violence dans les Balkans (v. Le rôle géographique de l'État dans les conflits) et dans l'espace ex-soviétique (v. Les conflits géopolitiques dans l'aire post-soviétique). La fin du communisme en Europe réveille la question nationale sur le continent européen. En Europe de l'Ouest, l'émergence de nationalismes* régionaux conduit également à de fortes tensions politiques comme le montre le cas de la Belgique.

La dislocation yougoslave

Née au lendemain de la Première Guerre mondiale, la Yougoslavie, dont le nom signifie littéralement "le pays des Slaves du Sud", n'est pas parvenue au cours de ses 70 ans d'existence à effacer les clivages entre ses différentes communautés nationales et religieuses (orthodoxe, catholique, musulmane), bien que 80 % de ses habitants parlent une même langue (le serbo-croate) et malgré un régime autoritaire et un système fédéral mis en place pour juguler les tensions. Ainsi, après la mort en 1980 de Tito, le président de la Fédération yougoslave, et la fin du monopole des communistes sur le pouvoir débutent des tensions entre populations et surtout entre provinces yougoslaves pour la répartition du pouvoir. Ces tensions sont principalement liées au différentiel économique entre les riches provinces slovène et croate et les autres provinces de Yougoslavie moins développées, ainsi qu'à la question serbe. Elles aboutissent aux déclarations d'indépendance de la Slovénie et de la Croatie en 1991, puis de la Macédoine et de la Bosnie-Herzégovine en 1992, ouvrant sur une guerre meurtrière qui prend fin en 1995 (accords de Dayton), grâce à l'intervention de l'OTAN* contre les forces serbes.

• Le Kosovo, dernier acte de la désintégration yougoslave ?

Point de rencontre entre les nationalismes serbe et "kosovar", le Kosovo est dans une certaine mesure le lieu où se fissure l'édifice yougoslave et où il prend fin, lorsque le 17 février 2008 cette ancienne province serbe se déclare indépendante, sans l'accord de la Serbie.

Dès la fin des années 1980, face à la poussée démographique des Albanais au Kosovo qui leur est défavorable, les Serbes se sentent menacés, n'étant plus majoritaires que dans le nord de la province. Aussi le président serbe Milosevic décide-t-il en 1989 de suspendre le gouvernement provincial du Kosovo établi par la révision de la Constitution yougoslave de 1974. Cette décision s'accompagne de discours nationalistes virulents. En juin 1989, à l'occasion du 600e anniversaire de la bataille de *Kosovo Polje* (bataille* du Champ des merles) qui avait marqué la défaite de l'Empire serbe face aux Turcs, le président Milosevic prononce un discours à la gloire de la nation serbe qui rassemble près d'un million de Serbes [Sivignon, 2009]. De fait, ce territoire est au cœur de deux représentations nationales divergentes : d'un côté, celle des Serbes qui le considèrent comme un territoire* inaliénable de leur nation, en tant que "berceau de la nation, terreau incontournable de son destin historique" [Thual, 1995], et qui se refusent par conséquent à laisser la majorité albanaise s'autogérer, s'autonomiser au sein de la Serbie. De l'autre, une population albanaise, majoritaire dans ce territoire, qui souhaite obtenir plus de reconnaissance et le retour au statut d'autonomie* (il n'est encore pas question d'indépendance) et revendique, dans ce but, la transformation de la province en une république* au sein de la Fédération yougoslave.

Résultat d'une histoire complexe, la distribution du peuple serbe hors des frontières* de la province yougoslave de Serbie est à l'origine de la résurgence du nationalisme serbe des années 1990-2000. Le refus de Slobodan Milosevic, président de la Ligue communiste de Serbie à partir de 1986, puis président de Serbie, de voir qu'une partie de son peuple puisse faire partie d'un État dirigé par d'autres populations que des Serbes répond à la volonté de faire coïncider les limites de l'État serbe avec les limites du peuple serbe. C'est la principale raison pour laquelle la Slovénie et la Macédoine, où vivent peu ou pas de Serbes, ont été épargnées par le conflit. En revanche, la défense acharnée des Serbes dans la région croate de Krajina où ils sont majoritaires, en Bosnie-Herzégovine puis au Kosovo, prend une forme paroxysmique dans le nettoyage* ethnique, éviction par la force des populations jugées indésirables, durant le conflit yougoslave. C'est d'ailleurs pour mettre fin à la répression et à l'expulsion par l'armée serbe des Albanais majoritaires dans la région du Kosovo en 1999 que l'OTAN intervient. Cet acte marque la première étape de la remise en cause de la souveraineté* serbe sur le Kosovo. Par la résolution 1244 du Conseil* de sécurité de l'ONU, le Kosovo passe sous administration des Nations unies (Minuk) et l'imposition de la paix est prise en charge par les Kosovo Forces (KFOR) déployées par l'OTAN.

Au terme de neuf années de “protectorat international”, le Kosovo d'une superficie de 10 900 km² et peuplé de 2,1 millions d'habitants à 88 % Albanais (8 % sont Serbes, 4 % Roms, Turcs, Ashkalis et Bosniaques), se déclare unilatéralement indépendant en février 2008.

Les enclaves serbes au Kosovo

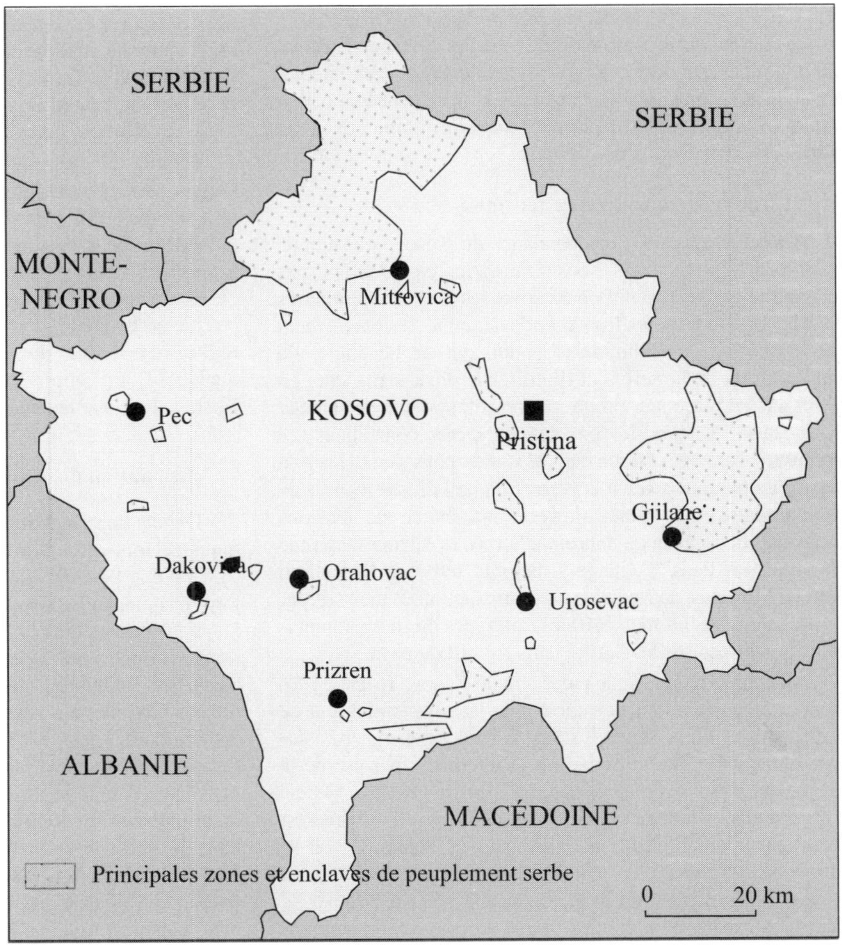

Cette indépendance est soutenue par les États-Unis et la plupart des États européens, qui la considèrent comme la seule solution possible pour la stabilité régionale. Or elle engendre chez les Serbes une frustration, avant tout car elle remet en cause le principe acquis d'intangibilité des frontières en Europe pour une province de Serbie qui n'était pas une république fédérée au sein de la Yougoslavie. Considérant que cette indépendance unilatérale est de ce fait assimilable à un acte de sécession, la Serbie a fait saisir la Cour internationale de Justice par l'Assemblée générale des Nations unies pour qu'elle rende un avis sur la légalité de l'indépendance du Kosovo. Or la Cour a estimé dans son avis consultatif du 22 juillet 2010 que la déclaration d'indépendance du Kosovo ne viole pas le droit international, laissant entendre que la naissance de ce petit État balkanique n'est au fond qu'une nouvelle étape dans le démembrement de la Yougoslavie.

• Un précédent source de tensions

À l'échelle locale, l'indépendance du Kosovo questionne le sort des populations serbes minoritaires. N'ayant pas reconnu le nouveau statut du Kosovo, les Serbes majoritaires dans le nord du Kosovo, frontalier de la Serbie, restent *de facto* sous l'autorité de Belgrade et continuent de bénéficier de financements de la Serbie et d'utiliser le dinar serbe, tout en ayant mis en place leur propre parlement, système de santé et d'éducation. Ailleurs, les populations serbes constituent des enclaves*, comme à Strpce dans le sud du pays, dont la survie n'est possible que grâce à la protection de la force internationale de la KFOR. Cette situation est source de tensions fréquentes et d'affrontements entre Serbes et Albanais, comme en août 2009 dans le village à majorité serbe de Brdjani au nord de Mitrovica à la suite de la reconstruction de maisons par des Albanais, ou en mai 2010 à la suite des élections municipales organisées par les Serbes dans le nord du pays.

À l'échelle régionale, le précédent du Kosovo risque également de favoriser les séparatismes* chez les pays voisins, que ce soit en Bosnie où la *Republika Srpska* pourrait chercher à intégrer l'État serbe, ou en Serbie où la minorité albanaise de la région du Presovo prône le rattachement au Kosovo depuis 2001. Même si tout rattachement du Kosovo à l'Albanie est écarté par la communauté internationale, la crainte de voir se former dans la région une "grande Albanie" avec l'ensemble des Albanophones a ressurgi avec l'indépendance du Kosovo, le drapeau albanais ayant été très visible au cours des manifestations et événements majeurs du Kosovo, y compris le jour de l'indépendance [Dérens, 2008]. Un accord économique de libre-échange est entré en vigueur le 16 janvier 2009 entre les deux États, préfigurant la libre circulation des populations.

Enfin au niveau international, début 2011, seuls 74 États membres de l'ONU ainsi que Taïwan avaient reconnu le Kosovo. Ce faible seuil de reconnaissance pourrait faire douter du cas unique, de la situation *sui generis* que représente le nouvel État, invoqués par les États le soutenant. De fait, afin de pouvoir accéder à la reconnaissance internationale en tant qu'entité étatique souveraine, un État fait, en règle générale, acte de candidature à l'ONU. Or il doit bénéficier d'un vote favorable des deux tiers des États-membres pour pouvoir l'intégrer, soit à l'heure actuelle 128 voix. Dans le cas du Kosovo, on en est encore bien loin.

Même au sein de l'Union européenne, l'Espagne, Chypre, la Grèce, la Slovaquie et la Roumanie ne souhaitent pas reconnaître le nouvel État, de crainte qu'il ne crée un précédent. Pour l'Espagne ou la Roumanie, la non-reconnaissance s'explique par la présence de minorités (hongroise en Roumanie) ou de mouvements autonomistes (catalan et basque en Espagne) dans leurs États. Le gouvernement de la région autonome du Pays basque n'a-t-il pas affirmé quelques jours après l'autodétermination kosovare que le Kosovo était une leçon à suivre ?

Les nationalismes régionaux, source de conflits

Depuis une vingtaine d'années, les revendications identitaires se font plus affirmées au sein des États-membres de l'Union européenne, que ce soit en Flandre, en Catalogne, au Pays basque, en Écosse, en Corse ou dans le nord de l'Italie. Dans la mesure où ces mouvements font valoir des aspirations nationales qui dépassent le plus souvent la seule reconnaissance d'une personnalité culturelle, économique ou politique régionale au sein de leurs États d'origine, ils se distinguent en cela du "régionalisme" et peuvent être qualifiés de nationalismes "régionaux" [Giblin, 2002]. Non seulement leur demande d'autonomie remet parfois en cause la légitimité des États dont ils dépendent, mais le référent de leurs revendications est celui de l'État-nation* issu de la Révolution française. Ces revendications identitaires sont par conséquent sources de conflits plus ou moins violents, le nationalisme basque en Espagne étant là pour le rappeler.

LA BELGIQUE : DECOUPAGES REGIONAUX ET LINGUISTIQUES

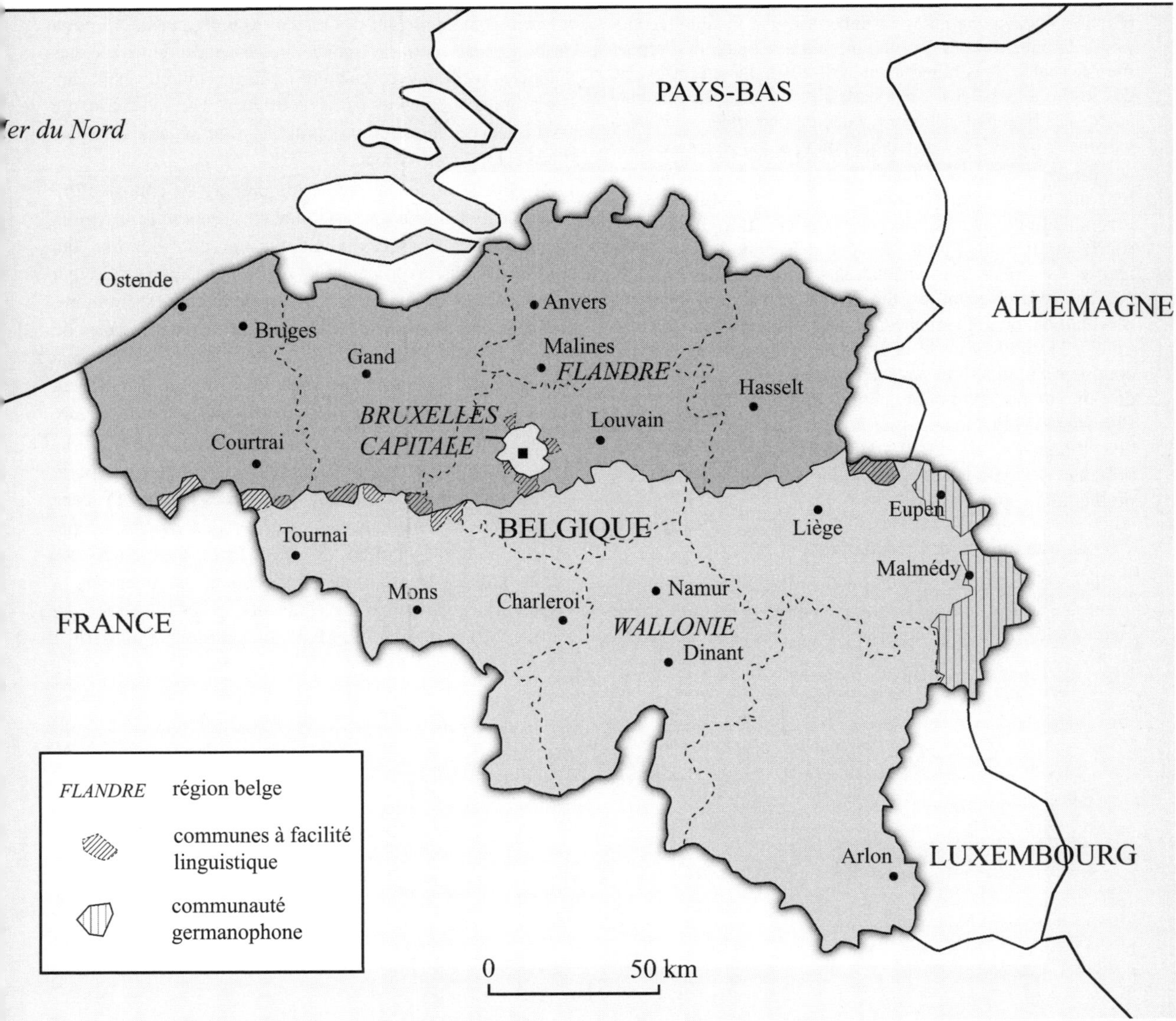

• Un appel à la fragmentation étatique…

Ces revendications interrogent d'abord sur le potentiel émiettement de l'espace politique européen et sur le risque de dilution et de dissolution d'anciens États européens au profit d'entités étatiques réduites en taille et d'une viabilité économique limitée, sources d'instabilité. La démission du Premier ministre belge Yves Leterme en avril 2010, due à l'incapacité des institutions belges à répondre aux velléités d'autonomie accrue des Flamands, illustre l'acuité du phénomène du nationalisme "régional" et l'instabilité politique qui en résulte.

En dépit d'élections législatives en juin, la Belgique n'a toujours pas de gouvernement en mai 2011. Ensuite, ces revendications identitaires représentent une importante source de frustration pour l'État, au détriment duquel elle se réalise. Ces frustrations engendrent parfois des tensions, qui ont des répercussions en termes de stabilité, de sécurité, d'économie, de gouvernance, de géopolitique voire de géostratégie. Dans le cas de la Belgique, l'instabilité politique commence à nuire à la santé économique du pays, en raison de l'importante dette publique qui représente 101 % de son PIB en 2011. Les agences de notation ont ainsi dégradé sa note financière fin 2010, considérant que la Belgique présente des risques de solvabilité compte tenu de ses problèmes de gouvernance*.

• … aux enjeux multiscalaires

Dans ce contexte, afin d'appréhender ces enjeux multiformes, l'approche multiscalaire semble particulièrement bien adaptée. L'échelle locale révèle en particulier les rivalités et tensions que la fixation des frontières, les déplacements de populations ou encore la construction nationale engendrent. Ainsi en Belgique, la fixation de la frontière linguistique en 1962 a fait passer la différentiation linguistique au premier plan, en créant des territoires unilingues à tel point qu'il n'existe plus de société belge, mais deux sociétés distinctes (wallonne et flamande), chaque communauté ayant ses propres médias et partis politiques. Une situation qui favorise la surenchère autonomiste, voire séparatiste à des fins électoralistes [Mabille, 1997].

L'échelle régionale permet de prendre en compte l'impact du nationalisme sur la stabilité et la sécurité de la région, par exemple, les risques induits par un "effet domino" qui contribuerait à la propagation de l'idée nationale, et par conséquent à la remise en cause de certaines frontières étatiques. Par exemple, l'ETA revendique l'indépendance du Pays basque, avec pour certains Basques même l'aspiration à la réunion des sept provinces historiques, dont trois se situent sur le territoire français (les provinces de Labourd, Basse-Navarre et Soule).

À l'échelle internationale, la principale inquiétude porte sur un morcellement étatique sans précédent de l'espace mondial et son émiettement sans limites. Le monde compte déjà un nombre important de micro-États, c'est-à-dire des entités indépendantes, dont la superficie est inférieure à 1 000 km^2, en particulier dans le Pacifique, les Caraïbes et en Europe (Monaco, Andorre, Malte, Lichtenstein, San Marin).

LES CONFLITS EN ASIE

Dans un monde multipolaire*, l'affirmation de puissances asiatiques (Japon, Inde, Chine) avive les rivalités pour le leadership*. De vives tensions sont perceptibles aux frontières*, elles le sont aussi au travers des nombreuses revendications territoriales plus ou moins anciennes et de contentieux diplomatiques récurrents. Conçu par les Occidentaux afin de désigner les étendues situées à l'est de l'Europe, le concept d'Asie a pourtant été investi par les Asiatiques pour donner une cohérence à un espace sans réelle unité. La définition conventionnelle de l'Asie, bien que ces limites fassent l'objet de débats [FOUCHER, 2002], est assez bien établie. Vers l'ouest, la limite avec l'Europe s'arrête arbitrairement à la hauteur des chaînes montagneuses de l'Oural et du Caucase, aux détroits des Dardanelles et du Bosphore ainsi qu'à l'isthme de Suez. Vers le sud, l'Asie est bordée par l'océan Indien ; vers le nord par l'océan Arctique ; vers l'est par l'océan Pacifique, avec les îles Kouriles, les archipels du Japon, des Philippines et de l'Indonésie mais en excluant l'archipel des Mariannes, la Micronésie et la Mélanésie qui relèvent de l'Océanie. Nous ne traiterons cependant pas ici ni du Moyen-Orient ni de l'espace post-soviétique, dont les logiques géopolitiques diffèrent de celles du reste du continent et qui sont traités dans d'autres chapitres.

Au XXe siècle, avec la montée des nationalismes* et du panasiatisme* face à l'Europe s'affirme une Asie tiraillée entre unité et morcellement. Ce paradoxe géohistorique a participé à la formation des territoires asiatiques. Si les États* asiatiques se sont affirmés dans le concert des États-nations* et ont œuvré à l'unification à travers des politiques d'aménagements puissantes, des logiques centrifuges sont à l'origine de processus de fragmentation : les tensions infra-étatiques et les régionalismes* demeurent vigoureux. L'Asie s'affirme comme une région du monde qui participe au "grand* jeu" géopolitique planétaire. Elle s'impose ainsi hors d'Asie, non sans heurts.

Puissances montantes en Asie : vers une multiplication des conflits ?

• Le combat pour le leadership en Asie réveille les antagonismes

Le Japon, la Chine et l'Inde peuvent prétendre à différentes formes de leadership en Asie et constituent des aires* d'influence plus ou moins étendues. Paradoxalement, plus les échanges s'accroissent, plus les contentieux se multiplient. Les échanges économiques entre la Chine et le Japon se sont intensifiés de façon spectaculaire ces dernières années. Dans le même temps, les relations politiques se sont détériorées. Au-delà de la renaissance des nationalismes et de la méfiance héritée de leur passé, la dégradation des rapports se situe sur un autre plan ; c'est une rivalité économique qui les anime : la conquête du leadership en Asie dans un contexte d'intégration économique rapide. Aucune n'est une puissance incontestable sur les plans économique, diplomatique et militaire. Le dynamisme de la Chine dans tous ces domaines semble changer la donne et le Japon peine à s'adapter à cette nouvelle donne. Les relations entre les deux puissances oscillent entre coopération et confrontation. [MEYER, 2006]

La rivalité entre la Chine et de l'Inde est celle de deux géants (démographique, politique, économique, culturel, militaire). Le poids de l'Inde en Asie est fort depuis 1947 : elle se positionne comme une grande puissance attachée au multipolarisme et chef de file du Tiers Monde [BOCQUÉRAT, 2005]. "La politique de la main tendue" et le slogan "*hindi-chini bhai bhai*" (les Indiens et les Chinois sont frères), qui devaient ouvrir la porte d'une "troisième voie" souhaitée par Nehru, se sont mués en animosité depuis la guerre de 1962. Cependant, la position de l'Inde en Asie reste influencée par ses relations avec la Chine. Depuis la chute de l'URSS, avec laquelle s'était nouée, de façon plutôt informelle, une alliance de revers face à la Chine, l'Inde a réinvesti dans une politique de bon voisinage favorisée par l'intensification de relations économiques jusqu'alors peu significatives. Pourtant les rivalités n'ont pas disparu, comme en témoigne la lutte entre leurs aires d'influence respectives dans l'océan Indien : un poste de commandement militaire est ainsi présent sur les îles Andaman et Nicobar pour surveiller les activités chinoises dans le golfe du Bengale [THERWATH, 2009]. En effet, suivant une stratégie dite "du collier de perles", la Chine constitue dans l'océan Indien un chapelet de ports où elle acquiert pour sa marine de guerre des droits de mouillage : en Birmanie, au Bangladesh, au Sri Lanka et au Pakistan.

L'une des particularités de l'Asie est bien cette ambiguïté entre des stratégies d'ouverture économique et, dans le même temps, le développement de tensions nationalistes ainsi qu'une méfiance redoublée entre les nations asiatiques.

• En Asie, les frontières sont le premier forum où s'expriment les tensions interétatiques

Les frontières terrestres : des lignes à hautes tensions ?

En Asie, les frontières* (v. Les frontières) sont anciennes mais les traités les régissant sont récents. Nées des luttes entre les principaux empires ainsi que de la décolonisation, elles restent aujourd'hui des lieux de conflits entre États et sont généralement l'expression d'une politique de puissance. L'Asie est structurée par quarante dyades* qui totalisent 56 000 km de frontières terrestres et environ 20 % des frontières asiatiques sont des espaces sous tension [Foucher, 2002]. Les frontières de la Chine, l'Inde et la Russie représentent 51 % des frontières en Asie. Celle entre l'Inde et le Pakistan est sans doute l'une des plus conflictuelles. Née de la partition des Indes britanniques en 1947, la frontière s'étend aujourd'hui sur plus de 2 900 km. Outre le Cachemire (territoire himalayen situé au nord de l'Inde et au nord-est du Pakistan), véritable pomme de discorde à l'origine de nombreuses guerres*, c'est plus généralement le tracé frontalier qui ne fait pas consensus. La frontière est difficilement franchissable. Sur l'ensemble de la ligne frontalière, il n'existe qu'un point de passage routier entre les deux pays qui se situe à Wagah au Penjab à mi-distance entre la ville d'Amritsar (Penjab indien) et la ville de Lahore (Penjab pakistanais). La ligne de démarcation mise en place par Cyril Radcliffe, envoyé de Londres pour tracer les nouvelles frontières entre Inde et Pakistan en 1947, coupe Wagah en deux. Le tracé de la frontière sino-indienne est encore l'objet de contentieux. À la fin de la guerre de 1962, la Chine victorieuse annexe le plateau de l'Aksai Chin, à l'extrême nord du Cachemire, dans l'Himalaya occidental. Même si les reconnaissances territoriales mutuelles des annexions du Tibet et du Sikkim (minuscule État annexé par l'Inde en 1975) ont détendu les rapports entre les deux pays, l'Inde revendique toujours 38 000 km^2 de territoires occupés par la Chine tandis que Pékin revendique l'État indien d'Arunachal Pradesh (nord-est de l'Inde), le considérant comme une partie du Tibet et refusant de reconnaître la ligne* Mac Mahon. Pacifiée aujourd'hui, la frontière entre la Chine et la Russie a été pourtant l'objet de contestations à partir de la "rupture sino-soviétique" avec des affrontements armés notamment en 1969. Ces affrontements se déroulent sur les rives des fleuves Oussouri et Amour, ainsi qu'au Xinjiang, chaque pays accusant l'autre de violation territoriale. Avec la dislocation de l'Union soviétique en 1991 et l'ouverture chinoise, un traité de coopération est conclu entre les deux pays, réglant ainsi les conflits territoriaux [Pelletier et Thébault, 2006]. *A contrario*, en février 2011, des accrochages ont repris à la frontière entre le Cambodge et la Thaïlande dans la région de l'ancien temple khmer de Preah Vihear. Celui-ci, attribué au Cambodge en 1962, est contesté par les Thaïlandais. Son inscription au patrimoine mondial de l'humanité en 2008 a cristallisé les tensions nationalistes à cet endroit.

Des espaces maritimes asiatiques convoités : logique d'appropriation ou politique de puissance ?

L'Asie maritime est un territoire disputé : les litiges frontaliers insulaires et maritimes se multiplient (v. Conflits en zones côtières). Nombreux sont les pays qui revendiquent des îles et îlots comme c'est le cas des archipels* des Spratly et des Paracel situés en mer de Chine méridionale. Les deux gouvernements "chinois" (celui de Pékin et de Taipei à Taïwan), la Malaisie, les Philippines, le sultanat de Brunei et le Vietnam s'en disputent le contrôle. La localisation stratégique de ces îles de moins de 5 km^2 explique les conflits entre États qui s'y nouent. La Chine et le Vietnam, par exemple, estiment avoir des droits sur ces îles depuis plusieurs siècles. En 1945, elles sont occupées par des troupes venues de Chine, des Philippines et du Vietnam. En janvier 1974, le conflit devient armé quand les forces chinoises délogent les Vietnamiens des Paracel et prennent pied sur les îles Spratly. Les affrontements militaires vont se succéder durant la fin des années 1970 et le début des années 1980. La présence de pétrole sur les plateaux continentaux s'ajoute au caractère stratégique de la mer pour expliquer les convoitises. Pékin revendique l'ensemble de la mer de Chine, jusqu'à l'île indonésienne de Natuna, près de Singapour et située à 2 500 km de ses côtes. Malgré la signature d'un code de bonne conduite en 2002 entre la Chine et les dix pays membres de l'ASEAN*, le Vietnam, Taïwan et la Chine tentent de s'approprier les îles qu'ils contrôlent en les aménageant.

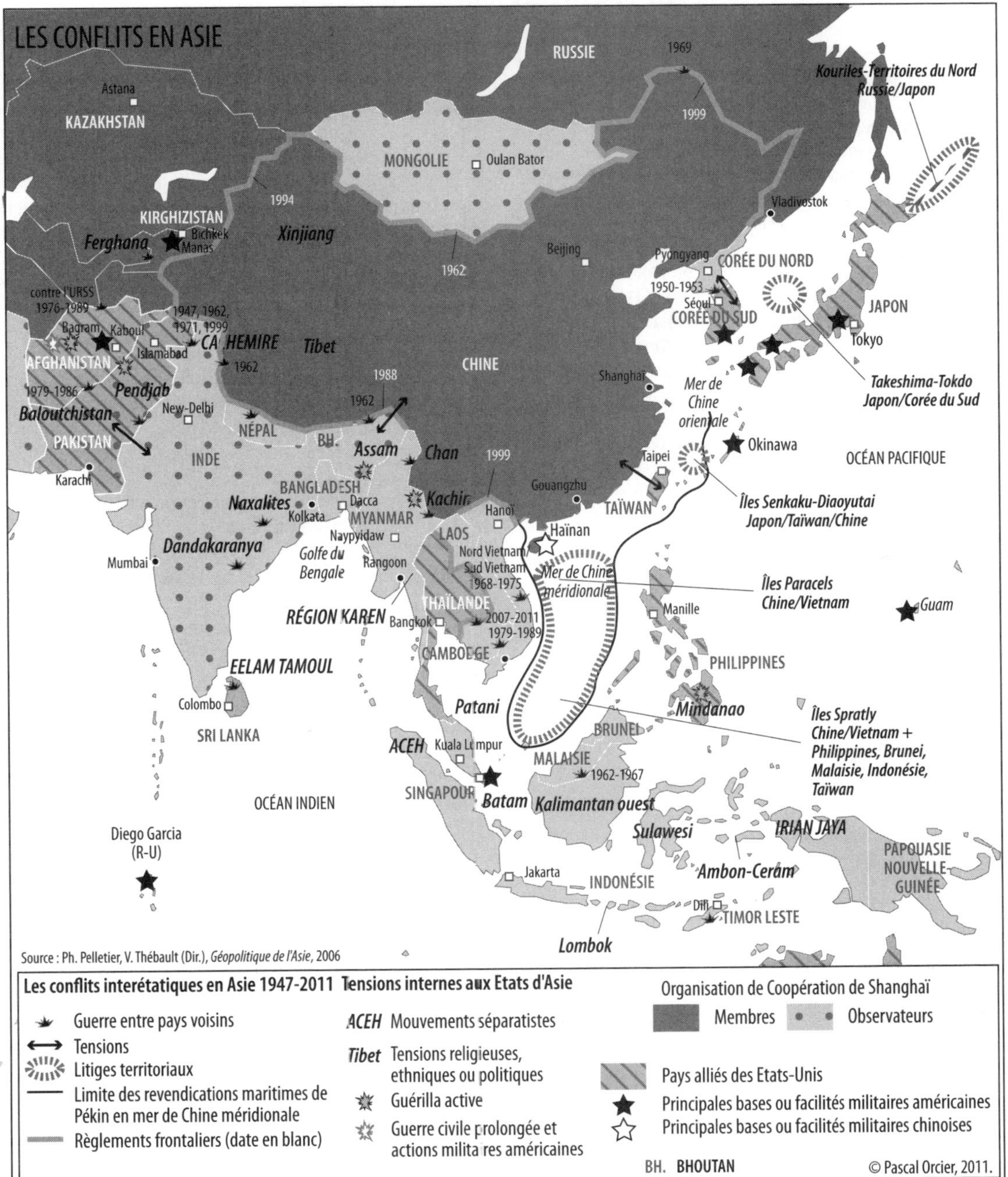
LES CONFLITS EN ASIE
RUSSIE
KAZAKHSTAN
Astana
MONGOLIE
Oulan Bator
KIRGHIZISTAN
Bichkek
Manas
Ferghana
Xinjiang
1994
1962
1969
1999
Beijing
Pyongyang
CORÉE DU NORD
1950-1953
Séoul
CORÉE DU SUD
JAPON
Tokyo
Vladivostok
Kouriles-Territoires du Nord
Russie/Japon
Takeshima-Tokdo
Japon/Corée du Sud
contre l'URSS
1976-1989
1947, 1962,
1971, 1999
Bagram
Kaboul
Islamabad
CACHEMIRE
Tibet
AFGHANISTAN
1979-1986
Pendjab
Baloutchistan
PAKISTAN
Karachi
New-Delhi
NÉPAL
BH.
INDE
CHINE
1988
Assam
Chan
Shanghaï
Mer de Chine orientale
Okinawa
OCÉAN PACIFIQUE
Taipei
TAÏWAN
Gouangzhu
Îles Senkaku-Diaoyutai
Japon/Taïwan/Chine
BANGLADESH
Dacca
Kolkata
Naxalites
Kachin
MYANMAR
Naypyidaw
Hanoï
Haïnan
LAOS
Mumbai
Dandakaranya
Golfe du Bengale
Rangoon
Nord Vietnam/
Sud Vietnam
1968-1975
Mer de Chine méridionale
Îles Paracels
Chine/Vietnam
Manille
Guam
RÉGION KAREN
Bangkok
THAÏLANDE
2007-2011
1979-1989
CAMBODGE
PHILIPPINES
EELAM TAMOUL
Colombo
SRI LANKA
Patani
Mindanao
Îles Spratly
Chine/Vietnam +
Philippines, Brunei,
Malaisie, Indonésie,
Taïwan
BRUNEI
ACEH
Kuala Lumpur
MALAISIE
1962-1967
SINGAPOUR
Batam
Kalimantan ouest
OCÉAN INDIEN
Sulawesi
IRIAN JAYA
Diego Garcia
(R-U)
PAPOUASIE
NOUVELLE-
GUINÉE
Jakarta
INDONÉSIE
Ambon-Ceram
Dili
TIMOR LESTE
Lombok
Source : Ph. Pelletier, V. Thébault (Dir.), Géopolitique de l'Asie, 2006
Les conflits interétatiques en Asie 1947-2011
Guerre entre pays voisins
Tensions
Litiges territoriaux
Limite des revendications maritimes de Pékin en mer de Chine méridionale
Règlements frontaliers (date en blanc)
Tensions internes aux Etats d'Asie
ACEH Mouvements séparatistes
Tibet Tensions religieuses, ethniques ou politiques
Guérilla active
Guerre civile prolongée et actions militaires américaines
Organisation de Coopération de Shanghaï
Membres
Observateurs
Pays alliés des Etats-Unis
Principales bases ou facilités militaires américaines
Principales bases ou facilités militaires chinoises
BH. BHOUTAN
© Pascal Orcier, 2011.

L'instauration de zones* économiques exclusives maritimes à la fin du XXe siècle rend précieuse la possession d'archipels et du moindre îlot habitable qui permettent d'agrandir considérablement l'aire de contrôle d'un État. C'est en partie ce qui explique que les litiges frontaliers de la périphérie surinsulaire* du Japon soient si nombreux : l'archipel Sendaku-shotô (en japonais) / Diaoyutai (en chinois) au sud-ouest de l'archipel nippon est revendiqué par la Chine et Taïwan, les îlots inhabités de Takeshima (en japonais) / Tokdo (en coréen) dans la mer du Japon sont revendiqués par le Japon et par les deux Corées. Enfin, les territoires du Nord ou Kouriles du Sud (Kounachir, Itouroup, Chikotan et l'archipel des Habomai) au nord-est d'Hokkaido administrées par la Russie depuis 1945 font l'objet d'une demande de restitution japonaise. Les îles constituent des points de contrôle sur des routes stratégiques : c'est le cas des îlots Takeshima qui sont situés sur la route des navires ainsi que des sous-marins passant par le détroit de Corée et menant à Vladivostok. Les Kouriles du Sud permettent à la Russie de contrôler les routes maritimes entre les ports de l'Extrême-Orient russe (Vanino, Sovietskaïa-Gavan, Vladivostok et Nakhoda) et l'océan Pacifique. En effet, les routes situées plus au nord sur le détroit de Tartarie (qui sépare l'île de Sakhaline de la Russie continentale) et la mer d'Okhotsk sont gelées en hiver (l'eau douce en provenance du fleuve Amour amoindrit la salinité de l'eau et facilite la formation des glaces). En conséquence, la navigation y est difficile voire impossible. En revanche, les Kouriles du Sud disposent de conditions climatiques plus favorables qui permettent aux navires russes d'accéder à l'océan Pacifique en toutes saisons. Enfin, ce sont des espaces convoités pour leurs ressources halieutiques (zone de pêche en mer de Chine orientale au large de Takeshima et eaux poissonneuses du nord de l'océan Pacifique pour les Kouriles du Sud) ainsi que pour la richesse du sous-sol marin (gisements pétroliers sur Sendaku-shotô entre autres – v. Les hydrocarbures enjeux de conflits).

• L'émergence des nationalismes asiatiques au cours du XXe siècle

La construction conflictuelle des identités nationales : entre nationalismes et panasiatisme

À partir du XVIe siècle, les colonisations des Européens ont entraîné l'intégration de territoires asiatiques à de vastes empires et une relation de dépendance s'est créée avec ceux restés formellement indépendants comme la Chine ou la Thaïlande, le Japon faisant en la matière exception. Au XIXe siècle, face à l'occupant, s'est développée en Asie une idéologie nationaliste*. Des partis locaux vont naître en faveur de l'indépendance nationale : le Congrès national indien (en 1885), le Guomindang (parti national) en Chine (en 1911), le Parti communiste vietnamien (1930). Les révoltes sont nombreuses qui dénoncent la colonisation. En 1894, Sun Yat-sen met sur pied une organisation le Xing-zhonghui ("Société pour la renaissance de la Chine") qui tente sans succès plusieurs soulèvements à Canton. Entre 1898 et 1900 se déroule en Chine ce que l'on a appelé la "révolte des boxers". Cette révolte initiée par la société secrète des "Poings de la justice et de la concorde" pratique le Kung Fu (boxe chinoise), d'où le surnom donné à ses membres. Ce mouvement s'oppose notamment à la présence des étrangers en Chine mais aussi à la dynastie mandchoue des Qing qui gouverne alors le pays. Au Japon, la "Restauration Meiji" (1868) transforme l'État et l'économie. Elle entraîne un bouleversement complet des représentations japonaises de l'Asie : le "moment Meiji" veut répondre au défi des "barbares étrangers" et provoque la fin de l'isolationnisme nippon. La figure de l'empereur (*tennô*) est réinvestie et incarne la pérennité de la nation. Pierre angulaire de l'idéologie du "corps-national" (*kokutai* : unité organique entre l'empereur, le peuple et le pays), l'empereur est élevé comme un rempart contre l'étranger ("Révérons l'empereur, expulsons les barbares" est le slogan des nationalistes japonais de la fin du XIXe siècle). Dans ce contexte, les militaires jouent un rôle grandissant : il s'agit de réhabiliter l'énergie guerrière des samouraïs et de la tourner contre les Occidentaux. Le Japon s'oppose dès 1880 aux Occidentaux et revient sur les traités inégaux qu'il avait signés lors des dernières années du shôgunat. Les troupes japonaises sont victorieuses de la Russie en 1905 lors de la bataille navale de Tsushima et du siège de Port Arthur. Considérée comme la première victoire d'un peuple non blanc sur un peuple blanc, celle-ci a un énorme retentissement sur les populations d'Asie orientale. Le Japon se donne alors une mission civilisatrice en Asie qui débouche sur l'idée d'une "zone de coprospérité" et d'un réveil de l'Asie. Ce panasiatisme* porte les ambitions hégémoniques du Japon qui envahit l'Asie dans la première moitié du XIXe siècle. Au même titre que les puissances occidentales, le Japon affirme son droit de posséder des colonies et s'empare de Taïwan et de la Corée (1895). Mais, alors qu'il bâtit une démocratie parlementaire et entreprend une politique assimilationiste dans les territoires qu'il contrôle, le Japon tombe dans les années 1930 sous la coupe de ses militaires qui entraînent le pays dans la conquête de l'Asie et dans la Deuxième Guerre mondiale.

Décolonisation et guerre froide en Asie : les cicatrices de l'Histoire

En août 1945, la capitulation du Japon face aux États-Unis entraîne une recomposition des territoires*. En mettant un terme à la domination japonaise en Asie, les États-Unis (re)lancent les processus d'indépendance. Si les colonies néerlandaises et britanniques d'Asie du Sud-Est (Malaisie et Indonésie) obtiennent leur indépendance rapidement entre 1946 et 1949, les colonies françaises d'Indochine deviennent indépendantes après la guerre d'Indochine (1946-1954). En août 1947, l'Empire britannique des Indes donne naissance à 4 États : la Birmanie, Ceylan, le Pakistan, pays des musulmans doté d'un territoire divisé en deux, et l'Union indienne, la partition entre ces deux derniers États donnant lieu à des exodes croisés chaotiques. Avec la victoire des communistes en Chine en 1949, la guerre froide s'étend en Asie. De leurs positions dans la région, les États-Unis et l'URSS marquent de leur empreinte la géopolitique de l'Asie. La Corée passe en 1945 aux mains des troupes américaines et soviétiques qui se disposent de part et d'autre du 38e parallèle. Le 25 juin 1950, l'armée nord-coréenne envahit la Corée du Sud et s'empare de Séoul trois jours plus tard. Les États-Unis réagissent au nom de la politique d'endiguement et reçoivent le soutien du Conseil de sécurité de l'ONU*, que les Soviétiques boycottent alors pour s'opposer à l'occupation du siège de la Chine par Taïwan. Le front se stabilise autour du 38e parallèle même s'il faut attendre le 27 juillet 1953 pour que l'armistice soit signé à Pam Mun Jon. Le *statu quo* initial est rétabli au prix de un à trois millions de morts suivant les estimations.

À partir de 1950, la guerre d'Indochine devient un conflit de guerre froide. La défaite française et la signature des accords de Genève (juillet 1954) consacrent la coupure en deux du Vietnam le long du 17e parallèle : au nord s'installe un régime communiste, au sud une dictature pro-américaine. En vertu de la théorie* des dominos, les États-Unis interviennent directement à partir d'août 1964 dans la guerre du Vietnam. Les accords de Paris (janvier 1973) scellent le retrait des troupes américaines facilité par le rapprochement sino-américain (1972).

États et territoires en Asie : entre unification et fragmentation

En Asie, les États cherchent à affirmer leur cohérence territoriale. La mise en limite (c'est-à-dire l'action volontaire par laquelle un espace est délimité, cette délimitation participant aux processus d'identification et d'appropriation du territoire) et le contrôle des espaces participent du processus d'unification au même titre que l'aménagement des territoires. Pourtant face à cette volonté unificatrice de l'État, des résistances fortes s'expriment en Asie à travers les régionalismes notamment.

• La question taïwanaise

L'île de Formose est séparée de la Chine par un détroit* de 180 km. Majoritairement peuplée de populations australasiennes et formellement sous suzeraineté chinoise, elle fut un point d'ancrage portugais puis hollandais avant de devenir chinoise en 1662. Érigée en province chinoise en 1885, elle devient colonie japonaise en 1895. Redevenue chinoise en 1945, elle sert de refuge au gouvernement nationaliste du Kuomintang de Tchang Kaï-chek et à un million de Chinois du continent qui fuient face à l'avancée des troupes communistes de Mao Zedong. Pour la Chine, Taïwan est considérée comme "l'île rebelle", pour les nationalistes Taïwan est "la vraie Chine", la seule qui conserve les traditions ancestrales du pays. Jusqu'en 1971, le siège de la Chine est occupé à l'ONU par le représentant du gouvernement de Taipei, qui a depuis un statut de paria du point de vue du droit international. Dans les années 1980, les hommes d'affaires taïwanais jouent un rôle majeur dans le décollage des régions côtières chinoises d'où leurs familles sont souvent originaires en y investissant massivement, via Hong Kong car les deux Chine n'ont officiellement aucun échange. Devenu un pays développé, Taïwan se convertit à la démocratie en 1996 et porte en 2000 au pouvoir un parti indépendantiste. Pour Pékin, une déclaration d'indépendance serait un *casus belli* et les États-Unis font pression sur leur allié taïwanais pour empêcher un tel engrenage. En 2008, le pouvoir repasse au Guomindang hostile à toute idée d'indépendance mais les tensions perdurent.

• Aménagements des territoires et conflits

À l'échelle régionale et locale, des conflits naissent de différents enjeux économiques, politiques, militaires et culturels. L'aménagement de la ligne Qinghai-Tibet en est un exemple.

Le 1er juillet 2006, le président chinois Hu Jintao inaugure la ligne de chemin de fer Qinghai-Tibet. Cette ligne de chemin de fer, réalisation technique exceptionnelle, s'étend sur 1 142 km (dont 84 % à plus de 4 000 m d'altitude) et franchit 2 647 ponts et tunnels. Cette ligne met Lhassa, la capitale du Tibet, à 48 heures de Pékin. Pour les opposants tibétains, cette ligne est perçue comme une volonté d'accélérer la sinisation (migration massive de population chinoise Han) du Tibet. Le Dalaï Lama a affirmé ses réticences quant à la mise en œuvre de cette ligne, représentant pour lui un danger pour la société tibétaine. Les craintes exprimées par le chef du gouvernement tibétain en exil de voir déferler "mendiants, personnes handicapées, sans-emploi, prostituées" sur Lhassa témoignent de la violence des tensions politiques persistantes dans cette région. Pour la Chine, la ligne Qinghai-Tibet s'inscrit dans un programme de sécurisation de la frontière sino-indienne. Avec l'effondrement de l'URSS, les régions de Sibérie orientale et d'Extrême-Orient se dépeuplent. Le solde naturel est négatif et les flux migratoires déficitaires : la région d'Irkoutsk a perdu entre 1989 et 2004 près de 300 000 habitants du fait de la combinaison de la chute drastique de la démographie russe et de l'émigration, cette dernière étant causée par un chômage endémique et par l'abandon progressif de la politique de subventions étatiques. Le phénomène est à tel point massif dans certaines régions – Tchoukotka, Kamtchatka – que les projets de développement, faute des ressources humaines nécessaires, s'en trouvent entravés [SNEGUR, 2006]. Or aucune stratégie cohérente et de long terme n'a jusqu'à aujourd'hui été trouvée par l'État russe.

La construction du barrage des Trois-Gorges sur le fleuve Yang-tsé-Kiang (ou Yangtsé) est un cas exemplaire des conflits liés aux aménagements hydrauliques en Asie (v. L'eau, entre conflits et coopérations). Ce barrage est au cœur du projet économique de développement de la Chine intérieure [FOUCHER, 2002], mais il a été à l'origine d'interrogations et de difficultés spatiales, sociales et environnementales. Ayant pour fonctions de maîtriser les crues* du fleuve, de produire de l'électricité, d'améliorer la navigabilité du fleuve entre Shanghai et Chongqing, de servir de vitrine à la Chine, le barrage a nécessité pour son aménagement le déplacement de plus d'un million de personnes dont 40 % de ruraux. Une vingtaine de villes ont été noyées. Même si le déplacement des populations s'est accompagné d'un accès à la modernité et de régime de compensation financière, les mécontentements ont été nombreux : les indemnités financières sont apparues insuffisantes, la qualité des terres éloignées du fleuve moins bonne que les anciennes. Les critiques se sont aussi portées sur le volet environnemental (risques d'eutrophisation* de l'eau, de menaces sur la faune et la flore par la modification des écosystèmes* – v. Conflits et environnement). Les enjeux d'aménagements hydrauliques peuvent se poser entre plusieurs États. L'Asie centrale est un exemple d'interdépendance entre pays d'amont (Kirghizistan et Tadjikistan) et pays d'aval (Ouzbékistan et Turkménistan). Durant l'époque soviétique, une structure pilotée par Moscou a permis une coopération entre les différentes républiques. Ainsi les eaux du réservoir de Toktogul (sur le Syr-Daria) au Kirghizistan étaient libérées pendant l'été pour permettre l'irrigation des terres en Ouzbékistan et au Kazakhstan. En contrepartie, en hiver, le Kirghizstan recevait du gaz ouzbèke et kazakhe. Avec la fin de l'URSS, cette coopération a disparu. Ne bénéficiant plus d'un accès préférentiel au gaz, le Kirghizistan a augmenté les libérations d'eau en hiver pour satisfaire ses besoins en énergie électrique, réduisant alors d'autant les eaux disponibles pour l'irrigation en aval. Les relations entre les États se sont détériorées (v. Les conflits géopolitiques dans l'aire post-soviétique), comme en témoignent les événements de fin 2009 : l'Ouzbékistan quitte le réseau électrique (production, distribution, contrôle de l'électricité) qu'il partage avec ses voisins d'Asie centrale. Or le Tadjikistan et le Kirghizistan dépendent de la partie ouzbèke pour leurs importations énergétiques. En représailles, ces pays ont décidé de remplir davantage leurs barrages pour priver l'Ouzbékistan d'une partie de l'eau qu'elle peut recevoir.

Plus généralement les détournements des eaux fluviales ont des conséquences environnementales fortes en Asie centrale. Ainsi la mer d'Aral alimentée par les fleuves de l'Amou-Daria et du Syr-Daria s'assèche du fait des prélèvements d'eau des États toujours plus importants. Depuis 1960, la mer a perdu plus des trois quarts de sa superficie et représentait environ 17 000 km^2 en 2000. En 1989, la mer d'Aral avait rétréci au point de former deux étendues séparées : la Petite mer et la Grande mer. Des digues ont été construites pour tenter de faire diminuer la salinité et pour remonter le niveau de la mer. Un barrage à Kokaral, au Kazakhstan, financé en partie par la banque mondiale, a permis à la Petite mer de remonter son niveau d'eau. À l'échelle de la ville, les conflits liés aux aménagements urbains peuvent aussi être présents. Ainsi la modernisation de Pékin (notamment au moment de Jeux olympiques de 2008) a entraîné la destruction de nombreux hutongs, quartiers traditionnels de la capitale. Les habitants ont été contraints de se loger ailleurs, sans avoir de possibilité de recours. Shanghai est marquée de la même façon par des grands chantiers de rénovation. Les promoteurs exproprient les habitants. Si ceux-ci résistent, ils utilisent des moyens d'intimidation pour les forcer à partir.

• Régionalismes et indépendantismes : des logiques centrifuges infra-étatiques

Divers mouvements sont en lutte pour leur indépendance, les plus emblématiques sont à Aceh en Indonésie, au nord de Sri Lanka, à Mindanao aux Philippines, à Pattani en Thaïlande ou encore au Tibet. Chacun refuse un pouvoir central considéré comme étranger.

En Indonésie, divers mouvements s'opposent dans des régions périphériques comme les Moluques ou la Nouvelle-Guinée au pouvoir des Javanais, dominants dans l'archipel. Le plus important fut le mouvement séparatiste Gerakan Aceh Merdeka (GAM Mouvement pour un Aceh libre ou ASNLF Aceh Sumatra National Liberation Front), fondé en 1976, il a dénoncé, entre autres, le partage injuste entre le gouvernement central et la province des richesses liées à l'exploitation des ressources naturelles. En effet, Aceh, province située au nord de l'île de Sumatra, a été le premier producteur de gaz pendant les années 1970-1980. Ce sont ces revendications qui portent cette région, siège du XVIe au XIXe siècle d'un puissant sultanat, à demander son autonomie. Le tsunami de 2004 qui fit près de 200 000 morts à Aceh, a littéralement balayé le GAM et convaincu les protagonistes de la pertinence de processus de paix. On estime à plus de 15 000 le nombre de morts durant le conflit sur une population locale de 4 millions de personnes.

Au Sri Lanka, la composition communautaire est au cœur du conflit qui a opposé l'armée du gouvernement central à la guérilla du LTTE (Liberation Tigers of Tamil Eelam) entre 1983 et 2009. De fortes variations régionales existent entre le nord à majorité tamoule (groupe de langue dravidienne et de religion hindouiste également dominant dans l'État indien du Tamil Nadu), le sud et le centre à majorité cingalaise (bouddhiste) qui détient le pouvoir. Les revendications séparatistes des Tamouls (15 % des 20 millions de Sri Lankais) portaient sur la création d'un territoire continu et autonome formé des provinces nord et est (le Tamil Eelam). Alors que le LTTE a été responsable de nombreux attentats tant à Sri Lanka qu'en Inde, dont celui en 1991 du Premier ministre indien Rajiv Gandhi, l'armée sri lankaise a écrasé la guérilla en parquant dans des camps les populations alentour. Le conflit a fait plus de 25 000 victimes.

Dans les très chrétiennes Philippines, le pouvoir central est en butte à une revendication d'autonomie, d'indépendance ou de rattachement à la Malaisie des populations musulmanes d'une partie de l'île la plus australe du pays, Mindanao. L'intégration totale du territoire philippin bute sur la médiocrité des communications, la pression démographique (densités moyennes supérieures à 200 hab./km^2), la pauvreté et la surexploitation des ressources. Cette situation alimente des mouvements autonomistes qui s'opposent aux forces gouvernementales dans le sud de l'archipel depuis 1970. Mindanao est le théâtre de combats entre le gouvernement philippin et des groupes autonomistes comme le Moro National Liberation Front (MNLF) qui, suite à des tensions internes, donne naissance au Front de libération islamique moro (MILF) en 1978. En 1989, la Région autonome en Mindanao musulmane est fondée. Elle est la seule des Philippines à être dotée d'une réelle autonomie. Des éléments extrémistes se retrouvent dans le groupe Abou Sayyaf (Al-Harakat al-Islamiyya), groupe séparatiste islamiste armé fondé en 1991 qui dispose de bases sur les îles de Jolo, Basilan et Mindanao. Ce dernier est considéré par l'ONU comme proche d'Al-Qaida. Régulièrement (comme en février-mars 2010), les forces armées philippines lancent des opérations contre des camps d'Abou Sayyaf pour tenter de les éliminer. Alors que l'île compte 20 millions d'habitants, le conflit a fait plus de 120 000 morts.

Le sud de la Thaïlande fait face à un conflit comparable bien que de moindre intensité. Le sultanat de Patani qui forme l'extrémité sud du pays a été annexé par le Siam en 1771 et la frontière avec la Malaisie fixée en 1909 par un traité avec Londres. Une soixantaine de groupuscules islamistes ou communistes en lutte contre la junte alors au pouvoir se sont implantés dans la région à partir des années 1970 mais le conflit est resté de basse intensité jusqu'en 2004 quand le Premier ministre Thaksim, décrié pour son autoritarisme, s'est mis à exercer un contrôle policier sur la région.

Depuis, attentats et répression ont fait 3 000 morts sur une population locale de 1,6 million.

Le régime militaire birman, au pouvoir depuis 1962, est confronté à des mouvements indépendantistes dans les États de Kachin, de Karen et de Shan situés dans les marges montagneuses du nord et de l'est du pays. Peuplées de minorités non intégrées à la nation birmane, des armées insurgées y ont épisodiquement, depuis 1949, constitué des embryons d'États indépendants. La contrebande, le trafic de l'opium ou de pierres précieuses lient ces espaces désarticulés aux pays voisins plus qu'au gouvernement de Rangoon avec lequel ils sont en guerre depuis plus de 40 ans [Bruneau, 2006]. En novembre 2010, les combats se sont intensifiés entre rebelles et militaires suite à la remise en cause des élections organisées par la junte. Un bilan est presque impossible à établir mais 150 000 réfugiés karen vivent dans des camps à la frontière thaïe.

En 1950, la Chine annexe le Tibet et le 13 mai 1951 un traité sino-tibétain intègre officiellement le Tibet à la Chine communiste : le Tibet est alors le seul territoire rattaché à la Chine par traité (accord en 17 points de mai 1951 au terme duquel le Dalaï Lama reconnaissait l'autorité de Pékin en échange d'une réelle autonomie) [Foucher, 2002]. Ce traité prévoit entre autres le respect de la religion bouddhiste et des droits du Dalaï Lama. En 1965, le territoire tibétain est divisé : une portion du territoire devient Région autonome du Tibet (RAT, appelé Xizang en Chinois), une nouvelle région, le Qinhai, est créée, sa population devient rapidement majoritairement han, alors que les districts les plus orientaux du Tibet sont intégrés aux provinces voisines du Gansu, du Sichuan et du Yunnan. Ces territoires regroupent plus de la moitié de la population tibétaine estimée à 5,4 millions d'individus en 2006. D'un bastion militaire face à l'Inde, le Tibet est, alors que les deux pays ont entamé en 2000 un rapprochement, devenu pour les autorités chinoises une réserve territoriale prometteuse : si, depuis le début des années 1950, des Chinois de l'ethnie han se sont installés au Tibet (les autorités chinoises ont mené une politique de sinisation afin de contrôler cette région périphérique), ils représentaient moins de 7 % de la population recensée en RAT en 2001. Or, avec le dynamisme économique de la région, la sinisation va croissant [Sanjuan, 2006] et le développement de la région est à deux vitesses : d'un côté subsiste une économie traditionnelle et rurale (fortement taxée) pour l'essentiel aux mains des Tibétains, de l'autre côté émerge une économie moderne (bénéficiant de privilèges fiscaux) fondée sur l'exploitation des richesses locales (minerais, pétrole…) et le tourisme* (0,5 million de visiteurs par an). En raison des tensions intercommunautaires, des politiques discriminatoires menées à l'égard des Tibétains et face à la répression religieuse (v. Les conflits religieux), des mouvements tibétains de contestation voient le jour. En 1959, la répression chinoise provoque l'exil du Dalaï Lama à Dharamsala en Inde. En mars 2008, les moines de Lhassa dénoncent l'emprise des autorités chinoises sur la Région autonome du Tibet, mettant à profit le contexte des Jeux olympiques de Pékin pour faire entendre leurs revendications, sans réel succès.

Le monde et l'Asie : des rapports qui peuvent être conflictuels

En Asie, les conflits de guerre froide ont laissé place à des rivalités militaires, politiques, économiques, culturelles et religieuses qui s'inscrivent toujours à l'échelle mondiale. L'intégration régionale en Asie cherche à dépasser ces oppositions pour répondre au défi de la mondialisation. Ainsi l'Asie, forte de son influence, se projette dans le monde.

• Le monde s'invite en Asie ou les conflits d'échelle mondiale en Asie

La Corée du Nord : une menace nucléaire en Asie

La Corée du Nord est le dernier régime véritablement stalinien de la planète, qui plus est dynastique (au fondateur du régime, Kim il Sung, a succédé en 1994 à son fils Kim Jong il, qui lui-même envisage d'introniser son propre fils). Aux abois économiquement, le pays utilise un véritable chantage à propos de l'arme nucléaire en échange de l'aide sans laquelle il ne pourrait survivre. Le pouvoir a en effet été de 1996 à 1999 responsable d'une famine qui a fait entre 600 000 et 900 000 morts. Les puissances inquiètes par ces agissements (Corée du Sud, Japon, Chine, Russie, États-Unis) forment un quintet engagé dans des discussions avec le régime. Si la Corée du Nord adhère au Traité* de non-prolifération nucléaire (TNP) en 1985, elle n'accepte la présence d'inspecteurs de l'AIEA (Agence internationale de l'énergie atomique) qu'en 1992. En outre, en janvier 2002, George W. Bush classe la Corée du Nord dans "l'axe du mal", aux côtés de l'Irak et de l'Iran.

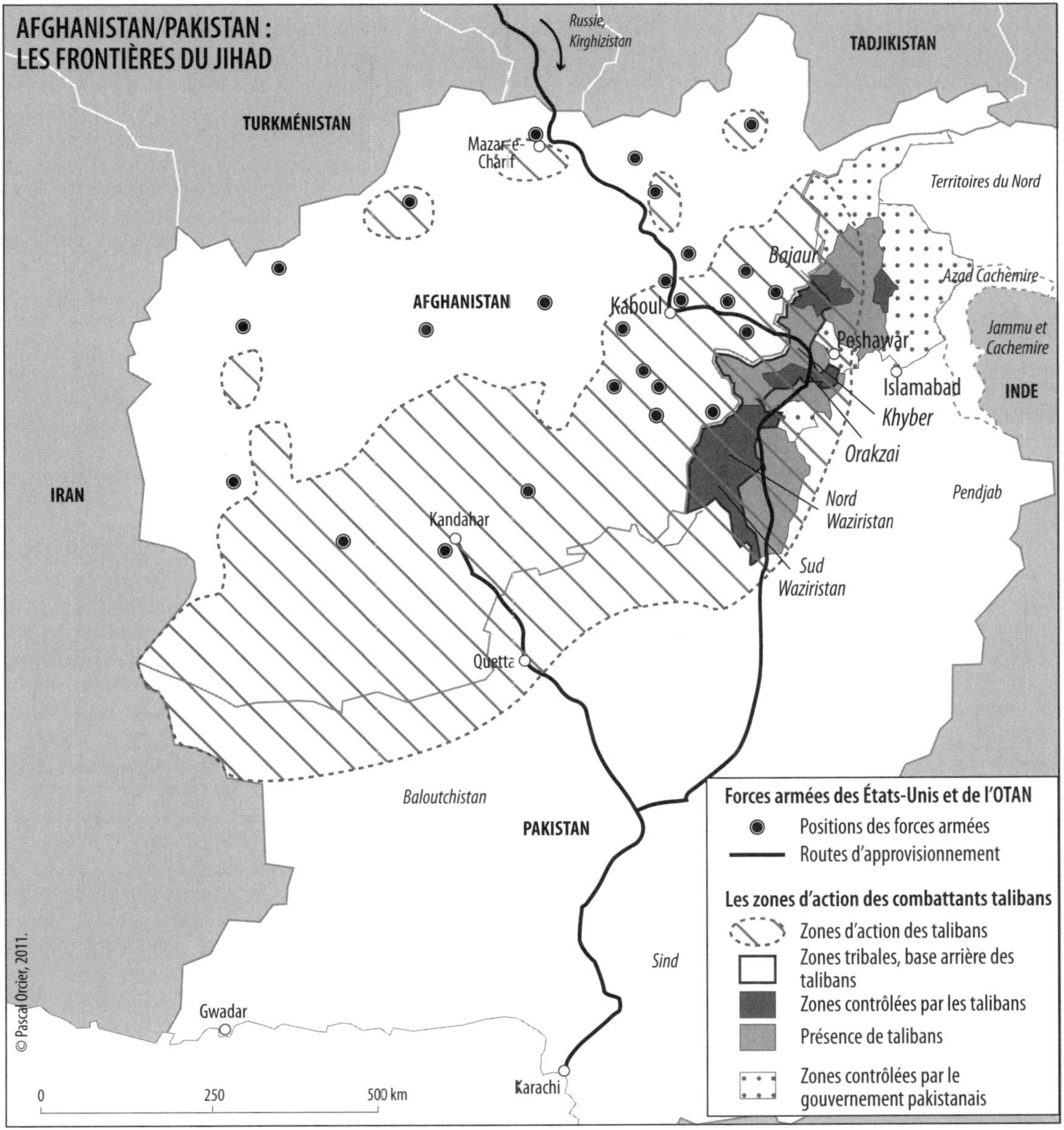
AFGHANISTAN/PAKISTAN :
LES FRONTIÈRES DU JIHAD
Russie,
Kirghizistan
TADJIKISTAN
TURKMÉNISTAN
Mazar-e-Charif
Territoires du Nord
Bajaur
Azad Cachemire
AFGHANISTAN
Kaboul
Peshawar
Jammu et Cachemire
Islamabad
INDE
Khyber
Orakzai
IRAN
Nord Waziristan
Pendjab
Kandahar
Sud Waziristan
Quetta
Baloutchistan
PAKISTAN
Forces armées des États-Unis et de l'OTAN
Positions des forces armées
Routes d'approvisionnement
Les zones d'action des combattants talibans
Zones d'action des talibans
Zones tribales, base arrière des talibans
Zones contrôlées par les talibans
Présence de talibans
Zones contrôlées par le gouvernement pakistanais
Sind
Gwadar
Karachi
0
250
500 km
© Pascal Orcier, 2011.

La Corée du Nord se retire du TNP le 10 janvier 2003 après avoir été accusée de mener un programme clandestin puis réintègre le TNP après deux années d'âpres négociations. La Corée du Nord joue tantôt l'apaisement, favorisant les négociations et signature d'accords comme à Pékin en 2005 et en 2007 ; tantôt privilégie le rapport de force. En 2006, elle procède à des tirs de missiles balistiques puis à un essai nucléaire, entraînant une série de sanctions internationales. En 2008, elle annonce un processus de réactivation de la centrale de Yongbyon. En 2009, elle procède à un tir de la fusée Kwangmyongsong-2 capable d'atteindre le territoire américain puis réalise un essai nucléaire souterrain. Le 21 novembre 2010, la mise en service d'une usine d'enrichissement d'uranium à Yongbyon amplifie les tensions.

L'Afghanistan et le Pakistan : les frontières du jihad

Plus que jamais, l'Afghanistan et le Pakistan se trouvent intégrés dans un "système de conflits" qui se joue des frontières étatiques en même temps qu'il y trouve une ressource essentielle à sa reproduction [Gayer, 2009]. La frontière entre l'Afghanistan et le Pakistan est purement militaire, elle correspond à la limite des territoires que les Britanniques qui butaient sur la résistance des montagnards pachtouns ont réussi à conquérir et date de 1893. Nommée ligne Durand, du nom de l'officiel britannique qui la négocia, elle a constamment été une zone de contacts et de trafics, les populations qui vivent de part et d'autre ne se différenciant par rien d'autre que par leur nationalité.

Depuis sa création, le Pakistan, dont le territoire est effilé le long de la frontière indienne, a toujours considéré l'Afghanistan comme un espace qui pourrait lui offrir une profondeur stratégique en cas de conflit avec son puissant voisin. En fait jusqu'à ce jour c'est le Pakistan qui a servi de base arrière pour les conflits qui ont déchiré l'Afghanistan : pour les moudjahiddins en lutte contre l'invasion soviétique de 1978 à 1989, pour différents protagonistes de la guerre civile qui déchira le pays entre 1992 et 1996, pour les Américains en lutte contre les talibans depuis 2001 et pour ces derniers depuis qu'ils ont été chassés du pouvoir à Kaboul. Les talibans continuent à trouver refuge dans les zones tribales pakistanaises placées pourtant sous l'autorité du gouvernement central. En 2005, les talibans prennent le contrôle de la partie sud de l'Afghanistan et des zones tribales du Waziristan, base territoriale d'un "Jihadistan" à l'ouest du Pakistan [Filiu, 2006]. Contestée à la fois par les autorités afghanes et par les talibans pourtant patronnés par Islamabad, la ligne Durand offre aux talibans une garantie de sécurité : cette frontière leur permet de trouver un sanctuaire dans le pays voisin. Pakistanais ou Afghans du Pakistan opèrent en Afghanistan mais les combattants afghans viennent aussi seconder ponctuellement leurs alliés pakistanais à l'occasion d'opérations conjointes contre les troupes pakistanaises ou les convois de l'OTAN (v. Géographie de la paix).

Cette imbrication croissante des conflits "intérieurs" du Pakistan et de l'Afghanistan a incité l'administration Obama à réfléchir à une stratégie conjointe en direction de "l'Afpak". Mais si cette terminologie fait sens au regard de l'imbrication de ces conflits, elle porte en germes une dangereuse dérive : l'extension du théâtre d'opération afghan au Pakistan, qui ne pourra qu'accélérer le processus de régionalisation de cette guerre sans frontières [Gayer, 2009]

L'antimonde en Asie

Les détroits asiatiques constituent un maillon faible dans le commerce mondial [Kane et Martin, 2005] Les actes de piraterie y sont nombreux, même si aujourd'hui ce sont du côté de la Somalie et du Yémen que les actes de piraterie se multiplient. Le détroit de Malacca, situé entre la péninsule malaise et l'île de Sumatra et reliant la mer d'Andaman (mer bordière de l'océan Indien) à la mer de Chine, a une importance stratégique en tant notamment que route d'approvisionnement en pétrole de la Chine et du Japon. Si les points de passage sont convoités par l'antimonde*, les espaces marginaux ont aussi leur intérêt. Ainsi l'opium* (v. La drogue dans les conflits) est produit en majorité le long des 7 500 km de montagnes qui s'étendent de la Turquie au Vietnam. Le Triangle d'Or et le Croissant d'Or sont les deux principales zones mondiales de production d'opium [Chouvy, 2002] : espaces d'altitude, marginaux, polyethniques, interétatiques et frontaliers, ils sont à la base d'un trafic illégal de la drogue. La Chine (notamment via Hong Kong et Taiwan) et l'Inde sont les principaux pays de transit pour l'exportation de l'héroïne birmane ainsi que le trafic de méthamphétamine* (drogue de synthèse produite en Birmanie) vers les pays occidentaux. Dans la lutte contre les drogues illicites en Asie, les États-Unis ont un rôle majeur et ambigu. Ils sont les fervents partisans de la "guerre contre la drogue", pourtant les États-Unis (notamment la CIA*) ont largement instrumentalisé les producteurs et les trafiquants de drogues afin notamment de financer certaines de leurs opérations secrètes dans le monde.

Les réseaux mafieux asiatiques constituent les acteurs de ces trafics illégaux. Les triades* chinoises y participent : blanchissant l'argent sale, investissant dans l'économie chinoise sans être vraiment inquiétées tant elles ont des liens avec les pouvoirs économiques et politiques. Au Japon, la prostitution des femmes est, en général, une activité tenue par les Yakuzas* comme à Kabukicho, un quartier de Shinjuku à Tokyo. Le Yamaguchi-gumi, à Kobé, est la plus grande organisation des Yakuzas (plus de 20 000 membres). Ses revenus seraient de plusieurs dizaines de milliards de dollars par an. Le rôle des Yakuzas dans la société japonaise est complexe : en mars 2011, lors du séisme et du tsunami qui ont frappé le Japon, ils ont dépêché une aide importante aux régions sinistrées, se considérant comme des "organisations humanitaires" (*jinkyo dantai*). N'ayant pas de règles à suivre, leur aide a été plus rapide et efficace que l'aide gouvernementale. Les sociétés écrans, notamment dans les domaines de l'immobilier et de la finance, permettent de dégager des fonds. Déjà, lors du séisme de Kobé en 1995, le Yamaguchi-Gumi, principale organisation yakuza du Japon, avait été en mesure de fournir une aide concrète aux habitants de la ville, allant jusqu'à mettre à disposition un hélicoptère. Cependant, l'aide n'est pas totalement désintéressée : à la faveur de la catastrophe, les Yakuzas peuvent investir massivement dans la reconstruction et en tirer des profits substantiels.

La lutte contre les réseaux illicites est difficile. Interpol* participe à la lutte contre la criminalité en Asie. Une opération nommée Storm II menée entre juillet et novembre 2009, coordonnée par Interpol avec l'appui du Bureau régional du Pacifique occidental et de l'Organisation mondiale de la santé (OMS) sous les auspices du Groupe spécial international anticontrefaçon de produits médicaux (IMPACT) et la collaboration de huit pays (Cambodge, Chine, Indonésie, Laos, Myanmar, Singapour, Thaïlande, Vietnam), a permis la saisie de 20 millions de médicaments illicites et de contrefaçon, la fermeture de plus de 100 pharmacies.

• Les organisations régionales asiatiques au défi de la mondialisation

L'intégration économique de l'Asie s'est faite dans un contexte de guerre froide à partir des années 1960. Au-delà des conflits qui animent les relations entre États en Asie, ceux-ci cherchent à valoriser la multiplication des échanges et à résoudre les crises qu'ils peuvent traverser. Les formes et les contenus de l'intégration sont variés. Ainsi l'ASEAN a été fondée en 1967 pour mettre en œuvre une zone de libre-échange. De nombreuses autres aires de coopération ont vu le jour entre les régions d'Asie, comme la zone* de Chine du Sud, la région* du Grand Mékong, le partenariat* de la mer Jaune, la zone* de coopération de la mer du Japon, les triangles* de croissance. L'organisation* de coopération de Shanghai créée en 2001 cherche à améliorer les relations de "bon voisinage" entre la Chine et les pays d'Asie centrale notamment. L'APEC* a été conçue par l'Australie et par les États-Unis pour ne pas être exclus des débats de la région Asie-Pacifique. En Asie du Sud, le contexte conflictuel de la SAARC* a tendance à la paralyser. Ce qui explique d'ailleurs que l'Inde se tourne vers l'Est pour asseoir son influence régionale [Therwath, 2009].

• L'Asie hors d'Asie : des nouveaux conflits ?

Étendre son aire d'influence : l'exemple de la Chine en Afrique

Le volume des échanges sino-africains ne cesse de croître et a été multiplié par 7 entre 2000 et 2007 selon le ministère chinois du Commerce, passant de 10 à 70 milliards de dollars. En 2007, la Chine est devenue le deuxième partenaire commercial de l'Afrique derrière les États-Unis et tout juste devant la France. La Chine importe aujourd'hui des matières premières (bois tropicaux, pétrole nigérian, angolais, équato-guinéen, congolais, gabonais et soudanais, cuivre zambien, charbon sud-africain, or, pierres précieuses et ivoire) et profite des privatisations en cours sur le continent africain pour s'introduire dans des secteurs autrefois réservés aux sociétés d'États (énergie, télécommunications, transport, mine) [Bertoncello, Bredeloup, 2009]. Les investissements chinois en Afrique ont pris une telle ampleur que certains parlent désormais de "Chinafrique" [Beuret et Michel, 2008] (v. L'Afrique subsaharienne, théâtre de tous les conflits ?). Désormais 674 entreprises d'État chinoises sont présentes en Afrique, investissant en

2004 plus de 900 millions de dollars non seulement dans l'exploitation des mines mais aussi dans la pêche, le traitement du bois et les télécommunications, et cherchent à écouler auprès des consommateurs africains des produits bon marché fabriqués à profusion dans ses "usines monde". En outre, la Chine s'est lancée dans une politique d'acquisition de terres agricoles (v. Les conflits alimentaires) et minières (*land grabbing*) en Afrique où elle posséderait près de 30 millions d'hectares arables (soit plus que la surface exploitée en France). L'objectif étant d'assurer l'autosuffisance de ses approvisionnements alimentaires. En 2010, plus de 130 000 Chinois étaient installés en Afrique, particulièrement au Zimbabwe, au Nigeria, en Angola ou en Guinée. Des dynamiques sont impulsées par le bas à l'initiative des marchands chinois qui se sont implantés, à la fin des années 1990, en Afrique subsaharienne, quelques années après que des ingénieurs, techniciens et ouvriers aient été recrutés dans le cadre de la coopération bilatérale pour travailler dans les entreprises chinoises de BTP. La politique africaine de la Chine, depuis les années 2000, consiste à mettre en avant auprès des pays africains son modèle de développement fondé sur un découplage voulu entre développement économique et réformes politiques dans une stratégie de survie des régimes autoritaires. Le rejet de l'ingérence apparaît comme une dénonciation des théories du *régime change* ou d'évolutions pacifiques dénoncées comme une nouvelle forme d'impérialisme [Niquet, 2006] Aussi le soutien aux régimes dictatoriaux, les ventes d'armes, la corruption*, les conséquences environnementales sont-ils des griefs généralement évoqués sur la scène internationale dénonçant les effets néfastes de la politique chinoise en Afrique.

L'éviction du petit commerce local qui tombe par pans entiers aux mains de résidents chinois comme au Sénégal, les taux parfois prohibitifs auxquels la Chine prête aux gouvernements dispendieux comme celui du Soudan, les conditions de travail drastiques qu'ils imposent comme dans le secteur des mines en Zambie ou au contraire l'éviction totale des travailleurs locaux sur les chantiers de BTP qu'ils remportent comme en Algérie amènent bien des désillusions. Si la Chine a apporté un ballon d'oxygène à bien des pays d'Afrique en leur offrant une alternative par rapport à des relations souvent incestueuses avec l'Occident, la Chinafrique, qui, par certains aspects ressemble à un Far West sans foi ni loi, reste à la recherche de ses équilibres et de son rythme de croisière.

Une économie asiatique à la conquête du monde : concurrences, crises et conflits

Le développement économique rapide connu par l'Asie à partir des années 1960 a fait parler de "miracle asiatique". C'est en Asie que, pour la première fois, a été employé le concept de Nouveaux Pays industrialisés (NPI). Tous les types d'industries s'y sont développés sous l'impulsion japonaise. Les pays ont alors participé à un circuit de plus en plus intégré favorisant l'efficacité économique. Cependant, crises et conflits scandent cette réussite économique : crise japonaise de 1990 liée à l'éclatement de la bulle spéculative, crise financière partie de Thaïlande en 1997 ou encore crise de 2008. Certains groupes ont parfois eu du mal à essuyer la crise financière de 1997. Ainsi le groupe Hyundai a assisté à un phénomène de "défilialisation*" conduisant à l'éclatement du groupe. C'est ce qui a été appelé "le choc Hyundai" [Dagorn, 2008]. Les firmes multinationales asiatiques participent aujourd'hui pleinement à la mondialisation. La réussite économique s'appuie sur des stratégies conquérantes, qui ne sont pas sans déclencher des oppositions. Le groupe indien Tata en est emblématique. Depuis 2000, il a absorbé des firmes comme la coréenne Daewoo, l'espagnol Hispano Motors, le singapourien Nat-Stell ou encore l'anglo-néerlandais Corus. En 2008, Ford annonce la vente à Tata de Jaguar et Land Rover pour un prix officiel de 2,3 milliards de dollars. Ces stratégies agressives débouchent bien souvent sur des conflits locaux. Ainsi, en septembre 2008, Tata doit arrêter la construction de l'usine de Singur, près de Calcutta, où devait être produite la voiture la moins chère du monde, la Nano, à la suite de manifestations d'agriculteurs et de militants politiques mécontents, les agriculteurs remettant en cause l'indemnisation proposée par Tata en échange des terrains.

Populations d'Asie hors d'Asie : l'exemple de la diaspora chinoise

La diaspora* chinoise ou les Chinois d'outre-mer regroupe au sens large tous les Chinois hors de la mère patrie (c'est-à-dire hors de la République populaire de Chine et de Taïwan). Précisons que le fait chinois outre-mer est à 90 % originaire de trois provinces méridionales et littorales de la Chine (le Fujian, le Guangdong et Hainan) [Trolliet, 1994]. Depuis peu, les provinces du Nord-Est

(Liaoning, Jilin, Heilongjiang) participent à cette émigration suite à la restructuration industrielle qui a provoqué un chômage massif dans ces régions [Sanjuan, 2006]. Si la diaspora chinoise représente environ 36 millions de Chinois, 7 millions sont présents hors d'Asie et l'immense majorité est située en Asie du Sud-Est. Cependant la dispersion touche les cinq continents : au total plus de 130 États et territoires [Trolliet, 1994].

En Asie du Sud-Est, les Chinois occupent une place particulière. Leur présence est multiséculaire, au Vietnam depuis le IIIe siècle avant notre ère, à Java depuis le Ve siècle, au Siam depuis l'an 1000, aux Philippines depuis le XVIe siècle,… Les migrations de masse datent cependant de la fin du XIXe siècle à la faveur du développement des économies de plantation par les colonisateurs qui préféraient recruter des *coolies* que des locaux. Les populations se référant à la Chine englobent 7 millions de personnes en Malaisie (30 % de la population), autant en Thaïlande (10 % de la population) et en Indonésie (3 %). À Singapour elles forment 78 % des 5 millions d'habitants. Leur poids économique local est massif : 90 % de la capitalisation de la bourse de Bangkok est aux mains de familles locales d'origine chinoise, 70 % de celle de Djakarta, 60 % de celle de Kuala Lumpur. Même aux Philippines où les Hans ne représentent que 2 millions de personnes, les deux tiers du commerce sont aux mains de familles chinoises. La situation était similaire au Vietnam et au Cambodge avant l'avènement du communisme.

Leur participation à la vie politique locale varie considérablement d'un pays à l'autre. En Thaïlande où les familles mixtes sont la norme et où l'usage des langues chinoises s'est rarement perpétré, les descendants de Chinois sont fréquemment assimilés à l'élite politique. En Malaisie, un partage du pouvoir s'est instauré : l'économie aux Chinois, le politique aux Malais. En Indonésie et aux Philippines, les communautés chinoises sont plus ostracisées alors que leurs représentants les plus aisés font parfois figure de pourvoyeurs de fonds des partis au pouvoir.

En dehors de l'Asie, dans bien des cas, la migration est de nature "entrepreneuriale" : dans les pays d'établissement, elle donne naissance à une organisation économique constituée d'entreprises de petite taille articulées entre elles sur les plans d'approvisionnement, du financement ou de la main-d'œuvre, constituant ainsi des dispositifs économiques locaux souvent liés entre eux à l'échelle internationale. Cette organisation économique a un effet sur les migrations contemporaines car celles-ci répondent plus à un appel de travail émanant de ces entreprises qu'à une demande du marché général du travail des pays concernés. La plus grande partie des migrants travaillent dans des établissements tenus par des compatriotes, lesquels emploient majoritairement une main-d'œuvre d'origine chinoise [Ma Mung, 2000].

En Europe, en Amérique du Nord et en Océanie, les Chinois d'outre-mer s'implantent dans les quartiers de grandes métropoles. Les chinatowns sont des quartiers affectés à l'implantation chinoise, souvent voulus et défini comme tels, au sein d'une agglomération préexistante ou en création, et qui ont fini par leur taille, leur structure, leur cohérence par devenir une ville dans la ville [Trolliet, 1994]. C'est le cas du "quartier chinois" à Paris situé entre le boulevard Masséna, l'avenue de Choisy et l'avenue d'Ivry (formant le "Triangle de Choisy"), qui en réalité déborde largement cette zone. Les entreprises chinoises forment un dispositif économique cohérent, au fonctionnement isolé du reste du marché et dominé par des logiques communautaires. À Paris, on constate une spécialisation de la communauté chinoise dans trois domaines, surnommés les "trois couteaux" : le Ciseau du coupeur, le Ciseau du fabricant de vêtements en cuir, maroquinerie et le Hachoir du boucher. Ces activités se structurent autour de deux marchés distincts séparant les agents d'origine chinoise des autres : le marché intracommunautaire tourné vers les ménages chinois (alimentaire, vêtements, culture) et le marché extracommunautaire vers les ménages non chinois (restauration, produits non alimentaires) ainsi que vers les entreprises françaises (vente de biens).

Au total, le poids économique de la diaspora est considérable et à l'origine des deux tiers des investissements réalisés en Chine. Cependant, l'essentiel de ces investissements provient de l'Asie du Sud-Est : alors que la cité-État de Singapour fournit à elle seule 77 % des IDE de l'ASEAN vers la Chine, les investissements provenant des Chinois d'outre-mer hors d'Asie sur le continent demeurent relativement moins importants, même si des Chinois d'outre-mer ont fait fortune en Occident dans le commerce (Tang Frères ou Paris-Store) ou l'informatique (en Californie).

LES PÔLES SONT-ILS À L'ABRI DES CONFLITS ?

Éloignées de grands bassins de population, soumis à des conditions climatiques extrêmes, faiblement peuplées ou inhabitées, les régions polaires sont-elles pour autant l'objet de conflits* ? Leur position aux extrémités de la planète en fait-elle des sites stratégiques ? Au-delà de ces quelques caractéristiques communes, la géographie en réalité les oppose, puisque la région arctique est un océan, l'océan glacial Arctique, en grande partie gelé (la banquise*) et bordé de terres fragmentées en plusieurs États, alors que l'Antarctique est une immense masse terrestre entourée par les grands océans mondiaux. Cet élément fondamental explique le statut différent qui régule ces deux espaces géographiques : le droit de la mer au pôle Nord, et un traité* interétatique au pôle Sud.

L'Antarctique, un continent gouverné par un traité unique au monde

Terre grande comme vingt-deux fois la France (12,5 millions de km^2 sans prendre en compte les ice-shelves de Ross, Ronne et Amery), inhabitée et recouverte d'une épaisse calotte glaciaire, l'Antarctique est le dernier continent à avoir été découvert, puis exploré. Il n'en a pas moins suscité des revendications territoriales de la part de sept États : la Grande-Bretagne, la France, la Nouvelle-Zélande, l'Australie, la Norvège, l'Argentine et le Chili. Les arguments qui servent à légitimer ces prétentions s'appuient soit sur la continuité ou la proximité géographique dans le cas du Chili, de l'Argentine, de l'Australie ; soit parce qu'un des ressortissants de ces sept pays a participé à la découverte du continent : Cook, Ross, Wilkes, Scott pour la Grande-Bretagne, Dumont d'Urville pour la France, Amundsen pour la Norvège ; soit parce que ces États ont pris une part active aux premières campagnes exploratoires et scientifiques, comme l'Australie ou la Nouvelle-Zélande.

• Des revendications territoriales gelées

Ces revendications sont une source potentielle de conflits puisque, entre l'Argentine, le Royaume-Uni et le Chili, les territoires revendiqués se chevauchent. Or depuis 1959, toutes ces revendications territoriales sont gelées. En effet, pour préserver ce territoire vierge de tout conflit et en particulier ceux de la guerre froide, l'Antarctique a été transformé en continent de paix par le traité de Washington, signé entre douze États (Afrique du Sud, Argentine, Australie, Belgique, Chili, États-Unis, France, Grande-Bretagne, Japon, Nouvelle-Zélande, Norvège, États-Unis et Union soviétique) et ratifié depuis par 37 autres parties. Unique en son genre, ce traité qui couvre l'ensemble de la zone située au sud du 60e parallèle, favorise la recherche scientifique sur le continent et y bannit les activités militaires, y compris nucléaires, et l'élimination des déchets radioactifs, à un moment où justement les grandes puissances cherchaient de nouveaux sites de test pour l'arme nucléaire. Deux ans avant la signature du traité sur l'Antarctique, le lancement du satellite* Spoutnik* par l'URSS avait conduit à une véritable "course à la lune" entre Soviétiques et Américains en raison de leur rivalité pour le contrôle de l'espace intersidéral. Plusieurs conventions sont venues compléter le traité de Washington de 1959 : celles sur la protection de la faune et de la flore (phoques en 1972, ressources vivantes marines en 1980), ainsi que le protocole de Madrid signé en 1991 qui a ajouté un volet environnemental au traité initial et établi un moratoire de 50 ans sur l'exploitation des ressources minières. L'Antarctique est ainsi devenu une "réserve naturelle consacrée à la paix et à la science". Tout État partie au traité sur l'Antarctique a ainsi le droit de mener sur le continent des activités scientifiques. Environ 70 stations, dont une quarantaine ouvertes toute l'année, entretenues par 25 pays différents mènent des recherches avant tout en climatologie, glaciologie, astrophysique, biologie.

• L'émergence de conflits d'intérêts et potentiels

Néanmoins, l'Antarctique n'est pas exempte de conflits.

La présence croissante depuis les années 1990 de touristes*, bien que limitée à quelques mois durant l'été austral (janvier-février), pose plusieurs problèmes, à commencer par celui de la préservation de l'environnement. Qu'il s'agisse de la perturbation de la reproduction des animaux, la mise en danger de certaines espèces, la pollution biologique ou la dégradation des zones de végétation sensibles au piétinement [Frenot, 2007]. L'augmentation du nombre de bateaux dans la région accroît statistiquement les risques d'accidents et de naufrages. Il existe donc un profond conflit d'intérêts entre scientifiques et compagnies touristiques qui fréquentent les mêmes lieux, riches sur le plan de la biodiversité.

Afin de promouvoir les intérêts des tour-opérateurs en Antarctique, tout en respectant le droit en vigueur, notamment en matière d'environnement, a été créée en 1991 l'IAATO (International Association of Antarctica Tour Operators) qui, en tant qu'observateur de la réunion annuelle des parties consultatives du traité de l'Antarctique (ATCM), fait pression pour éviter l'adoption de nouvelles mesures qui contraindraient le développement de l'activité touristique. L'IAATO s'appuie pour cela sur les États anglo-saxons, généralement plus favorables que les autres, en raison de leur approche libérale, au tourisme dans la région Antarctique, comme le Chili et l'Argentine qui constituent le point de départ de la plupart des croisières. En conséquence, si le tourisme représente aujourd'hui un enjeu central pour l'environnement*, la question de sa limitation ne fait pas l'objet d'un consensus. Ainsi, la résolution de l'ATCM adoptée en 2007 qui limite à 500 passagers le nombre maximum de touristes par bateau, et à 100 le nombre de passagers pouvant être débarqués en même temps à terre, et impose un guide touristique par groupe de 20 personnes n'est pas contraignante, et en pratique certaines croisières au départ d'Ushuaïa comptent toujours plusieurs milliers de touristes [Tétart et Strobel, 2007].

Au-delà du clivage entre intérêts privés et intérêts publics, l'essor du tourisme en Antarctique risque de soulever des tensions entre États. Dans la péninsule antarctique, où se chevauchent les revendications territoriales de trois États (Argentine, Chili, Royaume-Uni), on assiste déjà, en raison de l'accessibilité plus grande de la zone, au développement sur les bases d'infrastructures quasi permanentes. La base chilienne de Marsh, contrôlée par les forces armées du Chili, comporte par exemple un hôtel, un hôpital, une école, une garderie, une poste et une banque. Sur la base argentine d'Esperanza partagée entre militaires et civils, des personnes habitent désormais à l'année et disposent d'une école de trois classes pour les enfants d'hivernants. D'ailleurs, en 1978, s'y est produite la première naissance sur le continent [Simon, 2006]. L'effet de l'essor du tourisme dans cette zone pourrait encore contribuer à la poursuite de l'aménagement de ces bases notamment par la construction de boutiques de souvenirs, de lieux de restauration, voire d'hôtels. Ce qui pourra rendre plus aisé aux États "possessionnés", c'est-à-dire ceux qui ont émis une revendication sur une partie du continent antarctique, de faire valoir leurs droits, jouant de l'argument, bien rôdé à l'échelle du monde : "j'étais là avant !" D'ailleurs, l'Argentine comme le Chili intègrent déjà leurs territoires antarctiques à leur découpage administratif, sous le nom respectivement de "Antartida argentina" et de "Territorio Antarctico chileno", et les représentent sur leurs cartes nationales. Si le tourisme favorise l'implantation humaine, les tensions sont d'autant plus probables entre Chiliens et Argentins qu'ils partagent une histoire chargée de tensions et conflits. Le 18 janvier 1949, des coups de feu furent d'ailleurs échangés entre les deux pays dans la péninsule antarctique. Aujourd'hui, la rivalité entre ces deux pays prend des formes différentes : les Chiliens cherchent à empêcher l'accès de leur base de Frei, qui dispose d'une importante piste d'atterrissage de 1 300 mètres de long, aux scientifiques argentins. De son côté, le Royaume-Uni entend aussi faire valoir ses revendications sur cette région, et sa rivalité avec l'Argentine a été entretenue par la guerre des Malouines* de 1982.

Des tensions en Antarctique pourraient en outre apparaître en raison du traité de Washington lui-même. Bien qu'il interdisse toute revendication officielle de souveraineté* sur le continent de glace, son effectivité est limitée à l'année 2049. Ensuite, le contenu du traité sur l'Antarctique reste ambigu, puisque rien ne peut être interprété comme une renonciation de la part des États possessionnés à exercer leurs droits ; ni ne peut conduire les autres parties (dont les États-Unis, la Russie, l'Inde, la Chine) à les reconnaître [Gaudin, 2007]. Ainsi, même si la France a officiellement renoncé à exercer sa souveraineté sur l'Antarctique, elle continue, comme les autres États dits possessionnés, de maintenir une revendication territoriale sur la Terre Adélie. Celle-ci forme, avec les îles subantarctiques (Kerguélen, Crozet, Saint-Paul et Amsterdam), un Territoire d'outre-mer, les Terres australes et antarctiques françaises (TAAF), placé sous la responsabilité d'un administrateur supérieur. Au nom de cette compétence territoriale, la France peut donc, théoriquement, soumettre tout bateau de croisière débarquant en Terre Adélie au droit interne français.

L'Arctique, objet de contentieux frontaliers et de souveraineté

La région arctique est avant tout couverte par un océan de 14 millions de km^2, en grande partie gelé, bordé de terres. La surface de la banquise arctique varie au fil des saisons. Or d'après les scientifiques, au cours des vingt dernières années, elle a subi une réduction de 15 %, témoignant du fort impact du réchauffement climatique sur cet espace. Si le phénomène devait se poursuivre au même rythme, la banquise estivale pourrait avoir disparu dès 2020. Au-delà de ce désastre écologique, la fonte de l'océan glacial rend la zone plus aisément accessible aux États riverains (États-Unis, Canada, Danemark, Norvège, Russie) et met en évidence des ressources jusque-là non évaluées. L'Arctique recèlerait 30 % des réserves mondiales de gaz conventionnel (7 260 milliards de mètres cubes) et 13 % de celles du pétrole (90 milliards de barils). Une partie de ces hydrocarbures au large du delta de Mackenzie dans l'arctique canadien, en mer de Barents et de Kara, est déjà en cours d'exploitation. L'Alaska assure déjà environ 15 % de la production pétrolière des États-Unis. De telles réserves dans un contexte de hausse des prix et de forte concurrence sur les matières premières renforcent bien évidemment l'attractivité de la région arctique. Des mines de diamants, argent, zinc, plomb ont été prospectées dans l'arctique canadien ; du nickel, de l'uranium sont également exploités dans le nord de la Russie. La fonte des glaces facilite leur accessibilité, ainsi que leur transport pour l'exportation. Ces enjeux économiques ont engendré des rivalités entre États riverains de l'Arctique et des contentieux en particulier liés à la délimitation des frontières maritimes [Tétart, 2010].

• L'enjeu de l'extension du plateau continental

Le premier litige porte sur la délimitation des frontières maritimes entre les États riverains de l'océan Arctique. Conformément à la Convention* sur le droit de la mer de Montego Bay de 1982, ces États ont institué des zones* économiques exclusives (ZEE) sur un espace de 200 milles nautiques à partir de leurs côtes, où ils peuvent explorer et exploiter les ressources naturelles contenues dans l'eau, dans le fond marin et son sous-sol. Anticipant sans doute la fonte de la banquise, certains États revendiquent également depuis le début de la décennie 2000 une partie des eaux internationales autour du pôle Nord. Leur argumentation s'appuie sur le droit de la mer qui stipule qu'un État peut revendiquer jusqu'à 350 milles depuis son littoral si son plateau continental, c'est-à-dire le prolongement sous-marin de la masse terrestre de l'État côtier, se poursuit au-delà de sa ZEE. Dans cet espace, à la différence de la ZEE, l'État riverain n'est souverain que sur le sol et le sous-sol. Selon la convention de Montego Bay, cette demande d'extension du plateau continental doit intervenir auprès de la Commission des limites du plateau continental (CLCS) dans les dix ans suivant la ratification de ladite convention par l'État revendicateur : à savoir avant 2009 pour la Russie, 2013 pour le Canada et 2014 pour le Danemark, souverain sur le Groenland. Or la fixation de cette nouvelle "frontière" maritime est source de conflits. La Russie revendique une extension de son plateau continental sur la dorsale Lomonosov supposée receler d'importantes ressources en hydrocarbures et sa voisine baptisée Alpha-Mendeleïev (v. Les hydrocarbures, enjeux de conflits). Pour appuyer sa requête, elle a effectué une action symbole en août 2007 en plantant, à l'aide d'un sous-marin de poche, un drapeau russe à 4 621 mètres de profondeur au niveau du pôle Nord. Du côté du Canada et du Danemark, on argue toutefois que la dorsale Lomonosov se trouve sur la plaque tectonique nord-américaine. Selon Ottawa, elle fait donc partie intégrante du plateau continental canadien. Néanmoins, Copenhague considère que sa position serait plus proche du Groenland que des îles de l'Arctique canadien. En mai 2008, les cinq pays riverains ont réaffirmé dans une déclaration commune à Ilulissat que les revendications concurrentes en Arctique seraient réglées dans le cadre du droit et des traités internationaux. En avril 2010, la Russie et la Norvège ont déjà réglé en conformité avec le droit de la mer leur contentieux portant sur la délimitation de la mer de Barents, alors que les deux États ont entamé l'exploitation du pétrole dans la zone, mettant en relief l'esprit de conciliation qui semble souffler sur le Grand Nord pour résoudre les conflictualités.

• L'ouverture du passage du Nord-Ouest

Le second litige oppose Canadiens et Américains sur le statut du passage du Nord-Ouest qui pourrait devenir une nouvelle route maritime internationale sous l'effet conjugué de l'exploitation des ressources minières et du développement de la navigation autour de l'Arctique en raison de la diminution de la banquise d'été. L'utilisation du passage du Nord-Ouest permettrait de réduire le trajet entre l'ouest de l'Europe et l'est de l'Asie par rapport au passage par Panama ou Suez. L'itinéraire via le nord-canadien ne compte que 15 700 km contre 21 200 km par Suez et 23 300 km par Panama.

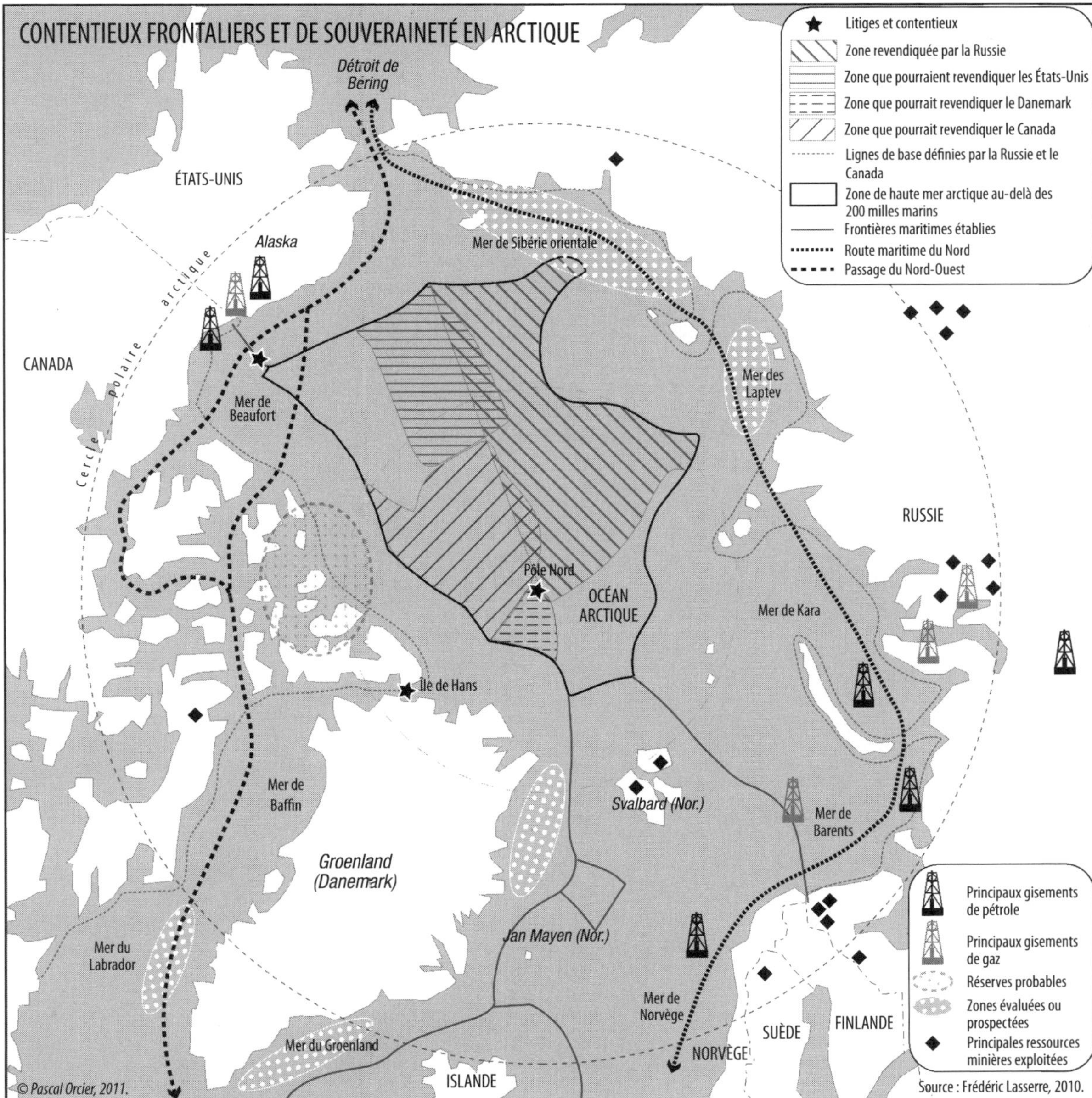
CONTENTIEUX FRONTALIERS ET DE SOUVERAINETÉ EN ARCTIQUE
Litiges et contentieux
Zone revendiquée par la Russie
Zone que pourraient revendiquer les États-Unis
Zone que pourrait revendiquer le Danemark
Zone que pourrait revendiquer le Canada
Lignes de base définies par la Russie et le Canada
Zone de haute mer arctique au-delà des 200 milles marins
Frontières maritimes établies
Route maritime du Nord
Passage du Nord-Ouest
Détroit de Bering
ÉTATS-UNIS
Alaska
Cercle polaire arctique
CANADA
Mer de Beaufort
Mer de Sibérie orientale
Mer des Laptev
RUSSIE
Pôle Nord
OCÉAN ARCTIQUE
Mer de Kara
Île de Hans
Mer de Baffin
Svalbard (Nor.)
Mer de Barents
Groenland (Danemark)
Mer du Labrador
Jan Mayen (Nor.)
Mer de Norvège
SUÈDE
FINLANDE
NORVÈGE
Mer du Groenland
ISLANDE
Principaux gisements de pétrole
Principaux gisements de gaz
Réserves probables
Zones évaluées ou prospectées
Principales ressources minières exploitées
© Pascal Orcier, 2011.
Source : Frédéric Lasserre, 2010.

Alors que le Canada considère ce passage comme une partie intégrante de ses eaux territoriales, les États-Unis voudraient le voir qualifier de détroit* international, au titre de l'article 37 de la convention sur le droit de la mer, qui assure à tout navire la liberté de navigation. En 1985, le transit d'un brise-glace américain dans le passage du Nord-Ouest à l'insu des autorités canadiennes et sans son consentement a suscité un débat qui a conduit à un accord stipulant que les brise-glace américains pourront accéder au passage mais que le Canada devra en être tenu informé à l'avance. Or Ottawa craint qu'un libre passage favorise la transformation du passage en véritable route maritime, faisant peser des risques sur l'environnement. Pour renforcer son contrôle sur la zone, le gouvernement canadien a annoncé en 2007 la construction à l'entrée du passage, à Resolute Bay, d'une base militaire, la mise en service de patrouilles de navires pour l'Arctique et la construction d'un port en eaux profondes à Nanisivik ou à Bathurst Inlet. Un autre conflit oppose le Canada aux États-Unis dans l'espace arctique sur la délimitation frontalière en mer de Beaufort entre les eaux de l'Alaska et du Yukon, les espaces maritimes revendiqués se chevauchant. Néanmoins, afin de délimiter l'extension du plateau continental de ce secteur de l'Arctique et ainsi déposer un dossier de revendication auprès de la CLCS, les deux États mènent depuis 2008 des missions conjointes de collecte de données [Pratt, 2010].

L'île Hans située au nord du détroit de Nares (Kennedy Channel) est également l'objet d'un contentieux entre le Canada, qui revendique cette petite île inhabitée depuis 1973, et le Groenland danois. Les deux pays ont convenu de régler ce problème de souveraineté, tout en lançant des missions scientifiques conjointes sur l'îlot.

• Un espace convoité

L'intérêt croissant suscité par la région ne se limite aux seuls pays riverains. L'Union européenne, la France ou la Chine ont récemment tourné leur diplomatie en direction de l'Arctique. Bruxelles a émis un rapport en 2008, "l'Union européenne et l'Arctique", présentant les défis posés par la région à l'UE en termes de préservation de l'environnement, d'exploitation durable des ressources et de meilleure gouvernance* multilatérale. Pékin, pour sa part, a déjà conduit quatre expéditions scientifiques depuis 1999. En juillet 2004, elle a inauguré sa première base arctique, "Huanghe", à Ny-Alesund, sur l'archipel norvégien des Svalbard. Elle peut ainsi participer depuis 2007 comme observateur *ad hoc* aux réunions du Conseil arctique, forum intergouvernemental regroupant les 8 pays riverains du cercle polaire (Norvège, Finlande, Suède, Islande, Russie, États-Unis, Canada et Danemark), avec l'ambition d'en devenir un observateur permanent. La Chine affirme que son intérêt pour la région est lié au changement climatique et à l'ouverture de nouvelles voies de navigation, mais l'attrait de l'or noir est sans aucun doute à l'origine de son rapprochement avec le Grand Nord. Quant à la France, elle a nommé en 2009, Michel Rocard ambassadeur de France en charge des négociations internationales sur les pôles. Elle soutient avec l'Union européenne la mise en place d'une gouvernance internationale de la région polaire, convaincue que seul un régime international de gestion des activités humaines peut garantir le développement durable et responsable de cet environnement unique et un rôle clef dans la dynamique du climat de notre planète.

CONFLITS EN ZONES CÔTIÈRES ET EN MER

Les zones côtières (c'est-à-dire les interfaces* entre les espaces maritimes et les espaces terrestres) concentrent près de 60 % de la population mondiale. Les estimations des Nations unies [United Nations, Population Division, www.esa.un.org/unpp] révèlent que les trois quarts de la population occuperont ces espaces d'ici 2040. Les densités y sont plus élevées que les moyennes nationales (en France, elle est 2,5 fois supérieure à la moyenne en 2006) et ne cessent d'augmenter. Par exemple en Grèce, dans la commune de Aremida, à l'ouest d'Athènes, la densité de population a augmenté de 137 % entre 1991 et 2001 [Nikolaïdou, 2009]. Les littoraux sont des espaces sous pression, soumis à de fortes nuisances environnementales (pollution, artificialisation*, diminution des ressources marines, érosion, etc.) ainsi qu'à une pression anthropique accrue avec l'augmentation de la population littorale et des activités. Les mutations récentes de ces espaces sont notamment liées à l'évolution des techniques et à leurs effets sur les pratiques spatiales, telles que la conteneurisation* dans le trafic portuaire ou l'amélioration des techniques de pêche. Elles répondent aussi à la multiplication des intentions d'usage et des usages effectifs de l'espace, ainsi qu'à la croissance des besoins de la population (logements, services, transports, etc.). Ces usages participent à une multifonctionnalité génératrice de conflits. Le sol change d'affectation, les règles d'usage sont plus ou moins respectées, les ressources sont de plus en plus convoitées (le foncier, l'eau, les ressources halieutiques, etc.), des activités polluantes se développent, etc., autant de processus qui occasionnent des conflits*. Face à cela, les pouvoirs publics interviennent par le biais de la réglementation, la création d'espaces protégés, la mise en place de dispositifs de gestion, portés par des acteurs de "mondes" différents (acteurs de l'urbanisme et de la planification spatiale, de la gestion de l'eau, du développement local, de l'environnement, de l'agriculture, etc.) et à des échelles différentes. Compte tenu de la multiplicité des oppositions, les dispositifs de gestion deviennent complexes, voire inopérants, et suscitent également des antagonismes. Les conflits constituent donc des enjeux actuels forts pour l'organisation des politiques publiques et la gestion intégrée des ressources [Guineberteau *et al.*, 2006 ; Bruckmeier et Höj Larsen, 2008]. Pour aborder la question des conflits littoraux et maritimes, nous proposons d'évoquer quelques exemples en soulignant la diversité des objets d'opposition et des formes d'expression des antagonismes ainsi que les jeux d'acteurs et les stratégies d'action qui sont complexes, influencent les modes de régulation et contribuent à créer ou modifier des dispositifs de gouvernance*.

Les objets des conflits littoraux et maritimes

• Une artificialisation accrue

L'artificialisation des littoraux s'effectue au détriment de surfaces agricoles (v. Les conflits alimentaires) et d'espaces naturels. Dans la plaine de Messogeia, à l'ouest d'Athènes, la surface viticole a diminué de 38 % entre 1991 et 2001 au profit notamment d'habitats, de zones commerciales et d'infrastructures associées [Nikolaïdou, 2009]. L'essor du tourisme se manifeste par la construction de stations* balnéaires et le développement d'activités récréatives et d'infrastructures associées. Le paysage se transforme, ce qui suscite le mécontentement d'acteurs qui s'organisent pour dénoncer les projets immobiliers qui se multiplient. On retrouve la même problématique autour de la construction, en 2005, d'un complexe résidentiel et touristique nommé Polaris World dans la région de Murcie, en Espagne [François, 2009]. La construction de résidences individuelles dans les espaces naturels participe au mitage de l'espace et est également dénoncée par des associations environnementales. Le nombre de ces constructions, souvent en défaut d'autorisation, s'est accru depuis les années 1990 sur nombre de zones côtières comme en Languedoc-Roussillon, dans la plaine de Corinthe (Grèce), ou encore à Cabo Polonio (Uruguay), dans la réserve* de biosphère de Bañados Del Este. L'artificialisation répond parfois à des problèmes d'érosion qui menacent des espaces déjà artificialisés comme sur la plage d'Almadrava en Espagne où de multiples habitations s'alignent sur des espaces dunaires : des aménagements perpendiculaires à la côte tels que des épis ou des digues sont alors réalisés pour lutter contre ce phénomène mais ces aménagements occasionnent des polémiques avec les municipalités voisines car ils piègent des sédiments qui n'alimentent plus les plages et renforcent l'érosion sur les rivages en aval [Tros-de-Ilarduya, 2009].

L'extension des zones portuaires pour répondre à l'intensification des flux maritimes et s'adapter à la concurrence internationale suscite aussi des réactions de contestations. Dans les années 1980-1990, les acteurs portuaires des ports de Nantes-Saint-Nazaire et du Havre élaborent des projets pour l'aménagement d'espaces d'accueil de nouvelles entreprises, de voies de transports terrestre, pour la construction d'un terminal méthanier au Havre, etc. Des centaines d'hectares de zones humides sont concernées par une artificialisation : la construction des digues, nécessaires à l'extension du port de Nantes-Saint-Nazaire, comblerait 440 hectares de zone humide. Le projet Port 2000 au Havre empiéterait quant à lui sur des espaces d'une riche biodiversité, sur la rive droite de l'estuaire de la Seine, où se concentrent différents usages de l'espace (chasse, pêche, observation des oiseaux, etc.). L'annonce de ces projets d'aménagement portuaire fut le facteur déclenchant d'oppositions entre les partisans du développement industrialo-portuaire et les mouvements de protection de l'environnement* et du cadre de vie. D'âpres négociations entre les acteurs économiques, les autorités publiques et les environnementalistes ont alors eu lieu ; ils ont notamment abouti à un zonage de protection d'espaces naturels au Havre et à la réduction de la surface d'extension portuaire dans le secteur de Nantes-Saint-Nazaire et à la mise en place de mesures visant à contrebalancer les effets négatifs pour l'environnement, à entreprendre ou à poursuivre des études scientifiques et à assurer le suivi écologique dans les estuaires de la Loire et de la Seine.

• Des cohabitations difficiles entre les activités littorales

La cohabitation entre les usagers du littoral et de la mer est souvent difficile : les relations sont parfois tendues et les conflits se déclarent lorsque les tensions* deviennent trop vives ou qu'un événement particulier se produit. Il peut s'agir d'une pollution accidentelle particulièrement visible, comme dans le cas de la Ria* d'Etel, en Bretagne. Les ostréiculteurs craignent un déclassement de la qualité de l'eau, ce qui nuirait à leur activité, du fait de pollutions d'origine agricole. Le processus conflictuel entre les éleveurs d'huîtres et le monde agricole s'engage le jour où un agriculteur s'enlise dans son champ, à proximité de la rivière, et y déverse son chargement de fertilisants pour se sortir d'une situation périlleuse. Toujours en Bretagne, les conflits entre usages concurrents d'espaces littoraux convoités sont multiples : ce sont des plaisanciers qui s'opposent aux conchyliculteurs à propos du balisage des parcs ostréicoles, des pêcheurs embarqués qui s'opposent tant aux pêcheurs à pied qu'aux environnementalistes pour l'exploitation d'un gisement de palourdes dans le golfe du Morbihan, des kite-surfer qui se voient interdire l'accès à un plan d'eau et manifestent leur opposition en violant ostensiblement la règle, etc.

Les difficultés de cohabitation proviennent parfois de nouveaux usages ou de l'arrivée de nouveaux usagers. En Nouvelle-Calédonie, la construction d'un complexe industriel par la société Koniambo Nickel sur le secteur de Voh, au nord de l'île, pour l'extraction et le traitement du nickel en bordure de lagon fait craindre des impacts environnementaux et suscite des oppositions locales, même si le projet fait l'objet d'un large consensus entre les décideurs et une population qui en attend les retombées économiques. Mais l'arrivée d'une nouvelle population qui ne connaît pas les droits d'accès aux ressources halieutiques et aux espaces lagonaires, en particulier les droits* coutumiers (droits qui s'inspirent des us et coutumes d'un groupe social) déclenche déjà certains conflits de cohabitation entre les pêcheurs kanaks et les pêcheurs plaisanciers arrivés dans la zone du fait de son développement.

Le cas de la Réserve naturelle marine (RNM) de Cerbère-Banyuls montre bien la façon dont la multiplicité des usages occasionne des conflits. Il se dessine alors plusieurs zones conflictuelles sur cette portion maritime du littoral, ce qu'illustre la carte suivante.

La pratique d'activités récréatives et de tourisme* attire chaque année de plus en plus de plongeurs, plaisanciers, et amateurs de pêche de loisir, près ou sur les zones de pêche dans la réserve. Les cinq pêcheurs ayant demandé leur autorisation d'exercer dans la réserve de protection générale dénoncent une surfréquentation de la côte rocheuse par des plongeurs, dont aucune réglementation ne limite le nombre, ainsi qu'une concurrence déloyale de la pêche de loisir, pour l'accès à la ressource. Plus de 10 000 plongeurs sont recensés dans la réserve, accompagnés par vingt-trois bateaux et clubs de plongée. La proximité entre la zone de plongée et les filets des pêcheurs envenime les relations entre ces deux acteurs, notamment au cap de l'Abeille. Selon certains professionnels de la pêche, les mouillages des navires destinés à la plongée sous-marine occasionnent une gêne pour la pratique halieutique.

Les conflits d'usage au sein de la Réserve Naturelle Marine de Cerbère-Banyuls (Languedoc-Roussillon, France)

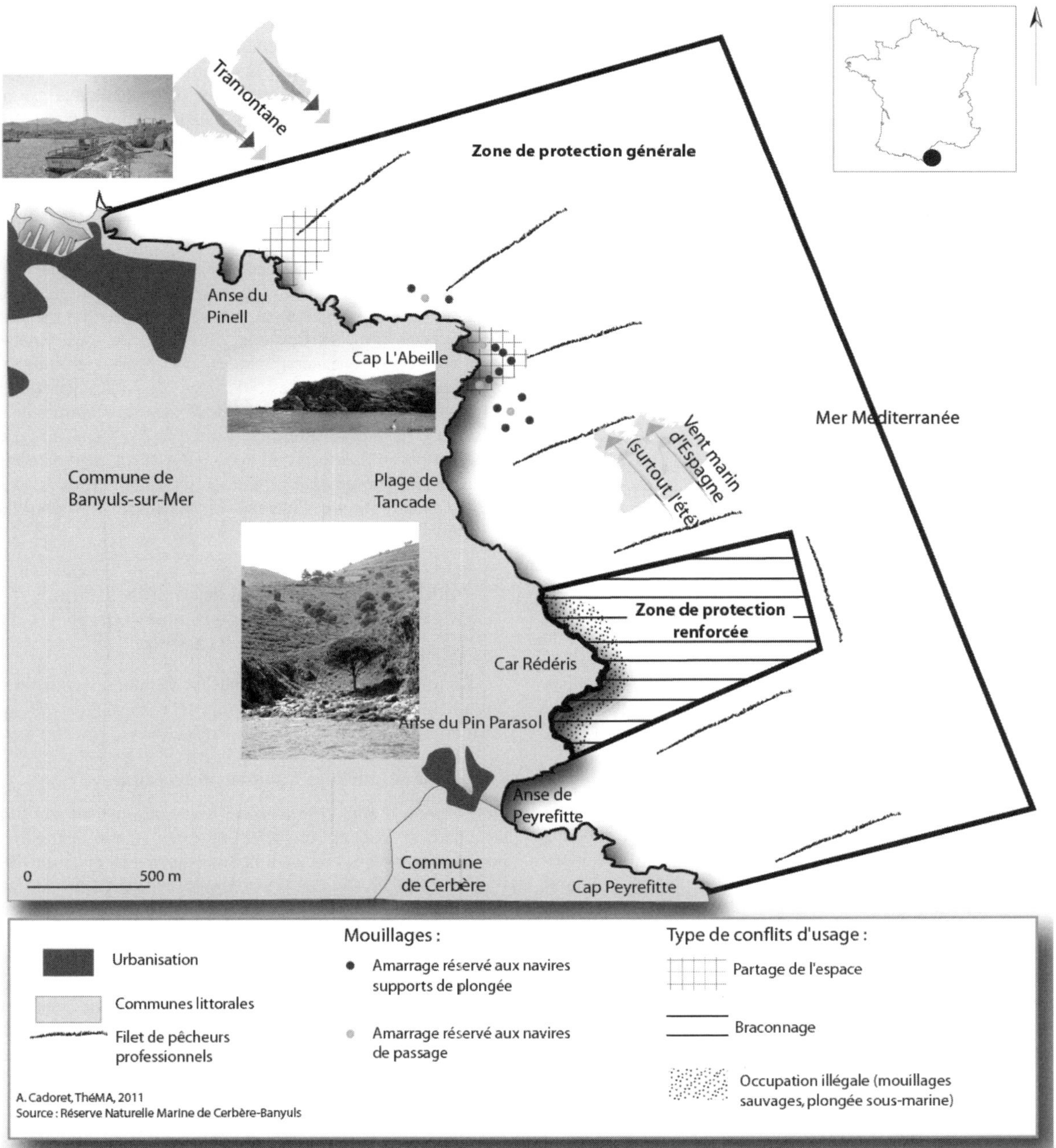

Certains pêcheurs éprouvent des difficultés à caler leurs filets correctement et accusent les non-professionnels de perturber la ressource. Les professionnels de la pêche demandent une compensation financière liée aux préjudices subis par cette surfréquentation. Face à ces conflits d'usage, ce sont les gestionnaires de la réserve (auparavant perçus comme des opposants à la pêche et aux pratiques récréatives lors de la création de la réserve) qui interviennent aujourd'hui en se positionnant comme des conciliateurs.

• De nombreux dispositifs contestés, de gestion et de protection de la zone côtière

De nombreux dispositifs de gestion et de protection sont l'objet de conflits, à commencer par la loi* Littoral. Les zones côtières françaises sont soumises à la loi Littoral de 1986 qui encadre les conditions d'urbanisation des rivages de la mer. Il existe de nombreux contentieux portés par les préfets, les particuliers et les associations dénonçant l'octroi de permis de construire. Mais elle est aussi fortement contestée par des élus locaux ou des promoteurs immobiliers. L'action du Conservatoire* du littoral est également la source de conflits. Cet établissement public est chargé d'acheter des terrains, qu'il confie généralement en gestion à une collectivité locale ou une association pour assurer leur protection. L'achat de ces terrains engendre cependant des conflits, sur le principe et sur le montant de l'indemnisation, notamment dans le sud de la France avec la Compagnie des salins du Midi. Sur le site du Bagnas, entre Agde et Marseillan (Languedoc-Roussillon), quinze ans de luttes juridiques et de négociations ont abouti à une indemnisation sept fois supérieure au montant envisagé, soit près de 6 millions d'euros [Cadoret, 2006].

Parmi les outils de gestion des interfaces terre-mer, la France dispose de Schémas de mise en valeur de la mer (SMVM). Ce document détermine l'organisation générale des différentes zones et les principes de compatibilité applicables aux usages maritimes. Il en existe plusieurs, notamment sur l'étang de Thau, le bassin d'Arcachon, le golfe du Morbihan et dans les départements d'outre-mer (dans le cadre des Schémas d'aménagement régionaux à la Réunion, en Martinique, en Guadeloupe et en Guyane). Leur délimitation engendre parfois des contestations de la part d'organisations situées à une échelle supérieure au territoire concerné, reflétant le manque de coordination entre les acteurs publics pendant les phases de négociation du zonage*. Ce dispositif a également pour objectif de réguler les conflits, mais peine à le faire. En 2006 et sur la base du SMVM, le préfet maritime de l'Atlantique interdit la pratique du jet ski par arrêté préfectoral sur le golfe du Morbihan, dans une démarche de maîtrise de la plaisance à moteur et de régulation d'un conflit opposant les pratiquants de cette activité et les autres usagers. Cette disposition est cependant contestée par une société de location de scooters des mers qui dépose un recours contre la décision préfectorale et obtient gain de cause.

La création d'aires marines protégées, la mise en place de Natura* 2000 aux îles Chausey, la création du Parc national des Calanques font également l'objet de conflits qui mettent en évidence des justifications différentes et des enjeux sociaux, économiques, écologiques, avec souvent en toile de fond des intérêts et rivalités politiques, lesquelles opacifient les jeux d'acteurs. Une multiplicité d'objets conflictuels caractérise les espaces littoraux. Loin d'être exhaustive, cette présentation ne dresse qu'un aperçu des types de situations antagoniques présentes à l'interface terre-mer. Nous proposons d'illustrer cette diversité en localisant les conflits présents sur le littoral du Languedoc-Roussillon.

Multiplicité et localisation des conflits littoraux et maritimes : le cas de la zone côtière du Languedoc-Roussillon

Le modèle suivant représente les éléments significatifs liés à la localisation des conflits repérés sur une zone côtière méditerranéenne : le Languedoc-Roussillon.

• La multiplicité des sources de conflits

La zone d'étude est marquée par une zone de contact terre/mer et par un chapelet de plans d'eau saumâtre. Fortement orienté vers le tourisme depuis la création des stations balnéaires et des ports de plaisance dans les années 1960 (mission* Racine), le littoral du Languedoc-Roussillon connaît une forte pression urbaine qui transforme les usages de l'espace (zones humides et espaces viticoles), ce qui alimente les contentieux liés à l'urbanisme. Les espaces urbanisables se font de plus en plus rares surtout pour les communes situées sur le lido* (Palavas, Sète, Le Barcarès). Répondant à un afflux massif de touristes en période estivale et à une forte pression démographique, l'urbanisation progresse parfois de façon non maîtrisée. L'occupation illégale d'un espace par des personnes logeant de façon temporaire ou permanente (phénomène de cabanisation*) a fortement augmenté au cours de ces dix dernières années et participe au mitage* de l'espace qui apparaît entre les stations balnéaires et sur les rives des étangs. L'urbanisation est aussi source de pollution, notamment par ses rejets d'eaux usées parfois insuffisamment traitées et ses centres d'enfouissements ou d'incinération dont la mise aux normes suscite des polémiques, tout autant que les projets d'implantation liés à la gestion des déchets. Au-delà de l'urbanisation, la position d'interface méditerranéenne fut propice à l'implantation, près des deux ports de commerce, de complexes industriels et pétrochimiques qui laissent aujourd'hui des marques indélébiles dans le sol malgré l'interruption des activités de plusieurs industries telle que la raffinerie de Frontignan, fermée en 1986. La pollution aux hydrocarbures et la proximité avec les plans d'eau sont propices à l'apparition de conflits. Les pressions anthropiques constituent un enjeu majeur pour ce littoral caractérisé par une riche biodiversité*. Des acteurs s'investissent dans la protection de la faune et de la flore (réserve naturelle) et nombreux sont ceux qui s'inquiètent pour la qualité des eaux dont dépendent des activités économiques traditionnelles (pêche et aquaculture). La mise en place d'outils tels que les Schémas* d'aménagement et de gestion des eaux (SAGE) ou Contrat* de baie s'avère nécessaire, mais ne s'effectue pas sans controverses. La présence des étangs cloisonnés, bénéficiant d'un ensoleillement et de vents plus ou moins forts, est propice aux pratiques traditionnelles ainsi qu'aux usages récréatifs qui se développent considérablement depuis une vingtaine d'années. Cette configuration spatiale est propice à l'émergence de conflits pour la ressource et le partage de l'espace : les étangs et le lido concentrant plusieurs types d'activités. Par ailleurs, le proche arrière-pays terrestre, et plus précisément les corbières maritimes, bénéficie de conditions éoliennes favorables à l'implantation d'aérogénérateurs* qui ne manquent pas de susciter les débats. L'arrière-pays maritime est quant à lui marqué d'une frontière invisible, les trois milles nautiques, qui correspond à une ligne conflictuelle quand les pêcheurs industriels ou semi-industriels la franchissent et prélèvent les ressources des pêcheurs identifiés "petits métiers".

• Des configurations spatiales et territoriales propices à l'émergence de conflits

Sans renseigner sur les espaces de la contestation, les dynamiques sociales ou la temporalité des conflits, le modèle présenté ci-avant offre un éclairage sur la situation conflictuelle d'un littoral en particulier. Certaines configurations spatiales semblent propices à l'émergence d'oppositions : il s'agit en particulier des lagunes*, des limites des plans d'eau, des zones périurbaines, des aires de contiguïté entre zones industrielles et plans d'eau ou entre zones de forte attractivité touristique et zones protégées. Cependant, des analyses complémentaires montrent que si ces configurations spatiales sont un terreau propice à l'activité conflictuelle, les configurations territoriales semblent plus déterminantes : l'apparition de conflits est plus fréquente sur les espaces empreints d'une forte territorialité*. La dynamique des acteurs et leur capacité à s'organiser sont fondamentales dans l'émergence des conflits et influence les stratégies d'action.

Des réseaux d'acteurs aux stratégies de mobilisation et d'action très variées

Au sein des groupes opposés, les logiques d'action ne sont pas identiques. Les modes d'expression des conflits peuvent se distinguer en fonction du comportement de certains acteurs au sein d'un même groupe. Les processus conflictuels sont alors affectés par la structuration en réseau et les logiques d'actions collectives et individuelles.

• La mise en réseau des parties prenantes

Les parties prenantes d'un conflit ont souvent une même stratégie globale de mobilisation : elles cherchent à créer des alliances et à consolider un réseau d'acteurs capable de soutenir leur position. En mer d'Iroise, on observe que les opposants au projet de Parc National Marin se regroupent dans une association, en recherchant l'adhésion d'une large gamme de catégories d'acteurs : ce réseau se consolide parallèlement au réseau des partisans du projet de parc, ces deux réseaux se renforçant mutuellement, par le biais de leur opposition [Beuret, 2006]. Le même type de stratégie est observé dans le cas d'un projet gouvernemental de densification et de privatisation du front de mer à Sidney en 2004, finalement abandonné suite aux actions militantes d'une association pour l'accès libre à l'espace marin et la création d'un parc [Philippe et Dugal, 2010].

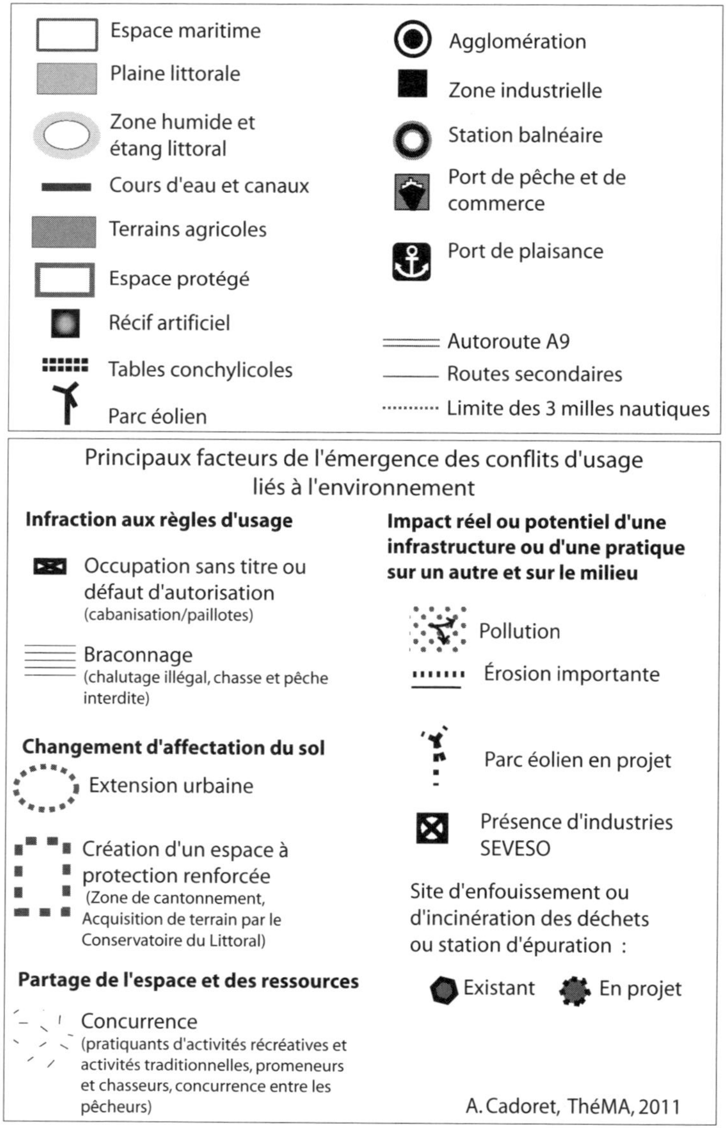
Espace maritime
Plaine littorale
Zone humide et étang littoral
Cours d'eau et canaux
Terrains agricoles
Espace protégé
Récif artificiel
Tables conchylicoles
Parc éolien
Agglomération
Zone industrielle
Station balnéaire
Port de pêche et de commerce
Port de plaisance
Autoroute A9
Routes secondaires
Limite des 3 milles nautiques
Principaux facteurs de l'émergence des conflits d'usage liés à l'environnement
Infraction aux règles d'usage
Occupation sans titre ou défaut d'autorisation
(cabanisation/paillotes)
Braconnage
(chalutage illégal, chasse et pêche interdite)
Changement d'affectation du sol
Extension urbaine
Création d'un espace à protection renforcée
(Zone de cantonnement, Acquisition de terrain par le Conservatoire du Littoral)
Partage de l'espace et des ressources
Concurrence
(pratiquants d'activités récréatives et activités traditionnelles, promeneurs et chasseurs, concurrence entre les pêcheurs)
Impact réel ou potentiel d'une infrastructure ou d'une pratique sur un autre et sur le milieu
Pollution
Érosion importante
Parc éolien en projet
Présence d'industries SEVESO
Site d'enfouissement ou d'incinération des déchets ou station d'épuration :
Existant
En projet
A. Cadoret, ThéMA, 2011

Modèle de localisation des conflits d'usage liés à l'environnement sur le littoral du Languedoc-Roussillon

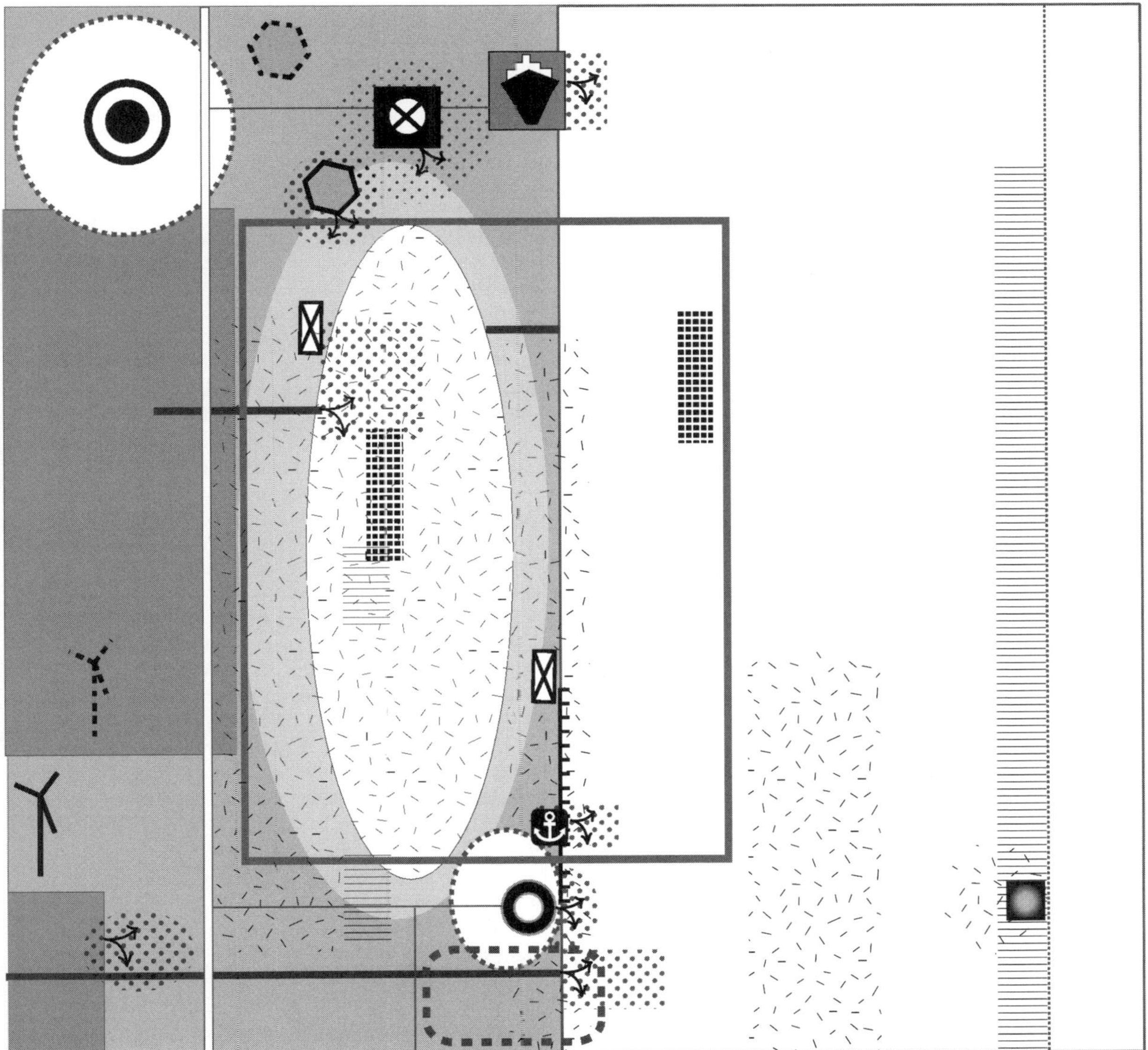

La préexistence de réseaux tels que les associations environnementales, les organisations des métiers de la mer, les associations de pratiquants d'activité de loisir (chasse, plongée, plaisance, etc.) joue un rôle prépondérant lors de situations d'opposition. Certains conflits reviennent de façon cyclique et les réseaux d'acteurs se redynamisent de la même façon. La structuration en réseau permet une mobilisation rapide des acteurs lors d'un autre événement conflictuel et des actions de plus grande ampleur. Dans le cas des conflits liés à l'extension portuaire, il apparaît que le système d'acteurs se complexifie au fil du temps. De nouveaux acteurs apparaissent ; d'autres, comme les services de l'État, se retrouvent au cœur des contestations et doivent prendre position ; des acteurs changent de camp comme certains élus locaux ; des alliances se créent entre les acteurs. Le conflit entraîne même parfois la création de réseaux d'acteurs dont les participants s'opposent parfois sur d'autres sujets. Ainsi, au Havre, agriculteurs, chasseurs, pêcheurs et ornithologues se rassemblent pour faire front commun contre l'extension portuaire. Cette mise en réseau apparaît nécessaire pour faire face aux partisans du développement portuaire, qui semblent mieux armés. C'est également le cas lors de la mobilisation des réseaux associatifs et des organismes de pêche à proximité de Montpellier, qui s'allient pour dénoncer l'inertie des pouvoirs publics face à l'illégalité de la décharge du Thôt responsable de nuisances* environnementales, alors qu'ils s'opposent sur d'autres sujets. La fédération de ces acteurs constitue une pression sociale forte que les pouvoirs publics ne peuvent ignorer. La consolidation des réseaux d'acteurs passe souvent par la recherche de soutiens externes. Des appuis politiques nationaux ou le soutien de personnalités reconnues internationalement sont recherchés pour dominer un rapport de force. La presse quotidienne régionale, *La Provence* en l'occurrence, met à jour l'action épistolaire du maire de Fos-sur-Mer demandant au Pape de soutenir les opposants au projet d'incinérateur situé dans l'espace portuaire et d'intervenir auprès de la collectivité publique locale qui porte ce projet. Avant cela, les parties prenantes au conflit ont mobilisé des députés, des experts en matière de santé publique, des conseillers généraux, etc. Nous observons donc des stratégies passant par la consolidation de réseaux capables de porter les argumentaires bâtis. Selon SIMMEL [1918] et HAHN [1990], le conflit possède des propriétés socialisantes dans le sens où il unit les acteurs opposés : avant de mettre en relation les protagonistes des oppositions, il les conduit d'abord à se rapprocher au sein de réseaux assemblés pour porter une prise de position.

• Des stratégies d'action très variées

Les parties prenantes développent des stratégies d'action de formes variées au cours d'un même processus conflictuel. Certaines formes d'expression caractérisent davantage un type de conflit, comme les mouvements de grèves qui concernent plus spécifiquement les conflits liés à l'exercice d'un métier dans les ports. Selon le contexte territorial, culturel et politique, des moyens d'action plus ou moins explicites sont employés. Par exemple au Vietnam, dans une économie planifiée, les citoyens peuvent difficilement manifester ouvertement leur opposition à des projets portés par l'État et les manifestations conflictuelles sont subtiles. Dans la réserve de biosphère de Can Gio, l'État souhaite développer une valorisation écotouristique* de la réserve via des complexes hôteliers qui profitent peu à la population locale. Celle-ci a investi la plage utilisée par l'un de ces complexes : elle y développe de petites activités de services aux touristes (alimentation, location de parasols) de façon tout à fait anarchique, avec des objectifs économiques mais aussi revendicatifs. Au-delà du système politique, des éléments culturels s'avèrent aussi déterminants, car dans certains pays et notamment en Asie du Sud-Est, manifester sa désapprobation de façon explicite est très mal perçu, ce qui s'avère déterminant pour les stratégies d'opposition employées [BEURET, 2006]. À l'extrême inverse, on observe aussi, dans le cas des conflits littoraux, le recours à la violence armée comme en Corse ou en Sardaigne avec des destructions par attentats contre des projets d'urbanisation littorale. C'est le cas également en matière de pêche, où, dans le golfe de Gascogne, des échanges de coups de feu ont eu lieu dans les années 1990 entre pêcheurs espagnols et français [ANTOINE, 1995]. On observe aussi des voies de fait (incendie d'un bateau scientifique à Sète pour protester contre l'interdiction de vente des coquillages du fait d'une moins bonne qualité de l'eau) et dommages aux biens d'acteurs professionnels (portes de mas conchylicoles défoncées à Mèze).

Entre ces deux extrêmes, il existe plusieurs formes de manifestations d'opposition : ce sont principalement la médiatisation, les pétitions, les manifestations publiques, le contentieux, la publicisation. Dans les pays démocratiques plus particulièrement, les oppositions s'expriment très souvent par l'intermédiaire des médias (presse quotidienne régionale, radio, reportages télévisés, Internet, etc.)

Les infractions sur le Domaine Public Maritime du Languedoc-Roussillon (contraventions de grande voirie de 1990 à 2004)

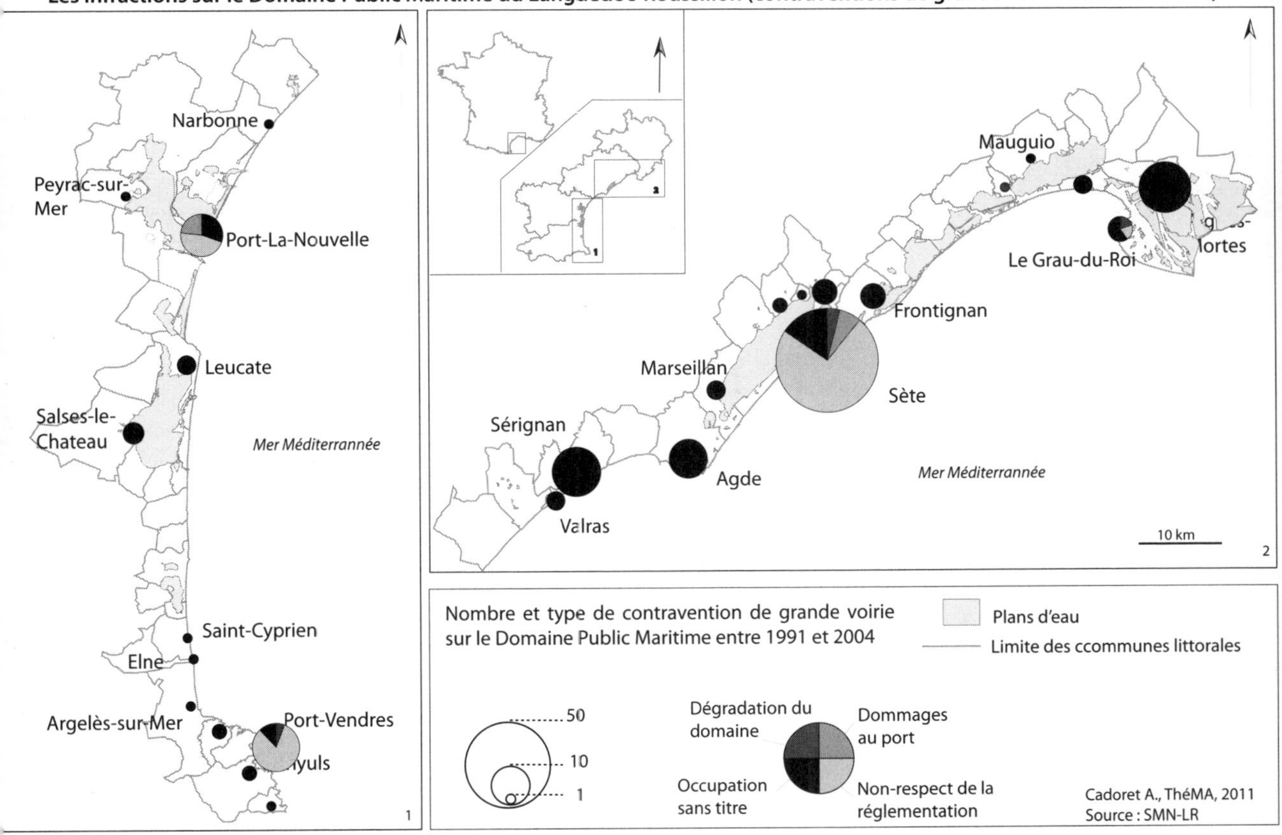

qui constituent un moyen très prisé pour porter à connaissance les arguments que l'on défend. Par exemple au Québec, sur les rives du lac Saint Pierre où passent les navires provenant de l'estuaire du Saint-Laurent, une association porte à la connaissance du grand public le problème de l'érosion de petites îles en raison de la vitesse excessive des cargos : elle réalise un film qui montre la berge qui se dégrade lorsqu'elle est touchée par les vagues provoquées par les navires. Cette médiatisation suscite des réactions et incite les armateurs, soucieux de leur image, à dialoguer avec les environnementalistes. Tous les médias sont parfois mobilisés, tant à l'échelle locale qu'à l'échelle internationale, pour mobiliser les citoyens dans la défense d'une cause. C'est l'une des stratégies privilégiée par Greenpeace dans sa lutte contre la surpêche. La pétition relève d'une seconde stratégie d'action. Par exemple pour contester le projet de construction de lotissements dans les calanques de Marseille en 1992, l'association "Union Calanques Littoral" rédige une pétition et récolte près de 20 000 signatures en moins d'un an. Le blocus est aussi un mode de protestation. Pour manifester leur mécontentement face au non-respect des recommandations européennes par l'Islande et les îles Féroé concernant les quotas de pêche au maquereau, l'Écosse et la Norvège décident de bloquer les chalutiers islandais et féroïens dans les ports ou de leur en interdire l'accès. Des manifestations publiques sont souvent organisées pour protester contre des décisions administratives, une nouvelle réglementation ou un nouveau projet. En 2007 par exemple, entre 7 000 et 12 000 personnes ont manifesté contre le projet d'extraction de sable sous-marin au large d'Erdeven, en Bretagne. Des panneaux de contestation illustrent parfois la position des populations envers un projet.

Nombre d'acteurs des conflits utilisent également la stratégie contentieuse. Le recours juridique est très souvent utilisé dans les conflits liés à l'artificialisation. C'est le cas par exemple sur les rivages de la mer dotés dans de nombreux pays d'un régime juridique spécifique : le domaine public maritime (DPM), qui est inaliénable, mais dont les limites varient en fonction du recul de la côte et pour la définition duquel la France a été pionnière.

Des concessions peuvent y être autorisées pour certaines activités (telles que la conchyliculture ou le tourisme). En Espagne, de nombreux recours sont portés devant les tribunaux par les propriétaires de restaurants de plage qui contestent les modifications législatives de concession du domaine public maritime [Torres, 2009]. À Dakar, ce sont des associations qui saisissent la justice pour arrêter certaines extensions de complexes hôteliers sur la plage et les constructions illégales. Certains acteurs saisissent la justice et d'autres l'appellent à faire respecter la loi en verbalisant les contrevenants. L'appropriation d'un espace public est par exemple mise en évidence par les procès-verbaux dressés sur le domaine public du Languedoc-Roussillon.

Les infractions concernant l'occupation sans titre font référence au stationnement non autorisé de bateaux ou péniches et à l'installation pérenne de constructions résidentielles ou de restaurants de plage sur le DPM. Elles concernent par exemple l'implantation d'installations non autorisées comme les cabanons de Salses-le-Château. Les infractions concernent également les constructions en défaut d'autorisation temporaire d'occupation qui augmentent leur surface d'exploitation, réalisent des travaux de soutènement ou d'aménagement reliant les installations aux réseaux d'eau potable, usées, ou d'électricité sans autorisation, ou encore la non remise en l'état du site en automne. Sur cette carte figurent également les dommages et dégradations au domaine public ainsi que le non-respect de la réglementation (mouillages non autorisés, excès de vitesse, blocus portuaire non légal, de travaux de remblaiement non autorisés). Certains acteurs utilisent les réunions publiques pour manifester leur désaccord. Face aux oppositions et parce que les acteurs portuaires y sont contraints par la législation française, des consultations s'organisent pour collecter les avis de la population sur les projets d'aménagement. Elles sont l'occasion pour les contestataires des projets d'exprimer leurs oppositions. Parmi les outils consultatifs, citons les enquêtes* publiques réalisées au début des années 1990 au Havre et à Nantes-Saint-Nazaire et le premier débat* public organisé en France pour Port 2000 en 1997. L'objectif est de créer un débat pour en retirer des suggestions, des réactions et des enseignements, mais sans partage du pouvoir de décision et sans aucune garantie quant à la prise en compte des avis et opinions exprimés. Ces lieux de participation du public sont à la fois des espaces où s'expriment les oppositions et où les positions peuvent se radicaliser (les résultats de l'enquête publique de mars 2002 à Nantes-Saint-Nazaire entraînent une radicalisation des discours et certains élus locaux changent de position), et des espaces où se construisent des compromis et où l'on assiste parfois à des reconfigurations en termes de gouvernance [Parola *et al.*, 2010].

Conflits et gouvernance en zone côtière

De plus en plus, les pouvoirs politiques et économiques sont incités à prendre en compte les sociétés. La mise en place d'outils participatifs est sinon obligatoire au moins recommandée pour mettre en place des démarches de gestion intégrée des territoires. On les retrouve dans les recommandations des organismes internationaux (programmes des Nations unies, Banque mondiale, etc.) pour la mise en place d'une Gestion* intégrée des zones côtières (GIZC). Il s'agit de la conjugaison entre protection et mise en valeur des milieux côtiers, en favorisant un développement équilibré sur le plan économique, social et culturel des espaces littoraux. L'*intégration* recherchée correspond à l'articulation entre les secteurs d'activités, entre les dispositifs de gestion situés à des niveaux scalaires différents et renvoie à la participation des acteurs à la gouvernance du territoire littoral. L'un des principes de la GIZC est de réguler les conflits d'usage [voir Hénocque et Billé in Lafon et Treyer, 2009] mais cet objectif est rarement affiché dans les expérimentations de GIZC en France [Meur-Férec, 2009]. La GIZC s'inscrit dans la mise en place d'une gouvernance de la zone côtière. Elle a pour objectif de créer des passerelles et d'associer à la décision publique les grands ordres de pouvoirs identifiés par Jean et Ependa Muteba Wa [2004] : le pouvoir politique, c'est-à-dire le gouvernement local ; le pouvoir économique, qui comprend les entreprises du secteur privé ; le pouvoir social des citoyens réunis dans différents groupes d'intérêts et associations volontaires, ce que l'on appelle aussi la “société civile”. Les oppositions, en incitant les pouvoirs publics à organiser des réunions d'information et de consultation, favorisent une dynamique de participation du public, dans une logique de développement durable. En cela, ces conflits semblent favoriser l'apprentissage et l'émergence de certaines formes de gouvernance.

L'exemple des kayakistes sur les rives du Saint-Laurent, au Québec, en apporte une illustration. L'accès au Saint-Laurent ne leur est pas toujours facile, du fait de la présence de propriétés privées parfois sans discontinuité. Des kayakistes qui empruntent des chemins privés, voire campent sur des terrains riverains, sont entrés en conflit avec des propriétaires. En observant ce qui se passe dans le Maine (États-Unis), des kayakistes se sont regroupés et ont agi dans le cadre du comité ZIP Sud-Estuaire (Zone d'intervention prioritaire, organe de participation du public mis en place dans le cadre d'une stratégie de GIZC) : une cartographie précise des points d'accès et des sorties d'urgence a été réalisée et des ententes ont été signées avec des municipalités pour rendre l'accès possible. Cette démarche relève de la gouvernance de la zone côtière concernée. Un autre exemple est celui de la zone proche du cap de l'Abeille, dans la Réserve naturelle marine de Cerbère-Banyuls, où le mouillage sauvage et la multiplicité des pratiques suscitent des oppositions que les gestionnaires de la réserve canalisent aujourd'hui grâce à une zone de mouillage organisée. Dans la zone de protection générale, le mouillage des bateaux est autorisé et, depuis 2004, une zone organisée des amarrages permet de limiter les dégradations des fonds tapissés d'herbiers* de posidonie et de coralligènes*, mais également de détourner les navires des sites les plus sensibles. Les gestionnaires de la réserve ont mis en place des lignes de mouillage fixes sur ancre à vis aux alentours du cap de l'Abeille, ce qui permet également de gérer les conflits d'usage entre plaisanciers et plongeurs. Le choix des sites d'amarrage résulte d'un compromis entre les pêcheurs professionnels, les clubs de plongée et les Affaires maritimes : acteurs publics et acteurs privés ont participé à la décision publique.

La Ria d'Etel, au sud de la Bretagne, fournit un exemple de démarche différente puisque ce sont les acteurs en conflit, agriculteurs et ostréiculteurs, qui ont finalement proposé aux pouvoirs publics des solutions [Beuret, 2006]. Les deux parties en présence ont réussi à convertir le conflit en un processus de concertation, marqué par une coopération dans la recherche de solutions. À l'issue d'un long processus, ils ont proposé des aménagements réglementaires au représentant de l'État, avec pour objectif à la fois la préservation des activités économiques des protagonistes et l'amélioration de la qualité de l'eau. L'État a intégré ces aménagements dans la directive “Nitrates” du département du Morbihan : la décision publique a donc intégré les apports d'acteurs privés, dans une démarche de gouvernance issue d'une initiative locale [Beuret et Cadoret, 2010]. Le conflit initial a fait émerger un dispositif de gouvernance : il fonctionne aujourd'hui sur la base d'accords locaux entre agriculteurs et ostréiculteurs.

Les conflits littoraux et maritimes révèlent des dynamiques sociales complexes où les protagonistes développent des stratégies d'alliances pour dominer les rapports de force et adoptent des logiques d'action variées, parfois en marge de la légalité. Les processus conflictuels sont rarement linéaires : une phase d'accalmie peut suivre un épisode de manifestations d'opposition où se mettent en place des modes de régulation qui peuvent eux-mêmes renforcer des oppositions. Les formes de régulation de conflits mises en place ne sont pas toujours durables [Cadoret, 2010] et les oppositions peuvent réapparaître. Même lorsqu'ils sont difficiles à juguler, ces conflits sont aussi des facteurs de changement et peuvent apporter des éléments positifs pour les territoires. Le programme ORECOLM (Observatoire en réseau des conflits littoraux et maritimes) relève ainsi cette dimension positive des conflits en soulignant le fait que "les conflits existent sur les littoraux et ils sont d'ailleurs pour partie fondateurs des politiques publiques de ces dernières décennies". Ce programme se fixe pour objectif de "les décrypter tout en démontrant qu'ils font partie intégrante des géosystèmes et qu'ils ne sont pas exclusivement sources de blocages et de retombées négatives" [Guineberteau *et al.*, 2006]. Cette dimension positive des conflits ne doit pas être ignorée, ni dans la façon de les analyser, ni dans les actions de gestion mises en œuvre.

Les conflits en mer

Si les littoraux sont des espaces conflictuels, il ne faut pas oublier que plus globalement encore, les mers et les océans sont des enjeux de conflits.

Déjà présente chez les historiens de l'Antiquité ou dans le *Testament politique* de Richelieu, la réflexion classique sur le rôle des mers dans les conflits a été résumée par l'amiral américain Alfred Mahan dans son ouvrage de 1890, *The Influence of Sea Power upon History, 1660-1783*. Mahan constate que la puissance* maritime commerciale dépend de la puissance maritime militaire. Les États littoraux ont intérêt à commercer et doivent pour cela sécuriser leurs routes maritimes. Les puissances navales sont donc en rivalité pour l'hégémonie maritime qui assure la prospérité économique. Les évolutions techniques du XXe siècle ont rendu la question de la puissance maritime plus complexe. La navigation a évolué et les ressources des espaces maritimes peuvent davantage être exploitées. Mahan décrivait la mer comme "une grande route publique" ou "une immense étendue de terrain banal" [Naville, 1981], elle est désormais aussi un territoire* qui peut être mis en valeur. La haute mer, espace de liberté, a donc reculé au profit de territoires maritimes contrôlés par les États.

• Les questions de sécurité ont renouvelé la question du contrôle des mers proches des littoraux

Dès le XVII^{i} siècle, les États ont cherché à exercer un contrôle particulier sur les espaces maritimes les plus proches de leur littoral. Ils souhaitaient protéger leurs côtes contre tout mouvement hostile, lutter contre la contrebande ou s'assurer du respect de règles de quarantaine. Ils ont alors revendiqué leur souveraineté* sur les eaux intérieures et sur les eaux à portée de canon du littoral, soit à moins de trois milles nautiques (environ 5,5 km). des côtes.

L'importance de la maîtrise des eaux territoriales s'est accrue avec l'augmentation et les évolutions du trafic maritime. Les États ont souhaité accroître leurs prérogatives afin, par exemple, de mieux prévenir les marées noires en encadrant la navigation ou de maîtriser les déplacements des individus. Ces enjeux de sécurité ont conduit à une évolution des revendications des États, consacrée par la convention de Montego Bay de 1982.

Les espaces maritimes soumis à la souveraineté des États se définissent à partir de "lignes de base", lignes droites imaginaires reliant les points saillants des côtes. Jusqu'à 12 milles nautiques des lignes de base, les États peuvent revendiquer des eaux territoriales. Ils y exercent pleinement leur souveraineté et peuvent donc y appliquer leur droit à leur guise. Ils doivent néanmoins garantir la possibilité aux navires étrangers de traverser ces espaces de manière inoffensive. Jusqu'à 24 milles nautiques des lignes de base s'étend une zone contiguë où les États peuvent agir pour prévenir les atteintes à leur législation douanière, fiscale, sanitaire ou migratoire.

Aujourd'hui, la volonté des pays de l'UE de renforcer le contrôle de leur frontière méditerranéenne se heurte au droit de la mer. Leurs navires n'ont pas le droit d'intercepter les bateaux des réfugiés en haute mer et, s'ils les interceptent dans les eaux territoriales de l'UE, les réfugiés peuvent légalement demander l'asile en Europe. Cela explique les tentatives des pays de l'UE d'obtenir le droit de patrouiller dans les eaux territoriales des États de la rive sud de la Méditerranée [Commission européenne, 2006].

• La mise en valeur économique des espaces maritimes a changé le rapport des États aux espaces maritimes

Deux grandes évolutions modifient les perspectives de mise en valeur des espaces maritimes au cours des années 1960-1970. L'amélioration des techniques de pêche rend nécessaire la régulation de l'exploitation des stocks halieutiques. Les tentatives de l'Islande dans ce sens en 1963 ont d'abord rencontré l'hostilité des pêcheurs britanniques et provoqué une "guerre du hareng" entre pêcheurs [Ortolland, 2008]. Les techniques de forage pétrolier et gazier sur le plateau continental, au large des côtes, s'améliorent dans un contexte de hausse du prix des hydrocarbures (v. Les hydrocarbures enjeux de conflits). L'exploitation de gisements en mer comme celui de la mer du Nord devient possible [Ortolland, 2008].

• L'importance de ces enjeux renouvelle l'intérêt des États pour les espaces maritimes

Les États ont alors revendiqué des zones d'exploitation et entrepris d'en tracer les frontières (v. Les frontières). Cette démarcation a eu lieu parfois grâce à des accords entre États comme en mer du Nord entre 1965 et 1971. Certains conflits ont été tranchés par la CIJ comme en 1982 celui qui opposait la Tunisie et la Libye. D'autres perdurent, comme en mer de Chine méridionale (v. Les conflits en Asie).

En outre, les États ont garanti dans la convention de Montego Bay des droits favorables aux États côtiers. Ces derniers ont le monopole de l'exploitation des eaux de zones* économiques exclusives (ZEE) et du sous-sol des plateaux continentaux jusqu'à 200 milles nautiques (370 km) de leurs lignes de base. Dans certaines configurations géologiques, il est possible de demander l'extension des droits portant sur le plateau continental jusqu'à 350 milles nautiques.

Tous les États n'ont pas les moyens d'exploiter ou de surveiller leur ZEE. Certains, comme la Mauritanie, accordent des licences de pêche à des entreprises étrangères au risque de créer des tensions* avec les pêcheurs traditionnels. D'autres doivent déployer des moyens spéciaux pour lutter contre la pêche illégale, comme la France dans les eaux des terres australes et antarctiques [OCDE, 2005].

• La question traditionnelle de la sécurité du commerce reste importante en haute mer et dans les détroits

Les enjeux classiques de puissance maritime demeurent essentiels. En volume, 80 % des échanges mondiaux transitent par la mer au sein desquels le pétrole compte pour un tiers [Ortolland, 2008]. La haute mer reste un espace ouvert à tous et les détroits* des points de passage obligés. Leur sécurité est un enjeu stratégique mondial auquel participent les puissances navales.

Ainsi, face à la piraterie maritime, les puissances navales doivent parfois intervenir directement. Au large de la Somalie, l'opération Atalante déploie depuis 2008 une force navale européenne et internationale pour protéger le trafic commercial se dirigeant vers le canal de Suez.

De façon plus générale, une puissance maritime qui dispose d'une flotte et de ports accessibles garantit matériellement et symboliquement la sécurité des échanges maritimes internationaux. La marine américaine assure depuis plus d'un demi-siècle une présence mondiale : chaque mer du monde dépend d'une "zone de responsabilité" de l'une de ses six flottes maritimes. Alors que sa prospérité dépend aujourd'hui du commerce maritime, la Chine a lancé un important effort afin de se constituer une flotte de haute mer et a négocié l'accès de ses navires dans plusieurs ports de l'océan Indien, réalisant ainsi un "collier de perles" le long des routes commerciales.

LES CONFLITS DANS L'ESPACE CIRCUMTERRESTRE

L'espace circumterrestre ou "extérieur" (*outer space* en anglais) représente un terrain original pour le géographe. C'est, pour une part, une banlieue de la Terre dans laquelle sont externalisées certaines activités d'observation et de communication, d'expériences scientifiques et biologiques, d'aide à la navigation. Pour une autre part, c'est le lieu du rêve et de l'exploration, à des conditions qui sont encore loin d'être maîtrisées.

Dès lors que la première des barrières a été franchie (l'accès à l'espace), ce milieu se caractérise par des conditions hostiles et extrêmes : vide, radiations ou encore variations importantes de températures. Les motivations pour peupler le vide spatial, ne serait-ce que par le biais de systèmes automatiques, sont multiples. La curiosité, l'intérêt scientifique, le défi technique, l'enjeu militaire ont tous eu leur part dans l'entreprise. Du début de l'ère spatiale à aujourd'hui, la notion de puissance* avec ses différentes déclinaisons est constitutive des politiques spatiales nationales. Elle structure des relations internationales qui se caractérisent par une double dimension de concurrence et coopération dont les lignes évoluent en fonction des équilibres sur terre.

En ce début du XXIe siècle, si le club des puissances spatiales reste limité, tous les pays sont concernés par la mise en valeur de l'espace, ne serait-ce qu'au titre d'utilisateurs des retombées de la "conquête spatiale". Selon le droit international, tous les États peuvent librement accéder à l'espace qui appartient à tous et doit être utilisé à des fins pacifiques. Cependant, l'idée de guerre en orbite mise sur le devant de la scène au début des années 1980 avec le président Reagan et son "Initiative* de défense stratégique" (IDS) a été réactualisée par le Président G. Bush vingt ans plus tard et hors de tout contexte de guerre froide. En 2007 et 2008, plus de 30 ans après que les Soviétiques et les Américains ont mis en place un moratoire unilatéral sur les armes antisatellites* (ASAT), les essais de destruction de leurs propres satellites par la Chine et les États-Unis ont ravivé l'inquiétude internationale sur les risques de militarisation de l'espace.

La question des conflits dans l'espace se pose en réalité selon une double problématique militaire et civile. Pour les États-Unis – qui ont une place à part dans l'usage militaire de l'espace –, le contrôle de ce milieu devient une composante incontournable de la sécurité nationale. En même temps, le principe d'installation d'armes dans l'espace revient à remettre en cause le principe de non-agressivité qui a régi la pratique de l'occupation spatiale jusqu'à aujourd'hui. Les implications en sont multiples et une éventuelle course aux armements concerne directement la sécurité internationale au travers des risques sur l'exploitation des satellites civils. Ce deuxième pan de l'activité spatiale, le plus largement répandu, n'est pas non plus exempt de risques de conflits potentiels portant sur les ressources immatérielles de l'espace comme les positions ou les fréquences sur des orbites uniques telle celle des satellites* géostationnaires, voire sur la mise en valeur de la Lune, au sujet de laquelle les grandes puissances spatiales n'ont pas à ce jour ratifié le traité proposé au début des années 1970.

Une occupation de l'espace récente et inégale

L'occupation de l'espace est récente, à peine plus de cinquante ans, et le coût du lancement spatial reste un facteur limitatif, de même que l'impossibilité actuelle d'effectuer de la maintenance et de la réparation en orbite. Moins de 500 satellites actifs tournent actuellement autour de la Terre et le total des satellites lancés depuis 1957 avoisine 3 000 exemplaires. Les missions sont diverses, tous les États ne disposant pas des mêmes capacités ; les plus puissants possèdent la totalité de la gamme : exploration, science, applications (télécommunications, observation, surveillance, navigation), vols habités tandis que les plus pauvres se contentent de bénéficier de services (essentiellement de télécommunications et d'observation) qu'ils paient en fonction de leur degré d'utilisation. Composé de l'Europe et de cinq États seulement (sept acteurs si l'on inclut Israël qui dispose de capacités autonomes même si elles sont minimales), le club* spatial reste remarquablement fermé, mais présente l'originalité d'associer les grands pays industrialisés aux grands pays émergents, l'arrivée du Brésil dans l'espace étant annoncée depuis déjà plusieurs années.

Le tableau des forces en présence peut se décliner selon différents critères : le nombre de satellites lancés et en orbite, la durée de vie des systèmes, leurs performances, les types de mission [VERGER, 2002]. Encore aujourd'hui, le duopole américano-russe dans l'espace a laissé des traces, même si dans ce domaine – peut-être plus encore que dans tous les autres – il n'existe plus désormais qu'une hyperpuissance, les États-Unis. Avec un budget de plus de 33 milliards de dollars en 2010, une flotte de plus d'une centaine de satellites militaires, le plus grand nombre de satellites privés de télécommunications, la possession du seul système opérationnel de navigation en libre accès et le leadership de la station spatiale internationale (ISS), les activités spatiales américaines contribuent à entretenir le décalage technologique avec le reste du monde [Pasco, 2009].

Si l'on considère la gamme des compétences qu'elle maîtrise en totalité, la Russie apparaît encore en seconde position. Dans le passé, l'Union soviétique s'est trouvée surreprésentée du fait qu'elle a été propriétaire du plus grand nombre de satellites jamais lancés sans pour autant disposer d'une capacité effective équivalente à celle des États-Unis. La faible durée de vie (d'une semaine à moins de 6 mois) d'un très grand nombre de ses satellites d'observation, dont les films étaient récupérés sur terre, explique cette apparente contradiction. Après avoir tant bien que mal survécu à la disparition de l'URSS, le secteur spatial russe se reconstruit depuis 2000 et profite de créneaux d'excellence (lanceurs et vols humains) tout en tentant de combler ses faiblesses, essentiellement dans le domaine de l'électronique et de l'informatique. Le budget, bien qu'en augmentation, reste cependant limité (2,5 milliards de dollars en 2010) et le soutien du pouvoir politique s'inscrit davantage dans le cadre de sa politique de modernisation et d'innovation que de l'affirmation directe de puissance.

Le cas européen est le plus complexe car il ne peut y avoir d'identification d'un intérêt national dans l'espace. Le spatial européen conjugue les compétences nationales, les activités intergouvernementales de l'Agence* spatiale européenne et les programmes sous l'égide de l'Union européenne, comme Galileo et GMES (Global Monitoring for Environment and Security). Tournés vers la coopération et la commercialisation et financés à hauteur de moins de 7 milliards de dollars, les systèmes spatiaux dont la performance est reconnue dans le domaine des applications (observation de la Terre, télécommunications) comme dans celui de la science pèchent dans les registres purs de souveraineté*, à savoir les satellites militaires et une présence humaine autonome.

L'espace japonais présente des caractéristiques identiques à celles de l'Europe : excellence technologique et faiblesse du militaire, héritage de la Deuxième Guerre mondiale. Les vols habités s'effectuent également dans un contexte de coopération largement sous influence américaine.

Si, dans leurs capacités, la Chine et l'Inde présentent des caractéristiques différentes, elles affichent toutes les deux les mêmes priorités d'utilisation des moyens spatiaux à des fins de développement avec des investissements limités (respectivement 2 et 1,5 milliard de dollars en 2010), ce qui n'exclut pas les aspects symboliques comme l'exploration de la Lune, ou, dans le cas de la Chine, l'envoi d'hommes dans l'espace.

Dans ces conditions, les risques de conflit* direct ne semblent pas imminents. Chaque puissance spatiale développe ses capacités de façon indépendante et coopère lorsqu'un intérêt mutuel peut être correctement identifié. Pour autant, les usages des satellites et les ressources potentielles du milieu entretiennent en filigrane des rivalités latentes [Cité des sciences et de l'industrie, 2009].

La dimension militaire de l'occupation de l'espace

Le traité de 1967 sur l'espace extra-atmosphérique garantit à tous ses signataires (la quasi-totalité des États de la planète) la liberté de circulation et la liberté d'usage à des fins pacifiques. C'est finalement la pratique, et donc les capacités technologiques, industrielles et financières, qui assurent la hiérarchie des puissances spatiales.

Élaboré très rapidement, dix ans après le lancement du premier satellite, le traité a aussi dû son succès au pragmatisme dont il a fait preuve et dont témoignent les ambiguïtés de certains termes, dont celui de "pacifique". Faute d'une définition précise, celui-ci a donné lieu à des interprétations plus ou moins larges selon les pays et les usages qu'ils entendaient faire de leurs moyens satellitaires.

L'emploi militaire de l'espace représente l'un des points les plus sensibles du début de l'ère spatiale, au point que, jusqu'en 1972, aucune référence n'est faite à l'existence de missions autres que civiles. Et pourtant, la conquête de l'espace doit beaucoup au contexte d'affrontement que le monde connaît depuis 1940. Ainsi, la technologie des premiers lanceurs a largement profité du développement des missiles* V2 par l'Allemagne pendant la Deuxième Guerre mondiale. L'espace devient ensuite l'un des éléments clefs de la guerre froide au travers de sa contribution à la structuration des relations internationales par le biais de l'arme nucléaire, même si cette dernière est exclue d'office d'un usage dans l'espace. Cette relation s'exprime différemment chez chacun des deux Grands, en fonction de leurs caractéristiques géostratégiques particulières. Pour les États-Unis, la priorité était l'obtention via le satellite d'un outil de cartographie et de surveillance du territoire soviétique indispensable pour la prévision et la planification d'éventuelles frappes nucléaires ainsi que pour l'évaluation du degré de menace de l'adversaire. De son côté, l'URSS devait au plus vite développer un missile intercontinental afin de pouvoir pleinement valoriser sa nouvelle maîtrise de la bombe atomique et exercer une réelle dissuasion.

En fait, si les caractéristiques du premier lanceur russe, le R7 mis au point en 1957, ne laissaient pas de doute sur son origine, la mission de renseignement des premiers satellites américains a été largement occultée. Il est vrai que l'enjeu était de taille, puisqu'il s'agissait de remplacer les avions espions U2 par un système qui échapperait à la défense antiaérienne soviétique et qui ne constituerait pas une violation du droit international. D'où la nécessité d'établir rapidement des règles d'usage de ce nouveau milieu, sachant que les caractéristiques de l'orbitographie* entraient en contradiction inévitable avec le principe de souveraineté nationale dès lors qu'une fois lancé le satellite était appelé à survoler tous les États dont le territoire s'étend à une latitude inférieure à l'inclinaison de son orbite, soit une bande plus ou moins large autour de l'équateur.

Le succès soviétique de Spoutnik*, en dépit du traumatisme qu'il a entraîné aux États-Unis et chez ses alliés, présentait, du point de vue américain, l'avantage de créer un précédent à un survol des pays sans autorisation préalable. Il restait à éviter que cette question épineuse ne soit posée, d'où l'insistance du gouvernement américain dans sa communication médiatique sur la dimension scientifique du programme de l'Année géophysique internationale dans le cadre de laquelle devait être lancé le premier satellite américain, qui ouvrait une nouvelle ère de connaissance du milieu circumterrestre.

Conçu pour renforcer une suprématie militaire, dans la pratique, l'espace a eu très tôt une mission de gestion des conflits. Les capacités d'observation des satellites ont permis de dénoncer les exagérations du "*missile gap*" imaginé par la CIA et même d'envisager les premiers accords de désarmement SALT/ABM finalement signés en 1972 grâce aux capacités de vérification des "moyens techniques nationaux", périphrase pour désigner les satellites militaires de reconnaissance que chacune des deux puissances s'était employée à lancer.

En parallèle de ces satellites, qui deviennent, de fait, garants de la paix et outils efficaces du contrôle des armements nucléaires, les progrès techniques des télécommunications et de l'observation spatiale donnent aux satellites un rôle de "multiplicateur de force" (pour reprendre le jargon militaire). Les capacités américaines étant de loin supérieures à celles des Soviétiques dans ce domaine, le caractère "pacifique" de ces satellites apparaît de plus en plus artificiel. D'où l'interprétation large des États-Unis considérant que leur caractère non agressif, du moins directement, garantit leur conformité aux exigences du traité.

Même si la question n'a jamais été véritablement réglée, elle a été largement remplacée par une interrogation beaucoup plus large puisqu'elle concerne les risques d'une militarisation agressive de l'espace, parfois appelée arsenalisation, pour rendre compte de la nouvelle démarche de "*weaponization*", c'est-à-dire d'installation d'armes dans l'espace, qui s'est progressivement imposée dans la pensée stratégique américaine.

L'origine de cette rupture outre-atlantique dans l'approche des usages de l'espace est double. Il s'agit d'abord dans l'esprit du président Reagan de protéger le territoire américain des risques d'une attaque nucléaire soviétique. Le bouclier spatial constitué de différentes couches de satellites détecteurs et intercepteurs de missiles doit rendre au territoire américain son inviolabilité. Dès lors, le sens de la dissuasion mutuelle tombe puisque l'un des deux protagonistes cesse d'être vulnérable à la frappe de l'autre, ce qui peut l'inciter à attaquer sans crainte des représailles. Dans la pratique, au fur et à mesure qu'apparaissait la difficulté technique de mise en place d'un tel parapluie (qui devait être efficace à 100 % alors que l'adversaire chercherait à le saturer), la fin de l'Union soviétique faisait perdre au programme sa justification initiale. En parallèle, une nouvelle approche doctrinale appelée RMA* (révolution dans les affaires militaires) s'impose aux États-Unis au début des années 1990 : guerre de l'information (ou de la connaissance) à vocation planétaire et adaptée à des menaces asymétriques, elle fait la part belle à l'outil spatial, dont les caractéristiques correspondent particulièrement bien aux nouveaux objectifs. Dans la pratique, les guerres du Golfe démontrent le "pouvoir multiplicateur" des satellites militaires améliorant la préparation des opérations par une identification très précise des cibles comme les centres de commandement guidant les missiles, assurant un flux très important de télécommunications. La sécurité du maillon spatial devient essentielle à l'efficacité des forces américaines. C'est dès lors au titre de la sécurité nationale que le Pentagone envisage le contrôle de l'espace, au risque de fragiliser le consensus de non-agression qui avait jusque-là prévalu dans l'espace, et de remettre en cause au moins indirectement le concept de libre circulation et de libre utilisation de l'espace qui fondent l'esprit du traité de 1967.

Les lieux potentiels de conflit

Si l'on envisage la traduction dans les faits de ces nouvelles approches, quelques zones suscitent un intérêt particulier.

On s'intéressera tout d'abord aux zones dites de conflit militaire potentiel [Grouard, 1994]. Elles correspondent aux orbites basses et moyennes qui concentrent un grand nombre des satellites destinés à venir en soutien des opérations militaires et encerclent la Terre entre 160 et 1 600 km d'altitude au périgée*, cet espace se subdivisant en deux anneaux distincts. Leur importance en tant que lieux potentiels de conflit est d'autant plus grande qu'ils sont relativement accessibles à des attaques menées depuis la terre au moyen de missiles. Si ce n'est pas la seule technologie disponible pour détruire des satellites, elle est la plus simple et ne contrevient pas aux termes du traité sur l'espace, sinon à son esprit, puisque l'arme utilisée ne se situe pas dans l'espace.

La maîtrise de ces technologies est attestée pour les États-Unis, dont la dernière démonstration date de 2008 mais qui déclarent ne vouloir s'en servir qu'à des fins défensives, ainsi que pour la Russie, héritière des moyens mis au point dès les années 1960-1970. Depuis 2007, la Chine est entrée dans le groupe [Sourbès-Verger, 2010b ; Sourbès-Verger et Borel, 2008], l'Inde envisageant à son tour de tester des capacités identiques. Si l'Europe n'a pas souhaité participer à ces démonstrations qu'elle réprouve, certains de ses membres, comme la France, n'en auraient pas moins la capacité de les réaliser.

La mise au point de capacités antisatellites pose des problèmes multiples. Celles-ci présentent en effet un risque pour la sécurité internationale, puisque les satellites civils de quelque nationalité qu'ils soient peuvent devenir victimes d'une attaque directe aussi bien que d'effets collatéraux liés à la multiplication des débris engendrés par les essais. Ce risque est d'autant plus élevé que ceux-ci ne sont pas a priori protégés pour y résister et que le coût nécessaire pour contrer cette menace serait trop élevé.

D'autres technologies ASAT existent et peuvent être rapidement maîtrisées, dont l'usage de satellites projetant des billes contre les organes clefs du satellite cible : panneaux solaires, antennes, capteurs… Les rayons laser depuis le sol ou depuis l'espace représentent d'autres pistes et l'imagination dans le domaine de la destruction est fertile, il suffit d'interroger Internet sur le sujet pour s'en rendre compte.

On comprend bien dans ces conditions pourquoi la communauté internationale se mobilise pour trouver une alternative permettant de préserver la sécurité de chacun, y compris celle des États-Unis dont les inquiétudes sont légitimes. Parmi les options, l'idée d'un code de bonne conduite proposée par l'Europe semble faire progressivement son chemin dans les instances compétentes, le Comité des utilisations pacifiques de l'espace (COPUOS) et la Conférence du désarmement. Mais bien des questions restent en suspens, dont celle, cruciale, de la vérification. L'idée d'une surveillance de l'espace destinée à dissuader les attaquants potentiels ou sinon à les identifier est également à l'étude. Elle peut être nationale, comme c'est déjà le cas aux États-Unis et en Russie, mais peut aussi donner lieu à des échanges de données. On touche alors un autre point délicat. Pour les États-Unis qui maîtrisent les technologies nécessaires et qui ont à cœur de préserver leurs moyens spatiaux, le risque d'ouvrir la boîte de Pandore d'une course aux armements dans l'espace n'est-il pas plus élevé que le risque limité d'une attaque tiers, surtout dans la mesure où le Département d'État a d'ores et déjà clairement indiqué que toute action sur un satellite national serait considérée comme un acte de guerre ?

Indépendamment de cette dimension militaire, l'espace est concerné à un autre titre par le risque de conflits, cette fois sur ses ressources. Se distingue alors un anneau particulier dans le plan de l'équateur terrestre, celui des satellites géostationnaires à 36 000 km de distance.

Les positions orbitales et l'attribution de fréquences représentent des enjeux essentiels dès lors qu'elles existent de façon finie et que la politique actuelle n'est pas très loin du "premier arrivé, premier servi", ce qui induit une inégalité flagrante entre les États détenteurs des technologies nécessaires et les autres. La prise de conscience de cette inégalité est ancienne et avait même donné lieu à des revendications officielles auprès des Nations unies du Groupe des regroupait des pays du Sud et qui souhaitait, dans les années 1980, que soit envisagée une forme de projection de souveraineté des pays équatoriaux sur cette orbite située à 0° d'inclinaison et donc au droit de leur territoire dont les ressources risquaient de ne plus être disponibles lorsqu'ils auraient atteint le niveau technologique requis pour l'utiliser. En fait, la régulation mise en œuvre par l'Union internationale des télécommunications est identique à celle des usages sur les fréquences : déclaration préalable, engagement d'utilisation effective, respect des fréquences d'autrui…

La question de l'appropriation, de fait sinon de droit, n'est toutefois pas complètement tranchée dans le cas bien particulier de notre satellite naturel. Si les titres de propriété sur la Lune proposés par certains ne sont en rien garantis, l'exploitation éventuelle des ressources locales n'a pas encore donné lieu à consensus. Certes, les conflits effectifs sont encore éloignés mais la réticence des États les plus technologiquement avancés à s'engager dans la voie d'un accord international montre que des ambitions nationales ne sont pas à exclure à terme.

Pour reprendre une expression à la mode, c'est désormais en terme de gouvernance* qu'il faut penser la gestion des conflits spatiaux potentiels. Pour parodier la formule "la géographie, ça sert, d'abord, à faire la guerre", on pourrait dire pour faire image "la guerre, ça sert aussi à conquérir l'espace et à en promouvoir la géographie". Il reste à se donner les moyens d'en valoriser au mieux les usages, les applications civiles étant désormais largement intégrées dans de multiples aspects de la vie sur terre.

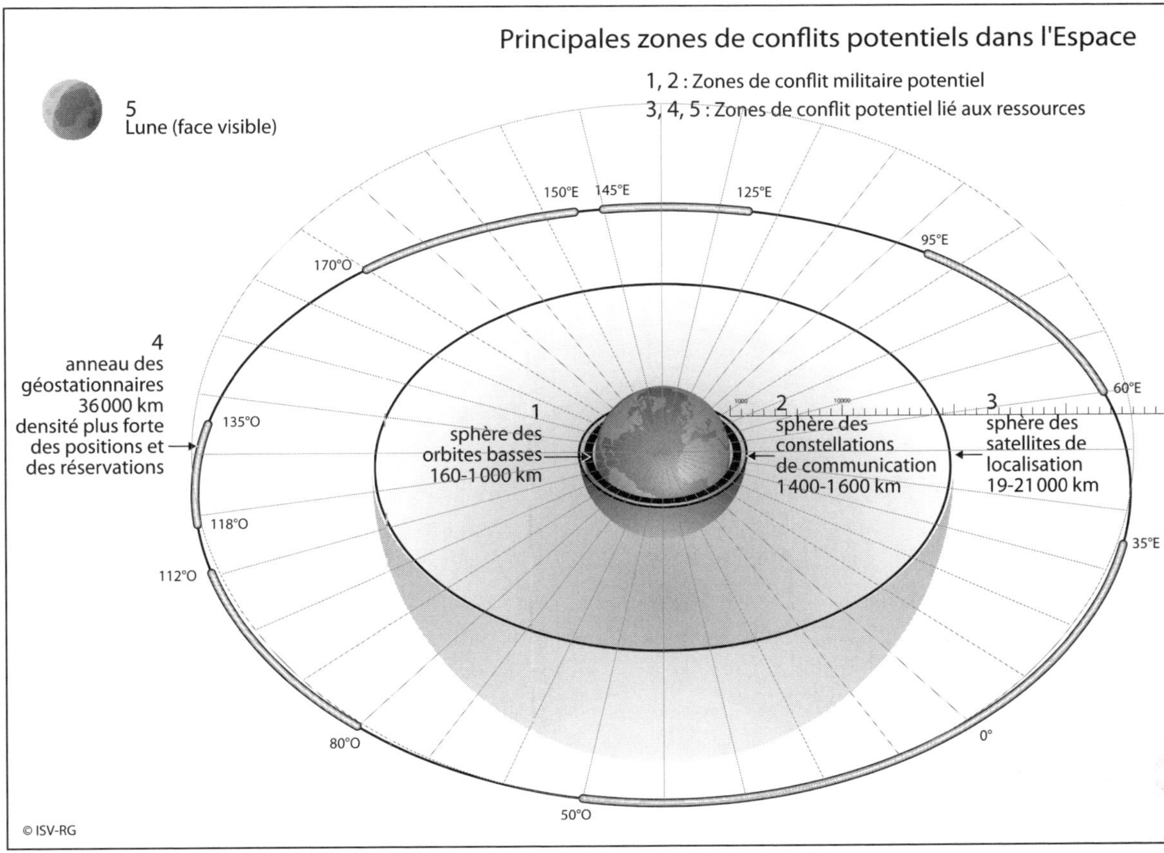
Principales zones de conflits potentiels dans l'Espace
1, 2 : Zones de conflit militaire potentiel
3, 4, 5 : Zones de conflit potentiel lié aux ressources
5
Lune (face visible)
4
anneau des géostationnaires 36000 km densité plus forte des positions et des réservations
1
sphère des orbites basses 160-1000 km
2
sphère des constellations de communication 1400-1600 km
3
sphère des satellites de localisation 19-21000 km
150°E
145°E
125°E
95°E
60°E
35°E
0°
50°O
80°O
112°O
118°O
135°O
170°O
© ISV-RG

ACTEURS

LE RÔLE GÉOGRAPHIQUE DE L'ÉTAT DANS LES CONFLITS

États et conflits

Du point de vue de la géographie politique, l'État moderne est un instrument de simplification scalaire du paysage des conflits*.

Les conflits se présentent dans des cadres géographiques variés. Les deux guerres mondiales se sont déroulées à une échelle quasi globale. Les rixes entre bandes rivales dans la banlieue parisienne ont lieu dans le cadre, fort réduit, du quartier*. Entre ces deux extrêmes, une grande diversité d'échelles peut exister : conflits entre États, irrédentismes*, séparatismes*, oppositions religieuses, conflits liés à l'immigration et à la xénophobie, conflits entre ville et campagne ou entre plaine et montagne, conflits entre clans, entre tribus, entre villages etc.

À la complexité liée à la diversité des échelles s'ajoute leur combinaison. Ainsi, pendant la guerre froide, des conflits locaux, nationaux ou régionaux étaient instrumentalisés par chaque superpuissance pour affaiblir son adversaire. L'URSS a exploité le mouvement anticolonial et les nationalismes arabes pour étendre son influence en Méditerranée et au Moyen-Orient. Les États-Unis ont soutenu la résistance islamiste contre les forces soviétiques en Afghanistan. La combinaison des échelles peut conduire à des alliances fort hétérogènes, comme celle qui a rassemblé dans le camp communiste les intellectuels marxistes et cosmopolites d'Athènes avec des montagnards slavophones pendant la guerre civile grecque (1947-1949). Des luttes idéologiques modernes peuvent ainsi s'articuler avec des conflits séculiers entre genres de vie. La force d'un conflit vient souvent de l'emboîtement d'échelles temporelles (v. Articuler les conflits violents à différentes échelles spatiales et temporelles) : les haines ancestrales alimentent en violence des conflits idéologiques qui s'inscrivent dans la courte durée. Le paysage de violence qui découle de la diversité d'échelles et de leur combinaison peut être chaotique. Devant l'impossibilité à éliminer les conflits, les différents systèmes politiques ont souvent cherché, avec plus ou moins de réussite, à organiser leur champ. Le passage de la barbarie à la civilisation prend ainsi, pour la géographie politique, la forme d'une simplification scalaire de la violence.

Pour ce débat, la *Polis* de l'Antiquité constitue une référence incontournable. Produit d'un rassemblement de tribus, la *Polis* a créé un espace où les conflits étaient résolus par la négociation et le dialogue : la *Polis* a produit ainsi la *Politique*. Les conflits non désamorcés par les moyens de la Politique étaient du ressort de la deuxième réalité associée étymologiquement à la *Polis* : la *Police*. Le système politique de la Cité se réservait ainsi le droit d'imposer sa volonté par la violence pour éviter que les conflits internes résiduels ne provoquent une régression à la barbarie.

Le territoire de la *Polis* se trouve ainsi habité en principe d'un seul type de conflit violent, celui entre la *Police* et ceux qui refusent de se plier à la volonté politique. Les différentes *Poleis* (pluriel de *Polis*) entraient en conflit entre elles, souvent en formant des alliances et contre-alliances. Ainsi s'établissait une deuxième échelle, qui correspond à l'échelle de l'international d'aujourd'hui. Pourtant, malgré leurs guerres*, les *Poleis* avaient le sentiment d'appartenir à la même famille, soudée par des liens de sang, de langue et de religion : l'hellénisme. Face à cet ensemble se trouvaient les autres, les "Barbares", c'est-à-dire ceux qui ne s'exprimaient pas en grec. Une troisième échelle de conflit était donc possible, entre une alliance des *Poleis* et le monde externe. Cette alliance a vu le jour pour faire face à la menace des Perses.

Dans le monde de l'Antiquité grecque, la *Polis* représente un État fondé sur la cohabitation : un élément d'ordre matériel. Évidemment, la cohabitation conduit à un rapprochement culturel, créant un phénomène de nature à la fois matérielle et spirituelle, le territoire. L'association des *Poleis* est en revanche le résultat d'un facteur spirituel : le sentiment d'appartenance à la même famille culturelle. Ainsi fut-il possible de constituer une entité politique d'ordre supérieur, le réseau des *Poleis*.

Stabilisé et centralisé par Rome, le réseau des *Poleis* de culture gréco-latine a permis l'émergence d'un nouveau type d'État : l'État impérial. L'Empire romain a modifié la hiérarchie dans les échelles de la conflictualité. Les guerres n'avaient plus lieu entre les *Poleis*, mais entre l'Empire romain et ses ennemis externes (Perses et "vrais" Barbares). Pourtant cette simplification du paysage scalaire par la *Pax Romana*, la paix entre les *Poleis*, devait être compensée par une certaine souplesse au niveau local. Ce modèle impérial a survécu, certes à travers de profondes mutations, jusqu'à la Première Guerre mondiale. La gestion de la violence au niveau local par sa dernière incarnation, l'Empire ottoman, montre la nécessité de tolérer des divergences par rapport à la règle du monopole de la violence quand il s'agit d'administrer un énorme et très hétérogène territoire. Il existe donc une corrélation négative entre la rigueur d'application du monopole de la violence par l'État et la dimension du territoire administrée. Les progrès dans les moyens de circulation et communication permettent certes de rétrécir l'espace, sans enlever pourtant complètement l'influence de cette contradiction.

En Occident, l'effondrement de l'Empire romain a réintroduit la diversité d'échelles de conflits, c'est-à-dire l'anarchie barbare. Pendant plusieurs siècles, la territorialité a donné sa place aux liens personnels, aux regroupements autour des "chefs de guerre". Face à cette organisation fluide et instable, l'Église restait seule comme élément de stabilité et d'unité. Dans ce contexte, les croisades peuvent être interprétées comme une tentative de polarisation des champs de la conflictualité, en orientant et en regroupant toutes les échelles des conflits selon un principal thème, la guerre sainte. À travers deux processus complémentaires, l'unification et l'exportation de la violence, on pouvait espérer la diminution de la conflictualité à l'intérieur de la chrétienté occidentale. À défaut de la *Polis* et de l'Empire, un espace politique fondé sur la religion a été constitué. L'espace de la chrétienté occidentale représentait ainsi l'équivalent de l'*Umma*, la communauté des croyants en Islam, elle aussi définie par un critère spirituel.

Déjà à la fin du Moyen Âge et ensuite pendant la Renaissance, la communauté de la chrétienté occidentale a commencé à être concurrencée par la réémergence de l'élément matériel. Les historiens indiquent l'apparition d'expressions de patriotisme déjà à la fin du XIIe siècle (*pro Patria mori* : mourir pour la Patrie). Les cités italiennes rappelaient en effet les *Poleis* de l'Antiquité. À l'époque de la Réforme et des guerres de religion, la complexité des champs de la conflictualité a atteint un niveau élevé. Des conflits entre des réseaux fondés sur l'allégeance personnelle, les Cités-États et les Monarchies se combinaient et s'articulaient avec la confrontation entre Rome et la Réforme pour créer une ambiance de grande insécurité. Pour sortir de cette situation, l'Europe est entrée dans le chemin de réinvention du système de l'Antiquité grecque.

L'État moderne trouve son origine au compromis qu'on associe aux traités de Westphalie (1648), qui ont établi la non-ingérence dans les affaires religieuses de chaque principauté. Le chef de chaque État devait choisir entre la Réforme et Rome. Ce choix ne pouvait pas être modifié par la suite. Ainsi, l'appartenance spirituelle dépendait désormais d'un élément d'ordre matériel, le lieu d'habitation.

À travers le principe "*cujus regio, ejus religio*" (tel prince, telle religion) qui a défini ce mode de fonctionnement, l'héritage antique de simplification scalaire a reçu une confirmation formelle qui n'avait jamais existé au paravent. Désormais, les conflits ne pouvaient prendre, en principe, que la forme de confrontation entre États. À l'intérieur de chaque territoire, l'État devenu souverain, pouvait exercer le monopole de la violence pour imposer la paix interne. L'interdiction de l'ingérence* enlevait les motivations et les prétextes religieux qui pourraient conduire à des confrontations d'alliances construites sur la base de proximité spirituelle – mais alimentées souvent par des motivations extra-religieuses. Les États avaient par contre la possibilité de se faire la guerre entre eux pour des raisons et des causes d'ordre matériel : contrôle de ressources, de territoires, des colonies…

L'État territorial a évolué en suivant les logiques politiques de son fondement westphalien, pour devenir l'État-nation souverain, démocratique, libéral, cadre propice pour le développement du capitalisme industriel. À partir de la fin du XVIIIe siècle, le nationalisme a apporté un puissant élément de cohésion sociale, grâce à sa référence à des temporalités profondes. Les historiographies nationalistes ont insisté sur les racines historiques, plus ou moins fictives, de chaque nation. La réussite et la puissance des États-nations territoriaux au XIXe siècle ont conduit à la diffusion de ce modèle, à partir du centre ouest-européen, vers les diverses périphéries méridionales et orientales de l'Europe, et ensuite sur l'ensemble du globe.

La simplification scalaire induite par l'État moderne a contribué à la stabilité, mais, en même temps, par un effet de focalisation, la rigidification scalaire a renforcé l'intensité des confrontations. Ainsi peut-on expliquer la violence extrême des guerres européennes, l'apparition de la guerre totale. L'intolérance envers les minorités* peut aussi être expliquée de la même manière.

L'exemple balkanique

La tendance vers la généralisation de l'État moderne a créé un nouveau contexte en Orient. L'une des principales justifications en faveur de sa diffusion fut son rôle stabilisateur, face à l'instabilité des empires en décadence, et en premier lieu de l'Empire ottoman. Pourtant, le chemin vers la réalisation de cet objectif, appelé modernisation, européanisation ou, plus récemment, construction nationale et étatique (*Nation and State Building*) était semé d'énormes souffrances pour les populations concernées. L'exemple des Balkans permet d'illustrer ces remarques.

Contrairement à l'État-nation territorial, l'Empire ottoman cherchait à éviter la simplification scalaire des conflits qui pouvait faire émerger des régionalismes, donc conduire à l'apparition de forces centrifuges. Le système ottoman était fondé sur une gestion des conflits souvent à travers un jeu complexe d'échelles, dont l'objectif était certes d'éviter les débordements dangereux pour la stabilité, la légitimité et l'économie de l'Empire, mais en même temps d'entretenir certains conflits. Convaincu de l'impossibilité d'imposer la paix sur l'ensemble de son énorme territoire et sur la diversité de ses populations, l'Empire ottoman cherchait plutôt à réguler la conflictualité par une négociation continue avec les acteurs locaux de la violence. Des chefs de bandes de brigands étaient ainsi recrutés pour faire respecter l'ordre impérial, tandis que les anciens "gendarmes" passaient à la clandestinité et au brigandage.

On peut aussi considérer que la préservation d'un certain degré de conflictualité dans un cadre multiscalaire permettait aussi à l'Empire d'instrumentaliser certaines populations contre d'autres qui lui résistaient, ainsi que de se positionner comme arbitre et pacificateur, légitimant par là même sa fonction. Ces méthodes de gestion et d'instrumentalisation des conflits ne se limitent certes pas aux Ottomans, on les retrouve dans d'autres structures impériales, comme par exemple dans certains empires coloniaux et elles paraissent inévitables quand il s'agit d'unifier des espaces et des populations hétérogènes.

L'État grec a constitué le premier État indépendant issu de l'Empire ottoman. Les autres indépendances balkaniques, postérieures, se sont souvent inspirées de l'exemple grec. Loin de constituer un mouvement de libération du "joug turc" de nations préexistantes, enracinées dans des territoires propres (espace "grec", "bulgare", "serbe", etc.), selon le récit historiographique nationaliste, la fragmentation de l'espace ottoman et de sa société fut le résultat d'un processus de mutation géopolitique qui a transformé profondément les identités et les territoires en suivant la logique importée de l'Occident. Un des principaux aspects de cette transformation a concerné les échelles de conflictualité. Il a fallu remplacer les modes multiscalaires ottomans par la centralisation de la violence. Dans le cas grec, après une tentative avortée dirigée par le gouverneur Capodistria, assassiné par des notables locaux jaloux de leur autonomie, un prince bavarois est devenu le premier roi de la Grèce en 1833. Il fut accompagné par des conseilleurs bavarois, qui ont constitué le premier véritable gouvernement du pays, ainsi que par une importante armée mercenaire. La période connue comme la "Bavarocratie" (domination des Bavarois, 1833-1862) a permis la mise en place des fondements de l'État moderne dans les Balkans. Celle-ci a été réalisée de manière violente. L'armée mercenaire s'est attaquée aux anciens héros de la lutte contre l'Empire ottoman, qui faisaient encore culturellement partie du monde multiscalaire de la conflictualité ottomane, pour leur imposer la nouvelle logique uniscalaire. Ses campagnes militaires dans un pays de montagnes, ainsi que celles qui ont suivi après le départ des Bavarois, n'ont que partiellement réussi : le brigandage a constitué un fléau en Grèce pendant très longtemps, démontrant ainsi la résilience des mentalités impériales chez les populations rurales, dont beaucoup n'étaient pas hellénophones (valaquophones, albanophones, slavophones).

Pourtant, cette première démonstration du monopole étatique de la violence a permis de sortir le pays du chaos initial et d'amorcer un processus de centralisation politique, culturelle et économique. Ses effets ont été consolidés grâce à la "Grande Idée", projet irrédentiste proposé pour la première fois en 1844. Il faut interpréter ce projet, dont la principale cible était la ville de Constantinople (Istanbul), d'abord comme une stratégie de stabilisation interne. Ayant échoué à canaliser la diversité des échelles de conflictualité en une seule sous son contrôle, l'élite politique grecque a tenté une fuite en avant en y ajoutant une deuxième, celle de la guerre contre l'Empire ottoman. Cette stratégie n'est pas sans rapport avec celle de la chrétienté occidentale médiévale entamant les croisades et mentionnée précédemment.

Une troisième étape dans l'histoire des Balkans a commencé quand d'autres États, conçus selon le modèle occidental, ont fait graduellement leur apparition au cours du XIXe et au début du XXe siècle. Au conflit entre États modernes et État impérial s'est ajouté celui entre les nouveaux États balkaniques. Avec la victoire kémaliste en 1922 contre l'armée grecque et la création de la Turquie comme État résiduel de l'Empire, la modernisation – dans le sens de passage d'un espace impérial à un espace d'États-nations – de l'espace ottoman s'est achevée. Un certain nombre d'ajustements et de "corrections" ont certes suivi, dont la dernière, celle des guerres yougoslaves, n'est peut-être pas encore complètement terminée. Pourtant, en 1922, l'essentiel de la transformation avait été réalisé.

Sans éliminer complètement la diversité des échelles, qui d'ailleurs a réémergé pendant les années 1940 (résistance contre les forces de l'Axe, guerre civile grecque), deux principales échelles ont dominé les conflits et leur perception dans les Balkans.

La première échelle, interne, concernait les contradictions entre le centre national et les périphéries identitaires incluses dans chaque territoire. Les éléments de la population suspects de résistance étaient éliminés, expulsés ou intimidés. La pratique du "nettoyage* ethnique" était considérée comme une cure indispensable pour assurer la stabilité. L'irrédentisme, le chauvinisme et plus généralement l'ambiance de suspicion et d'hostilité qui caractérisaient les relations entre les États balkaniques légitimaient l'oppression des groupes minoritaires, expression de résistance des réalités ottomanes, perçues pourtant, sous le nouveau prisme de simplification d'échelles, comme des "cinquièmes colonnes" des États voisins, c'est-à-dire comme des acteurs politiques agissant, de manière pacifique ou violente, sous la direction de gouvernements étrangers et hostiles.

La deuxième échelle concernait l'ensemble formé par les Balkans, espace dans lequel plusieurs guerres du même nom se sont déroulées au début du XXe siècle. La carte bien connue des revendications territoriales contradictoires dans les Balkans (v. Les conflits en Europe) illustre le cadre et le contenu de ces conflits.

L'intensité de ces conflits, qui accompagne l'image de la "Balkanisation", s'explique par le processus de canalisation de la violence en deux axes : centre-périphérie* et conflits entre États. L'élimination des autres échelles a certes créé une stabilité relative, mais a conduit aussi à la focalisation des conflits, en contribuant ainsi à leur intensité.

Le cas balkanique constitue une illustration d'un processus général qui se présente pourtant de manière moins tranchée dans le reste de l'Europe. On y observe la simplification scalaire et ses effets dans tout leur relief pour deux raisons : la rapidité de la transformation (décennies à la place de siècles) et le grand écart entre la situation initiale du système multiscalaire ottoman et le modèle imposé ou adopté par la suite.

L'ironie de l'Histoire est qu'avant même l'achèvement complet du processus de simplification scalaire la complexité a commencé à reprendre ses droits. La mondialisation, les mouvements migratoires, la crise de l'État, le retour de l'ingérence lors de la guerre du Kosovo, la puissance du monde des réseaux, comme par exemple de ceux qui animent le crime organisé, ont déjà provoqué l'érosion de la simplicité scalaire des conflits.

Retour à la barbarie ? Faut-il au contraire relativiser l'idée du rôle civilisateur de la modernité westphalienne ? Les horreurs de la Deuxième Guerre mondiale, que l'on peut interpréter comme conséquence du renforcement des deux échelles de violence, font partie de l'image sombre de la nature humaine de manière encore plus accusée que les atrocités balkaniques.

Après ce profond traumatisme, l'humanité a tenté plusieurs expériences. Simplification d'échelles encore plus poussée pendant la guerre froide, mouvement inverse de diversification des échelles après sa fin, hypothèses de retour vers des configurations qui renvoient au Moyen Âge, comme le conflit des civilisations. Malgré les contestations et les doutes, l'État moderne continue ainsi à constituer un refuge face à l'incertitude. La solution de la *Polis* démontre sa pertinence, malgré les annonces de la fin de l'Histoire. En perdant une partie de son caractère absolu, la simplification des échelles de l'État moderne peut peut-être survivre, permettant d'éviter les deux extrêmes de la conflictualité : le chaos du fourmillement multiscalaire et la violence de la focalisation biscalaire.

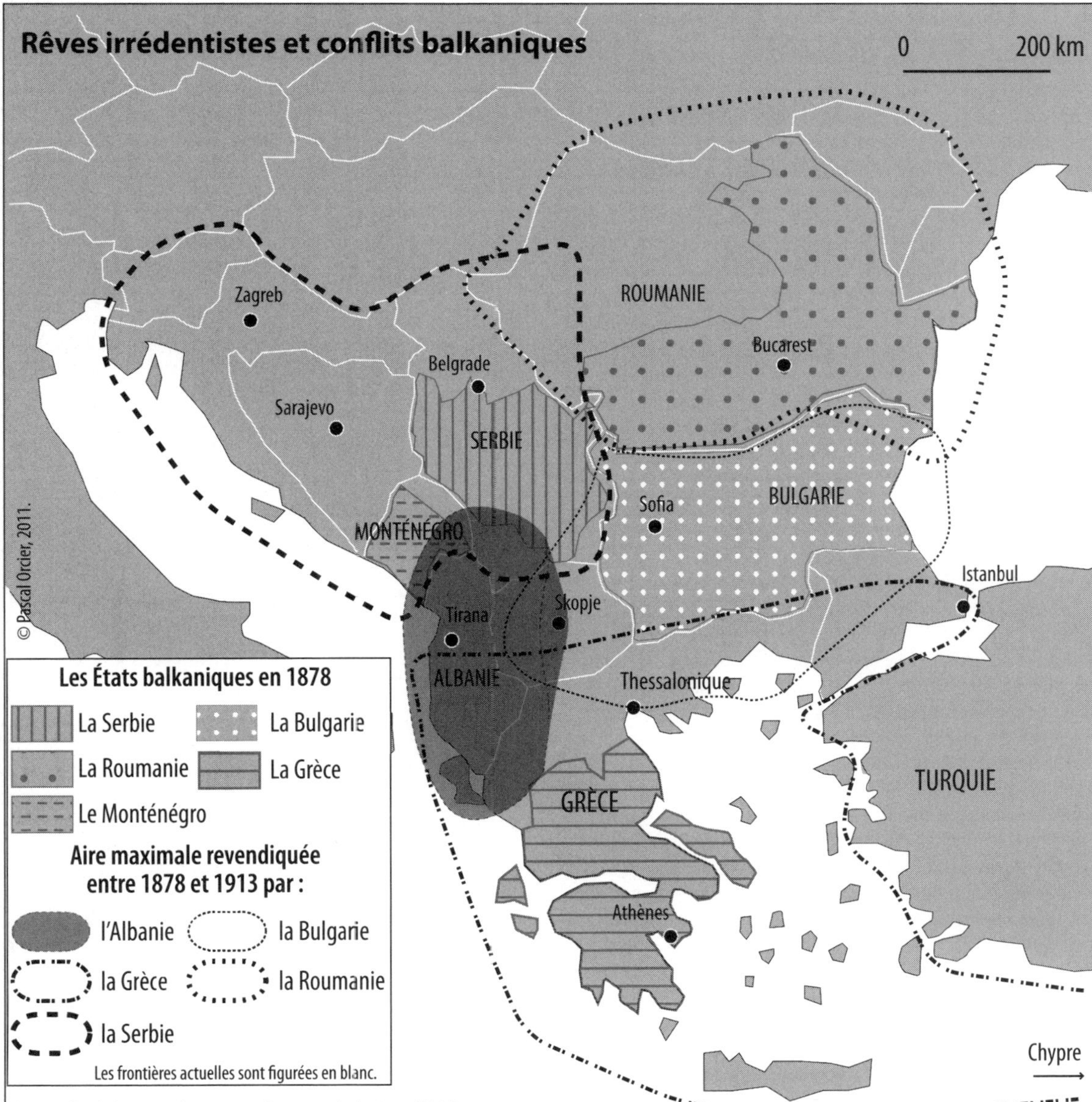

Source : d'après le rapport Carnegie pour les guerres ba kaniques (1914)

LES ACTEURS PRIVÉS ET LA GUERRE

La privatisation de la guerre est un phénomène ancien qui prend aujourd'hui des formes et une intensité nouvelles. Alors que l'ONU* elle-même commence à recourir à des sociétés militaires privées pour mener ses différentes activités dans certaines zones de conflit (Somalie, République démocratique du Congo,…), il est urgent de s'interroger sur les conséquences véritables de la multiplication des acteurs privés armés et sur le défi que leur retour pose pour le maintien ou la restauration de la paix dans le monde.

Il existe au moins trois façons de considérer le phénomène actuel de privatisation de la guerre. La première renvoie à la privatisation des buts de guerre. Depuis que des forces armées publiques, ou "nationales", existent, elles ont toujours fait l'objet, plus ou moins systématiquement, de détournements de leur mission, servant les ambitions des dirigeants plutôt que le pays dans son ensemble. Il n'est pas inutile de rappeler la proximité des dirigeants politiques, par exemple aux États-Unis, avec ce que le président Eisenhower nommait le "complexe* militaro-industriel". Ainsi du ministre de la Défense de George Bush père, Dick Cheney (lié aux entreprises Kellog Brown and Root et Halliburton), qui deviendra vice-président de son fils, par exemple. Le fonds d'investissement Carlyle, avec des actifs d'une valeur supérieure à 12 milliards de dollars en 2005, investit principalement dans les activités militaires et compte ainsi parmi ses principaux dirigeants l'ancien secrétaire d'État (c'est-à-dire ministre des Affaires étrangères) James Baker, les anciens secrétaires à la Défense Donald Rumsfeld et Franck Carlucci, ou encore George Bush père. Une autre forme de privatisation, par le bas, est le fait de l'implication d'acteurs privés armés dans des conflits, implication qui représente l'une des caractéristiques notables des conflits dits de basse intensité. Avec la démobilisation de millions de combattants qui n'ont connu que le métier des armes et sont issus de pays dont les économies sont trop pauvres pour les intégrer, à la fin de la guerre froide, et la persistance des conflits de basse intensité, notamment en Afrique, les acteurs infra-étatiques sont logiquement revenus au premier plan (v. L'Afrique subsaharienne, théâtre de tous les conflits ?). Pendant la décolonisation et la guerre froide, des conflits de plus grande ampleur opposèrent bien sûr des forces armées conventionnelles à des groupes armés minoritaires de type terroristes (groupe Stern en Palestine britannique, FLN algérien…) ou guérilleros (Viet-Minh, FSLN au Nicaragua, UNITA angolaise…), mais ceux-ci devaient en principe devenir les armées nationales de leurs pays libérés. Récemment, des conflits majeurs comme ceux d'Irak, d'Afghanistan, de l'ex-Yougoslavie (v. Conflits en Europe) ou de la région des Grands Lacs en Afrique ont vu se mêler, coopérer ou s'affronter aussi bien des armées hypermodernes, comme celles des pays membres de l'OTAN*, et des acteurs aussi différents que des chefs traditionnels, des narcotrafiquants, des guérillas* (v. La drogue dans les conflits), des seigneurs de la guerre, des entreprises de sécurité et de logistique, des milices, des unités perdues d'armées nationales disparues, etc. Une dernière forme de privatisation, plus importante encore, est cette privatisation par le haut qui consiste pour des États à sous-traiter un certain nombre de tâches liées à l'activité militaire à des sociétés privées, que l'on range désormais dans la catégorie éminemment floue de Sociétés militaires privées (SMP). Celles-ci prennent en charge des activités aussi diverses, et aussi indispensables aux armées, que la protection rapprochée, le renseignement, le transport et la logistique pendant le conflit, le support technique aux opérations de combat, l'appui direct au combat, la sécurisation de sites, de convois, de bases, d'ambassades, le conseil stratégique aux états-majors, la formation des officiers et soldats, etc. L'armée américaine, qui a poussé le plus loin la délégation au secteur privé, ne peut plus aujourd'hui se déployer dans le monde sans le concours de la plus grande SMP, Halliburton, qui dispose de plusieurs milliers d'employés, mécaniciens, cuisiniers, logisticiens, ingénieurs, plombiers, médecins et soldats, tous susceptibles d'intervenir en zone de conflit, en uniforme de l'armée américaine ou non, mais généralement armés, et pour un prix qui varie selon leur degré de formation et leur origine.

Privatisation de la guerre par le bas : acteurs infra-étatiques et problèmes liés

• Multiplicité des acteurs privés armés

La figure la plus ancienne de l'acteur privé armé est celle du mercenaire. Soldat de fortune, qui met ses compétences militaires, même lorsqu'il n'en a aucune, au service du plus offrant, il continue de servir indifféremment des États, des mafias, des groupes paramilitaires ou sécessionnistes… Lorsque des mercenaires se regroupent, ou que des miliciens ou soldats d'armées en déroute décident de s'unir, on peut parler de petites armées mercenaires. Les anciens miliciens Interahamwe, instruments du génocide perpétré au Rwanda en 1994 contre les Tutsis, en offrent un bon exemple : réfugiés en République démocratique du Congo après la défaite du gouvernement génocidaire, ils servirent divers intérêts dans la guerre des Grands Lacs qui ravagea la région entre 1996 et 2003. Lorsque les mercenaires décident de se mettre au service exclusif d'un seul pays, sans que cela apparaisse publiquement, on parle plutôt de corsaires, s'il est question de combats, ou de "barbouzes", s'il s'agit plutôt d'exécuter des basses œuvres (fourniture clandestine d'armes, renseignement, assassinats, sabotages). Bob Denard, pour la France, ou l'Irlandais "Mad" Mike Hoare, pour la Grande-Bretagne, sont des exemples devenus classiques dans cette catégorie. Les Français Paul Barril ou Bernard Courcelle semblent relever davantage de la seconde catégorie, puisqu'on les trouve systématiquement mêlés à des opérations troubles et violentes qui s'inscrivent à l'évidence dans l'intérêt non avoué des autorités françaises.

On a déjà mentionné le cas des groupes rebelles, qui peuvent se livrer à des activités de combat en zone rurale ou urbaine, on parle alors de guérillas, ou chercher à faire pression sur des autorités politiques en terrorisant la population : il s'agit alors de groupes terroristes. Il arrive que des rebelles pratiquent indifféremment le combat de guérilla et le terrorisme, comme le RUF dans la Sierra Leone de la fin des années 1990. Lorsque ces groupes armés se placent au service exclusif d'individus dont l'objectif n'est pas forcément de prendre le pouvoir, mais éventuellement de le garder, ou de simplement sécuriser un territoire qui permet l'accès à des rentes économiques (mines de diamants, contrôle des routes menant à des puits de pétrole, etc.), on utilise plutôt le terme de milices, qui peuvent être au service de "seigneurs de la guerre", c'est-à-dire d'hommes de guerre imposant leur férule sur un territoire dont ils retirent des profits substantiels, comme en Afghanistan (Abdul Rachid Dostum, Pacha Jan Zadran, Abdul Qadir…), de narcotrafiquants et autres formes d'organisations criminelles, comme la milice de Khun Sa, entre la Thaïlande et la Birmanie, qui contrôlait l'opium* et lutta tardivement pour l'autonomie de la minorité Shan contre les autorités birmanes, de chefs traditionnels (de tribus, de clans, de communauté religieuses…), de personnalités politiques aspirant au pouvoir, comme les milices rivales Cocoyes, Cobras et Ninjas de P. Lissouba, D. Sassou Nguesso et B. Kolelas, au Congo-Brazzaville. Les milices peuvent être plus ou moins militarisées, et plus ou moins soutenues par le pouvoir en place. Elles agissent alors comme forces supplétives pour des activités de police et de combat, comme dans le cas de la milice du gouvernement de Vichy, engagée contre la Résistance, les milices Janjaweed au Soudan, qui harcèlent les populations sédentaires du Darfour, ou les "patriotes algériens", villageois armés par le pouvoir algérien pour combattre les groupes islamistes armés. Dans la Colombie des années 1950 à 2000, les milieux d'affaire contribuèrent au financement de véritables armées privées, les "groupes paramilitaires", comme les terribles Autodéfenses unies de Colombie, qui furent responsables de la plupart des violations des droits de l'Homme perpétrées contre la population. Les milices agissent au bénéfice de firmes multinationales, notamment minières et pétrolières, et des gouvernements. Lorsque leur fonction principale est d'assassiner, plutôt que de combattre, on parle d'escadrons de la mort, en général très liés aux forces armées officielles, dont elles effectuent le "travail" inavouable : ainsi des escadrons de la mort de l'armée algérienne, responsables directs de massacres de population pendant la décennie 1990, de la Brigade turque de vengeance – IT – au Kurdistan turc depuis les années 1970 et jusque récemment, ou avant eux, des "neveux de la Mort", formés par le réfugié nazi Klaus Barbie pour lutter contre la gauche et le syndicalisme, en Bolivie, dans les années 1960.

L'acteur armé privé le plus important aujourd'hui, et le seul véritablement nouveau dans la guerre contemporaine, c'est la société militaire privée et ses employés. Il n'est pas toujours facile de distinguer sociétés privées de sécurité et sociétés militaires privées. Toutes deux relèvent de la privatisation d'un monopole étatique, celui de la violence légitime, ou "sécurité" au sens le plus étroit du terme. Il s'agit parfois des mêmes sociétés, et c'est alors le contexte dans lequel leurs employés interviennent qui détermine leur qualification. La formation de l'agent, son armement, son salaire, les risques qu'il prend sont alors très supérieurs. Cette privatisation directement encouragée par le haut se traduit par le recours massif à des "contractuels" dans les conflits les plus récents, comme en Irak, où l'on comptait en 2008, dans le pays, 190 000 civils sous contrat du ministère de la Défense américain… contre 160 000 soldats américains.

• Problèmes posés par la présence d'acteurs privés armés dans les conflits

La présence et la diversité des acteurs armés privés posent de nombreuses questions, dont dépend en partie la capacité à penser les conflits modernes, et plus concrètement, à les prévenir ou les faire cesser [Bryden et Caparini, 2006]. L'explication quant à l'émergence de ces acteurs renverrait à une analyse plus large des théories rivales de l'impérialisme, avec la référence à l'échange inégal, au rôle déstabilisateur des institutions financières internationales, de la dette dite "odieuse", de l'interventionnisme militaire occidental dans les pays du Sud, etc., d'une part, et de l'effondrement de l'État, des étapes du développement, des facteurs endogènes (culturels, religieux…), de l'incapacité à faire émerger des "élites" responsables, etc. Faute de pouvoir traiter ces sujets ici, nous nous en tiendrons aux seules conséquences de la présence d'acteurs privés.

D'abord, ces acteurs représentent une menace importante pour les populations : ils ne respectent pas la distinction opérée par le droit international entre combattants et non-combattants. Ils considèrent en général les agents civils de l'appareil d'État (juges, policiers, responsables politiques…) comme des cibles militaires et traitent parfois les populations civiles comme des adversaires qu'il faut contrôler, terroriser, exploiter ou détruire. En cela, ils sont à l'origine de traumatismes importants dans la population, qui réduisent les chances d'une réconciliation nationale comme celles d'une intégration sociale des personnes traumatisées.

Ensuite, ces acteurs intègrent souvent une dimension transnationale, pour la fourniture d'armes, la vente d'une matière première ou de biens précieux, l'investissement de leurs capitaux, le contrôle des routes du commerce, l'installation de zones refuges, etc. Cette caractéristique facilite leur instrumentalisation par des puissances étrangères, qui trouvent là le moyen d'intervenir sur la situation politique et économique de leurs voisins ou rivaux. Cette ingérence étrangère peut retarder la sortie d'un conflit que les acteurs locaux ne maîtrisent plus, comme ce fut le cas pour la très longue guerre civile libanaise.

Ces acteurs ont d'ailleurs eux-mêmes, dans la plupart des cas, intérêt au prolongement du conflit : ils en tirent des avantages directs (mercenaires, seigneurs de la guerre, narco trafiquants, SMP), en terme d'accès à des ressources (minières, mafieuses, péages routiers, appuis lucratifs aux combattants des autres factions…), surtout parce qu'ils ne sont généralement pas en capacité de vaincre sur le plan militaire (sauf, parfois, les guérillas), et n'auraient de toute façon qu'une place limitée (groupes paramilitaires, chefs traditionnels, seigneurs de la guerre, soldats perdus), voire pas de place du tout (milices, escadrons de la mort) en cas de rétablissement de la démocratie. Dans certaines circonstances, les services qu'ils rendent aux armées publiques (sécurisation de convois, maîtrise de voies d'accès, renseignement…) sont trompeurs, parce qu'ils sont rendus au prix de relations coupables avec l'armée adverse et se traduisent par conséquent le cas échéant par un renforcement des capacités militaires ennemies [Bricet des Vallons, 2011].

À l'inverse, leurs méthodes de guerre non conventionnelles rendent difficiles voire improbables leur défaite militaire par des armées conventionnelles. Composés de civils en arme, ils sont adeptes du terrorisme, de la guérilla, de l'action clandestine, et frappent leur adversaire lorsqu'il est le plus vulnérable, avant de disparaître en se fondant dans la population locale, qu'ils terrorisent ou entretiennent au besoin pour s'assurer de son silence. Ne répondant devant aucune opinion ou aucun tribunal, et peu soucieux (sauf les guérillas) de leur image, ils n'hésitent pas à intégrer dans leur stratégie la réalisation d'actes barbares (viols, exécutions sommaires, enrôlement forcé d'enfants-soldats) : voir les exactions systématiques des "Affreux" (nom donné aux mercenaires ayant combattu au Katanga dans les années 1960) utilisés par la Belgique en Afrique, ou de groupes armés tels que la Lord's Resistance Army en Ouganda, les Maï-Maï de RDC ou le RUF de la Sierra Léone.

Ce modèle de guerre asymétrique tend à convaincre leur adversaire et son armée de sortir des cadres stricts du droit* de la guerre pour recourir à des méthodes toujours plus dérogatoires au respect des droits de l'Homme, aggravant encore les traumatismes provoqués dans la population par le conflit. Traumatismes qui peuvent en retour affecter la population de l'adversaire. Voir par exemple, aux États-Unis, le choc moral et politique induit par la découverte de la torture menée par l'armée américaine à la prison irakienne d'Abu Ghraib, de l'enfermement arbitraire de civils à Guantanamo, et finalement de l'exploitation d'un réseau de prisons clandestines par la CIA en Europe et ailleurs, tous supposés participer pleinement à l'effort de guerre américain en Afghanistan et en Irak.

L'absence fréquente de légitimité politique complique la capacité qu'ont les acteurs armés publics de négocier avec les acteurs privés armés, notamment pour organiser la fin du conflit. Quel rôle leur donner dans la construction ou la reconstruction d'institutions politiques, économiques et militaires que leur engagement armé comme leur dimension éventuellement criminelle ont contribué fortement à fragiliser ? Quelle représentativité leur accorder alors que leur base sociale est inexistante ou exclusivement régionale, ethnique, religieuse, etc. ? Et comment traiter les crimes généralement associés à leurs pratiques guerrières ? La perspective d'une traduction des uns et des autres devant des tribunaux ne sera évidemment pas de nature à faciliter leur renoncement aux armes, mais l'absence de justice (l'amnistie comme pour les groupes islamiques armés et les généraux d'Algérie, par exemple) laissera pour longtemps subsister dans le pays des rancœurs et des traumatismes propres à rallumer la guerre* civile…

La question de la fiabilité des acteurs privés armés est également posée. Les chefs de ces groupes armés ne maîtrisent parfois leurs hommes que tant qu'ils sont capables de leur assurer des perspectives d'enrichissement rapide (pillages, trafics…) autant que d'impunité. Surtout si le reclassement des soldats perdus de ces groupes privés ne se fait pas facilement parce que l'économie reste fragile et qu'ils n'ont pas d'autres qualifications que le métier de la guerre, ou qu'ils sont particulièrement traumatisés (enfants-soldats, mercenaires devenus toxicomanes parce qu'ils étaient drogués pour combattre, combattants affectés du VIH, etc.). De manière générale, la présence d'acteurs privés armés dans un conflit ne laisse aux acteurs publics armés que peu de solutions : des formes d'intégration de ceux-ci par la cooptation politique, l'amnistie ou la corruption*, ou au contraire des formes d'élimination par la répression, la coercition, l'introduction de divisions en leur sein, ou leur marginalisation territoriale, économique et politique… Autant de "solutions" qui sont loin d'être sans risques et ne permettent que rarement le retour à une paix à la fois juste et durable.

Privatisation de la guerre par le haut : les formes renouvelées du mercenariat

La privatisation des fonctions régaliennes de l'État-nation* n'est pas chose nouvelle. Le prélèvement de l'impôt (par exemple la TVA) ou des droits de douane ont déjà été largement délégués aux entreprises. En matière de police, les sociétés de sécurité privées ont pris une place énorme ces vingt dernières années, remplissant souvent des missions régaliennes, dans la lutte contre la délinquance (en France de manière systématique depuis la loi LOPPSI* 2, mars 2011), contre le terrorisme* dans certains aéroports, mais aussi en matière de protection des personnes, d'ambassades voire même, en Afrique du Sud, de commissariats de police. La privatisation de certaines prisons, aux États-Unis, a permis l'émergence d'un gigantesque complexe industrialo-pénitentiaire qui pousse la justice à toujours plus de répression pour fournir la main-d'œuvre peu coûteuse que s'arracheront ensuite les plus grandes entreprises du pays [Wacquant, 1999]. Depuis la décennie 1970, les gouvernements occidentaux se sont rangés les uns après les autres à un nouveau modèle de capitalisme dit néolibéral, en rupture complète avec le modèle keynésien en vigueur depuis les années 1930 et 1940. Confrontés à des taux de retour sur investissement en baisse constante, ils ont initié un mouvement toujours en cours de privatisation plus ou moins rapide de toutes les activités et ressources demeurées jusque-là préservées de la logique du marché : santé, éducation, eau, aide à la recherche d'emploi, poste et télécommunications, etc. Restait la guerre. Garante ultime de la préservation des intérêts d'une population, elle était réputée constitutive de l'État-nation. Auparavant, le mercenariat avait été la règle. Dans l'*Anabase*, Xénophon mentionne le recrutement de 10 000 mercenaires par Cyrus le Jeune, en guerre contre son frère Artaxerxès. Les Égyptiens, les Phéniciens, Sparte, Rome, l'Empire perse et les grands chefs de guerre Alexandre et Hannibal n'hésitent pas à faire appel massivement aux mercenaires pour mener leurs guerres ou organiser leur défense. Au Moyen Âge, avec la conquête de l'Angleterre par Guillaume Le Conquérant, et surtout à partir de la guerre de Cent Ans, l'usage des mercenaires se généralise en Europe. De grandes compagnies se forment pour offrir des perspectives aux soldats perdus ou démobilisés et proposer leurs services aux seigneurs ou aux villes. Le phénomène prend une forte proportion en Italie, avec les *Condottieri* (de l'Italien *condotte*, contract), qui rançonnent les villes et (des)servent (comme le constate alors Machiavel) les seigneurs en lutte perpétuelle pour l'extension de leurs domaines, contribuant à la fragmentation du territoire [Machiavel, 1532]. En Allemagne, l'Église loue les services des redoutables lansquenets pour mater la révolte des anabaptistes de Münster, en 1535.

L'État moderne, selon un processus décrit par Norbert Elias ou Max Weber, tend à faire reculer les formes privées de violence, à son profit exclusif. L'avènement progressif du capitalisme, et de son corollaire, l'État-nation, va introduire la "guerre de masse" en Europe, avec la conscription obligatoire, et marginaliser le recours aux mercenaires. Sans toutefois le faire disparaître totalement, mais en lui attribuant un autre rôle, qui est toujours d'actualité aujourd'hui : permettre la poursuite d'objectifs de politique étrangère sans impliquer directement la responsabilité politique de ses commanditaires. On voit ainsi se développer au xviie puis au xixe siècles les "Compagnies de gouvernement" (chartered companies), des entreprises privées de conquête coloniale agissant sur mandat royal, et autorisées à ce titre à conquérir puis gouverner pour un temps, au bénéfice de leurs actionnaires et avant de les "rendre" à la Couronne après plusieurs décennies, des territoires lointains. Y compris en levant des armées indigènes, en battant monnaie ou en édictant leurs propres lois. Après les indépendances, les ex-puissances coloniales n'hésitent pas non plus à recourir aux services de mercenaires pour tenter de préserver leur mainmise sur les ressources minérales des jeunes États indépendants. Ceux que les Africains baptisèrent du titre d'"Affreux" du fait de leurs exactions nombreuses, les Denard, Hoare, Tavernier, Schramme, Dominic Yugo ou le "commandant Siam", combattent au Congo, au Bénin, au Tchad, aux Comores, au Yémen, aux Séchelles, en Rhodésie ou encore en Birmanie. Pour autant, en dépit de ces notables exceptions, la confiscation de la violence par les États-nations se renforce encore pendant la période de la guerre froide. C'est pourtant au lendemain de la Deuxième Guerre mondiale, et surtout avec la guerre du Vietnam, que la privatisation de la guerre connaît un développement nouveau, avec l'apparition des SMP, alors américaines, telles que Dyncorp, Brown & Root ou Vinnel Corporation, qui construisent des bases militaires, transportent les troupes et fournissent les armes des soldats américains. La fin de la guerre froide amplifie le phénomène, du fait de la démobilisation de plusieurs millions de soldats en ex-URSS, aux États-Unis et ailleurs : une partie d'entre eux vont offrir les compétences acquises dans les meilleures armées du monde sur le nouveau marché de la guerre privée. Et justement, la demande est là : la disparition du conflit Est-Ouest et le retrait massif de la Russie libèrent des territoires pour la prédation sans frein. Dans ce contexte, aux États-Unis d'abord, puis en Grande-Bretagne, en Afrique du Sud, et en France depuis 2003 officiellement, il est envisagé de sous-traiter massivement au secteur privé des pans entiers de l'activité militaire, suscitant ainsi la création d'un vaste marché et le développement d'une offre en conséquence.

Les avantages contestables de la privatisation de la guerre

Le marché de la privatisation de la guerre représenterait un chiffre d'affaires global de plus de 100 milliards de dollars. Les gouvernements occidentaux en défendent les avantages.

Les SMP seraient plus économiques que les armées traditionnelles : d'abord parce que les gouvernements et organisations internationales qui en constituent les clients n'ont pas à les financer entre deux missions, contrairement aux armées traditionnelles. Les coûts fixes de ces entreprises sont également bien inférieurs à ceux des armées nationales. La mise en concurrence des prestataires permettrait un meilleur rapport qualité-prix. Le point faible habituel des aventures mercenaires, le manque de capitaux qui interdit l'accès tant aux hommes les mieux formés qu'aux armements les plus modernes, trop chers, est résolu par la constitution d'entreprises susceptibles de lever des fonds considérables, auprès des banques ou des marchés financiers. Pourtant, l'économie réalisée par les gouvernements clients n'est nullement attestée : les pratiques commerciales de ces sociétés sont caractérisées par une très grande opacité, et l'actualité est riche de malversations, de la sous-estimation systématique des coûts, de dépassements nombreux de budget et d'affaires de surfacturation, sans parler de corruption d'agents publics et de conflits d'intérêts évidents de la part de membres de gouvernements [Renou, 2005]. La plus grande efficacité militaire des SMP, dans certaines circonstances, tiendrait à leur plus grande flexibilité, à leur plus grande réactivité, du fait d'effectifs plus faibles, recrutés au coup par coup, et de l'absence de bureaucraties incapacitantes, comme il en existerait dans les grandes armées et même chez les casques bleus, prisonniers des lourdeurs de l'administration de l'ONU. Rapidement déployées, elles agiraient dans une bonne synergie avec les forces armées traditionnelles. Là encore, force est de constater que la réalité est bien différente : peu fiables sur le champ de bataille, elles doivent parfois faire appel aux forces armées publiques pour la protection de leurs hommes. Admises au sein des forces publiques, elles risquent ensuite d'en revendre les secrets à un nouveau commanditaire. Leur intérêt à déclencher ou prolonger les conflits crée un risque majeur sur les chances de maintien ou retour de la paix, comme sur la consolidation d'États déjà fragiles. Dans les combats, leurs choix tactiques sont éventuellement dictés par leur volonté de diversifier les sources de profit : elles vont chercher en priorité à sécuriser les zones minières ou de trafic, par exemple, pour en revendre le produit à des investisseurs ou criminels divers. Elles demandent d'ailleurs parfois à être payées directement en concessions minières, obtenant de gouvernements aux abois des engagements disproportionnés qui hypothèquent gravement l'avenir des pays qu'elles sont supposé aider (Sierra Léone, Angola,...). Leur très grande proximité avec les services secrets et spéciaux du pays d'origine de leurs dirigeants interroge leur pseudo-neutralité et donc leur propension à servir loyalement leurs différents clients. Quant à imaginer qu'il soit possible de contrôler leurs pratiques, pour éviter les exactions qui caractérisaient les anciens mercenaires, comme le clament les gouvernements qui recourent aux services de ces sociétés, c'est une promesse qui n'engage à ce jour que ceux qui y croient : les codes de conduite non contraignants dont certaines SMP se sont dotées demeurent de simples proclamations d'intentions. Sur le terrain, il est extrêmement difficile de contrôler l'activité réelle des prestataires, compte tenu de la dangerosité des situations dans lesquelles ils évoluent. Il n'existe pas d'encadrement légal clair, on ne sait par exemple pas à quel titre leur appliquer la convention de Genève, qui distingue civils et combattants. La responsabilité pénale des employés des SMP est très difficile à engager, faute de pouvoir déterminer de quel régime juridique, de quel tribunal, et même de quel pays, ils relèvent. Au premier chef, on ne peut que constater la réticence des organisations internationales et des plus grandes puissances à appliquer la convention de l'ONU sur le mercenariat, qui devrait inclure ces sociétés, dont l'objet est bien l'aide à la guerre, au bénéfice du client le plus offrant, même étranger, et aux fins de réaliser de substantiels profits. Des SMP sont accusées d'avoir participé à des exactions dans divers conflits. Divers ouvrages [Renou, 2005] affirment que des soldats de Dyncorp ont été renvoyés des Balkans pour avoir "acheté" des prostituées (en fait rémunérées comme "compagnes" et non plus comme prostituées à la passe) ; que MPRI a été accusée d'avoir favorisé le nettoyage ethnique en Croatie dont elle avait entraîné l'armée avant que celle-ci n'intervienne dans les zones de peuplement serbe ; que Paul Barril a participé aux efforts du gouvernement rwandais avant le génocide de 1994 ; qu'après plusieurs bavures, le président afghan a tenté (en vain) de faire expulser la société Blackwater de son pays ; ou encore qu'en Irak des hommes de la société CACI qui participaient aux interrogatoires dans la prison d'Abou Ghraib ont été accusés de torture.

LES INDIVIDUS DANS LES CONFLITS ARMÉS

"La guerre n'est pas une relation d'homme à homme mais une relation d'État à État".
Jean-Jacques Rousseau, *Le Contrat social,* Livre I.

Le 11 septembre 2001, dix-neuf terroristes aux commandes de quatre avions de ligne commettaient les pires attentats de l'histoire des États-Unis, entraînant la mort de 3 000 personnes (v. Les conflits religieux). Dix ans plus tard, l'événement continue d'exercer une influence déterminante sur notre compréhension contemporaine des phénomènes de violence à l'échelle globale. La propagation quasi instantanée, par le biais des médias d'information à diffusion planétaire, du choc de l'effondrement des tours du World Trade Center, symboles de la domination économique et financière de la superpuissance américaine, a montré comment l'action de quelques individus isolés, membres d'un réseau polymorphe et déterritorialisé (Al-Qaida), pouvait entraîner une remise en question radicale de notre compréhension des logiques guerrières. Interpellée par la fin de l'ère bipolaire et la multiplication de "nouvelles guerres" [KALDOR, 2004], identitaires ou moléculaires, l'étude des conflits armés se trouve confrontée à de nouveaux défis conceptuels.

Au cours du XXe siècle, la place des individus dans les conflits armés a beaucoup évolué, Cette évolution va de pair avec celle de l'État (v. Le rôle géographique de l'État dans les conflits). L'évolution de la conflictualité globale et le débat entre nouvelles et anciennes guerres permettent ainsi de retracer une dynamique de privatisation qui, du soldat au mercenaire, autorise le passage de logiques de guerre intimement liées à une identité politique collective (la nation) à des modalités diverses d'affrontement entre groupes d'individus aux stratégies identitaires multiples. Le processus de privatisation des guerres va de pair avec une privatisation des acteurs et des méthodes de fabrication de la paix (v. Les acteurs privés et la guerre et Géographie de la paix : la prévention et la résolution des conflits). Quelle que soit l'étape du conflit considérée, le rôle des individus pacificateurs se révèle désormais déterminant. De la prévention à la résolution ou au *management* des conflits en passant par la prise en charge de la réconciliation post-conflit, les conflits de l'espace mondial contemporain sont de plus en plus sous l'influence de logiques individuelles.

Civils et non-combattants dans les conflits armés

• Les individus dans les guerres post-modernes

Avec la fin de la guerre froide (v. Les conflits géopolitiques dans l'aire post-soviétique), on assiste, selon Mary KALDOR [2004], à une prédominance de conflits de type "post-moderne", dans la mesure où ces affrontements s'inscrivent dans une logique qui transcende la figure historique de l'État. Ni enjeux frontaliers (v. Les frontières), ni défense de la souveraineté* : les enjeux de ces nouvelles guerres sont le produit de crispations identitaires aux revendications purificatrices (Rwanda, 1994 – v. L'Afrique subsaharienne, théâtre de tous les conflits ? – Srebrenica, 1995 – v. Conflits en Europe, le réveil post-1989) et destructrices [SEMELIN, 2005]. De type "civil" ou "ethnique", ces explosions de violence s'inscrivent dans un affrontement avec l'État* et dans la contestation de ses prérogatives régaliennes. Quand elle n'est pas elle-même à l'origine de la répression, des déplacements forcés ou des massacres, l'incapacité de la puissance publique à garantir la protection de sa propre population consacre la faillite ou l'effondrement d'un État qui, de l'idéal type wébérien, ne partage plus qu'un nom désormais usurpé.

Depuis la fin de la "guerre de cinquante ans" (c'est-à-dire de la guerre froide) [SOUTOU, 2001], la question, pourtant ancienne, de la protection des populations civiles menacées – notamment dans les cas de violences infra-étatiques – s'est ainsi posée avec une acuité nouvelle, interpellant les puissances étatiques, les organisations intergouvernementales ainsi que les ONG, les centres d'étude de la guerre ou encore les médias.

L'étude du sort réservé aux individus dans les conflits armés doit être complétée par la prise en compte des déplacements forcés, à l'intérieur des frontières d'un État pour les déplacés*, au-delà des limites territoriales pour les réfugiés*. Fin 2009, le Haut-Commissariat des Nations unies pour les réfugiés (UNHCR) recensait 10,4 millions de réfugiés dans le monde et plus de 15,6 millions de déplacés internes [UNHCR, 2010]. La persistance de zones de violences infra-étatiques et la multiplication des États effondrés sont autant de facteurs directement liés à l'accroissement significatif du nombre de déplacés depuis 2003 alors que le nombre de réfugiés était, jusque dans les années 1990, supérieur [DURAND *et al.*, 2010]. En 2008, le HCR a ainsi estimé qu'il y avait deux fois plus de personnes déplacées que de réfugiés dans le monde, soit environ 25 millions de personnes réparties dans une cinquantaine d'États. Créé en 1950, le HCR garantit la protection du statut des réfugiés selon les termes de la convention* de Genève de 1951 et du protocole additionnel de 1967. Le HCR étend aujourd'hui sa protection à sept catégories d'individus : outre les réfugiés et les déplacés internes, il faut en effet ajouter les demandeurs d'asiles, les apatrides, les réfugiés et les déplacés internes qui retournent dans leur pays ou région d'origine, enfin les individus qui, sans entrer dans des catégories déterminées, sont pris en charge par le HCR sur des fondements humanitaires (victimes de tremblements de terre, d'inondations, de tsunami, etc.).

• Droit de la guerre et protection des civils

Depuis l'adoption, le 22 août 1864 de la Convention pour l'amélioration du sort des militaires blessés dans les armées en campagne, dite Première Convention de Genève, la prise en compte du sort des individus dans les conflits est devenue indissociable du corpus juridique qui constitue le droit international humanitaire (DIH). C'est en juin 1859 qu'Henry Dunant, de retour de Tunisie, rejoint le village de Castiglione, situé à proximité de la bataille de Solferino. Les affrontements entre Français et Autrichiens font 6 000 morts et 40 000 blessés. Du traumatisme de cette expérience, Dunant tire un livre, *Un Souvenir de Solferino,* publié en 1862. Avec l'aide d'un philanthrope suisse, il fonde le "Comité des cinq" à l'origine du Comité international de 16 États qui organise la conférence d'août 1864 et adoptera en 1880 le nom de Comité international de la Croix-Rouge (CICR). Cette démarche s'ancre dans une tradition juridique remontant aux écrits religieux de saint Augustin et saint Thomas d'Aquin ainsi qu'aux travaux d'Hugo Grotius établissant, dès 1625, les catégories juridiques du droit à faire la guerre (*jus ad bellum*) et du droit dans la guerre (*jus in bello*), c'est-à-dire des principes devant réglementer les modalités des affrontements guerriers.

Réfugiés et personnes déplacées selon l'Agence des Nations Unies pour les Réfugiés (UNHCR) 1997-2009 (situation à la fin de l'année)

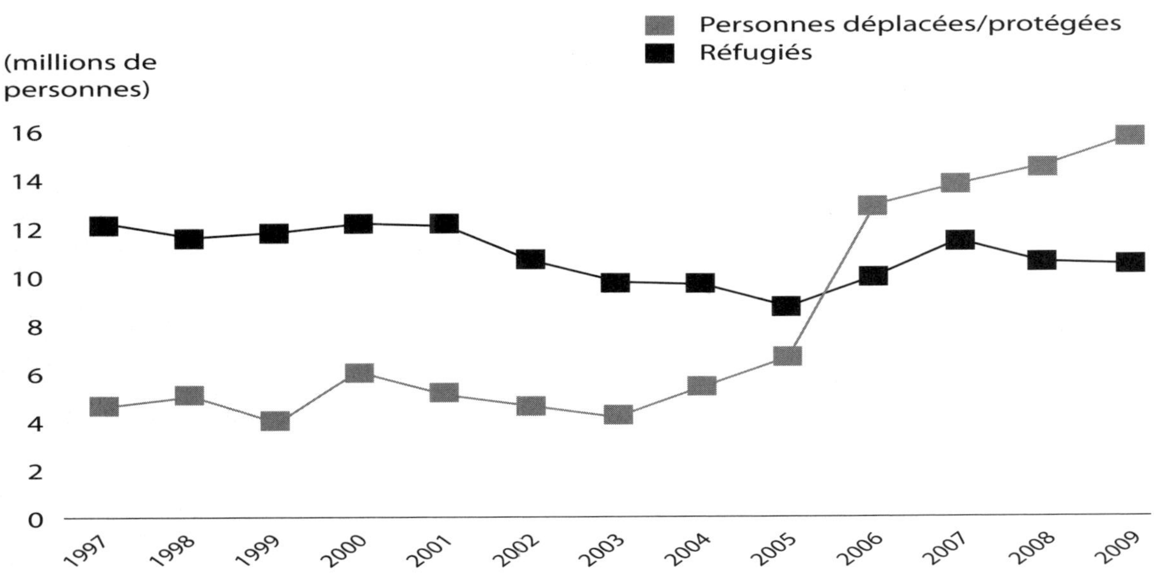

Historiquement, l'attention portée aux individus dans les conflits armés concerne avant tout les soins apportés aux soldats blessés. Il faut attendre 1949 et l'adoption de trois nouvelles conventions venant s'ajouter à la première pour que le droit international de la protection des individus en temps de guerre intègre les prisonniers de guerre et les civils, notamment en territoire occupé (Conventions III et IV). Les instruments juridiques internationaux qui constituent le DIH suivent ainsi les évolutions de la conflictualité globale. C'est encore le cas pour l'adoption, en 1977, de deux protocoles additionnels distinguant les conflits interétatiques des conflits infra-étatiques. Leurs dispositions et, notamment, la règle stipulant que les civils bénéficient de la protection contre les attaques directes "à moins qu'ils ne participent directement aux hostilités et pendant la durée de cette participation" [MELZER, 2010] témoignent des difficultés rencontrées par le DIH pour assurer la protection des civils alors qu'il apparaît de plus en plus difficile de distinguer des combattants réguliers. Dans le contexte des guerres infra-étatiques, il faut désormais également tenir compte des affrontements entre groupes organisés non étatiques mais aussi de l'enrôlement contraint de civils par des réseaux mafieux ou des milices locales. Au regard du droit international de la protection des individus, quel statut accorder aux enfants-soldats et aux villageois forcés de prendre part, de manière épisodique ou continue, aux violences et aux exactions ?

L'attention portée à la protection des civils dans les conflits relève d'une tendance récente, résultant partiellement de l'incapacité de la communauté internationale à empêcher les massacres et les génocides* de la décennie 1990. Dès 1994, le Programme des Nations unies pour le développement (PNUD) revendique un élargissement du concept de sécurité, au-delà de sa seule dimension militaire traditionnelle. À la revendication d'une sécurité "humaine" correspond la prise en compte des multiples formes de violences que subissent les individus : violence sociale, violence environnementale, violence liée à la détérioration du milieu urbain. Une appréhension élargie et multidimensionnelle de la violence envers les individus qui s'inscrit dans la distinction entre violence directe et indirecte opérée par Johan Galtung dès 1969, l'absence de l'une ou de l'autre définissant respectivement les catégories de la paix positive et de la paix négative [GALTUNG, 1969].

L'énonciation par la Commission internationale de l'intervention et de la souveraineté des États (CIISE, organisme international indépendant créé dans le but de concilier la responsabilité qu'a la communauté internationale de réagir aux violations massives des normes humanitaires et la nécessité de respecter les droits souverains des États. Elle a publié un rapport sur le "droit d'intervention humanitaire" en 2001) du principe de la responsabilité de protéger renouvelle les fondements historiques de l'État moderne. D'après la CIISE, la souveraineté d'un État ne peut plus uniquement se concevoir comme le devoir de défense d'un territoire* au regard d'un ennemi situé à l'extérieur des frontières, mais bien davantage comme la responsabilité de protéger les civils contre les "conséquences d'une guerre civile, d'une insurrection, de la répression exercée par l'État ou de l'échec de ses politiques [...]" [CIISE, 2001]. De surcroît, si l'État concerné n'est pas en mesure d'assurer la protection de ses propres citoyens ou s'il est lui-même à l'origine des violences, il incombe à la communauté internationale d'intervenir pour prévenir, réagir et reconstruire. Si le principe peine à être appliqué, son adoption illustre à quel point la protection des individus dans les conflits armés et en particulier des civils est devenue une préoccupation au cœur de l'agenda des organisations multilatérales de paix et de sécurité.

La diplomatie citoyenne au service de la paix

Victimes et combattants, les individus participent également à la résolution des conflits armés. À la privatisation des conflits, synonyme d'érosion du monopole étatique sur la conduite de la guerre, correspond en effet une privatisation des manières de faire la paix dans le contexte d'une prolifération des pacificateurs. Énoncées en 1996, les neuf voies de la diplomatie* multidimensionnelle (*multitrack diplomacy*) selon DIAMOND et MCDONALD [1996] déclinent la diversité des rôles joués par les individus dans les processus de prévention, de gestion et de résolution des conflits ainsi que leur participation aux programmes de réconciliation et de reconstruction post-conflit. Diplomates en puissance, les individus sont désormais tous capables de devenirs des *porteurs de messages* et d'œuvrer directement à l'objectif de pacification. En mettant sur le même plan les acteurs publics (États, organisations intergouvernementales) et les acteurs privés (ONG, médias, personnalités éminentes), la *multitrack diplomacy* nie la séparation traditionnelle entre le niveau officiel et le niveau officieux de la diplomatie. L'objectif de paix et de sécurité dépend, au contraire, de la capacité à coordonner l'action d'une multiplicité d'acteurs à la fois concurrents et complémentaires.

SCHÉMA DE LA MULTITRACK DIPLOMACY

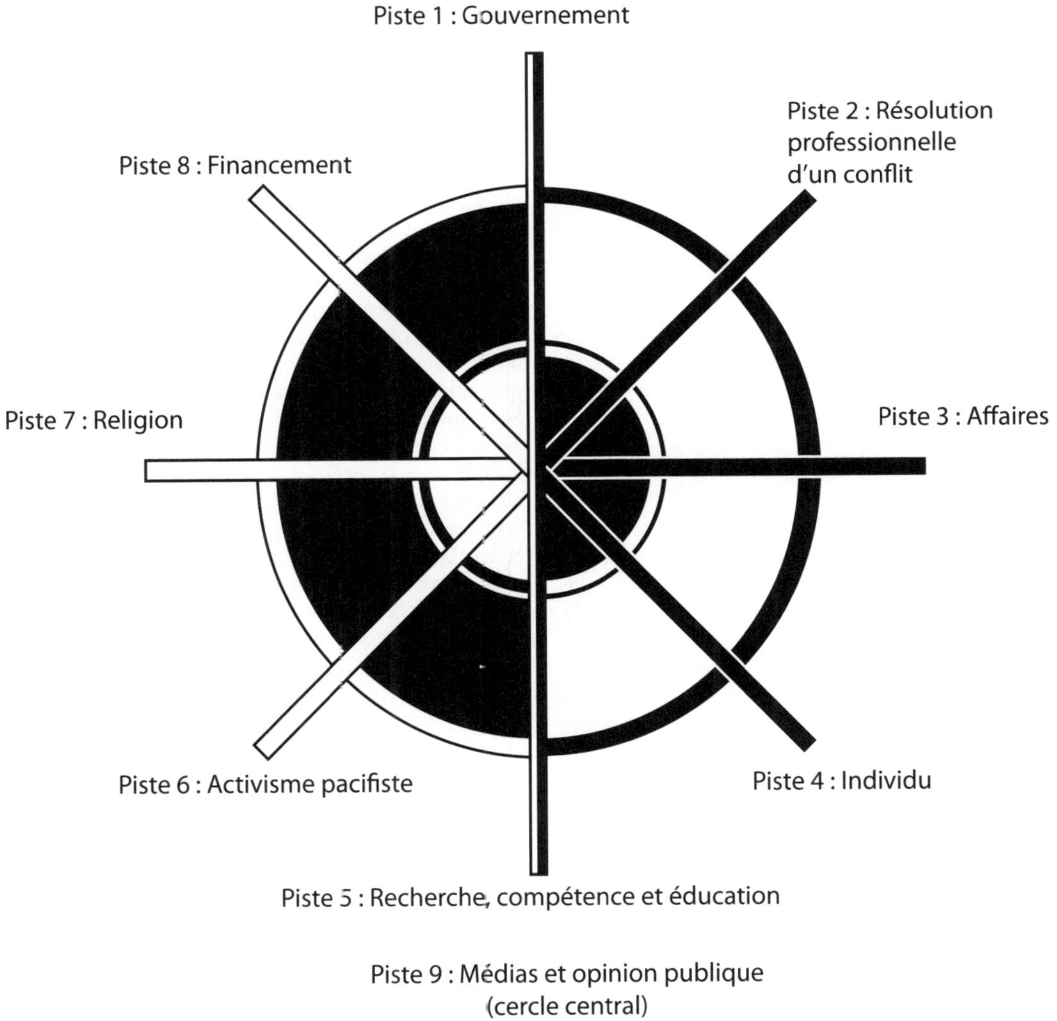

Source : Diamond, Louise, McDonald, John W., *Multi-track diplomacy : a systems approach to peace.* West Hartford, Conn., Kumarian Press, 1996, p. 15.

L'intrusion des *French doctors* de Médecins sans frontières dans la guerre du Biafra (1967-1970) et l'appel à l'intervention, à titre humanitaire, de la communauté internationale ont démontré le pouvoir d'interférence des individus dans les stratégies guerrières des États. Moins visible et néanmoins influente, la médiation des quakers* témoigne de la capacité d'un acteur privé d'inspiration religieuse à servir, d'une part, de facilitateur entre les parties en conflits, et d'autre part d'interface* fonctionnelle entre une multiplicité d'acteurs extérieurs et les belligérants. Entre 1967 et 1970, la Société religieuse des amis (nom officiel de l'Église quaker) constitue ainsi une mission de paix composée de trois médiateurs (Adam Curle, John Volkmar, Walter Martin) qui parviennent à faire office d'interlocuteurs privilégiés des factions locales, du gouvernement nigérian et des organisations intergouvernementales. De fait, les émissaires de l'Église de paix fondée en 1647 participent à la préparation des négociations officielles, dans une stratégie historique de ralliement des puissants à l'idéal de réconciliation comme ils l'ont fait, en toute discrétion, dans de nombreux conflits à travers l'histoire, de l'Irlande au Proche-Orient.

L'action de la Communauté de Sant'Egidio témoigne également de la contribution directe des individus aux processus de paix. Fondée en 1968, "l'Onu du Trastevere" revendique aujourd'hui plus de 60 000 membres à travers le monde. Autour d'Andrea Riccardi, professeur d'histoire du christianisme à l'Université de la Sapienza, quelques personnalités catholiques s'engagent depuis Rome dans des opérations de médiation internationale. Haut fait de la médiation des *ragazzi* de Sant'Egidio : la signature, en 1992, et après 15 ans de négociation, des accords de Rome, mettant fin à la guerre civile au Mozambique.

La mobilisation de personnalités éminentes – chefs d'États et de gouvernement – pour la paix dans le monde recouvre enfin des initiatives spécifiques qui démontrent l'impact de l'action des individus sur la scène internationale contemporaine. Acteurs transnationaux par excellence, les individus évoluent désormais au sein de réseaux à l'échelle globale dont les ressources et les modalités d'intervention dans les conflits tendent à s'écarter de toute appartenance nationale ou territoriale. Composé de douze personnalités à la réputation mondiale, le groupe des *Elders* fondé en 2007 témoigne des capacités d'influence de la "société civile internationale". Parmi les membres de ce groupe des *Anciens*, on compte Lakhdar Brahimi, ancien représentant spécial du secrétaire général de l'ONU, Martti Ahtisaari, ancien président finlandais et prix Nobel de la paix, Kofi Annan, ancien secrétaire général des Nations unies, Jimmy Carter, ancien président des États-Unis, également prix Nobel de la paix, l'archevêque Desmond Tutu, ou encore Graça Machel, ancienne ministre, veuve de l'ancien président du Mozambique, Samora Machel, signataire des accords de paix de 1992. "Apôtres de paix", les *Elders* tentent d'interpeller les États et les protagonistes des conflits de la scène internationale. Prophètes d'une humanité réconciliée, ils font la promotion de la réconciliation et de la résolution des conflits à l'appui d'une légitimité acquise par leur action personnelle passée. Le statut dont ils bénéficient à titre individuel, de par les fonctions occupées et l'expression d'une certaine reconnaissance internationale, leur permet de faire entendre la "voix de la sagesse". Soutenus et financés par des entreprises et des fondations privées, adeptes d'une stratégie de communication particulièrement active, ils prennent à parti les politiques étrangères des États en sollicitant le soutien de l'"opinion publique" internationale.

Selon les postulats des principaux courants d'études des relations internationales, les individus ne joueraient aucun rôle significatif dans la politique mondiale. Qu'ils soient victimes, combattants ou faiseurs de paix, que leur action relève d'une logique strictement privée ou qu'elle s'articule avec des missions de puissance publique, il apparaît désormais impossible d'ignorer la contribution directe des individus aux conflits contemporains. De fait, l'intrusion des individus sur la scène internationale participe pleinement de la redéfinition d'un ordre mondial en quête de stabilité.

OUTILS

QUINZE CONFLITS INTENSES EN 2011

Nom du conflit	Début	Nombre de morts total (civils et militaires)	Nombre de déplacés	Lieux	Premier groupe de belligérants
Première et deuxième guerres du Congo	1996	Entre 2 500 000 et 4 000 000 de morts (pour l'essentiel des civils victimes de surmortalité due à la guerre)	Entre 200 000 et 2 000 000 de personnes selon les sources, Des viols de masse ont aussi eu lieu	L'essentiel des combats s'est déroulé dans l'est de la République démocratique du Congo	République démocratique du Congo, Angola, Tchad, Namibie, Zimbabwe, milices hutues
Guerre civile du Darfour	2003	300 000	2 300 000	Darfour, région de l'Ouest du Soudan	République du Soudan
Guerre d'Irak	2003	150 000 pour les Irakiens (dont 100 000 civils) et 4 750 pour la coalition (dont 4 400 pour les États-Unis)	2 000 000	Irak	États-Unis et leurs alliés
Deuxième guerre de Tchétchénie et ses conséquences	1999	Plus de 100 000 morts civils, 5 000 militaires russes, 13 000 combattants tchétchènes	Inconnu	Tchétchénie puis Daguestan	Fédération de Russie et Tchétchènes fidèles à Moscou
Guerre en Somalie	1986	100 000	Inconnu	Somalie	Groupes islamistes, dont l'Union des tribunaux islamistes

Il s'agit d'un panorama, forcément trop simplifié des conflits les plus intenses en cours sur la planète. La brève description ne peut prétendre résumer complètement des situations souvent fort anciennes et fort complexes.

Deuxième groupe de belligérants	Interventions internationales	Description
Rwanda, Ouganda, Burundi, milices tutsies	Déploiement d'une mission de l'ONU, la MONUC, à partir de 1999. Son effet sur le conflit reste très limité. Depuis juillet 2010, c'est la MONUSCO qui cherche à stabiliser le pays	La guerre commence comme une guerre de sécurisation des frontières par le Rwanda puis évolue en guerre civile avec le départ de Mobutu et en guerre de pillage des ressources de la RDC
Mouvement pour la justice et l'égalité (islamiste) et l'Armée de libération du Soudan (laïc)	Mission de l'ONU et de l'Union africaine, MINUAD qui a des effectifs très importants (22 500 personnes)	Ce conflit prend la forme d'une guerre civile et mêle de façon complexe des conflits ethniques, des conflits sur les ressources pétrolières et l'autonomisation d'une région du Soudan
Mouvement baass irakien, mouvements sunnites ou chiites, groupes d'Al-Qaïda	Aucune sur le conflit, mais il existe une petite mission d'assistance de l'ONU pour l'Irak, la UNAMI (600 personnes)	Ce conflit est une application des principes de guerre “préventive” contre le terrorisme. Les États-Unis envahissent l'Irak pour supprimer la menace potentielle que représente le régime baassiste
Mouvements islamiques tchétchènes	Aucune	C'est une intervention militaire pour rétablir l'autorité russe en Tchétchénie. L'essentiel des combats a eu lieu entre 1999 et 2000, mais des violences sporadiques continuent encore aujourd'hui
Gouvernement fédéral de transition somalien, Éthiopie	L'Union africaine a mis en place l'AMISOM depuis 2007 (8 400 personnes)	La désintégration de l'État somalien depuis la guerre civile de 1986 a conduit à des interventions extérieures, comme celle de l'Éthiopie. Le développement de la piraterie est symbolique de la défaillance de l'État

Tableau des conflits

Conflit armé colombien	1964	55 000, en grande majorité des civils	3 500 000 (depuis 1950). Des viols de masse ont aussi été rapportés	Colombie	République de Colombie
Guerre d'Afghanistan	2001	35 000 morts, dont 20 000 talibans, 5 000 soldats afghans et 2 300 soldats de la coalition	60 000	Afghanistan	Coalition d'États au sein de l'OTAN, en particulier les États-Unis
Guerre du nord-ouest du Pakistan	2004	Environ 30 000 morts, dont 3 000 militaires et policiers pakistanais et 16 000 talibans, 35 000 civils ont été tués dans des attentats terroristes	Plusieurs centaines de milliers	Régions tribales fédéralement administrées au Pakistan	États-Unis et Pakistan
Conflit territorial Israël/Palestine	1965	30 000		Territoires palestiniens et Israël	Israël
Conflit armé contre les cartels de la drogue au Mexique	2006	28 000, dont de nombreuses atrocités commises sur des civils	Probablement 60 000 personnes à Ciudad Juarez	Mexique	Mexique

Guérillas marxistes (dont les FARC) et groupes paramilitaires (de “droite”)	Aucune	Ce conflit oppose l'État colombien à des guérillas marxistes et à des groupes paramilitaires. En plus des motivations idéologiques et de la réforme agraire, le commerce de la drogue est devenu un enjeu du conflit
Groupes talibans afghans et Al Qaïda	C’est une intervention validée par le conseil de sécurité de l’ONU, qui prend aujourd’hui la forme d’une force de l’OTAN, la FIAS (130 000 personnes)	C'est une guerre décidée de façon multilatérale pour mettre fin aux activités d'Al-Qaïda en Afghanistan. Cet objectif n'est pas encore atteint
Talibans pakistanais et autres groupes	Aucune	Il s’agit d’une guerre pour rétablir l’autorité du gouvernement pakistanais sur les zones tribales dirigées par les talibans. Le régime pakistanais rencontre de graves difficultés pour faire aboutir sa stratégie
État revendiqué de Palestine et groupes politiques palestiniens (Fatah et Hamas)	Présence d’organismes de l’ONU chargés de surveiller le conflit (ONUST et FNUOD), leur effet sur le conflit est limité	Les deux camps s’opposent pour exercer la souveraineté sur un même territoire
Nombreux cartels de narcotrafiquants (dont “la famille” et “Los Zetas” par exemple)	Aucune, mais un fort soutien des États-Unis	Le président Calderon décide d'engager l'armée pour lutter contre des cartels de la drogue qui ont pris le contrôle de certains territoires et gravement corrompu de nombreux éléments de la police et des municipalités. Malgré l'emploi d'un haut niveau de violence des deux côtés, l'efficacité de la méthode est très discutée

République assam en Inde	1970	De 10 000 à 25 000	Inconnu	Assam	Inde
Rébellion naxalite (maoïste) en Inde	1969	5 500 à 6 000. Les conflits se sont intensifiés à partir de 2000	Environ 40 000 personnes	Inde	Inde
Guerre civile tchadienne	2005	De 700 à 5 000	400 000	Tchad	Tchad, soutenu par la France
Conflit dans le sud de la Thaïlande	2004	3 500	Inconnu	Régions au sud de la Thaïlande	Royaume de Thaïlande
Conflit en République centrafricaine	2005	2 000	Plusieurs milliers	Centrafrique	République centrafricaine

Mouvement séparatiste d'Assam	Aucune, c'est un conflit interne	Plusieurs mouvements séparatistes d'Assam se révoltent contre le pouvoir central pour obtenir l'indépendance de leur territoire. Ils sont considérés comme des terroristes par le gouvernement indien
Mouvements maoïstes	Aucune, c'est un conflit interne	Plusieurs groupes maoïstes se révoltent contre le gouvernement et attaquent notamment les policiers indiens, mais ces actes de violence touchent aussi les civils
Mouvements "rebelles" soutenus par le Soudan	EUFOR : force opérationnelle de l'Union européenne, remplacée depuis 2009 par la MINURCAT, force de l'ONU	Des mouvements "rebelles" cherchent à renverser le pouvoir en place, par des opérations militaires, notamment avec le soutien du Soudan
Mouvements islamiques et séparatistes	Aucune, c'est un conflit interne	Des mouvements malais et musulmans revendiquent par la force l'indépendance des régions les plus méridionales de la Thaïlande. La junte au pouvoir intensifie la lutte militaire contre ces groupes
Mouvements "rebelles"	Intervention de l'UE et de l'ONU pour mettre en place une transition démocratique : BINUCA	Il s'agit d'un conflit entre des mouvements "rebelles" opposés au pouvoir de François Bozizé (acquis par la force)

BIBLIOGRAPHIE

AFP, “Les États-Unis augmentent l’aide aux Israéliens de 170 millions de dollars”, 29 juin 2008 (en ligne).

AKRICH M. (dir.), La Griffe de l’ours : Débats et controverses en environnement, École des mines de Paris, Paros, 2002.

AMSELLE J.L. (dir.), *Au cœur de l’ethnie : ethnie, tribalisme et État en Afrique*, La Découverte, Paris, 1985.

ANDREU A., “Les temporalités des guerres, une approche géohistorique”, in VILLAIN-GANDOSSI C. et LORENZZ J. (dir.), *Penser le temps…*, Éditions du CTHS, Paris, 2008.

ANNART J., “L’histoire du wargame”, *Les cahiers du jeu vidéo*, 2008, n° 1.

ANTOINE L., “Quand la controverse tourne à l’impasse : la guerre du thon”, *Natures, Sciences, Sociétés*, volume 3, n° 1, 1995.

APPERT M., “Conflits d’aménagement aux marges nord-est de la City de Londres”, *Hérodote*, n° 137, 2010.

ARNAULD DE SARTRE X. et TARAVELLA R., “National sovereignty *vs.* sustainable development lessons from the narrative on the internationalization of the Brazilian Amazon”, *Political Geography*, 2009.

ARNAULD DE SARTRE X. et BERDOULAY V., *Politiques territoriales et développement durable. Leçons d’Amazonie*, Éditions Quae, Paris, 2011, à paraître.

ASTORGA L., “Géopolitique des drogues au Mexique, l’hégémonie des Sinaloans sur le trafic des drogues illicites”, *Hérodote* n° 112, 2004.

Atlas du Monde diplomatique 2010, Armand Colin, Paris, 2009.

AZZELLINI D., KANZLEITER B., *Le business de la guerre. Irak, Afghanistan, Kurdistan, Indonésie, Congo, Angola, Mexique, Colombie, Guatemala, Yougoslavie*, Gatuzain, Bayonne, 2006.

AUDIGIER F., *Les représentations que les élèves ont de l’histoire et de la géographie*, thèse de doctorat, Université de Paris VII, 1993.

BADIE B., *La fin des territoires*, Paris, Fayard, 1995.

BALLIF F., “Les traces de la guerre civile. La pérennisation des *peacelines* à Belfast”, in C. VALLAT (dir.), *Pérennités urbaines ou la ville par-delà ses métamorphoses*, L’Harmattan, Paris, 2008.

BAYART J.F., “En finir avec les études post-coloniales”, *Le Débat*, n° 154, 2009.

BENAFLA K., “Un Conflit d’appropriation de la terre, révélateur et producteur de frontières : le cas d’Anjar (Liban, Plaine de Bekaa)”, *Cultures et conflits* n° 73, 2009.

BENBASSA E., *Être juif après Gaza*, CNRS Éditions, Paris, 2009.

BENHAMMOU F., *Vivre avec l’ours*, Hesse, Saint-Claude-de-Diray, 2005.

BENHAMMOU F., *Crier au loup pour avoir la peau de l’ours. Une géopolitique locale de l’environnement à travers la gestion et la conservation des grands prédateurs en France*, thèse ENGREF – Agro Paris Tech, Paris, 2007.

BÉNIT C., GERVAIS-LAMBONY P., “La mondialisation comme instrument politique local dans les métropoles sud-africaines (Johannesburg et Ekhuruleni) : les ‘pauvres’ face aux ‘vitrines’”, *Annales de géographie,* n° 634, 2003.

BERQUE A., *Médiance, de milieux en paysages*, Éditions Reclus, Montpellier, 1990.

BERTONCELLO B., BREDELOUP S., “Chine-Afrique ou la valse des entrepreneurs-migrants”, *Revue européenne des migrations internationales*, vol. 25 - n° 1, 2009.

BETHEMONT J., *Les grands fleuves. Entre nature & société*, Armand Colin, Paris, 1999.

BEUCHER S., “Le risque d’inondation dans le Val-de-Marne : une territorialisation impossible ?”, *Annales de géographie*, n° 657, 2007.

BEURET J.E., *La conduite de la concertation pour la gestion de l’environnement et le partage des ressources*, L’Harmattan, Paris, 2006.

BEURET J.E., CADORET A., *Gérer ensemble les territoires : vers une démocratie coopérative*, Éditions Charles Leopold Mayer, Paris, 2010.

BEURET M. et MICHEL S., *La Chinafrique : Pékin à la conquête du continent noir*, Grasset, Paris, 2008.

BIGO D., "Les conflits post-bipolaires", *Cultures et conflits*, n° 8, 1993.

BIGO D., BOCCO R., PIERMAY J.L., "Logiques de marquages, murs et disputes frontalières", *Cultures et conflits* n° 73, 2009.

BLACK J., *Regards sur le monde, une histoire de cartes*, Octopus/Hachette, Paris, 2003 (trad. 2004).

BOCQUÉRAT G., "Une puissance en quête de reconnaissance", *Questions internationales*, n° 15, 2005.

BOUNY A., *Agent Orange - Apocalypse Viêt Nam*, Éditions Demi-Lune, Paris, 2010.

BOUSSOIS S., "L'image d'Israël dans l'opinion occidentale : une lente dégradation", *Moyen-Orient*, n° 7, 2010.

BOUTHOUL G., *Traité de polémologie*, Payot, Lausanne, 1970.

BOUVIER, G., "Enjeux géopolitiques autour de la distribution d'électricité en France", *Hérodote*, n° 110, 2003.

BRAUDEL F., *La Méditerranée et le monde méditerranéen à l'époque de Philippe II*, Armand Colin, Paris, 1985.

BRENNETOT A., "Pour une géoéthique. Éléments d'analyse des conceptions de la justice", *L'Espace géographique*, n° 1 (volume 39), 2010.

BRICET DES VALLONS G.-H., "Le paradisme Watan. Comment l'externalisation de la logistique américaine en Afghanistan finance l'insurrection", *Défense & sécurité internationale*, Paris, janvier 2011.

BRUCKMEIER K. et HÖJ LARSEN C., "Swedisch coastal fisheries – From conflict mitigation to participatory management", *Marine Policy*, volume 32, 2008.

BRUNEAU M., *L'Asie d'entre Inde et Chine, logiques territoriales des États*, Belin, 2006.

BRUNEL S., *L'Afrique*, Bréal, Rosny-sous-Bois, 2004.

BRUNEL S., *Nourrir le monde*, Larousse, Paris, 2009.

BRYDEN A., CAPARINI M. (dir.), *Private Actors and Security Governance*, LIT, Zürich, 2006.

BUCKLES D. et RUSNAK G., *Cultiver la paix, conflits et collaboration dans la gestion des ressources naturelles*, CRDI, Ottawa, 2002.

CADORET A., *Conflits d'usage et réseaux sociaux : enjeux d'une gestion intégrée ? Le cas du littoral du Languedoc-Roussillon*, Thèse de géographie, Université Montpellier III, 2006.

CADORET A., "Conflict dynamics in coastal zones : a perspective using the example of Languedoc-Roussillon (France)", *Journal of Coastal Conservation : planning and management,* 2009.

CADORET A., "Les facteurs de durabilité des formes de régulation des conflits littoraux", Colloque interdisciplinaire *Gestion durable des zones côtières et marines : nouveaux discours, nouvelles durabilités, nouvelles frontières*, La Rochelle, 10 et 11 juin 2010.

CADORET A., "Analyse des processus conflictuels : le cas du littoral du Languedoc-Roussillon", *L'Espace géographique*, 2011.

CADORET A., LAVAUD-LETILLEUL V., "L'urbanisation illégale sur le littoral du Languedoc-Roussillon entre laisser-faire et reprise en main par les pouvoirs publics", Rencontre thématique internationale *La régulation publique de l'urbanisation et des conflits d'usage autour des espaces ouverts littoraux méditerranéens,* École française de Rome, Aix-en-Provence, 8-9 septembre 2009.

CANS R., *La ruée vers l'eau*, Gallimard, Paris, 2001.

CARON A. et TORRE A., "Les conflits d'usages dans les espaces ruraux : une analyse économique", *Sciences de la société*, n° 57, 2002.

CARRÈRE D'ENCAUSSE H., *La Russie entre deux mondes*, Fayard, Paris, 2010.

CARROUÉ L., *Géographie de la mondialisation*, Armand Colin, Paris, 2002.

CASALONGA S., "Thon rouge : la France pour l'interdiction du commerce... dans 18 mois", *Journal de l'environnement*, 2010 (en ligne).

CHAGNOLLAUD J.-P. et SOUIAH S.-A., *Atlas des Palestiniens, Un peuple en quête d'un État*, Éditions Autrement, Paris, 2011.

CHARLIER B., *La défense de l'environnement : entre espace et territoire : géographie des conflits environnementaux déclenchés en France depuis 1974*, Thèse de géographie et aménagement, Université de Pau, 1999.

CHARVET J.P., *Nourrir les hommes*, CNED Sedes, Paris, 2008.

CHARVET J.P., *Atlas de l'agriculture*, Autrement, Paris, 2010.

CHAUPRADE A., *Chronique du choc des civilisations*, Éditions Chronique, Paris, 2009.

CHEBEL M., *L'esclavage en terre d'Islam*, Fayard, Paris, 2007.

CHOBLET C., DESPRES L., GUILLOTREAU P., "Donges-Est : les mots du conflit", *Place publique*, volume 3, 2007.

CHOUVY P.A., "Géopolitique des drogues illicites en Asie", *Hérodote*, 2002, n° 109.

CHOUVY P.A., *Les territoires de l'opium. Conflits et trafics du Triangle d'Or et du Croissant d'Or*, Éditions Olizane, Genève, 2002.

CHOUVY P.A., "Drogues illicites, territoire et conflits en Afghanistan et en Birmanie", *Hérodote*, 2004, n° 112.

CHOUVY P.A., "Production de cannabis et de haschich au Maroc, contexte et enjeu", *L'espace politique*, n° 4, 2008 (en ligne).

CHOUVY P.A. et DANIEL L., "De la géopolitique des drogues illicites", *Hérodote*, 2004, n° 112.

CHRÉTIEN J.P., *Les médias du génocide*, Karthala, Paris, 1995.

CIATTONI A., VEYRET Y. (dir.), *Géographie et géopolitique des énergies*, Paris, Hatier, 2007.

CICIN-SAIN B. et KNECHT R.W., *Integrated Coastal and Ocean Management. Concepts and Practices*, Island Press, Washington D.C. and Covelo, California, 1998.

CIJ, "Conséquences juridiques de l'édification d'un mur dans le territoire palestinien occupé", La Haye, *Rôle général*, n° 131, 9 juillet 2004.

Cité des sciences et de l'industrie, *Objectif Terre, la révolution des satellites*, Le Pommier, Paris, 2009.

CLAVAL P., "La science régionale : la théorie et les politiques", *Revue internationale des sciences sociales,* n° 112, 1987.

CLÉMENT G., JAMBARD P., *L'Afrique et le Moyen-Orient en fiches*, Bréal, Paris, 2010.

COCCARO J.M., DESSE R.P., ROBIANI M.I., "Les territoires de la crise argentine : lecture de géographes", *Information géographique*, n° 4, 2003.

Commission des limites du plateau continental : www.un.org/Depts/los/clcs_new/clcs_home.htm.

Commission européenne, "Renforcer la gestion de la frontière maritime de l'Union européenne", 2006.

CIISE (Commission Internationale de l'Intervention et de la Souveraineté des États), *La responsabilité de protéger*, Centre de recherches pour le développement international, Ottawa, 2001.

CORDELLIER S., *Dictionnaire historique et géopolitique du 20e siècle*, La Découverte, Paris, troisième édition, 2007.

COSTES J.M. (dir.), "Cannabis, données essentielles", OFDT, Paris, 2007.

COURADE G. *et alii*, *L'Afrique des idées reçues*, Belin, Paris, 2006.

CUISINIER-RAYNAL A., "La Frontière au Pérou, entre fronts et synapses", *L'Espace géographique*, 2001.

Culture et Conflits n° 3, "Mafia, drogue et politique", automne 1991.

CURY P. et MISEREY Y., *Une mer sans poisson*, Calmann-Lévy, Paris, 2008.

DABENE O., *L'Amérique latine à l'époque contemporaine*, Armand Colin, Paris, 2005.

DABENE O., BOISSIÈRE A., *Atlas de l'Amérique latine*, Autrement, Collection Atlas/Monde, Paris, 2006.

DAGORN R.E. (dir.), *Géopolitique de l'Asie en 80 problématiques*, Nathan, Paris, 2008.

DALLENNE P., NONJON A. *et alii*, *L'espace mondial, fractures ou interdépendances ?*, Ellipses, Paris, 2005.

DAMIEN M.M. et MARCADON J. (dir.), *Les ports européens et la mondialisation. La réforme française*, 2009.

DARLY S. et TORRE A., "Conflits liés aux espaces agricoles et périmètres de gouvernance en Île-de-France (résultats à partir d'analyses de la presse quotidienne régionale et d'enquêtes de terrain)", *Géocarrefour*, volume 83/4, 2008.

DAUVIN J.C., (dir.), *Gestion intégrée des zones côtières : outils et perspectives pour la préservation du patrimoine naturel*, Muséum national d'histoire naturelle, Collection Patrimoines naturels, Volume 57, 2002.

DAVID C.P., *La guerre et la paix. Approches contemporaines de la sécurité et de la stratégie*, Presses de Sciences Po, Paris, 2000.

DEBLONDE J.M., VEYRON P., *Géopolitique du conflit israélo-palestinien. Les hommes, la terre, l'eau*, Ellipses, Paris, 2009.

DEBOS M., "Darfour, Tchad, République centrafricaine : le développement d'une crise régionale", *Ramses 2008*, Dunod, Paris, 2007.

DELUMEAU J., *Le fait religieux*, Fayard, Paris, 1996.

DENÉCÉ E., POULOT F., *Dico Atlas des conflits et des menaces*, Belin, Paris, 2010.

DENIS E., "Inégalités régionales et rébellions au Soudan", *Outre Terre*, 2007.

Département des missions de maintien de la paix de l'ONU (2008), *Les opérations de maintien de la paix, principes et orientations*.

DEPRAZ S., *Géographie des espaces naturels protégés : Genèse, principes et enjeux territoriaux*, Éditions Armand Colin, Paris, 2008.

DÉRENS J.A., "La boîte de Pandore des frontières balkaniques", *Le Monde diplomatique*, janvier 2008.

DÉRENS J.A., "Kosovo : l'indépendance et après ?" *Le Monde diplomatique*, février 2008.

DESPORTES V., *La guerre probable*, Economica, Paris, 2007.

DESSE R. P, DUPUY H., *Le Mercosur, vers la grande Amérique latine ?* Ellipses, Paris, 2008.

DIAMOND L. et MCDONALD J., *Multi-Track Diplomacy : A Systems Approach to Peace,* Kumarian Press, Londres, troisième édition, 1996.

DIECKHOFF A., *Les espaces d'Israël*, Presses de la fondation nationale des sciences politiques, Paris, 1987 (rééd. 1989).

DIECKHOFF A., "Démocratie et ethnicité en Israël", *Sociologie et sociétés*, vol. 31, n° 2, 1999.

DIECKHOFF A., "Réflexions sur la question sioniste", *Mouvements,* n° 33-34, 2004.

DJALILI M., *Géopolitique de l'Iran*, Éditions Complexe, Bruxelles, 2005.

DREVET J.F., "Chypre entre partition et réunification", *Politique étrangère*, 2010.

DROZ-VINCENT P., "Le Liban dans les projets américains au Moyen-Orient", in MERMIER F. et PICARD E. (dir.) *Liban : Une guerre de 33 jours*, Éditions La Découverte, Paris, 2007.

DUBEY G., Intervention dans le cadre du séminaire "Jeux vidéo et travail", Laboratoire junior Jeux vidéo : pratiques, contenus, discours, ENS de Lyon, 16 décembre 2009.

DUBOIS S., *Le fait religieux dans le monde d'aujourd'hui, essai géographique*, Ellipses, Paris, 2005.

DUBOIS S., *Les hydrocarbures dans le monde*, Ellipses, Paris, 2007.

DUBOIS S., *Le défi alimentaire. Étude géopolitique et géoéconomique des agricultures mondiales*, PUF, Paris, 2010.

DUMONT R., *L'Afrique noire est mal partie*, Seuil, Paris, 1962.

DURAND M.F., COPINSCHI P., MARTIN B., PLACIDI D., *Atlas de la mondialisation : comprendre l'espace mondial contemporain*, Presses de Sciences Po, Paris, 2010.

DZIEDZICKI J.M., *Gestion des conflits d'aménagement de l'espace : quelle place pour les processus de médiation ?* Thèse de géographie et aménagement, Université de Tours, 2001.

EMELIANOFF C., "La problématique des inégalités écologiques, un nouveau paysage conceptuel", *Écologie et politique*, n° 35, 2007.

ENCEL F., "Guerre israélo-palestinienne : d'encombrants renforts religieux au service des belligérants", *Hérodote*, n° 106, 2002.

ENCEL F., *Géopolitique du sionisme. Stratégies d'Israël*, Armand Colin, Paris, 2006.

ENCEL F., *Atlas géopolitique d'Israël, aspects d'une démocratie en guerre*, Éditions Autrement, Paris, 2008.

FABUREL G., *Le bruit des avions : évaluation du coût social. Entre aéroport et territoire*, Paris, Presses de l'ENPC, 2000.

FANCHETTE S., "Le delta du Niger (Nigeria) : rivalités de pouvoir, revendications territoriales et exploitation pétrolière ou les ferments de la violence", *Hérodote*, n° 121, 2006.

FÉRON E., "Restaurer la confiance en Irlande du Nord ? La négociation aux interfaces urbaines", *Négociations*, 2008.

FILIU J.P., *Les frontières du jihad*, Fayard, Paris, 2006.

FLORI J., *Croisade et chevalerie XIe-XIIe siècles*, éditions De Boeck Université, Bruxelles, 1998.

FONTAINE C., "12 900 tonnes de thon rouge pourront être pêchées en 2011", *Journal de l'environnement*, 28 janvier 2011.

FORTIN T., "Guerre à la portée de tous", *Le Monde diplomatique*, juillet 2007.

FOUCHER M., *Fronts et frontières, un tour du monde géopolitique*, Fayard, Paris, 1991.

FOUCHER M., *Asies nouvelles*, Belin, Paris, 2002.

FOUCHER M., *La bataille des cartes, analyse critique des visions du monde*, François Bourin Éditeur, Paris, 2010.

FRANÇOIS M., *Eau et développement en Espagne : politiques et discours. Les exemples de l'Aragon et de la région de Murcie*, Thèse de géographie, Université de Caen, 2009.

FRÉMONT A. *et al.*, *Géographie sociale*, Masson, Paris, 1984.

FRENOT Y., "L'émergence d'un tourisme de masse en Antarctique", *Le Cercle polaire*, 2007.

FUKUYAMA F., "The End of History ?", *The National Interest*, 1989.

GALTUNG J., "Violence, Peace and Peace Research", *Journal of Peace Research*, n° 6, 1969.

GALY M., "Liberia, machine perverse", *Cahier d'études africaines*, 1998.

GALY M., "Nouvelles visions des conflits : une politologie des 'mondes contemporains'", *Revue internationale et stratégique*, n° 43, 2001.

GAMBLIN A. (dir.), *Les Amériques latines*, SEDES, Paris, 2005.

GAUCHON C., "Des causes du conflit aux conditions de l'acceptation", in LASLAZ L., GAUCHON C., DUVAL-MASSALOUX M. et HÉRITIER S. (dir.), *Espaces protégés, acceptation sociale et conflits environnementaux*, Cahiers de géographie, EDYTEM, Chambéry, 2010.

GAUD M., "L'Afrique entre décomposition et recompositions", *Questions internationales*, n° 5, 2004.

GAUDIN J.C., *Se donner les moyens de l'excellence : la recherche polaire française à la veille de l'année polaire internationale*, rapport de l'OPECST (Office parlementaire d'évaluation des choix scientifiques et techniques), n° 230, 2007.

GAYER L., "Guerres et sociétés en Afpak", Sciences-Po/CERI CNRS, Paris, 2009.

GÉRARDOT M. et DUMONT M. (dir.), *L'Europe*, Atlande, Neuilly, 2010.

GERVAIS-LAMBONY P., *L'Afrique du Sud et les États voisins*, Armand Colin, Paris, 1997.

GIBLIN B., *La région, territoires géopolitiques. Le Nord-Pas-de-Calais*, Paris, Fayard, 1990.

GIBLIN B., "Langues et territoires", *Hérodote* n° 105, 2002.

GIBLIN B. (dir.), *Nouvelle Géopolitique des régions françaises*, Fayard, Paris, 2005.

GORDADZÉ T., "Un effet de la politique des nationalités", entretien avec Sophie Shihab, *Le Monde*, le 30 août 2008.

GRAS C. et SHVEDOV V., "Extrême-Orient russe, une incessante (re)conquête économique", *Hérodote*, n° 38, 2010.

GRESH A., RADVANYI J., REKACEWICZ P., SAMARY C. et VIDAL D. (dir.), *Un monde à l'envers. Atlas*, Monde diplomatique, 2009.

GROSSMAN D., *Sleeping on a Wire. Conversations with Palestinians in Israel*, Jonathan Cape, Londres, 1993.

GROUARD S., *La guerre en orbite*, Economica, Paris, 1994.

GOUSSOT M., *Espaces et territoires aux États-Unis*, Belin, Paris, 2004.

GUÉNEC M., "La Russie et les sécessionnismes géorgiens", *Hérodote*, n° 38, 2010.

GUILLOT F., "Villes et stratégies militaires et politiques : l'exemple des conflits israélo-arabes (Liban, Israël, Palestine)", *Politique et sociétés*, volume 27, n° 1, 2008.

GUILLOT F., *Les asymétries frontalières. Essai de géographie sociale et politique sur les pratiques sociales et les rapports sociaux. Les cas États-Unis / Mexique, Espagne / Maroc, Israël / Liban / Palestine*, Thèse de doctorat, Université de Caen Basse-Normandie, 2009.

GUINEBERTEAU T., MEUR-FEREC C. et TROUILLET B., "La gestion intégrée des zones côtières en France : mirage ou mutation stratégique fondamentale ?", *VertigO - la revue électronique en sciences de l'environnement*, Volume 7, Numéro 3, décembre 2006.

GUYOT S., *L'environnement contesté : La territorialisation des conflits environnementaux sur le littoral du Kwazulu-Natal (Afrique du Sud : Kosi Bay, Saint-Lucia, Richards Bay et Port Shepstone)*, thèse de géographie, Université Paris X, 2006.

HAHN A., "La sociologie du conflit", *Sociologie du travail*, volume 3, 1990.

HALTER E., *From Sun Tzu to Xbox. War and Video Games*, Thunder's Mouth Press, New York, 2006.

HARVEY D., *Géographie de la domination*, Les Prairies ordinaires, Paris, 2008.

HEISBOURG F., *L'hyperterrorisme : la nouvelle guerre*, Odile Jacob, Paris, 2001.

HELLIER E., CARRÉ C., DUPONT N., LAURENT F., VAUCELLE S., *La France, la ressource en eau. Usages, gestions et enjeux territoriaux*, Armand Colin, Paris, 2009.

HÉRITIER S., "Réflexions autour des "Fronts écologiques" dans le Nord de l'Alberta (Canada)", *L'Espace politique*, n° 3, 2009 (en ligne).

HÉRITIER S. et LASLAZ L., *Les parcs nationaux dans le monde. Protection, gestion et développement durable*, Ellipses, Paris, 2008.

HEURLEY J., *L'Irlande*, PUF, Paris, 2003.

HOUNSHELL B., "6 mysteries about Stuxnet", *Foreign Policy*, 2010.

HOUSSAY-HOLZSCHUCH M., *Antimondes, Espaces en marge, espaces invisibles*, numéro thématique, *Géographie et cultures* n° 57, 2007.

HUGON P., "L'économie des conflits en Afrique", *Revue internationale et stratégique* 2001/3, n° 43.

HUGON P., *Géopolitique de l'Afrique*, Armand Colin, Paris, 2006.

HUGON P., *Géopolitique de l'Afrique*, Sedes, Paris 2007.

HUGON P., "Le rôle des ressources naturelles dans les conflits armés africains", *Hérodote*, n° 134, 2009.

HUNTINGTON S., *Le Choc des civilisations*, Odile Jacob, Paris, 1997.

IFREMER, *Le thon rouge, une espèce surexploitée*, 2008.

JAGLIN S., "La participation au service du néolibéralisme ? Les usagers dans les services d'eau en Afrique subsaharienne", in Marie-Hélène BACQUÉ *et al.* (dir.), *Gestion de proximité et démocratie participative*, La Découverte, Paris, 2005.

JANELLE D., "Structural dimensions in the geography of locational conflicts", *The Canadian Geographer,* n° 4, 1977.

JEAN B. et EPENDA MUTEBA WA A., "Le capital social et le renforcement des "capacités de développement" des communautés rurales : les enseignements d'une étude canadienne", *Revue d'économie régionale et urbaine* n° 5, 2004.

JEANNEAUX P., "Économie de la décision publique et conflits d'usages pour un cadre de vie dans les espaces ruraux et périurbains", *Développement durable et territoires*, Dossier 7 : Proximité et environnement, 2006.

KAHN M., "Arménie, le Haut-Karabakh au cœur du nouvel État", *Courrier des pays de l'Est*, n° 1067, 2008.

KALDOR M., "New and old wars : organized violence in a global era", Polity Press, Cambridge, 2004 (première édition 1999).

KANE S. et MARTIN F., *Pirates et terroristes en mer d'Asie*, Autrement, Paris, 2005.

KAPUSCINSKI R., *Ébène, Aventures africaines*, Plon, Paris, 2000.

KEPEL G., *Fitna. Guerre au cœur de l'islam*, Gallimard, Paris, 2004.

KIRAT T. et TORRE A. (dir.), "Conflits d'usages et dynamiques spatiales. Les antagonismes dans l'occupation des espaces périurbains et ruraux", dossier thématique de la revue *Géographie, économie et société*, juillet-septembre 2006.

KI-ZERBO J., *Histoire de l'Afrique noire*, Hatier, Paris, 1972.

KLINE S., DYER-WITHEFORD N., DE PEUTER G., *Digital Play. The Interaction of Technology, Culture, and Marketing*, McGill-Queen's University Press, 2003.

KOLOSSOV V., "Études des frontières, approches post-modernes", *Diogène*, n° 210, 2005.

KORINMAN M., "Friedrich Ratzel et la *Politische Geographie"*, *Hérodote,* nº 28, 1983.

KOUROUMA A., *Allah n'est pas obligé*, Seuil, Paris, 2000.

KRETZMER D., *The legal status of the Arabs in Israel*, Westview Press, Tel Aviv, 1990.

LABROUSSE A., "Colombie : le rôle de la drogue dans l'extension territoriale des FARC-EP (1978-2002)", *Hérodote* 2004, n° 112.

La Documentation française (2005), "L'ONU à l'épreuve", *Questions internationales*, n° 11.

LACINA B. et GLEDITSCH N.P., *Monitoring Trends in Global Combat : A New Dataset of Battle Deaths*, European Journal of Population, 2005.

LACOSTE Y., *La géographie ça sert d'abord à faire la guerre*, La Découverte, Paris, 1976 (rééd. 1985).

LACOSTE Y., *De la géopolitique aux paysages. Dictionnaire de la géographie*, Armand Colin, Paris, 2003.

LACOSTE Y., *Géopolitique. La longue histoire d'aujourd'hui*, Larousse, Paris, 2006 (rééd. 2009).

LACOSTE Y., "La géographie, la géopolitique et le raisonnement géographique", *Hérodote*, n° 130, 2008.

LAFAYE C., THEVENOT L., "Une justification écologique ? Conflits dans l'aménagement de la nature", *Revue française de sociologie*, octobre-décembre 1993.

LAFON X. et TREYER S. (dir.), *Agir ensemble pour le littoral. Mobilisations scientifiques pour le renouvellement des politiques publiques*, La Documentation française, Paris, 2009.

LASLAZ L., *Les zones centrales des parcs nationaux alpins français (Vanoise, Écrins, Mercantour) : des conflits au consensus social ?* Thèse de géographie, Université de Savoie, 2005.

LASLAZ L. et HÉRITIER S. (dir.), *Les parcs nationaux dans le monde*, Ellipses, Paris, 2008.

LASLAZ L., GAUCHON C., DUVAL-MASSALOUX M. et HÉRITIER S. (dir.), *Espaces protégés, acceptation sociale et conflits environnementaux*, Collection EDYTEM, *Cahiers de géographie* n° 10, 2010.

LASLAZ L., GAUCHON C., DUVAL-MASSALOUX M. et HÉRITIER S. (dir.) *Espaces protégés et territoires. Conflits et acceptation*, Belin, Paris, à paraître, 2011.

LASSERRE F., "Géopolitiques arctiques. Disputes autour du pétrole et des routes maritimes", *Revue des Deux Mondes*, Paris, juillet-août 2009.

LASSERRE F., "Géopolitiques arctiques : pétrole et routes maritimes au cœur des rivalités régionales ?", *Critique internationale*, n° 49, 2010.

LASSERRE F. et GONON E., *Manuel de géopolitique, Enjeux de pouvoir sur des territoires*, Armand Colin, Paris, 2008.

LEBŒUF A., "Les conflits fluides, concepts et scénarios", *Politique étrangère*, 2005.

LE CARO Y. et VAN TILBEURGH V., "Séparer et coordonner : le marquage des espaces ordinaires et remarquables. Le cas des espaces agricoles et des réserves naturelles", *ESO Travaux et documents*, n° 30, 2010.

LECOURT A., *Les conflits d'aménagement : analyse théorique et pratique à partir du cas breton*. Thèse de doctorat de géographie, Université de Rennes 2, 2003.

LECOURT A., "Les conflits d'aménagement : analyse théorique et pratique à partir du cas breton", *ESO Travaux et documents*, n° 21, 2004.

LECOURT A. et FABUREL G., "Comprendre la place des territoires dans les conflits d'aménagement : Une application aux espaces ruraux", *Colloque faire campagne*, Rennes, 17-18 mars 2005.

Le Monde, "Au Mexique, l'armée abat un baron de la drogue", juillet 2010 (en ligne).

LÉVY G., "Le Moyen-Orient n'a pas besoin de stabilité", *Haaretz*, 17 février 2011.

LÉVY J. (dir.), *La carte, enjeu contemporain*, Documentation photographique n° 8036, La Documentation française, Paris, 2004.

LÉVY J., "Topologie furtive", *EspacesTemps. net,* 28 février 2008 (en ligne).

LÉVY J., LUSSAULT M. (dir.), *Dictionnaire de la géographie et de l'espace des sociétés*, Belin, Paris, 2003.

LÉVY P., *Qu'est ce que le virtuel ?*, La Découverte, Paris, 1998.

LEWIS B., *Iran in History*, MDCMEAS, Tel Aviv, 2001.

LEY D. et MERCER J., "Locational conflict and the politics of consumption", *Economic geography*, vol. 56, n° 2, 1980.

LIMONIER Kevin, "La flotte russe de mer Noire à Sébastopol : une 'forteresse impériale' au sud ?", *Hérodote*, Paris, n° 38, 2010.

LOCKE J., *Le second traité du gouvernement. Essai sur la véritable origine, l'étendue et la fin du gouvernement civil*, 1689, réédition PUF, Paris, 1994.

LOCKHEED M., http://www.f22-raptor.com/technology/index.html.

LOCKHEED M., *2009 Annual Report*, 2009.

LOLIVE J., *Les contestations du TGV Méditerranée : projet, controverse et espace public*, Paris, L'Harmattan, 1999.

LÖWY I., "Les 'présents absents' : La situation impossible des Arabes d'Israël", *Mouvements*, n° 13/1, 2001.

LOYER B., "Féminisme et géopolitique", *Hérodote*, n° 136, 2010.

LUGAN B., *Histoire de l'Afrique*, Ellipses, Paris, 2008.

MABILLE X., *Histoire politique de la Belgique,* CRISP, Bruxelles, 1997.

MACCAGLIA F., *Palerme, illégalisme et gouvernement urbain d'exception*, Lyon, ENS Éditions, 2009.

MACHIAVEL, *Le Prince*, 1532, réédition Le Livre de Poche, Paris, 2000.

MAGRIN G., "Tchad 2008, géographie d'une guerre ordinaire", *Echogéo*, 2008 (en ligne).

MA MUNG E., *La diaspora chinoise, Géographie d'une migration*, Orphys, Paris, 2000.

MANDRAUD I., "En Île-de-France, la police judiciaire se spécialise sur les cités pour démanteler réseaux et trafics", *Le Monde*, septembre 2009.

Marchand P., *Atlas géopolitique de la Russie*, Éditions Autrement, Paris, 2007.

Markoff J., "Before the Gunfire, Cyberattacks", *The New York Times*, August 12, 2008.

Markoff J., "Cyberattack on Google Said to Hit Password System", *The New York Times*, April 19, 2010.

Marshall M.G., Cole B.R., *Global Report 2009, Conflict, governance and state fragility*, CSP, 2009.

Mastny L. et French H., "Crimes of (a) Global Nature", *World Watch Magazine*, Vol. 15, n° 5, 2002.

Mbembe A., "Nécropolitique", *Raisons politiques*, n° 21, 2006.

Mercier A., "Guerres et médias, permanences et mutations", *Raisons politiques*, 2004.

Mermier F. et Picard E., *Liban : Une guerre de 33 jours*, Éditions La Découverte, Paris, 2007.

Mélé P., "Conflits et controverses : de nouvelles scènes de production territoriale ?" *Colloque Espaces et sociétés aujourd'hui. La géographie sociale dans les sciences sociales et dans l'action*, Rennes, 21-22 octobre 2004.

Mélé P., "Conflits patrimoniaux et régulations urbaines", *Travaux et documents de l'unité mixte de recherche 6950, Espaces et sociétés*, n° 23, 2005.

Mélé P., Larrue C., Rosemberg M. (dir.), *Conflits et territoires*, Tours, PUFR, MSH "Villes et territoires", 2003.

Melzer N., *Guide interprétatif sur la notion de participation directe aux hostilités en droit international humanitaire*, Comité international de la Croix-Rouge, Genève, 2010.

Mestre-Lafay F., *L'ONU*, PUF, Paris, 2009.

Meur-Férec C., "La GIZC à l'épreuve du terrain : premiers enseignements d'une expérience française", *VertigO - la revue électronique en sciences de l'environnement*, Hors-série 5, 2009.

Meyer C., "Le face-à-face Chine/Japon, partenaires et rivaux", *Études revues de culture contemporaine*, volume 405/6, 2006.

Minassian G., "Le Dialogue arméno-turc", *Revue internationale et stratégique*, n° 75, 2009.

Ministère de la Défense, *Afghanistan 1979-1989, la plume avant l'épée*, 2009.

Ministère de la Défense (Cahiers de la recherche doctrinale, Drex-Cdef), *Le développement, un défi aux relations entre forces armées et organisations civiles en Afghanistan*, 2010.

Ministère de la Défense, *Rapport au parlement sur les exportations d'armements de la France en 2009*, DICoD, 2010. [2010b]

Ministère de la Défense, *Projet de loi de finances, 2011, budget de la défense*, 2011 (en ligne).

Mongrenier J.S., *La Russie menace-t-elle l'Occident ?*, Choiseul, Paris, 2009.

Moore C.W., *The mediation process : Practical strategies for resolving conflict* (troisième édition), San Francisco, Jossey-Bass, 2003.

Moreau S. et Gardin J., *Justice spatiale et environnement*, numéro thématique, *Justice spatiale/Spatial justice*, n° 2, 2010.

Mormont M., "Conflit et territorialisation", *Géographie Économie Société,* 2006/3, Vol. 8.

Naville P., *Mahan et la maîtrise des mers*, Berger-Levrault, Paris, 1981.

N'Dimina-Mougala A.D., "Les Conflits africains au xxe siècle, essai de typologie", *Guerres mondiales et conflits contemporains* n° 225, 2007.

Nikolaïdou S., "L'urbanisation littorale de la plaine viticole de Messoghia : entre villégiature et périurbanisation", Rencontre thématique internationale *Typologies des conflits littoraux*, École française de Rome, Madrid, 3 et 4 juillet 2009.

Niquet V., "La stratégie africaine de la Chine", *Politique étrangère*, IFRI, Paris, 2006.

Nke Ndikh, "Comment peut-on être écologiste en Afrique ? Déforestation, désertification, insalubrité chronique des grandes villes, pillage des ressources... La défense de l'environnement n'est pas qu'une préoccupation de pays riches", *Le Monde diplomatique*, décembre 2002.

Nke Ndih J., "Comment peut-on être écologiste en Afrique ? Déforestation, désertification, insalubrité chronique des grandes villes, pillage des ressources… La défense de l'environnement n'est pas qu'une préoccupation de pays riches", *Le Monde diplomatique*, décembre 2002.

OCDE, *Pourquoi la pêche pirate perdure : les ressorts économiques de la pêche illégale, non déclarée et non réglementée*, OECD publishing, Paris, 2005.

O'Loughlin J., "Political geography of war and peace", in Taylor P.J. (dir.), *Political Geography of the twentieth century, a global analysis*, Belhaven Press, Londres, 1993.

Orsenna E., *L'Entreprise des Indes*, Stock/Fayard, Paris, 2010.

Ortolland D. (dir.), *Atlas géopolitique des espaces maritimes*, Paris, Éditions Technip, 2008.

Paillard C.-A., "Géopolitique des hydrocarbures : le Moyen-Orient au cœur des enjeux énergétiques du XXIe siècle", *Moyen-Orient*, n° 8, 2010 (en ligne).

Pappé I., *Le nettoyage ethnique de la Palestine*, Fayard, Paris, 2008.

Parizot C., *Séparation et régime de mobilité entre Israël et la Cisjordanie (2000-2009). Réglementations, pratiques et acteurs*, 2009 (en ligne).

Parmentier B., *Nourrir l'humanité*, La Découverte, Paris, 2007.

Parola F., Lavaud-Letilleul V., Cadoret A., "Managing conflicts seaports : towards a research agenda", *Annual Conference of the International Association of Maritime Economists*, 7-9 July, Lisbonne, Portugal, 2010.

Pasco X., "Les transformations du milieu spatial", *Diplomatie*, hors série n° 9, 2009.

Pelletier P., "Îles-frontières, territoires impossibles ?", *Études internationales,* volume 28, n° 1, 1997.

Pelletier P., Thébault V. (dir.), *Géopolitique de l'Asie*, Nathan, Paris, 2006.

Pelletier M., Joerin F., Villeneuve P., "La décision territoriale en conflit : Ville de Québec, 1989 à 2000. Essai de modélisation", *Environnement urbain,* volume 1, 2007.

Pepper D., Jenkins A. (dir.), *The Geography of Peace and War*, Basil Blackwell, Oxford, 1985.

Perez P. et Laniel L., "Croissance et… croissance de l'économie du cannabis en Afrique subsaharienne (1980-2000)", *Hérodote*, n° 112, 2004.

Petric B., "Pogroms contre les Ouzbeks à Och au Kirghizstan", *Hérodote*, Paris, n° 38, 2010.

Philippe J. et Dugal R., "Des territoires sous contrôles : les conflits d'aménagements sur le front de mer de Sydney", *L'Espace politique,* n° 10, 2010.

Picouet P., Renard J.P., *Les frontières mondiales, origines et dynamiques*, Le Temps, Paris, 2007.

Piermay J.L., "La Frontière et ses ressources. Regards croisés", in *Le territoire est mort. Vive les territoires !*, IRD, Paris, 2005.

Piermay J.L., "Nouvelle frontière", *Outre Terre*, 2005.

Plante S., Boisjoly J., Guillemot J., "Gestion intégrée des îles habitées de l'estuaire du Saint-Laurent (Québec) et développement territorial : l'expérience de la mise en œuvre d'un comité de gestion intégrée à l'Isle-aux-Coudres", *VertigO,* volume 7, n° 3, 2006.

Poirier Eliott M., "Conflict resolution", *Urban Planning*, 1988.

Poitevin C., *1997-2007 : La Convention d'interdiction des armes chimiques a dix ans*, GRIP, 2007.

Pouchepadass J., "Que reste-t-il des *Subaltern Studies* ?", *Critique internationale* n° 24, 2004.

Pourtier R., *Afriques noires*, Hachette, Paris, 2001.

Pourtier R., "L'Afrique centrale dans la tourmente, les enjeux de la guerre et de la paix au Congo et alentour", *Hérodote,* n° 111, 2003.

Pourtier R., "Reconstruire le territoire pour reconstruire l'État, la RDC à la croisée des chemins", *Afrique contemporaine*, n° 227, 2008.

Pourtier R. *et alii*, *Géopolitique de l'Afrique et du Moyen-Orient*, Nathan, Paris, 2009.

Pratt M., "À qui appartient l'océan glacial arctique ?", *Le Cercle polaire,* janvier 2010 (en ligne).

Prévélakis G., "Le processus de purification ethnique à travers le temps", in numéro spécial : "Les permanences balkaniques au XXe siècle", *Guerres mondiales et conflits contemporains*, janvier 2005.

Prévélakis G., "Buffer Zone", in Kitchin R., Thrift N. (dir.), *International Encyclopedia of Human Geography*, Elsevier, Oxford, 2009, Volume 1.

Prunier G., "Comment le conflit au Darfour déstabilise le Tchad", *Le Monde diplomatique*, mars 2008 (en ligne).

PUMAIN D., SAINT-JULIEN T., VIGOUROUX M., "Jouer de l'ordinateur sur un air urbain", *Annales de géographie*, n° 17, 1983.

Questions internationales, "L'Afrique en mouvement", La Documentation française, n° 33, 2008.

Questions internationales, "Les conflits en Afrique", La Documentation française, n° 5, 2004.

RACINE J.L., "Le débat sur la Narmada : l'Inde face au dilemme des grands barrages", *Hérodote*, n° 102, 2001.

RACINE J.L., "Le Cachemire, une géopolitique himalayenne", *Hérodote*, n° 207, 2002.

RACINE J.L., "Les Relations indo-pakistanaises entre Realpolitik et nouvel ordre mondial", *Politique étrangère*, 2006.

RADVANYI J. et BEROUTCHACHVILI N., *Atlas géopolitique du Caucase*, Autrement, Paris, 2009.

RAFFESTIN C., *Pour une géographie du pouvoir*, Litec, Paris, 1980.

RASHID A., *L'Ombre des talibans*, Autrement, Paris, 2001.

REGHEZZA M., *Réflexions autour de la vulnérabilité métropolitaine : la métropole parisienne face au risque de crue centennale*, thèse, 2006.

RENOU X., *La privatisation de la violence. Mercenaires et sociétés militaires privées au service du marché*, Agone, Marseille, 2005.

RÉVEILLARD C., "Drogue, conflits et politique en Afghanistan : savant mélange ?", Le cercle Eris, 2009 (en ligne).

Revue Liaisons n° 97, "La drogue, ennemi public numéro 1", 2010, (en ligne).

REYNTJENS F., *La guerre des Grands Lacs. Alliances mouvantes et conflits extraterritoriaux en Afrique centrale*, L'Harmattan, Paris, 1999.

RIPOLL F., "S'approprier l'espace… ou contester son appropriation ? Une vue des mouvements sociaux contemporains", *Norois*, n° 195, 2005.

RIPOLL F., VESCHAMBRE V., "L'appropriation de l'espace. Sur la dimension spatiale des inégalités sociales et des rapports de pouvoir", *Norois*, n° 195, 2, 2005.

RITAINE E., "La barrière et le *checkpoint* : mise en politique de l'asymétrie", *Cultures & conflits*, n° 73, printemps 2009.

RODARY E., "Pour une géographie politique de l'environnement", *Écologie et politique*, 2003, 27.

RODE S., "De l'aménagement au ménagement des cours d'eau : le bassin de la Loire, miroir de l'évolution des rapports entre aménagement fluvial et environnement", *Cybergeo : European Journal of Geography*, 2010 (en ligne).

ROSIÈRE S., *Géographie politique et géopolitique. Une grammaire de l'espace politique*, Ellipses, Paris, 2003.

ROSIÈRE S. (dir.), *Dictionnaire de l'espace politique. Concepts en géographie politique et géopolitique*, Armand Colin, Paris, 2008.

ROSSI G., *L'ingérence écologique. Environnement et développement rural du Nord au Sud*, CNRS Éditions, Paris, 2000.

ROY O., *L'islam mondialisé*, Seuil, Paris, 2004.

RUFAT S., TER MINASSIAN H. (dir.), *Les jeux vidéo comme objet de recherche*, Questions théoriques, Lecture > Play, Paris, 2011.

SAÏD E., *L'orientalisme. L'Orient créé par l'Occident*, Seuil, Paris, 1980.

SAINT-EXUPÉRY (de) P., *Complices de l'inavouable*, Les Arènes, Paris, 2004.

SALENSON I., "Le schème de la clôture entre Israël et Palestine", *L'Espace géographique* n° 38, 2009.

SANJUAN T. (dir.), *Dictionnaire de la Chine contemporaine,* Armand Colin, Paris, 2006.

SARKEES M., "The Correlates of War Data on War : An Update to 1997", *Conflict Management and Peace Science*, n° 18, 2000.

SEMELIN J., *Purifier et détruire : usages politiques des massacres et génocides*, La couleur des idées, Seuil, Paris, 2005.

SEN A., *L'Inde. Histoire, culture et identité*, Odile Jacob, Paris, 2007.

SERRANO S., "La Géorgie et ses voisins caucasiens, un mariage de raison", *Courrier des pays de l'Est*, n° 1043, 2004.

SFEIR A., *Vers l'Orient compliqué*, Grasset et Fasquelle, Paris, 2006.

SIMMEL G., *Le conflit*, Circé, Belval, 1918, deuxième édition 2003.

SIMMONS C.S., WALKER R.T., ARIMA E.Y., ALDRICH S.P. and CALDAS M.M., "The Amazon Land War in the South of Pará", *Annals of the Association of American Geographers*, n° 97, 2007.

SIMON A., "Géostratégie du Grand Sud : les enjeux autour de l'Antarctique", *Diplomatie*, n° 22, 2006.

SIVIGNON M., *Les Balkans, une géopolitique de la violence*, Belin, Paris, 2009.

SNÉGAROFF T. *et alii*, *Atlas mondial, 100 cartes pour comprendre le monde aujourd'hui,* Ellipses, Paris, 2010.

SNEGUR J., "Sibérie russe, Sibérie chinoise" *Outre-Terre*, n° 13, 2006.

SOURBÈS-VERGER I. (dir.), "L'espace en jeu", *L'Information géographique*, Armand Colin, volume 74, juin 2010.

SOURBÈS-VERGER I., "La guerre des étoiles commence", *Alternatives économiques*, Paris, 2010. [2010b]

SOURBÈS-VERGER I., BOREL D., *Un empire très céleste, la Chine à la conquête de l'espace*, Dunod, Paris, 2008.

SOUTOU G.H., *La guerre de cinquante ans : le conflit Est-Ouest, 1943-1990*, Fayard, Paris, 2001.

SIPRI (Stockholm International Peace Research Institute), *SIPRI Yearbook 2009 Armaments, Disarmament and International Security*, 2009.

SUBRA P., *Le temps d'une conversion : le Valenciennois (1965-1995)*, Presses universitaires de Vincennes, Vincennes, 1996.

SUBRA P., *Géopolitique de l'aménagement du territoire*, Armand Colin, Paris, 2007.

SUBRA P., "L'aménagement, une question géopolitique ?", *Hérodote*, n° 130, 2008.

TADIÉ J., *Les territoires de la violence à Jakarta*, Paris, Belin, 2006.

TER MINASSIAN H., RUFAT S., "Et si les jeux vidéo servaient à comprendre la géographie ?", *Cybergéo*, n° 418, 2008.

TERTRAIS B., *Atlas militaire et stratégique*, Autrement, Paris, 2008

TÉTART F., *Nationalismes régionaux, un défi pour l'Europe,* De Boeck, Bruxelles, 2009.

TÉTART F., "Les frontières de l'Arctique", in PAPIN D., *50 fiches pour comprendre la géopolitique*, Bréal, Paris, 2010.

TÉTART F et STROBEL M., "Le tourisme en Antarctique, un enjeu géopolitique", *Hérodote,* n° 127*,* 2007.

The Journal of Conflict Resolution, numéro spécial "The Geography of Conflict" volume 4, n° 1, mars 1960.

THÉRY H., "Amazonie brésilienne et le développement durable : expériences et enjeux en milieu rural", in ALBALADEJO C., ARNAULD DE SARTRE X. (dir.), *L'Amazonie brésilienne et le développement durable. Expériences et enjeux en milieu rural*, L'Harmattan, Paris, 2005.

THERWATH I., "Une place en Asie et dans le monde", *Ceras – Revue Projet*, n° 210, 2009.

THIOLLET H., "Urgence humanitaire et contraintes sécuritaire dans la corne de l'Afrique : un nouveau dilemme de sécurité", *Migrations & société*, 2009.

THIOLLET H., BAEZA C. et BONNEFOY L., "L'invention de la contestation par les forums et les sommets : naissance d'un espace public mondial ?", *Raisons politiques*, 2005.

THUAL F., *Géopolitique de l'orthodoxie*, Dunod, Paris, 1994.

THUAL F., *Les conflits identitaires*, Ellipses, Paris, 1995.

TOIX F., "Réveil islamiste du Pachtounistan ? Commentaire critique de quelques thèses afférentes à l'évolution de la frontière afghano-pakistanaise en cas de probable victoire taliban", *Outre Terre*, 2010.

TORRE A. *et alii*, "Conflits et tensions autour des usages de l'espace dans les territoires ruraux et périurbains. Le cas de six zones géographiques françaises", *Revue d'économie régionale et urbaine*, 2006.

TORRES ALFOSEA F.J., "La ocupación del dominio público marítimo-terrestre en España", *Investigaciones Geográficas*, nº 50, 2009.

TOZY M., "État islamique et religions islamiques", in MICHAUD Y. (dir.), *Qu'est-ce que la culture ?*, Odile Jacob, Paris, 2001.

TRAN T., *Les perturbations anthropiques contemporaines dans les mangroves du Sud Viêt-Nam. Entre nature, civilisations et histoire. Approches par modélisation et analyse spatiales*, thèse, université Paris IV, 2006.

TRAN T., AMAT J.P. et PIROT F., "Guerre et défoliation dans le Sud Viêt-Nam, 1961-1971", *Histoire & mesure*, n° 12-1, 2007.

TROLLIET P., *La diaspora chinoise*, PUF, Paris, 1994.

TROS-DE-ILARDUYA M., "Impact des tempêtes marines : une mauvaise occupation du sol ? Le cas d'Alicante", Rencontre thématique internationale *La régulation publique de l'urbanisation et des conflits d'usage autour des espaces ouverts littoraux méditerranéens*, École française de Rome, Aix-en-Provence, 8-9 septembre 2009.

TRUDELLE C., "Au-delà des mouvements sociaux : une typologie relationnelle des conflits urbains". *Cahiers de géographie du Québec*, volume 47, n° 131, 2003.

UNHCR, *Statistical Yearbook 2009*, Genève, 2010.

United Nations, Population Division, www.esa.un.org/unpp.

UNODC, *World drug report 2010*, 2010.

VADROT C.M., *Guerres et environnement*, Delachaud et Nieslé, Genève, 2006.

VALETTE E., "Intégration environnementale de l'éolien et régulation locale des conflits : l'action des collectivités territoriales dans l'Aude (France)", *VertigO*, volume 6, n° 3, 2005.

VALLEGA A., *Fundamentals of integrated Coastal Management*, The Geo Journal Library, Kluwer Academic Publishers, 1999.

VICTOR J.C., RAISSON V. et TÉTART F., *Le dessous des cartes, Atlas géopolitique*, Arte Éditions, Tallandier, Paris, 2006.

VILLENEUVE P., TRUDELLE C., PELLETIER M. et THÉRIAULT M., "Acteurs urbains en conflit, Québec, 1965-2000 : essai d'analyse statistique", *Géocarrefour,* Volume 81/2, 2006.

VENTRE D. (dir.), *Cyberguerre et guerre de l'information. Stratégies, règles, enjeux*, Hermès Science-Lavoisier, Paris, 2010.

VERGER F. (dir.), *L'espace, nouveau territoire, atlas des satellites et des politiques spatiales*, Belin, Paris, 2002.

VERSCHAVE F.-X., *La Françafrique*, *Le plus long scandale de la République*, Stock, Paris, 1998.

VOLVEY A. (dir.), *L'Amérique latine*, Atlande, Neuilly, 2006.

WACQUANT L., *Les prisons de la misère*, Raisons d'agir, Paris, 1999.

WARSCHAWSKI M., "Séparer le virtuel du réel", *Alternative Information Center, Palestine-Israel*, 2010 (en ligne).

WATERBURY J., *Hydropolitics of the Nile Valley*, Syracuse University Press, Syracuse, New York, 1979.

WEINBERGER S., "Facing Backlash, Blackwater Has a New Business Pitch : Peacekeeping", *Wired*, n° 18, 2007.

WEIZMAN E., "The Politics of Verticality" *Open Democracy*, 25 avril 2002 (en ligne).

WEIZMAN E., *À travers les murs. L'architecture de la nouvelle guerre urbaine*, La Fabrique éditions, Arles, 2008.

WEIZMAN E., SEGAL R., *Une occupation civile. La politique de l'architecture israélienne*, Éditions de l'imprimeur, Besançon & Paris, 2004.

WOLF A.T., "Conflict and cooperation along international waterways", Water Policy, volume 1, 1998.

WOLF A.T., STAHL K., MACOMBER M.F., "Conflict and cooperation within international river basins : the importance of institutional capacity", *Water Resources Update*, n° 125, 2003.

WOLF A.T., KRAMER A., CARIUS A., DABELKO G.D., "Managing water conflict and cooperation", in The Worldwatch Institute, *State of the World 2005. Redifining Global Security*, 2005.

YARIV A., "Strategic Depth", *The Jerusalem Quartely*, n° 17, 1980.

ZUINDEAU B. (dir.), *Développement durable et territoire*, Presses universitaires du Septentrion, Lille, 2010.

GLOSSAIRE

Acteur géographique. Selon Roger Brunet, dans *Le déchiffrement de monde*, un acteur spatial (géographique) est un homme ou un groupe d'hommes, doté d'une conscience et agissant sur l'organisation de l'espace. Roger Brunet identifie six grandes catégories d'acteurs spatiaux dans le monde contemporain : les individus, les groupes ou communautés, les entreprises, les collectivités locales, les États et les structures internationales.

Aérogénérateur. Appareil produisant de l'énergie électrique à partir de la force motrice du vent. Le terme "éolienne" est plus communément employé.

Aéronautique. L'aéronautique regroupe l'ensemble des sciences et des techniques de la navigation aérienne. Ses applications militaires sont centrales dans les questions de puissance.

***Africa Contingency Operations Training Assistance* (ACOTA).** Programme américain qui a remplacé en 2002 l'ACRI (*African Crisis Reponse Initiative*), qui consistait en de simples coopérations militaires. L'ACOTA traduit un changement de stratégie des États-Unis en Afrique subsaharienne depuis le 11 septembre 2001 car elle développe des programmes de formation des élites militaires africaines et l'adaptation des moyens militaires africains aux normes américaines. L'ACOTA vise un triple objectif : d'une part contrer les actions d'Al Qaïda en Afrique, d'autre part ne plus laisser la défense de ces pays aux seules mains des anciennes puissances coloniales et, enfin, contrer l'influence économique de la Chine. Ce programme est placé sous le commandement de l'Africom dont le siège est à Stuttgart, en Allemagne.

Agence spatiale européenne. Créée en 1975, c'est une organisation intergouvernementale de recherche et développement chargée d'élaborer le programme spatial européen et de le faire réaliser par l'industrie. Connue sous son sigle anglais ESA (*European Space Agency*), elle compte, en 2011, 18 pays membres qui cotisent au prorata de leur produit national brut pour le programme scientifique qui est obligatoire. Les programmes facultatifs sont financés de façon volontaire par les États-membres, le principe de base restant celui du retour industriel, dit aussi "juste retour" et selon lequel chaque pays reçoit en commandes industrielles l'équivalent des montants qu'il a financés.

Agriculture biologique. Type d'agriculture (culture d'espèces végétales, élevage d'animaux de ferme) qui prohibe tout recours à des intrants chimiques (engrais non naturels, pesticides). Dans l'élevage biologique, les hors-sol (élevage confiné des animaux en stabulation entravée – à l'attache) sont interdits, l'élevage devant être extensif (recherche de faibles charges animales à l'hectare) et les règles élémentaires du bien-être animal devant être respectées.

Agriculture de qualité à haute valeur environnementale. Agriculture qui vise à la production de denrées alimentaires à haute valeur ajoutée grâce à la plus-value qualitative qui les caractérise (garantie de l'origine géographique, traçabilité de l'élaboration, qualités gustatives reconnues). Il en résulte des prix de vente autrement plus élevés que pour les produits relevant d'une agriculture conventionnelle. Nécessitant une grande attention aux aires de production (terroirs), cette agriculture contribue à l'entretien et à la protection des agrosystèmes* de production (d'où sa haute valeur environnementale).

Agriculture vivrière/vivrier marchand. Agriculture dont les logiques de production visent à l'autoconsommation alimentaire des paysans et de leurs familles. Le vivrier marchand cherche à écouler les éventuels surplus sur un marché de consommation proche (urbain le plus souvent). L'agriculteur rentre alors dans une logique commerciale. Il a alors tout intérêt à augmenter sa production, certes pour assurer son quotidien alimentaire mais surtout pour vendre afin d'augmenter son accumulation financière, laquelle permet des investissements productifs.

Agrobusiness. Agriculture commerciale dont les logiques de production reposent sur une concentration des unités d'exploitation (économie d'échelle) et sur une technologisation avancée des processus de production afin de gagner en productivité*. Le but est d'atteindre la plus grande compétitivité possible sur les marchés nationaux et surtout internationaux.

Agrocarburant/biocarburant. Le biocarburant désigne un carburant produit à partir de matériaux organiques non fossiles relevant de la biomasse (bois, paille…). Un agrocarburant procède plus spécifiquement de plantes agricoles (canne à sucre, maïs, colza essentiellement).

Agrosystème. Écosystème caractérisé par l'activité productive agricole. Il renferme, en son sein, les espèces végétales cultivées et animales élevées. Sols (marqués par les façons culturales) et paysages traduisent les orientations agricoles suivies par les communautés paysannes.

AIEA (Agence internationale de l'énergie atomique). Voir Traité de non-prolifération nucléaire (TNP).

Aire d'influence. Espace comprenant un ensemble de lieux polarisés autour d'un centre. Les relations de ces lieux au centre sont nombreuses.

Aléa. Probabilité pour qu'un événement survienne. Ce n'est que s'il y a la présence d'un enjeu vulnérable que l'aléa devient facteur de risque.

Aliyoth (pluriel)**, *aliya*** (singulier)**.** Ce mot hébreu signifie "la montée ou l'élévation" et désigne pour un juif le processus de "retour" par immigration vers la terre d'Israël. L'*aliya* peut se faire sur une base religieuse (celle du judaïsme) ou laïque (raisons politiques, économiques…). Depuis 1948, ce sont plus de 3 millions de juifs qui ont quitté la diaspora pour rejoindre l'État d'Israël. L'Agence juive tente de promouvoir une politique d'incitation à l'*aliya* en même temps qu'elle en gère l'organisation.

AMAP. Associations pour le maintien d'une agriculture paysanne. Elles fédèrent des agriculteurs cherchant à se rapprocher de la clientèle par des logiques de vente directe en lien avec des consommateurs qui s'engagent de leur côté à acheter, à leur juste prix, les produits proposés. L'objectif est de maintenir des agricultures soucieuses de la qualité des productions, de la viabilité économique de petites exploitations, du bien-être animal, de l'évitement des filières commerciales de la grande distribution, et ce en contradiction avec les logiques productivistes de l'*agrobusiness*. Ce type d'association a émergé au Japon dans les années 1960 (les *teikei*). On le retrouve en Suisse (*Food guilds*), aux États-Unis (*CSA*). En France, on en compte près de 800.

Animisme. Du latin *anima*, âme ; une croyance selon laquelle toutes les choses de la nature sont mues par une âme comparable à celle de l'homme et ont un grand pouvoir. En Afrique noire, pour toute chose entreprise, il faut solliciter la bienveillance de ces esprits, par exemple avant la récolte, la pêche ou même pour construire une case, une maison. En cas de sécheresse, il faut implorer les arbres pour qu'ils libèrent l'eau. L'animisme a reculé face aux religions importées (islam, christianisme) ou se combine avec elles pour donner un syncrétisme religieux : l'islam d'Afrique avec ses marabouts dotés d'un certain pouvoir surnaturel ou les syncrétismes issus du christianisme.

Annexion. Expansion territoriale d'un État basée sur l'incorporation des territoires concernés.

Antimissile. Voir missile.

Antimonde. "Une partie du Monde mal connue et qui tient à le rester, qui se présente à la fois comme le négatif du monde et comme son double indispensable" selon Roger Brunet (*Le déchiffrement du Monde*). L'Antimonde regroupe toutes les activités illégales (trafic d'armes, de drogue, d'êtres humains…).

Antisatellites (ASAT). Il s'agit des armes de différents types (missiles, satellites, laser…) destinées à détruire des satellites. Elles peuvent être basées au sol ou dans l'espace.

Appellation d'origine contrôlée (AOC). Certification décernée en France par l'Institut national de l'origine et de la qualité pour des productions dont la haute qualité et la spécificité absolue (typicité) sont garanties par une aire de production strictement délimitée (terroir de production), par des modalités de production rigoureuses (drastique sélection des races animales pour les produits d'élevage, des cépages pour la vigne) et par des savoir-faire reconnus. Le système a été repris d'abord en Italie puis dans de nombreux autres pays.

Archipel. Ensemble d'îles proches les unes des autres et qui ont des liens importants.

Arme conventionnelle. Arme non nucléaire, non chimique ou non bactériologique, elle s'oppose aux armes de destruction massive.

ARPANET. Réseau informatique créé en 1969 pour relier tous les ordinateurs et les serveurs* des différents centres de recherche, laboratoires ou universités travaillant avec le DARPA*.

Arsenalisation. Terme apparu au Québec pour traduire l'américain *weaponization* (déploiement dans l'espace d'armes, destinées à détruire des satellites, des missiles ou des objectifs au sol) qui se distingue de la mitilarisation de l'espace (le déploiement depuis les années 1960 de satellites qui aident à renseigner ou piloter des armes stationnées au sol ou embarquées en avion).

Artefact. "Fait par l'art, c'est-à-dire par le travail humain" [Brunet R., Ferras R., Théry H., *Les mots de la géographie*, Reclus-La Documentation française, Montpellier, Paris, 1993].

Artificialisation. Modification d'un milieu par des actions anthropiques (construction d'infrastructures de communication, extension urbaine, implantation d'équipements portuaires, passage à une agriculture moderne avec des cultures sous serres, etc.).

ASEAN (*Association of Southeast Asian Nations*). Association des nations du Sud-Est asiatique fondée en 1967. Elle regroupe 10 pays (Indonésie, Malaisie, Philippines, Singapour, Thaïlande, Brunei, Vietnam, Laos, Birmanie, Cambodge) et cherche à créer une zone de libre-échange en Asie du Sud-Est. L'ASEAN + 3 regroupe les 10 pays de l'ASEAN ainsi que la Chine, le Japon et la Corée du Sud.

Assimilados. Les populations des colonies portugaises étaient divisées en deux catégories : les citoyens portugais – le groupe des *civilizados* – et les indigènes – sans droits, soumis aux autorités coloniales ; en 1914 est née une nouvelle catégorie, celle des *assimilados*, composée de Noirs et de métis instruits, jugés dignes de jouir des mêmes droits que les citoyens portugais. L'accès à cette catégorie était assez difficile ; en 1954, les *assimilados* représentaient seulement 0,7 % de la population angolaise sur 4 millions, 0,4 % au Mozambique et en Guinée-Bissau. C'est de cette catégorie que sont sortis les principaux chefs des mouvements nationalistes (A. Cabral en Guinée ou A. Neto en Angola). Les *assimilados* peuvent être comparés aux "évolués" du système colonial français ou belge.

Attaque par déni de service distribué (DDoS). Cyberattaque visant à rendre un serveur* ou un ordinateur inopérant en lui adressant un maximum de données inutiles via le réseau auquel il est connecté.

Autonomie. Dans certains États, des régions aux spécificités historiques ou culturelles fortes disposent d'un degré d'autonomie plus ou moins marqué dans des domaines non régaliens, comme les domaines linguistique, culturel, éducatif, économique ou d'aménagement du territoire, l'État fédéral ou central conservant les compétences en matières de justice, d'affaires étrangères, de monnaie et de défense.

Banquise. Étendue de glace couvrant la mer et résultant du gel de celle-ci. Elle se forme pendant l'hiver polaire, lorsque la température de l'eau de mer descend en dessous de -2 °C et fond en partie l'été. Depuis quelques années, les climatologues remarquent une fonte plus importante que précédemment durant les périodes estivales.

Bataille du "champ des Merles" (*Kosovo Polje* en serbo-croate). Elle opposa le 15 juin 1389 les Ottomans aux Serbes et Bulgares, mettant fin à l'indépendance du royaume serbe. Le sultan Mourad Ier y perdit la vie, assassiné au cours de la bataille par un Serbe. La commémoration de cette bataille qui eut lieu au Kosovo reste un élément important du nationalisme serbe.

Biocarburant. Voir agrocarburant.

Biodiversité. Richesse biologique d'un territoire*. Ce terme vise à appréhender la richesse du vivant à différents niveaux : génétique, spécifique, écosystémique. La biodiversité est généralement exprimée par le nombre d'espèces (ou de communautés) d'êtres vivants par unité de surface (indice de biodiversité). Le terme fait l'objet de nombreux débats.

Boycott. Le terme a pour origine le nom d'un propriétaire anglais d'Irlande, Charles Cunningham Boycott (1832-1897), mis à l'index par ses fermiers. Il désigne la cessation volontaire, totale ou partielle, des relations commerciales ou autres avec un pays ou une entreprise afin d'exercer une pression sur les orientations gouvernementales. Ce type de mesures est fréquemment mis en œuvre dans le cadre d'une crise diplomatique ou d'un conflit géopolitique non armé. Le boycott, tout comme l'embargo, peut être un substitut à la violence physique armée. Dans le cadre de la crise nucléaire iranienne, le Conseil de sécurité des Nations unies a adopté des sanctions internationales à l'encontre de Téhéran, sanctions comprenant des mesures de boycott (liste d'institutions financières, de personnalités et d'organismes étatiques et para-étatiques iraniens).

Cabanisation. Terminologie employée sur le littoral du Languedoc-Roussillon pour désigner les constructions établies en violation des règles d'urbanisme, qui sont par conséquent installées dans la plus complète illégalité sur des terrains privés ou publics.

Cacerolazos **(concerts de casseroles).** Il s'agit d'un mode de protestation des classes moyennes appauvries qui s'est généralisé lors de la crise argentine de 2001-2002. Cette méthode avait déjà été utilisée au Chili pendant la période d'Allende. C'est l'instrument de la classe moyenne, individualiste et non violente, pour faire entendre son désaccord avec le pouvoir en place. Depuis, ce mode de protestation s'est diffusé dans beaucoup de pays démocratiques.

Cannabis. Le cannabis est une drogue* issue de certaines variétés du chanvre. Il se consomme essentiellement sous forme de résine, mélangée à du tabac et fumée.

Cartel de la drogue. Organisation criminelle développée qui vise la promotion et le contrôle des opérations de trafic de drogues*. Ils peuvent prendre une forme informelle, reposant sur l'accord tacite entre plusieurs narcotrafiquants, ou au contraire ressembler à des entreprises commerciales officielles. On les trouve dans les principaux pays producteurs ou plates-formes de transit de la drogue en Amérique latine, en Afghanistan, en Asie du Sud-Est. Le contrôle des opérations de trafic de drogue génère d'importantes violences criminelles.

Centre-périphérie. Cette structure est particulièrement commune dans les organisations spatiales. Elle consiste en un centre qui polarise et domine sa périphérie. Les relations entre l'Île-de-France et le reste de la France sont emblématiques d'un tel système spatial.

Charia. Ensemble de la législation du droit islamique. Ce qu'elle inclut varie suivant les traditions islamiques. Si le Coran et les *hadiths* (dires du prophète) sont dans tous les cas la source principale du droit, la *sunna* (tradition) est admise par les seuls sunnites. Le raisonnement (personnel, par analogie avec des situations comparables, pour prendre en compte l'intérêt général ou l'évolution de la société) est une source secondaire du droit dont l'importance varie grandement suivant les interprétations de l'islam de la plus rigoriste (hanbaliste, en vigueur en Arabie Saoudite) à la plus libérale (hannafite, en vigueur sous les Ottomans).

Chiisme/sunnisme. Division théologique de l'islam. Dès le VIIIe siècle, l'islam se divise suite à des querelles de succession du prophète Mahomet. Les chiites affirment qu'Ali, cousin et gendre de Mahomet, est son successeur, et après lui, ses fils (Hassan et Hussein) selon un principe dynastique qui doit permettre de désigner les guides de la communauté : *imams, mollahs* et *ayatollahs* (le clergé des religieux lettrés). Les sunnites considèrent que le poste de calife (chef suprême, politique et religieux, de l'islam) ne procède pas du principe dynastique. Ali n'est donc pas reconnu comme calife, le musulman s'inscrit dans une tradition prophétique (*sunna*) et les imams sunnites ne sont en rien un clergé mais seulement des fidèles chargés de diriger les prières des communautés.

Central Intelligence Agency **(CIA).** Agence gouvernementale de renseignement américaine qui a pour but d'assurer la sécurité nationale en agissant à l'extérieur du pays et d'apporter des renseignements aux décideurs politiques américains.

Club spatial. L'expression sert à désigner le nombre restreint d'États disposant d'une capacité spatiale autonome (lanceur et satellites conçus et fabriqués sur le sol national). En 2011, il comprend les États-Unis, la Russie, l'Europe, le Japon, la Chine, l'Inde et, à un moindre niveau Israël.

Cluster. Réseau d'entreprises et d'institutions proches spatialement et interdépendantes, liées par des métiers, des technologies et des savoir-faire communs.

Cocaïne. La cocaïne est une drogue*, plus précisément un alcaloïde extrait de la feuille de cocaïer, plante poussant en Amérique du Sud dans les Andes. Elle stimule le système nerveux central et sa consommation est addictive. La Convention unique sur les stupéfiants de 1961 de l'ONU* la classe comme stupéfiant. Elle se présente en général sous forme de poudre blanche, cristalline et sans odeur. Elle est le plus souvent sniffée. Elle peut aussi être injectée par voie intraveineuse ou fumée, principalement sous forme de crack. Elle est euphorisante immédiatement après son usage, puis cède la place à un état dépressif et à une anxiété.

Comité des utilisations pacifiques de l'espace extra-atmosphérique. Organe spécifique créé en 1959 au sein de l'Assemblée générale des Nations unies et qui se compose d'un sous-comité technique et d'un sous-comité juridique. Il est aussi connu sous son sigle anglais COPUOS (*Committee on the Peaceful Uses of Outer Space*).

Son mandat initial était de favoriser la coopération internationale dans l'espace. Initialement composé de 24 membres, il en comptait 70 en janvier 2011.

Communauté des États indépendants (CEI). Organisation mise en place le 21 décembre 1991, avant même que l'URSS ne disparaisse officiellement. Réunis à Minsk le 8 décembre, les présidents russe, biélorusse et ukrainien avaient primitivement décidé la création d'une Communauté des États slaves. Ils ont été ensuite rejoints par les républiques d'Asie centrale. Lorsque l'URSS disparaît, la majeure partie des États successeurs intègrent la CEI, à l'exception des pays baltes qui se tournent vers l'Occident. Le cadre géopolitique "CEI" est censé permettre la gestion en commun des interdépendances héritées de la période soviétique (sécurité, énergie, infrastructures, division du travail, minorités russes, etc.). Les projets russes d'intégration politique, économique et militaire de la CEI, censés donner forme à un "étranger proche" sous contrôle, n'ont pu aboutir et la géométrie variable s'est imposée (Organisation du traité de sécurité collective, Communauté économique eurasiatique, Union douanière Russie-Biélorussie-Kazakhstan). Suite à la "guerre* des cinq jours" (conflit russo-géorgien d'août 2008), la Géorgie a quitté la CEI en 2009.

Complexe militaro-industriel. Désigne l'ensemble des industries de l'armement et des entreprises liées aux activités militaire d'un État, notamment pour la production d'armes. Le terme a été popularisé par le dernier discours d'Eisenhower en tant que président des États-Unis d'Amérique où il met en avant la constitution d'un complexe militaro-industriel permanent aux États-Unis afin de mener la guerre froide et met en garde les citoyens contre les dangers antidémocratiques d'un tel système. De fait, le terme conserve une connotation péjorative.

Conférence de Genève (1958). Elle codifie pour la première fois le droit de la mer, avec l'adoption de quatre conventions : sur la mer territoriale et la zone contiguë (sous souveraineté des États côtiers) ; sur la haute mer (soumise au droit international) ; sur le plateau continental (où les États peuvent exploiter les ressources) ; sur la pêche et la conservation des ressources biologiques marines. Ces conventions deviennent applicables dans les années 1960. D'emblée elles provoquent des contestations, la France refusant par exemple de ratifier les deux premières et attendant la revision du système par la convention* de Montego Bay.

Conférence du désarmement. Instance de l'ONU*, créée en 1979, qui a vocation à négocier les questions de désarmement au niveau international.

Conflit. Processus où s'opposent de façon manifeste deux ou plusieurs acteurs, mettant en cause des ressources (naturelles, environnementales, culturelles…) et où l'espace est support, objet ou impacté. L'analyse des situations de conflits renvoie à l'étude de l'émergence des antagonismes (historique, élément déclencheur), aux formes d'expression des oppositions (grèves, voies de faits, recours aux tribunaux, médiatisation, etc.) et aux modes de régulation (négociation, concertation, arbitrages, etc.) dans le temps et dans l'espace. Le conflit est donc un processus composé de plusieurs phases sans qu'il s'agisse pour autant d'un processus linéaire [Cadoret, 2009]. Le conflit se distingue des tensions* par un passage à l'acte.

Conflit asymétrique. Se dit d'une opposition entre des acteurs géopolitiques ou/et géo-économiques dans le cadre d'un rapport de force très déséquilibré au profit d'un des protagonistes.

Conflit interétatique. Conflit qui oppose deux États. Le terme est le plus souvent employé pour les conflits s'accompagnant d'une violence homicide.

Confluence. Point de jonction de deux cours d'eau. Le plus petit est l'affluent du plus grand.

Conseil de sécurité de l'ONU. Organe exécutif de l'ONU*. Il comprend quinze membres, dont cinq permanents : les États-Unis, la Russie, le Royaume-Uni, la Chine et la France, qui disposent chacun d'un droit de veto. Les dix autres membres sont élus pour une durée de deux ans parmi les membres de l'organisation.

Consensus de Washington. Recommandations économiques élaborées à la fin des années 1980 par un groupe d'universitaires et de hauts responsables du FMI, de la Banque mondiale et du département du Trésor des États-Unis. L'économiste John Williamson établit les dix commandements de ce *credo* néolibéral en 1989 : discipline budgétaire, réorientation de la dépense publique (suppression des dépenses inutiles dans les secteurs de la santé et de l'éducation), réforme fiscale, libéralisation financière, adoption d'un taux de change unique et compétitif, libéralisation des échanges, élimination des barrières à l'investissement étranger, privatisation des entreprises publiques, dérégulation des marchés pour permettre l'élimination des barrières, sécurité des droits de propriété. Les crises financières de 1994 au Mexique, de 1999 au Brésil et de 2002 en Argentine ont suscité des conflits entre ces États et les instances de régulation internationale comme le FMI. Cette institution et son directeur sont devenus l'ennemi numéro un pour une grande partie des opinions publiques latino-américaines et des nouveaux dirigeants de la décennie 2000. Si Hugo Chávez ne dépasse pas le simple stade des discours vengeurs et outranciers, Rafael Correa en Équateur refuse de rembourser la dette de son pays. Quant à Lula au Brésil, Nestor puis Cristina Kirchner en Argentine, ils se sont très vite débarrassés de leurs dettes auprès du FMI avec la reprise de leurs exportations, profitant ainsi de rentrées de devises exceptionnelles.

Conservatoire du littoral et des rivages lacustres. Établissement public français créé en 1975 visant à acquérir des terrains sur les rivages maritimes et lacustres en vue de leur protection. La gestion est confiée à des collectivités territoriales ou à des associations.

Conteneurisation. Processus généralisant l'usage du conteneur pour le transport maritime de marchandises.

Contrat de baie. Il s'agit en France d'un programme d'actions d'une durée de cinq ans visant la gestion et l'amélioration des milieux aquatiques au sein d'une baie ou d'une rade. Il est élaboré par des autorités publiques, des acteurs privés, des associations de défense de l'environnement et des usagers.

Conventions de Genève (1949). Quatre conventions fixant le droit* international humanitaire, portant sur le droit de la guerre* et le droit d'assistance aux blessés et aux malades (première et seconde convention), aux prisonniers de guerre (troisième) et aux civils (quatrième). Ces conventions ont été complétées en 1977 par deux protocoles additionnels relatifs à la protection des victimes des conflits internationaux et non internationaux.

Convention de Montego Bay (1982). Conférence internationale sous l'égide de l'ONU* qui se tient pour mettre fin à la contestation par certains États de la conférence* de Genève. Elle aboutit à la Convention des Nations unies sur le droit de la mer, qui entre en vigueur en 1994. Elle ajoute aux quatre conventions de 1958 les catégories suivantes : les zones économiques exclusives (ZEE* définie à 200 milles des côtes) ; les détroits* navigables ; les eaux archipélagiques ; le fond des mers. Cette conférence complète donc le dispositif juridique international concernant la mer et institue un Tribunal international du droit de la mer à Hambourg.

Cooperative Cyber Defence Centre of Excellence (CCDCOE). Organisation militaire rattachée à l'OTAN et créée en 2008 pour promouvoir et améliorer la défense des réseaux informatiques des pays membres de l'OTAN contre tous types de cyberattaques*. Le centre est situé à Tallinn, en Estonie.

Coralligène. Selon le Programme des Nations unies pour l'environnement, il s'agit d'un écosystème sous-marin, un "fond dur d'origine biogénique principalement produit par l'accumulation d'algues calcaires encroûtantes vivant dans des conditions de luminosité réduites".

Corruption. La corruption est le fait de soudoyer quelqu'un pour qu'il agisse contre son propre devoir. Cela permet au corrupteur d'obtenir des avantages spécifiques et au corrompu d'obtenir une rétribution en échange de son action. Les corrompus sont des personnes qui ont un pouvoir décisionnel : personnalité politique, fonctionnaire ou encore cadre.

Cour internationale de justice (CIJ). Organe judiciaire principal de l'ONU*, mis en place par l'article 92 de la Charte des Nations unies (1946). La CIJ siège à La Haye, aux Pays-Bas. Son rôle principal est de régler les conflits de nature juridique entre les États lorsque ceux-ci la saisissent. Elle a aussi une fonction consultative sur les questions juridiques soumises par l'Assemblée générale ou par des organes ou agences de l'ONU.

Course à l'armement. Elle est l'expression d'une rivalité entre puissances par l'acquisition d'armes supposées apporter une supériorité sur l'adversaire. Ce processus peut avoir un but de dissuasion (faire renoncer à l'adversaire d'attaquer) ou de préparation à un conflit futur. Si la course à l'armement nucléaire entre les États-Unis et l'URSS est emblématique de ce phénomène, c'est un processus particulièrement ancien : choix des Athéniens de se doter d'une flotte de guerre contre les Perses, course à la marine de guerre la plus puissante au XIXe siècle, ou encore aujourd'hui volonté de se doter de drones* et de moyen de bombardement de précision.

Crimes de guerre. Voir conventions de Genève (1949).

Crise. Dans un processus conflictuel, les crises désignent les périodes de fortes manifestations des oppositions.

Crue. Processus durant lequel un cours d'eau déborde de son lit mineur.

Cyberattaque. Acte d'agression ayant lieu dans le cyberespace*, le plus souvent au moyen de logiciels malveillants visant à voler des informations, corrompre des données ou prendre le contrôle d'un ordinateur DISTANT.

Cyberconflit. Désigne un conflit qui se déroulerait dans le cyberespace*. En réalité, il n'existe pas de cyberconflit pur. Toute cyberattaque ayant lieu dans le cyberespace vise en effet à la déstabilisation de systèmes "réels".

Cyberespace. On désigne communément par cyberspace l'ensemble des réseaux informatiques (comme Internet) qui permettent l'échange d'informations et de données.

Cyberguerre. Le terme renvoie à des cyberattaques* de grande ampleur sur les sites gouvernementaux, les agences étatiques et les systèmes informatiques des nations, qui sont susceptibles de précéder et d'accompagner un conflit militaire ouvert, voire de substituer la guerre électronique à l'action armée. Les cyberattaques sont d'ores et déjà une réalité courante qui oblige les États à renforcer leurs défenses électroniques. Lors de la grave crise politique opposant l'Estonie à la Russie, suite au déplacement de la statue d'un soldat soviétique en 2007, les sites gouvernementaux estoniens avaient été l'objet de cyberattaques* menant à une suspension momentanée des services. À la pointe de l'*e-government*, l'Estonie a depuis lancé une initiative conduisant à créer le premier centre de cyberdéfense de l'OTAN. Les exemples de cyberattaques abondent et, selon des informations non vérifiées, le programme nucléaire iranien aurait pu être la cible de telles offensives électroniques (virus stuxnet), permettant ainsi le ralentissement de son programme nucléaire. Par ailleurs, la Chine est devenue l'un des grands acteurs de cette forme de guerre électronique et ses "hackers" sont redoutés. Certains scénarios laissent à redouter que des mouvements terroristes ne soient un jour en mesure de lancer des cyberattaques de grande ampleur.

Cycle de Doha. Voir OMC.

DARPA. Voir *Defense Advanced Research Projects Agency.*

Débat public. En France, il s'agit d'une forme de participation citoyenne dont l'objectif est d'informer et de mettre en débat un projet d'équipement collectif ou d'aménagement d'intérêt national. Elle apparaît en 1995 avec la loi Barnier et est modifiée par la loi relative à la démocratie de proximité de 2002.

***Defense Advanced Research Projects Agency* (DARPA).** Centre de recherche du département américain de la Défense, dont le principal objectif est de maintenir la supériorité technologique des États-Unis dans le domaine militaire. L'agence a été créée en 1958, après le lancement par l'Union soviétique du satellite* *Sputnik*.

Défilialisation. Processus qui consiste pour une société à se séparer de ses filiales (sociétés qui étaient étroitement dépendantes d'elle).

Démilitarisation. Processus de réduction ou de suppression de l'emprise de l'armée et de ses équipements sur un territoire, un régime ou un budget national.

Déplacé. Les *Principes directeurs relatifs au déplacement des personnes à l'intérieur de leur propre pays* définissent les déplacés comme : "les personnes déplacées à l'intérieur de leur propre pays sont des personnes ou des groupes de personnes qui ont été forcés ou contraints à fuir ou à quitter leur foyer ou leur lieu de résidence habituel, notamment en raison d'un conflit armé, de situations de violence généralisée, de violations des droits de l'homme ou de catastrophes naturelles ou provoquées par l'homme ou pour en éviter les effets, et qui n'ont pas franchi les frontières internationalement reconnues d'un État" (Introduction, paragraphe 2).

Désenclavement. Le désenclavement désigne tout à la fois l'action visant à rompre l'isolement d'une région et son aboutissement. Dès les années 1990, le projet américain de "routes de la soie" et le programme européen "TRACECA" visent à désenclaver le Sud-Caucase, le bassin de la Caspienne et l'Asie centrale, plus précisément à ouvrir des voies alternatives aux réseaux de "tubes" et de chemins de fer hérités de la période soviétique et tournés vers la Russie. L'oléoduc Bakou-Tbilissi-Ceyhan et le gazoduc Bakou-Tbilissi-Erzerum en sont les résultantes et d'autres projets (gazoduc Nabucco, corridor sud-caucasien) pourraient à l'avenir désenclaver plus encore l'hinterland centre-asiatique. En Asie de l'Est et du Sud, les processus de croissance et de développement s'accompagnent aussi de vastes programmes d'équipement et de désenclavement qui modifient l'organisation de ces espaces. Il en va de même en Amérique du Sud où des projets bilatéraux ou multilatéraux, dans le cadre du Mercosur, visent à relier l'océan Pacifique et l'océan Atlantique à travers le subcontinent (projets dits *corredores bioceanicos*). Enfin, l'insertion des espaces africains dans les réseaux de la mondialisation se marque par des projets de modernisation et d'extension d'anciennes voies ferrées (Dakar-Bamako-Ouagadougou ; Djibouti-Addis Abeba), des projets de corridors vers les ports d'Afrique australe et du golfe de Guinée ou encore de Djibouti, voire l'achèvement de la traversée transsaharienne. Les enjeux de circulation autour de ces multiples réalisations et projets peuvent être l'objet de stratégies antagoniques et de conflits géopolitiques.

Déterminisme. Attitude épistémologique selon laquelle un phénomène quelconque obéit à une ou des détermination(s), autrement dit qu'il peut être expliqué par des causes, c'est-à-dire des réalités extérieures au phénomène lui-même, autres phénomènes ou opérateurs théoriques" [Lévy J., "Déterminisme", in Lévy J. et Lussault M. (dir.), *Dictionnaire de la géographie et de l'espace des sociétés*, 2003].

Détroit. Bras de mer entre deux terres rapprochées qui relie deux espaces maritimes. Les détroits sont souvent par conséquent des espaces stratégiques car ils voient passer d'importantes routes commerciales, comme le détroit de Malacca qui relie la mer de Chine à l'océan Indien, le détroit d'Ormuz par lequel transitent 60 % des flux mondiaux de pétrole. Le détroit de Gibraltar en tant que porte d'entrée de la Méditerranée depuis l'Atlantique et de point de passage entre Afrique et Europe.

Développement durable. Développement qui répond aux besoins du présent sans compromettre la capacité des générations futures à répondre à leurs propres besoins. Il repose sur trois piliers : l'économique, le social et l'environnemental. Le terme "durable" est traduit de l'anglais "*sustainable*", d'où l'emploi parfois de l'adjectif "soutenable".

Diaspora. Étymologiquement, le terme signifie "dispersion". On qualifie de "diaspora" l'ensemble des membres d'un peuple dispersé dans le monde gardant le sentiment de leur unité dans l'exil et entretenant des réseaux de relations. Le terme est d'abord utilisé pour désigner le destin du peuple juif après la destruction du Temple de Jérusalem au Ier siècle après Jésus-Christ mais le phénomène est bien antérieur (déportations en Mésopotamie dès le VIIIe siècle avant Jésus-Christ). Au Moyen Âge, d'autres communautés ethniques et religieuses constituent des diasporas (Albanais, Grecs et Slaves dans le monde méditerranéen) et le phénomène n'est pas exceptionnel avant que ne se forment et renforcent les États territoriaux (État royal puis national). Dans le monde des États-nations*, le phénomène de diaspora est considéré comme une anomalie, voire une menace, et les logiques nationales vont dans le sens de l'homogénéisation linguistique et culturelle des populations rassemblées sur un même territoire. À l'inverse, l'accélération des processus de mondialisation depuis les années 1980 (la "*globalisation*") s'accompagne d'une valorisation des diasporas et le terme se généralise sur fond de migrations humaines de grande ampleur. Outre les diasporas juive et arménienne, il est désormais fréquent de parler de diaspora africaine ou noire, de diaspora chinoise ou encore indienne pour s'en tenir à quelques exemples. Avec son extension, le terme perd en signification et l'identification du phénomène de diaspora requiert la réunion de quelques critères fondamentaux. L'identité d'une diaspora repose sur l'idée de filiation. Elle fait référence à une terre d'origine, foyer rayonnant à partir duquel la dispersion s'est produite. Sur ces bases, les membres de la diaspora entretiennent une communauté de culture que l'on caractérisera comme une "identité de l'exil". Enfin, la persistance d'une diaspora suppose le maintien de liens réels ou symboliques entre les lieux de dispersion sous la forme de réseaux d'échanges. Le phénomène de diaspora recouvre de multiples enjeux à la fois culturels, identitaires et religieux (réveils identitaires et "retour du sacré" comme mode d'organisation et de ritualisation des rapports). Les enjeux sont aussi économiques et financiers (transferts de capitaux et "*Bank Drain*"), scientifiques (réseaux de savoir et "*Brain Gain*") et, *in fine*, géopolitiques. En effet, les diasporas transcendent les frontières* étatiques, font circuler les revendications nationales (Palestiniens, Arméniens, Kurdes) et peuvent aussi apporter leur soutien à la lutte armée. Les diasporas, plus précisément certains de leurs membres, sont donc parties prenantes des conflits géopolitiques.

Diaspora chinoise ou Chinois d'outre-mer. Désigne les populations (essentiellement originaires des provinces méridionales et littorales de la Chine : le Fujian, le Guangdong et Hainan) ayant un ancêtre résidant dans d'autres pays que la République populaire de Chine ou que l'île de Taïwan.

Diplomatie multidimensionnelle. Dite aussi à "voie multiple" cette forme de diplomatie proposée par la chercheuse Louise Diamond et le diplomate John W. McDonald en 1996 prolonge le concept de "seconde voie diplomatique" (*track two diplomacy*) énoncé par Joseph Montville dès 1981. Selon les principes de la *multitrack diplomacy,* la politique étrangère, notamment dans le cadre de la résolution des conflits, doit associer un large éventail d'intervenants issus des secteurs publics et privés (experts, hommes d'affaires, intellectuels et scientifiques, médias, acteurs religieux). À Washington, un institut est dédié à cette diplomatie : l'Institute for Multitrack Diplomacy.

Dominion. État indépendant au sein du Commonwealth mais qui reconnaît le souverain britannique comme son monarque. Le terme s'applique depuis le début du XXe siècle au Canada, à l'Australie, à la Nouvelle-Zélande et à l'Afrique du Sud et s'est appliqué dans les années 1950 aux nations récemment indépendantes qui n'avaient pas opté pour le statut de république, comme la Jamaïque ou Ceylan.

Drogue. La drogue est un composé naturel, biochimique ou chimique pouvant altérer les activités neuronales et/ou perturber les communications neuronales. Elle peut être utilisée par l'homme pour modifier ses fonctions ou réactions physiologiques ou psychiques, ainsi que ses états de conscience. Certaines drogues génèrent une dépendance physique ou psychologique et peuvent engendrer des perturbations physiques ou mentales. Les principales drogues sont : le cannabis*, la cocaïne*, l'ecstasy, l'héroïne, les médicaments psychotropes, les produits dopants.

Droit coutumier. Droit qui s'inspire des us et coutumes d'un groupe social.

Droit de la guerre, ou droit international des conflits armés. Aujourd'hui intégré au droit humanitaire international, il désigne l'ensemble des lois, coutumes et autres principes qui visent à limiter la violence et à protéger les droits fondamentaux de la personne humaine en cas de guerre*. Très ancien, ce droit comprend la manière de commencer une guerre, de mener celle-ci, d'y mettre fin, le statut et les droits des otages, des ambassadeurs, des arbitres, des combattants, des civils et des prisonniers, les trêves et les traités. Ce droit est codifié à partir de la Conférence sur la paix de La Haye en 1899, et au travers des conventions* de Genève qui seront établies ensuite.

Droit d'ingérence. Voir ingérence.

Drone. Engin volant sans pilote. Il peut être commandé à distance par un pilote au sol ou, de plus en plus souvent, avoir un vol semi-automatique. Il existe des drones de toutes tailles et leurs fonctions sont variées : des drones portatifs pour permettre à des troupes au sol d'explorer un territoire* jusqu'à des appareils capables de bombarder des positions ennemies ou de transporter du ravitaillement.

Dumping. Vente d'une production à un prix inférieur à son coût de revient.

Dyades. Frontières* communes à deux États contigus.

Échelle. L'utilisation de l'échelle comme moyen d'analyse géographique, c'est étudier un phénomène à différentes tailles, pour étudier, généralement, les changements de forme, voire qualitatifs, du phénomène. Les échelles géographiques sont relatives à la structure de l'espace et aux acteurs géographiques considérés plutôt que liées à une mesure physique de l'espace. Comme en cartographie, une grande échelle est caractérisée par un rapport faible avec ce qu'elle représente (par exemple le plan d'un appartement) et une petite échelle par un rapport élevé (par exemple une carte d'un continent).

***Economic Community of West African States Cease-fire Monitoring Group* (ECOMOG).** Force ouest-africaine d'interposition. En 1975 fut créée à Lagos la Communauté économique des États de l'Afrique de l'Ouest (CEDEAO ou ECOWAS en anglais) dont le but était de favoriser l'intégration économique de la sous-région. Mais, à partir de 1990, face à la montée des conflits* régionaux et sous l'impulsion du Nigeria, elle s'est dotée d'une "force d'interposition africaine" qui est intervenue au Liberia et en Sierra Leone mais a été très critiquée pour son indiscipline ; elle a été mobilisée à l'occasion du conflit opposant L. Gbagbo et A. Ouattara en Côte d'Ivoire suite aux élections présidentielles de novembre 2010 mais n'est pas intervenue.

Économie informelle. Par opposition aux secteurs économiques formels, l'économie informelle désigne la partie de l'activité et de la production de richesses qui échappe aux normes légales et au contrôle des États. Le Bureau international du travail (BIT) retient sept critères de définition : la facilité d'accès aux activités ; l'utilisation de ressources locales ; la propriété familiale des entreprises ; l'échelle restreinte des opérations ; l'utilisation de techniques simples et d'un faible nombre de travailleurs ; des qualifications obtenues hors du système de formation officiel ; des marchés échappant à la concurrence et à la réglementation.

Écosystème. Unité fonctionnelle de base associant un biotope (fragment de la biosphère qui fournit le milieu abiotique indispensable à la vie) et une biocénose (ensemble des organismes vivants).

Écotourisme. Forme de tourisme* soucieux de la préservation de la faune et de la flore et du bien-être des populations locales.

Effet domino. *Stricto sensu*, l'expression désigne une réaction en chaîne se produisant lorsqu'un changement (plus ou moins important) provoque un changement similaire à proximité et ainsi de suite. Dans le discours géopolitique américain de la guerre froide, l'effet domino désignait le fait que le basculement d'un pays dans la sphère communiste entraînait celui du pays voisin. Elle a été requise pour justifier l'engagement américain au Vietnam-Sud (1964-1973). Cette expression a été réutilisée dans l'après "11-Septembre" et la "guerre contre le terrorisme*". Suite à l'intervention américaine en Irak, en 2003, la destruction du régime de Saddam Hussein devait entraîner celle des autres régimes autoritaires du "Grand Moyen-Orient" et jouer dans le sens de la démocratisation. Début 2011, les révoltes du monde arabe et la chute successive des "hommes forts" de la région (dictateurs et tyrans) viennent illustrer la théorie de l'effet domino. Toutefois et dans ce cas de figure, la sphère médiatique use plus fréquemment d'une métaphore biomédicale, celle de la "contagion".

***Electronic Delay Storage Automatic Calculator* (EDSAC).** L'un des tout premiers ordinateurs électroniques, construit en 1949 pour les besoins de l'université de Cambridge (Royaume-Uni).

***Electronic Numerical Integrator Analyser and Computer* (ENIAC).** L'un des tout premiers ordinateurs entièrement électroniques, construit entre 1943 et 1946 pour répondre aux besoins du laboratoire de recherche en balistique de l'armée américaine (Université de Pennsylvanie).

Embargo. Suspension des exportations d'un ou plusieurs produits vers un État, à titre de sanction et de moyen de pression sur les orientations gouvernementales. Au cours des années 2000, le gouvernement russe a temporairement mais régulièrement mis en œuvre des embargos énergétiques à l'encontre de la Pologne et d'anciennes républiques soviétiques (États baltes, Biélorussie, Ukraine, Géorgie). Le conflit russo-ukrainien de janvier 2009 et la rupture des approvisionnements en gaz d'une large partie de l'Europe ont eu un impact important sur la perception de la Russie et de sa politique étrangère. Si les motifs mis en avant sont le plus souvent commerciaux (désaccords sur les volumes et les prix), ces embargos ont pour objectif d'imposer une logique d'"étranger proche" dans l'aire post-soviétique.

Émeute. Manifestation collective due à un profond mécontentement des populations. Elle s'accompagne de violences contre les biens et les personnes. On peut aussi parler quand l'intentionalité politique est plus marquée de révolte, ou plus générale, d'insurrection, ou encore, de façon plus vague, de troubles.

Émeute de la faim. Soulèvement incontrôlé, violent, parfois insurrectionnel, de populations le plus souvent urbaines dénonçant une sérieuse aggravation de leur situation alimentaire causée, dans la plupart des cas, par une hausse brutale des prix des denrées nourricières de base.

Enclave. Désigne un territoire séparé de l'entité étatique ou de la communauté dont il dépend par une (ou plusieurs) portion(s) de territoire d'un autre État.

Enclavement. Absence pour un État d'accès direct à la mer, ce qui le rend dépendant d'autres dans une partie de ses relations avec le vaste monde : État enclavé comme le Zimbabwe ou le Népal.

***Enigma*.** Code secret et machine mécanique portable servant à chiffrer l'information, elle fut commercialisée dans les années 1920. L'Allemagne nazie en utilisa une version améliorée pendant la Seconde Guerre mondiale.

Enquête publique. La loi dite Bouchardeau appliquée en France depuis 1995 définit l'enquête publique comme une procédure préalable à la "réalisation d'aménagements, d'ouvrages, de travaux exécutés par des personnes publiques ou privées, lorsqu'en raison de leur nature, de leur consistance ou du caractère des zones concernées, ces opérations sont susceptibles d'affecter l'environnement". Ce dispositif permet à tous les citoyens de s'informer et d'exprimer leurs avis sur un projet d'aménagement ou de planification territoriale.

Environnement. Au sens le plus large, ce qui nous entoure. Dans un sens plus restreint, l'environnement désigne l'ensemble des éléments biotiques ou abiotiques (non "vivant" comme l'eau) qui entourent un individu, groupe ou société et qui interagissent avec lui. Le terme a été défini en géographie en 1970 par Pierre George comme l'ensemble des rapports réciproques entre les groupes humains et leur domaine spatial, les interrelations entre les sociétés et le milieu dans lesquelles elles se situent.

Érosion. Ensemble des phénomènes extérieurs à l'écorce terrestre qui contribuent à modifier les formes du relief terrestre.

État. Forme d'organisation politique d'un groupe humain. Il est défini par un territoire délimité par des frontières* précises, par une population et par un ensemble d'institutions qui exercent le pouvoir, dont le gouvernement est l'expression la plus évidente. Il est caractérisé par la situation de souveraineté*, c'est-à-dire que le pouvoir de l'État ne connaît pas de lien de dépendance avec une entité supérieure. L'État est un phénomène historique qui s'est progressivement imposé dans l'Europe de la Renaissance et qui s'oppose à d'autres systèmes politiques dits "traditionnels" comme le féodo-vassalisme ou le tribalisme, par exemple. Le modèle de l'État s'en répandu actuellement sur toutes les terres émergées de la terre. Il constitue un des acteurs* géographiques les plus puissants du fait de son monopole de la violence légitime, de son pouvoir législatif et de ses capacités financières.

État-nation. Un État-nation est la rencontre d'un État, en tant qu'organisation politique, et d'une nation, c'est-à-dire des individus qui se considèrent comme liés et appartenant à un même groupe. C'est donc la coïncidence entre une notion d'ordre identitaire, l'appartenance à un groupe, la nation, et une notion d'ordre juridique, l'existence d'une forme de souveraineté* et d'institutions politiques et administratives qui l'exercent, l'État. Sans cette coïncidence, on parlera plutôt d'un État multinational, d'une fédération ou d'un empire.

Étiage. Période pendant laquelle le niveau d'un cours d'eau est très bas.

Eutrophisation. Modification d'un milieu aquatique lié à un apport excessif de substances nutritives en azote et/ou en phosphore. Cela a pour conséquence d'augmenter la production d'algues.

Faim. Voir sous-nutrition.

***Food and Agricultural Organization of the United Nations* (FAO).** En français : Organisation des Nations unies pour l'agriculture et l'alimentation. Organisation spécialisée de l'ONU*, créée en 1945 et siégeant à Rome, dont l'objectif prioritaire est, selon sa devise *Fiat panis* ("*Que le pain soit*"), de parvenir à l'éradication de la faim* dans le monde. Elle agit via des programmes d'assistance technique aux pays en développement, la rédaction de rapports, l'organisation de colloques scientifiques, la tenue de forums agricoles interétatiques. Elle cherche à mobiliser les acteurs du monde agricole mais également à sensibiliser la population mondiale à son action, par le biais de la nomination "d'ambassadeurs de bonne volonté" choisis pour leur visibilité médiatique ou par des opérations de relations publiques (comme la proclamation de l'année 2008 année de la pomme de terre).

FARC (Forces armées révolutionnaires de Colombie). Principale guérilla communiste colombienne impliquée dans le conflit armé colombien. Les FARC figurent depuis 2005 sur la liste officielle des organisations terroristes établie par le Canada, les États-Unis, la Nouvelle-Zélande et l'Union européenne.

Farm Bills. Aux États-Unis, lois-cadres agricoles qui constituent le fondement de la politique nationale de soutien à l'agriculture.

Fermage. Location, par un propriétaire foncier, d'une terre agricole (mode de faire-valoir indirect) moyennant le paiement d'un fermage (d'un loyer).

Firme transnationale. Grande entreprise dont les logiques d'implantation se développent à l'échelle internationale. Selon les critères de l'ONU*, une firme transnationale dépasse les 500 millions de dollars de chiffre d'affaires et réalise plus de 25 % de ses productions et de ses échanges dans au moins six États* différents.

Frontière. Limite de l'aire de compétence d'une souveraineté*. Les frontières s'accompagnent de discontinuités spatiales majeures (effets de barrière, de seuil, de gradient).

Front pionnier. Désigne la limite* atteinte par l'appropriation d'un territoire* et sa mise en valeur (on parle de front pionnier pour la conquête de l'Ouest américain comme pour la culture du soja au Brésil). Par essence, le front pionnier est mobile, voué à avancer dans un mouvement de conquête.

FSB (Service fédéral de sécurité de la Fédération de Russie). Successeur partiel de l'ancien KGB, dissous en 1991, il est en charge des affaires de sécurité intérieure (contre-espionnage, lutte contre le terrorisme* et le crime organisé). La fonction de renseignement extérieur étant assurée par le SVR (Service des renseignements extérieurs de la Fédération de Russie). Significativement, le FSB a compétence pour mener ses activités sur les territoires* de l'aire post-soviétique. Il a autorité sur diverses forces spéciales et unités paramilitaires, surveille les forces armées et le complexe militaro-industriel. Enfin, le FSB demeure à certains égards une police politique.

G10. Groupe d'États agricoles (dont le Japon, la Norvège, la Suisse) réunis afin de défendre le principe des subventions agricoles, non pas dans un but de conquête des marchés, mais parce que jugées indispensables à la survie d'agricultures patrimoniales (garantes, entre autres, de la gestion des paysages).

G20 agricole. À ne pas confondre avec le G20 économique qui réunit les pays les plus puissants de la planète. Groupe d'États agricoles, constitué en 2003 dans le cadre du cycle* de Doha, afin de défendre les agricultures paysannes du Sud (monde en développement). Emmené par des États influents tels que le Brésil, la Chine ou l'Union indienne, le G20 dénonce les subventions agricoles des États du Nord en général et des États-Unis/Union européenne en particulier.

Gabarit. Les canaux de navigation peuvent être de taille différente. Le gabarit désigne les dimensions maximales des bateaux admis sur une voie d'eau. En France, le gabarit le plus répandu est le gabarit Freycinet, du nom du ministre des Travaux publics de la Troisième République entre 1877 et 1879 qui fit adopter un plan de développement des canaux et des voies ferrées. Les voies navigables intérieures d'Europe ont été classées par la Conférence européenne des ministres des Transports en différentes catégories, selon leurs dimensions et donc leur capacité d'accueil des bateaux. Le gabarit Freycinet correspond à la classe I, soit un tonnage inférieur à 400. On parle de grand gabarit pour les voies de tonnage supérieur à 650 tonnes (à partir de la classe III).

	Largeur (en mètres)	Tonnage
Classe I	5,05	250-400
Classe II	6,60	400-650
Classe III	8,20	650-1 000
Classe IV	9,50	1 000-1 500
Classe Va	11,40	1 500-3 000
Classe Vb	11,40	3 200-6 000
Classe VIa	22,80	3 200-6 000
Classe VIb	22.80	6 400-12 000
Classe VIc	34,2	9 600-18 000
Classe VIIb	34,2	14 500-27 000

GATT/*Uruguay Round*. Le GATT est un accord général signé en 1947 par 23 États pour harmoniser les règles commerciales internationales. L'objectif était, dans une optique libérale, d'abaisser les barrières douanières et d'en finir avec les logiques protectionnistes. Pour ce faire, de grands cycles de négociations (*Rounds*) ont été organisés entre les États. L'*Uruguay Round* (1986-1994) est le dernier à avoir été bouclé. Celui-ci a notamment entraîné la libéralisation du commerce agricole mondial et a organisé le passage du GATT à l'OMC.

Génocide. Néologisme formé en 1944 par le juriste polonais Raphaël Lemkin. Extermination programmée d'un peuple, d'un groupe ethnique, d'une population donnée pour des raisons raciales, religieuses, sociales, économiques…

Gentrification/gentrificateur. Cette notion apparaît dans les années 1960 et désigne au sens strict la réhabilitation physique de certains quartiers urbains et le remplacement de leur population par des catégories plus aisées.

Géographie culturelle. Branche de la géographie qui étudie l'impact des réalités culturelles humaines dans l'espace et, réciproquement, les représentations de l'espace dans les cultures.

Géographie politique. Elle étudie le rapport entre espace géographique et politique, "c'est-à-dire l'ensemble des phénomènes qui ressortissent à l'organisation de la gestion et de la régulation collective de la société" [Prévélakis G., "Politique (géographie)", in Lévy J. et Lussault M., *Dictionnaire de la géographie et de l'espace des sociétés*, 2003].

Géopolitique. Étude des rapports de force politiques inscrits dans les territoires. Elle est indissociable de la géographie politique et de la géostratégie, "la géographie politique qui considère l'espace comme cadre, la géopolitique qui considère l'espace comme enjeu, la géostratégie qui considère l'espace comme théâtre" [Stéphane Rosière, *Géographie politique et géopolitique*, Ellipses, 2003].

Gestion intégrée des zones côtières (GIZC). Face aux pressions (démographiques, économiques, écologiques) que subissent les espaces littoraux, les instances internationales ont traduit l'idée de développement durable appliqué aux espaces littoraux par un concept : la gestion intégrée des zones côtières. Il s'agit de la conjugaison entre protection et mise en valeur des milieux côtiers en favorisant un développement équilibré sur le plan économique, social et culturel des espaces littoraux.

Gouvernance. De façon simplifiée, la gouvernance peut être vue comme un processus visant l'association entre les acteurs publics et privés en vue de participer à une décision publique ou de contribuer à une politique publique.

Gouvernance territoriale. Processus de coordination entre acteurs publics et privés dans un contexte de développement local territorialisé.

Gradient. Différence d'intensité d'une variable donnée entre deux points ou deux lignes de l'espace. Le gradient peut désigner des phénomènes économiques, sociaux, culturels, climatiques, etc., où l'on passe progressivement d'une réalité à une autre.

Grand jeu. Expression qui renvoie à la rivalité coloniale entre la Russie et la Grande-Bretagne en Asie au XIXe siècle. Par extension, cette expression qualifie les luttes d'influence contemporaines entre les grandes puissances mondiales.

Greenpeace. Organisation non gouvernementale créée en 1972, en réaction aux essais nucléaires américains prévus sur l'île d'Amchitka en 1971. Les premières actions de l'ONG concernent la lutte contre le nucléaire et la protection des océans, puis s'étendent à la lutte contre les dérèglements climatiques, la pollution par les produits toxiques et la déforestation. À partir du milieu des années 1990, suite à la commercialisation des premiers produits issus d'OGM, s'ajoute la lutte contre la dissémination des OGM.

Groupe de Cairns. Groupe de 19 États, comptant de puissants États* agro-exportateurs (dont le Canada, le Brésil, l'Australie) qui milite, depuis 1986, pour la complète libéralisation du commerce agricole en dénonçant les politiques agricoles européennes et américaine ainsi que toute forme de protectionnisme commercial.

Groupe des 77. Groupe créé lors de la Conférence des Nations unies sur le commerce et le développement (CNUCED), le 15 juin 1964, par 77 pays en voie de développement signataires de la "Déclaration conjointe des soixante-dix-sept pays". Ce groupe, qui regroupe en 2011 plus de 130 pays, a pour but de promouvoir les intérêts économiques des pays en développement.

Guerre. En droit international, une guerre est un conflit* armé opposant deux États. Elle se traduit par des combats et l'usage de la force armée entre deux entités militaires régulières. Aujourd'hui, le droit tend à préférer le terme de conflit armé international car la guerre fait référence à des pratiques codifiées (déclaration de guerre, saisons de trêve, formes de l'affrontement) qui ne sont plus en vigueur.

Guerre civile. Conflit armé de forte intensité au sein d'un même État* opposant en général des forces armées régulières à des groupes armés clairement identifiables. La guerre civile dépasse en importance et en durée la révolte ou l'insurrection. Du point de vue du droit de la guerre, on parle de "conflit armé non international".

Guerre de l'eau. Situation dans laquelle plusieurs pays entrent en guerre* pour l'appropriation et/ou la maîtrise de l'usage de la ressource vitale qu'est l'eau. Pourtant, force est de constater que si les enjeux liés à l'eau peuvent être un motif parmi d'autres d'une guerre, et des aménagements hydrauliques constituer des cibles stratégiques, rares sont les cas où l'eau constitue le mobile principal d'une guerre.

Guerre des cinq jours. La "guerre des cinq jours" est le nom donné au conflit armé russo-géorgien de 2008 (7-12 août) qui éclate après plusieurs mois de tensions croissantes, d'incidents et de provocations entre les deux pays. Le conflit porte sur le sort de l'Abkhazie et de l'Ossétie du Sud, deux régions géorgiennes qui ont proclamé unilatéralement leur indépendance avec en toile de fond la question du libre accès aux ressources de la Caspienne. La guerre des cinq jours met aux prises la volonté affichée des dirigeants géorgiens, issus de la "révolution* des roses", de se détourner de la CEI* pour entrer dans les instances euro-atlantiques (UE-OTAN*) et la volonté des dirigeants russes de maintenir leur emprise dans les limites de l'ex-URSS (thématique de l'"étranger proche").

Guerre du Chaco (1932-1935). Guerre meurtrière entre la Bolivie et le Paraguay, dont l'enjeu est le contrôle de ressources pétrolières qui auraient été découvertes dans la région du Chaco – information invalidée par la suite. Au-delà de ces deux pays, la guerre* a pris une dimension géopolitique, les compagnies pétrolières américaines soutenant la Bolivie et les compagnies britanniques le Paraguay.

Guerre préventive. Se dit d'un conflit* militaire mené par un assaillant qui anticipe (ou affirme anticiper) une agression future menée contre lui par son adversaire.

***Hedge fund*.** Fonds alternatifs ou spéculatifs destinés à limiter l'impact des fluctuations boursières sur les revenus de leurs détenteurs par l'utilisation de moyens d'investissement variés et de produits financiers dérivés permettant de se "couvrir" (*to hedge*) du point de vue des risques. Ils ont systématiquement recours à des emprunts bancaires pour leurs placements, ce qui leur donne un poids plus important que s'ils reposaient uniquement sur leurs fonds propres. Ils peuvent avoir un effet dévastateur sur la stabilité des cours, notamment sur ceux des matières premières.

Herbiers de posidonies. La posidonie est une espèce de plante à fleurs aquatique qui forme un tapis végétal marin (herbiers) jusqu'à 40 mètres de profondeur, endémique à la Méditerranée. Les herbiers ont une fonction de protection et d'habitat pour de nombreux organismes aquatiques et constituent un écosystème particulièrement riche.

Horogénèse. Terme formé de la racine grecque *horoi* (limites politiques du territoire des cités) et proposé par Michel Foucher pour décrire la genèse du tracé des frontières.

Humus. Matière organique décomposée et transformée (humifiée).

Hydrocarbures. Composés organiques de carbone et d'hydrogène. Les principaux hydrocarbures consommés dans le monde sont le pétrole et le gaz naturel. Ils constituent une ressource énergétique essentielle pour l'économie et les modes de vie actuels, puisqu'ils sont à l'origine de la plupart des combustibles, mais aussi des plastiques ou encore de médicaments. À l'échelle du temps humain, ce sont des ressources non renouvelables. Leur exploitation est donc de plus en plus difficile au fur et à mesure de l'épuisement des gisements les plus facilement exploitables et se tourne vers des gisements très profonds ou nécessitant des techniques d'extraction et de transformation complexes. Les hydrocarbures sont aujourd'hui au centre du débat sur le dérèglement climatique car ils sont à l'origine de grandes quantités d'émissions de gaz à effet de serre.

Ingérence. Le droit d'ingérence est la reconnaissance d'un droit des États à passer outre la souveraineté nationale d'un État et à intervenir dans des domaines qui relèvent classiquement de la compétence nationale, lorsqu'il y a violation majeure des droits de l'homme et de la personne. Bien que ce droit ne soit pas défini juridiquement ni reconnu officiellement par le droit international (il entre même en contradiction avec la charte de l'ONU), il est reconnu de fait par les grandes institutions internationales depuis 1988, l'ONU en premier chef, et constitue le motif de nombre d'interventions militaires.

Initiative de défense stratégique (IDS). Annoncé par le président Ronald Reagan en 1983, l'IDS est le premier projet officiel prévoyant l'installation d'armes dans l'espace. L'objectif est de protéger le territoire américain d'une frappe de missiles grâce à plusieurs centaines de satellites chargés de détecter et intercepter les charges ennemies. Conçu comme défensif et bientôt revu sur une base plus limitée dans le cadre des programmes antimissiles*, il a ouvert la voie à l'arsenalisation* de l'espace.

Inondation. Submersion d'un territoire par les eaux, douces ou salées. L'inondation peut-être consécutive à une crue débordante, lorsque les eaux débordent par-dessus les berges ou les digues, envahissant le lit majeur (ou plaine d'inondation) du cours d'eau (la Seine en 1910). L'inondation peut aussi se former par ruissellement suite à une forte averse saturant les collecteurs, notamment en ville (Nîmes en 1988), ou par infiltration, l'eau des nappes phréatiques remontant à la surface quand leur niveau est très élevé (comme en Champagne en 2001). On parle aussi d'inondation par submersion marine (cyclone Katrina à la Nouvelle-Orléans en 2005, tempête Xynthia en 2010 sur le littoral atlantique français) lorsque des territoires littoraux bas sont envahis, lors d'épisodes dépressionnaires, par l'eau de mer et des fleuves côtiers. Les inondations, qui constituent plus de la moitié des catastrophes naturelles dans le monde, occasionnent d'importantes destructions et font de nombreuses victimes. Elles affectent parfois de vastes territoires (inondation de janvier 2011 en Australie sur 1 million de kilomètres carrés) ; certains pays, comme le Bangladesh, sont presque entièrement inondables.

Insurrection. Acte de révolte d'une population contre le pouvoir établi.

Interface. Zone de contact entre deux espaces, milieux, écosystèmes*, territoires* différents, permettant des échanges entre eux.

Interpol (*International Police*) ou Organisation internationale de police criminelle (OIPC). Organisation internationale créée en 1923 pour favoriser la coopération policière internationale ; elle siège à Lyon.

Intouchables. *Dalit* (opprimé) ou *Harijan* ("peuple de Dieu", en Inde, personnes hors caste et considérées comme impures). Les intouchables sont victimes d'un certain nombre de formes d'exclusion et les tâches difficiles ou perçues comme impures leur sont réservées (fossoyeur, vidangeur…). Alors que la constitution indienne affirme l'abolissement du système des castes, des quotas ont été réservés aux intouchables et aux basses castes dans les recrutements publics. Malgré cette discrimination positive, les intouchables n'en demeurent pas moins les plus pauvres du pays.

Invasion. Sur un plan militaire, le mot désigne l'action d'envahir un pays avec des unités armées, de vive force et en nombre. Les mobiles d'une invasion militaire sont divers. Outre la conquête ou la reconquête de territoires en raison de leurs caractéristiques propres (valeur intrinsèque du territoire, valeur symbolique, position dans les systèmes de circulation), l'invasion peut correspondre à l'une des phases de la stratégie militaire (préemption d'une attaque, poursuite d'un ennemi ou secours à un ami, contrôle de positions stratégiques). L'invasion d'un territoire peut aussi viser le changement de régime politique, comme dans le cas de l'Irak (2003).

Irrédentisme. 1) Discours politique nationaliste qui demande l'annexion de territoires appartenant à un ou à plusieurs autre(s) État*(s). 2) Volonté d'être rattaché à la nation dont on se sent faire partie et non plus à une autorité considérée comme étrangère.

Irrigation. Processus consistant à apporter de l'eau aux cultures, en plus des précipitations naturelles, afin de fournir au sol l'eau nécessaire à la croissance des végétaux. Utilisant des techniques variées (gravitaire, par aspersion, submersion, goutte à goutte), l'irrigation peut contribuer, par ses consommations d'eau importantes, aux conflits d'usage. Elle est ainsi en concurrence avec d'autres activités (industrie, tourisme, approvisionnement en eau potable…) pour l'utilisation de la ressource en eau. Pour limiter ces tensions, l'agriculture irriguée s'efforce de réduire ses consommations, notamment grâce à l'usage de techniques plus économes en eau comme le goutte à goutte.

ISI (*Inter-Services Intelligence*). Agence de renseignement pakistanaise qui a pour but d'assurer la préservation des intérêts pakistanais et de la sécurité nationale à l'intérieur et à l'extérieur du pays.

***Janjawids* ("Hommes à cheval").** Traditionnellement, milices à cheval dont le rôle était de protéger les troupeaux contre les tentatives de vol. Dès l'insurrection au Darfour en 2003, le régime soudanais les utilisa contre les populations civiles de cette région. Armés de kalachnikovs, ils massacrent les populations, commettant des tueries de type génocidaire ; ils furent surnommés les "cavaliers du diable".

Justice spatiale. Principe et/ou ensemble de dispositions et de pratiques visant à définir la meilleure organisation possible d'un territoire donné, au nom du "bien commun", de l'"intérêt général", du "bien-être", etc.

Kémalisme. Programme politique et idéologique moderniste porté par Mustafa Kemal Atatürk, fondateur et premier président de la République turque.

Lagune. Plan d'eau salé ou saumâtre peu profond séparé de la mer par un cordon sableux ou un récif corallien.

Leadership. Vient de l'anglais *leader*, le chef. En matière géopolitique, capacité d'un État* puissant à incarner sa région ou le monde et à réussir ainsi à influencer les autres États.

Lido. Cordon littoral situé entre la mer et une lagune*.

Ligne Mac Mahon. Frontière* séparant l'Inde britannique et le Tibet, définie par le Royaume-Uni lors de la Convention de Simla de 1914. Elle porte le nom du principal négociateur : Sir Henry Mac Mahon. La Chine n'a pas reconnu cette ligne frontalière et l'a contestée.

Ligne verte. Ligne d'armistice du 3 avril 1949 qui constitue la frontière internationalement reconnue entre Israël et la Cisjordanie. Elle mesure 350 km de long. La ligne qui sépare l'île de Chypre en deux est également appelée ligne verte.

Limite. Concept polysémique qui désigne la ligne de séparation entre deux régions de l'espace. La limite est liée au maillage territorial et administratif, mais elle est aussi le seuil à partir duquel une réalité devient pertinente, une autre disparaît. Étymologiquement, limite vient de *limes*, la frontière*, ce qui marque la fin d'une souveraineté* et le début d'une autre.

Loi littoral. La loi du 3 janvier 1986, dite loi littoral, mise en application en 1989, "relative à l'aménagement, la protection et la mise en valeur du littoral", est la base du droit positif en matière de protection des espaces littoraux. Elle impose aux documents de planification et d'urbanisme des communes riveraines de la mer ou d'un plan d'eau intérieur de plus de 1 000 hectares la préservation des sites et paysages remarquables ou caractéristiques du patrimoine littoral. Cette loi se caractérise notamment par une limitation de l'extension du bâti dans les espaces proches du rivage qui "doit se réaliser […] en continuité de l'urbanisation et villages existants" ou "en hameaux nouveaux intégrés à l'environnement". Par ailleurs, la loi littoral interdit toute construction dans les espaces non urbanisés "sur une bande de 100 mètres à compter de la limite haute du rivage".

LOPPSI 2. La loi d'orientation et de programmation pour la performance de la sécurité intérieure, votée en France en 2011, étend les pouvoirs de la police (infiltrations, utilisation de pseudonymes par les policiers sur internet, installation de mouchards sur les ordinateurs.), et permet aux préfets d'imposer la vidéosurveillance aux maires. Elle étend également les fichiers de police, les fichiers d'antécédents (STIC et JUDEX), et crée les réserves civiles de la police, sorte de milices parapolicières formées de retraités de la police nationale et de volontaires français âgés de 18 à 65 ans, employés trois mois par an pour des missions de soutien aux forces de sécurité, des missions de solidarité et des missions élémentaires d'exécution ou des missions de spécialiste correspondant à leur qualification professionnelle.

Lorentz. Code secret et machine mécanique utilisée par l'Allemagne nazie pour chiffrer les communications par téléscripteur entre les quartiers généraux de l'armée pendant la Seconde Guerre mondiale.

Malouines. Les Malouines (*Malvinas* pour les Argentins ou *Falklands* pour les Britanniques) forment un archipel* de 11 000 km², situé à moins de 600 km des côtes argentines. Les revendications argentines sont géographiques, les Malouines étant proches des côtes argentines et l'archipel s'étendant sur le plateau continental argentin, et historiques, ces îles étant un héritage de l'époque coloniale espagnole, administré par l'Argentine dès 1811. En 1833, le Royaume-Uni s'empare de ces territoires insulaires et y installe une administration et des sujets britanniques. Depuis, l'Argentine n'a jamais renoncé à récupérer l'archipel. En 1982, la dictature militaire qui dirige le pays connaît les pires difficultés dans la gestion économique et sociale du pays, discrédité en outre par la violence de la répression à l'égard des opposants au régime. Après l'organisation du Mondial de football de 1978 (où l'équipe argentine remporte la compétition), une guerre de reconquête semble être la solution pour recréer "l'Union sacrée". L'armée argentine s'empare de l'archipel sans rencontrer de réelles difficultés, provoquant dans le pays un véritable délire patriotique, et une réaction internationale d'hostilité quasi unanime face à cette agression. La Grande-Bretagne ne tarda pas à envoyer sur place une force armée imposante. Chacun des deux protagonistes restant sur ses positions, un conflit s'engage en avril 1982, au cours duquel 700 Argentins et 255 Britanniques perdront la vie. Il s'achève le 14 juin 1982, après 73 jours de combat, par la reddition des troupes argentines, entraînant rapidement la fin de la dictature militaire en Argentine et le retour de la démocratie. La reprise des relations diplomatiques entre les deux États* est effective dès 1990. Des accords sont passés concernant l'exploitation économique du domaine océanique autour de l'archipel, contribuant ainsi à dégeler quelque peu les relations argentino-britanniques. Pourtant, la "perte" des Malouines est encore très présente dans la vie politique argentine, y compris dans la vie quotidienne : les grands quotidiens argentins présentant tous les jours la situation météorologique de l'archipel comme dans les 13 autres provinces du pays.

Mangrove. Forêt ou formation arborescente caractéristique des littoraux tropicaux. L'espèce dominante y est le palétuvier, nom commun donné à plusieurs arbres.

***Maquiladoras*.** Ces "usines-tournevis" se sont implantées le long de la frontière* entre le Mexique et les USA depuis le milieu des années 1960, afin de peupler les régions désertes du Nord mexicain. Cet espace de dérégulation économique attire des usines étrangères demandeuses d'une main-d'œuvre plutôt abondante, féminine et bon marché. Regroupant un million d'emplois en 2009, le phénomène a tendance à se diffuser sur un espace de plus en plus important entre Mexico et la frontière, se concentrant sur les corridors autoroutiers vers les États-Unis et dans les États mexicains frontaliers. L'achèvement du démantèlement tarifaire au sein de l'ALENA permet cette diffusion du phénomène sur l'ensemble du territoire mexicain. Seuls l'absence d'infrastructures de transports modernes et l'éloignement par rapport aux États-Unis freinent cette pénétration vers le sud.

Marche. À l'époque carolingienne, le terme de "marche" (du francique "*marka*") désignait un territoire jouant le rôle d'espace protecteur en avant des frontières* ou dans une région mal pacifiée. Dans le vocabulaire stratégique et géopolitique contemporain, il désigne un territoire* périphérique, instable et disputé, voire menacé par un ou plusieurs pays voisins. Souvent, l'usage relève de la métaphore et il peut renvoyer aux notions de fronts, de zones d'influence, d'"étranger proche". Dans la géopolitique de l'aire post-soviétique, le Sud-Caucase est parfois présenté comme une "marche" de la Russie.

Mau-Mau. Société secrète née au Kenya en 1950 et à laquelle adhère majoritairement l'ethnie kikuyu ; sa revendication majeure était de récupérer les terres des hauts plateaux – *White Highlands* – accaparées par la Couronne britannique et vendues à des colons blancs. La révolte éclata en 1952 et fut écrasée en 1955 ; elle prit officiellement fin en 1956 après la capture et la pendaison du principal chef mau-mau.

Métamphétamine. Drogue* synthétique créée au Japon en 1919, plus connue sous le nom de *meth* ou *crystal*. Elle a été utilisée sur les soldats, en particulier allemands, durant la Seconde Guerre mondiale, pour ses propriétés stimulantes et par les Américains au Vietnam. La production et la consommation de métamphétamine sont aujourd'hui mondialisées. Une grande partie reste produite en Asie, notamment en Australie, Nouvelle-Zélande, en Birmanie et en Thaïlande. Dans le triangle d'Or, elle est appelée le *yaa baa*, le "médicament qui rend fou".

Milice. Dans certains pays partiellement de langue française, comme la Belgique ou la Suisse, le terme de milice renvoie au service militaire et à des armées de citoyens-soldats. Plus fréquemment, ce terme désigne des organisations et des unités de type paramilitaire. Il s'agit de forces opérant en marge des armées officielles, dans le cadre d'une stratégie guerrière étatique (les milices pro-russes dans la guerre de Tchétchénie), ou de forces au service d'une entité non étatique (les unités paramilitaires du Hezbollah chiite au Liban-Sud). L'usage de ce mot ne va pas sans évoquer conflits civils, "sales guerres" et conflits* asymétriques se déroulant dans des "zones grises", en marge du droit international.

Milieu. En géographie, environnement social dans lequel un individu ou encore un groupe se trouve et avec lequel il entretient des relations.

Mine antipersonnel. Engin qui peut exploser à tout moment, au passage des hommes. Ces mines furent beaucoup utilisées lors des guerres* civiles par exemple en Angola, au Cambodge ou en Bosnie et les conséquences sont dramatiques : des enfants et des femmes sont encore mutilés, bien après la fin des conflits. L'ONG Handicap International demande leur interdiction et finance des prothèses. La Convention sur l'interdiction des mines antipersonnel (aussi appelée convention d'Ottawa ou traité d'Ottawa) est un traité international de désarmement qui interdit l'acquisition, la production, le stockage et l'utilisation des mines antipersonnel. Entrée en vigueur en mars 1999, elle est dans les faits appliquée par la plupart des pays du monde, même par certains qui ont refusé de la signer comme les États-Unis ou la Russie. Non signataire, la Chine n'a cependant pas détruit son stock, l'Inde et le Pakistan continuent à produire des mines et la Birmanie à en poser.

Minorités. Communauté de personnes moins nombreuses que d'autres groupes dans un ensemble donné, comme un pays. Il s'agit souvent de minorités nationales et/ou ethniques se distinguant de la majeure partie de la population d'un État par leurs particularités physiques, culturelles, linguistiques, religieuses ou autres. Les heurts entre minorités et majorités, voire les guerres* civiles qui les opposent, peuvent porter sur des enjeux qui n'ont rien d'ethnoculturel. Dans le langage de l'Ancien Régime, les "guerres d'opinion" recouvraient les affrontements confessionnels mais aussi les oppositions idéologiques ou les conflits dynastiques opposant majorités et minorités à l'intérieur d'une même unité politique et menaçant sa cohésion.

Mitage. Parcellisation extrême, jusqu'à sa totale disparition dans certains cas, de l'espace agricole sous la poussée de l'urbanisation (construction de lotissements pavillonnaires par exemple) mais également en lien avec le développement des réseaux de transports.

Missile. Engin aéronautique autopropulsé qui peut être dirigé par autoguidage ou téléguidage. Les missiles sont au cœur de l'industrie de l'armement aéronautique car ils sont les vecteurs de charges utiles militaires (explosifs) ou électroniques (reconnaissance) qui assurent la supériorité sur le champ de bataille. Ils sont aujourd'hui pour la plupart autoguidés.

Missiles balistiques. Arme utilisant un moteur de fusée dans sa phase de propulsion puis retombant sur terre en utilisant la force de gravitation. Le 1er missile est le V2 conçu dans l'Allemagne nazie pour bombarder la Grande-Bretagne et utilisé à partir de 1944. La technique du V2 est à l'origine de tous les programmes ultérieurs de missiles et de fusées.

Missile gap**.** Expression utilisée aux États-Unis pendant la guerre froide pour stigmatiser la prétendue supériorité numérique des missiles soviétiques et renforcer l'armement américain. Fruit d'évaluations erronées, le *missile gap* a été un facteur crucial de la course aux armements jusqu'à ce que les images de satellites montrent dès 1960 la réalité des capacités soviétiques qui s'avèrent inférieures à celles des États-Unis. Les Soviétiques prennent cependant l'avantage en terme de nombre de têtes nucléaires à partir de 1975.

Missile intercontinental. Catégorie particulière liée à la distance parcourue par ce missile qui à partir de 1955 est à la base de la construction progressive de la dissuasion nucléaire.

Mission Racine. Mission interministérielle pour l'aménagement touristique du littoral qui porte le nom de celui qui la préside en Languedoc-Roussillon de 1963 à 1983. C'est une démarche volontaire de l'État visant à allier développement économique et protection de l'environnement en créant cinq unités touristiques séparées par des espaces naturels protégés. Elle est à l'origine de la création de sept stations balnéaires : La Grande Motte, le Cap d'Agde, Gruissan, Port Leucate, Port Barcarès, Saint-Cyprien et Port Camargue.

Moudjahid. Mot arabe dont la forme plurielle est moudjahiddins. Il s'agit d'une personne qui pratique un combat au nom de sa religion. Le terme a été attribué aux partisans afghans durant la première guerre d'Afghanistan qui les opposait aux Soviétiques.

Multilatéral. Les termes multilatéralisme et unilatéralisme renvoient au mode de prise de décision dans le système des relations internationales : une décision est unilatérale si elle est prise par un État* et imposée aux autres, ou multilatérale si elle est prise en commun et fait l'objet d'un certain consensus. On oppose aussi un mode de décision multilatéral dans lequel de grands États prennent des décisions au nom de tous (comme dans le G8) au système international qui passe par les instances onusiennes et où chacun a sa voix.

Multipolaire/multipolarisme. On dit d'un territoire qu'il est multipolaire ou marqué par le multipolarisme lorsqu'il est soumis à différentes aires d'influence (politique ou économique) polarisés par des métropoles aux fonctions de commandement puissantes. En géopolitique, on parle d'un monde multipolaire quand aucun État ou groupe d'États ne le domine par opposition au monde bipolaire de la guerre froide ou au monde unipolaire dominé par les États-Unis dans les années 1990.

Munition guidée de précision. L'évolution technologique a permis l'apparition de munitions guidées de précision à partir des années 1970. Il s'agit de munitions capables de frapper une cible spécifique, comme un navire ou un bâtiment, pour maximiser l'effet du bombardement et minimiser les dommages collatéraux. Ces munitions sont au cœur de la stratégie actuelle de l'US Air Force qui cherche d'abord à paralyser l'adversaire plutôt qu'à le détruire totalement.

Natura 2000. Réseau de sites écologiques européens visant à la préservation de la biodiversité et à la valorisation du patrimoine naturel. Deux textes de l'Union européenne établissent la base réglementaire de ce réseau écologique. Il s'agit de la Directive oiseaux instituée en 1979 et de la Directive habitat de 1992 qui concerne la conservation des habitats naturels de la faune et de la flore sauvage afin d'assurer le maintien de la biodiversité.

Néocolonialisme. Politique menée par certains pays développés visant à perpétuer, sous des formes nouvelles, leur domination sur les États indépendants du Tiers Monde autrefois colonisés.

Néolibéralisme. Doctrine qui veut rénover le libéralisme en rétablissant ou en maintenant le libre jeu des forces économiques et l'initiative des individus tout en acceptant l'intervention de l'État.

Népotisme. Historiquement, le terme de népotisme renvoie à l'attitude de papes de la Renaissance accusés de privilégier leur parentèle dans la distribution des honneurs et des richesses (l'italien *nepotismo* vient du latin "*nepos*" : neveu). Par extension, le népotisme désigne l'abus d'autorité et la concession par les hommes au pouvoir d'avantages indus à leur famille, à leurs proches et à leurs clientèles politiques. Le népotisme est une caractéristique centrale des régimes autoritaires patrimoniaux. Ces régimes sont fondés sur des relations de type patron-client, le contrôle de la rente (pétrolière ou autre), la faible institutionnalisation et la confusion des genres (confusion du pouvoir politique et du pouvoir économique). Le régime russe et d'autres régimes de l'aire post-soviétique sont considérés comme relevant de cette forme de gouvernement. Dans ces espaces comme sous d'autres cieux (Moyen-Orient, Afrique subsaharienne), les conflits* géopolitiques s'ordonnent en partie autour du contrôle de la rente et des clientèles.

Nettoyage ethnique. La volonté de faire coïncider nations et État* territorial contribue à de massifs déplacements de populations. Au début du XXe siècle, les populations grecques vivant en Asie Mineure, soit au total plus d'un million de personnes, furent entièrement expulsées de Turquie, tout comme les populations turques de Grèce. À l'issue de la Seconde Guerre mondiale, la peur du retour de l'irrédentisme*, qui avait fait le terreau du national-socialisme allemand, encouragea durant l'après-guerre en Europe la tendance à l'homogénéisation des entités étatiques sur une base nationale par le transfert des populations. Les populations de l'Allemagne vaincue vivant sur les territoires situés à l'est de la ligne Oder-Neisse furent ainsi transférées à l'ouest de cette ligne à partir de 1945. Ces déplacements imposés ne furent cependant pas, dans leur grande majorité, violents comme ceux auxquels on assiste dans le Caucase (Géorgie, Arménie, Azerbaïdjan), après la dissolution de l'Union soviétique ou de la Yougoslavie, et qui prennent la forme de l'épuration ethnique.

Nimby/nimbiste. Acronyme signifiant "*Not In My Backyard*", soit "Pas dans mon jardin". Il est utilisé pour désigner une attitude d'opposition, individuelle ou collective, de la part de riverains envers un projet ou encore un équipement pouvant nuire à leur qualité de vie.

Nuisance. Ensemble d'éléments occasionnant une gêne, une atteinte à l'environnement*, à la tranquillité ou encore à la santé.

OMC/Cycle de Doha. Organisation internationale créée en 1994 suite aux accords de Marrakech qui ont clôturé l'Uruguay Round. Elle compte aujourd'hui 153 États membres. Dans la continuité du GATT, elle vise à une libéralisation des échanges internationaux. Grâce à l'Organisme de règlement des différends (ORD), elle peut régler les litiges commerciaux entre États. De grandes négociations interétatiques s'efforcent de relayer son action, à l'image du cycle de Doha, mené sous son égide depuis 2001 et à ce jour inabouti.

Opération d'intérêt national (OIN). Opération d'urbanisme sur laquelle l'État* garde la haute main en raison de son intérêt majeur. C'est l'État (par la voix du préfet) et non la commune qui décide de l'occupation des sols, attribue les permis de construire, établit des zones d'aménagement concerté.

Opium. L'opium est une drogue* produite à partir du latex du pavot somnifère. Transformé, il permet également de produire de l'héroïne. Opium et héroïne sont traditionnellement produits dans le Triangle d'Or (Birmanie, Laos, Thaïlande) et dans le Croissant d'Or (Afghanistan, Pakistan, Iran). Il se consomme mangé, bu en décoction et plus couramment fumé.

Orbitographie. Représentation des mouvements des satellites autour de la Terre en fonction des lois fondamentales de la mécanique, les lois empiriques de Kepler sur la mécanique spatiale et celle énoncées par Newton sur la gravitation.

Organisation de coopération de Shanghai (OCS). Organisation eurasiatique. Sa fondation a pour préalable le resserrement des relations entre Moscou et Pékin. Au lendemain d'un sommet du G7 organisé à Moscou, Boris Eltsine se rend en Chine, du 24 au 26 avril 1996, pour y lancer un "partenariat stratégique" entre les deux pays. De nombreux accords sont alors signés concernant la mise en place d'un "téléphone rouge", des transferts de technologie nucléaire, l'exploitation des ressources énergétiques, la coopération militaro-industrielle et les échanges commerciaux. La recherche de synergies en Asie centrale se traduit par la signature à Shanghai, le 26 avril 1996, d'un traité de sécurité régionale liant aussi le Kazakhstan, le Tadjikistan et le Kirghizstan. Les États signataires forment le "groupe de Shanghai". La coopération régionale alors mise en œuvre porte sur les frontières communes aux cinq pays signataires, longues de 8 000 km, la lutte contre l'extrémisme, le terrorisme et le séparatisme. Cette coopération est ensuite renforcée par la fondation de l'OCS, le 26 avril 2001. Le secrétariat de l'OCS est sis à Pékin et Tachkent accueille une "structure antiterroriste régionale". Outre les pays précédemment mentionnés, l'OCS accueille l'Ouzbékistan. En 2004, la Mongolie obtient un statut d'observateur et l'année suivante, l'Inde, le Pakistan et l'Iran sont aussi conviés en tant qu'observateurs à l'OCS. Schématiquement, la Russie cherche à utiliser l'OCS pour contrôler la poussée énergétique et commerciale de la Chine en Asie centrale tout en légitimant sa présence régionale comme puissance eurasiatique. La Chine entend au contraire en faire une plate-forme de projection et renforcer ses réseaux bilatéraux en Asie centrale. Pour les pays d'Asie centrale, l'enjeu est de sortir du tête-à-tête avec la Russie et de développer une diplomatie multivectorielle. L'OCS ne saurait être comparée à une alliance et moins encore à une sorte d'"OTAN" eurasiatique.

Organisation des Nations unies (ONU). Organisation internationale créée en 1945 regroupant la quasi-totalité des États* de la planète (192 en 2011) et dont la finalité est la promotion et la défense de la paix internationale, par la coopération, le droit international, le développement économique et culturel, la promotion des droits de l'Homme et, le cas échéant, l'intervention militaire collective. Un secrétariat permanent en assure au quotidien le travail, mais c'est le Conseil* de sécurité qui détient le véritable pouvoir.

Organisation du traité de l'Atlantique Nord (OTAN). Alliance militaire fondée en 1949 et principalement destinée à défendre les pays européens alliés des États-Unis contre la menace d'une invasion soviétique. Mobilisée au Kosovo en 1999, l'OTAN est présente en Afghanistan depuis 2001.

Organisation du traité de sécurité collective (OTSC). Alliance militaire regroupant autour de la Russie certains des États post-soviétiques. L'OTSC est mise en place lors du sommet de Douchanbé (Tadjikistan) en 2003. L'OTSC regroupe la Russie, le Kazakhstan, le Kirghizstan, le Tadjikistan ainsi que l'Arménie et la Biélorussie (les autres États de la CEI restent à l'écart et cherchent à pratiquer une politique d'équilibre entre la Russie et l'Occident). L'OTSC est dotée d'un état-major, localisé à Moscou, et d'une Force d'action rapide (FAR) organisée autour de la 201e division de fusiliers motorisés russes (Tadjikistan). Depuis le 1er janvier 2004, l'état-major de la FAR est installé sur la base aérienne de Kant, au Kirghizstan. La stratégie de sécurité russe vise la transformation de l'OTSC en une sorte d'"OTAN* eurasiatique" et russo-centrée mais les projets d'intégration militaire se heurtent aux résistances des dirigeants de plusieurs pays comme la Biélorussie ou l'Ouzbékistan.

Organisation non gouvernementale (ONG). Organisation d'intérêt public qui ne relève ni d'un État, ni d'institutions internationales.

Organisation pour la sécurité et la coopération en Europe (OSCE). Elle a pris en 1995 la suite de la Conférence sur la sécurité et la coopération en Europe (CSCE) qui s'était ouverte en 1973 entre les pays de l'Est et de l'Ouest du continent, s'inscrivant dans la phase de dégel entre les blocs soviétique et occidental pendant la guerre froide. En 2011, elle regroupait 56 États situés en Europe, en Asie centrale et en Amérique et assure la sécurité d'une région géographique s'étendant de Vancouver à Vladivostok. L'OSCE offre à tous les États participants un forum pour les négociations politiques et la prise de décision dans les domaines de l'alerte précoce, de la prévention des conflits, de la gestion des crises et du relèvement post-conflit.

OTAN. Voir Organisation du traité de l'Atlantique Nord.

Ouïghours. Populations de langue turque et de religion musulmane qui, depuis le VIIIe siècle, habitent la partie est de l'ancien Turkestan, dans l'actuelle province chinoise du Xinjiang (le Sin-Kiang). Les Ouïghours sont en butte à la sinisation accélérée du Sin-Kiang au sein duquel ils se retrouvent en situation de minorité (environ 8 millions d'Ouïghours sur 18 millions d'habitants). À Ouroumtsi (Urumqi), les deux tiers des habitants sont déjà d'ethnie Han. En retour se développe le nationalisme récurrent des Ouïghours et les incidents des décennies antérieures se sont répétés ces dernières années, avec des émeutes particulièrement graves à Ouroumtsi en juillet 2009 (156 morts, des milliers de personnes arrêtées et des dizaines d'exécutions officielles).

Panarabisme. Mouvement visant à favoriser la renaissance culturelle et l'unité politique du peuple arabe au-delà des clivages étatiques. Le mouvement est historiquement laïque.

Panasiatisme. Concept qui se fonde sur l'idée d'une spécificité asiatique. Le Japon l'a instrumentalisé pour asservir la région dans les années 1930 à 1945. Des régimes autoritaires de pays multi-ethniques comme la Malaisie et Singapour ont mis en avant dans les années 1980 des "valeurs asiatiques" qui leur permettaient à la fois de transcender les différences des différentes communautés formant leurs populations et de rejeter le modèle démocratique occidental. Dans les années 2000, Pékin a repris ce discours à son compte.

Panislamisme. Mouvement politique cherchant à fédérer l'*oumma* (la communauté des croyants musulmans) au-delà des frontières* étatiques afin de faire de l'islam la religion officielle des États et le principal facteur identitaire des peuples.

Pantouranisme. Désigne la volonté de réunir les peuples de langue turque. La notion est synonyme du panturquisme, Touran étant le mot iranien pour désigner le Turkestan.

Partenariat de la mer Jaune. Associe les régions occidentales de la Corée du Sud, les provinces du nord de la Chine et la province japonaise de Kyushu.

Particularismes. Volonté d'une population de conserver des traditions, des usages qui s'attachent à une dimension locale.

Pêche minotière. Activité de capture d'espèces marines, l'objectif étant leur transformation en farines et en huiles destinées à l'alimentation des animaux de ferme et à celle des poissons élevés dans les fermes aquacoles.

Périgée. Point de l'orbite d'une planète le plus proche de la Terre (l'apogée est le point de l'orbite le plus éloigné de la Terre).

Piratage informatique. Utilisation illégale et le plus souvent à des fins malveillantes d'un ordinateur.

Plan de prévention des risques (PPR). Document instauré par l'État français depuis 1995, élaboré par les services de l'équipement et soumis à enquête publique. Il est ensuite annexé au PLU (Plan local d'urbanisme). Le PPR est un zonage* établi pour un risque donné. Il peut interdire la construction ou certaines activités dans les zones les plus exposées à un risque, ou imposer des contraintes aux nouvelles constructions. Une même commune peut être couverte par plusieurs PPR : un pour les inondations, un autre pour les risques technologiques par exemple.

Pogroms. Mot d'origine russe qui renvoie aux émeutes dirigées contre les communautés juives de l'Empire russe, à la fin du XIXe siècle et au début du XXe siècle. Le mot de "pogrom" est parfois employé pour désigner certaines des formes prises par les affrontements interethniques. Ainsi a-t-il été employé pour nommer et qualifier les violentes et meurtrières émeutes anti-Ouzbeks du Kirghizstan, en juin 2010.

Polémogène. Du grec *polemos* "guerre", et *genos* "naissance, origine". Élément étant à l'origine d'une guerre, pouvant provoquer une guerre entre plusieurs pays.

Politique agricole commune (PAC). La PAC est la plus ancienne politique commune de l'UE et était jusqu'à il y a peu la plus importante budgétairement. Créée par le traité de Rome (1957), elle est mise en place à partir de 1962. Destinée à permettre l'autosuffisance alimentaire de l'Europe, aider les agriculteurs à vivre de leur travail et fournir aux Européens une alimentation saine à un prix raisonnable, elle a toutefois engendré une situation chronique de surproduction dans les années 1980 et entraîné des crises sanitaires et écologiques. Elle a donc été plusieurs fois réformée (quotas laitiers de 1981 par exemple). En 2009, l'accent est mis sur le développement de l'agriculture biologique. En 2003, les accords de Luxembourg marquent un tournant car la PAC car son coût explose dans une UE à 27. Les dépenses de la PAC ont ainsi été gelées (en termes réels) jusqu'à 2013.

Portulan. Carte nautique établie pour aider à la navigation en repérant les ports, les principaux courants, les récifs et les voies de navigation au fur et à mesure de leurs découvertes. Son établissement est fondé sur l'observation des marins pratiquant le cabotage et sur des données relevées grâce aux boussoles et sextants. Le plus ancien portulan daterait de la fin du XIIIe siècle.

Productivité. Rapport entre les résultats de production et les moyens mis en œuvre pour les obtenir.

Produit intérieur brut (PIB). Somme des richesses produites en une année dans un pays. Cet indicateur a longtemps été le principal outil de mesure du niveau de développement d'un État.

Puissance. Évaluation du niveau de pouvoir d'un État, c'est-à-dire sa capacité à imposer aux autres ses décisions. Ainsi une grande puissance est un État capable d'imposer ses choix à de nombreux pays, une hyperpuissance peut théoriquement le faire à toutes les nations et dans tous les domaines.

Quakers. Secte protestante anabaptiste fondée en 1647 par George Fox, la Société religieuse des amis compte aujourd'hui environ 360 000 membres. Non violente et pacifiste, elle a œuvré dans la discrétion pour faciliter réconciliations et discussions de paix.

Quartier. Étymologiquement, portion d'un tout divisé en quatre parties. Les quartiers urbains sont d'anciennes unités souvent autonomes dans la ville : celles-ci se sont distinguées par leur peuplement (quartiers de minorités nationales ou ethniques), par leur fonction (quartiers d'affaires, d'industries, de garnisons, de commerces, etc.), par l'âge de leur construction (vieux ou nouveaux quartiers) ou par leur position (quartiers centraux ou périphériques). Mais le quartier relève surtout de l'espace vécu, c'est-à-dire d'une représentation claire du territoire parcouru et de la communauté d'appartenance. Il constitue un lieu de vie avec ses repères, ses activités, ses relations et ses flux invisibles. Associé à l'image du grand ensemble, il est parfois confondu avec la "cité" de banlieue.

Renforcement des capacités africaines de maintien de la paix (Recamp). Programme militaire français instauré en 1997. Il s'est notamment déployé au Darfour à partir d'une base militaire au Tchad, opération qui s'est fondue en 2008 dans la force européenne, l'Eufor. De manière similaire, le Royaume-Uni dispose d'une base au Kenya, destinée à l'assistance et à la formation des contingents intervenant dans des missions de paix dans le cadre de l'Union Africains, l'IMATT (*International Military Assistance and Training Team*).

Réfugié. La Convention du 28 juillet 1951 relative au statut des réfugiés, dite convention* de Genève, le définit comme "toute personne qui, [...] craignant avec raison d'être persécutée du fait de sa race, de sa religion, de sa nationalité, de son appartenance à un certain groupe social ou de ses opinions politiques, se trouve hors du pays dont elle a la nationalité et qui ne peut ou, du fait de cette crainte, ne veut se réclamer de la protection de ce pays ; ou qui, si elle n'a pas de nationalité et se trouve hors du pays dans lequel elle avait sa résidence habituelle à la suite de tels évènements, ne peut ou, en raison de ladite crainte, ne veut y retourner".

Région du Grand Mékong (*Greater Mekong Subregion*). Programme de coopération régionale de l'Asie du Sud-Est continentale lancé en 1992 entre la Birmanie, le Cambodge, le Laos, la Thaïlande, le Vietnam et les provinces chinoises du Yunnan et du Guangxi.

Régionalisme. Affirmation identitaire de régions au sein d'un État qui ne remet cependant pas en cause la légitimité de celui-ci.

République. Désigne au sein des fédérations multiethniques communistes (URSS et Yougoslavie) une entité administrative définie selon un facteur national et disposant d'une reconnaissance territoriale. Dans le cadre de l'URSS, la constitution d'une république fédérée impliquait une nationalité représentant une majorité plus ou moins compacte d'au moins un million d'habitants. Au sein de la Fédération de Russie, principale composante de l'URSS, on compte suivant le même principe 21 républiques autonomes censées répondre aux besoins de plus petites communautés.

Réseau. Ensemble de relations connectant des entités géographiques telles que des lieux, des territoires, des villes. Ces liens peuvent être immatériels (idées, télécommunications) ou très concrets (autoroutes, chemins de fer).

Réserve de biosphère. En 1971, l'UNESCO (*United Nations Educationnal, Scientific and Cultural Organization*) lance un programme sur l'homme et la biosphère : le MAB (*Man And the Biosphere*) pour créer un réseau mondial pour la conservation des ressources de la biosphère. L'objectif est de concilier la conservation des paysages, des écosystèmes*, des espèces et des gènes avec un développement lié à une économie sociale et solidaire combinant les efforts des communautés locales et du monde scientifique. En 2010, il existe 564 réserves de biosphère réparties dans 109 pays.

Réserve intégrale. En application de la loi de 1976 sur la protection de la nature, une réserve intégrale est un espace de protection renforcée où les activités humaines sont très réglementées voire interdites (comme l'immersion et les ancrages au sein d'une réserve intégrale marine ou la fréquentation au sein d'une réserve intégrale d'un parc national). Des études scientifiques agrées par le comité de gestion de l'espace protégé peuvent y être menées.

Révolution agricole. Période de l'histoire humaine se caractérisant par d'indéniables progrès agricoles ayant permis un bond significatif des productions alimentaires. La révolution néolithique marque l'invention de l'agriculture (sédentarisation, domestication des animaux et des plantes, fin des économies rudimentaires de chasse et de cueillette) alors que le Moyen Âge occidental assure le passage à la culture attelée lourde. La première révolution agricole (XVIe-XIXe siècle) est, en Europe, le moment où les cultivateurs suppriment progressivement la jachère au profit de plantes légumineuses (trèfle, navet) qui ont la capacité de fertiliser naturellement le sol tout en offrant un fourrage riche et abondant aux animaux d'élevage. La seconde révolution agricole (1950-1980) est une phase de progrès mondial des agricultures en lien avec l'essor de l'irrigation, l'utilisation de semences sélectionnées à hauts rendements, la chimisation (engrais, pesticides) et la moto-mécanisation des façons culturales. La troisième révolution agricole que traverse actuellement le monde repose sur l'utilisation du génie génétique dans les processus d'amélioration semencière (OGM).

Révolution dans les affaires militaires. Connue sous son sigle américain (RMA, *Revolution in Military Affairs*), le concept est formalisé par le Pentagone après la première guerre du Golfe. Il s'agit de prendre en compte les nouveaux outils technologiques dont les satellites pour développer des doctrines opérationnelles incluant des modes différents d'organisation afin de s'assurer d'une supériorité militaire accrue. L'information devient un élément clef de cette nouvelle pensée stratégique.

Révolution des œillets. Révolution portugaise réalisée par le Mouvement des forces armées le 25 avril 1974. Ce mouvement mené par de jeunes officiers de gauche plaça à sa tête le général Spinola, conservateur mais qui, las des guerres coloniales, publia en 1974, un ouvrage intitulé *Le Portugal et son avenir*, dans lequel il posa ouvertement les problèmes des colonies. Cette révolution qui prit comme symbole les œillets offerts par la population aux putschistes, a abouti à l'élaboration d'un programme fondé sur la décolonisation et conduisant à la paix.

Révolution des roses. Désigne le mouvement pacifiste qui a conduit à la démission du président géorgien Edouard Chevernadzé le 23 novembre 2003 et à l'instauration d'un régime démocratique sous le président Mikael Saakachvili. Elle est suivie un an plus tard par la révolution* orange en Ukraine.

Révolution orange. Soulèvement populaire qui s'est formé en Ukraine lors du second tour de l'élection présidentielle contesté de 2004 et qui a conduit à un second vote où le leader de l'opposition, le pro-occidental Viktor Iouchtchenko, est finalement désigné. Comme en Géorgie fin 2003, ce soulèvement a été aidé par des fonds américains de la Fondation Soros et de Freedom House.

Révolution verte. Mouvement d'essor agricole caractéristique du monde en développement en général et asiatique en particulier. Appliqué en Inde durant la deuxième moitié des années 1960, il se caractérise par une spectaculaire augmentation des rendements grâce à l'utilisation conjointe de certaines techniques ("paquet technologique") de la seconde révolution agricole : semences à hauts rendements, irrigation généralisée, engrais, pesticides. La généralisation de ces techniques se fait sous la houlette de l'État, en lien avec de brillants agronomes (Borlaug, Swaminathan) et en synergie avec de grands organismes internationaux d'amélioration semencière (Cimmyt pour le blé, IRRI pour le riz).

Ria. Embouchure fluviale envahie par la mer.

SAARC (*South-Asian Association for Regional Cooperation*/Association d'Asie du Sud pour la coopération ou ASACR). Association créée à l'initiative de l'Inde en 1985 pour favoriser la coopération économique en Asie du Sud. Elle regroupe huit pays (Bangladesh, Bhoutan, Inde, Maldives, Népal, Pakistan, Sri Lanka et depuis 2007 l'Afghanistan).

Sables bitumineux (ou sables pétrolifères). Mélange de bitume (pétrole sous forme solide ou semi-solide) liant du sable lui-même entouré d'une mince pellicule d'eau. Les gisements de sable bitumineux, particulièrement importants au Canada et au Venezuela, représentent une source de pétrole brut de synthèse. Ils sont exploités depuis la mise au point, à la fin des années 1960, de procédés permettant de récupérer le pétrole contenu dans ces sables. La province de l'Alberta, au Canada, en tire une grande partie de son dynamisme économique. Mais cette exploitation, qui se fait soit à ciel ouvert soit par récupération dans le sous-sol et nécessite de grandes quantités d'eau chaude pour séparer le bitume du sable, a des incidences particulièrement fortes sur l'environnement : destruction de la forêt boréale, pollution de l'air (rejets de gaz à effet de serre et de gaz très toxiques comme l'anhydride sulfureux), pollution de l'eau et prélèvements de quantités très importantes dans les cours d'eau entraînant une baisse des nappes phréatiques.

Salafisme. Mouvement religieux musulman interne à l'islam sunnite apparu au XVIIe siècle. Revendiquant l'héritage supposé de "pieux ancêtres" (*salaf*), compagnons de Mahomet, il promeut un islam rigoriste, avec application littérale de la *charia** (la loi coranique) et se montre assez hostile aux autres religions.

Salinisation. Augmentation de la teneur en sel des sols ou des eaux. Ce phénomène naturel provoque des dégradations dans la structure des sols, ce qui les rend improductifs et peut rendre l'eau impropre à la consommation. L'irrigation peut provoquer la salinisation des sols.

SALT/ABM (*Strategic Arms Limitation Talks/Anti Ballistic Missile*). Traités bilatéraux entre les États-Unis et l'Union soviétique sur la limitation des deux volets de la dissuasion nucléaire à savoir les missiles stratégiques et les missiles antibalistiques. Ils marquent la fin de l'escalade en matière d'armement nucléaire de longue portée. Le premier accord date de 1972 et a été rendu possible par l'utilisation de satellites militaires d'observation pour la vérification de la mise en œuvre du traité.

Satellite. Objet décrivant une orbite autour d'un corps de masse plus importante. Les trois lois de Képler rendent compte des caractéristiques de leur déplacement.

Satellites géostationnaires. Dits aussi GEO, ils ont la caractéristique d'apparaître immobiles pour un observateur terrestre dans la mesure où la durée de leur révolution correspond à celle de la rotation de la Terre, soit 23 h 56 min. Pour satisfaire à ce critère, ces satellites principalement de télécommunications et météorologie sont placés sur une orbite circulaire à 35 786 km d'altitude dans le plan de l'équateur terrestre.

Satellites à défilement. L'expression désigne de façon imagée le fait que si l'on se place à bord du satellite la Terre défile sous lui pendant son orbite. En anglais, on parle plutôt de LEO (*Low Earth Orbit*) et MEO (*Medium Earth Orbit*).

Schémas d'aménagement et de gestion des eaux (SAGE). Instaurés par la loi sur l'eau de 1992 en France, les SAGE sont des documents de planification d'un bassin hydrographique élaborés par une Commission locale de l'eau (CLE) regroupant divers acteurs du territoire qui définissent collectivement les objectifs et les règles pour la protection du milieu aquatique, les suivis scientifiques, la cohabitation sereine entre les usagers de l'eau et la mise en valeur de la ressource. Ces documents ont une portée juridique et ses dispositions s'imposent aux documents d'urbanisme.

Sécessionnisme. Mouvement d'habitants d'un territoire visant à se séparer de leur collectivité politique d'appartenance pour former une entité distincte, sur la base de caractéristiques propres. Sécessionnisme et séparatisme* sont employés de manière équivalente. Dans la géopolitique de l'aire post-soviétique, les déclarations d'indépendance de l'Abkhazie et de l'Ossétie du Sud, vis-à-vis du pouvoir central géorgien, sont des exemples de sécessionnisme. Le Haut-Karabagh et la Transnistrie en sont d'autres.

Sécheresse. Absence prolongée ou déficit marqué de précipitations. Un tel événement climatique peut affecter progressivement les nappes phréatiques, les rivières, les lacs et canaux, qui voient leur niveau baisser, altérant le bon fonctionnement de nombreuses activités et provoquant (ou aggravant) des tensions entre les différents usages de l'eau.

Séparatisme. Revendication d'une séparation d'ordre politique d'un territoire au sein d'un État.

Sept Sœurs. Cartel* formé au milieu des années 1910 par les sept plus grandes compagnies pétrolières américaines et européennes. Il regroupe notamment les compagnies issues de l'éclatement de la *Standard Oil* de

Rockefeller. Les Sept Sœurs sont : Esso (ancienne *Standard Oil of New Jersey*, devenue ensuite Exxon puis Exxon-Mobil), Socal (*Standard Oil of California*, devenue Chevron), Texaco (fusionnée ensuite avec Chevron), Socony (*Strandard Oil of New York*, devenue Mobil puis fusionnée avec Exxon), *Gulf Oil* (fusionnée ensuite avec Chevron), *Anglo-Persian Oil Company* (devenue *British Petroleum*), *Royal Dutch Shell*. Les cinq premières sont américaines, les deux dernières sont respectivement britannique et anglo-hollandaise. Elles ont régné sur le marché du pétrole jusqu'au début des années 1960.

Serveur (informatique). Désigne un ordinateur dont la principale tâche est d'être au service des ordinateurs et logiciels qui s'y connectent à travers un réseau informatique. Ce service peut consister à stocker des fichiers, transférer le courrier électronique, héberger un site Web, etc.

Sionisme. Idéologie et mouvement politique visant à donner un État au peuple juif. Forgé en 1889, le terme se réfère au nom biblique de Jérusalem, Sion. Courant minoritaire dans les communautés juives, il prit son essor à la faveur des persécutions tzaristes et de l'affaire Dreyfus. La shoah conduisit la communauté internationale à accepter le principe de la création d'Israël. L'inspiration socialiste du mouvement sioniste conduisit au refus d'une économie de type coloniale et les communautés juives de Palestine s'organisèrent de façon autosuffisante en achetant les terres sur lesquelles elles s'implantaient et en espérant vivre en bonne intelligence avec les populations arabes. Cette utopie ne fut pas partagée par les éléments sionistes les plus à droite, comme le *Betar*, qui entendaient s'emparer de la Palestine par la force, et se heurta aux réalités d'une population arabe aux intérêts divergents de ceux des propriétaires terriens. Recouvrant des réalités de plus en plus diverses au fur et à mesure que l'idéologie sioniste se transformait au gré des crises de la région, le terme sioniste est très chargé idéologiquement, idéal pour les uns, insulte pour les autres.

Sites classés et inscrits. Les sites classés sont des aires protégées présentant un intérêt général, pittoresque, historique ou légendaire au sens de la loi française de 1930 relative à la protection de la nature, aujourd'hui intégrée dans le code de l'environnement. Ils bénéficient de l'une des protections les plus fortes de l'arsenal juridique français. Le classement n'exclut ni la gestion ni la valorisation, cependant, toute modification de l'aspect ou de l'état des lieux est soumise à autorisation ministérielle après avis de la Commission départementale des sites. L'inscription à l'inventaire départemental des sites est quant à elle une garantie minimale de protection car les travaux effectués sur ces sites doivent être déclarés à l'administration et sont soumis à des règles architecturales et paysagères particulières. Il s'agit à l'origine du stade préalable au classement, mais elle est devenue rapidement une mesure de protection autonome.

Société des nations (SDN). Créée en 1919 par le traité de Versailles, il s'agit d'une instance internationale dont le but était de préserver la paix en Europe par le désarmement, la prévention des guerres, la négociation pour la résolution des conflits, au nom de la sécurité collective. Elle siégeait à Genève dans le palais des Nations. La Seconde Guerre mondiale rend l'échec de la SDN manifeste et cette instance est remplacée par l'ONU*.

Sommet de l'OTAN. Réunion périodique des chefs d'État et des gouvernements des pays membres pour évaluer les activités de l'Alliance et donner des orientations stratégiques.

Sous-nutrition/faim. On parle de sous-nutrition (ou de situation de faim) lorsque la ration alimentaire d'un individu est inférieure à ses besoins caloriques quotidiens moyens, soit 2 500 Kcal. À ne pas confondre avec la malnutrition. Celle-ci relève d'une ration alimentaire déséquilibrée. Elle l'est soit par excès (caractéristique d'une alimentation trop riche en lipides) et engendre alors une prévalence de l'obésité dans la population concernée. Soit elle est carencée, l'alimentation se traduisant alors par un apport insuffisant en protéines, vitamines, oligo-éléments… Il en résulte des formes de morbidité particulière, à l'image du Kwashiorkor.

Souveraineté. Désigne le caractère abstrait d'autorité suprême dans le corps politique, un État n'étant soumis par définition à aucun autre État ou organe.

Spoutnik. Signifie en russe "satellite*". C'est le premier satellite artificiel de la Terre lancé par l'URSS le 4 octobre 1957, et qui marqua le début de la course à l'espace opposant Américains et Soviétiques.

Station touristique. Type de lieu créé par et pour le tourisme, où la fonction touristique est toujours dominante.

Subaltern studies. Courant de pensée émergeant en Asie du Sud dans les années 1980, inspiré des travaux du philosophe marxiste Antonio Gramsci et attentif à l'histoire des groupes dominés ayant subi l'hégémonie coloniale plutôt qu'aux élites, comme agents du changement social et politique (au sein du *Subaltern Studies Group*, on retiendra Ranajit Guha, Dipesh Chakrabarty ou Partha Chatterjee).

Sunnisme. Voir chiisme.

Surinsulaire. Adjectif qui qualifie la position périphérique d'îles par rapport à une île principale. La surinsularité accentue les caractéristiques de l'insularité (éloignement, isolement, émiettement…).

Système de relations internationales. Le développement des États* sur la terre a conduit à l'apparition de situations de rivalité ou de coordination entre acteurs géographiques. L'ensemble de ces relations peut être décrites comme un système articulant les différents États de la planète. Le pouvoir et la puissance sont au cœur de ce système, où se distinguent les superpuissances capables d'imposer leurs décisions à de nombreux États, voire une puissance hégémonique capable d'imposer ses décisions à l'ensemble des États.

Taliban. Issu du mot arabe signifiant étudiant ou chercheur, il désigne aujourd'hui une personne qui adhère à un mouvement fondamentaliste musulman qui s'est répandu au Pakistan et surtout en Afghanistan en octobre 1994. Les talibans sont aujourd'hui constitués en plusieurs mouvances, liées plus ou moins entre elles et combattant parfois pour des causes différentes. Les talibans figurent sur la liste officielle des organisations terroristes établie par la Russie, l'Union européenne et les États-Unis.

Tchernozems. Sols noirs à la très grande fertilité naturelle. Ils caractérisent notamment le grand grenier céréalier d'Europe de l'Est (Ukraine, Russie des Terres Noires).

Tensions. Un point de vue divergent, un malentendu ou un désaccord peuvent mener à une tension entre deux ou plusieurs acteurs. Si cette situation est propice à un conflit, elle s'en distingue en l'absence d'engagement de la part d'un ou de l'ensemble des protagonistes.

Territoire. Portion d'espace délimitée et appropriée, qui peut être vécue, habitée, inscrite dans une stratégie, objet de conflit.

Territorialité. Relation au territoire, dimension territoriale d'une réalité sociale. La territorialité peut se définir par un référentiel idéologique, par des trajectoires sur un espace-support donné, et par l'élaboration d'un discours d'appartenance, visant à donner du sens à l'espace pratiqué [Gumuchian H., Grasset E., Lajarge R., Roux E., *Les acteurs, ces oubliés du territoire*, Paris, Ed. Economica, 2003]. Les pratiques objectives des acteurs et la dimension symbolique, affective et sensible qu'ils ont de l'espace et qui résultent d'un héritage socioculturel et d'un vécu participent à la construction d'une territorialité qui est révélée ou activée par l'émergence d'oppositions.

Terrorisme. Action de lutte violente, dont le mode d'action repose sur la terreur (assassinats, attentats, guérilla*), et qui s'avère déconnectée du droit de la guerre* (absence de déclaration de guerre par exemple). Le terrorisme émane d'organisations et de mouvements non étatiques, même si des États peuvent les soutenir (financement, soutien politique) plus ou moins ouvertement. On parle alors de terrorisme d'État. Le terme est cependant contesté au profit du concept de violence politique.

Terrorisme religieux. Se dit d'une forme de terrorisme dont les buts sont religieux. Il s'agit pour les mouvements d'imposer notamment une religion dans un territoire, de terroriser les autres communautés religieuses, de mettre un État sous pression afin de le contraindre à adopter une religion d'État, voire à céder carrément le pouvoir à la sphère religieuse.

Théocratie. Système politique dans lequel le pouvoir émane de Dieu : le pouvoir est donc entre les mains de ceux qui sont investis de l'autorité religieuse. Dans certains cas, on parle alors aussi de hiérocratie : le pouvoir échoit entre les mains des religieux eux-mêmes.

Théorie des dominos. Voir Effet domino.

Touriste. Terme dérivé d'un mot anglais apparu en 1800 en référence à la pratique du "grand tour" des aristocrates britanniques au XVIIIe siècle consistant à un parcours quasi initiatique sur le continent européen et en particulier en Italie. Le tourisme désigne aujourd'hui des pratiques récréatives de plus en plus variées tant par leurs contenus (culturel, balnéaire, sportif, délassement…) que par les destinations qu'il recouvre (espaces littoraux, de montagne, de campagne ou climatiques très divers). Selon l'Organisation mondiale du tourisme, 880 millions de touristes ont été comptabilisés en 2009.

Township. Ce terme signifie "lotissement", mais fut le symbole de la politique de l'apartheid. La construction des townships a succédé aux *Pass Laws* des années 1950-1960 puis au *Group Areas Act* de 1960 qui a entraîné la destruction de certains quartiers africains ou métis, sous le prétexte d'insalubrité ; les townships, construits en périphérie éloignée avaient comme objectif d'éloigner les Noirs des quartiers blancs. Le plus grand d'entre eux est Soweto, abritant plusieurs millions d'habitants, non loin de Johannesburg.

Traité d'Amsterdam. Signé le 2 octobre 1997 et entré en vigueur le 1er décembre 1999, il régit le fonctionnement actuel de l'UE.

Traité de non-prolifération nucléaire (TNP). Le traité sur la non-prolifération des armes nucléaires a été conclu en 1968 et signé par un grand nombre de pays. Il a pour finalité de réduire le risque de diffusion de l'arme nucléaire à travers le monde. C'est l'AIEA (Agence internationale de l'énergie atomique) qui est garante de son application.

Triades. Sociétés secrètes nées à la fin du XVIIe siècle, les triades forment une mafia très organisée, au cœur du trafic de drogue et de prostitution notamment.

Triangle de croissance. Zones économiques transnationales. En Asie, on en trouve de nombreux, tel le triangle SIJORI (Singapour, Johore et Rhiau), le triangle Medan (nord-ouest de Sumatra, sud de la Thaïlande, ouest de la Malaisie), le triangle Tumen (entre les villes chinoises de Tumen et Hunchin, la ville nord-coréenne de Chongjin et la ville russe de Vladivostok).

Tribalisme. Terme s'appliquant à des sociétés dans lesquelles les populations sont organisées par tribus. En Afrique, ce système peut désigner les rivalités ethniques et s'ériger en système de dominations d'autres tribus et générer des troubles, des violences. Peut être considéré comme un népotisme* élargi.

Tribaux. En Inde, membres des tribus peu touchées par la modernisation. 698 tribus sont officiellement recensées, représentant 8 % de la population du pays. Les populations tribales partagent souvent plusieurs caractéristiques : isolement géographique et social, retard économique, culture et langue propres. Comme les intouchables, les tribaux sont des individus hors caste.

Tribunal pénal international pour l'ex-Yougoslavie (TPIY). Il a été institué en 1993 par une résolution du Conseil* de sécurité des Nations Unies. Il siège à la Haye et a pour mission de juger les personnes présumées responsables de violations graves du droit humanitaire international commises sur le territoire de l'ex-Yougoslavie depuis 1991.

Unilatéral. Voir multilatéral.

Union Africaine (UA). Elle fait suite à l'OUA (Organisation de l'Unité africaine) créée en 1963 à Addis-Abeba, exprimant la volonté panafricaine des dirigeants au lendemain des indépendances. Mais très vite, la nécessité de coopération économique et régionale a conduit ces derniers vers une intégration plus poussée. Le traité d'Abuja (Nigeria) de 1991 institua la Communauté économique africaine (AEC) ; l'acte constitutif de l'UA fut adopté à Lomé (Togo) en juillet 2000 et celle-ci fut proclamée l'année suivante par 53 pays, avec comme objectif "la nécessité de relever les défis de la mondialisation et assurer le développement et l'intégration économique du continent". L'UA peut prendre appui sur le NEPAD (Nouveau Partenariat pour le développement de l'Afrique) créé également en 2001.

Union internationale des Télécommunications. L'UIT ou en anglais ITU est l'institution spécialisée des Nations unies pour les technologies de l'information et de la communication. Elle compte 192 États-membres et plus de 700 organisations publiques ou privées. C'est l'IUT qui attribue à l'issue de processus de concertation les positions orbitales et les fréquences des systèmes spatiaux de télécommunications et règle les éventuels différends.

UNODC. Office des Nations unies contre la drogue et le crime qui constitue l'organe du secrétariat des Nations unies en charge d'assister les États dans la promotion de la santé, la sécurité et la justice. Il siège à Vienne et a été fondé en 1997 à la suite de la fusion du programme des Nations unies pour le contrôle international des drogues* (PNUCID) et du centre pour la prévention internationale du crime des Nations unies (CPIC).

Upwelling. Dans la courantologie océanique, remontée d'eaux froides depuis les profondeurs abyssales. Ces zones s'avèrent très poissonneuses (abondance des nutriments, prolifération du plancton).

Uruguay Round. Voir GATT.

***US Army's Training and Doctrine Command* (TRADOC).** Organisation dépendant de l'armée américaine, créée en 1973 pour améliorer la formation des troupes américaines, ce qui inclut l'entraînement au maniement des armes et des véhicules, la simulation de situations de combats ou encore l'assimilation de la doctrine militaire.

Vivrier marchand. Voir agriculture vivrière.

Wahhabisme. Mouvement de l'islam sunnite né au XVIIIe siècle, militant pour un retour à la pureté de l'islam originel. Proche du salafisme* dont il reprend nombre d'exigences, il récuse toute interprétation des textes coraniques au profit de leur application littérale. Radical, il prône un islam conquérant et absolu.

***Weather markets*.** Marchés agricoles dont les variations principales (évolution des cours, volumes de production commercialisés) s'expliquent partiellement par des réalités climatiques. Toute sécheresse, toute inondation dans une grande aire de production entraîne *ipso facto* une baisse des volumes mis sur le marché et, partant, une envolée des prix.

Yakuzas. Membres d'un groupe du crime organisé au Japon. Représentés par quatre principaux syndicats présents au Japon, ils possèdent des ramifications en Asie, en Europe et aux États-Unis. Les Yakuzas sont considérés comme la plus grande organisation du crime du monde.

Zonage. Il régit le type d'usage qui sera autorisé sur une zone particulière (agriculture, activité industrielle, habitat…), les coefficients d'occupation du sol dans ces zones, la hauteur des immeubles, les espacements entre les immeubles. Il détermine aussi les proportions de chaque usage sur une zone, comme la part d'espaces verts et le nombre de parkings.

Zone de coopération de la mer du Japon. Espace de coopération entre régions occidentales japonaises et régions orientales sud-coréennes.

Zone de Chine du Sud. Zone de coopération informelle créée autour de Hong Kong, Macao et Taïwan.

Zone économique exclusive (ZEE). Définie en 1982 lors de la conférence de Montego Bay qui fixe le droit international de la mer, zone maritime dans laquelle la souveraineté économique (exploration et utilisation des ressources) de l'État riverain est absolue. Au-delà de 200 milles marins commencent les eaux internationales libres de toute emprise étatique (même si des extensions de la ZEE sont possibles au-delà de cette limite en cas de plateau continental plus étendu).